환단桓檀의 후예後裔

김영태 지음

어문학사

머리말

    환단의 후예 첫 권을 출간했던 2006년 이후 벌써 10년이 흘렀습니다. 그동안 격려와 비평 그리고 관심 어린 조언을 해주신 많은 독자분께 감사를 드립니다. 많은 의견 중 가장 대표적인 의견은 '너무 길고 어렵다. 그래서 더러는 짜증도 난다.'는 것이었습니다. 지적해 주신대로 많은 독자들이 쉽게 읽을 수 없다는 점은 문제가 된다는 생각을 했습니다.

    저는 오랜 세월 수많은 자료를 섭렵하고 유물이나 증거를 찾아 국내외의 유적을 다녔습니다. 그러다 보니 욕심이 지나쳐 너무 자세한 설명을 늘어놓게 된 듯합니다. 더러는 앞뒤가 맞지 않거나 논리가 안 통하는 부분이 있다는 지적을 받기도 했습니다. 특히 인명이나 지명을 원음으로 표기하려고 노력한 것이 도리어 혼란을 드린 것 같습니다. 중국의 이름들은 한자를 병기해도 생소하다는 평이 많아, 이번 책에서는 독자의 편의를 도모하자는 뜻에서 중국의 명칭을 한국식 음으로 표기하였습니다.

    이번에 어문학사의 도움을 받아 본래 여섯 권이었던 대하소설을 단 두 권으로 줄인 개정본을 출판하게 되었습니다. 자신이 쓴 글을 줄이고 깎고 다듬는 것이 이처럼 고통스러운 줄은 미처 몰랐지만, 천신만고 끝에 드디어 두 권의 책으로 세상에 나오게 되었습니다. 上권은 전설과 설화가 중심이 되고, 下권은 한반도 3국 시대를 끝내게 된 신라통일을 다루었습니다. 그리고 이 소설을 쓰면서 참조한 자료를 책의 말미에 열거했습니다.

해외에서는 플루타르크 영웅전이나 로마사 등 역사와 사람들의 뿌리를 다룬 인물 중심의 이야기가 많은데, 극동 지역에는 그런 종류의 책이 많지 않다는 개인적인 아쉬움에 이 소설을 쓰게 되었습니다. 동북아를 누비던 기마민족은 농경민족으로 발전하면서 많은 우여곡절을 겪었습니다. 그들의 활동의 근본에는 어떤 생각이 있었을까? 한반도, 북중국, 일본 등지를 동이 9족이 서로 각축하거나 협력해 온 배경은 무엇일까? 역사를 통해 배울 수 있는 것은 어떤 것일까? 이런 의문들을 다루었습니다.

두 권으로 줄이다 보니 공들여 쓴 많은 부분이 삭제되었습니다. 씨름, 활쏘기, 칼 짓기, 점술과 무당 등 많은 자료를 활용했던 부분이 전체 이야기의 진행상 생략되었는데, 그나마 6권으로 된 초판본이 있어 다행으로 생각합니다. 끝으로 그동안 격려와 비평을 보내어 주신 독자들과 편집과 교정을 맡아주신 어문학사 편집실, 그리고 어려운 여건 속에서도 좋은 책을 꾸준히 펴내고 계신 어문학사의 윤석전 대표께 감사드립니다.

2015년 가을

효암曉岩 김영태金永泰

환단桓檀의 후예後裔

하

제14장

신라, 백제, 가야의 각축전

1. 백제를 부흥시키려던 동성왕東城王

서기 479년인 장수왕 67년 2월에 신라의 자비 마립간慈悲麻立干이 죽고 21대 소지 마립간炤知麻立干이 왕위에 올랐다. 같은 해 11월에 백제의 삼근왕이 죽었다. 삼근왕의 뒤를 이어 왕위에 오른 백제의 부여扶餘 모대牟大는 뒤에 동성왕東城王이라고 했다. 전지왕의 손자로, 개로왕의 동생 곤지의 아들인데, 야마토에 있다가 사촌 삼근왕이 살해되자 아버지 곤지에 의해 백제로 보내져 즉위하였다. 모대는 해구의 반란을 진압한 진로眞老를 4등관인 덕솔德率의 지위에서 일약 일등관인 병관좌평으로 승진시켜서 군부를 통솔하게 했다. 그리고 금강 유역의 웅진 토착세력인 연씨燕氏, 사씨沙氏, 백씨苩氏들을 요직에 등용하고 기존의 해씨, 진씨가 주도하던 정치체제를 개편했다. 동성왕은 원래 담력이 뛰어나고 활을 잘 쏘았다. 그리고 국제 정세에도 밝았다. 고구려가 남북조에 조공을 해서 작위를 얻은 것을 알고, 동성왕도 남제南齊에 조공해서 사지절 도독 백제 제군사 진동대장군使持節都督百濟諸軍事鎭東大將軍이라는 작호를 받았다.

동성왕은 장군 사법명沙法名과 찬수류贊首流를 시켜서 주력부대와 야마토의 군사를 요서와 중국 동해안의 분국으로 파견했다. 백제가 웅진으로 천도한 이후 고구려에 의해 서해의 해상 교통이 차단되어 남제와 왕래가 막힌 것을 뚫기 위함이었다. 동성왕 10년에 이들은 남제와 연합해서 북위와 고구려의 연합군과 요서에서 싸워 이겼다. 그 결과 강소江蘇와 산동 근방의 중국 동해안 지방을 백제의 분국으로 만들 수 있었다. 동성왕은 남제의 황제에게 백제가 전공을 따져 수여한 관작을 선례에 따라 추인하라고 요청하는 표문을 보냈다. 백제가 백제 분국의 장군들에게 관작을 내리는 이러한 관례는, 백제가 요서와 중국 동해안에 세운 분국을 상실하게 되는 양梁나라 초기까지 계속되었다.

서기 475년, 한성을 고구려가 점령한 지 2년이 지나, 고구려의 포위망을 뚫고 백제 본국으로 온 요서 분국 군사의 도움으로 백제는 국력을 회복하여, 동성왕 9년과 10년에 대마도와 야마토의 일본 왕조와의 유대를 다시 강화할 수 있었다. 백제의 근초고왕, 근구수왕, 침류왕, 그리고 진사왕 시절에 백제왕은 일본열도에 있던 백제계 소국의 수장들을 후왕으로 취급해서, 왕의 자제나 종친 등을 군君의 칭호를 주면서 담로로 삼았다. 담로는 야마토의 천황을 견제하면서, 일본열도에 흩어져 있던 작은 나라들을 통제하는 역할을 맡았다.

백제는 중국의 요서 분국과 중국 동해안 분국에도 후왕을 두었는데, 후왕들의 직명은 장군將軍, 왕王, 후侯, 태수太守 등으로 다양했다. 백제의 후왕 중에는 여씨가 아닌 사람도 있었다. 이것은 백제가 부여계의 왕족이 아니더라도 유능한 사람은 후왕으로 임명했음을 뜻한다.

동성왕 15년 정월에 왕이 새 수도 웅진의 대궐에서 조회를 하는데, 병관좌평 진로가 들어와서 아뢰었다.

"대왕마마, 구려가 계속 공격을 해 오고 있습니다. 부끄러운 말씀이나, 아직은 우리만의 힘으로는 이들을 막을 수 없습니다. 아무래도 신라에 원병을 요청해야 하겠습니다."

"지난번에도 신라가 지원을 해 줘서 웅진으로 천도할 수 있었는데, 이 이상 지원을 받기는 쉽지 않을 것이오. 어떻게 하면 좋겠소? 좌평이 의견을 말해 보시오."

"마마, 신라왕과 통혼을 해서 혈맹을 갖게 되면, 그들도 우리 백제와 인척간이 되어 우리의 궁지를 모르는 척할 수만은 없을 것입니다."

"마침 짐의 내전이 비었으니, 사신을 보내어 신라의 공주를 왕비로 맞도록 교섭해 봅시다. 좌평이 한번 수고해 주시오."

왕명을 받들어 병관좌평 진로가 직접 예물을 갖추고 신라왕을 찾았다.

"마립간마마, 백제의 병관좌평 진로가 문후를 드립니다."

"어찌된 일이오. 백제가 남으로 천도한 뒤로 나랏일이 분주할 텐데 어찌 이곳까지 오셨소?"

"실은 저희 대왕마마께서 그동안의 지원에 감사도 드리고, 어려운 청도 올리라고 해서 이렇게 뵙게 되었습니다."

"무엇인지 모르겠지만 어서 말해 보시오."

"저희 대왕께서는 아직 내전이 비어 있어서 모든 신하들이 후사를 걱정하고 있습니다. 그래서 군신이 함께 상의한 결과 마립간마마의 공주님을 왕비로 맞자고 중론을 모았습니다. 마마께서 어여삐 여기시어 공주님을 보내어 주시면, 두 나라 사이가 돈독해지고 만백성이 치하할 것으로 생각합니다."

"참으로 좋은 생각이오. 허나 짐의 여식이 아직 너무 어리니 우리 진골 가운데 적당한 규수를 간택했으면 하는데, 경의 생각은 어떠시오?"

"마마, 진골이면 왕의 직계가 아닙니까? 좋은 규수를 간택해 주시면 저희 왕에게 그대로 보고해서 집행하겠습니다."

소지 마립간은 그날 저녁에 화백회의를 소집해서 백제왕의 요청을 말하고 어떻게 할 것인지 물었다. 모두들 의견이 분분했다.

"백제는 고구려와 동본이니, 우리 신라의 진골과 피를 섞을 수는 없는 일이지요."

"아니지요. 지금 고구려의 형세를 보면, 언젠가는 우리 신라마저 공격할 것으로 생각되오. 이런 때일수록 백제와의 동맹을 더욱 강화해야 서로 도움을 줄 수 있을 것이오."

반대하는 사람이 있는가 하면 찬성하는 사람도 있었다. 마립간이 말했다.

"짐의 생각으로는 저번에 우리가 누란의 위기에 처한 백제를 구원해 준 적도 있고 하니, 이번에도 백제왕의 청을 들어줄까 하오."

그러자 곁에서 추이를 지켜보고 있던 이벌찬伊伐飡 비지比智가 말했다.

"소신의 딸이 마침 나이가 차서 시집을 보낼 때가 되었습니다. 그 아이를 보내면 어떻겠습니까?"

비지는 진골로, 1등관인 이벌찬을 맡아 국사를 관장하고 있었다. 이 말을 들은 왕은 무릎을 옥선玉扇으로 탁 치면서 말했다.

"아, 그렇지. 경의 딸이면 진골이니, 백제도 좋아할 거야. 그렇게 합시다."

마침내 좋은 날을 받아 이벌찬 비지의 딸을 백제왕에게 출가시켰다.

동성왕 16년 1월에 물길의 공격을 받아 멸망하게 된 부여왕이 고구려로 항복해 왔다. 곧이어 7월에 이찬 실죽實竹이 인솔한 신라군이 살수薩水의 벌판에서 고구려와 싸울 때에, 동성왕이 3,000명의 원병을 보내어 이를 구했다. 다시 고구려군이 우산성牛山城으로 남하하여 공격하는 것을 백제군이 실죽과 함께 반격해서 격퇴했다. 그 뒤 동성왕 17년 8월에 고구려가 백제의 치양성雉壤城을 공격해 왔을 때에는 신라가 장군 덕지德智에게 명하여 이를 돕게 하니, 그는 군사를 거느리고 나가서 백제를 구했다.

동성왕 19년에 진로가 죽어 왕은 웅진의 토착 세력 출신인 연돌燕突을 병관좌평으로 승진시켰다. 신라는 백제가 고구려에게 공격받는 것을 보고 크게 경계하기 시작했다. 그래서 고구려에 대비해 여러 성을 새로 쌓거나 개축을 했다. 백제도 수도에 궁궐을 크게 짓고 나성羅城을 축조해서 수도의 면모를 갖추어 나갔다. 그리고 수도 방어 체제를 갖추기 위해 우두성牛頭城을 비롯한 여러 성을 축조했다. 이 가운데 특히 중요한 성에는 중앙에서 관리를 파견해 지방을 통제하는 힘을 강화했다. 신라와의 동맹은 한동안 유지되었으나, 동성왕 말년에는 신라에 대해서도 경계하기 시작해서 탄현炭峴에 성책을 지어 대비하기도 했다. 동성왕 29년 8월에 탐라耽羅가 공물과 세금을 바치지 않자, 동성왕은 친정을 하여 무진주武珍州까지 내려갔다. 탐라가 이 소식을 듣고 사과하는 사절을 보내와 이후로 탐라는 백제의 산하에 들어오게 되었다.

한편 눌지 마립간 말년 5월에 묵호자墨胡子가 고구려에서 들어와 불교를 전파한 뒤로, 신라에서도 불교를 믿는 사람이 점차 늘었다. 인접한 금관가야의 질지왕銍知王이 왕후사王后寺를 건립해서 개국시조 비인 허왕후의 명복을 비는 것을 보고, 신라에서도 20년 뒤에 도리사桃李寺를 짓고, 다시 4년이 지나서 화엄계단華嚴戒壇 3층 석탑을 도리사의 경내에 세웠다. 묵호자는 이 절에서 불교를 전파하기 시작했다.

묵호자는 서토의 북위에서 온 아도라는 사람으로, 19세 때에 어머니가 불교를 전파하라고 해서 신라에 들어왔다. 처음에는 선산善山의 도개리에 있는 모례라는 부자의 집에 숨어 살면서, 낮에는 소와 양을 치고 밤에는 사람들을 모아 불법을 강론했다. 그러나 사람들은 그를 쉽게 받아들이지 않았다. 묵호자가 힘들게 포교하고 있는데, 어떤 사람이 중국에서 향을 갖고 왔다. 그런데 아무도 그것을 어떻게 쓰는 것인지 몰랐다. 묵호자가 향을 불에 태우니 그윽한 향기가 피어올랐다. 사람들이 묵호자의 박식함을 칭찬하면서 그 소문이 서울에 있는 임금님의 귀에까지 들려왔다. 마침 나라의 공주가 병이 났는데, 아무리 치료를 해도 낫지 않던 때였다. 묵호자가 염불을 해서 그녀의 병을 고쳐 주니, 임금님이 크게 기뻐하며 경주에 흥륜사興輪寺를 비롯해 7개의 절을 지어 주었다. 그러나 신라인의 기질은 다른 나라에서 오는 문물을 쉽게 받아들이지 않았다. 불교가 공인되는 것은 이로부터 70여 년이 더 지나야 했지만, 불교의 호국 사상은 신라의 백성들에게도 널리 침투되어, 신라의 국력 보강에 큰 힘을 더하기 시작했다.

동성왕 21년은 크게 가물어 기근이 들었다. 나라 안의 많은 백성이 굶주림에 시달려 피골이 상접하게 되었다. 위사좌평衛士佐平 백가苩加가 왕을 찾아왔다. 백가는 금강 유역을 기반으로 한 신흥 세력에 속했다.

"대왕마마, 지금 백성의 사정이 말이 아닙니다. 가물이 너무 오랫동안 계속되는 바람에 벼농사를 망치고 말았습니다. 벌써 몇 달이나 곡식 한 톨 없어서, 기아선상에 있는 사람들이 나무껍질을 벗겨 먹고 풀뿌리를 캐어 먹다가 설사를 하며 죽어가고 있습니다. 삼가 아룁니다. 국고를 여시어 백성을 구휼해 주소서."

백가의 말이 왕의 비위에 거슬렸다.

'국고는 국가존망의 위급 시에만 여는 것인데, 좌평이 이를 열라는 것은 필시 딴마음을 품고 있음이야. 그렇지 않아도 백가네를 비롯한 신흥 세력이 왕권을 무시하고 설치고 있으니, 이참에 그들의 기를 꺾어 놓아야겠다.'

왕은 그렇게 생각하고 백가를 크게 꾸짖었다.

"경은 어찌 국고를 풀라고 하는가? 국고는 구려의 침범에 대비한 군량미와 우리 궁정에 쓸 식량뿐인데, 이를 백성에게 나누어 주라니. 말도 되지 않는다. 차라리 경과 같은 세도 귀족이 각자 추렴하여 백성을 도와야 할 것이 아닌가?"

"마마, 그러하오면 요즈음에 잦으신 임류각臨流閣의 연회만이라도 그만두소서."

백가도 고분고분 물러서지 않았다.

임류각은 동성왕이 왕궁의 동쪽에 다섯 길이 넘는 높은 누각을 짓고 뜰에 연못을 파고 진귀한 짐승과 새를 길러 사치하게 꾸민 곳이었다. 고구려와의 전쟁에서 이긴 동성왕은 축연을 자주 벌이다가, 요즈음은 거의 매일 저녁을 이곳에서 술과 노래로 지새우고 있었다. 여러 신하가 누차 간언을 드렸으나 왕은 "이런 재미도 없으면 어찌 군왕이라 할 수 있으랴" 하면서 귀도 기울이지 않았다. 오히려 간언을 하는 신하를 멀리 귀양 보내니, 아무도 감히 바른 말을 하지 못하게 되었다. 그런데 그 금기를 백가가 건드렸다. 동성왕은 격분했다.

"무슨 소리를 하느냐? 짐의 말을 거역하는 것이냐? 위사좌평은 들어라. 지금 당장 가림성加林城으로 가서 북방을 방비하도록 하여라. 당장 가거라. 그곳에 가서, 경이 한 일을 반성 또 반성해 보거라"

가림성은 수도 웅진에서 볼 때 북에서 남으로 통하는 수륙 양로를 가로막을 수 있는 가장 중요한 성이었다. 백가는 신병을 빙자하여 이 성에 부임하지 않았다. 이를 보고받은 왕은 크게 화를 내며 당장에 백가를 포박해 오라고 했다. 이때가 10월인데, 때 아닌 큰 눈이 내렸다.

백가는 웅진 도성 안에 있는 자택에서 뜰에 내려와 하늘을 우러러보았다. 솜 같은 눈송이가 한없이 내리고 있었다. 백가는 한숨을 크게 쉬었다.

"아, 어쩔 수 없군. 억조창생을 위해서 이런 어리석은 임금은 일찍 지워야 할 일이야."

혼잣말을 지껄이던 백가는 사람을 보내어 동성왕 친위대에서 13등관인 무독武督으로 근무하고 있는 강쇠를 불렀다. 강쇠는 야마토에서 동성왕을 따라 웅진으로 건너온 무사 500명 가운데 한 사람이었다. 낯선 땅에 와서 외롭게 지내는 강쇠를 일찍부터 백가가 거두어서 직접 무술을 가르쳤다. 삼척 환도를 잘 쓰는데, 특히 수리검手裏劍 수십 대를 허리춤에 찌르고 다니면서, 적을 만나면 순식간에 연달아 던져 적을 넘어뜨리는 재주가 비상했다. 수리검은 손바닥 안에 들 정도로 작은 표창이었다. 강쇠는 십여 년 이상을 조석으로 수리검 던지는 연습을 해온 덕분에, 이제는 세 칸쯤 떨어진 곳에서도 과녁의 홍심을 백발백중으로 명중시킬 수 있었다.

"좌평 어른 부르셨습니까? 강쇠입니다."

"왔느냐? 오랜만이구나. 그동안 잘 있었는가?"

"예, 좌평 어른."

"내가 자네를 부른 것은 긴히 부탁할 일이 있어서이네."

"무엇이든지 말씀하십시오. 저야 좌평 어른에게 입은 은혜가 얼마입니까? 어른께서 말씀만 내리시면 섶을 지고 불 속에 들어가라고 해도 할 것입니다. 어서 말씀하소서."

"이건 쉬운 일이 아니네. 어쩌면 자네 목숨마저 내놓아야 할 것이야. 그래도 내 말을 듣겠는가?"

"만리타향에서 의지할 데가 없던 저를 거두어 주신 것이 좌평 어른이 아니십니까? 무엇을 망설이십니까? 일러만 주십시오. 제 목숨을 내놓으라 하셔도 들을 것입니다."

"고마우이. 그런데 말이야……"

백가는 말을 이으려다가 길게 한숨을 쉬었다.

"무엇이 그리 어려우십니까? 어서 말씀하소서."

"지금 임금님은 어디에 있는가?"

"새벽에 사비서원泗沘西原으로 사냥을 나가셨습니다."

"눈이 이리 많이 내리는데도?"

"예, 조금 전에 눈에 막혀 사냥을 중단하고 마포촌馬浦村의 민가에서 숙박하기로 했다는 기별이 왔습니다."

"그럼, 오늘 밤은 마포촌에 있겠군."

"그럴 것입니다."

"잘되었군."

"무엇이요? 좌평 어른."

"자네가 지금 곧 마포촌을 다녀와야겠어."

"눈이 이렇게 오는데 말씀입니까?"

"눈이 이렇게 많이 오니까 좋단 말이네."

"무엇이요?"

"자네 귀를 좀 빌리세."

백가가 강쇠의 귀에 대고 몇 마디를 속삭였다. 강쇠가 흠칫하고 몸을 움츠렸다.

"아니, 무어라 하셨습니까?"

강쇠의 목소리가 커졌다. 백가가 검지를 세워 강쇠의 입에 대고 말을 막았다.

"쉬, 조용히 하게. 시키는 대로 하겠는가? 성공하면 자네의 소원은 다 들어줄 것이네."

강쇠는 한참 동안 땅만 내려다볼 뿐 말을 하지 못했다. 침묵이 흘렀다. 이윽고 강쇠가 결심을 한 듯 얼굴을 들어 백가를 쳐다보았다.

"시키는 대로 하겠습니다. 지금 곧 가겠습니다."

"성공만 하게. 그러면 자네를 고덕固德으로 승진시킬 것이야. 그리고 평생 먹고 살 수 있도록 금품과 전답을 줄 것일세."

고덕은 9등관이니 4등급의 특진이었다. 지금껏 흰 띠만 두르고 있었는데 붉은 띠를 두르게 되는 것이었다. 이는 신분이 완전히 달라짐을 뜻했다.

"알겠습니다. 안심하소서. 금방 다녀오겠습니다."

"혼자 갈 것인가? 누굴 데리고 가지 않고?"

"이런 일은 저 혼자면 족합니다. 수리검 열 대면 끝장을 볼 수 있습니다."

눈은 밤새도록 왔다. 시월에 이런 폭설이 내린 일은 유사 이래 처음 인 듯했다.

마포촌의 민가에서는 밤이 깊어 갔다. 밤새도록 내리는 눈에 사방은 쥐 죽은 듯이 고요해져서 귀가 멍해질 정도였다. 왕의 침소를 지키는 군사 몇 이 모닥불을 둘러싸고 잠이 들었다. 갑자기 뒷산의 오솔길에 검은 그림자 가 나타났다. 그림자는 민첩한 자세로 소리 없이 민가의 토담을 뛰어 넘었 다. 눈 위에 살포시 내려앉는데 전혀 인기척이 나지 않았다. 그림자는 왕 의 침소의 문을 열고 슬며시 안으로 들어섰다. 눈 때문에 사냥을 중단한 왕은 애첩에게 팔베개를 해 준 채 코를 골며 잠들어 있었다. 그림자는 품 에서 비수를 빼내 들고 왕의 가슴을 힘껏 찔렀다. 왕에게 안겨서 자던 여 인이 소스라치게 놀라며 비명을 질렀다. 왕은 외마디 비명을 지르고 선혈 을 분수처럼 뿜었다. 그리고 온몸을 부들부들 떨다가 이내 숨이 끊겼다.

비명 소리를 듣고 잠자던 군사들이 우르르 침소에 들어왔다. 그러나 그 림자는 벌써 창문을 박차고 방 밖으로 몸을 날린 뒤였다. 군사들이 뒤를 쫓으려는데 여러 대의 수리검이 날아와 문설주에 팍팍 꽂혔다.

"저놈 잡아라!"

군사들이 고함을 질렀으나, 계속해서 날아드는 수리검 때문에 쉽게 뒤 따르지 못했다. 그러는 사이에 그림자는 산속으로 사라졌다. 왕이 비명에 돌아가니 마포촌 일대가 떠들썩해졌다. 군사들은 왕의 유해를 수레에 싣고 대궐로 돌아왔다.

이때에 백제의 서울 웅진에는 쓰쿠시筑紫의 주도에서 태어난 시마斯麻 왕자가 있었다. 금강 주변 세력은 이 시마 왕자를 왕으로 모셨다. 병마좌 평 연돌은 동성왕을 시해한 것을 요서 분국 출신의 짓으로 몰았다. 치열한 전투 끝에 요서 분국과 제齊, 노魯, 오吳, 월越의 중국 동해안 분국 출신들 이 패하고 몰락하게 되었다. 두 분국의 장수들이 고구려로 망명하여 백제 는 두 분국을 상실하고 말았다. 시마 왕자가 집권하는 데에는 야마토에서 파견한 군사들의 힘도 도움이 되었다. 진구神功 황후에서 오오진応神 천황

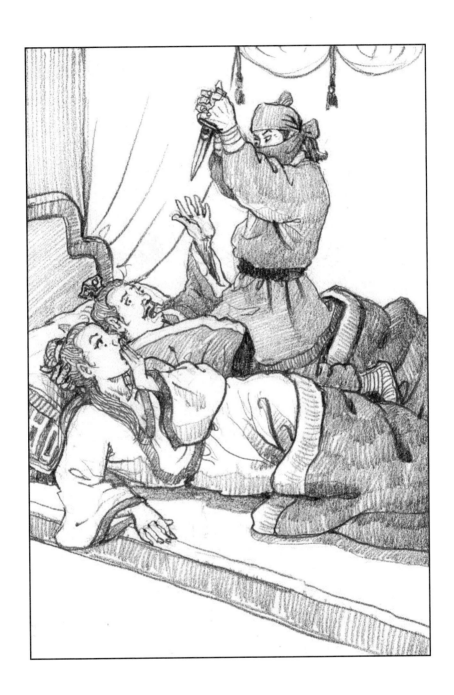

에 이르는 시기에는 야마토에 대해 백제가 크게 영향력을 발휘했다. 특히 근구수왕은 태자 시절에 칠지도를 야마토에 보내면서 천황을 후왕으로 신임하는 형세를 취하기까지 했다. 그런데 최근 몇 대에 걸쳐서는 야마토 군사력의 도움으로 백제의 왕권이 바뀐 적이 많았다. 그러다보니 시마 왕자 때가 되어서는 야마토의 위상이 백제보다 우위에 오르게 되었다.

2. 신라가 제도를 정비하다

서기 500년에 신라의 소지 마립간이 붕어했다. 마립간에게는 아들이 없어서 그의 육촌 동생인 지대로智大路가 왕이 되었다. 22대 지증왕智證王이었다. 왕은 이때 64세였는데, 체격이 크고 담력이 남보다 뛰어났다. 그뿐만 아니라 자비심이 많아 백성들을 친자식처럼 돌보았다. 소지 마립간의 장례가 엄수되었는데, 남녀 다섯 명씩을 순장했다. 순장되는 사람들 가운데에는 울면서 살기를 호소하는 자가 많았다. 순장은 중국의 은殷나라 때부터 실시해 왔는데, 부여 시대에는 귀인이 죽으면 100명에 달하는 사람을 죽여서 순장을 했다. 그 뒤 점차 순장을 당하는 사람의 수는 줄었으나 이 폐습은 근절되지 않았다. 순장을 할 때에는 생매장을 하지 않고 사전에 죽이는 것이 보통이었다. 귀한 집의 아이가 죽으면 유모를 함께 순장하기도 했다. 물론 생활용품과 먹을거리, 껴묻거리副葬品도 함께 묻었다. 순장을 당하는 사람들과 아우성치는 친척들을 눈물로 달래던 왕은 다시는 이런 비극이 있어서는 안 되겠다고 생각했다. 장례를 마친 왕은 월성月城에 새로 지은 대궐로 돌아와 남당南堂에 신하들을 모았다.

"마립간마마의 장례를 무사히 마치게 되어 다행이라 생각하오. 그동안 경들의 수고가 참으로 많았소. 그러나 짐이 생각하기엔 죽은 이를 모시도록 산 사람을 순장한다는 것은 좋은 풍습이 아닌 것 같소. 이벌찬 비지가 순장을 어떻게 고쳤으면 좋을지 안을 마련해 보시오."

"마마, 순장은 시조 이래로 벌써 수백 년간 계속해 온 것입니다. 갑자기 마마의 대에 와서 이를 고치려 하면, 신녀神女들이 허락하지 않을 것입니다. 재고하시는 것이 좋을 것입니다."

"무슨 말씀이오. 오늘 보니 선왕 마마를 모시던 궁녀 가운데에는 짐의 유모였던 노파도 있었소. 아무리 왕을 측근에서 모셨다 하나, 어찌 짐의 어머니 같은 분을 순장합니까? 안타까워 목을 놓고 울었으나, 국법이 준엄하고 유모가 스스로 순장을 바랐기 때문에 더 이상 말릴 수가 없었소. 그러나 이런 악습은 하루라도 빨리 없애야 할 것이오. 대책을 강구해 보시오."

왕은 막무가내였다. 무덤 속에 말없이 묻혀 간 유모의 초췌한 모습이 자꾸만 눈에 떠올라 왕의 눈시울이 절로 뜨거워졌다. 그러자 장군 덕지德智가 말했다. 덕지는 왜인이나 고구려와 싸워 연전연승한 장수로, 지금은 4등관인 파진찬波珍湌이 되어 왕을 측근에서 모시고 있었다.

"마마, 비록 순장 제도가 삼한 시절부터 있어 온 제도이나, 지금처럼 노동력이 모자라고 인재를 얻기 어려운 시대에 이런 악습을 계속할 수는 없습니다. 돌아가신 분을 모시려면, 토용土俑을 사람 모양으로 빚어서 묻으면 될 일입니다. 옛날 진시황 같은 제왕도 수천의 군관과 궁녀와 악사들을 도용陶俑으로 구어 묻었다고 합니다."

"잘 말씀하셨소. 파진찬의 말에 따라 앞으로는 순장을 금하고, 토용을 많이 만들어 껴묻거리와 함께 묻도록 합시다. 온 나라에 이 새로운 제도를 널리 알리고, 이를 어기면 엄벌에 처할 것임을 포고하시오."

"마마, 참으로 성덕이 하해와 같습니다."

모든 신하들이 머리를 조아리며 왕의 후덕을 찬양했다.

가을이 되어 한가위 길쌈 경합이 시작되었다. 7월 보름인 기망旣望에서 8월 보름인 가윗날까지 6부의 여인들이 두 패로 나누어 편을 짜고 길쌈을 했다. 한 달 동안 길쌈한 분량을 서로 겨루어, 진 편에서 술과 밥을 지어 이긴 편에게 바쳤다. 진 편에서 한 여자가 나서서 춤추면서 회소회소會蘇會蘇하고 패배를 슬퍼하며 탄식했다. 오백 년 전 유리 이사금 때부터 치른 이 행사가 이해에 들어 더욱 성대해졌다. 오곡백과가 무르익어 풍년이 된 것을 감사드리면서, 일 년 중 제일 맑은 밤하늘에 뜬 둥근 달을 즐기며 사람들은 노래하고 춤추었다. 대궐에서도 날이 갈수록 풍요해지는 치세를 축하하는 잔치가 벌어져, 모두들 거나하게 주흥이 올랐다. 그때에 덕지가 왕에게 잔을 올리면서 말했다.

"마마, 마마 같은 성군이 따로 없습니다. 그러하오나, 지금 같은 태평성세가 영원토록 지속되려면, 우리나라도 격식을 갖추어야 하겠습니다."

"무얼 갑자기 그러시오. 오늘 밤에는 술이나 마시고 춤이나 추세. 우리나라의 격식은 내일 조회에서 논하기로 하고. 어서 짐의 잔을 받으시오. 파진찬."

왕은 게슴츠레 실눈을 뜨고 뿔잔 가득히 술을 따라 덕지에게 건넸다.

"마마, 그럼 오늘은 마음껏 술을 들겠습니다. 그리고 소장이 검무를 한 번 추어 보이겠습니다."

덕지는 허리에 찬 환도를 뽑아 들고 칼춤을 추었다. 방 안을 밝히는 촛불에 비친 칼날이 번쩍번쩍 춤사위에 맞추어 빛을 반사했다. 악사들이 덕지의 춤에 맞추어 피리와 칠현금을 연주했다.

다음 날 아침이었다. 군신이 모인 조회에서 왕이 말했다.

"파진찬이 엊저녁에 격식을 갖추어야 한다 했소. 무엇을 해야 격식이 높아지는 것인가?"

"마마, 우리나라는 여신 박혁거세 거서한 이래로 나라의 이름이 일정하지 않아 백성들만이 아니라 이웃나라 사람들도 이상하게 생각하고 있습니다. 어떤 때는 서라벌이라 하고 또 어떤 때는 사로, 사라, 신라라 했습니다. 나라 이름 하나 제대로 갖추지 못하고 어떻게 격식을 갖춘 훌륭한 나라라 하겠습니까?"

"듣고 보니 그렇군. 그럼 어떤 이름으로 정하면 좋겠는가?"

"여러 이름 가운데 신라가 제일 나은 것으로 생각됩니다."

"무슨 까닭에?"

"신은 한자로 새것을 뜻합니다. 라는 본래 새를 잡을 때 쓰는 실로 만든 그물을 뜻하는데, 널리 천하를 두루 거두어들임을 말합니다. 서라벌의 서는 새롭다는 뜻이 있고, 라벌은 넓은 들을 뜻합니다. 이런 의미를 모두 표현할 수 있으니, 신라로 정하는 것이 좋겠습니다."

그러자 이벌찬 비지가 말했다.

"신도 신라가 좋을 것으로 생각합니다. 신은 덕업일신德業日新, 라는 망라사방網羅四方을 뜻하니, 마마의 성덕이 나날이 새로워지고 사방에 두루 미치어 모두를 껴안는다는 뜻을 갖게 됩니다. 이보다 더 좋은 이름이 따로 있을 수는 없을 것입니다."

"다른 의견은 없는가?"

이 질문에 군신들 사이가 조금 소란스러워졌다. 왕은 신하들이 충분히 생각할 시간을 주기 위해 얼마 동안 휴식을 명했다. 한 식경이 지나 신하들이 다시 모였다.

"아무래도 신라가 가장 좋은 이름인 듯합니다."

여러 신하가 함께 아뢰었다.

"다들 그 이름이 좋다고 하니 국호를 신라로 정합시다. 나라 이름 이외에도 또 고칠 것이 있는가?"

"마마, 우리나라에서는 시조 이래 22대를 이어오면서 임금님의 칭호가 거서한, 차차웅, 이사금, 그리고 마립간으로 달라져 왔습니다. 거서한은 처음으로 큰 웃어른이 되심을 뜻하고, 차차웅은 무당으로 제사를 맡는 분이라는 뜻이었습니다. 이사금은 이가 많은 분, 즉 가장 나이가 많은 어른을 뜻하며, 마립간은 백성보다 윗자리에 계신 분이라는 뜻을 지니고 있습니다. 이제 마마의 대가 되어 보니, 동서남북으로 여러 나라가 서로 대결을 하고 있어서, 수장을 왕이나 제帝로 부르고 있습니다. 왕은 땅속에서 불길이 떠오르는 모양에서 따온 글이고, 제는 꽃받침을 그린 것이라, 꽃의 근본이라는 뜻에서 모든 사람의 웃어른을 뜻하게 되었습니다. 이로 미루어볼 때 우리 신라의 수장을 왕으로 이름 지으면, 불길이 땅에서 솟아 하늘에 미치게 되니, 나라의 이름과 걸맞게 되는 것으로 생각됩니다. 마마를 지중 마립간이라 하지 말고 신라왕으로 부르는 것이 마땅하겠습니다."

역시 파진찬 덕지는 박식했다. 왕은 이 의견을 받아들여 신라왕이 되었다.

다음 해 4월이었다. 왕이 조회에서 말했다.

"지난번에 순장을 금한 뒤로, 백성들이 상복을 어떻게 입어야 할지 몰라서 우왕좌왕하고 있다는 말을 들었소. 모름지기 나라가 질서를 잡으려면 관혼상제冠婚喪祭에 대한 법도가 제대로 되어야 하는 것으로 알고 있소. 여러 신하들이 잘 협의해서, 관혼상제에 대한 법도를 정리하여 반포하도록 합시다. 그리고 나라를 지키기 위해서는 요충에 탄탄한 성채를 축조해서 외침에 대비해야 할 것이오. 9월에 추수가 끝나면 사람들을 동원해서 열두 곳에 성채를 짓도록 합시다. 삼척三陟의 파리성波里城, 홍해興海의 미실성彌實城, 영천永川의 골화성骨火城은 특히 중요한 성이니, 공사에 만전을 기하도록 하시오."

왕의 6년 2월에 조정에서 다시 지방 행정 조직을 조정하여 주, 군, 현縣 제도를 정하고, 삼척에 실직주悉直州를 설치했다. 실직주에는 이사부異斯夫를 군주軍主로 파견하여 영토를 확장하는 임무를 맡게 했다. 군주는 뒤에 문무왕 원년에 총관摠管으로 바뀌었고, 원성왕 원년에는 다시 도독都督으로 바뀌었는데, 주를 맡은 장관이면서도 군부의 지휘관으로서의 임무나 성격이 강했다. 군주는 부지사 격인 주조州助, 군사 담당 보좌관인 장사長史, 감찰 담당 보좌관인 외사정外司正, 그리고 행정 담당 보좌관인 소수少守 등을 데리고 임지에 부임하여, 행정과 군사권을 행사하는 지휘관이 되었다. 군주는 휘하에 군과 촌을 거느렸다. 뒤에 병부령兵部令이 국방을 맡게 되자 군주 출신의 대부분이 병부령으로 승진했다. 처음에는 다른 고

위직과 마찬가지로 진골 출신만이 군주가 될 수 있었다. 신라는 군주 제도를 도입하면서 군사력이 한층 강화되었다.

11월에 왕은 담당관을 임명해서 처음으로 얼음을 저장해서 여름에 쓰게 하고, 선박의 편리를 도모하는 제도도 마련했다. 왕의 제도 개혁은 해마다 계속되었다. 왕의 7년에 가물이 들어 기근으로 백성이 굶주리자, 국고에 비축했던 식량을 풀어 이들을 구휼했다. 그리고 왕의 10년에는 서울에 동시東市를 설치하여 민간의 교역을 도왔다. 원래 신라에는 경시京市와 향시鄕市가 있었다. 경시는 서울인 경주에 설치된 장터였다. 동시는 지방의 향시와 부녀들의 행상과 함께 신라의 상업을 발달시켜서 국력에 큰 도움을 주었다.

지증왕 13년의 일이었다. 하슬라주何瑟羅州의 군주로 임명된 이찬 이사부가 대궐에 들어와 왕을 알현했다. 이사부는 나물 마립간의 4대손으로 성은 김씨였다.

"폐하, 신이 아슬라주에 부임해 보니, 동쪽 바다 가운데에 우산국于山國이라는 섬나라가 있습니다. 주위가 백 리가 넘는 큰 섬인데, 오징어, 고래, 문어, 상어, 명태, 전복, 해삼, 성게가 많이 잡히는 섬입니다. 이곳을 우리 신라 땅에 편입하려고 했더니, 그 나라 사람들이 어리석고 사나워서 항복을 받기가 어려웠습니다. 하여 꾀를 내어 이들을 위협하여, 마침내 해마다 토산물을 바치는 약속을 받아냈습니다."

"꾀를 내다니, 어찌 했는가?"

"이 나라 사람들이 웬만해서는 항복하지 않을 기색인지라, 나무로 사자를 조각해서 그 입에서 불을 뿜어내게 만들었습니다. 소라고동을 불면서 밤중에 이 사자들을 군선에 싣고 해안에 가서 외치게 했습니다."

"무어라고 했기에 그 표독한 것들이 항복하던가?"

"너희가 항복하지 않으면 이 사나운 짐승을 놓아 모조리 짓밟아 죽일 것이라고 했습니다. 그랬더니 그들이 겁을 집어 먹고 항복해 옵디다."

"허허허, 장군이 꾀가 많기로 소문은 났지만, 그건 좀 너무했구려. 허허허허."

왕은 이사부의 재주가 진심으로 아까워 태자인 원종原宗을 보고 말했다.

"태자는 이찬을 중하게 쓰도록 하여라. 이찬은 틀림없이 우리 신라를 위해 큰일을 할 것이다."

지증왕 시대에는 자주 지진이 일어나고 벼락이 떨어져 민간의 피해가 적지 않았다. 그런 와중에서도 국가의 제도가 갖추어지게 되고 민생이 안정되어, 나라의 기틀이 잡혀 갔다. 왕의 15년 정월에는 아시촌阿尸村에 소경小京을 설치해서 6부와 남쪽 지방의 사람들을 이곳으로 이주하게 했다. 이때에 설치된 아시촌과 20여 년 뒤에 금관가야를 병합하면서 김해에 설치한 금관경金官京, 40여 년 뒤에 생긴 충주의 국원소경國原小京, 그리고 서기 639년에 설치한 강릉의 북소경北小京 등이 대표적인 소경이었다. 소경의 장은 사신仕臣 또는 사대등仕大登이라 했는데 수도와 마찬가지로 소경마다 6부部를 두었다.

지증왕 15년 7월에 왕이 붕어했다. 태자 원종이 왕위를 이었다. 바로 법흥왕法興王이었다. 이때까지는 시호諡號를 쓰지 않았는데, 처음으로 시호를 쓰기로 해서 선대왕의 시호를 지증智證이라 했다. 시호는 돌아가신 왕의 공덕을 기리어 부르는 이름이었다. 원종은 키가 일곱 자인데, 도량이 넓고 남을 잘 위해 주는 성품이었다. 왕으로 즉위한 뒤 나을신궁에 제사를 지내고 조회를 열었다.

"선대왕께서 신라의 국가 체제를 정비하셨는데, 짐도 그 유지를 받들어 신라를 강력한 중앙집권 국가로 만들고자 하오. 근래에 군사력이 네 곳의 군주들을 중심으로 증강되고 있으니, 이제는 이를 짐이 직접 장악해서 왕권을 강화해야 하겠소. 새로이 병부를 설치하고, 짐이 병부령을 겸하여 군부를 총괄하도록 할 것이오."

잠시 숨을 고른 왕이 계속 말을 이었다.

"한 가지 더 말하겠소. 나라의 관리란 모두 위계가 바로서야 하는 것으로 알고 있소. 그동안 여러 작은 나라들을 병합해서 국력이 신장했으나, 각국의 제도가 달라 백관의 관등과 골품제도의 운영에서 혼란이 적지 않았다고 생각되오. 짐을 보좌하여 나라를 경영하는 체제를 바로잡기 위해 율령律令을 제정해야 할 것이오. 고구려는 이미 150년 전인 소수림왕 때에 율령을 제정하여 크게 국정을 개혁했다고 했소. 우리도 늦었지만 고구려의 율령과 서토의 남북조에서 실시하는 율령을 참고하고, 우리 신라 고유의 제도를 가미해서 새로운 율령을 제정해야 하겠소. 지금부터 3년의 시한을 줄 것이니 여러 나라의 제도를 연구하여 백년대계를 정하도록 하시오."

"폐하, 분부대로 봉행하겠습니다."

조회에 참석한 문무백관이 일제히 봉창했다.

어전에서 나온 신하들이 이찬 비조부比助夫 주위에 모여들었다.

"폐하의 분부가 저렇게 간곡하시니, 사람들을 사방으로 보내어 여러 나라의 제도를 살필 필요가 있습니다. 고구려의 제도는 이찬 철부哲夫가 살펴보기로 하고, 중국의 북조인 북위의 제도는 파진찬 길승吉升이 한어를 잘하니 조사하도록 시킵시다."

비조부가 말했다.

삼 년이란 세월이 지났다. 비조부는 철부, 길승 등이 조사한 내용을 정리하고, 신라 고유의 골품제도를 반영하여 새로이 실시할 율령 안을 마련했다. 작성된 안을 일일이 따져본 왕은 그 구성과 내용에 크게 만족했다. 마침내 법흥왕 7년 정월에 신라 최초의 율령이 반포되었다.

원래 신라에서는 골품제骨品制를 실시하고 있어서 신분의 귀천에 따라 벼슬을 하는데 제한이 있었다. 제일 귀한 신분이 성골聖骨인데 이는 부모가 모두 왕족이라야 했다. 신라의 왕족은 박씨, 석씨, 김씨의 세 집안이었다. 다음으로 귀한 신분이 진골眞骨인데 양친 중 한 쪽이 왕족인 사람을 말했다. 그 아래 6두품頭品, 5두품, 4두품이 있어 6등직인 아찬 이하 17등인 조위造位까지 벼슬을 할 수 있어서 귀족계급에 속했다. 3두품 이하는 모두 평민에 속했다. 최상직인 이벌찬과 2등직인 이찬, 3등직인 패찬, 4등직 파진찬, 5등직 대아찬은 오직 진골만이 할 수 있는 벼슬이었다. 이들은 모두 자줏빛 옷을 입게 했다. 6등직인 아찬에서 9등직인 급찬에 이르는 벼슬을 하는 사람은 붉은 옷을 입고, 뿔로 된 패를 손에 들게 했다. 10등인 대나마와 11등 나마는 청색 옷을 입게 했고, 그 밑의 직급은 노란 옷을 입고 일하게 했다.

율령제가 반포되고 나니, 신라의 통치체제가 정비되어 제법 국가로서의 면모를 갖추게 되었다. 나라의 체제를 갖춘 뒤, 왕은 중국의 남조인 양梁에 사신을 보내어 토산물을 바쳤다. 다음 해인 법흥왕 9년 3월에는 고령의 대가야의 왕이 사신을 보내어 혼인을 청했다. 왕은 이찬 비조부의 여동생을 왕비로 추천해서 보냈다. 그로부터 3년 뒤인 9월에 왕이 남쪽 국경을 순행할 때에 가야왕이 나와 왕을 영접했다.

웬만한 제도 개혁이나 외교의 포석은 깔았는데도 국론이 쉽게 통일되지 않아 왕은 밤낮으로 대책에 골몰했다. 신라는 아직 화백회의가 중요 국사를 좌우하는 기관으로 군림하고 있었고, 백성들은 엄격한 골품제 운용으로 국가관이 형성되지 못해 외침에 따라 이리저리 동요하고 있는 실정이었다. 민심을 하나로 묶으려면 종래의 학문이나 신앙만으로는 부족하기 한이 없었다. 한자와 한학은 17대 나물 이사금 때에 고구려를 통해 도입된 적이 있지만, 선대왕인 지증왕 때까지는 별로 발전하지 못했다. 왕은 지금이야말로 대중을 이끌어 줄 정신적 지주가 필요하다고 생각했다.

하루는 대궐로 조카뻘인 이차돈異次頓이 찾아왔다.

"폐하, 뵌 지 오래 되었습니다. 문안드립니다."

이차돈은 이때에 22세의 청년으로, 아직 12등직인 대사大舍의 직분에 있으면서 왕의 시종으로 일하고 있었다. 이차돈은 파진찬 길승의 아들이었고 흘해 이사금의 증손자였다.

"오, 이차돈이군. 이리 가까이 오너라. 그동안 무엇을 하고 지냈는고?"

"폐하, 신은 그동안 승려 아도阿道 대사의 불문에서 불교에 대해 공부해 왔습니다."

"불교라니? 고구려가 전진에서 도입했다는 불교 말인가? 고구려가 5부의 대중을 정신적으로 통합하는 데 불교를 이용했다고 하던데, 그것이 사실인가?"

"그렇습니다. 폐하. 스승의 말로는 불교야말로 과거와 현재, 미래를 모두 연결해서 사람을 극락으로 안내하는 유일한 길을 가르쳐 준다 하셨습니다. 눌지 마마 때에 고구려에서 온 묵호자 님은 중국의 향을 태우면서 그 향기가 아름다우니 정성을 다하면 신성에 통할 수 있다 하셨습니다. 부처님을 믿고 불법을 시행하며, 그런 일을 실천하는 사람들을 늘리면 세상이 밝아지고 모든 어려움에 견디는 힘이 생기게 된다고 합니다."

"그런 좋은 가르침이 이 세상에 있던가? 누구의 가르치심인가?"

"천축의 싯다르타라는 왕자가 생사와 병고 및 노쇠를 벗어날 생각으로 스물아홉 살 때에 처자와 부모를 버리고 집을 나와 7년을 고행하며 수도한 끝에, 보리수 아래에서 득도하여 부처님이 되신 것이라 합니다. 천축에서 시작된 이 부처님의 가르치심이 중국으로 전파되었다가, 고구려로 들어온 것이 지금으로부터 150년 전인 소수림왕 때라고 합니다. 고구려는 이미 국내성을 비롯한 3경京에 많은 사찰을 짓고 승도를 육성하고 있습니다."

"그럼 우리도 불교를 들여오도록 해야 하겠는데. 그러자면 먼저 승려들이 공부하고 불도를 닦을 도장부터 만들어야겠군."

"그렇습니다. 폐하. 바로 그런 도장으로 절을 짓는 것입니다. 그러나 우리 신라에서는 밝은 해와 달을 숭상해 온 풍류도風流道가 예부터 성행하여, 좀처럼 불교를 받아들이려 하지 않습니다. 더욱이 불교에서는 대중을 차별하지 않고 구제하는 사상이 있어서, 신라의 골품제와 상극이 될 우려가 있습니다. 지혜롭게 대처하지 않으시면 큰 저항을 받게 될 것입니다."

"조심해야 할 것이야. 시조이신 혁거세 거서한께서도 말년에 화백회의의 배척으로 큰 변을 당하신 일이 있으시고, 가까이는 실성 이사금實聖尼師今께서도 시해되는 일이 있으셨을 정도로 신라 귀족의 저항은 대단한 것이네. 자칫 잘못하다가는 큰 변을 당할 것이야."

"알겠습니다. 폐하. 너무 심려하지 마소서. 성지를 받들어 불교를 포교하여, 모든 백성이 나라를 위해 한마음 한뜻으로 뭉치게 만들 것입니다."

"우선 서울에 절을 하나 건립하도록 하세. 신하들의 반대가 많을 것인즉 그대가 계획을 세워 화백회의에 걸도록 하여라."

드디어 왕의 영이 내려졌다.

"알겠습니다. 폐하. 한 열흘만 말미를 주소서. 신이 계획을 만들어 올리도록 하겠습니다."

보름 뒤에 화백회의가 열렸다. 회의의 주제는 불교를 전파하기 위해 사찰을 건설하는 일이었다. 안건이 상정되자 화백회의에서는 격론이 벌어졌다.

"어찌 이런 괴상한 종교를 퍼뜨려서 민심을 교란하려 하는가? 만민을 고루 구제한다는 것은 혹세무민惑世誣民의 짓거리야. 우리 신라에는 고래로 골품제가 엄연히 있는데, 모든 사람을 평등하게 다룬다니 말도 안 되는 주장이다. 주동자를 잡아서 엄벌에 처해야 할 거야."

"조상 대대로 우리 신라인은 풍류도를 믿어 왔다. 해와 달을 받들어 왔는데, 갑자기 이방의 부처를 믿으라니 말이나 될 일인가? 우리 배달민족을 무엇으로 아는가? 불교를 주장하는 놈은 기만시정으로 몰아 삼족을 멸해야 하지 않겠는가?"

"아니다. 고구려가 불교를 공인했고, 백제도 불교를 들여온 지 오랜데, 우리만 제대로 정리된 종교가 없으니, 어찌 국론을 통일할 수 있을 것인가? 늦은 감이 있지만, 불교를 공인해서 만백성이 정신적으로 의지하도록 만들어야 할 것이다. 언제까지 골품제도에 얽매여, 평민들이 기를 펴지 못하게 할 것인가?"

"저런 육시를 할 놈을 보았나. 골품제도는 우리 신라의 근간인데, 이를 무시하고 어떻게 사회의 질서를 잡으려고 하는가?"

각자 자기가 속한 부류의 이해를 중시하며 떠들어댔다.

"그만 논의하시오. 여러분의 고견은 충분히 들었으니, 어디 이차돈의 주장을 들어보도록 합시다."

왕이 영을 내렸다.

"좋습니다. 한번 들어 봅시다. 이차돈은 의견을 말해 보시오."

"불교에서는 모든 사물이 원래 아무것도 없는 데서 나온다 했습니다. 불교에서는 수많은 계율을 정하고 있습니다. 우리 신라의 백성들을, 임금에게 충성을, 그리고 부모에게 효도를 다하며, 모든 생물을 자비심으로 대하여 궁극적으로 나라를 지키는 호국정신에 투철해지도록 계도할 것입니다. 그러니 불교를 널리 전파해야 합니다."

"그대의 말이 옳다고 하면, 어떻게 그 가르침을 전파할 것인가?"

왕이 물었다.

"먼저 수재들을 모아 불교를 배울 수 있도록 절을 지어야 하겠습니다. 그렇게 해서 양성한 승려들을 사방에 보내어, 부처님의 가르침을 널리 알리도록 해야 합니다."

"절을 짓는다고? 얼마나 시간이 걸리겠는가?"

"폐하, 충분한 지원이 있으면 여섯 달이면 건립할 수 있습니다."

"틀림이 없는가? 만약 기일 내로 완공하지 못하면 어떻게 할 것인가?"

화백회의에서 불교를 반대하던 아찬阿湌 알공謁恭이 물었다.

"제가 책임을 지겠습니다."

"어떻게?"

"제 목을 내놓겠습니다."

이차돈의 말에 회의에 참석했던 귀족들 모두 깜짝 놀랐다. 왕은 당황하여 언성을 높이며 말했다.

"이차돈, 그대가 너무 과욕을 부리는 것 같구나. 그런 극언을 해서야 되겠는가? 다른 방법으로 책임을 지겠다고 해라."

"아닙니다. 이 일은 부처님의 가르침을 온 나라에 하루빨리 전하기 위한 일입니다. 만일 기일 내로 해내지 못하면, 제 목을 바치겠습니다. 부처님께 공양하는 일입니다. 허락해 주소서." 이차돈은 거듭 간청을 했다.

3. 불교를 공인 받으려고

화백회의에서 반대편에 섰던 대신들은 이차돈의 언행이 너무 건방지다고 생각했다. 대신들은 이 기회에 본때를 보여 일벌백계를 해야 다시는 이런 허튼 주장을 하는 무리가 나오지 않을 것이라고 생각했다. 그래서 제일 심하게 반대하던 알공이 나서서 말했다.

"폐하, 지금 중들을 보면 머리를 깎고 이상한 옷을 입고 있습니다. 그뿐만 아니라 이들은 기이한 말과 궤변으로 백성들을 혼란하게 만드니, 바로 요언혹중妖言惑衆의 죄에 해당됩니다. 그대로 버려두시면 큰 환란이 있을까 우려됩니다. 그러나 이차돈이 저렇게까지 자신 있어 하니, 한번 그의 주장대로 일을 맡기십시오. 그 대신 기일을 어기면 임금을 속인 죄로 그의 목을 베면 될 것입니다."

알공은 어떤 수단을 써서라도 이차돈이 기일 내에 사찰을 준공시키지 못하게 방해할 생각이었다.

"폐하, 신의 주장대로 허락하소서."

이차돈은 살신성인殺身成仁을 하겠다는 신념으로 열변을 토했다. 왕은 한 번 더 다짐을 다졌다.

"정말 기일 내에 절을 지을 수 있겠느냐? 만약 기일을 어기면 불문곡직하고 그대를 참형에 처하게 될 것인데, 그래도 일을 맡겠는가? 왕명은 지엄하여 추호라도 이를 어기면 엄벌에 처한다는 것을 알아야 하느니라."

왕은 여러 신하를 용상에서 내려다보며 준엄하게 말했다.

"어찌 두 말을 하겠습니까? 폐하께 약속드립니다. 6개월 이내에 반드시 끝내도록 하겠습니다. 어기게 되면 신을 처형하여, 왕명의 지엄하심을 만천하에 알리소서."

이차돈은 단호했다. 왕은 어쩔 수 없이 이차돈의 계획을 승인하고 말았다. 화백회의도 더 이상은 절을 짓는데 이의를 달지 못했다. 대신들은 왕의 추상같은 기세에 공포심까지 느끼며 숙연하게 머리를 조아렸다.

이차돈이 건설 총감이 되어 사찰 건립이 시작되었다. 왕은 모든 자재와 인력을 아끼지 않고 투입하게 했다. 기초공사가 끝나고, 아름드리 기둥을 세워 대들보를 올리는 날이 되었다. 상량을 위해 많은 인부들이 동원되었다. 굵은 참 밧줄에 매단 대들보를 버팀목을 이용해서 들어 올리고 있었다. 그런데 갑자기 '툭'하고 밧줄이 끊기고, 대들보가 땅으로 굴러 떨어졌다. 인부들 가운데 세 사람이 대들보에 치여 나뒹굴어졌다. 사람들이 아우성을 질렀다. 이차돈이 뛰어들어 부상당한 인부들을 부축해서 일으켰다. 셋 가운데 하나는 피투성이가 된 가운데, 거의 숨이 끊어져 가고 있었다. 이날의 공사는 중단되었다. 왜 이런 일이 일어났는지 조사가 진행되었다. 엊저녁까지만 해도 모든 밧줄이 튼튼하게 드리워져서 전혀 문제가 없었는데 이런 일이 일어난 것이었다. 끊어진 밧줄을 자세히 살피고 있던 관원이 고함을 질렀다.

"아니, 이럴 수가! 밧줄에 칼자국이 있어. 누군가가 간밤에 칼질을 한 것 같아. 나리 이걸 보십시오."

관원이 보여 준 밧줄에는 예리한 칼로 반쯤 벤 자국이 있었다. 필시 누군가가 공사를 방해하려고 한 짓임에 틀림없었다. 이차돈은 경계를 강화했다. 다시 동아줄을 마련하는데 이틀이 더 걸렸다.

그날 밤이었다. 아찬 알공의 집에 사람들이 모였다.
"오늘 상량은 하지 못했다지요? 잘했소. 수고가 많았어."
알공이 말했다.
"나리, 시키신 대로 엊저녁에 몰래 건설 현장에 들어가 밧줄을 손질했
더니 그대로 나가떨어지더군요."
알공의 수하인 덩치가 말했다. 덩치는 몸이 날래고 꾀가 많아서 알공이
일을 시키면 언제나 빈틈없이 해냈다.
"그렇지만 아직 마음을 놓아선 안 되지. 어떻게 해서라도 이차돈이 기
일 내에 절을 짓지 못하게 해야 하네. 그래야만 왕이 이차돈을 처형하게
될 것이고, 또 그렇게 되면 목숨이 아까워서라도 다시는 불교를 퍼뜨리겠
다고 나서는 사람이 없을 것이야."
"여부가 있겠습니까? 절대로 실수하지 않을 것입니다."
덩치는 자신이 있다는 태도로 말했다.
"다음에는 불을 질러 태워버려라. 이번 일로 경계가 심해질 것이니 조
심하도록 하고."

같은 시각, 이차돈은 스승인 혜선慧禪 스님을 월산月山의 암자에서 만
나고 있었다.
"스님, 이번에 가람을 짓는 일이 훼방이 많아 순조롭지 못합니다. 어떻
게 하면 좋을지 고민이 되어 스님을 찾아왔습니다. 아무래도 신라의 권신
들이 불교 도입을 조직적으로 방해하는 것 같습니다."
"부처님의 가르침을 고깝게 여기고 방해하는 세력은 옛날부터 있던 일
입니다. 실패해서는 안 되지만, 만일의 경우라도 실패한다면 내가 뒤를 보
아 줄 것이니, 뒷일은 걱정하지 마시오. 아무쪼록 조심 또 조심하여 일에
실수가 없도록 하시오. 나무아미타불 관세음보살."

혜선 스님의 말씀을 듣고 이차돈도 마음의 안정을 되찾았다. 그러나 이 차돈의 마음속 깊은 곳에서는 '살아야 한다. 어떻게든 기일 내에 일을 끝내고 살아남아야 한다'는 소리가 점점 크게 들려오고 있었다. '아무리 부처님의 가르침을 널리 알리는 데 도움을 주는 일이라 하더라도, 내가 죽으면 소용이 없다. 지금이라도 임금님께 방해가 있어서 기일을 지키지 못할 것이라고 고하고 면책을 받아야 한다'는 생각이 뭉게뭉게 피어올랐다.

'아니다. 이번에 왕명의 지엄함을 보이지 않으면, 권신들은 왕을 업신여겨 말을 듣지 않을 것이다. 내가 기일을 지키지 못하여 처형을 당하면, 나 같은 왕족도 왕명을 거스르면 목이 달아난다는 것을 알게 될 것이야. 권신들의 훼방을 무서워할 것이 아니지. 오히려 이 기회를 왕권 강화에 이바지할 수 있도록 이용해야 하겠다.'

이런 생각, 저런 생각으로 이차돈은 밤새도록 눈을 붙이지 못했다. 새벽이 되어 동이 어슴푸레 트기 시작할 무렵에야 이차돈은 잠이 들었다.

"이차돈아, 그대는 무엇을 그리 괴로워하는가? 부처님의 진언眞言을 사부대중四部大衆이 들으러 모이는데, 무엇이 두려운가? 여기를 보아라. 그대가 참형을 당하게 되면 이런 기적이 일어나게 될 것이다. 그대의 몸은 죽어 없어지더라도, 그대의 영혼은 승천하여 극락에 왕생할 것이다. 이보다 축복된 일이 따로 있겠는가. 희생이 되는 것을 두려워하지 말라. 부처님의 가르치심을 영원히 빛내려면, 그대처럼 용기 있는 사람의 살신성인이 필요하니라. 나무아미타불 관세음보살."

얼굴이 거무스레한 키 큰 노승이 한 길이 넘는 선장禪杖에 의지해 언덕 위에 서서 이차돈을 내려다보며 말했다. 사부대중은 비구(출가남자승), 비구니(출가여자승), 우바새(재가남자신도), 우바이(재가여자신도)를 가리켰다.

"누구십니까? 이렇게 말씀하시는 어르신은."

"나는 묵호자다. 신라에 불도를 전하러 왔었지."

"큰스님이시군요. 제가 가람을 지으려다가 기일을 지키지 못하게 될 것 같아 고민하고 있었습니다. 스님께서 도와주소서."

"모든 일은 부처님께서 돌봐주실 것이다. 지금 짓고 있는 가람은 한 번 불을 만나, 이승의 죄악으로 묻은 때를 씻게 될 것이다. 기일은 지키지 못하게 되고 그대는 처형될 것이다. 그러나 이는 중생이 왕권과 불도의 준엄함을 깨닫지 못하는 것을 고치기 위한 부처님의 조치니라. 그대의 목숨을 거두어 가는 대신, 이 나라에 불교가 왕성하게 될 것이니라. 얼마나 보람 있는 일인가. 이차돈, 절대로 낙심하지 말고, 오로지 부처님을 모시는 일에만 전념하도록 하여라. 나무아미타불 관세음보살."

"그래도 스님, 저를 살려서 쓰실 수 있는 일이 있을 터인데, 어찌 이렇게 죽이려 하십니까?"

"이 땅에 불교를 퍼뜨리는 일은 이곳 사람들에게는 천지개벽이 일어나는 것과 같단다. 그러니 누군가가 자기의 목숨마저 버리고 헌신하지 않으면, 결코 대중을 계몽할 수 없단다. 그러니 어쩌겠는가? 부처님에게 몸을 맡기고 기다릴 수밖에."

말을 마친 노승은 짙은 안개 속으로 사라졌다.

"스님, 큰스님. 기다려 주세요. 절 구해 주세요."

이차돈이 눈물을 흘리며 호소하는데, 하늘에서 연꽃송이가 훨훨 내려오고 사방에 그윽한 향기가 피어올랐다. 이차돈이 아래를 내려다보니 땅 위에 자기의 주검이 놓여 있는 것이 보였다. 머리와 몸이 분리된 상처에서 하얀 액체가 뿜어져 나오는 것이 이상하게 여겨졌다. 하늘에서 고운 비파 소리가 들리더니, 관세음보살이 내려와서 자기의 주검을 두 팔에 안고 하늘로 올라갔다. 그러자 왕과 대신들이 엎드려 몇 번이고 절을 하는 것이 보였다.

"날 살려 주시오. 관세음보살님!"

큰소리를 치며 일어나는데, 꿈이었다. 이차돈의 온몸은 땀에 흠뻑 젖어 있었다. 그러나 기분은 상쾌했다. 그토록 아팠던 머리가 개운해졌다.

세월은 살 같아서 다섯 달은 삽시간에 지났다. 금당金堂은 거의 다 지어져, 마지막 채색과 칠을 하는 작업을 밤낮을 도와 진행하고 있었다. 사람들은 여러 날을 주야로 일하다가 지친 몸을 잠깐 쉬고 있었다. 밤 하늘에 먹구름이 끼어 오는 바람에 지척을 구분하지 못할 정도로 사방이 깜깜해졌다. 갑자기 금당의 지붕 위에 검은 그림자가 나타났다. 온몸을 검은 차림으로 감싼 복면의 괴한이 지붕 위에서 추녀 밑을 살폈다. 손에는 큼직한 보퉁이를 들고 있었다.

괴한은 인적이 없는 것을 보고, 보퉁이를 든 채 뒷마당으로 소리 없이 뛰어내렸다. 날렵한 것이 소리 내지 않고 움직이는 데 이골이 난 듯했다. 사방을 두리번거리더니, 금당으로 들어가는 문을 살며시 열었다. 문틈으로 몸을 비비고 안으로 들어간 괴한은 보퉁이를 풀어, 속에 있던 검은 액체를 문과 기둥에 발랐다. 그리고 품에서 무엇인가를 부스스 끄집어내더니, 두 손으로 '탁, 탁'하고 쳤다. 그러자 불꽃이 튀어 검은 액체에 불이 붙었다. 순식간의 일이었다. 금당의 문과 기둥에 불이 붙었다. 괴한은 다시 문틈으로 몸을 비비고 나가서 휙 하고 몸을 날려 금당의 지붕으로 올라갔다. 그런 뒤에 다시 그림자처럼 사라졌다. 금당 안에서 불이 붙은 것이었기에 사람들은 바로 눈치채지 못했다. 한참이 지나자 불이 밖으로 번졌다. 그제야 사람들이 아우성을 쳤다.

"불이야! 불이야! 물 떠 오너라. 물!"
사람들이 사방에서 물을 떠 왔다. 그러나 이미 불은 금당 전체를 삼키고 있었다. 불이 났다는 급보에 놀란 이차돈이 달려 왔을 때에는 이미 손을 쓸 재간이 없었다. 이차돈은 넋을 잃고 금당을 홀랑 태우고 있는 불길을 바라보았다. 꿈에 묵호자 스님이 말씀하셨던 것이 머리에 스쳤다. 드디어 일어날 것이 일어났군. 이차돈은 체념했다.

다음 날 아침, 이차돈은 화재가 난 사실을 왕에게 고했다. 왕은 대경실

색하고 긴급히 화백회의를 소집했다. 남당에 무시무시한 형틀을 설치하고 왕은 사찰 건설 관계자를 국문했다.

"간밤에 금당이 다 탔으니, 사찰을 다시 지을 수밖에 없게 되었다. 누구의 잘못인지 죄를 따져 엄벌에 처해야 하겠다. 먼저 이차돈 총감에게 묻겠노라. 그대는 무엇을 했기에 다된 밥에 재를 뿌린 것이냐? 절을 여섯 달 내에 짓겠다고 호언장담하더니, 이것이 그 결과인가? 입이 있거든 변명을 해 보아라."

왕의 힐책이 대단했다. 자리를 함께 하던 대신이나 마을의 촌주들은 입을 다물고 왕의 기색만 살폈다.

"누가 불을 지른 것인가? 또는 실화한 것인가? 그것도 따져야 하겠다. 그러나 무엇보다도 문제를 삼을 것은 공사 기일을 지키지 못한 책임일 것이다. 이런 공사에 불상사가 있을 것은 미리 짐작할 수 있는 일이 아닌가? 그런데도 경비를 소홀히 하여 재난이 한 번도 아니라 두 번이나 일어났으니, 그 책임은 실로 막대하다 할 것이다. 이차돈은 입이 있거든 말해 보아라."

거듭된 왕의 힐책을 들으면서도, 이차돈은 말을 잃고 땅바닥에 엎드려 고개를 들지 못했다. 그러자 아찬 알공이 나섰다.

"네 이놈 이차돈, 왕명이 지엄하시거늘. 기일을 지킬 것을 호언장담하더니 이런 일을 저지르고 말았구나. 너는 이번 일로 오역과 요언혹중, 그리고 기만시정欺瞞市井의 죄를 지었느니라. 그 죄는 마땅히 참형에 해당하니 그대는 승복하겠는가?"

"오역이라 함은 억울하오. 오역은 불가에서 무간지옥無間地獄에 떨어질 다섯 가지 나쁜 짓을 말하오. 아버지를 죽이는 일, 어머니를 죽이는 일, 아라한阿羅漢을 죽이는 일, 중의 화합을 깨뜨리는 일, 불신佛身을 손상하는 일을 뜻하는 것이 오역이오. 내가 그런 일을 한 적은 없소. 오역이라는 말을 어찌 그대 같은 무지한 자가 함부로 쓰는가? 요언혹중에도 해당되지 않소. 불도를 포교하는 것이 어찌 요언혹중에 해당될 일이오. 기만시정이란 내가 시정을 책임지고 있지 않으니 있을 수도 없는 일을 문제로 삼는 것이오."

"그럼, 너는 죄가 없단 말이냐?"

"어찌 죄가 없겠소. 내 대왕폐하께 여섯 달 안으로 사찰을 완성해서 불도를 포교하는 데 공헌을 하겠다고 약조했고, 기일을 지키지 못하면 처벌을 받겠다고 말씀드렸소. 원인이 무엇이든 간에 약조를 어겼으니 처벌은 각오하고 있소. 대왕폐하께서는 소신을 참형으로 다스려 일벌백계를 삼으소서."

이차돈은 머리를 조아리며 왕에게 자신을 처벌할 것을 호소했다.

"그대가 기일을 지키지 못한 것은 화재로 금당이 탔기 때문이니 원인을 밝히는 것이 먼저가 아닌가. 그렇게 자책하며 죽음을 재촉할 일이 아니다."

왕은 어떻게 해서라도 이차돈을 처벌하지 않으려고 구실을 찾았다. 그러자 이찬 비조부가 나서서 말했다.

"폐하, 우리 신라는 율령을 정하여 시행한 지도 얼마 되지 않습니다. 이런 때에 왕명을 어긴 죄를 엄히 다스리지 않는다면 모처럼 제정한 율령이 권위를 잃게 될 것입니다. 폐하의 조카라고 해서 기일을 어길 만큼 감독을 소홀히 한 죄를 다스리지 못한다면, 어떻게 국법을 준수하도록 권신들과 지방 호족들을 다스릴 수 있겠습니까? 이차돈의 사정이 딱하기는 하나, 엄히 단죄하셔야 합니다."

그러자 파진찬 덕지가 말했다.

"폐하, 읍참마속泣斬馬謖의 선례를 따르소서. 제갈공명諸葛孔明이 가정街亭을 잃은 죄를 물어 아끼던 부하 장수 마속馬謖을 참형에 처한 것은 군율을 지키는 것이 최고로 중요함을 만인에게 알리기 위한 것이었습니다. 어찌 마속 같은 장수를 아끼지 않았겠습니까? 영단을 내리소서."

이찬 철부도 나섰다.

"폐하, 이차돈 스스로도 자기의 죄에 승복하고 있습니다. 어서 결정하소서."

"불도를 진흥시키려다가 스스로 희생이 되기를 원하니, 짐도 어찌할 수가 없구나. 국법이 엄하니, 이차돈을 참형에 처하도록 하여라."

왕도 마지못해 영을 내렸다.

다음 날 아침에 이차돈을 월성 밖에서 처형했다. 아침부터 구름이 짙게 깔리고 간간이 천둥 번개가 치는 것이 심상치 않았다. 이차돈을 형리가 참형에 처하니, 때 아닌 우박이 쏟아져서 이차돈의 주검을 뒤덮었다. 그것은 마치 이차돈의 몸에서 선혈이 뿜어지는 대신 흰 피가 쏟아지는 것 같았다. 이차돈의 주검은 돗자리로 감싸고 하루 동안 방치되었다. 오후가 되니 사방에서 불교신자들이 저마다 연꽃송이를 들고 형장으로 모여들었다. 이차돈의 주검 위에 연꽃송이를 던지니 꽃동산이 생겼다. 문자 그대로 불교의 영험이 나타난 것이었다. 소식을 들은 왕과 대신들이 형장으로 나왔다. 먼저 왕이 말했다.

"이차돈은 불법을 전파하기 위해 순교한 것이다. 모두들 그의 뜻을 받들어 불법을 널리 홍보하도록 하여라. 짐이 먼저 불교를 믿을 것이니, 백성들 모두가 따라 하도록 하여라. 나무아미타불 관세음보살."

왕이 먼저 이차돈의 주검 앞에서 향을 피우고 절을 하니, 군신이 따라 예를 올렸다. 이를 보고 있던 이차돈의 스승인 혜선 스님은 합장하고 염불하며 이차돈의 극락왕생極樂往生을 빌었다. 왕은 이차돈의 주검을 거두어 북산北山의 서령西嶺에서 장사 지냈다. 그리고 화재의 원인을 캐어, 아찬 알공과 덩치를 잡아 효수했다. 사람들은 이차돈의 공덕을 기리어 절을 완성하고, 자추사刺楸寺라 이름 지었다. 십여 년 뒤에 왕은 스스로 면류관을 벗고 승복을 입었다. 왕비도 왕과 같이 머리를 깎고 비구니가 되었다. 그녀의 법명을 묘법妙法이라 했는데, 영흥사永興寺에 들어가 살다가 죽었다. 이차돈의 공덕으로 이때부터 불교가 공인되었고 신라의 국민적인 종교가 되었다.

4. 가야의 흥망

"마마, 신라가 지난번에 탁기탄喙己呑을 공격하더니 이번에는 창원昌原의 탁순국卓淳國을 공격해 오고 있습니다. 어찌 하오리까?"

금관가야의 각간角干 출충出忠이 대궐로 달려 와서 왕에게 아뢰었다.

"아니, 지난번 고구려가 공격해 왔을 때에도 큰 변을 당했는데, 이번에는 신라가 탁순국을 공격해 왔단 말인가? 신라가 우리 가야연맹의 여러 나라를 취하겠다는 야욕을 마침내 드러내고 말았군. 백여 년 전인 이시품왕伊尸品王 때에 고구려와 신라의 연합군이 쳐들어 왔었지. 그때에는 야마토와 백제의 지원을 받고도 대항하다가 무참하게 패하고 말았지. 이제는 백제가 신라와 동맹을 맺어 우리를 지원할 수 없게 된 데다, 야마토도 힘이 없어진 판국에 신라가 가야연맹을 공격하기 시작했으니, 이를 어떻게 대처해야 좋을 것인가?"

금관가야의 10대 왕 구형왕仇衡王은 신라가 탁순국을 공격한다는 소식에 크게 놀랐다. 왕은 노종奴宗, 무덕武德, 무력武力 세 왕자들과 주변 정세를 논의하고 있던 참이었다.

"아바마마, 백 년 전에 고구려에게 당한 뒤로, 우리 금관가야는 힘을 쓰지 못하고 있습니다. 우리의 주산물인 철정鐵鋌을 사주던 낙랑과 대방이 고구려에 망하고 나니, 시조 할아버지마마 이후 수백 년 동안 독점하여 왔던 바닷길을 고구려, 백제, 신라, 왜의 네 나라에게 침식당하고 말았습니다. 우리나라는 원래 대 선단을 동원한 동서 간의 무역을 통해 치부해 온 셈인데, 이렇게 되고 보니 나라의 형편이 말이 아닙니다. 지금 우리에게는 탁순국을 구원할 힘이 전혀 없습니다. 오로지 신라가 더 이상 우리를 침범하지 않게 접경 지역의 경비를 강화하도록 명하실 길밖에 없습니다."

태자 노종이 말했다. 그러자 막내인 무력이 그 말을 받아 숨을 크게 들이쉬며 말했다.

"태자마마의 말씀이 맞습니다. 안타깝게도 최근에는 가야연맹의 여러 나라가 우리 금관가야의 말을 들으려 하지 않습니다. 이에 반하여 고령을 중심으로 한 반로국半路國이, 대가야大伽倻로 이름을 바꾸고 대왕이라 호칭하면서 가야연맹의 새 지도자로 나섰습니다. 그들은 우리를 남가야南伽倻나 아랫가야下伽倻로 부르면서 하대하고 있습니다. 게다가 포상팔국의 난 이후로, 함안咸安의 안라가야安羅伽倻가 서남부 가야를 지도하기 시작했습니다. 그런데도 우리는 힘이 미치지 못해 손가락을 입에 물고 방관할 수밖에 없습니다. 이렇게 분한 일이 어디 있겠습니까? 군사 오천만 있어도 안라가야쯤은 혼낼 수 있겠는데, 마음대로 안 되니 안타깝기 한이 없습니다."

"탁기탄에 이어 탁순국마저 신라의 손에 들어간다면, 그 다음은 필시 우리 차례가 될 것이다. 우리 금관가야는 순망치한脣亡齒寒이 되는 셈입니다."

무덕이 문자를 썼다.

"그렇지. 입술이 망하니 이가 시릴 수밖에 있겠는가? 그런 일이 일어나지 않게 하려면 어떻게 해야 한다는 말인가? 어쩌다가 우리 금관가야가 이 지경이 되었는가?"

구형왕은 답답한 마음을 숨기지 않았다.

"시조 할아버지께서 금관가야를 개국하실 때만 해도, 왕비의 친정인 허씨 집안과 힘을 합해서 동서 각국과 교역하여 번창했었지요. 쇠를 다루는 관청이라는 뜻으로 금관이라 한 만큼 우리나라는 쇠를 많이 생산했지요. 시조 할아버지께서 처음에는 김해에서 구야국狗邪國을 세우시고 이어 거제의 독로국瀆盧國, 창원의 탁순국, 함안의 안야국安邪國, 고성의 고자국古自國을 거느리고 대가야大加耶라고 하셨지요. 말하자면 가야연맹의 맹주가 되신 셈이지요. 금관가야의 왕자들이 대마도와 쓰쿠시로 진출해서, 그곳의 왜인들을 거느리고 나라를 세우자, 자연스럽게 왜인들과의 유대도 강해졌습니다."

각간 출충이 영광스럽던 과거를 회고하면서 말했다.

"그렇습니다. 포상팔국의 난이 있기까지만 해도 우리 금관가야가 최강이었지요. 그런데 포상팔국의 난이 평정된 뒤 백제의 무령왕武寧王이 가야 유민의 후손을 백제의 호적으로 편입하면서 여수麗水의 상다리, 돌산도의 하다리, 순천順天의 사라, 광양光陽의 모루가 백제의 손아귀로 들어갔습니다. 무령왕은 왜국의 지원을 얻기 위해 태자 순타淳陀를 비롯한 학자와 기술자들을 보내어 왜국을 도우면서 돈독한 외교를 전개하고 있습니다."

노종이 포상팔국의 난 이후의 얼룩진 역사에 대해 소상히 설명했다.

"그렇지. 포상팔국이 반란을 일으키기 전까지는 우리도 힘을 썼단 말이야."

왕은 옛날이 그립다는 듯 아득한 표정을 지었다. 그러자 막내 왕자 무력이 말했다.

"아바마마, 신라의 성골 김씨의 시조인 알지閼智가 시조 할아버지의 막내 왕자였다고 합니다. 그것이 틀림이 없습니까?"

"그럼. 우리 가야 왕가에서는 누구나 알고 있는 얘기지."

왕이 말했다.

"그렇다면 우리 금관가야와 신라는 개국 이래로 예사로운 사이가 아니었군요. 간간이 충돌은 했지만, 근본적인 적대관계는 아니었군요. 그런데 어떻게 신라와의 사이가 이리 험악해진 것이지요?"

무력이 의아한 눈초리로 왕을 보며 말했다.

"그건 말이야, 왜가 보낸 공물을 신라인들이 약탈하는 사건이 생겼기 때문이지. 금관가야 제5대 왕이신 이시품왕伊尸品王께서 왜에 원병을 청해서 함께 신라를 공격했지. 우리의 공격이 극심해지자, 견디다 못한 신라가 고구려의 광개토왕에게 구원을 청했어. 그 바람에 고구려의 5만 대군이 남하하여 신라와 합세해서 우리와 야마토의 연합군과 격전을 벌이게 되었지. 고구려의 개마기병鎧馬騎兵은 엄청난 힘을 발휘했지. 결과적으로 우리 군사들이 엄청나게 당하고 말았어."

왕은 고구려와의 대전에 대해 소상히 알고 있었다.

고구려가 북으로 철수한 뒤에 가야에서도 개마기병을 기르게 되어 크게 군사력을 보강했다. 그런데 이시품왕을 이은 좌제왕坐知王이 하녀를 왕비로 삼고 그녀의 친인척들을 요직에 올려 국정에 간여하게 만드는 바람에 온 나라가 소란해졌다. 다행히 얼마 가지 않아 박원도朴元道라는 신하가 간언하여 왕비를 폐하고, 하산도荷山島로 귀양을 보냈다. 그러고는 그녀의 일족을 축출하여 국정을 바로잡았다. 그러나 이런 일이 있은 뒤로 금관가야의 형편이 점점 어려워졌다.

가야의 여러 나라 가운데 김해金海의 금관국金官國 이외의 나라들 가운데 함안의 안야국安邪國과 고령高靈의 반로국半路國이 커서 2만에서 2만 5천 명의 규모가 되었으나, 나머지 여러 나라들은 고작 3~4천 명의 소국이었다. 포상팔국의 난이 평정되고 나자, 함안의 안야국이 힘을 얻게 되어 서남부 가야를 이끌게 되고, 고령의 반로국이 성장해서 대가야大伽倻라 칭하며 합천陜川, 창년昌寧, 의령宜寧, 거창居昌, 남원南原, 사천泗川 등을 거느리고 한동안 가야연맹을 주도해 나갔다. 금관가야와는 형제국인지라 사람들은 반로국을 상가야라 부르고 금관가야를 하가야라고 부르기도 했다.

대가야의 하지왕荷知王은 나라를 잘 통치하면서 특히 외교에 주력했다. 이웃의 신라, 백제와 우호관계를 맺으면서, 두 나라 사이에서 균형을 잡고 대가야의 지위를 확보했다. 신라가 고구려와 전쟁할 때에도 백제와 함께 군사를 보내어 신라를 도왔다. 그러는 한편 서기 479년에는 중국의 남제南齊에 사신을 보내어 보국장군본국왕輔國將軍本國王의 작호를 얻어 권위를 강화했다. 보국장군은 3등급으로 고구려나 백제가 받은 정동장군이나 진동장군鎭東將軍보다는 한 등급이 낮았으나, 그 나름대로 가야연맹을 이끌어 나가는 데에는 충분한 권위가 있는 작호였다. 가야라는 말은 본래 금관가야의 원래 이름인 구야국拘邪國에서 나온 이름인데, 중국 사람들은 가라伽羅라 했고, 왜인들은 님의 나라라는 뜻으로 미마나라고 불렀다.

"고령의 대가야가 신라와 혼인을 해서 우호관계를 구축했는데, 근래에 사이가 벌어졌다고 하니 어찌된 일인가? 각간은 이에 관해 아는 것이 있는가?"

왕이 각간 출충에게 물었다.

"20년 전쯤에 백제가 임실과 남원의 기문己汶 지역을 침입했습니다. 대가야는 하동의 대사 지역에 성을 쌓아 방비했으나, 큰 효과를 거두지 못했습니다. 대사 지역은 대가야가 왜국이나 중국과 교역하는 길목이 됩니다. 섬진강 하구의 항구를 통해 대가야가 바다로 진출할 수 있는 유일한 통로입니다. 이 지역을 백제에게 빼앗기게 되니 대가야는 하는 수 없이 신라와 친교를 맺게 됩니다. 대가야의 이뇌왕異腦王이 지금으로부터 십 년 전에 신라에 청혼한 것이 바로 이런 배경에서 나온 것이지요. 이뇌왕의 청혼을 받은 신라의 법흥왕은 이찬 비조부의 누이동생을 왕비로 보내게 되었습니다. 마침내 대가야와 신라는 인척간이 된 것이지요. 이뇌왕과 법흥왕은 낙동강의 요지인 황산에서 회동을 했습니다. 신라와 협력하는 전제로 대가야가 황산강을 이용해서 바다로 나갈 수 있게 법흥왕이 해 주었습니다. 그런데 이뇌왕의 비가 되기 위해 대가야로 시집가는 비조부의 누이동생을 신라의 시종들이 100명이나 모시고 갔습니다. 법흥왕이 율령을 반포하면서, 신라인의 복색을 새로 제정하니 당연히 신라 출신의 시종들은 새로 정한 신라 복제에 따라 의관을 바꾸게 되었답니다. 갑자기 신라 출신 시종들의 복색이 신라 식으로 바뀌는 것을 보고 많은 가야 사람들이 놀랐습니다. 원래 가야의 복색이 정해져 있었기 때문이었습니다. 여러 나라 가운데에서도 창원의 탁순국왕이 크게 화를 내었습니다. 탁순국왕은 신라 시종들을 문초하고 그 잘못을 크게 지적했습니다. 가야인이 되었으면 가야의 복제를 따라야지 신라를 따르는 것이 못마땅했던 것입니다. 신라는 탁순국왕의 이런 행동을 용납하지 않았습니다. 마침내 군사를 일으켜 도가刀伽, 고파古跛, 포나모라布那牟羅의 세 성과 북쪽의 다섯 성을 함락시켰습니다. 신라가 대가야에게 왕비와 그 시종들을 신라로 복귀시키라고 요청하자 이뇌왕은 탁순국왕의 행동은 자기와 무관한 일이고, 이미 왕비와의 사이에 왕자를 탄생한 판에 왕비를 돌려보낼 수 없다고 신라의 요청을 단호히 거절했습니다. 이런 일이 일어나자, 대가야와 신라의 결혼으로 인한 동맹이 와해되고 말았습니다. 마마, 소신이 아는 것은 여기까지입니다."

각간 출충은 주변 정세를 상세히 파악하고 있었다. 출충에 이어 태자 노종이 말했다.

"아바마마, 신라가 여러 가지로 구실을 삼아 야금야금 가야연맹을 잠식해 와서 가야연맹의 소국들이 동요하기 시작했습니다. 대가야는 신라에 대항하는 한편 소백산맥을 따라 서쪽으로 진출해서, 자탄子呑과 대사帶沙에 성을 쌓고 기문 지역을 침범했습니다. 기문 지역을 잃게 된 백제는 가만히 있을 수가 없었습니다. 분쟁이 거듭되자, 지금부터 20년 전에 대가야, 안라가야, 신라, 백제의 사신들이 회의를 했습니다. 그러나 별로 신통한 결론을 얻지 못했습니다. 이 회의에 참석했던 백제장군 저미문귀姐彌文貴와 오경박사 단양이段楊爾가 2월에 야마토로 건너가서 원병을 청했다고 합니다. 오경박사 단양이는 3년 뒤 안라가야 출신의 아야漢의 고안무高安茂에 의해 교체되는데, 야마토의 교육을 담당하고 백제의 철기 가공 기술을 전한 사람입니다. 문귀의 요청으로 왜장 모노노베物部連가 4월에 군사 오백 명을 거느리고 사도도沙都島에 상륙하려다가 실패하고, 대사강帶沙江에 이르러 엿새를 머물렀습니다. 대가야의 군사가 이들을 습격하여 군막을 태우니 모노노베의 무리들이 가까스로 목숨을 건져 도주했다가, 다음 해의 오월이 되어서야 백제의 전부목라前部木羅와 부마갑배不麻甲背의 구원을 받아 기문을 거쳐 백제의 도성으로 올라갔습니다. 모노노베와 함께 돌아온 문귀도 대가야를 피하여 백제의 서울로 돌아갔다고 합니다."

"백제와 왜의 야마토가 친인척간이라는 것은 이미 오래된 일인데도, 일만 생기면 백제는 야마토의 지원을 구하는군. 대가야가 가만히 있을 리가 없지."

"그렇습니다. 마마. 대가야는 계속해서 지리산의 서부 지역을 공략하여, 섬진강을 따라 남해로 진출하는 출구를 확보하기 위해 혈안이 됩니다. 재작년 3월에 안라왕 아라시도가 함안의 도항, 망산리에 누각을 높이 지어 인근 각국의 사신을 초청했습니다. 안라왕의 의도는 각국의 각축으로 혼란에 빠지고 있는 가야연맹을 정리해서 주도권을 잡겠다는 데 있었습니다. 안라의 권위를 세우기 위해 높은 누각을 짓고 멀리 동쪽의 야마토 세력까지 불러들인 것입니다. 그러자 서남부의 여러 작은 나라들이 불안을 이기지 못하고, 안라가 제안한 국제회의에 참가하게 됩니다. 이때에 참석한 사람은 백제의 장군 윤귀尹貴와 마나갑배麻那甲背, 신라에서 부지나마夫智奈麻와 해나마奚奈麻, 야마토에서는 게노오미毛野臣였습니다.

이 회의의 목적은 안라 중심의 남부 소국들을 이웃 나라에 알리고 신라의 침략을 견제하기 위한 것이었습니다. 백제는 이 회의에 참석하기 위해 자탄에 성을 쌓고 군사를 파견했습니다. 한편 신라의 부지나마도 3,000명의 군사를 다다라에 주둔시켜, 신라의 위세를 과시하게 되었습니다. 그러자 왜의 게노오미는 진해의 웅천에 상륙하려다가 실패하고, 창원의 기질기리 성으로 갑니다. 안라왕은 신라와 백제를 견제하기 위해서 왜의 게노오미를 초청했는데, 백제가 회의를 구실로 자탄의 군사를 동원하여 창원 경계에 성을 다섯이나 축조하게 되는 결과를 자초하고 말았습니다."

"지리멸렬支離滅裂이구먼. 그래 회의는 잘 진행되었는가?"

"잘 될 리가 있습니까? 마마. 안라왕이 고당에 오르는데 각국의 고관들이 당상으로 따라 오르게 됩니다. 그런데 백제의 장수들이 고당 아래에서 당상으로 오르려는 것을 그 신분이 낮다 하여 오르지 못하게 말리니, 백제의 장수들이 분통을 터뜨렸습니다마는 어찌하지 못했습니다. 게노오미는 야마토의 천황을 대신한다고 하면서, 백제와 신라가 신분이 낮은 자를 보낸 것은 대국 간의 예에 어긋난다고 힐난했습니다. 신라와 백제에서 다시 사신의 신분을 높여서 보낸 것이, 하나는 신라의 왕족인 이사부 간기 干岐였고 또 하나는 백제의 은솔 미도리弥藤利였습니다. 그러나 이들과도 잘 협의하지 못하고 서로 음해하여 싸움이 벌어지니, 게노오미는 마산의 구시무라에 집을 짓고 2년을 머물면서 안라가야 사람들과 왜인들 간의 송사에만 신경을 쓰게 되었습니다. 그런데 이 사람이 워낙 무지했습니다. 예컨대 송사를 판정하기 위해 서당誓湯이라는 제도를 들여왔는데, 끓는 물에 손을 담그게 해서 무사한 사람만 승소하도록 만들었답니다. 그러다가 보니 많은 사람들이 무고하게 손을 데여 낭패를 보게 되었지요. 백성들의 원성이 하늘을 찌르게 되자, 야마토의 천황이 백제 출신의 쓰기노기시調吉士를 파견해서 민심을 수습하게 하고 게노오미를 소환했습니다. 안라왕도 게노오미가 하찮은 일만 챙기고 가야연맹의 세력 조정에는 관심도 없는 것을 보고 그의 귀국을 권했으나, 게노오미는 전혀 귀국할 생각을 하지 않았습니다. 안라왕은 게노오미를 버리기로 하고 사신을 신라와 백제에 보내어 게노오미를 공격하게 유도했습니다. 그런데 백제는 이 사신을 잡아 팔다리에 쇠고랑을 채우고 신라와 함께 안라성을 포위하고 게노오미를 내놓으라고 엄포를 했습니다. 이들은 한 달 가까이 안라성을 공격하다가, 근방에 성을 쌓고 돌아가는 길에 다섯 개의 성을 함락시켰습니다. 게노오미가 정사를 제대로 돌보지 않고 오만불손하여 비리를 저지르기를 밥 먹듯 하며 인심을 잃고 소요가 계속되는 것을 안 쓰기노기시는 천황에게 상주하여 게노오미를 소환하고 말았습니다. 결국 게노오미는 큰 역할을 하지 못하고 왜로 귀국하다가 대마도에서 병이 나 죽고 맙니다.”

“그렇다면 왜인들의 지원도 믿을 게 못 되는군. 그럼 우리 금관가야는 어떻게 처신하는 것이 좋은가?”

얘기를 들을수록 구형왕의 가슴은 답답하기만 했다.

“아바마마. 아무래도 우리 금관가야는 신라와의 오랜 연고를 찾아서 신라에 귀부歸附하는 것이 상책이 아닌가 생각합니다."

태자 노종이 한참 숙고를 하더니, 결심한 듯이 얼굴을 들며 말했다.

"신라에 귀부하자고?"

"아니, 태자마마, 신라에 항복하자는 말입니까?"

두 아우와 각간이 이구동성으로 외쳤다.

"귀부하자는 거야. 항복이 아니다. 귀부란 스스로 복종할 뜻을 보인다는 것으로 자발적인 행동이지."

"아니, 그래도 나라를 신라에게 바치자는 말이 아닙니까?"

"다들 생각해 봅시다. 지금 가야연맹은 산산조각이 난 셈입니다. 대가야가 맹주라고 큰소리를 치고 있으나 밤낮으로 신라, 백제, 안라가야와 싸우느라 정신이 없고, 안라가야 역시 왜인들을 끌어들이고도 제 땅을 지키지 못하고 있지 않습니까. 싸움이 잦을수록 죽어나는 것은 백성들뿐입니다. 군사들이 접전하는 지역의 백성들은 툭하면 집을 잃고 부녀자가 겁탈당하고 있지 않소. 신라, 백제, 야마토는 모두가 제각기 덕을 보려고 혈안이니, 가야 사람들만 녹아나고 있지요. 우리 금관가야가 그나마 동남쪽 끝에서 온전한데, 우리의 연고를 찾는다면 신라밖에 없지 않겠습니까? 신라의 법흥왕은 우리 시조 할아버지의 핏줄을 타고 난 김알지의 후손이고, 근자에 불교에 귀의하여 마음이 자비롭고 의리가 있는 임금님으로 알려져 있지요. 그러니 우리가 자발적으로 나라를 그에게 바치면 우리 백성들을 거두어 구휼해 주실 것입니다."

태자의 말은 구구절절이 일리가 있었다. 잠자코 왕자들의 말을 듣고 있던 구형왕이 손을 들어 이들을 말렸다.

"너희들의 의견은 알겠다. 며칠을 두고 생각해 보자. 오늘은 피곤하니 그만 쉬도록 하자. 모두들 돌아가거라."

왕자들과 각간 출충이 나오는데 태자가 일렀다.

"오늘 논의하던 일에 대해서는 며칠 동안만이라도 함구하도록 합시다.

국가의 대사이니 아바마마께서 결심을 하실 수 있도록 시간을 드립시다. 부디 기밀이 누설되지 않도록 주의해 주시오."

"알겠습니다. 태자마마."

모두들 깊은 생각에 잠기면서 대궐을 나섰다.

5. 금관가야의 멸망과 사비泗沘회의

침전으로 들어온 구형왕은 잠이 오지 않았다. 간간이 땅이 꺼져라 하고 한숨을 쉬었다. 잠자리에 들지 않고 의자에 앉아 생각에 잠긴 왕을 보고 왕비 계화桂花가 물었다. 계화는 각간 부치수리치分叱水爾叱의 딸인데, 생각이 깊고 정이 많은 여인이었다.

"마마, 무엇을 그리 근심하고 계십니까? 오늘 온종일 회의를 하셨는데 지치지도 않으셨습니까? 어서 침소에 드소서. 옥체가 상하실까 두렵습니다."

"짐의 근심을 왕비에게도 들켰구려. 실은 우리 금관가야의 명줄이 다한 것 같아, 걱정을 하고 있는 거요."

"마마, 근심이 많을 적에는 아름다운 얘기를 듣고 한시름 잊는 것도 마음의 약이 된다고 들었습니다. 신첩이 아름다운 사랑 얘기를 하나 해 드릴까요?"

"그래, 왕비의 말씀도 일리가 있소. 무슨 얘기요. 말씀해 보시구려."

왕비 계화가 헛기침을 하더니, 은쟁반에 구슬을 굴리듯 맑은 목소리로 왕의 귓전에 대고 속삭였다.

"선대왕 때의 일이었습니다. 우리 김해의 남대정동南大政洞에 출出정승이 살고 있었습니다. 출정승은 북대사동北大寺洞에 사는 황黃정승과 친구 간이었지요. 두 사람은 워낙 사이가 좋아서, 앞으로 자식이 태어나면 서로 사돈이 되자고 약속을 했습니다. 얼마 뒤에 황정승은 아들을 낳았고 출정승은 딸을 낳았지요. 출정승은 아들을 갖고 싶었는데, 딸이라 속이 상

해서 아들이라고 속였습니다. 출정승은 딸의 이름을 여의如意로 짓고, 어릴 때부터 남장을 시켰습니다. 황정승의 아들 세洗와 여의는 함께 서당을 다니며 공부도 하고, 틈이 나면 뒷산의 봉황대鳳凰臺에 올라 무술 수련도 하고 놀았습니다. 이 아이들이 자라 사춘기가 되자, 황세는 여의가 여자 같다는 생각이 들었습니다. 키가 자기보다 조금 작은데다가 새가슴에 가는 허리, 두툼한 엉덩이가 아무래도 사내 같지 않았던 거죠. 하루는 황세가 여의를 꾀어서 봉황대의 개라암에 올라가 보자고 했습니다. 둘은 바위 위에 올라갔습니다. 황세가 여의를 보고 말했답니다.

'우리 에서 오줌 싸기 시합하자. 누가 멀리 누나 시합하자. 멀리 쏘는 사람이 이기기다.'

여의가 말했습니다.

'가만있어. 나 좀 내려갔다 올게.'

황세가 말릴 틈도 주지 않고, 여의는 아래로 뛰어 내려갔습니다. 얼마 후에 여의가 다시 바위 위에 올라왔습니다. 둘은 바지 가랑이를 제치고 오줌을 누었습니다. 둘의 오줌살이 아래로 뻗치는데 막상막하였답니다. 그래서 무승부가 되었지요.

마마, 여의가 무슨 재주를 부렸는지 아시겠습니까?"

왕비는 싱긋이 미소를 머금고 왕의 기색을 살폈다.

"거 참 재미있는 일이구려. 여의는 본시 여자가 아니오? 어찌 서서 오줌을 눌 수 있단 말이오."

왕은 너털웃음을 지으며 말했다.

"맞혀 보시어요."

왕비는 교태를 부리며 왕의 품에 안겼다.

"허허, 간지럽구려. 짐이 어찌 알 수 있겠소. 왕비가 마저 말씀해 보시오."

"여의는 아래에 내려가서 삼밭에 있는 굵직한 삼대를 잘라 왔답니다.

그 삼대의 대롱을 거기에 대고 오줌을 누었답니다. 마마."

"그런 터무니없는 소리가 어디 있소. 짐을 희롱하시는 거요?"

왕은 말은 그렇게 하면서도, 어이없다는 표정과 왕비가 귀여워 못 견디겠다는 표정을 함께 지었다.

"마마, 그 다음 얘기도 들으시렵니까? 잠이 오지 않으십니까?"

"궁금하구려. 여의가 꾀가 많은 것 같은데, 끝내 여자인 것을 숨길 수 있었소?"

"그날은 무승부로 끝났으나, 황세는 그럴수록 조바심이 나서 죽을 지경이 되었지요. 마침내 여의가 당하게 되었습니다. 거북내龜川에서 멱을 감게 되었거든요. 여의는 더 이상 자기가 여자란 사실을 숨길 수 없다는 것을 감지했습니다. 그래서 '난 여자요'하고 판자에 적어 냇물에 띄워 보냈습니다. 마침내 둘은 정분이 났지요. 이런 사실을 안 출정승은 황세가 장차 훌륭한 인물이 될 것으로 알고 딸을 시집보내기로 허락했답니다."

"그럼, 결국 들키고 만 것이구려. 진작 여자임을 밝히고 통혼을 하지. 애들이 먼저 정을 통하게 내버려두다니. 쯧쯧쯧."

왕은 딱하다는 듯이 혀를 찼다.

"그런데 일이 이상하게 된답니다. 마마."

왕비는 다시 왕의 구미가 동하도록 말을 아꼈다.

"무엇이 이상하단 말인가? 어서 말해 보시오."

"두 사람이 혼인을 앞두고 있는데, 신라가 침범해 왔습니다. 황세는 군인으로 출정하여 큰 공을 세웠지요. 당당하게 적군을 물리치고 개선하는 황세에게 왕이 하늘 장수라는 장군의 칭호를 제수하고, 부마로 삼기를 선언하셨습니다. 왕에게는 외동딸로 유민流民 공주가 있었거든요."

"아니, 이건 짐의 매제에 대한 얘기였군. 왕비도 짓궂군. 유민 공주는 매제가 병사한 뒤에 임호산林虎山에 들어가 비구니가 된 것으로 아는데."

"마마, 그렇습니다. 고모가 비구니가 된 데에는 이런 내력이 있습니다."

"어디 들어봅시다."

"황세가 부마가 된 것을 안 여의 낭자는 부모가 다른 곳으로 시집을 보내려고 권해도 듣지 않고 혼자 살다가, 스물넷의 꽃다운 나이로 죽고 말았답니다. 그 소식을 들은 황세 장군도 마음의 병으로 같은 해에 죽고 말았습니다. 한 번 통한 정분을 잊지 못했던 것이지요. 두 사람의 혼백을 위로하려고 유민 공주가 절에 들어갔습니다. 마마, 그 뒤 동네 사람들이 두 사람의 사랑을 기리어, 사당을 짓고 제사를 지낸다고 했습니다."

"그런 사정이 있었군. 짐이 미처 몰랐소. 참으로 슬픈 사연이 있었군. 아무리 서로 사랑해도, 하늘의 배려가 없으면 뜻을 이루지 못하는 것이라는 게지. 인간만사가 자기 마음대로는 되지 않는다는 이치를 새삼스럽게 가르쳐 주는 얘기이군. 고맙소. 왕비. 짐이 많은 것을 깨닫게 되었소. 오늘밤은 편히 잘 수 있겠소."

다음 날 아침이 되었다. 왕은 내시를 보내어 세 왕자를 불렀다.

"아바마마, 불러 계십니까? 밤새 안녕히 주무셨습니까?"

"왕자들은 듣거라. 지금부터 짐과 함께 지리산의 수정궁水晶宮으로 가자. 가는 길에 우리 가야의 백성들의 사는 모습도 살펴보고. 각간 출충과 사간沙干, 김상金相도 함께 가도록 일러라."

수정궁은 삼신산三神山의 하나인 지리산智異山의 한 봉우리, 왕산王山 기슭에 엄천강을 내려다보게 지은 별궁이었다. 왕족이 자주 찾아가 산수를 즐기던 곳이었다. 왕은 수정궁에 들어가서 왕자들과 대신들을 향해 말했다.

"모름지기 인간만사는 하늘이 정한 대로 이루어지는 법이다. 시조 할아버지께서 말씀하시기를 임금은 항상 백성을 위하여 일하라 하셨다. 지금이곳까지 오는 길에 백성들의 사는 모습을 살펴보니, 그동안의 전란에 농사도 짓지 못하고, 몹시 고달픈 삶을 살고 있구나. 단군 할아버지 때부터 홍익인간의 이념으로 백성을 도우라고 하셨는데, 짐이 부덕하여 백성들에게 괴로움만 끼치게 되었구나. 이에 짐은 나라를 들어 신라에 귀부하려 하니, 경들은 짐의 뜻을 받들어 그 절차를 밟도록 하여라."

"마마, 나라를 신라에 바친다면 백성은 도움을 얻을 것이나, 왕가는 끝이 나는 것이 아닙니까? 소신들이 미력하여 이런 지경에 이르게 되었으니, 먼저 소신들을 처벌하시고 어의대로 하소서."

사간 김상이 울면서 상주했다. 그러자 왕자들과 대신들이 목을 놓고 울기 시작했다. 한동안 수정궁 안에서는 곡성이 계속되었다. 이윽고 왕이 이들을 말렸다.

"이제 그만들 하시오. 국력이 모자라 이렇게 된 것은 오로지 짐의 부덕한 소치이니, 경들은 눈물을 거두고 선후책을 논하도록 하시오."

각간 출충이 조복의 소매로 눈물을 씻으며 말했다.

"마마, 신라에 귀부하더라도, 김해에는 왕족이 한 분 남아서 배후를 단단히 단속하셔야, 신라가 함부로 하지 못할 것입니다. 왕제 달지잇금脫知爾叱今으로 하여금 본국에 가서 지키도록 이르시고, 세 왕자마마와 왕세손 졸지공卒支公을 데리고 신라에 귀부토록 하소서."

"그렇게 하리라. 즉시 사신을 신라에 보내고 밀양密陽의 이궁대에서 신라왕에게 선양禪讓 하는 절차를 갖추도록 하여라."

마침내 왕의 윤허가 내려졌다. 왕의 윤허를 듣자, 군신이 한번 더 목을 놓고 울었다.

신라의 법흥왕은 금관가야의 왕이 세 왕자와 왕손까지 인솔하고 신라에 항복한다는 소식을 듣고 이를 매우 가상하게 여겼다. 왕년의 가야연맹 수장인 금관가야가 귀부 형식으로 왕위를 선양한다는 것이 다른 가야 제국에 시범을 하는 격이 되어 좋았고, 반도 남단의 백성들이 전화를 면할 수 있게 될 것이기에 대단히 기뻤다. 이윽고 법흥왕 19년 9월이 되었다. 밀양의 이궁대에서 금관가야왕의 선양 식전이 거행되었다. 이로써 금관가야는 멸망했다. 시조 수로왕부터 구형왕에 이르기까지 10대 490년만의 일이었다. 법흥왕은 구형왕에게 김해 본국을 식읍食邑으로 내리고 상등上等의 벼슬을 제수했다. 또한 금관가야 왕족을 신라 골품 제2품인 진골로 삼았다. 세 왕자에게도 각간을 제수했다. 각간은 이벌찬, 서불감과 함께 신라의 17등 관위 가운데 1등급에 속했다.

　구형왕은 선양식을 끝내고 수정궁으로 들어가 5년간을 칩거했다. 구형왕이 죽으면서 유언을 했다.
　"짐은 나라를 보전하지 못한 사람이니, 짐이 죽거든 묘를 쓰지 말고 구들장으로 짐의 주검을 덮도록 하라."
　구형왕이 쓸쓸한 여생을 마치니, 수정궁 자리에 구들장을 층층이 쌓은 무덤이 축조되었다. 다른 왕들의 봉토 무덤과는 다른 돌무덤인데, 경사진 언덕 중턱에 계단식으로 7층으로 쌓았다. 구형왕은 나라를 신라에 선양했다 하여 양왕讓王이라고도 불렀다. 구형왕의 셋째 왕자 무력은 신라가 한성을 공략할 때에 큰 공을 세워 신주新州의 군주가 되었다. 무력장군의 아들이 서현舒玄이니, 뒤에 삼국통일의 주역이 된 김유신金庾信의 아버지였다.

　금관가야가 신라에 병합된지도 9년이 지난 서기 541년 4월이었다. 3년 전에 협소한 웅진熊津에서 백마강白馬江가의 사비성泗沘城으로 서울을 옮기고 국호를 남부여南夫餘로 고친 백제의 성왕聖王이 회의를 소집했다. 신라에 멸망당한 남부가야, 즉 탁기탄, 금관가야, 탁순과 구례산九禮山을 회복하기 위한 방안에 대해 논의하자는 것이었다. 새로이 지어 나무의 향기가 풍기는 남당에 높이 마련된 옥좌에 오른 성왕이 열석한 각국 대표를 보고 말했다.
　"옛날 짐의 선조이신 근초고왕과 근구수왕 때에, 안라, 금관, 탁순의 한기들이 처음으로 사신을 보내어 와서 서로 친교를 맺게 되었소. 그리하여 한겨레가 되어 함께 번영하기를 기원한 바 있었소. 그러던 것을 근자에 신라가 우리를 속여서 미마나任那를 병탄하고 야마토의 천황을 근심하게 했으니, 이는 짐의 부덕함의 소치라 유감천만의 일이라 생각하오. 백여 년 전에 신라가 고구려의 힘을 빌려 가야와 야마토의 연합군을 격파한 일이 있으나, 이는 고구려의 힘이 막강했기 때문이지 신라 혼자의 힘이 아니지 않소. 이제 짐이 경들과 합심하여 야마토 천황의 요청에 부응한다면, 미마나는 반드시 부흥하게 될 것이오."

모두들 회의에서 미마나의 재건을 맹서하고는 귀로에 올랐다. 미마나는 야마토에서 가야를 이르는 말이었다. 야마토의 사절이 와 있던 안라가야의 공관에는 가야인과 왜인 사이에 태어난 자녀가 많았는데, 그 가운데에는 장성하여 백제의 관리가 된 사람도 있었다. 백제 왕실에서는 이들을 야마토와의 외교에 등용하기도 했다. 기紀, 모노노베物部, 고세巨勢 같은 성을 가진 자들이 이에 속하여 6세기의 국제무대를 누볐다. 미마나 재건을 위한 성왕의 노력은 계속되었다. 544년 11월에 제2차 사비회의가 소집되었다. 성왕은 참석한 대가야, 안라, 야마토 및 가야 소국의 대표들에게 말했다.

"이제는 더 이상 기다릴 수 없소. 하루빨리 미마나의 재건을 추진해야 하겠소. 경들은 대책을 논하시오."

"미마나 재건은 대왕의 뜻에 달렸습니다. 우리 모두 대왕의 어의를 받들도록 하겠습니다."

"안라의 야마토 공관에 파견된 야마토 관리들은 신라의 꼬임에 빠져 미마나 재건에 힘을 기울이지 않고 있소. 미마나 재건을 신속히 하기 위해서는 세 가지 방안을 생각할 수 있겠소. 신라와 안라가 낙동강을 가운데 두고 대치하고 있으니, 낙동강의 서쪽에 여섯 개의 성을 축성하여 야마토의 병사 삼천 명을 성마다 오백 명씩 우리 백제 군사와 함께 배치하도록 합시다. 이는 신라가 구례산에 만든 다섯 성과 대치하기 위한 것이오.

군량미와 의복은 우리 백제가 보급할 것이오. 두 번째는 남부 가야 일대에 군령郡令과 성주城主를 설치하자는 것이오. 백제의 군사들이 군령과 성주 아래 계속해서 가야연맹 제국에 주둔을 해야만 탁순국 같은 불의의 변을 당하지 않을 것으로 생각되오."

"그러시다면 제 삼 안은 무엇입니까?"

"그것은 가야에 있으면서 신라와 내통하고 있는 야마토 인사들을 본국으로 소환하라는 것이오. 이들은 신라와 내통하여 사사건건 미마나 재건을 방해하고 있으니, 모두 소환하도록 하자는 것이오."

"대왕마마의 세 가지 방책은 소신들의 생각과도 같습니다. 원컨대 바로 돌아가 본국의 왕에게 보고하여, 이 천재일우의 호기를 놓치지 않도록 하겠습니다."

그러나 성왕의 이런 노력은 성왕이 참변을 당하여 실패하고 말았다.

6. 우륵于勒과 가야금伽倻琴

"악사 우륵을 불러라. 짐이 부탁할 일이 있으니 빨리 불러 오너라."

대가야의 가실왕嘉實王이 시종에게 큰 소리로 지시했다. 가실왕은 마음이 다급했다. 선왕 때부터 통치 구역이 확대되어 왔으나, 민심이 통일되지 않아 곳곳에서 말썽이 생기고 있었다. 어떻게든지 이를 수습할 방안을 만들어야 할 형편이었다. 부름을 받고 우륵이 허겁지겁 달려 왔다. 우륵은 성열현省熱縣 사람이었다.

"마마, 찾으셨습니까? 악사 우륵입니다."

"음, 잘 왔소. 요즈음 우리 대가야의 영역이 넓어지니까, 백성들이 아우성들이라고 하오. 나라가 제 구실을 하려면 체통을 지켜야 할 것인데, 백성들이 이런 식으로 우왕좌왕해서야 쓰겠는가? 백성들을 음악으로 다스리면 질서를 잡고 마음을 하나로 모을 수 있을 것으로 생각되어 악사를 부른 것이오. 악사는 해박한 지식과 조예가 있는 사람이라 반드시 묘안이 있을 것이니 거리낌 없이 말해 보시오."

왕이 정중하게 말을 건넸다. 왕의 옆에는 상수위上首位 벼슬의 아리리阿利利가 혼자 시립하고 있었다.

"의전을 행하는데 풍악을 울리면, 행사가 엄숙해지고 품위가 있게 되는 법. 대가야의 인심을 바로잡을 수 있게 좋은 음악을 개발해 주구려."

왕이 간곡하게 당부했다.

"대왕마마, 마마의 뜻을 받자와 소신이 미력을 다하겠습니다."

우륵은 왕이 자기를 알아주고 간곡히 부탁하는 것에 크게 감동했다. 가야산 기슭의 집으로 돌아온 우륵은 제자 이문尼文을 불렀다.

"이문아, 다름이 아니고, 오늘 임금님께서 부탁 말씀을 하셨단다."

"무언데요? 사부님에게 부탁을 했다면, 음악에 관한 것이겠지요?"

"그래. 음악에 대한 것이야. 임금님께서 우리 대가야를 다스리는 데 중심이 될 수 있는 음악을 개발하라고 하시는구나."

"대가야를 다스리는 데 중심이 될 음악이라고 하셨습니까?"

"음, 그래. 백성들의 마음을 평온하게 다스릴 음악을 개발하라고 하시는군. 우리 대가야가 영역이 넓어지니까 백성들이 통일되지 못하고 우왕좌왕한다 하시면서, 대가야가 중심이 될 수 있는 음악을 개발하라고 하시더구나."

"음악이야 우선 악기를 개발해야 하고, 다음으로 악곡을 지어서 사람들이 쉽게 익힐 수 있게 해야 한다고, 평소에 사부님께서 말씀하시지 않으셨습니까? 그렇다면 악기는 무엇을 으뜸으로 삼을 것입니까?"

"한 삼백 년 전에, 서라벌의 물계자勿稽子가 산속으로 들어가 개울가에서 거문고를 뜯었다고 한다. 백 년 전에는 백결선생百結先生께서 거문고로 아내의 시름을 달래려고 방아 찧는 소리를 연주했다고 한다. 모두 사람들의 애달픈 속마음을 잘 달래어 주었다고 하지 않느냐? 중국에는 쟁箏이라는 악기가 인기가 있다고 하는데, 이는 발현악기撥絃樂器로 12줄에서 21줄의 현을 손가락으로 뜯거나 채로 켜서 소리를 내는 악기란다. 거문고가 여섯 줄인데 비해 쟁은 현이 많아서 폭넓은 소리를 낼 수 있지. 그런 악기들을 살펴보니, 열두 줄의 명주실을 오동나무 통에 매어 줄마다 기러기발을 받쳐놓고 손가락으로 뜯어서 소리를 내게 하면 아름다운 소리가 날것 같단 말이야."

"왜 열두 줄을 매시려는 것입니까? 중국에서는 16줄이나 21줄의 쟁이 많다고 들었습니다."

"열두 줄이 좋을 것이다. 육십갑자가 십간十干과 십이지十二支를 순차로 배합한 것인데, 십이지와 일 년 열두 달을 좇아 열두 줄을 택하면 좋은 소리를 낼 수 있을 것이다."

우륵과 이문은 이날부터 악기를 다듬기 시작했다. 가야산의 골짜기를 누비면서 악기의 몸통이 될 만한 목재를 찾았다. 몇 그루의 오동나무를 잘라서 그늘에 말렸다. 두 사람은 오동나무를 길이 여섯 자에 한 자 너비의 크기로 잘랐다. 오동나무의 속을 파서 앞면은 볼록하게 배가 나오게 하고, 뒷면은 평평하게 다듬어 울림통으로 삼았다. 울림통 위로 열두 줄의 명주실을 매었다. 줄마다 오리발처럼 생긴 나무로 밑을 받쳐서 팽팽하게 당겼다. 달포가 넘게 갈고 다듬어 만든 악기를 무릎에 비스듬히 얹고, 우륵이 현을 손가락으로 뜯으며 소리를 음미했다. 맑고 가볍고 아름다운 소리가 울렸다. 우륵은 악기의 오른쪽 끝에 오른손을 올려놓고 줄을 뜯어보거나 퉁겨서 소리를 내 보았다. 그러면서 왼손을 기러기발에서 왼쪽 끝 쪽으로 이동시키면서 줄을 흔들어 보기도 하고 훑어보고 굴려 보았다. 오른손으로 줄을 뜯고 왼손으로 줄을 희롱하니, 악기의 소리가 절묘하게 우러났다. 우륵은 눈을 지그시 감고, 두 손으로 내는 악기의 소리에 정신을 집중했다. 이윽고 우륵이 눈을 뜨며 말했다.

"아주 좋은 소리가 나는구나. 때로는 개울물이 흐르는 것 같고, 때로는 온갖 새들이 우는 것 같은 절묘한 소리를 낼 수 있구나. 이문아, 너도 한번 이 악기를 뜯어보아라."

"거문고보다 음색이 청명하고, 중국의 쟁보다 현을 타기가 쉽습니다."

"그럼, 지금부터는 이 악기로 연주할 곡을 짓도록 하자꾸나."

"어떤 곡을 지으실 것입니까, 사부님."

"이 역시 열두 곡을 먼저 짓도록 하자. 우리 대가야의 고을마다 전래의 곡이 있으니, 이것을 이 악기에 맞게 다듬도록 하자. 그리고 중국에서 유행한 놀이에 보기寶伎라는 것이 있는데, 경사가 있을 때마다 금빛의 공을 가지고 노는 곡예란다. 그리고 설이 되면 사람들이 사자탈을 쓰고 춤을 추며 신년을 축하하는데, 사자춤이라고 하지. 이 두 가지 무곡에 더하여 대가야의 열 고을의 특징을 노래에 담아 보는 것이 좋겠어."

우륵은 가실왕의 지시를 받은 이후로 작곡할 곡목에 대해 골똘히 생각해 왔다. 그래서 이문의 질문에 선뜻 대답할 수가 있었다.

두 사제는 다시 여러 달을 작곡하는데 시간을 보냈다.

"사부님, 이제 보기와 사자춤, 그리고 대가야의 상가라도와 금관가야의 하가라도는 정했는데 나머지 여덟 곡은 어떻게 할까요."

"어떤가, 대가야의 판도에 따라 여덟 개의 작은 나라들의 민정을 반영하면. 각각 그 고을에서 가장 잘 부르는 노래를 기조로 삼고 악기에 맞추어 작곡하면 될 것이야. 그렇게 하면 지리산과 섬진강을 아우르고, 남해안까지 열두 곡에 포함시킬 수 있어서, 대가야의 통치체제에 큰 힘을 보태게 될 것이다. 어서 하나씩 작곡해서, 설날에 임금님 앞에서 나와 함께 연주해 드리도록 하자꾸나."

이런 대화를 사제가 나누면서 작곡에 힘쓴 지 삼 년이 지났다. 살 같이 빠른 시간이었다. 그믐날이 가까워 오자, 우륵은 대궐로 찾아갔다. 가실왕에게 우륵이 아뢰었다.

"대왕마마, 분부 받자와 저희들이 가야금伽倻琴이라는 악기를 개발하고 악곡 열두 곡을 지었습니다. 바라건대 새해 설날에 마마와 군신들을 모시고 연주를 했으면 합니다. 청허해 주소서."

"악사가 그동안 수고를 많이 했구려. 짐이 부탁한 지도 벌써 여러 해가 지났지? 그래 어떤 악기를 개발하고 무슨 곡을 지었는고?"

"대왕마마, 들어보면 아시겠지만, 명절을 비롯하여 국가의 경사 때에 연주하고 춤추며 노래하기 좋은 음악입니다. 모두 열두 곡을 열두 줄의 가야금에 실어 연주하게 되며, 악곡 가운데에는 구슬 놀이나 사자춤을 곁들여서 흥이 더욱 나게 만들었습니다. 대가야의 판도에 드는 열 개의 나라들의 노래를 가야금에 맞추어 다시 작곡해서 대가야의 위상을 높일 수 있도록 배려했습니다."

"열두 줄이라고 했소? 열두 곡에 열두 줄의 가야금이라 했소? 열둘이라는 숫자에는 무슨 의미가 있소?"

"열둘은 세월의 기본이 되는 숫자입니다. 대왕마마의 태평성대를 칭송하기 위해 십이지와 십이 개월을 뜻했습니다."

"십이지라니. 자, 축, 인, 묘 운운하는 십이지를 뜻하는가?"

"예, 그렇습니다. 모든 인생은 십이지의 하나로 태어납니다. 그러니 이 곡으로 백성 모두를 거느리신다는 뜻이 됩니다."

"상서로운 곡이로군. 어서 들어 봅시다. 새해 춘절春節 필두에 우륵의 가야금을 연주하도록 조치하시오. 상수위, 우륵 악사에게 모든 편의를 제공하도록 하시오. 핫하하."

왕은 희열이 만면했다.

새해 설날 아침이 되었다. 우륵은 제자 이문과 함께 가야금 둘을 갖고 대궐로 갔다. 정전에는 높이 왕의 내외가 앉았고, 양쪽 아래로 왕자들과 상수위, 이수위二首位를 비롯한 대신들이 앉았다. 얼마 후 우륵 일행이 중앙에 자리를 잡고 앉아서 가야금의 머리 부분인 용두龍頭를 오른쪽 무릎 위에 올려놓고, 아랫부분인 양이두羊耳頭는 왼쪽 무릎에 비스듬히 놓았다. 오른손은 용두에 올려놓고 줄을 걸친 현침絃枕 너머의 줄을 뜯거나 퉁겨서 소리를 냈다. 그러면서 왼손으로는 기러기발에서 양이두 쪽으로 약 한 뼘

정도 떨어져, 오른손이 내준 소리를 장식하기 위해 줄을 흔드는 농현弄絃과 소리를 흘러내리는 퇴성退聲, 줄을 굴려 주는 전성轉聲을 가락에 맞추어 적절히 섞었다. 두 사람이 합주하는 소리가 은은히 퍼지다가 빠르고 크게 튕겼다. 가실왕을 비롯한 군신들은 군침을 삼키고 음악소리에 넋을 잃었다.

보기가 연주될 때에는, 따로 훈련시킨 곡예사가 금빛 구슬을 쟁반에 굴리며 음악에 맞추어 춤을 추었다. 열한 곡이 끝나자 이번에는 사자의 탈을 앞세우고 커다란 보로 온몸을 싼 무용수가 나와서 가락에 맞추어 덩실덩실 춤을 추었다. 모든 연주가 끝나 사자춤을 추던 무용수가 왕의 앞에 꿇어 앉아 네 번 절했다. 그제야 사람들은 함성을 질렀다.

"대왕마마 만세! 대가야 만세!"

연주가 끝나니 가실왕은 크게 만족하며 우륵 사제에게 친히 시상을 했다.

"악사 우륵이 정말로 대단한 일을 했소. 앞으로 궁중 대사에 가야금을 주로 쓰도록 합시다."

우륵 일행이 왕에게 사은하고 나오는데, 상수위 아리리가 따라오라고 손짓을 했다. 자기의 방으로 가더니 아리리가 말했다.

"지금 우리 대가야는 신라와 통혼을 교섭하고 있소. 서쪽의 백제와 충돌이 심하여 야마토의 군사를 빌려 오려고 했으나, 야마토 왕조의 사정이 여의치 않아 원병이 오지 않고 있어요. 아무래도 신라의 도움을 받아야 할 형편인데 악사께서 힘을 좀 써 주셔야 하겠소."

"무슨 말입니까? 저희 같은 악기나 다루는 사람에게 정치 놀음이 될 법이나 한가요."

"아니지요. 악사 같은 분이 우리를 도우면 신라 세력을 데려올 수 있어요."

"잘 모르겠습니다만, 한 번 생각해 보지요. 어떻게 하면 도움을 드릴 수 있을지."

상수위의 방에서 나와 대궐 밖을 향하는데 관복을 입은 사나이가 우륵의 소매를 잡고 끌며 협실로 안내했다. 자세히 살펴보니 하부下部의 수장 사리리思利利였다.

"악사, 우리를 도와주시오. 지금 우리 대가야는 백제와 동맹을 해서 신라에 대항해야 하오. 이미 탁기탄이나 김해의 금관가야가 신라에 정복되었는데, 이대로 가다가는 우리 대가야도 멸망할 것이 불 보듯이 뻔한 일인데 대왕마마나 여러 대신들이 몰라요. 그저 신라와 통혼하면, 왕위가 온전할 것으로 생각하고 있으니, 정말 야단났어요. 악사가 음악을 통해 대왕마마의 은총을 받게 되었으니, 마마께서 백제 편으로 마음을 돌리시게 힘써 주시오."

'허, 야단났군. 언제부터 우리 가야가 신라와 백제로 편을 갈라 다투게 되었단 말인가? 대왕마마께서 삼 년 전에 비해 몹시 초췌해 보이더니, 이런 대신들의 암투에 시달리고 계셨군.'

우륵은 속으로 이런 생각을 하면서도 짐짓 시치미를 뗐다.

"알겠습니다. 제가 어떻게 해야 할지 생각해 보겠습니다. 그럼, 갈 길이 바빠서 실례하겠습니다."

그날 밤 집에 돌아온 우륵은 이문과 오늘 대궐에서 있었던 일에 대해 논의했다.

"아무래도 이 나라가 오래 가지 않을 것 같구나. 대왕마마를 모시고 군신과 온 백성이 일사불란하게 뭉쳐도 될지 말지 하는 형편에, 대신들이 각기 편을 갈라 암투하고 있는 데다가 임금님마저 병색이 짙어 보이니."

우륵이 이렇게 걱정을 하며 한숨을 크게 쉬자, 이문이 말했다.

"사부님, 이번에 작곡하면서 대가야의 방방곡곡을 살펴보았습니다. 동쪽에 있는 작은 나라들은 이미 신라가 병탄하기 시작했습니다. 탁기탄이 그렇고 금관가야가 그렇습니다. 얼마 가지 않아서 탁순국도 멸망할 것으로 보입니다. 남쪽 함안의 안라국에서는 야마토의 왜인들과 백제인들을 교섭해서 독자적인 지위를 얻으려고 애쓰고 있으나, 아무래도 신라쪽으로 기우는 것 같습니다. 야마토 사관使館에 있는 왜인들이 안라국인을 앞세워 신라에 빌붙는다는 소문이 자자했습니다. 백제가 이를 못마땅하게 여겨서, 군사를 함안 근방까지 파견하고 있습니다만, 아무래도 큰 난리가 일어날 기세입니다. 그러니 대가야의 궁중에서도 여러 갈래로 다툴 수밖에 없겠지요."

"그럼 어떡한다. 우리가 모처럼 가야금을 개발하고 악곡 열두 곡을 작곡했는데 이런 정쟁에 휘말려서 기를 쓰지 못하게 되면, 십년공부가 허사가 되지 않는가?"

"사부님, 너무 걱정하지 마소서. 제가 활로를 찾아보겠습니다. 우선은 작곡한다 하시고 이 오두막에서 한 발짝도 나가지 말고 칩거하고 계십시오."

"너도 작곡을 해야 할 것이 아니냐? 나와 함께 음률을 조금 더 다듬어보자꾸나."

"알겠습니다."

7. 우륵과 진흥왕眞興王

우륵이 이문과 함께 가야금을 개발하고 작곡에 매진하고 있을 때의 일이었다. 백제에서는 성왕聖王이 즉위 후 16년에 새로 지은 사비성의 대궐에서 백제를 부흥시키기 위한 방안을 세우느라 편할 날이 없었다. 성왕은 사비성으로 서울을 옮기면서, 나라의 이름을 남부여南扶餘로 바꾸었다. 그는 북쪽의 고구려에게 빼앗긴 땅을 수복해서 옛날의 영광을 도로 찾을 생각으로 오늘도 남당에서 좌평회의佐平會議를 열어, 국내외 현안에 대한 논의를 하고 있었다.

"남쪽의 가야 제국을 우리 백제가 관할할 수 있도록 세 가지 방안을 통과시켰소. 가야 제국에서 온 한기나 수위들과 야마토의 사신이 모두 합의했으니, 남쪽 일은 한시름 놓게 되었소. 신라 편에 선 야마토 세력을 본국으로 추방하고, 여섯 개의 성에 우리 군사들을 주둔시켰소. 무엇보다도 중요한 것은 남부 가야 일대에 군령과 성주를 두고, 각각 백제의 군사들이 지키도록 만든 것인데, 이를 통해 후환을 없앤 셈이오."

"마마, 경하드립니다. 대왕의 위업이 하나하나 성사되는 것 같습니다."

좌평 인우因友가 말했다.

"이제는 우리도 구려에 빼앗긴 한강 일대를 수복할 때가 된 것이라 생각하오. 신라와 제휴하고 야마토와 가야의 원병을 얻어, 구려의 남평양南平壤을 수복하도록 합시다. 그동안 한강 주변을 중심으로 구려와 우리가 치열한 싸움을 거듭해 왔는데, 그리 성공한 편이 못되지 않소. 그간의 경위를 좌평회의에서 살펴보고, 근본적인 대책을 세워야 할 것이오."

성왕은 백제의 실지회복이 뜻대로 되지 않는 것이 몹시 안타까웠다. 고구려의 장수왕이 죽고 난 뒤에, 문자왕文咨王은 물길족勿吉族에게 망한 부여의 왕 일족의 투항을 받아들이는 한편, 금강사金剛寺를 지어 불교를 장려했다. 고구려는 주로 말갈이나 예濊의 군사를 선봉으로 삼고 남침했다. 고구려의 다음 왕인 안장왕安藏王의 군사가 패수浿水에 이른 것을 백제의 좌장左將 지충志忠이 만여 명의 보기병을 거느리고 출전해서 격퇴했다. 안장왕이 다시 직접 군사를 거느리고 백제의 북변을 공략한 것을 백제의 성왕이 보기병 3만 명으로 오곡원五谷原에서 요격하게 했으나, 이기지 못하고 2천 명의 사상자를 내고 후퇴하고 말았다. 성왕은 이로부터 9년 뒤의 봄에 서울을 사비로 옮겼다. 다음 해 9월에 다시 성왕이 장군 연회燕會를 시켜서 고구려의 우산성을 치게 했으나, 고구려의 안원왕安原王이 정예 기마병 5천을 내어 막는 바람에 역시 이기지 못하고 말았다. 이처럼 백제와 고구려는 서로 일진일퇴를 거듭해 왔다.

"구려는 그렇다 치고 그동안에 신라왕이 죽었고 후사가 없다고 하던데 어찌 되었는가?"

왕은 동맹국인 신라의 사정이 궁금했다. 그러자 좌평 인우因友가 나서서 말했다. 인우는 18년 전 무령왕 때에 달솔 사오沙烏와 함께 한북주漢北州의 주민 가운데 열다섯 살 이상의 사내를 징발해서, 한성 근방에 쌍현성을 쌓아 북진의 기반을 구축한 공로가 있었다. 지금은 사비성에 돌아와 좌평을 맡고 있었다.

"신라왕은 연회 장군이 우산성을 공격하기 두 달 전인 7월에 죽었습니다. 법흥왕이라는 시호를 붙였는데, 후사가 없었습니다. 부득이 왕의 조카인 삼맥종三麥宗(진흥왕眞興王)이 일곱 살의 어린 나이로 왕위에 올랐지요. 신라는 원래 모계 사회라, 법흥왕비인 보도 부인保刀夫人 박씨가 섭정을 하게 되었습니다. 그런데 섭정기간임에도 신라는 착실히 내정을 다스려 나가고 있었습니다. 우선 삼맥종이 왕이 되자마자 죄수들을 크게 사면하고, 문무관의 관직을 일급씩 올려 주어, 민심수습에 나섰습니다. 그러고는 전에 우산국을 정벌하여 공이 많은 이사부를 2등 관직인 이찬으로 올리고 병부령으로 삼아, 내외의 병마사를 총괄하게 했습니다. 삼맥종이 왕이 된 지 5년째가 되던 해에는 흥륜사興輪寺를 건립하고, 백성이 출가해서 승니僧尼가 될 수 있도록 허용하는 제도를 마련했습니다. 말하자면 호국불교를 백성들이 두루 신앙하도록 장려한 셈이지요. 이로써 신라의 민심이 하나로 모여, 나라를 지키는 기틀을 마련하게 되었습니다. 이들은 이에 그치지 않고, 이사부의 제청으로 국사를 편찬하여, 군신의 잘잘못을 기록하여 후세에 알릴 수 있는 관직을 설치했습니다. 이를 위해 5등관인 대아찬大阿湌 거칠부居柒夫에게 명하여 사관이 될 문사들을 한자리에 모았습니다."

"허허, 대단한 사람들이군. 어린 군주를 모시고 그렇게까지 내치에 힘쓰는 것을 보니. 법흥왕이 율령을 제정한 바람에 그 힘으로 동쪽의 후진 나라가 제법 구색을 갖추게 되었군."

왕은 경탄하면서도 두려움을 느꼈다.

"그래, 지금의 구려는 어떤 형편인가?"

다시 병관좌평 연모가 말했다.

"대왕마마, 구려는 안원왕 말년에 천재지변과 황재蝗災가 잦아 기근이 계속되었습니다. 설상가상으로 안원왕이 죽은 뒤에 후사를 둘러싸고 왕비 간에 싸움이 일어나, 패를 갈라 무력 충돌을 할 지경이 되었습니다. 안원왕의 정부인에게 아들이 없었기 때문이지요. 중부인인 추씨麤氏와 소부인인 세씨細氏 사이의 싸움에서, 세씨 측의 2,000여 명이 참살을 당했습니다. 혈투 끝에 추씨 세력이 밀어준 평성平城이 왕위에 오르게 되었습니다. 양원왕陽原王이지요. 지금 구려는 내분이 극도에 달하여, 그 국력이 급속하게 약해지고 있습니다. 이런 때에 대왕마마께서 신라와 동맹하여 북벌하면, 반드시 한강 유역의 실토를 수복하실 수 있을 것입니다."

"개로왕께서 구려의 장수왕에게 패하고 난 뒤, 벌써 70여 년이 지났구려. 그동안 여러 번 싸웠으나 아직도 구려를 이기지 못하여 한강 유역의 실지를 회복하지 못하였소. 짐은 이제 한반도 남단의 가야제국과 연맹을 하는데 성공했고, 야마토 왜인들의 지원도 확보했으니, 신라와 함께 북진하여 한강 유역을 수복하여 우리 백제의 영토로 삼을까 하오."

백제의 성왕이 나라를 부흥시키기 위해 노심초사하고 있는 동안에도 대가야의 가실왕은 풍월을 즐기며 연일 잔치만 벌이다가 죽었다. 그 뒤를 이뇌왕異腦王의 아들인 월광 태자月光太子가 계승해야 할 순서였는데 차질이 생겼다. 월광 태자는 어머니가 신라인이었기 때문에 대가야 궁정에서 양분된 세력 가운데 신라파를 대표했다. 신라파와 백제파의 암투 끝에 월광 태자는 백제파가 민 도설지都設智에게 밀려 왕위에 오르지 못하고, 불문에 들어가 스님이 되었다. 월광 태자는 왕위에 오르지 못하게 되어 가야

산에 거덕사擧德寺를 짓고 불문에 들어갔다. 얼마 후 그는 남쪽으로 조금 내려간 곳에 월광사를 지었다.

"이문아, 아무래도 대가야의 명운이 다한 것 같구나. 가실왕이 밤낮으로 주연에 취해 내정을 보살피지 못하더니, 이제는 적통을 무시하고 친 백제파인 도설지가 왕이 되었으니, 신라가 가만히 있을 리가 없을 거야. 우리가 가야금을 개발하고 악곡을 수십 곡이나 지었지만, 궁중의 암투 속에서는 예술이 꽃을 피울 수가 없겠어. 내일이라도 살림을 챙겨서 피난을 가도록 하자."

"어디로 가시려고요? 남으로 내려가면 안라가야가 있는데, 거기도 백제의 세력과 왜놈들의 등살이 심하다고 합니다."

"금관가야의 왕족이 모두 신라에 귀부한 것을 보면, 우리도 신라로 가는 것이 순리인 듯하구나."

"신라는 지금 법흥왕이 돌아가시고 삼맥종이 어리니, 앞날이 어떻게 될지 모르지 않습니까? 좀 더 관망하신 뒤에 처신을 하시는 것이 좋을 것으로 생각됩니다."

"그래, 그것이 좋을 것 같구나. 그러자면 북쪽의 국원國原 지방이 숨어 있기가 좋을 것이야."

"국원이라면 고구려와 신라의 접경지대가 아닙니까? 그리 멀리 갈 필요가 있을까요?"

"아니다. 우리가 이곳을 떠나면, 필시 대가야 사람들이 우리를 잡으려고 혈안이 될 것이다. 가야금을 즐기는 사람이 많거든. 이들을 피하려면 아예 멀리 가 있는 것이 좋을 거야. 옛날에 좋은 목재를 찾아 북쪽 산악지대를 헤맬 때에 국원에 가 보았는데, 남한강南漢江 물줄기와 속리산俗離山에 발원한 달천達川이 합류하는 곳에 산세가 평탄한 언덕이 있단다. 남한강 쪽으로 나 있는 기암괴석으로 이뤄진 절벽 뒤에 대문산大門山이라는 산이 있지. 절벽 위에 소나무 숲이 우거진 것이, 강물에 비치어 신선이 노니는 땅으로 생각되는 곳이지. 거기에 오두막을 짓고 아름다운 풍광을 벗 삼아 가야금을 타면, 한결 마음이 가벼워질 것이다. 이문아, 국원으로 가자. 어서 준비하거라."

두 사람은 그날로 봇짐을 싸고, 가야금을 부대에 담아 등에 지고서 길을 떠났다. 달포를 산길로만 걸어서 속리산으로 들어갔다가, 달천을 따라 계속 북진한 이들은 마침내 달천 강물이 남한강에 합류하는 지점에 도착했다.

"저기를 보아라. 저기 언덕 위의 송림 가운데, 오두막을 하나 짓도록 하자꾸나."

둘은 강가의 큼직한 돌을 옮기고 황토를 쪄서 벽을 쌓았다. 소나무 몇 그루를 잘라 기둥과 서까래를 만들고 강가의 참억새를 잘라 지붕을 이었다. 두 사람이 기거하기에는 약간 좁아도 아늑한 집이 마련되었다. 집을 지은 뒤 두 사람은 언덕에 밭을 일구어 곡식을 심고 강에 나가 물고기를 낚아 양식으로 삼았다. 밤에는 오로지 가야금을 타며 그 오묘한 음률에 취해 살았다. 우륵은 이미 지은 열두 곡에 더하여 수십 곡을 지었다. 제자 이문도 세 곡을 지었다. 사람들이 은은히 들리는 가야금 소리에 끌려 하나둘 모여들어 작은 마을이 이루어졌다. 마을의 이름을 탄금대彈琴臺라 했다.

이렇게 평화롭게 지내는데 이문이 헐레벌떡 뛰어왔다.

"사부님, 큰일 났습니다. 신라왕 삼맥종이 충주의 하림궁河臨宮에 들렀다가 사부님의 가야금 소문을 듣고 사람을 보내어 왔습니다. 얼른 모시고 오라고 야단들이랍니다. 어찌 하오리까?"

"무엇을 그리 호들갑을 떠는가? 우리는 이곳으로 피신할 때부터 신라에 귀부할 생각이 있지 않았느냐. 목욕재계한 뒤에 의관을 갖추고 나가서 신라왕을 만나도록 하자. 어서 준비하거라."

우륵은 태연했다. 고령을 떠날 때에 이미 오늘날 이런 일이 있으리라고 짐작했던 터였다. 그동안 연마한 가야금 솜씨로 신라의 궁중을 매혹시킬 속셈이었다. 이들은 신라인의 안내를 받아 노새를 타고 하림궁으로 갔다. 하림궁에서는 신라왕이 군주들과 시종들을 거느리고 잔치를 벌이고 있었다. 우륵과 이문은 왕의 앞으로 안내되었다.

"누가 왔는가? 가야의 악사를 데리고 왔는가?"

왕은 우륵이 온 것을 반가워하는 기색이 역력했다. 자리에서 일어나 탑전에 내려서면서, 두 손을 잡고 우륵을 반겼다.

"악사는 거문고의 명수라고 들었소. 거문고를 개량한 것을 가야금이라고 한다던데, 소리가 맑고 경쾌하여 해동의 으뜸이라 하더군. 짐을 위해 한 곡 연주해 보시오."

"마마, 신의 곡은 열두 곡이 기본인데, 그 가운데 두 곡은 무곡이고 다섯 곡은 현악곡, 다섯 곡은 가곡입니다. 어느 것을 보여 올리리까?"

"그렇게 많은가? 우선 가장 고운 곡으로 다섯 개만 들려주시오."

왕이 말했다. 우륵과 이문은 갈고 닦은 열두 곡 가운데 가장 음률이 청아한 다섯을 골라 연주했다. 열두 줄을 오른손으로 뜯을 때마다 기러기발의 바깥쪽 줄 위에 얹은 왼손으로 줄을 누르거나 흔들어 소리를 변화시켰다. 소리가 굵어졌다가 금세 가늘게 떨리며 내려가는 것이 사람들의 애를 끊게 만들었다. 왕을 비롯한 신라인들은 오묘한 음률에 매혹되어 황홀함을 느꼈다. 한참 만에 연주를 끝낸 우륵과 이문은 일어나서 공손히 절을 하고 자리에서 물러났다. 눈을 지그시 감고 삼매경에 젖었던 왕이 깨어나 목청을 가다듬었다.

"참으로 묘한 악기로고. 우리 신라의 대악大樂으로 삼을 만한 것을 악사가 가지고 왔구려. 악사는 어찌 이런 좋은 것을 산속에 묵혀놓고 있는가? 어서 나와 우리 신라의 국악을 지도하도록 하시오."

그러자 곁에 있던 거칠부가 말했다.

"마마, 우륵은 대가야 사람이고 대가야는 지금 쇠망해 가는 나라입니다. 어찌 망해가는 나라의 음악을 우리 신라의 국악으로 삼으려 하십니까? 다시 생각하소서."

"무슨 말씀을 그리 하시오. 대가야가 약해지고 있지만, 그도 언젠가는 우리 신라에 속하게 될 나라요. 그리고 가야가 약해지고 있는 것은 음악 때문이 아니라 가실왕이 음탕해서 정치를 소홀히 하다가 죽은 탓이오. 음악이란 그 출신을 따지지 않고 진미를 맛보아야 하는 법이오. 가야금이 우리 신라의 민심을 북돋우어 큰 역할을 할 것이 기대되오. 장군은 그 점을 간과해서는 안 될 것이오."

거칠부는 국사를 편찬하기 위해 문사들을 모으기까지 할 줄 아는 문무를 통달한 인물이었다. 그러한 그였기에, 우륵의 가야금을 나라의 큰 음악으로 채용하는 일에 반대하는 무리가 있을 것을 방비하려고 짐짓 반대하는 척 발언을 한 것이었다.

"마마께서 그처럼 깊은 생각을 하시니, 신하들이 더 이상 무슨 말씀을 드리리까? 어의대로 하소서."

거칠부가 승복을 하니 여러 관리들은 모두 더 할 말이 없었다.

왕은 다음 해에 10등관인 대나마大奈麻 계고階古와 법지法知, 그리고 12등관인 대사大舍 만덕萬德의 세 사람에게 명하여 우륵에게 음악을 배우게 했다. 탄금대로 돌아온 우륵은 새로 제자가 된 세 사람의 신라인에게 음악을 가르쳤다. 세 사람이 각기 재주가 달라, 계고가 가야금을 주로 익히게 되었고, 법지는 가야금에 맞춘 노래를 부르게 되었다. 만덕은 춤을 잘 추었기에, 금 구슬을 갖고 추는 춤과 사자춤을 배우게 했다. 이들은 열두 곡을 익힌 뒤에 스승을 찾았다.

"사부님, 가야금 열두 곡 가운데에 음탕하게 들리는 곡이 있어서, 저희들이 다섯 곡으로 줄여 다시 다듬어 보았습니다."

"무어라? 내가 지은 열두 곡을 네놈들이 줄였다고? 배은망덕한 놈이 스승의 곡에 손을 대? 당장에 나가거라. 네놈들은 파문이니라. 내 제자가 될 수 없는 놈들이야. 당장 나가지 못하겠느냐? 이놈들!"

우륵은 화가 상투 끝까지 났다. 언감생심 스승이 수십 개 성상 다듬어 만든 악곡을 음탕하다고 평하다니. 그러나 계고는 꿈쩍을 하지 않았다. 그는 무릎을 꿇고 앉아 애원을 했다.

"사부님. 들어 보소서. 저희들이 고친 곡을 들어 보소서. 들어 보시고 그 곡이 사부님의 뜻에 맞지 않으면, 그때 저희들을 처벌하시든지 말든지 마음대로 하소서."

우륵은 화가 났지만 그도 예술을 아는 사람이라 기를 고를 줄 알았다.

"어디 그럼 들어나 보자. 잘못 고쳤으면 네놈들은 진짜 파문이다. 그리 알고 어디 연주해 보아라."

곁에서 지켜보던 이문의 가슴이 두근거렸다. 그렇잖아도 지난번 스승과 함께 신라왕에게 연주한 곡도 다섯 곡뿐이었다. 이문도 열두 곡 가운데 일부는 음탕한 가락이 섞인 것을 느껴 역겨워 했다.

세 제자들이 고친 곡을 연주했다. 눈을 감고 연주를 듣고 난 우륵이 무릎을 탁하고 치면서 경탄했다.

"오. 잘 고쳤구나. 내가 다듬어야 하겠다고 눈여겨 둔 곳을 모조리 고쳤군. 너희들의 경지가 이에 이르니 내가 어찌 말을 더 하겠느냐? 다듬은 음률을 계속 발전시켜서 좋은 곡을 많이 짓도록 하여라."

제자들이 땅에 엎드려 절을 했다. 이들은 이마를 조아리고 머리를 들지 못했다. 위대한 악성의 제자로서의 긍지가 새삼 느껴져서 감읍하고 있었다.

얼마 후 신라왕이 낭성에 다시 왔다. 계고, 법지, 만덕의 세 사람은 우륵과 함께 왕의 앞에 나가 새로 지은 곡을 피력했다. 전에 들은 곡보다 나은 연주를 듣고 난 왕은 대단히 기뻐하며 상을 수북히 내리고 우륵의 일문이 국원에서 음악을 계속 개발하도록 영지와 가옥을 하사했다. 오랜 세월이 지난 뒤 이 가야금은 일본에도 전해졌다. 왜인들은 이를 신라금新羅琴

으로 이름 짓고, 나라奈良의 박물관인 쇼소인正倉院에 길이 보존했다.

신라왕은 다음 해 2월에 서울인 월성 동쪽에 새 궁전을 지었다. 여기에서 가야금 연주회가 크게 개최되었다. 왕은 꿈에 황룡黃龍이 나타난 것을 보고, 후에 이 궁전을 사찰로 개조하여 황룡사皇龍寺로 이름 지었다. 여름이 지나자 백제의 동북 변을 공격해서 신주新州를 한강가에 설치하고, 금관가야의 왕자였던 아찬 무력을 군주로 삼았다. 그러면서도 백제와의 우호관계를 유지하기 위해 백제 왕녀를 맞아서 소비小妃로 삼아 백제왕의 마음을 달랬다. 우륵 일행이 신라왕의 환대를 받아 음악의 꽃을 피우고 있을 때에도 한반도의 여러 나라 사이에서는 각축전이 계속되었다. 남쪽의 안라가야에서는 백제를 견제하고, 그 틈에 내부 정비를 다질 요량으로 고구려에 사신을 보내어 고구려가 백제의 독산성獨山城을 공격하게 했다. 고구려의 양원왕이 548년 정월에 예濊의 군사 6천 명으로 독산성을 공격했으나, 신라왕이 장군 주진朱珍에게 3천 명의 군사를 가지고 백제를 구원하게 했다. 주진은 밤을 낮으로 삼아 강행군해서 고구려군을 독산성 아래에서 맞아 크게 파했다. 그런데 고구려의 포로 가운데 가야가 고구려와 밀통한 사실을 알리는 자가 있었다. 백제는 크게 노했다. 이 사건으로 안라가야의 상층부는 서남부의 가야 제국들의 맹주 역할을 포기하게 되었다. 그 뒤 한동안은 백제가 서남부의 가야 제국을 관장하다가, 관산성管山城의 싸움에서 백제가 대패한 뒤에는 서남부의 가야 제국이 신라의 관할 하에 들어갔다.

8. 관산성管山城 싸움과 성왕聖王의 죽음

위구태가 대방에서 한성으로 내려와서 남부여라고 했을 때에, 백제의 세력은 만주의 요서와 한반도의 대방에까지 미쳤었다. 성왕은 그때의 영광을 되찾을 생각이었다. 좁은 웅진성에서 넓은 사비성으로 천도한 뒤, 성왕은 16관등제와 22부제를 두어 중앙의 관제를 정비했다. 또 수도를 상, 하, 전, 후, 중의 5부로 나누고, 5부 밑에 5항巷을 둔 5부 5항제를 실시했다. 그리고 지방 통치조직으로는 종래의 담로제擔魯制를 폐지하고 동, 서, 남, 북, 중의 5방方으로 나누고, 그 밑에 7~10개의 군 또는 현을 두는 5방 군현제를 구축했다. 그렇게 함으로써 그때까지의 귀족 중심 체제를 왕권 중심 체제로 바꾸어 왕의 통치권을 강화했다.

마침 천축으로부터 범어梵語로 된 오부율五部律을 겸익謙益 법사가 가지고 왔다. 성왕 4년의 일이었다. 성왕은 이들을 흥륜사에 머물게 하고, 국내의 고승 28명을 모아 오부율 72권을 번역하게 했다.

한편 위구태의 후예가 야마토의 통치자가 된 관계로, 성왕은 그 혈연을 이용하여 야마토의 군사 지원을 얻기로 작심했다. 개로왕의 아우인 곤지의 아들 다섯이 야마토의 조정에서 세력을 기르고 있어서, 구원병을 청하기가 수월했다. 특히 소가蘇我씨의 족장인 이나메稻目가 오오미大臣에 취임한 뒤로는 백제와 야마토의 관계는 더욱 긴밀해졌다. 성왕은 즉위 후 여러 차례 사신을 보내어 야마토의 지원을 요청하고 매일 같이 야마토에서 좋은 소식이 올 것으로 기다렸으나, 돌아오는 사신마다 빈손으로 오거나, 기껏 얻어 온다는 것이 약간의 무기와 몇 백 명의 무사뿐이었다. 성왕은 보통의 수단으로는 옛 땅을 수복하는 일이 잘 되지 않으리라는 것을 깨달았다. 그래서 부처님의 힘을 빌리기로 했다. 4년 전에 중국의 양梁나라에 조공하여 열반경涅槃經을 얻어오고, 불상을 제작할 장인을 데리고 온 적이 있었는데, 성왕은 이 장인들을 시켜서 일장一丈 육척六尺의 불상을 만들게 하고 천하의 백성들을 구제하겠다는 발원문을 지어 부처님께 바쳤다.

성왕 24년 정월에 야마토로 사신으로 간 중부나솔中部奈率 기련己連이 배 열 척에 좋은 말 70마리를 가지고 돌아왔다. 성왕 29년에 신라와 가야의 군사와 함께 성왕이 친히 군사를 인솔하고 고구려를 공격했다. 이들이 한성과 남평양을 함락시키고 실지를 회복할 때까지, 많은 사신들이 또다시 백제와 야마토의 사이를 오갔다. 백제의 사신들은 매번 구원군의 파견을 요청했으나, 야마토 측에서는 성왕 26년에 370명의 인부를 보내어 득니신得爾辛에 성을 쌓는 일을 돕게 한 것과, 다음 해에 화살 1,500대와 보리씨 1,000섬을 보낸 것 외에는 별로 신통한 지원을 하지 않았다. 성왕은 성왕 30년 10월에 금동 석가불상 한 구와 경서 약간을 다른 불구佛具와 함께 서부달솔 노리사치계怒唎斯致契 편으로 야마토에 보냈다. 이를 받아본 야마토의 긴메이欽命 천황은 금동 불상의 휘황찬란한 모습에 감격했다. 특히 성왕이 보낸 글을 읽고 감동했다. 성왕의 글은 다음과 같았다.

"이 경서의 가르침은 여러 경서 가운데 가장 빼어난 것입니다. 이 가르침은 그 깊이를 측정할 수가 없고, 한계도 없어서, 복덕福德을 가져다주고, 모든 번뇌를 벗어나 불도에 귀의하여 정토淨土에 들어갈 수 있게 보리菩提를 이루게 해 줍니다. 이 가르침을 이해하면, 마치 여의주를 얻은 듯, 하고자 하는 일을 마음대로 할 수 있는 경지에 이르게 됩니다. 일찍이 부처님께서 동방에 홍법하리라 하심을 실천하기 위해 불상과 함께 경서를 보냅니다."

성왕의 의도는 야마토에 불교를 전하면서, 백제가 문화 선진국임을 강조하고 병력 지원을 얻으려는 데 있었다. 그런데 야마토에서는 불교를 받아들이자는 호불파護佛派와, 불교는 야마토 고유의 신도神道를 어지럽히는 사교라고 하면서 이를 배척하는 배불파排佛派로 나뉘어 격론이 벌어지고 있었다. 호불파인 소가노이나메蘇我稻目 오오미는 오하리다小墾田에 있는 자택에 불상을 모시고 절을 만들어 불교의 홍법에 힘썼다. 그러나 신도를 주관해 온 모노노베物部족의 족장인 오코시尾興 오오무라지大連나 고래로 제사를 관장해 온 나카토미中臣 족장 가마코鎌子는 결사적으로 불교 도입을 반대하고, 심지어는 천황에게 주상하여 불상을 강에 버리고 절을 불태우는 소란까지 벌였다. 그러다 보니 백제의 지원병 문제는 뒷전이 되고 세월만 흘러갔다.

성왕 29년은 고구려 양원왕 7년이었다. 9월에 몽골 고원을 중심으로 활약하던 돌궐突厥이 고구려를 침략한 것을 고구려의 장군 고흘高紇이 군사 만 명으로 돌궐인 1,000명을 살해하고 이를 격퇴했다. 그러나 고구려는 계속된 내침과 외침에 시달리고 있었다. 그 틈을 타서, 신라의 병부령 이사부異斯夫가 고구려와 백제가 쟁탈전을 벌이던 도살성과 금현성의 두 성을 공격하여 빼앗아갔다. 진흥왕은 그 뒤 여덟 장군에게 명하여 한강 상류의 고현高峴 이남 죽령竹嶺 이북에 있던 10개 성을 고구려로부터 빼앗게 했다. 진흥왕은 신라의 대외적 발전을 위해서는 한강의 하류를 장악하는 것이 긴요하다고 생각했기 때문이었다. 서해로 나가는 길을 확보해야 중국과의 해상 통상권을 확보할 수 있고, 그래야만 중국의 문물을 도입해서 국력을 부강시킬 수 있다는 것이었다.

신라가 한강변을 점령하면서 신라와 백제의 동맹관계가 깨지게 되었다. 다음 해 정월에 성왕은 상부上部 덕솔德率 과야차주科野次酒와 간솔杆率 예색돈禮塞敦을 야마토에 보내어 원병을 다시 요청했다. 2월에 성왕은 다시 야마토에 역박사曆博士, 오경박사五經博士와 의학박사를 보내고, 복서卜書, 역서曆書, 그리고 각종 약재를 보내어 야마토의 환심을 샀다. 그러나 원병은 오지 않았고, 야마토에서는 좋은 말 두 마리, 구조선 2척, 활 50장, 화살 2,500대만 공급해 왔을 뿐이었다. 다음 해 정월이 되었다. 백제의 중부 시덕施德 목라문차木羅文次와 전부 시덕 왈좌분옥曰佐分屋이 쓰쿠시에 갔다.

"벌써 몇 번째인지 모릅니다. 어찌 원군을 이다지도 보내지 않습니까? 이대로 가다가는 실기하고 말 것입니다. 5월까지는 반드시 보내어 주셔야 합니다. 도대체 얼마나 많은 병사들을 보낼 수 있습니까?"

사신들이 읍소하자, 야마토의 장군 사혜기左伯連가 답했다.

"구원군의 규모는 천 명의 군사에 말 200필, 배 40척이 될 것이오."

7월이 되니 백제는 더 이상 기다리지 못하고, 신라에게 빼앗긴 한강 하류 지역을 탈환할 생각으로 관산성을 공격하기로 했다. 이 전투에는 백제의 태자 창昌이 선봉이 되었다. 이때 창의 나이는 스물아홉이었다. 창은 전에도 군사를 몰고 고구려를 공격한 적이 있었다. 고구려와의 전쟁에서 그는 산속에 보를 만들고 병졸들과 침식을 함께 하면서 전투에 임하고 있었는데, 어느 날 저녁, 인적이 없는 산 너머 들판에서 갑자기 북과 피리 소리가 일어났다. 창이 거느린 백제군도 이에 호응하여 북과 꽹과리로 응답했다. 새벽녘에 개마기사 한 사람과 꽹과리 치는 종자 둘과 표범 꼬리를 머리에 단 기마병 둘, 도합 다섯 명이 말머리를 나란히 하고 나타났다. 백제의 군사들이 이들을 맞아 깃발을 등에 꽂고 나가 싸웠다. 마침내 백제의 용사가 고구려 기사를 창으로 찔러 말에서 떨어뜨리고 칼로 목을 쳤다. 댕강 잘린 목을 창끝에 찔러 높이 들고 함성을 질렀다. 당황한 고구려의 군사들이 지리멸렬 도주했다. 그런 이력을 갖고 있는 창이었기에 신라군을 우습게 여겼다. 그는 신라가 동맹을 어기고 백제의 옛 고장을 빼앗아간 것을 용서할 수가 없었다. 그래서 그는 아버지인 성왕에게 말했다.

"아바마마, 신라는 우리를 속이고 남평양성을 점령했습니다. 소자가 정예군을 인솔하여, 신라의 보루인 관산성을 공격하겠습니다. 허락해 주소서."

성왕과 함께 있던 좌평들이 깜짝 놀라며 창을 말렸다.

"태자마마, 아직은 때가 아닙니다. 야마토의 원군도 오지 않았고, 신라군의 기세도 보통이 아니니, 결코 가벼이 나서서는 안 될 일입니다. 자중하소서."

"무슨 잠꼬대 같은 소리를 하는가? 고구려의 개마기사도 내가 한 칼에 베었거늘. 신라놈들쯤이야. 장군들은 너무 늙어 겁이 많구려."

창은 중신들의 만류를 무릅쓰고 고리산성古利山城의 구타모라久陀牟羅

에 보루를 축조하고 포진했다. 이 보루를 근거로 하여 창의 백제군은 신라군과의 싸움에 밤낮이 없었다. 태자 창이 싸우느라 침식을 제대로 취하지 못할 지경이라는 소식을 전해들은 성왕은, 정병 50기를 데리고 갯골로 달려갔다. 갯골은 태자가 싸우고 있는 고리산성의 서쪽에 있는 할미산성에 오르는 길목에 있었다. 이때의 신라군의 지휘관은 관산성 군주인 각간 우덕于德과 이찬 탐지耽知였는데, 이들은 태자 창과의 싸움에서 번번이 참패했었다. 신라군은 신주의 군주 김무력金武力을 다시 지원군으로 투입했다. 그러나 백제에 유리한 전국을 쉽게 돌릴 수가 없었다. 그러던 참에 신라의 파수꾼이 첩보를 올렸다.

"장군, 백제의 왕이 할미산성 아래 갯골로 오고 있답니다. 많은 군사를 거느린 것 같지 않으니, 소장이 도중에 매복했다가 이를 잡아 죽이겠습니다. 허락하소서."

김무력의 비장裨將으로 있던 삼년산군三年山郡 출신의 고간高干 도도 都刀가 나서서 말했다. 무력은 설마하면서도 도도의 청을 들어주기로 했다. 도도의 군사가 갯골에 매복을 하고 있는데, 밤이 가까워 오자, 한 떼의 군사들이 갯골로 말을 몰고 들어섰다. 도도는 매복했던 군사들에게 화살을 쏘아붙이게 했다. 앞서오던 백제의 기병들이 비 오듯 쏟아지는 화살에 맞아 땅바닥으로 곤두박질쳤다. 급습을 당한 백제의 장수들이 말고삐를 당기며 말을 멈추려 하자, 함성을 지르면서 신라의 칼잡이들이 우르르 달려들었다. 갯골의 골짜기는 금세 수라장이 되었다. 백제군의 수는 50여 기에 지나지 않았다. 몇 배가 되는 신라군의 쇄도에 분전하다가 쓰러지니, 마침내 장수 한 명과 몇 사람의 호위만 남게 되었다. 신라군 병졸들이 창을 겨누며 이 장수를 포위했다. 한참을 인왕仁王처럼 칼을 휘두르며 분전하던 백제의 장수가 만신창이가 된 끝에 신라군 병졸들이 던진 동아줄에 걸려 땅 위에 쓰러졌다. 병졸들이 달려들어 이 장수를 포박했다.

"그대는 누군가?"

도도가 물었다.

"네 이놈. 신라의 노비가 짐을 몰라보는가? 짐은 백제의 왕이니라."

"백제의 왕이라면 우리 신라와의 맹약을 저버리고 우리를 공격해 온 자가 아니냐?"

"맹약을 어긴 것은 네놈들이 먼저다. 백제의 땅을 네놈들이 훔치지 않았느냐? 너는 누구냐? 짐을 여기에서 매복한 네놈은 누구냐?"

"나는 신라의 고간 도도다."

"어찌 네놈 같이 천한 자가 짐을 욕보이느냐? 이 포박을 풀어라. 짐이 백제의 왕임을 알고도 이렇게 무례하게 구느냐?"

"우리 신라에서는 맹약을 가장 중히 여기느니라. 백제의 왕이 먼저 맹약을 어겼으니, 신라의 비장이라도 백제의 왕을 대적할 수 있는 법이니라. 어서 목을 내놓아라. 내가 직접 참할 것이다."

"하늘이 무심하구나. 부처님도 짐을 버리셨구나. 아군의 승전보에 취하여 가벼이 움직인 결과가 이렇게 되고 말았구나. 짐이 백제의 왕으로서 최후의 위엄을 갖추어 죽게 포승을 풀어라. 짐이 차고 있는 이 보도를 네놈에게 주리니, 그것으로 짐의 목을 치도록 하여라."

왕은 포승이 풀리자, 고리산성을 올려다보고 목을 내밀었다. 도도가 왕이 건네준 칼을 머리 위로 높이 휘둘렀다가 기합과 함께 힘껏 내려쳤다. 왕의 목이 바닥에 떨어졌다. 도도는 왕의 목을 함에 담고 목이 달아난 시신을 땅에 묻었다. 이런 일이 있은 뒤 갯골은 구천仇川이라 부르게 되었다. 구천은 원수(구仇)의 내라는 뜻이다. 뒤에 성왕의 수급을 받은 신라에서는 대궐의 도당都堂에서 북쪽 뜰로 내려서는 층계 아래에 수급을 묻어, 신하들이 그 위를 밟고 다니게 했다고 전했다. 성왕을 죽인 도도는 즉시 그 소식을 무력에게 알렸다. 신라군에서는 승리를 기뻐하는 함성이 산골짜기에 울렸다. 고리산성에 있던 백제군에게도 이 참극의 소식이 알려졌다. 신라군은 총공격에 들어갔다. 성왕의 전사 소식은 삽시간에 전군에 퍼졌다. 태자와 중신들의 통곡소리가 들리면서 백제군의 사기는 일거에 무너졌다. 여기에 신라군이 쳐들어 온 것이라 백제의 군사들은 당황해서 어쩔 줄을 몰라 했다. 태자 창이 신라군의 포위망을 뚫으려고 애쓰는 때에 한 장수가 활을 들고 나섰다. 야마토에서 온 쓰쿠시 구니미얏고쯔紫國造라는 장수였다. 그는 신라 기병을 겨누어 활을 잇달아 쐈다. 그 바람에 포위군이 주춤한 간격을 뚫고 태자와 여러 장수들이 샛길로 빠져나갈 수 있었다. 그러나 결국 이 싸움에서 백제군은 대패했다. 좌평 네 명과 군사 2만9천6백 명이 죽었다. 더욱 추격해서 백제의 수도까지 갈 수도 있을 지경이 되었으나, 대가야와 안라가야, 그리고 야마토의 후방 교란이 우려되어 신라는 일단 군사를 거두어들였다.

가까스로 목숨을 구해 사비성까지 돌아온 태자 창은 죄책감에 몸과 마음을 가눌 수가 없었다. 자기가 강공책을 주장하지만 않았더라면 이번의 참변은 없었을 것이었다. 가슴을 뜯고 머리카락을 뽑으며 애통해 보았으나, 돌아가신 부왕을 되살릴 길은 없었다. 항차 부왕의 시신도 찾지 못했으니, 그 원통하고 분한 마음은 문자 그대로 태자를 아비지옥阿鼻地獄에 빠뜨렸다. 참다못한 태자가 출가하여 중이 되겠다고 나섰다. 그러나 여러 신하들이 이를 말렸다.

"마마, 지금 출가하심은 부당하신 처사입니다. 대행마마께서 불행을 당하셨으나, 그 죄는 마마에게만 있는 것이 아닙니다. 지금 구려와 신라가 호시탐탐 백제를 잡아먹으려고 덤비는 판에, 마마께서 나라를 버리고 출가하시면 누가 사직을 모실 것입니까? 대행마마의 명복을 비는 일은 백성들에게 맡기소서. 백 명의 백성을 출가시켜 스님으로 만들고, 대행마마의 명복을 비는 법회를 개최하도록 하소서. 마마께서는 무슨 일이 있더라도 누란의 위기에 처한 우리 백제를 다시 살려 주소서."

태자 창이 마지못해 왕위에 올랐다. 위덕왕威德王이었다.

그런데 10월에 고구려가 크게 군사를 일으켜 웅진성熊津城을 공격해

왔다. 백제의 옛 도읍인 웅진성은 사비성에서 불과 한나절 거리에 있었다. 위덕왕은 총력전을 펼쳐 가까스로 고구려군을 패퇴시켰다. 고구려가 침략할 수 있었던 것은 신라가 길을 열어 주었기 때문이었다. 위덕왕은 고구려와 내통한 신라를 치기 위해 오랜 동맹국인 대가야에 다시 밀사를 파견했다. 대가야에게 신라의 후방을 교란하는 작전을 부탁하기 위해서였다. 다음 해 2월에 왕은 아우인 혜惠 왕자를 야마토에 보내어 성왕의 전사를 알렸다. 긴메이 천황은 성왕의 부음에 깊은 애도를 표시하고, 혜 왕자를 영접할 사신을 나니와쓰難波津까지 보내어 위문했다. 사신 고세노오미許勢臣가 혜 왕자에게 물었다.

"왕자마마께서는 야마토에 체류하기를 바라십니까? 아니면 본국으로 다시 돌아가시겠습니까?"

왕자가 말했다.

"천황께서 도와주신다면, 아바마마의 원수를 갚고 싶소. 천황께서 많은 무기를 하사하시면, 치욕을 씻고 보복할 수 있을 것이오. 천황께서 베푸시기에 달렸소."

혜 왕자가 야마토의 도성에 도착하니 소가노이나메 오오미가 물었다.

"대행마마께서는 천도天道와 지리에 도통하시고, 그 이름이 사방에 떨친 어른이시오. 천년이고 만년이고 천황가의 울이 될 것으로 생각했는데, 뜻밖에 불행을 당하셨습니다. 어찌 애통하지 않은 사람이 있겠습니까? 옛날에 구려의 공격을 받아 누란의 위기를 당한 적이 있을 때, 우리 야마토의 유우랴쿠雄略 천황께서 왕자의 나라를 구한 적이 있습니다. 그때에도 유우랴쿠 천황이 말씀하시기를 나라를 세운 신을 잘 모셔야만 나라가 흥한다 하셨지요. 듣자니 백제가 사직을 잘 모시지 않는다고 합디다. 왕자는 그런 일이 다시는 일어나지 않도록 주의해 주시기 바랍니다."

다음 해 봄에야 야마토에서 많은 병기와 좋은 말을 왕자 혜에게 주어 귀국할 수 있게 했다. 그리고 아베阿倍臣, 사헤기佐伯連, 그리고 하리마播

磨直 등의 장군으로 하여금 쓰쿠시의 수군을 이끌고 왕자를 호송하게 했다. 특히 쓰쿠시노히노기미筑紫火君를 시켜서 용사 일천을 거느리고 왕자를 돕게 했다. 한편 신라의 진용에서는 이번의 전투에서 백제 편에 대가야와 안라가야가 가담한 것이 문제가 되어 여러 장수들의 불평이 대단했다. 백제를 대파한 김에 대가야와 안라가야를 쳐서 후환을 없애는 일이 무엇보다도 급하다고 의견이 모였다.

신라는 일찍이 진흥왕 16년 정월에 비사벌比斯伐에 완산주完山州를 설치해서 낙동강 건너편에 대가야의 고령에 대치할 교두보를 만들었다. 10월에 진흥왕은 신하들을 데리고 북한산北漢山에 올랐다. 이곳에 진흥왕은 순수관경비巡狩管境碑를 건립했다. 다음 해에는 북상하여 비열홀주比烈忽州를 설치하고 사찬沙湌 성종成宗을 군주로 임명했다. 이곳에는 13년 후에 황초령黃草嶺비와 마운령磨雲嶺비를 각각 건립하게 되는데, 이것으로 신라는 함흥咸興평야까지 진출하게 되었다. 한편 진흥왕 22년 8월에는 비사벌로 신하들을 이끌고 가서 다시 순수관경비를 건립했다. 순수관경비는 새로이 신라의 영역으로 편입된 지역의 경계를 확인하고 민심을 수렴하는 목적으로 만든 석비였다. 비에는 충성을 다해 공을 세운 무리에게 벼슬을 올려주고, 상품을 더하여 공훈을 표창하겠다는 뜻을 분명히 적었다. 또한, 법장法藏이나 혜인慧忍 같은 스님이나 대등大等에서 소사小舍에 이르는 관직이 있는 수행원의 이름을 모두 새겨 넣었다.

9. 사다함斯多含과 대가야의 멸망

진흥왕 22년에 백제군이 신라의 변경을 침공했다가, 신라의 반격으로 1천 명의 사상자를 내고 패주했다. 이것은 대가야와 함께 벌인 양동작전이었는데, 백제가 너무 급하게 굴다가 실패하고 말았다. 진흥왕이 병부령 이사부를 남당으로 불러 말했다.

"병부령은 들으시오. 대가야와 안라가야가 백제와 한통속이 되어, 우리 신라를 벌써 여러 번 공격해 왔소. 이제 백제를 무찌른 터에, 이들을 내버려 둘 수 없으니, 당장 공략하도록 하시오."

"삼가 대왕마마의 영을 받들겠습니다. 그런데 이번 싸움에는 사다함을 부장副將으로 삼아 선봉을 맡길까 합니다. 윤허하여 주소서."

"사다함 말인가? 급찬 구리지仇梨知의 아들 말이지? 아직 나이가 어리지 않은가?"

"올해 열여섯입니다. 대왕마마. 지금 화랑花郎이 되어 낭도 일천 명을 거느리고 일하고 있습니다."

"그래도 너무 나이가 어리니, 병부령은 다른 자로 부장을 삼는 게 어떻겠소."

이사부가 거듭 청해도 왕이 막무가내로 허락하지 않자, 그는 부득이 더 주장하지 못하고 퇴궐했다. 다음 날 그는 사다함을 데리고 다시 대궐로 들어갔다.

"대왕마마, 사다함이 마마께 아뢸 말씀이 있다 하여 데리고 왔습니다."

"대왕마마, 신 사다함입니다. 이번에 대가야와 안라가야를 정벌하신다니, 소신과 소신이 이끄는 낭도를 선봉으로 삼으소서. 평소에 수련해 온 결과를 보여드릴까 합니다. 소신의 청을 가납하소서."

사다함은 종군할 것을 여러 번 간곡히 청했다. 마침내 왕의 윤허가 내려졌다.

"경이 그처럼 원하고 있으니, 짐이 특별히 경을 귀당비장貴幢裨將으로 임명하겠노라. 이사부 원수元帥를 도와 갈충보국竭忠報國 하라."

이사부, 거칠부, 사다함은 모두 나물 이사금 계통의 사람이었다. 사다함은 나물 이사금의 7세손이었다. 나물의 후손에는 대체로 무장이 많았는데, 마을 남자들 가운데 뜻있는 자를 무사단으로 묶어서 놀이와 춤을 배우고 전국을 유람하면서 무술과 학예의 수련에 힘써 왔다. 한때는 이들 무사단의 두령으로 아름다운 여인을 뽑았는데, 이를 원화源花라고 했다. 처음으로 원화가 된 것은 남모南毛와 준정俊貞이었다. 그런데 두 사람 사이에 알력이 생겨서, 준정이 남모를 술에 취하게 한 뒤 죽인 사건이 일어났다. 이 일이 발각되어 준정마저 처벌된 뒤로는, 남자를 두령으로 삼아 풍월주風月主 또는 화랑花郞이라 불렀다. 대체로 화랑 서너 명이 각자 낭도郞徒를 천여 명씩 이끌고 있었다. 뒤에 화랑을 통솔하는 국선國仙을 두기도 했지만, 사다함의 시기에는 아직 그런 단계까지는 가지 않았다.

신라의 골품제도는 엄격해서 골품에 따라 맡을 수 있는 관직에 제한을 두었으나, 화랑도의 경우에는 그런 제약을 받지 않아, 진골에서 하급 귀족이나 평민에 이르기까지 널리 능력에 따라 낭도로 받아들였다. 그래서 화랑도는 불교의 승려와 마찬가지로, 신분에 구애 받지 않고 나라를 위해 연마하는 집단으로 발전해 나갔다. 호국신앙인 불교는 처음부터 화랑도에 영향을 주었다. 사다함이라는 이름도 불교에서 따온 것이었다. 사다함은 원래 불경의 '한 번 올라가고 한 번 돌아온다'는 일상일환一上一還을 뜻하는 말이었다. 다시 말하자면 한 번은 천상계에서 천인天人으로 대어나고, 그 뒤에 다시 인간 세상에서 범인凡人으로 태어나기 위해서 해탈한 자를 뜻했다. 불교의 위계로 볼 때에, 고행과 수도를 하는 나한羅漢 가운데 두 번째 성과를 낸 사람을 사다함이라고 했다.

사다함이 종군을 허락 받고 집에 돌아오니, 신라 제일의 미모를 자랑하는 미실美室이 찾아왔다. 미실은 신라의 왕실에 비를 공급해 왔던 두 가지 혈통의 하나인 대원신통大元神統에 속하는 여인이었다. 그녀의 외조모가 옥진玉珍인데 대원신통의 종녀宗女로서, 애교를 부림에 통달해 있고 방사房事의 기교도 지닌 여인이었다. 미실은 외조모에게서 모든 기교를 전수받았다.

진흥왕의 외조부이자 큰아버지인 법흥왕의 왕비였던 지소 태후只召太后가 아들인 세종전군世宗殿君을 위해 미녀들을 선보인 일이 있었는데, 그 가운데 하나로 뽑혀 궁중으로 들어갔다. 세종이 미실을 점찍었으나, 미실이 진흥왕비 사도 부인思道夫人의 조카라는 것이 알려지자, 지소 태후가 그녀를 궁 밖으로 내치고 말았다. 태후는 사도 부인과 사이가 좋지 않아, 왕실에서 세도 다툼을 하고 있었기 때문이었다. 궁궐 밖으로 나온 미실은 사다함을 만나게 되었고, 사다함의 준수한 미모와 출중한 검술에 취해 사랑하게 되었다.

사다함은 5,000의 군사를 거느리고 대가야의 서울인 고령을 습격했다. 먼저 낭도 몇을 데리고 고령성의 전단량旃檀梁 위로 올라가서 문 위에 흰 기를 세웠다. 그리고는 성문을 열어, 밖에 기다리고 있던 신라의 대군을 성안으로 끌어들였다. 갑자기 큰 군사가 쳐들어오는 바람에, 성내는 아비규환阿鼻叫喚이 되었다. 드디어 도설지道設智 왕을 비롯한 대가야인 5,000여 명을 포로로 잡았다. 그 속에는 왜인들도 상당히 있었다. 단 한 번의 공성 끝에 별로 저항 같은 저항도 하지 못하고, 이진아시 왕 이래로 520년간 이어온 대가야가 망하고 말았다. 진흥왕 23년 정월의 일이었다. 사다함은 포로를 데리고 서라벌로 개선했다. 그런데 그의 애인 미실은 궁중으로 불려 들어가 사다함을 마중 나오지 못했다. 세종이 미실을 그리워하다가 상사병에 걸려서, 지소 태후가 미실을 다시 불러들여 세종의 부인이 되라고 강요했던 것이었다. 미실을 잃은 사다함의 마음은 갈기갈기 찢어졌다. 대가야를 정복한 기쁨이 아무리 크다 한들, 사랑하는 여인을 잃고서야 살맛이 나지 않았다.

사다함의 비극은 이것으로 끝나지 않았다. 어릴 때부터의 소꿉친구인 무관랑武官郞이 사다함의 어머니인 금진낭주金珍娘主를 사랑하여 통정을 하고 말았다. 무관랑이 사다함을 마주보기가 민망한 기색을 보이자, 사다함은 이렇게 말했다.

"무관랑아, 무엇을 그렇게 어려워하는가? 너의 사랑은 네 잘못이 아니지 않으냐? 이는 우리 어머니의 잘못이니라. 우리의 우정은 그로 인해 변하는 것이 없단다."

그러나 무관랑은 여전히 면목이 없어 했다. 주변의 낭도들이 이 일을 알게 되어 모두들 손가락질을 하게 되었다. 결국 무관랑은 참다못해 담을 넘고 성 밖으로 도망하려다가 구지溝池에 빠져 죽었다. 사다함은 이렇게 애인도 친구도 잃게 되니 세상이 더욱 싫어지고 슬픔에 짓이겨져서 병이 났다.

한편 대가야에서는 도설지왕이 신라로 붙들려 간 뒤에, 월광 태자가 대가야의 유민을 수습했다. 그는 대가야의 태자로 책봉된 뒤로 항상 비늘 갑옷을 입고 용봉문환두대도龍鳳文環頭大刀를 차고 다니면서 군사들을 조련했다. 그는 용맹했으나 따르는 무리가 적었다. 월광 태자는 왜의 쓰쿠시와 그 남서에 있는 오키나와와의 교역을 주도하고 있었다. 이들 지역에서 대가야로 오는 길은 크게 셋이 있었다. 하나는 금관가야의 김해에서 낙동강을 통해 오는 길이었고, 다른 하나는 사천 앞바다에서 진주, 삼가, 합천을 거치는 길이었다. 가장 두르는 길로는 섬진강 하구의 하동에서 소백산맥을 따라 산청과 거창을 거쳐 오는 길이 있었다. 이곳을 통해 동검, 칠기, 철제 농기구, 붓, 그리고 도질 토기를 교역했다. 특히 대가야의 도질 토기는 쓰쿠시나 야마토에서 스에키須惠器라 부르며 소중하게 여겼다. 유서 깊은 대가야가 일조에 무너지기 전후해서 남쪽에 있던 안라가야도 신라에 의해 점령당하고 말았다. 그때까지 안라가야를 지키던 백제군이 모두 서쪽으로 물러갔기 때문에 그 빈자리는 자연히 신라의 차지가 되었다. 안라가야도 대가야나 마찬가지로 거대한 분묘를 함안 뒷산에 축조하고, 무장 세력을 육성해서 남강 유역을 중심으로 한때 가야 제국에 군림했었다.

신라는 대가야와 안라가야를 접수하고 난 뒤에 야마토의 역습을 경계했다. 대가야를 멸망시키기 몇 해 전부터 신라는 사신을 야마토에 여러 차례 보냈다. 진흥왕 23년 7월에 야마토의 조정에서 대장군 기노오마로紀男麻呂宿禰와 부장 가와헤河邊臣를 시켜 백제와 연맹하여 안라가야의 옛 땅으로 침공하려 했다. 그네들의 구실은 야마토 사관使館을 수복한다는 것이었다. 그러나 이들은 신라 장수들의 적수가 아니었다. 그들 가운데 가와헤는 싸움에 져서 포로가 되고 말았다.

동짓달이 되었다. 신라가 다시 사신과 예물을 야마토에 보냈다. 그러나 야마토의 긴메이 천황은 대가야와 안라가야가 멸망하고 그 지역에 있던 왜인들이 쫓겨난 것을 원망하여, 그들을 쉽게 받아들이려 하지 않았다. 뒤에 천황이 죽으면서 태자를 불러 유언을 했다.

"짐의 병이 무겁구나. 후사를 그대에게 맡긴다. 그대 황태자여, 신라를 쳐서 미마나任那를 다시 회복하여라. 다시 서로 화합하여 옛날 같이 된다면, 죽어도 한이 없을 것이다."

미마나는 왜인들이 가야를 지칭한 말이었다. 그만큼 야마토에서는 가야 지역의 연고를 잃은 것을 천추의 한으로 알았다.

제15장

야마토의 대왕가와 호족들

1. 미마나任那에 대한 왜인들의 애착

왜인들에게 미마나는 조상의 발상지를 뜻했다. 대대로 야마토에서는 가야의 여러 나라를 통틀어 님의 나라라는 뜻의 미마나任那로 부르며 연고권을 주장했다. 왜인들은 기회가 있을 때마다 이 지역에 군사나 해적들을 보내어 침략을 일삼았다. 주로 3~4월을 중심으로 1세기에서 4세기에 이르는 사이에 거의 4년에 한 번꼴로 총 80여 회의 침공을 한 기록이 남아 있으니, 실로 끈질긴 왜인들의 집념이었다. 그러다가 5세기에 들어서 야마토의 오오기미大王 조정이 왕권을 확보하면서, 이들은 자기들의 행동을 정당화하기 위해 중국에 사신을 보내어 동진東晉과 그 뒤를 이은 송宋, 남제南齊, 양梁 등 남조의 책봉을 구하기 시작했다. 야마토의 왕 닌토쿠仁德 천황은 서기 413년에 동진에 사신을 보내어 공물을 바쳤고, 이어 421년에는 동진을 이어 남조의 주인이 된 송宋에 조공을 해서 황제 무제武帝로부터 안동장군安東將軍 왜국왕의 벼슬을 받았다. 438년에는 오오기미, 한제이反正 천황이 스스로 사지절使持節 도독都督 왜倭 백제百濟 신라新羅 임나任那 진한秦韓 모한慕韓 육국六國 제군사諸軍事 안동대장군安東大將軍 왜국왕倭國王이라 칭하면서 정식으로 제수除授해줄 것을 요청했으나, 송의 문제文帝는 그에게 안동장군 왜국왕만을 제수했다. 여기에 나오는 진한秦韓은 진한辰韓을 말하고 모한慕韓은 마한馬韓을 가리켰다.

야마토 왕조가 관장하던 쓰쿠시, 시코쿠, 혼슈의 여러 섬에는 백제, 신라, 가야, 진한, 마한 등지에서 건너간 사람들이 무리를 지어 살고 있어, 이런 주장을 할 수 있는 근거가 되었다. 당시에는 국경이 후세처럼 명확하게 구획되어 있지 않아서 사람들이 여러 지역에 모여 살고 이동 또한 활발했다. 왜왕의 요구가 끈질기게 이어짐에 451년에 송이 사지절도독 왜·신라·임나·가라·진한·모한 육국 제군사 안동장군을 제수하고 말았다. 7월에 가서 송은 다시 오오기미를 안동대장군으로 한 단계 진급시키고, 23명의 왜인들에게 군軍과 군郡에 관련된 벼슬을 내렸다. 야마토의 오오기미가 아무리 끈덕지게 졸라도 백제를 그의 산하에 넣을 수는 없는데, 그 이유는 백제가 중국의 남조에 사신을 자주 보내어 와서 동진이 그 답으로 전지왕腆支王을 사지절도독 백제 제군사 진동장군鎭東將軍 백제왕百濟王으로 책명冊命했고 송의 대에 들어와서도 같은 칭호를 백제에게 내렸기 때문이었다. 이때까지 신라는 고구려, 백제, 왜처럼 중국에 대한 외교 교섭을 하지 않았고, 가야 제국이나 진한, 마한의 소국들은 대외 사절을 보낼 능력이 없었기 때문에 송에서 왜국의 거듭된 요청을 일부 받아들이게 된 것으로 보인다.

462년 3월에는 오오기미가 된 안코우安康 천황이 안동장군 왜국왕으로 한 급이 강등되었다. 그런데 그 다음으로 야마토의 오오기미가 된 유우랴쿠雄略 천황은 이런 송의 태도에 불만이 많았다. 그래서 그는 사지절도독 왜·백제·신라·임나·가라·진한·모한 칠국 제군사 안동대장군 왜국왕使持節都督倭. 百済. 新羅. 任那. 加羅. 秦韓. 慕韓七国諸軍事安東太将軍倭国王이라고 자칭하고는 478년에 스스로 개부開府 의동삼사儀同三司가 되어 이를 인정해 달라는 표문을 송의 순제順帝에게 올렸다. 송의 순제는 유우라쿠 천황의 요청에서 백제를 뺀 6국의 군사를 돌보는 안동대장군 왜왕을 제수했다. 470년에 송의 다음 왕조인 남제南齊의 고제高帝는 유우랴쿠를 진동대장군鎭東大將軍으로 진급시켰고, 그 다음 왕조인 양梁의 무제武帝는 다시 502년에 정동대장군征東大將軍으로 진급시켜 고구려와 동급이 되게 했다. 이처럼 야마토의 다섯 오오기미가 추진한 남조와의 교류는 동진이 남연南燕을 정복해서 산동山東 반도를 차지한 410년으로부터 북위의 남진이 본격적으로 벌어지게 된 470년대까지의 60년 동안에 집중적으로 일어났다. 야마토의 오오기미가 중국까지 사절을 보내어 표문을 올릴 수 있도록 강성해지기까지에는 많은 우여곡절이 있었다.

서기 431년에 리추履中 천황이 아우 나가쓰미고仲皇子와의 권력투쟁에서 이겼는데, 주로 헤구리平群木菟宿禰, 소가蘇我滿智宿禰, 모노노베物部 伊莒弗, 쓰부라円 등의 호족들이 그를 보좌했다. 불과 30년 동안에 4대의 오오기미가 갈리게 되니, 야마토의 조정이 안정을 찾지 못하고 어수선할 수밖에 없었다. 그래서 중국의 남조에 계속해서 사신을 보내면서도 한반도로의 파병은 엄두를 내지 못했다.

2. 사나운 군주 와카다케루幼武, 유우랴쿠雄略 천황

"대왕마마께서 돌아가셨습니다. 마유와眉輪가 시해했습니다. 큰일 났습니다."

8월의 햇볕이 쨍쨍한 대낮의 일이었다. 산속의 궁궐에서 등물로 더위를 씻은 뒤에, 높은 누각에 올라 술에 취해 황후의 무릎을 베개 삼아 낮잠을 자던 안코우 천황이 마유와의 칼을 맞고 죽었다.

천황이 피투성이가 되어 누각에서 절명하자 대궐이 왈칵 뒤집어졌다.

"누가 오오기미 마마를 시해했나? 어떤 놈이냐?"

마침 대궐에 나와 있던 와카다케루가 얼른 갑옷을 챙겨 입고 큰 칼을 들고 나와 소리쳤다. 와카다케루는 천황의 넷째 동생이었다.

"형들이 마마를 시해한 것이 아닌가?"

그는 마유와 같은 어린 아이가 그런 짓을 했다고는 믿지 못하여 부하를 데리고 대궐 안을 이리저리 찾아 다녔다. 마침 바로 위의 형 시로히고白彦와 마주쳤다.

"형이 큰형을 죽였소?"

와카다케루가 물었다.

"……."

와카다케루의 시퍼런 서슬에 질려 시로히고는 입을 다물고 대답을 하지 않았다. 와카다케루가 칼을 빼어 형을 베었다. 다시 뛰어나간 와카다케루는 둘째 형인 구로히고黑彦를 찾아갔다.

"형이 죽였소?"

구로히고도 와카다케루의 해치려는 기세를 알고 대답을 하지 않았다. 와카다케루는 더욱 사납게 날뛰었다. 그러나 이번에는 바로 해치지 않고 마유와에게 따지기 시작했다. 마유와가 답했다.

"난 원래 보위를 이을 사람이 아니오. 다만 아빠의 원수를 갚았을 뿐이오."

말을 마친 마유와는 구로히고와 함께 궐 밖으로 도망쳐서 쓰부라円노 오오미의 집으로 피신했다. 쓰부라는 다케우치武内 오오미의 후손으로 가쓰라기葛城 지방에 근거를 둔 백제계의 지방 호족이었다. 군사들이 쓰부라노 오오미의 집을 에워싸고 함성을 질렀다. 쓰부라가 말했다.

"내 어찌 처벌을 무서워하여 무도한 지시에 따를 수 있으랴. 옛말에 이르기를 장부의 뜻을 꺾지는 못한다 했도다. 원컨대 이들을 용서하시오. 내 딸 가라히메韓姬와 가쓰라기의 일곱 고을을 바칠 것이니 죄를 용서하도록 하시오."

와카다케루는 그의 읍소를 들어주지 않고 군사들을 시켜 쓰부라의 집에 불을 질렀다. 쓰부라는 구로히고와 마유와, 그리고 집안의 식솔들과 함께 불타 죽었다.

그럭저럭 시월이 되었다. 와카다케루는 닌토쿠 천황의 맏아들인 리추 천황의 큰아들 오시하 황자市邊押磐皇子를 눈엣가시로 여기기 시작했다. 오시하는 와카다케루의 사촌이라 오오기미 계승권이 높았다. 그는 사람을 보내어 오시하에게 일렀다.

"지금 하늘이 청명하고 사슴과 산돼지를 잡기 좋은 철이 되었소. 함께 사냥이나 하지 않겠소?"

오시하도 사냥이 싫지 않았다. 삭풍이 불지 않는 온화한 날을 택하여 두 사람은 종자들을 데리고 사냥에 나섰다.

"저기 산돼지다. 산돼지를 잡아라."

와카다케루가 말을 달리며 외쳤다. 와카다케루가 고함을 치면서 안장에 몸을 꼿꼿이 세우더니 활을 당겨 오시하를 쏘았다. 화살이 오시하의 가슴에 꽂혔다. 오시하는 피를 토하며 말에서 떨어져 혼절했다. 오시하의 시종이 우왕좌왕하며 외쳤다.

"산돼지가 아니오. 황자가 다쳤소. 도와주시오."

와카다케루는 구명의 소리에 귀를 막고 계속해서 활을 쏘아 오시하와 그의 종자를 모두 죽였다. 와카다케루는 오시하 황자의 몸을 잘게 썰어 말 구유에 담아 땅속에 묻었다고 전해질 정도로 이들을 잔인하게 다루었다. 이로서 와카다케루는 가쓰라기 세력을 비롯한 경쟁자를 일소하고, 오오도모大伴와 모노노베物部의 양대 세력을 등에 업고 동짓달에 아사구라궁朝倉宮에 옥좌를 만들어 21대 오오기미가 되었다. 유우랴쿠雄略 천황이었다.

유우랴쿠 천황은 정력이 넘치고 꾀가 많아서 여러 호족들과 혼인을 하여 성욕과 권세욕을 충족해 나갔다. 세 명의 비를 한꺼번에 취하고도 만족하지 않고 백제에서 보낸 이게쓰히메池津姬마저 차지하려고 했다. 그런데 이게쓰히메가 가와치河內의 이시가와石川 고을에 사는 백제계 주민인 다데楯와 눈이 맞았다. 자기가 눈독 들인 이게쓰히메를 다데에게 빼앗겨서 격분한 와카다케루는 두 남녀를 잡아서 사지를 나무에 높이 매달아 묶어 놓고 불을 질러 태워 죽였다. 이런 일을 전해들은 백제의 개로왕蓋鹵王은 야마토 오오기미의 잔인함에 혀를 내두르며, 마침 그때 야마토 군군軍君으로 부임하기로 한 아우 곤지昆支에게 야마토의 오오기미를 조심하도록 타일렀다. 곤지는 야마토에 다섯 명의 아들을 데리고 들어와 먼저 와 있던 백제계 사람들을 이끌고 야마토 조정을 지원하게 되었다.

한 번은 가을이 되어 요시노吉野궁에 갔다가 종자들로 하여금 산돼지를 몰게 했다. 와카다케루가 도망쳐 나오는 짐승을 활로 쏘려고 시위를 당기는데 등에 한 마리가 팔뚝을 물었다. 따가움을 참고 보고 있는데, 잠자리가 홀연히 날아와서 등에를 물고 날아갔다. 와카다케루가 여러 신하를 보고 말했다.

"잠자리마저 이처럼 짐을 위하는 나라, 이 나라를 아키쓰시마蜻蛉嶋 야마토라 부르리라."

야마토에서 잠자리를 아키쓰라 불렀기 때문인데, 이런 일이 있은 뒤로 야마토를 아키쓰시마라고도 부르게 되었다.

천황은 툭하면 사람을 죽였다. 그 가운데 한 예를 들면 다음과 같은 일도 있었다. 시종으로 있던 기비노 오오조라吉備虛空가 고향에 다녀와서, 기비의 호족 사기쓰야前津屋가 천황을 희롱했다고 보고했다. 어린 계집이나 영계를 오오기미로 삼고 덩치가 큰 여자나 사나운 수탉을 자기로 간주해서 싸움을 붙여, 자기쪽이 이기면 박수갈채를 하며 논다는 것이었다. 이 말에 격분한 천황은 모노노베의 무사 30명을 보내어 사기쓰야 일당 70명을 모조리 죽이게 했다. 이리하여 기비 씨도 천황의 세력 안으로 넣었다. 함부로 사람을 죽이는 천황을 사람들은 사나운 오오기미라 부르며 무서워했다.

천황은 남북의 호족들을 모두 장악했다. 그리고 각 지역의 호족에게

'와카다케루 왕'이라고 왜식 한문 표기를 한 대도를 하사하여 야마토 오오기미의 권위를 세웠다. 동북의 이나리야마稻荷山나 서남의 에다야마江田山의 호족들은 이 보검을 신주처럼 모시다가, 죽은 뒤에는 거대 고분을 축조하여 그 속에 부장품으로 묻어 후손에게 전할 정도로 야마토의 권위를 숭상했다. 기비는 상하의 두 고을로 나뉘었는데, 윗고을의 영주 다사田狹가 대궐에 나와 있을 때 친구들에게 마누라 자랑을 했다.

"천하에 아름다운 여인은 내 마누라 빼고는 없으리라. 곱기만 한 것이 아니라 산뜻해서 분이나 연지를 바르지 않아도 향긋하니 세상에 드문 미녀지요."

이 말을 듣고 그 여인을 탐낸 천황은 다사를 멀리하기 위해 미마나 대사로 삼아 가야로 파견하고 그 아내를 취했다. 임지에서 이 소식을 들은 다사는 도움을 청해 신라로 들어갔다. 천황이 다사의 둘째 아들 오도기미弟君와 아카오赤尾를 불러서 말했다.

"지금 신라 국왕이 우리를 배반하고 공물도 보내지 않고 있다. 가서 이를 쳐라."

이들은 바다를 건너 백제 땅에 상륙한 뒤 신라로 진군하려 했으나 길이 대단히 멀어 가야에도 이르지 못하고 몇 달을 보냈다. 마침내 신라를 치는 것을 중단하고 백제의 재주꾼들을 모아 귀국하기로 했다. 미마나 대사로 있던 다사가 아들이 돌아가는 것을 듣고 기뻐서 못내 사람을 보내어 일렀다.

"그대의 목에 무쇠를 둘렀는가? 남을 치는 일에 이리도 겁이 없는가? 오오기미가 내 아내를 뺏어 아이를 얻었다고 하니, 얼마 있지 않아 화가 닥칠 것이 틀림없도다. 내 아들인 너는 백제에 의지해서 야마토에 가더라도, 나는 미마나에 머물며 야마토에 가지 않을 것이니라."

남편의 모반을 의심한 오도기미의 아내는 비밀리에 그를 죽여 방 안에 시체를 버리고 아카오와 함께 백제의 기술자들을 인솔해서 야마토로 돌아왔다. 천황은 이들 기술자들을 나니와에 보냈다가 야마토의 다카이치高市 일대의 세 곳으로 옮겨 살게 했다. 이때에 온 사람들 가운데 도공, 안장공,

화공, 견직조공, 역관 등이 있었는데, 도래인을 관장하는 장관인 야마토노아야東漢直의 감독을 받게 했다. 이들을 야마토의 사람들은 새로 온 도래인이라는 뜻의 '이마기노아야今来漢'라 불렀다. 한반도에서 건너온 사람들 가운데는 중국 남조로 파견하는 사신으로 동원된 사람도 있었다.

서기 400년에 광개토대왕이 신라를 도와 왜적을 물리친 뒤로 고구려는 백여 기의 군사를 신라에 주둔시켰는데, 이들이 너무 거만하여 신라인들을 마부로 쓰면서 심하게 천대했다. 이에 신라왕이 고구려와 결별할 생각을 하고 백성들에게 영을 내려 고구려의 군사들을 몰살했다. 고구려의 군사 가운데 하나가 가까스로 도망쳐서 고구려왕에게 고하니, 고구려의 장수왕이 군사를 몰아 달구성達句城에 이르렀다. 사면에 고구려의 기치가 나부끼고 고구려의 군가로 천하가 떠들썩하게 되자, 신라왕은 가야와 야마토 군사의 수장에게 급함을 알려 원군을 청했다. 마침 가야 땅에 가 있던 가시하膳臣와 나니와노기시難波吉士 등이 신라를 도와 고구려와 싸우게 되었다. 이들은 기략을 써서 고구려군을 일단 물리치고 나더니 신라를 보고 큰 소리를 쳤다.

"너희들은 그처럼 약한 힘으로 저처럼 강력한 자를 이기려 했다. 우리 야마토의 군사가 돕지 않았으면 지고 말았을 것이다. 이번 싸움에서 잘못했으면 구려에게 짓밟히고 말았을 것이다. 이제부터는 우리 야마토를 배반하지 말지어다."

그런 일이 있은 지 얼마 되지 않아 신라와 야마토의 사이가 다시 나빠졌다. 신라가 공물을 보내어 오지 않아서 천황은 친히 신라를 정벌할 생각을 했다가 신의 계시가 불길하게 나와 친정은 하지 않게 되었다. 그래서 유우랴쿠 천황은 기紀小宮, 소가蘇我韓子, 오오도모大伴談, 오가비小鹿火 등 4명의 장군에게 신라 정벌을 지시했다. 그런데 이들이 신라로 쳐들어갔다가 격전 끝에 오오도모가 부하들과 함께 몰사하고 대장군 기도 패군을 수습하다가 병사하고 말았다. 그러자 기의 아들 오오이와大磐가 아버지의 부음을 듣고 신라로 건너와서 오가비가 거느렸던 군사, 병마, 선박들을 접수해서 마음대로 부리기 시작했다. 이에 오가비가 억울하게 생각하여 소가에게 일렀다.

"오오이와가 그대의 군사도 접수할 것이다. 얼마 가지 않아서."

백제 왕은 소가와 오오이와의 틈이 벌어진 것을 알고 걱정이 되어 사람을 보내어 이들에게 함께 백제의 경계를 다스리는 법을 보러 오라고 했다. 두 사람은 말을 타고 가다가 강가에서 잠시 쉬게 되었다. 오오이와가 말에게 물을 먹이고 있는데, 갑자기 소가가 뒤에서 활을 쏘아 오오이와의 안장을 맞혔다. 깜짝 놀란 오오이와가 몸을 젖히며 뒤로 돌아서는 소가를 쏘아 강물에 떨어뜨렸다. 소가가 이렇게 죽으니, 모두들 백제의 서울에는 가지도 못하고 발걸음을 되돌렸다. 결국 신라를 치러 보낸 야마토의 군사들은 자중지란을 당해 철수하고 말았다.

476년에 장수왕이 남진해서 백제를 쳐부수고 개로왕을 참살하자, 그 뒤를 이은 백제의 문주왕文周王을 도와 천황이 군사를 파견했다. 문주왕을 이은 삼근왕三斤王이 479년에 돌아가자 군군軍君으로 야마토에 와 있던 곤지왕昆支王의 다섯 왕자 가운데 둘째인 모대牟大에게 쓰쿠시의 군사 500명을 붙여 백제로 보내어 동성왕東城王으로 등극하게 거들었다. 한편으로 쓰쿠시의 아치安致와 우마카이馬飼로 하여금 수군을 인솔하여 고구려를 치도록 만들었다.

유우랴쿠 천황이 돌아가니, 그전까지의 전방후원前方後圓의 거대 분묘가 아닌 팔각형의 작은 능을 만들어 모셨다. 이는 그가 학살한 왕자들의 후손이 뒤에 오오기미가 되었기에 능을 축소한 것이라고 전한다.

3. 왕조의 교체

야마토의 왕조는 여러 번 바뀌었다. 처음에는 니기하야히饒速日命가 야마토에 왕조를 만들었고, 그 뒤를 이어 진무神武 천황이 쓰쿠시의 연합 군을 몰고 와서 야마토 지역을 통치하는 왕조를 열었다. 몇 대가 지나, 북 쓰쿠시에서 이마기이리御間城入彦, 수우진崇神 천황이 다시 야마토로 진 입해서 소위 미와三輪 왕조를 열었다. 얼마 뒤에 호무다와게譽田別, 오오 진應神 천황이 다시 쓰쿠시에서 동쪽으로 군사를 몰고 와서 와게別 왕조를 열었는데, 이 왕조가 가와치를 근거지로 삼았기에 후세 사람들은 이를 가 와치 왕조라고도 불렀다. 와게 왕조는 닌토쿠仁德 천황 같은 훌륭한 오오 기미가 백성의 살림을 보살펴서 태평성세를 이루기도 했으나, 이 왕조의 말기에 들면서는 형제간에 권력 투쟁으로 서로를 죽이려 드는 일도 많았 다. 아직 야마토의 오오기미의 권력이 전국에 미치지 못했기 때문에, 쓰쿠 시나 기비 같은 지방의 호족을 정벌해서 족장을 죽이고 그 잔당을 수습하 고 재산을 몰수하기 위해 족장의 아내를 비로 삼는 일이 많았다.

유우랴쿠 천황이 아직 살아 있을 적에 이런 일이 있었다.

봄이 되어 천황이 가쓰라기 산에 사냥을 갔는데 산속에서 키가 크고 얼 굴이 준수한 사나이를 만났다.

"당신께서는 누구십니까?"

천황이 사나이의 옷차림이 자기와 같이 고귀함에 놀라면서 물었다.

"짐은 대왕이로다. 그대의 이름은 무엇인가? 이름을 고하면 짐의 이름 도 알려 주리라."

"짐은 곧 와카다케루요."

"짐은 히도고도누시노가미一言主神이니라."

두 사람은 하루 종일 사냥을 함께했다. 한 마리의 사슴을 쫓다가 서로 양보하기도 했고, 말머리를 나란히 하여 산야를 달리기도 했다. 서로 공손히 대하면서 신선을 대하듯 하다가 해질녘에 이별을 아쉬워하며 작별했다. 이때에 천황이 만난 사람이 백제의 개로왕이라고도 하고 그의 아우 곤지 왕자라고도 전했다.

오오진 천황 14년에 유즈키노기미弓月君가 한반도 남부의 120현县에서 사람들을 데리고 와서 하다秦 씨를 만들었다. 이들은 전진前秦의 부씨苻氏 왕족의 후손으로 오호십육국의 난을 피해 왔다고도 주장했다. 이들은 주로 야마토의 여러 지역에서 습지대의 개간이나 관개 공사, 양잠이나 베틀로 베를 짜는 기술을 써서 재산을 모았고, 그 가운데 글이나 셈을 아는 사람은 야마토 조정의 재무 관료로 활동했다. 이들은 뒤에 야마토 최초의 절인 고류지廣隆寺를 세우기도 했다. 하다 씨에 대항하여 아야漢씨가 있었는데, 오오진 천황 20년 9월에 아치阿智使主 부자가 17현县의 일족을 데리고 이주해 왔다. 이들은 가와치에 본거지를 두고 살면서 동서로 나누어져 야마토노아야東漢와 니시노아야西漢로 갈렸다. 이들은 안라가야安羅伽倻 출신의 이민인데, 하다 씨보다 한 단계 앞선 백제 제철 기술을 지니고 있어서 야마토의 철강 산업과 무사 집단을 이끌게 되었다. 특히 이들은 계수에 밝아 재무 관료를 많이 배출했다. 또한 야마토의 백제계 귀족인 소가蘇我 씨를 경호하고 대궐을 지키는 역할을 맡았다.

유우랴쿠 천황이 경쟁자인 오시하 황자를 아후미近江의 가야노蚊屋野로 유인하여 사살했을 때에 오시하의 아들 오게 형제는 천황을 피하여 다니하丹波를 거쳐 하리마播磨로 도망쳐서 그곳 호족의 집에서 말과 소를 치는 머슴으로 살고 있었다. 어느 날 이들은 족장의 신축연에 가서 실외에 마련된 말석에 앉았다. 족장이 연석의 좌우에 등촉을 밝히고, 밤새도록 술을 마시며 차례로 춤 추다가 말했다.

"지금 이 등촉을 켠 자를 보면 남을 높이고 자기를 낮춘 듯하오. 남을 내세우고 자기는 뒤따르는 모습이 예절에 밝은 것으로 보이니, 이야말로 군자라 할 수 있겠소."

그러자 잔치에 참석했던 하리마의 국사國司 오다데小楯가 거문고를 타며 말했다.

"등촉을 밝힌 자여, 일어서서 춤을 추어라."

그런데 형제가 서로 미루고 일어나지 않았다. 오다데가 화를 내며 고함을 질렀다.

"아니, 춤을 추라는데 어찌 이리도 더딘가?"

일갈을 당하고 형이 일어나 춤을 추었다. 그 뒤를 이어 동생이 일어서서 의관을 바로 하며 축을 올렸다.

"재미있는 춤이군. 더 추어 보거라."

오다데가 흥을 돋우었다. 그러자 동생이 춤을 추며 외쳤다.

"나는 야마토의 아름다운 나라를 다스리신 오시하노미코토의 아들이로다."

이 소리를 들은 오다데는 크게 놀라서 자리에서 벌떡 일어나 형제를 보고 두 번 절했다. 오다데는 고을의 백성들을 부려 궁을 따로 짓고 형제를 옮겨 살게 했다. 오다데는 얼마 후 야마토로 찾아가 두 왕자를 찾았다고 보고하고 서울로 모실 것을 청했다. 유우랴쿠 천황을 계승한 세이네이淸寧 천황이 소식을 듣고 기뻐하면서 말했다.

"짐이 아들이 없으니 후사로 삼으리라."

세이네이 천황은 형인 오게를 황태자로 삼고 아우는 황자로 삼았다. 얼마 뒤에 천황이 붕어했다. 황태자와 황자인 두 형제는 보위에 오르기를 서로 미루며 사양했다. 그래서 형제의 누이인 이히도요飯豊 공주가 보위를 맡아 다스리게 되었다. 거의 일 년 가까이 이런 상태로 지내다가 이히도요 공주가 돌아가니, 황태자인 형이 오오기미의 징표를 찾아 옥좌에 놓고 말했다.

"이 천자의 자리는 가장 공이 있는 사람이 차지해야 할 것이다. 귀한 신분을 밝혀서 대궐로 돌아올 수 있게 된 것은 모두 아우의 공이로다. 그러니 이 자리는 마땅히 아우가 차지해야 할 것이다."

그런데 아우는 선황이 형을 황태자로 책봉한 일을 들어 고사하며 말했다.

"형님께서 이 자리에 오르셔야 합니다. 어떤 어른께 여쭈어 보아도 형을 받들고 아우를 예뻐하는 것이 도리에 맞습니다. 형님께서 보위에 오르셔야 합니다."

"무슨 소리. 세이네이 천황께서는 내가 형이라 하여 먼저 나를 황태자로 삼은 것. 나보다 아우가 재주가 있으니, 어찌 형이라하여 먼저 나서리오. 공 없이 일을 저지르면 반드시 후회가 앞서게 될 것이다. 아우는 사직을 생각하고 백성을 위한 마음으로 보위에 오르시오."

형은 눈물을 흘리며 호소했다. 이들이 서로 사양하는 바람에 보위를 비워둔 채 해가 바뀌었다. 그러자 대신들이 모여서 호소했다.

"황태자와 황자께서 서로 천하를 양보하시는데, 이제 그만 하시고 천심과 민원을 받들어 보위를 정하도록 하소서. 그래야만 금은을 보내는 이웃 나라들도 희망을 잃지 않을 것입니다. 두 분께서 서로 그만큼 오래 양보해오셨으니, 이제는 결정하실 때가 되었습니다. 형님 태자의 뜻을 받아 아우님께서 대업을 이으시도록 하소서."

마침내 아우인 오게弘計가 보위에 올랐다. 겐조顯宗 천황이었다. 천황은 등극하자마자 사면령을 포고하고 아버지의 유골을 찾아 나섰다. 그런데 아버지의 무덤을 팠으나 부하의 유골에 섞여서 가려낼 수가 없었다. 천황 형제는 분통해 했으나 어쩔 수가 없었다.

천황이 황태자인 형을 보고 말했다.

"아바마마를 죄 없이 사살하여 유해를 황야에 버려두는 바람에 아직도 유골을 찾지 못했습니다. 든건대 부모의 원수는 불구대천이라 했습니다. 그러니 유우랴쿠 천황의 묘를 헐고 원수를 갚는 것이 어떻겠습니까?"

황태자인 형이 울면서 답했다.

"아니 되십니다. 유우랴쿠 천황이 오오기미가 되어 정사를 다스린다고 천하에 밝힌 바 있으니, 만백성이 우러러보게 된 것은 그가 오오기미 신분이었기 때문입니다. 우리 아버님은 비록 오오기미의 아들이긴 하지만 액을 당하여 보위에 오르지 못하셨습니다. 이를 보면 두 분의 신분에 차이가 있는 것이지요. 그런데도 능을 부수면 누가 임금을 하늘의 신령으로 모실 것입니까? 이것이 능을 부수지 아니해야 할 이유의 첫째입니다. 또한 마마와 제가 일찍이 세이네이 천황의 은총을 받지 않았다면, 어떻게 보위에 이를 수가 있었겠습니까? 유우랴쿠 천황은 그런 세이네이 천황의 아버지이십니다. 선현의 말씀에 '가는 말이 고와야 오는 말이 곱고, 베풀면 보답을 해 오는 법이다. 은혜를 입고도 보답하지 않는다면 민심을 잃게 될 것이다.' 했습니다. 마마께서 나라를 다스리심에 그 덕망이 천하에 알려졌습니다. 그런데 능을 부수고 유해를 파헤쳐 백성에게 보인다면, 필시 나라를 제대로 다스리지 못하게 되고 백성을 기르지 못하게 될 것입니다. 이것이 이 일의 불가함을 말하는 두 번째 이유입니다."

천황이 형의 간언을 듣고 마침내 유우랴쿠 천황의 능을 부수는 일을 그만두었다. 천황은 등극한 지 3년째 되는 봄에 고토시로事代를 가야에 사신으로 보냈다. 고토시로는 가야에 다녀와서 보고했다.

"우리의 조상이신 고황산령신高皇産靈神께서 대마도對馬島와 이키壹伎를 거쳐 야마토로 오셨으니, 경유하신 곳에 사당을 지어 제사해야 합니다."

천황이 좋은 생각이라 하면서 고토시로에게 전답을 하사하고, 대마도의 하현下県과 이키 섬에 사당을 지어 고황산령신을 봉헌토록 했다.

그런데 같은 해에 기노오이하紀生磐宿禰라는 장수가 가야로 건너가서 고구려와 함께 백제를 쳤다. 그는 한반도의 서쪽에 대산성帶山城을 축조해서 백제가 야마토로 가는 길을 막고 자기가 군왕 노릇을 하려 했다. 백제의 개로왕이 크게 화를 내며 영군領軍 고이만년古爾萬年과 내두좌평內頭佐平 막고해莫古解를 시켜서 이들을 격파했다. 이 싸움에서 기노오이하는 패하여 도망쳤다.

겐조 천황이 4월 말에 돌아가니, 형인 황태자 오게億計가 뒤를 이어 등극했다. 닌겐仁賢 천황이었다. 두 형제 천황은 모두 오게라는 이름이어서 한자로 구분하여 이름을 적었다. 형은 억계億計로 동생은 홍계弘計로 적었다.

4. 가와치河內 왕조의 마지막과 새로운 왕조의 시작

닌겐 천황이 다시 붕어하자 태자인 오하쓰세小泊瀬가 보위에 올랐다. 부레쓰武烈 천황이었다. 그런데 오오미의 지위에 있던 헤구리가 국정을 마음대로 처리하며 거의 오오기미처럼 행세하고 있었다. 부레쓰 천황이 태자로 있을 때에 모노노베 씨의 딸 가게히메影媛를 아내로 맞으려고 노래 경연에 갔다가 헤구리의 아들 시비鮪에게 져서 창피를 당한 적이 있었다. 당시에는 아내를 얻기 위해서 귀족들이 봄, 가을에 장터에 나가 노래로 경연하는 관습이 있었다. 가게히메는 이미 시비와 정을 통하고 있었기 때문에 태자의 열렬한 구혼을 물리치고 시비의 손을 들어 주었다. 화가 난 태자는 오오도모의 군사를 동원해 시비를 죽이고, 천황으로 등극한 뒤에는 아비인 헤구리 오오미마저 토벌했다. 천황은 원래 따지기를 좋아하고 쉽게 넘어가는 일이 없는 성품이었다. 게다가 전대미문의 폭행을 일삼아서 중국의 걸주桀紂에 버금가는 폭군이 되었다. 그의 폭행에는 다음과 같은 부분이 있었다고 한다. 잔인하기 짝이 없는 일이 계속해서 일어나는데, 이는 혈통이 단절되는 가와치河內 왕조의 마지막 오오기미라는 뜻에서 특히 그의 행동을 과장한 부분도 있었던 것으로 보인다.

부레쓰 2년 9월에 임부의 배를 갈라 태아를 살폈다. 3년 10월에 사람의 생 손톱을 벗겨 마를 캐게 했다. 4년 4월에는 사람의 머리털을 뽑고 나무 위에 올라가게 한 뒤에 나무를 베어 넘겨서, 그 사람이 떨어져 죽는 것을 보고 좋아했다. 그런가 하면 연못의 물받이로 사람을 떠내려 보내고 창으로 찔러 죽이기도 했다. 어떤 때에는 계집을 말과 짝짓게 하고 이를 구경하면서 갈채하기까지 했다. 그러면서 부레쓰 천황은 백성들의 굶주림을 외면하고 밤낮으로 주색에 빠져 헤어나지 못했다. 오오도모가 천황을 간했으나 듣지 않았다. 마침내 8년 만에 천황이 죽었다. 같은 시기에 백제에서도 동성왕이 무도해서 사람들이 일어나 이를 시해하고 무령왕武寧王을 세웠다. 그러고 보면 한반도와 야마토에 폭군들이 한꺼번에 나타나 세상을 어지럽게 만든 셈이었다.

부레쓰 천황이 죽으니 마땅한 후사가 없었다. 이에 오오도모가 사방으로 사람을 보내어 보위를 계승할 수 있는 사람을 찾게 했다. 마침 아후미의 다가시마高嶋郡 고을의 미오三尾에 14대 오오기미, 주아이仲哀 천황의 후손인 야마토히고倭彦가 살고 있다는 소식을 듣고, 오오미와 오오무라지大連 등이 뜻을 합해서 이 왕자를 모시기로 했다. 그런데 마중 나온 군사들을 본 야마토히고는 겁에 질려 얼굴이 창백해지면서 산속으로 도망쳐버렸다. 하는 수 없이 오오도모가 여러 오오무라지와 오오미에게 다시 의논했다. 마침 이때에 야마토의 오시자가忍坂 궁에 오호도男大迹라는 황자가 있었다. 오오진 천황의 5대손으로 전해진 황자는 인망이 있어서, 멀리 백제의 무령왕까지 장수를 기원하는 백동경을 선물해 올 정도였다.

"오호도 왕자가 성품이 어질고 자애로우며 효성이 지극하다고 합니다. 이분을 황위에 모십시다."

모두들 이의가 없었다. 오미臣와 무라지連들에게 오오기미의 징표를 받들고 오호도 황자를 찾아가게 했다. 일행은 부월과 병장기로 위의를 갖추고 어가를 마련해서 찾아갔다. 그런데 오호도 황자는 태연자약하여, 걸상에 앉아 시종을 도열시키고 사절을 맞았다. 사절들이 징표를 받들며 진심으로 충성을 바칠 것을 맹서하나, 황자는 마음속으로 의심을 풀지 않고 좀처럼 따라 나서려고 하지 않았다. 그러자 가와치의 마감으로 있던 아라고荒籠가 비밀리에 사람을 보내어 오오미와 오오무라지들이 그런 청을 하는 본심을 황자에게 소상히 알리게 했다. 며칠이 지나 마침내 황자가 결심했다. 오호도가 어머니의 근거지인 다카무쿠高向를 떠나 가와치의 구스하궁樟葉宮으로 떠나게 되었다. 황자의 일행이 당도함에 오오도모 오오무라지가 무릎을 꿇고 오오기미의 징표인 거울과 칼을 두 손으로 공손히 바치면서 두 번 큰절을 했다. 그러자 황자가 말했다.

"백성을 자식으로 삼아 나라를 다스리는 일은 중차대한 일이로다. 과인이 재주가 모자라서 이를 받지 못할 형편이다. 청컨대 생각을 돌려 어진 이를 다시 찾도록 할지어다."

황자는 서쪽을 향하여 양보하기를 세 번, 남쪽을 향해 사양하기를 거듭했다. 모든 대신들과 장수가 함께 엎드려 다시 청함에 황자가 마지못해 이들의 간절한 요청을 받아들여 황위에 등극했다. 게이타이繼體 천황인데 서기 507년의 일이었다.

오오도모가 다시 주청했다.

"오오기미의 보위는 그 후사를 정하지 못하면 항상 불안하게 됩니다. 선대에도 후사가 없어서 신들이 애를 먹었습니다. 하루빨리 후사를 얻도록 중궁전을 들이셔야 합니다. 닌토쿠 천황의 후손이신 다시라가手白香 공주를 세워 황후로 삼으시면 황위의 정통성도 세울 수 있고 후사도 빨리 얻을 수 있을 것이니 일석이조라 할 것입니다. 윤허하여 주소서."

게이타이 천황이 윤허하며 말했다.

"천지신명에 주인이 없을 수 없고, 우주에 임금이 없으면 안 될 일이로다. 오오무라지가 짐에게 자식이 없음을 걱정하여 그렇게 말하니, 정말로 충성스러운 일이다. 이제 다시라가 공주를 맞아 혼례를 하리니, 극진하게 예를 갖추어 모시도록 하여라."

공주가 황후로 들어와서 후궁을 나스리고 아들을 낳았다. 이 아들이 삼대 뒤에 보위에 오르는 히로니와広庭 황자였다. 황후를 정한 뒤에 천황은 그동안에 취했던 여인들을 길일을 택하여 여덟 명의 비빈으로 임명했다.

게이타이 천황이 신하들을 모아 선언했다.

"모름지기 천자는 농사를 짓고, 황후는 누에를 치며 뽕잎을 먹이는 시기를 잘 잡아야 나라가 부강해지고 민생이 평안해진다고 했다. 그러니 모두들 이런 짐의 뜻을 온 천하에 알리도록 하여라."

게이타이 천황 때에는 안팎으로 다사다난했다. 우선 대궐을 세 번이나 옮겼다. 4년 뒤에 처음 도읍한 구스하樟葉宮에서 쓰쓰기筒城宮로, 다시 7년 뒤에 오도구니弟国宮로, 그리고 마지막으로 다시 8년 뒤인 서기 526년 9월에 이와레노다마호磐余玉穂宮로 대궐을 옮겼다. 야마토에 5년밖에 있지 못한 것을 보면 여러 부족 간의 권력 장악을 위한 각축전이 심했던 것으로 추측된다.

그런데 이 천황의 대에는 한반도와의 관계도 예사롭지 않았다. 게이타이 6년 4월에 호즈미穗積를 백제로 보내면서 쓰쿠시의 말 40필을 갖고 가서 바치게 했다. 12월에 백제가 대가야의 서쪽 땅인 네 고을을 백제에 편입한다고 통고해 왔다. 야마토 조정에서 왈가왈부하는데 호즈미가 천황에게 아뢰었다.

"이 네 고을은 백제와는 가깝고 우리 야마토와는 멉니다. 조석으로 백제와 왕래하면서 닭과 개도 뒤섞여 사는 곳입니다. 지금 백제에 병합한다 하여 후세까지 무사할지는 알 수 없으나, 지금 백제에서 떼어 두시면 얼마 가지 않아 신라에 병합될 것이 틀림없습니다. 미마나와 우리가 연고가 있다 하여 이의를 걸 형편이 아닙니다."

오오도모가 그의 말에 동조해서 아라가히麁鹿火를 나니와에 와 있는 백제의 사신에게 칙사로 보내어 이의가 없음을 통보할 것을 건의했다. 아라가히가 칙명을 받들고 떠나려고 하는데, 그의 아내가 옷깃을 잡고 말렸다.

"옛적에 스미요시住吉 대신大神께서 금은의 나라인 고구려, 백제, 신라, 미마나를 오오진 천황에게 주시기로 하여, 진구 황후나 다케우치 오오미를 시켜서 나라마다 군사를 보내어 도모하게 하지 않았습니까? 이제 백제가 네 고을을 차지하게 두면, 후세 사람들이 연고를 잃은 죄를 물어도 어쩔 수가 없게 될 것이오."

"그럼 어쩌란 말이오. 황명이 지엄하시거늘."

"몸이 아파 못 간다고 하십시오."

아라가히가 아내의 말에 따라 자리에 눕고 나가지 않았다.

천황의 큰아들인 오오에大兄 황자는 칙사가 백제의 사절을 만나러 간 것을 알고 깜짝 놀라 말했다.

"어찌 오오진 천황이래의 땅을 쉽게 버릴 수 있는가?"

오오에가 부하를 보내어 백제의 사절에게 야마토 왕조는 백제의 뜻을 받아들일 수 없다고 전하게 했다. 백제의 사신이 오오에의 부하에게 말했다.

"아버지인 오오기미의 승낙을 받았는데 어찌 아들이 딴소리를 하는가? 이건 필시 음모가 있는 것이 아니겠는가? 그런데 큰 몽둥이로 때릴 때와 작은 지팡이로 때릴 때에 어느 쪽이 더 아프겠는가? 오오기미의 말이 황자의 말보다 크니 당연히 오오기미의 말을 따라야지."

이때의 일로 오오도모와 호즈미가 백제의 뇌물을 먹었다고 문책 당하게 된 것은 훨씬 뒤의 일이었다.

백제가 원병을 누차 청하면서 오경박사 단양이段楊爾나 고안무高安茂를 6년을 사이에 두고 보낸 것도 이때의 일이었다. 백제의 장군 참문귀眞文貴와 500의 수군을 이끈 야마토의 무라지連 모노노베가 섬진강에서 싸우다가 참패하고 말았다. 문귀 장군은 신라를 거쳐 백제로 돌아갔고, 모노노베는 가까스로 섬진강 어귀의 문모라汶慕羅 섬에 피신할 수 있었다. 한 달 뒤, 백제는 기문에 머물고 있던 모노노베를 전부목라前部木羅 불마갑배不麻甲背를 보내어 구원해서 백제로 돌아가게 했다. 야마토에서는 어떻게 해서라도 한반도의 남쪽 지역에서 가야를 지원하고 싶었다. 그래서 게이타이 21년(서기 527년)에 아후미노게나近江毛野에게 6만의 군사를 주며 한반도에 건너가서 신라에게 병탄 당한 금관가야와 탁기탄을 다시 빼앗아 부흥시키라고 천황이 지시했다. 그러나 쓰쿠시에 있던 신라계 호족이 가만있지 않았다. 그동안에도 여러 차례 야마토가 한반도에 파병하는 바람에 많은 군비와 군사를 대어 온 쓰쿠시의 호족들은 엄청난 곤욕을 치렀다. 여기에 다시 6만이나 되는 군사를 파병하려고 하니 쓰쿠시의 호족들로서는 감당할 수가 없었다. 특히 히노구니火國와 도요노구니豊國에 근거를 두고 있던 쓰쿠시노기미筑紫君 이와이磐井는 야마토가 승산 없는 일을 꾸미고 있다고 생각하며 반란을 일으킬 구실을 찾고 있었다.

신라가 이러한 기미를 세작을 통해 알아냈다. 법흥왕法興王 14년의 일이었다. 신라에서는 이와이에게 군자금을 보내기로 했다. 어떻게 해서라도 야마토의 증원군이 오지 못하게 해야 가야의 여러 나라를 장악할 수 있기 때문이었다. 이와이는 신라만 상대한 것이 아니었다. 고구려, 신라, 백제, 가야 제국이 해마다 보내는 무역선을 중간에서 가로채고 거기서 얻은 물자로 군비를 보강했다. 그의 지휘 하에 쓰쿠시의 호족들이 집결해서 야마토 정권의 군사들과 혈전을 벌이게 되었다. 이와이는 야마토의 장군 게나毛野의 군사를 막으며 큰 소리를 쳤다.

"네가 야마토의 장수라니 웃기는 일이구나. 옛날에 우리는 한 솥에 밥을 먹던 사이라 서로 허물이 없었지 않은가? 갑자기 네가 장수라면서 날친다고 하니, 정말로 가소로운 일이로구나."

게나의 군사들이 더 이상 진격하지 못하고 엉거주춤 머물고 말았다. 게이타이 천황이 대신들을 불러 말했다.

"쓰쿠시의 이와이가 반역하여 서쪽 강역을 차지하려 하는구나. 뉘라서 이를 진압할 것인가?"

"쓰쿠시의 역도들을 진압하려면 아라가히만한 장군이 없습니다. 아라가히를 대장군으로 삼아 서쪽을 평정하라고 하소서."

오오무라지로서 천황을 보필하던 오오도모가 아뢰었다.

"아라가히여, 그대가 군대를 이끌고 가서 저 서쪽의 반도 이와이를 진압하도록 하여라. 군사를 은혜로 다스리고, 스스로 몸을 낮추어 사람들을 부리도록 하여라. 강물이 분출하는 기세로 공격하며, 질풍노도처럼 싸워서 반드시 서쪽 땅을 평정하도록 하여라. 나가도長門의 동쪽은 짐이 다스릴 것이니, 그 서쪽은 경이 평정토록 하여라."

천황은 이렇게 말하면서 친히 부월을 들어 아라가히에게 건네주었다.

한편 쓰쿠시에서는 이와이가 군주로 등극하여 독자적인 연호를 정하고 외교권을 차지했다. 그는 거대한 능묘를 구축하여 그 위세를 천하에 떨치고 군사를 독려해 야마토 정권의 군사와 미쓰이三井 고을에서 대치했다. 서기 528년 11월 11일에 두 군사가 격돌했다. 반나절의 전투 끝에 이와이가 패배했다. 이와이는 난중에 전사했다고도 하고 부젠豊前으로 도망치다가 종적을 감추었다고도 전한다. 같은 해의 12월에 이와이의 아들 구즈고葛子가 항복을 하면서 가즈야糟屋 지방의 땅과 백성을 야마토 조정에 바쳐서 죽음을 면했다. 다음 해 3월에야 게나가 안라가야에 건너가서 신라와 영토에 대한 교섭을 했다. 그러나 이미 대세는 기울어져 소용이 없게 되었다. 게나는 백제, 안라가야, 신라 사이에서 제 구실을 하지 못하고 우왕좌왕하다가 안라가야 사람들의 배척을 받아 대마도로 쫓겨 와 울화병이 나서 죽었다.

531년에 천황은 태자에게 양위를 하고 바로 붕어했다. 게이타이 천황과 인연이 많았던 에치젠越前은 원래 습지가 많아서 농경이나 거주에 맞지 않는 땅이었다. 그러나 천황이 대규모의 치수 공사를 해서 세 개의 강을 만들어 습지를 풍요한 논으로 바꾸어 놓았다. 또한 항구도 설치하여 배가 다니게 만들었다. 이곳에 벼농사, 양잠, 채석, 제지 등 많은 산업이 발달된 것도 게이타이 천황의 치적에 속했다. 그를 이어 보위에 오른 안코우 천황이나 그 다음을 이은 센카宣化 천황이 각각 2년과 4년밖에 보위에 있지 못한 것을 적출인 히로니와 황자와 알력이 있었던 까닭으로 해석하는 사람도 있을 만큼 그 당시의 야마토는 국내외가 어수선했다. 이때에 전국 요지에 미야게屯倉을 설치하여 서쪽의 쓰쿠시에서 동쪽의 후지산富士山 기슭, 스루가駿河에 이르는 넓은 지역의 20여 곡창 지대에 창고와 사무실을 두고 관리하는 사람을 두었다.

한편 야마토 조정에서는 한반도의 백제나 가야 같은 나라로부터도 곡식을 공급 받았기 때문에, 이런 나라를 통틀어 미야게라고 부르기도 했다. 이것이 뒤에 와전되어 마치 군사기지가 한반도에 설치된 것처럼 오해되기도 했다. 센카 천황때에는 신라가 가야를 침범하는 것을 구해 주기 위해 오오도모노 가나무라에게 지시하여 그의 아들 둘을 한반도로 파견했다. 두 아들 가운데 이와磐는 쓰쿠시에 체류해서 그 지역을 다스렸고, 사데히고狹手彦는 가야로 건너가 신라를 물리치고 백제를 지원했다. 센카 천황이 붕어했을 때에 야마다山田 황후를 보고 보위에 오르라고 했으나, 황후가 고사했기 때문에 아직 나이 어린 히로니와가 539년에 29대 오오기미의 보위에 올랐다. 긴메이欽命 천황이었다. 그는 게이타이 천황의 정비가 낳은 적자嫡子였다.

야마토 조정은 오오도모와 모노노베의 두 오오무라지와 소기蘇我 오오미의 삼두체제로 운영했다. 그러다가 540년에 오오도모가 가야 멸망의 책임을 지고 실각하는 통에 이후로는 모노노베와 소가의 양두체제가 되었다. 이 가운데에서도 소가노이나메의 딸인 기다시히메堅塩媛와 오아네노기미小姉君가 긴메이 천황의 비가 되는 바람에, 그들의 사이에서 태어난 아들딸들이 40여 년간 연달아 보위에 오르게 되어 소가의 전성기를 초래하게 되었다.

긴메이 천황이 백제와 가야에 여러 번 구원군을 보냈으나 번번이 실패하여 노심초사 끝에 병이 나서 붕어하고 말았다. 이후로 야마토 조정의 가야에 대한 영향력이 없어지고, 신라가 백제를 물리치고 가야까지 세력권에 넣게 되었다.

제16장

삼국의 각축

1. 신라의 왕권을 휘두른 여인, 미실美室

"저 소녀가 누군가? 인물이 곱고, 몸매의 태가 나는구나."

지소 태후가 물었다. 마침 대궐의 내정으로 노란 저고리에 붉은 치마를 입고 사뿐히 가벼운 걸음을 내딛는 소녀가 있었다. 동백기름으로 다듬은 가르마를 예쁘게 탄 머리카락을 전부 모아 뒤로 묶어 내린 새까만 두발이 햇빛을 받아 광택이 났다. 금과 옥으로 만든 주채珠釵를 꽂아 중간을 여민 머리카락이 엉덩이 아래까지 드리워져 시선을 끌었다.

"미실입니다, 태후마마. 이찬 미진부未珍夫의 딸입니다."

지소只召 태후太后를 곁에서 모시던 시녀가 말했다.

"지금 몇 살인가?"

"열셋이랍니다."

"인물과 몸매 말고도 출중한 것이 있는가?"

"시를 읊고 노래와 춤을 잘 춘다고 합니다. 게다가 향비파鄕琵琶도 잘 켠답니다."

"그래? 거참 기특한지고. 마침 우리 세종전군世宗殿君을 모실 사람을 찾고 있었는데 잘 되었군. 저 아이를 나의 처소로 불러 오너라."

지소 태후는 법흥왕과 보도 부인保道夫人 사이에서 태어났다. 삼촌인 입종立宗에게 시집가서 삼맥종을 낳았다. 신라의 궁실에서는 성골의 혈통을 지키기 위해 근친 간의 혼인이 많았다. 남편 입종이 먼저 죽으니 법흥왕이 박영실朴英失에게 재가하도록 만들었는데, 그녀는 영실을 좋아하지 않았다. 도리어 대신으로 승승장구하던 이사부를 가까이하여 아들 세종世宗과 딸 황하黃華, 숙명叔明, 송화松華를 낳았다. 법흥왕이 후사를 두지 못하고 죽자 삼맥종彡麥宗이 왕위를 계승하여 진흥왕이 되어 그녀를 태후로 모셨다. 그녀는 그동안에 아들 세종을 위해 미녀들을 간택하고 있었다.

지소 태후가 간택한 미녀들이 일당에 모였다. 각자 있는 대로 교태를 부리며 한 가지씩 재주를 부렸다. 세종은 미녀들을 눈 여겨 살폈다. 일곱 번째에 미실이 향비파를 들고 나왔다. 교자에 비스듬히 앉은 그녀는 악기를 다루는 척하면서 치마 사이로 상아처럼 흰 아랫도리를 살짝 비치며 앉았다. 은은한 향비파 소리에 맞추어 그녀는 가냘프면서도 아름다운 목소리로 노래를 불렀다.

세종은 첫눈에 황홀해짐을 느꼈다. 도무지 열서넛의 소녀로는 생각되지 않을 정도로 숙성한 자태였다. 세종은 미실을 부인으로 택하기로 했다. 그는 어머니에게 말했다.

"이 아이가 제일 마음에 듭니다. 어마마마, 내실로 허락해 주소서."

"잠시만 결정을 보류하고 이 아이의 내력에 대한 보고를 받아 보도록 하자."

지소 태후가 그렇게 말하면서 시녀를 시켜 미실의 집안 내력을 조사해 온 것을 올리도록 했다. 보고서를 들여다보던 지소 부인이 이맛살을 찌푸렸다.

"아니 이럴 수가 있나. 이 아이의 외조모가 옥진玉珍이란 말인가? 내

철천지원수 옥진이란 말인가? 이 아이는 안 되겠다. 아무리 네가 마음에 들어 해도 옥진의 외손녀와는 짝 지을 수 없단다. 내가 옥진과 얼마나 다투었는데."

　신라의 궁정에는 왕비를 공급하는 계통이 둘로 나누어져 있었다. 하나는 진골정통眞骨正統인데, 지소 태후는 바로 이 진골정통의 종녀였다. 한편 다른 또 하나의 혈통은 대원신통大元神統인데, 바로 옥진이 당대의 대원신통 종녀였다. 이 두 혈통은 대를 이어 왕실의 종주권을 다투어 왔고, 왕비를 번갈아 배출해 왔다. 옥진의 아들 비대比臺와 지소의 아들 삼맥종이 법흥왕의 뒤를 잇는 왕위를 다투었기 때문에 지소와 옥진은 이중 삼중으로 대립 관계에 있었다.

　마침내 미실은 궁실에서 쫓겨나고 말았다. 미실은 그 길로 외조모인 옥진을 찾아갔다. 미실은 스스로 대원신통의 다음 종녀가 될 것이라고 짐작하고 있었다.

　"할마마마, 이런 억울한 일이 어디 있습니까? 제가 오늘 세종전군世宗殿君의 부인으로 간택되었다가 할마마마의 외손녀라고 하여 쫓겨 왔습니다. 할마마마, 어떻게 해 주소서."

　미실은 옥진의 치마폭에 매달리며 엉엉 울었다. 옥진이 말했다.

　"아가. 울지 말거라. 네 그 따위 녀석한테 몸을 맡길 것이 아니라. 너는 앞으로 많은 사내를 상대하며 우리 대원신통을 크게 진작해 나가야 할 몸이다. 나와 함께 여기서 살면서 많은 비법을 배우도록 하여라."

　옥진은 마복칠성摩腹七星의 하나로 법흥왕 때에 일세 풍월주가 된 위화랑魏花郞의 맏딸이었다. 어머니는 법흥왕의 정비의 아우 오도吾道였다. 옥진은 먼저 박영실에게 출가했다가 법흥왕 총애를 받고 측실이 되었다. 자태가 고운 여자로 방중술房中術에 능했다. 그녀의 방중술은 천축의 경전 카마수트라Kama Sutra와 진晉나라의 성전性典 소녀경素女經을 익혀서 발전시킨 것이었다.

옥진의 집에서 기거하게 된 미실은 새벽부터 외조모의 헌신적인 지도를 받았다. 옥진은 미실에게 일렀다.

"모름지기 여인은 남자를 잘 다룰 줄 알아야 크게 된단다. 천축에서 온 성전 카마수트라에서는 세상에는 가장 중요한 것이 세 가지가 있다고 했다. 그 첫째는 정신적으로 높은 경지에 이르는 것으로 달마dharma라고 하지. 다음은 알타artha라고 해서 부자가 되거나 귀한 지위를 얻는 성공을 뜻한다. 마지막이 카마kama인데 남녀간의 정을 중요하게 생각하는 것이란다. 너는 지금부터 내게서 남자를 다루는 법을 배우도록 하여라."

"할마마마, 남자에게 예쁘게 보이면 될 것이 아닙니까? 무얼 그리 배울 게 있겠습니까?"

"무슨 소리. 달마나 알타보다, 카마가 사람 사는 데 제일 큰 영향을 준단다. 하나하나 소홀히 하지 말고 열심히 배우도록 하여라."

다음 날 아침 미실이 다시 옥진에게 와서 물었다.

"할마마마, 성전은 어찌 천축에서만 가지고 왔습니까? 중국은 천축보다 가까운데, 그 나라에는 이런 책이 없습니까?"

옥진은 미실의 총기에 놀랐다.

'이 아이는 하나를 가르치면 열을 아는구나.'

이렇게 속으로 뇌까린 옥진이 눈을 깜박거리며 말했다. 눈을 깜박일 때마다 속눈썹이 길게 드러나서 그녀의 큰 눈에 매력을 더했다.

"중국에는 전국시대에서 한나라와 위魏, 진晉을 거치면서 전해 오는 책이 있는데, 소녀경이라고 하지."

"소녀경은 어떤 책입니까?"

"중국 삼황오제三皇五帝의 한 사람인 복희씨伏羲氏를 섬긴 음악가 소모素模의 딸과 황제黃帝가 음양도陰陽道에 관해 대화한 것을 적은 책이 소녀경이란다. 소녀素女는 뒤에 선녀가 되어 선계仙界에 살면서, 총각의 정기를 흡수해서 불로불사하게 되었단다. 방중술房中術의 권위자지."

"방중술이 무엇입니까?"

"방중술이란 방사의 방법과 기교를 말한다. 방사란 남녀가 잠자리를 함께하는 일을 말한다. 이 역시 차차 자세하게 알려주마."

옥진 스스로가 방중술의 대가였다. 그녀는 뛰어난 방중술로 법흥왕을 사로잡았다. 그녀는 자기가 개발한 기교를 전수해서 미실을 신라 궁중을 좌우할 수 있는 여걸로 키울 생각이었다. 미실이야말로 대원신통을 계승하여 지소 태후의 진골정통을 물리칠 수 있는 아이라고 옥진은 확신했다. 카마수트라에 따라 미실에게 방중술을 가르치면서, 옥진은 때때로 직접 시범까지 보여 주었다. 그리하여 미실이 쉽게 요령을 터득할 수 있도록 상세히 지도했다.

"카마수트라에는 64종의 기교가 있다. 그런데 그런 기교를 익히기 전에 알아두어야 할 일이 있단다. 우선 여자가 훌륭한 아내가 되기 위해서는 기본적으로 다음과 같은 것을 잘해야 한다고 했다. 노래 부르기, 춤추기, 악기 다루기, 외국어 지식, 감칠맛 있게 말하는 법, 아름답게 말하는 법, 서화, 꽃꽂이, 요리, 보석 감정, 재봉, 염색, 식품재료 선별, 돈 아껴 쓰기, 예의범절, 몸을 정결하게 가꾸기, 머리 땋기와 물들이기 따위이다."

"할마마마, 그건 모든 일을 잘해야 한다는 거잖아요. 그래야만 좋은 아내가 된다면, 전 아내가 되지 않을래요."

미실은 그런 자질구레한 일은 아무래도 좋다고 생각했다. 남자를 유혹해서 자기 사람으로 만들어 노예처럼, 애완동물처럼 마음대로 할 수 있는 재주만 배우고 싶었다. 그러자 한 달 전에 초경을 했을 때에 어머니가 일러준 말이 머리에 떠올랐다.

"미실아, 너도 이제 처자가 되는구나. 총각들과 사귈 때 조심하여라."

'무엇을 조심하라는 거야?'

미실은 어머니의 조심하라는 말이 궁금해서 가슴이 두근두근 방망이질을 했다.

"차차 알게 되겠지만, 처자는 무엇보다도 몸단속을 잘해야 하는 게다. 아무 총각하고나 어울려서는 안 되지."

미실의 어머니 묘도妙道는 옥진과 박영실 사이에 태어났다. 일찍이 법흥왕이 옥진과 약속하기를 만약 옥진이 아들을 낳으면 태자로 삼고, 딸을 낳으면 빈으로 삼겠다고 했다. 옥진이 묘도를 낳는 바람에 법흥왕은 그녀를 빈으로 삼았다. 그런데 법흥왕의 양기가 너무 센 데 비하여, 묘도는 음혈이 좁아서 법흥왕의 양물을 받아들이지 못하고 괴로워했다. 마침내 묘도는 내침을 당했고, 2세 풍월주인 미진부未珍夫를 만나 사랑에 빠져 낳은 딸이 미실이었다.

"이제부터 진짜 신경을 써야 할 대목이 나온다. 주의해서 들어라. 한눈팔지 말고."

옥진은 미실의 손을 잡으며 속삭였다.

"젊은 처자가 사내를 맞기 전에 해야 할 일에는 여러 가지가 있단다. 먼저, 사내의 생각을 읽을 줄 알아야 한다. 그리고 몸짓으로 사내를 받아들일 것임을 알리며 사내에 대한 사랑을 표현할 줄 알아야 하고, 자기의 부끄러운 부분을 가볍게 건드리는 것을 허락해주고, 손으로 애무하듯 긁어주거나 입으로 물어 주기도 하고, 바지 끈을 끄르고 사내의 부끄러운 부분을 세워 노출시킬 줄도 알아야 한단다. 그런 뒤에 공을 들이며 몸을 섞고 정을 통하는 거야. 사내를 즐겁게 해주고 흡족하게 만들어야 하거든. 너도 흡족해야 하지만 사내도 불만이 없어야 하지. 때로는 화난 척도 해야 하는데, 금시 화를 풀면서 삐진 사내의 기분을 풀어줄 줄도 알아야 한단다. 졸린 사내를 잠재우며, 부끄러운 부분을 감추어 주기도 해야하지."

미실은 옥진의 설명에 두 볼이 화끈거리기 시작했다. 옥진이 설명해 주는 장면을 상상하며 미실의 숨소리가 거칠어졌다.

옥진의 가르침은 대단히 진지했다. 미실은 한 마디도 놓치지 않으려고 온몸을 귀로 삼아 들었다.

다음 날도 옥진의 강의는 계속되었다.

옥진은 64가지 방사의 자세를 하나하나 그림을 그리면서 자세히 설명해 주었다. 어떻게 하면 사내를 녹일 수 있는지, 그 비법을 예를 들어 설명해 나갔다. 젊은 사내, 건장한 사내, 병약한 사내, 중늙은이, 늙은이, 치밀한 사내, 음탕한 사내 등등 남자의 형태를 여럿 상정해서 각각 다루는 법을 지도했다.

"쾌락을 얻는 데에는 양물陽物과 음혈陰穴의 크기가 상관되지 않거든. 마땅한 자세를 취하면 모두 최고의 황홀경에 이를 수 있단다. 예를 들면 암사슴 자세가 있지. 이 자세는 사내가 말처럼 생겼을 때에도 그를 쉽게 받아들일 수 있는 자세이지. 이렇게 말이야. 그리고 암 코끼리 자세가 있는데, 코끼리처럼 큰 여인과 토끼처럼 작은 사내도 암 코끼리 자세를 쓰면 둘 다 만족하게 된단다."

64종의 자세와 가축의 짝짓기 동작을 분석해 주다가 보니 여러 날이 지났다. 이윽고 옥진은 이런 말로 마무리했다.

"미실아, 모든 행동이 즐거워야 하는 거란다. 결코 고통이 생겨서는 안 되지. 고운 이부자리를 깐 침실에 향을 피우고, 모든 잡념을 떨쳐버리고 방사에 들어가야 한단다. 처음에는 손가락과 혀, 이와 입술, 그리고 손을 써서 오랫동안 부드럽고 다정하게 상대를 잘 애무하는 것이 중요하단다. 차차 몸 속 깊숙한 곳에서 희열이 솟아오르는 것을 느낄 때까지 서로 애무를 해야만 좋은 결과를 얻을 수 있단다. 특히 아낙의 경우에는 음혈 속 깊이 샘물이 솟을 때까지 애무를 계속하도록 사내를 유도해야 한다. 충분히 심신이 준비된 뒤에 몸을 섞도록 해야 하거든. 몸을 섞을 때에도 결코 서두르지 말고, 8천淺 2심深의 호흡으로 진행하는 것이 좋단다. 천이라 함은 손가락 한마디의 길이만큼 삽입하는 것을 말한단다. 9천 1심에서 1천 8심까지의 방식이 있으나, 8천 2심이나 7천 3심을 보통 활용한단다. 일을 끝내고 마무리할 때에도 바로 몸을 떼지 말고 함께 앉아 사랑을 속삭이면서 맛있고 영양분이 있는 음식을 취하도록 하는 것이 좋단다."

미실이 옥진과 함께 지낸 지 한 달이 지났다. 사다함이 대궐로 들어왔다. 사다함은 미실보다 두 살 위인 열다섯 살이었다. 대궐에서 만난 사다함과 미실은 첫눈에 반했다. 사다함은 얼굴이 갸름하고 콧날이 우뚝한 소년이었다. 이찬 비조부의 아들 문노文弩에 사사하여 격검을 배우고 있었다. 나이에 비하여 키가 웃자라고 근골이 갖추어지기 시작했다. 미실 또한 타고난 미모에 풍만한 몸매에다 외조모 옥진의 단련으로 방중술마저 익힌 처자였다. 두 사람은 밤낮을 가리지 않고 서로를 찾았다. 몇 달이 꿈같이 흘러갔다. 5세 풍월주가 된 사다함이 병부령 이사부의 부장으로 낭도를 거느리고 9월에 대가야로 출정했다. 미실은 사다함을 전별하고 난 뒤, 다시 우울한 나날을 외조모 옥진과 함께 보내게 되었다. 옥진이 미실을 보고 말했다.

"그동안 내가 보니, 너는 사다함과 운무의 정을 나누느라 세월이 가는 줄을 모르더구나. 이제 사다함이 출정하고 없으니 규방이 쓸쓸하겠지. 나와 함께 이번에는 소녀경을 살펴보지 않겠느냐?"

미실에게 이보다 반가운 소식이 또 있을 수는 없었다. 두 말 없이 승낙했다.

"너는 이미 카마수트라를 익혔고 사다함과 많은 체험도 나누었으니, 이번에는 이 소녀경을 가지고 가서 읽어보고 나와 다시 얘기를 나누는 것이 좋을 것 같구나. 사흘을 줄 터이니 읽어보고 오너라."

미실은 사흘 동안에 소녀경을 두 번, 세 번 읽어서 거의 전문을 외웠다. 다시 만난 외조모에게 이번에는 미실이 먼저 말문을 열었다.

"할마마마, 이 경서는 노자의 도교에 중국 고래의 의술을 접한 것이라, 카마수트라와는 또 다른 오묘한 이치가 담겨 있습디다. 음양 교접의 비법을 터득하여 건강과 쾌락, 그리고 불로불사를 성취하는 데에 도움을 줄 뿐 아니라 갖가지 강정 보수양제의 처방까지 가르쳐 주니, 이보다 좋은 교과서는 달리 없을 것으로 생각됩니다."

"그렇지만 첫 장부터 잘 읽어 보아야 하느니라. 첫 장에 어떤 말이 있던가?"

"예, 마마. 황제가 몸이 쇠약해지는 것을 걱정한 질문에 답한 구절 말이지요? 본래 사람이 쇠약해지는 까닭은 음양 교접의 도리가 잘못되었기 때문이라 했지요. 남자는 불이고 여자는 물인데, 여자가 남자보다 넘치게 되면, 물이 불을 끄는 이치와 같이 남자는 맥을 못 추게 된다고 했습니다. 따라서 남녀의 교접은 한 솥에 끓이는 찌개처럼 여러 가지 기교를 잘 섞어야 하는 법이라고 했습니다. 이런 이치를 잘 터득한 사람은 몸을 상하지 않고 최고의 쾌락을 이룩할 수 있지만, 그렇지 못한 사람은 몸을 망가뜨리게 된다는 것이지요. 그러니 음양 교접은 정말 조심스럽게 행해야 한다고 했습니다."

그러자 옥진이 물었다.

"불로장생하는 길에 대해서는 뭐라 썼던가?"

"황제가 불로장생하는 길에 대하여 물었을 때, 소녀는 타녀㛥女라는 선녀의 얘기를 들어 답했답니다. 타녀는 하나를 물으면 열 가지를 답할 정도로 영리하고 아름다운 선녀인데, 팽조彭祖라는 선인에게서 방중술의 비법을 배웠답니다. 타녀가 이 비법을 왕에게 시험해서 큰 효험을 봤답니다. 팽조가 전수한 비법 가운데에는 강정약強精藥이 있었지요. 팽조는 양생술의 하나인 도인導引의 법을 완성하고 강정약을 복용해서 젊은 모습을 회복한 선인이지요. 팽조는 항상 이런 말을 했습니다. '정력 낭비를 삼가고, 정신수양과 더불어 여러 가지 약을 복용하면 장수할 수 있을 것이다. 다만 교접의 도리를 모르고 약을 먹으면 아무런 효험이 없을 것이다. 남녀가 결합하여 한 몸이 된다는 것은 마치 하늘과 땅이 함께 있는 것과 같은 이치이다. 하늘은 아래를 덮고 땅은 밑에서 받치는 법이니, 이런 음양의 이치를 알면 오래 살 수 있는 길이 열린다.'라고 했다는 거지요."

"약재가 많다지? 생약으로 어떤 것을 쓰면 정력이 강해진다고 했는가?"

"선녀의 우두머리인 서왕모西王母가 음혈에 대추를 재어 두었다가 꺼내어 왕에게 주었더니, 왕이 금시 원기를 회복했다고 합니다. 그런 특수한 것도 있지만, 약재의 으뜸은 녹각鹿角이라고 합니다. 사슴의 어린 뿔을 녹용鹿茸이라 하고 성장한 것을 녹각이라고 하지요. 녹각을 태운 가루를 녹각상, 사슴의 음경을 녹경이라 해서, 모두 약재로 쓸 수 있다고 팽조가 말했습니다. 또한 생지황生地黃을 청주에 담아 말린 것을 찧어 가루로 내어 10푼을 마련하고, 계지界地 2푼, 감초甘草 5푼, 출 2푼, 건칠建漆 5푼을 섞습니다. 이렇게 마련한 약재를 찧어 분말로 만들고 체로 쳐서 혼합한 후, 식후에 한 술씩 하루 세 번 복용하면 회춘을 하게 된다는 얘기도 적혀 있습니다. 이 밖에도 감초, 두충杜沖, 숙지황熟地黃, 인삼人蔘 등 많은 약재가 정기를 강하게 해줄 수 있다고 했습니다."

"황제처럼 천하를 다스리고 정치를 주도하는 사람은 보통 많은 처첩을 거느리게 되는데, 어떻게 하면 몸을 상하지 않고 여러 사람을 상대할 수 있다고 하는가?"

옥진은 미실이 얼마나 철저히 공부했는지 알고 싶어서, 방사에서 양기를 아끼는 방법에 대하여 질문했다.

"이에 대한 대답으로 소녀는 이렇게 말했습니다. '교접함에 있어서는 마치 깨지기 쉬운 기왓장이나 사기그릇처럼 상대방을 다루어야 합니다. 그리고 자기 자신의 몸은 황금이나 구슬처럼 귀한 것으로 간주해야 합니다. 여자가 쾌감을 느껴 몸부림을 치면, 서둘러 교접을 중지하고 가능한 한 정액을 아껴 사정하지 않도록 해야만 여럿을 상대하고도 오래 건강히 살 수 있습니다.'라고 했답니다."

미실의 답은 청산유수처럼 막힘이 없었다.

"그만하면 되었다. 이제 너는 방중술의 이론은 거의 통달한 것 같으니, 앞으로는 이를 잘 활용하여 우리 신라의 궁중에서 주도권을 추구해 나가도록 하여라."

옥진은 더 이상 가르칠 것이 없다는 투로 미실을 칭찬했다.

2. 신라의 왕실과 화랑을 휘어잡은 미실

미실은 방중술을 익히는 한편 독특한 머리새와 의상을 개발해 나갔다. 전통적인 얹은머리나 둘레머리와 쪽진 머리를 장소와 때에 맞추어 사용했고, 노란색 두루마기와 붉은 단을 두른 치마를 즐겨 입었다. 어떤 때에는 금으로 만든 새를 장식한 금관을 쓸 때도 있었다. 조생 부인鳥生夫人처럼 머리를 높이 올리고 금으로 만든 새 여러 마리를 달아서 사제司祭를 맡은 천군天君으로서의 위의威儀를 갖출 때도 있었다. 이는 멀리 서쪽 나라 알타이의 얼음 공주를 본 딴 것이기도 했다. 그리고 금과 곡옥曲玉으로 만든 노리개를 많이 장식했다. 알타이는 금을 뜻했다. 알타이에서 동쪽으로 진출해 온 스키타이 족은 금과 다산을 뜻하는 곡옥을 즐겨 패용했다. 그런 풍습이 스키타이와 마찬가지로 기마민족 출신인 신라에도 전해졌다.

미실이 점점 요염함을 더해 가자, 대궐 안에 그녀에 관한 소문이 파다하게 퍼졌다. 소문은 전에 미실을 내실로 삼으려다가 실패한 세종전군의 귀에까지 들어갔다. 세종전군은 일부러 짬을 내어 미실을 한 번 더 만났다. 하룻밤을 함께 지낸 세종전군은 미실의 방중술의 포로가 되고 말았다. 미실을 더 가까이하려고 해도 미실이 거절하는 바람에, 세종전군은 상사병이 나서 자리에 눕고 말았다. 마침내 지소 태후가 그 사정을 알게 되어 미실을 불렀다.

"미실아, 네가 세종전군을 모시도록 해라. 어떻게 해서든 세종전군이 자리를 털고 일어나게 해주면, 너와 혼례를 치르게 해 주겠다."

이것은 왕비가 될 수 있는 기회가 온 것을 의미했다. 미실은 외조모인 옥진과 상의했다.

"할마마마, 세종전군의 부인으로 들어가야 할지요? 사다함이 돌아오면 어떡하지요?"

"사다함은 전쟁에 나가서 죽었다는 소문이니, 이젠 더 기다리지 말고 이기회를 잡는 것이 좋겠다. 그래야만 신라의 궁중에서 네 지위가 확고해질 것이 아니냐? 사랑도 좋지만, 이런 천재일우의 기회를 놓쳐서는 안 된다."

미실은 며칠을 고민했다. 그러면서 사다함의 소식도 수소문을 했으나, 대가야에 간 뒤로 소식이 끊어져서 알 길이 막연했다. 마침내 미실은 세종전군의 아내가 되기로 결심했다. 좋은 날을 택하여 미실이 세종전군에게 시집간 다음 날 공교롭게도 전쟁터에 갔던 사다함이 개선하여 돌아왔다. 그러나 미실은 궁으로 들어갔기 때문에 마중을 나갈 수가 없었다. 사다함은 미실의 출가 소식을 듣고 충격을 받아 시름시름 앓다가 죽었다. 사랑했던 화랑花郞 사다함이 죽었다는 소식은 미실로 하여금 새로운 결심을 하게 만들었다. 이제는 아무도 사랑하지 말고, 오로지 방중술과 교태로 신라 궁중의 사나이들을 좌우해야겠다고 미실은 굳게 마음먹게 되었다. 세종의 아내가 된 미실은 자신의 성적 매력을 최대한 이용해서 권력 장악에 나섰다. 먼저 진흥왕의 부인인 사도 부인과 의형제를 맺었다. 사도 부인도 대원신통에 속했고, 미실의 숙모였다. 그래서 두 사람은 신라의 권력을 쥐기 위해 동맹을 맺을 수 있었다. 미실은 진흥왕의 아들인 동륜 태자銅輪太子와 동침해서 차기 왕후의 자리를 노리기로 했다. 그 결과 미실은 태자의 아이를 배게 되었다. 그런데 미실의 소문을 들은 진흥왕이 은밀히 미실을 불러들였다. 진흥왕은 미실과 여러 번 정사를 나누다가 그녀의 방중술의 볼모가 되고 말았다. 진흥왕은 세종전군에게 융명肜明 궁주宮主를 부인으로 다시 맞게 지시하고, 미실을 왕후궁 전주殿主로 만들고 후궁에 들게 했다. 이렇게 되니 미실의 권세는 왕후와 맞먹게 되었다. 미실은 세종을 6세 풍월주로 삼아 많은 낭도를 데리고 지방으로 나가 있게 만들었다. 그녀는 사다함과 외모가 비슷한 설원랑薛原郞을 사귀게 되었다. 사다함의 어미인 금진 궁주가 설성薛成이라는 낭도와 밀통해서 낳은 아들이 설원랑이었다. 그러니 설원랑은 사다함의 이복동생이었다. 미실은 동생인 미생美生과 새로 애인으로 삼은 설원랑을 불렀다.

"신라의 실권은 화랑도를 중심으로 장악해야겠다. 내가 너희들과 함께 풍월주를 없애고 원화源花가 되어 화랑과 낭도들을 이끌어야 하겠다. 너희들이 날 밀어 주겠는가?"

두 사람은 미실을 지지할 것을 맹서했다.

원화의 자리는 준정과 남모의 사건 이래로 공석이었다. 풍월주와 낭도를 거느리기 위해서는 원화의 자리를 갖는 것이 가장 좋다고 생각한 미실은, 미생과 설원랑 두 화랑을 끼고 진흥왕을 졸라 그 지위에 오르게 되었다. 갑자기 풍월주의 자리를 잃은 미실의 전 남편 세종은 황당했다. 그를 따르던 낭도들도 가만히 있지 않았다.

소요가 일자 진흥왕이 이들을 불러 타일렀다.

"미실 왕후궁 전주는 짐과 같은 몸이니라. 그녀를 원화로 삼았으니, 그녀의 영이 짐의 말이 될 것이다. 모두들 불평하지 말고 그녀의 말에 복종토록 하라."

세종을 따르던 낭도들도 지엄한 왕명이니 어쩔 수가 없는 일이었으나, 많은 사람이 눈물을 흘리며 물러갈 줄을 몰랐다. 진흥왕은 미실과 함께 크게 잔치를 벌였다. 미생과 설원랑이 이끄는 낭도들과 신라의 이름난 미녀들이 이 잔치에 참석했다. 밤새도록 춤추고 노래하며 먹고 마셨다. 진흥왕이 모두에게 채색한 동전을 던져주며 말했다.

"너희들도 각기 수컷과 암컷이고, 짐도 또한 원화와 그런 사이로구나. 오늘 밤은 모두 정답게 지내도록 하여라."

그러자 미실이 왕의 품에 파고들면서 속삭였다.

"마마, 기쁘옵니다. 소첩과 같은 즐거움을 어느 왕후가 겪을 수 있겠습니까? 소첩의 숙모이신 왕후마마도 이런 즐거움은 갖지 못하셨을 것이옵니다."

이날 이후로 미실은 왕을 곁에서 모시면서, 왕에게 오는 문서를 보고 참견까지 하게 되었다. 그럴 만한 견식과 지식이 있고 문장을 잘 지었기 때문이었다. 그러다가 보니 조정의 권세가 옥진궁으로 돌아가게 되어, 대원신통의 세에 눌려 진골정통은 맥도 추리지 못하게 되었다.

진흥왕을 가까이하게 되니 미실은 밤마다 자기를 찾아오는 동륜 태자가 부담스러워졌다. 그녀는 동륜 태자가 자기 대신 다른 여인을 찾도록 만들 필요가 있다고 생각했다. 그래서 동생인 미생을 불러 말했다.

"미생아, 동륜 태자가 나를 귀찮게 하는구나. 태자가 반할만 한 여인이 없을까?"

"보명寶明 궁주가 어떻겠습니까? 태자가 즐기는 종류의 여인이 아닌가 생각됩니다."

"그래? 그럼 태자를 유혹해서 보명 궁주를 만나게 해 보거라."

보명 궁주는 진흥왕의 후실이었다. 동륜 태자는 먼발치에서 궁주를 보고 첫눈에 홀렸다. 동륜 태자가 보명 궁주에게 가까이 다가갔으나, 보명 궁주는 구중 궁궐 속에 있어서 쉽게 찾아갈 수가 없었다. 게다가 보명 궁주는 큰 개를 기르고 있었다. 태자가 그녀를 만나러 담을 넘다가 이 개에 물려 죽고 말았다. 태자의 갑작스러운 죽음을 조사하다가, 미실과 태자가 밀통했던 사실이 들통 났다. 진흥왕은 노발대발했다.

"몹쓸 년, 나와 동침하면서 태자마저 농락해? 당장에 이년을 잡아 물고를 내리라."

위기일발이었다. 그러나 마침 그때, 의형제를 맺은 사도 부인이 미실을 구하러 나섰다. 그녀가 왕에게 아뢰었다.

"미실이 잘못은 했지만, 저와 의형제의 서약을 한 사이입니다. 어찌 아랫것들의 말만 믿고 저희들을 물리치고 죽은 아들의 혼령마저 방황하게 하십니까?"

죽은 동륜 태자의 어머니인 사도 부인이 이렇게까지 미실을 두둔하고 나서니 왕도 미실을 구할 수 있는 핑계가 생겼다. 왕은 미실의 배반이 미웠지만 내심으로는 미실을 잊을 수가 없었다. 얼마나 많은 밤을 함께 지낸 사이인가? 그래서 왕은 마지못한 듯이 말했다.

"미실을 대궐에서 추방해, 사저에서 밖에 나가지 못하게 하라."

마침내 미실은 원화의 자리도 내어 놓고, 진흥왕과의 사이에서 낳은 수종壽宗을 데리고 대궐에서 쫓겨났다.

그러나 대궐 밖으로 나온 미실의 행실은 더욱 분방해졌다. 원화에서 물러난 그녀를 이어 다시 풍월주가 된 세종에게 압력을 가해서 물러나게 만들었다. 그러고는 그 자리에 애인인 설원랑을 앉히고 동생인 미생을 부제로 삼아 낭도들을 이끌도록 만들었다. 그러면서 다시 왕후가 될 욕심으로 금륜 태자金輪太子를 유혹했다. 여러 대에 걸쳐서 권세를 확보하려면 진흥왕을 이을 태자의 호감을 사야 하기 때문이었다. 한편 풍월주를 그만두게 된 세종은 다시 미실을 찾았다. 이제는 왕실에서 빠져 나왔으니, 다시 아내의 자리로 돌아오라는 요청을 세종이 미실에게 했다. 미실은 여러 가지로 생각해 보았다.

"세종처럼 내 말을 잘 듣는 남편이 어디 또 있겠는가? 왕후의 아들이면서도 내게 정절을 바치고 평생 다른 사람을 택하지 않을 사람이니, 이보다 훌륭한 사내는 없을 것이다. 이제부터는 내가 이분을 위해 드러야지."

미실은 마음을 고쳐먹었다. 그래서 세종과 바닷가에 새로 집을 짓고 들어가 정을 나누고 살았다.

진흥왕은 미실이 바닷가에 집을 짓고 세종과 다시 함께 산다는 소식을 듣고 시샘이 났다. 그래서 왕은 아들 수종을 만난다는 구실로 미실의 집을 찾았다. 왕은 눈물을 흘리며 미실에게 애원했다.

"짐에게로 돌아오라. 과거는 용서할 것이니 돌아오라."

"마마, 신첩은 이미 지아비를 찾아간 여인입니다. 마마께서 이러시면 안 됩니다. 고정하소서. 신첩을 이대로 살게 버려두소서."

"아니다. 미실아, 짐이 그대를 하루도 안 보고는 견디지 못하겠구나. 당장 대궐로 돌아가자."

"마마, 신첩은 세종전군의 아이를 가졌습니다. 해산이나 하고 돌아가도록 하겠습니다."

"아이야 대궐에서 낳으면 될 것이니, 지금 짐과 함께 대궐로 가자."

"마마, 그러시다면 신첩의 낭군 세종전군에게 높은 벼슬을 주소서. 그래야만 신첩의 체면이 서게 됩니다."

"그래? 그건 어렵지 않은 일이지. 짐이 세종에게 병부우령兵部右令을 제수해서 대궐에 들어와 살게 해 주겠다. 그러면 되겠지?"

미실은 그 이상 왕의 뜻을 거역할 수 없었다. 그녀는 대궐에 돌아오면서, 심복들을 모두 불러 요직에 오르게 했다. 그녀의 권세가 더욱 높아진 것은 말할 나위가 없었다.

진흥왕은 사도, 미실, 보명, 옥리, 월화의 다섯 궁주를 거느리고 지내다 보니 몸이 점점 쇠약해져 갔다. 마침내 왕은 중풍에 걸려 40대 초반인데도 거동을 하지 못하게 되었다. 자연히 국정은 미실이 사도 왕후와 함께 장악하게 되었다. 왕의 쇠약하여짐을 보고 미실은 미리 정을 통했던 태자 금륜을 찾아갔다.

"태자는 나와 약속을 해 주어야겠습니다. 보위에 오르게 되더라도, 나를 멀리해서는 안 되겠습니다. 나를 왕후로 삼아 백년해로할 것을 맹서해 주시오."

"내가 왕위를 잇게 되면, 미실 궁주를 빼고는 누굴 왕후로 생각하겠습니까? 걱정하지 마시오."

금륜 태자는 미실과 미실을 둘러싼 낭도들의 힘이 두려웠다. 그래서 미실이 원하는 대로 하겠다는 약속을 해 주었다.

진흥왕이 서기 576년 8월에 마흔세 살의 젊은 나이로 유명을 달리하자, 미실은 사도 왕후와 짜고 왕의 홍서薨逝를 비밀로 붙이고 금륜 태자를 왕위에 올렸다. 진지왕眞智王이었다. 그런데 이 왕은 미실과의 약속을 지키지 않았다. 오히려 이찬 거칠부를 상대등上大等으로 삼아 국사를 맡기고, 정사를 돌보지 않고 엽색 행각에만 몰두했다. 왕의 2년 10월에 백제가 군사를 일으켜 서쪽의 여러 고을을 침략해 왔을 때에는 이찬 세종을 시켜 이를 격퇴했다. 이때 세종은 적군 3,700명을 베고 내리서성內利西城을 축조해서 큰 공을 세웠다. 그동안에도 왕은 민간의 부녀자까지 겁탈해서 백성들의 원망을 듣게 되었다. 대궐에는 사도思道 태후, 왕의 형수 만호萬呼 태후, 정비인 지도 부인知道夫人 그리고 미실이 있었으나 아무도 왕의 탈선을 막지 못했다. 마침내 미실은 사도 태후와 논의해서 왕을 폐위시키기로 결심했다. 3년 만의 일이었다. 사도 태후와 미실은 세종과 사도 태후의 오빠인 노리부努里夫를 대궐로 은밀히 불러들였다.

"이찬께서 무도한 왕을 폐위시키는 일을 주동해 주셔야 하겠습니다."

사도 태후 앞에서 미실이 세종에게 말했다. 그런데 노리부가 걱정스러운 듯 말했다.

"이 일은 속전속결해야 할 것입니다. 지금 낭도들이 둘로 나누어져서 서로 정통이라고 세력 다툼을 하고 있으니, 이번 거사에는 아무래도 사다함의 스승인 문노文努와 그의 일당을 끌어들여야 할 것입니다."

그러자 세종이 맞장구를 쳤다.

"그렇지요. 문노는 가야 사람이라, 가야계 낭도에 인망이 있어요. 검술에 능하고 의리에 밝고 용감하여, 다른 화랑들도 존경하고 있는 인물이지요. 이자는 충성스러운 마음을 갖고 있기 때문에 진지왕 편에 설 가능성이 있습니다. 그렇게 되면 낭패를 당하게 됩니다. 우리 설원랑파와 양대 세력을 이루고 있는 문노파가 저쪽으로 붙으면 내전이 일어날 것이 분명합니다."

"문노는 백제와의 싸움이나 대가야 정벌 때에 큰 전공을 세우고도 보상을 받지 못했지요. 그래도 문노는 불평하는 낭도들을 다독거리며 오로지 무사도에 정진했다고 해서 화랑의 규범이라는 칭송이 잦다고 하지요. 어떻게 하면 우리 편으로 데리고 올 수 있을까?"

사도 태후가 걱정했다.

"그자는 대가야의 문화 공주와 이찬 비조부가 동침해서 낳은 아들로 알고 있는데, 세종전군을 따라 여러 곳에서 전공을 세운 일이 있지요. 이번에 이자를 제8세 풍월주로 삼읍시다. 그리고 내 사촌 윤궁允宮 궁주와 짝지어 줍시다."

미실이 말했다.

"아니, 문노는 신분이 낮아서, 윤궁 궁주와는 맺을 수가 없지 않습니까? 문화 공주는 원래 호조好助의 첩이었습니다. 비조부와 밀통해서 문노를 낳았기 때문에, 문노의 골품이 낮아질 수밖에 없었습니다."

노리부가 두 사람의 신분차를 걱정했다.

"그러니까 더 좋지 않습니까? 윤궁 궁주와 혼인하게 되는 일은 신분 차이를 극복하게 되는 것이라, 아무리 문노가 선골仙骨이라 해도 이런 혼인은 반가워할 것입니다. 그까짓 골품이야 무시해도 됩니다. 어서 혼인을 맺도록 합시다. 서둘러야 합니다."

미실이 단호하게 말했다. 미실의 말에 모두들 고개를 끄덕이고 더는 이의를 달지 않았다. 이날 밤으로 문노와 윤궁 궁주를 합궁하도록 만드는 일은 미실이 직접 맡았다. 미실이 윤궁 궁주를 가마에 태우고 문노의 집으로 찾아갔다.

"이리 오너라. 미실 궁주께서 오셨다. 문노 장군, 계시는가?"

미실의 종자가 문노의 청지기를 찾았다.

"무슨 일이기에 미실 궁주께서 누추한 이곳까지 오셨는가?"

문노는 당대의 세도가인 미실이 왔다는 기별을 받고, 깜짝 놀라 대문까지 달려 나왔다.

"어서 오시오. 미실 궁주께서 웬일이십니까? 이 누옥까지 친히 납시다니."

"장군을 뵈러 왔습니다. 그동안 병부에서 장군의 전공을 제대로 평가하지 못했다는 보고를 받고, 이를 시정하기 위해 사도 태후마마의 재가를 얻어 왔습니다. 태후마마께서 장군을 제8세 풍월주로 임명하셨습니다. 그리고 장군에게 윤궁 궁주를 출가시키라고 지시해서 궁주를 데리고 왔습니다. 이서 맞으소서."

"이런 황공한 일이 있나? 사도 태후마마께서 어찌 소신을 이렇게 극진히 대접하시는가? 감읍할 따름입니다."

문노는 갑작스러운 후대에 당황하면서도 반가움을 숨기지 못했다.

'은인자중隱忍自重했더니, 이제야 날 알아주는 이가 나타났구나.'

문노는 희색이 만면해서 미실과 윤궁 궁주를 안으로 모셨다. 이날 밤, 문노와 윤궁 궁주는 합방을 했다. 간단한 혼인의 예식을 미실이 주관해서 치렀다.

궁으로 돌아온 미실은 사도 태후와 상의해서 설원랑파와 문노파를 하나로 합치고, 이를 통솔하기 위해 원화제를 부활시켰다. 사도 태후의 명으로 미실이 다시 원화가 되었다. 원화가 된 미실은 남편 세종을 상선上仙으로, 문노를 아선亞仙으로, 설원랑을 좌봉사左奉事 화랑, 비보랑秘宝郞을 우봉사右奉事 화랑, 그리고 미생을 전방봉사前方奉事 화랑으로 삼았다. 만반의 준비를 다 끝낸 미실은 태후의 밀지를 얻어 거사를 했다. 노리부가 앞장을 섰는데, 세종의 낭도들이 주동이 되어 진지왕을 밀실에 유폐했다가 시해하고 말았다. 579년 7월의 일이었다. 미실과 사도 태후는 사도 태후의 손자이자 죽은 동륜 태자의 아들인 김백정金白淨을 왕위에 올렸다. 진평왕眞平王이었다. 아직 열세 살밖에 안 된 어린 아이였지만, 이 왕은 날 때부터 얼굴이 이상하게 생기고 체격이 컸다. 그리고 어릴 때부터 의사가 분명하고 사려가 깊은 데다가 머리가 명석했다. 미실은 계속해서 동생과 아들들을 풍월주로 임명하면서 권력을 장악해 나갔다. 동생인 미생을 10세 풍월주로 삼더니, 아들 하종夏宗을 그 다음의 풍월주로 삼고 설원랑과의 사이에서 얻은 막내 보종寶宗을 16세 풍월주로 삼으니, 실로 미실은 낭도에게 최고의 권력을 행사한 셈이었다.

여러 아들 가운데 막내로 얻은 보종에게는 다음과 같은 비화가 있었다. 32세가 된 미실이 진평왕이 즉위한 뒤 어느 날 정청인 남당에서 졸다가 흰 양이 가슴으로 들어오는 태몽을 꾸었다. 꿈에서 깨어난 미실은 진평왕이 자고 있던 내전으로 들어갔다. 왕종을 받아서 권력을 승계할 욕심이었다. 그러나 진평왕은 너무 어려서 미실을 상대하지 못했다. 태몽이 아까워 미실은 애인 설원랑과 잠자리를 함께했다. 이때 얻은 아들이 보종이었다. 진평왕의 정비는 마야摩耶 부인 김씨로 갈문왕葛文王 복승福勝의 딸이었다. 얼마 뒤에 왕이 힘이 생기니, 미실은 왕을 어른으로 만드는 영광을 얻을 수 있었다. 사도 태후가 미실과 함께 보명寶明 궁주를 진평왕의 후궁으로 추천했는데, 미실은 골품이 낮으면서도 보명 궁주를 제치고 왕에게 신국神國의 도를 가르칠 수 있었다. 신라의 왕실에서는 음양지도를 신국의 도라 불렀다.

이제 대원신통은 신라의 왕실보다 그 지체가 높아지게 되었다. 하루는 나을신궁奈乙神宮에서 제사를 지내려고 11세 풍월주인 미실의 아들 하종과 뒤에 12세 풍월주가 될 지소 태후의 손자 보리菩利가 신전에 들어갔다. 이들이 신전에 설치된 법흥왕과 옥진 궁주의 교신상交神像 앞에 당도했다. 하종이 법흥왕보다 옥진 궁주에게 먼저 절을 했다.

보리가 물었다.

"형님, 오늘날 우리들이 귀하게 된 것은 모두 법흥왕 마마 덕분인데 어찌 옥진 궁주에게 먼저 예를 드립니까?"

하종이 답했다.

"선대왕께서 살아계실 때에 말씀하셨지. 억조창생이 나를 신으로 알지만, 나는 옥진이야말로 신이라고 생각한다고. 그러니 당연히 옥진 궁주에게 먼저 절해야 하는 것이 마땅하지 않겠는가?"

진골정통에 속한 보리는 할 말을 잃었다. 그도 하종을 따라 옥진 궁주에게 먼저 예를 올리고, 그런 연후에 법흥왕에게 절했다.

진흥왕에서 진지, 진평으로 삼 대를 모신 미실도 진평왕 28년에는 병에 걸리고 말았다. 그러자 그의 애인 설원랑이 주야로 옆을 떠나지 않고 간병했다. 설원랑은 밤마다 간절히 기도했다.

"천지신명이시어, 미실 궁주를 살려 주소서. 미실 궁주를 살리는 데 필요하다면 절 데려가소서. 간절하게 비나이다."

천지신명이 그의 기도를 들어주었는지, 미실 궁주는 기력을 회복하는데 설원랑이 병석에 눕고 말았다. 얼마 후 설원랑이 죽었다. 미실은 자신의 속옷을 설원랑의 관 속에 넣어 함께 장사 지내며 다음과 같은 말을 하며 애도했다.

"나 또한 오래지 않아 너를 따라 하늘로 갈 것이다."

미실이 설원랑의 죽음을 슬퍼하다가 얼마 지나지 않아 58세의 나이로 죽었다. 권모술수와 방중술로 천하를 휘어잡은 미실은 신라 역사상 전무후무한 희대의 요녀妖女요 여걸이었다.

3. 바보 온달溫達과 평강平岡 공주

"또 우는 소리가 나는데 저게 누군가? 공주가 아닌가? 어찌 저리도 눈물이 흔할까? 만날 찡찡거리니."

고구려의 왕 양성陽成(平原王)이 짜증을 내었다.

"마마, 공주가 아직 어려서 그렇습니다. 언짢아 마소서."

왕의 곁에서 시중들던 내시가 말했다.

"그렇지만 저런 울보를 누가 데리고 가겠나? 바보 온달이라면 몰라도."

왕은 울음이 흔한 공주가 마땅치 않아 혀를 끌끌 찼다.

"저걸 어쩌지? 고구려의 공주라면 말을 달리면 하루에 백 리를 가고, 칼을 쓰면 장정 열은 벨 수 있어야 하는데. 저렇듯 허약해서야 무엇에 쓸 것인고? 쯧쯧쯧."

왕은 연달아 혀만 차며 얼굴을 찌푸렸다.

"어떤 사내가 쟤를 데려 갈까? 바보 온달에게나 시집을 보내야 하겠다."

왕의 입에 연신 바보 온달의 이름이 떠올랐다.

바보 온달은 고구려의 수도에서 동쪽으로 십 리쯤 떨어진 변두리 산속에 오두막을 짓고 사는 사람이었다. 늙은 어미와 함께 작은 밭을 일구어 농사를 짓는 한편, 간간이 산에서 나무를 해서 마을 사람들에게 팔아 호구를 하는 상민이었다. 체격은 우람했으나 얼굴이 검고 괴상하게 생긴 데다가 누더기를 걸치고 헤진 신발을 신고 다녔기 때문에 언뜻 보기에 바보처럼 보였다. 고구려의 장안에서 그를 모르는 사람은 없었다. 사람들은 그를 볼 때마다 말했다.

"저 바보가 그래도 제 어미만은 잘 모시거든. 저래 보여도 심성은 곱단 말이야."

울보 공주가 열여섯이 되었다. 상부上部의 고씨 집안에 시집을 보내자는 얘기가 나왔다. 이제는 철이 나서 울지 않게 된 터라.

"공주여, 이제 너도 시집갈 때가 된 것 같구나. 상부의 고은高恩이 좋은 신랑감으로 보이니 시집가도록 하여라."

왕의 말이 떨어지기가 무섭게 공주가 고개를 저으며 말했다.

"아바마마, 무슨 말씀을 그리 하십니까? 전에 아바마마께서 말씀하시기를 온달에게 시집가라고 하시지 않았습니까? 필부匹夫도 식언하지 않거늘, 어찌 지존至尊이신 대왕께서 약정하신 것을 어기려 하십니까? 소녀는 마마께서 말씀하신 대로 온달에게 시집가겠습니다."

"무슨 억지를 그렇게 쓰느냐? 네가 짐의 말을 듣지 않으면 짐의 딸이
될 수 없다. 네가 어릴 때에 하도 울기에 바보 온달에게나 시집가라 한 것
이, 그리 마음에 새겨 놓게 되었는가? 두 말 말고 상부로 시집가도록 하
여라."

"아바마마, 그리할 수는 없습니다. 죽어도 온달에게 출가하겠습니다."

"몹쓸 년. 그래도 이 아비의 마음을 모르겠느냐? 그렇다면 같은 지붕
아래 더 이상은 살 수가 없겠구나. 보기도 싫으니 어서 대궐에서 나가거
라."

왕은 화가 나서 자리를 박차고 내실로 들어갔다.

'요즈음 오부의 귀족들이 하는 짓거리를 보면, 힘 좀 생겼다고 왕실의
지엄한 명령도 쉽게 따르지 않게 되었어. 내가 비록 여자이지만, 대궐 밖
으로 나가 좋은 짝을 만나서 우리 왕실을 도울 수 있도록 해야겠다. 온달
이 바보라고 불리고는 있지만, 심성이 착하고 효도가 지극하다고 했다. 신
체가 강건하고 검소하며 물건을 아낄 줄 아는 사람이라고 하니, 내가 이
사람을 도와 국가의 동량으로 기를 것이다.'

공주는 왕의 나가는 뒷모습을 보고 속으로 뇌까렸다.

다음 날 공주는 모후가 챙겨주는 금팔찌와 패물 수십 점을 보따리에 싸
서 말 등에 싣고 홀로 대궐을 떠났다. 동문을 나가 몇 마장을 길을 물어 온
달의 오두막에 도착하니, 온달의 노모가 혼자 있었다. 온달의 노모는 눈이
어두워서 오는 사람이 누구인지 알아보지 못했다. 공주가 노모에게 큰절을
사뿐히 올렸다. 노모가 소스라치게 놀라면서 말했다.

"누구시오? 이 누옥을 찾아온 사람이. 좋은 냄새가 나는 것을 보니 예
사로운 사람이 아닌 것 같은데."

노모가 두 손으로 공주의 손을 잡았다. 손등을 가볍게 만지더니 얼른
손을 내려놓았다.

"이처럼 고운 손이 있는가? 필시 귀한 분이 틀림없어. 우리 같은 천한 사람과 상대할 사람이 못 된다. 누군데, 또 누굴 만나러 오셨소?"

"온달님을 뵈러 왔습니다. 어디에 계십니까?"

"우리 아들을 아시오? 우리 아들이 무얼 잘못한 것이오? 왜 우리 아들을 찾소?"

"온달님께 말씀드릴 게 있어서 찾아왔습니다. 어디로 가셨습니까?"

"산에 올라갔소. 끼니가 끊겨, 느릅나무 껍질이라도 베껴서 요기를 하려고 산으로 갔소."

"언제쯤 오실까요?"

"알 수 없다오. 올 때가 되었는데."

"뒷산으로 가셨습니까?"

"아마 그럴 거요."

"그럼, 소녀가 나가 보겠습니다."

공주가 뒷산으로 가는 오솔길을 올라가는데, 느릅나무 껍질을 진 사나이가 산에서 내려오고 있었다. 공주가 얼른 달려가서 말했다.

"온달님이시죠? 나무를 해 오시는군요?"

"누구요? 전 모르는 분인데. 절 찾아오셨소?"

온달이 투박한 목소리로 무뚝뚝하게 말했다.

"소녀는 평강이라 합니다."

"평강이 누구요? 난 평강이란 사람을 모르는데?"

"평양성에 사는 평강입니다."

"보아하니 날 홀리러 온 것 같은데, 일 없어요. 나 같은 천한 놈을 만나러 왔다니 당신은 귀신이요, 아니면 사람 홀리는 여우요? 어디 꼬리가 몇 개인지 봅시다. 구미호九尾狐가 아닌지."

"온달님도 웃기시네요. 소녀는 구미호가 아닙니다. 고구려왕의 딸입니다."

"뭐라 했소? 왕의 딸이라고? 날 잡아먹으려고 둔갑을 한 것이 아니오? 아무래도 구미호가 틀림없어. 너 게 섰거라. 내가 널 잡아 족쳐서 본 색이 드러나게 하리라."

온달이 들고 있던 지팡이로 공주를 치려 들었다. 공주가 날름 피하면서 산 아래로 도망을 쳤다.

"날 잡아 보소. 온달아, 내가 공주라는데, 믿지 못하면 날 잡아 보소. 바보 같으니. 기껏 함께 살자고 온 날 치느냐? 바보는 어쩔 수 없군. 날 따라와 봐. 못 잡겠지? 용용 죽겠지?"

공주가 치마폭을 휘두르며 바람을 일으켰다. 온달이 씩씩거리며 뒤를 따랐으나 워낙 공주가 날래어 종적을 놓치고 말았다. 그러는 동안에 저녁 노을이 지고 주위가 깜깜해졌다.

"에이 참, 재수 없다. 그 놈의 여우 새끼를 잡아서 혼내 주어야 하는데."

온달이 투덜대면서 오두막에 들어서며 지고 온 느릅나무를 땅에 내렸다.

"어매, 나 왔소."

"이제 오느냐? 아까 어떤 여자가 널 찾아 왔던데 못 만났느냐?"

"아, 그년 말이오? 그건 구미호요. 꼬리 아홉 달린 여우요."

"귀하신 분 같던데 구미호라고 하느냐? 그래 어디로 갔는고?"

"몰라요. 금세 없어졌다오. 여우나 귀신이 아니고는 그리 날랠 수가 없지요. 시장하시죠? 잠깐만 기다리시오. 곧 느릅나무 껍질로 떡 만들어 드릴게."

오막살이 밖에서 공주가 온달의 하는 소리를 들었다. 아무래도 오늘 저녁에는 한 데에서 자야 하겠기에 가지고 온 표범 가죽을 나무 그늘에 펴고 돌돌 몸을 감았다. 대궐을 나올 때에 말 등에 실었던 주머니에서 떡을 한 덩어리 꺼내어 요기를 하고 호리병의 곡아주를 두어 모금 마시고 나니, 온몸이 나른해지면서 스르르 눈꺼풀이 내려왔다.

얼마나 잤는지 모른다. 동이 트면서 오막살이 뒷산에서 새소리가 시끄럽게 들려왔다. 부스스 일어난 공주는 두 손으로 머리와 옷매무시를 다듬었다. 그런 뒤에 오막살이 안으로 들어갔다. 방 안은 캄캄했는데, 온달의 노모가 손을 휘저으며 일어서려고 하는 모습이 눈에 들어왔다. 온달은 어디로 갔는지 방 안에 없었다.

"어머님, 제가 또 왔습니다. 제가 온달님을 모시고 살려고 왔습니다. 절을 받으십시오. 어머님."

공주가 넙죽 큰절을 올리니, 노모는 기겁을 하면서 이를 말렸다.

"내 아들은 당신 같이 귀한 분과 짝이 못 되오. 바보 온달이라고 사람들이 부르는 것을 듣지 못했소? 우리 집이 이리도 누추하니, 귀한 분이 살 집이 못 된다오. 어제도 온달 말이 구미호를 만났다고 했는데, 바로 당신이었지요? 다른 곳으로 가시오. 여기는 당신 같이 귀한 사람이 있을 곳이 못 되오."

"옛말에 곡식 한 말이라도 찧을 수가 있으면 되고, 한 자의 베라도 꿰맬 수 있으면 충분하다고 했습니다. 중요한 것은 마음이지 재산이 아닙니다. 소녀는 온달님께 시집을 가야 한다고 어릴 때부터 아바마마가 말씀하셨습니다. 소녀가 어머님과 온달님을 모시고 살겠으니, 허락하여 주소서."

"아니, 아바마마라니. 그럼 당신이 임금님의 딸이란 말입니까?"

"그렇습니다. 소녀는 평강 공주라고 합니다. 소녀의 아버님이 고구려의 왕입니다."

"황송하여라. 그런 줄도 모르고 무례를 저지르고 말았습니다. 공주님 용서하여 주십시오. 우리 모자가 잘못했습니다."

노모가 방바닥에 철썩 엎드리며 가는 목소리로 말했다. 마침 그때에 온달이 방 안에 들어섰다.

"온달아, 이분이 평강 공주님이시다. 고구려왕의 따님이시다. 어서 엎드리도록 해라. 장대처럼 서 있지만 말고. 어서."

"무슨 말씀이십니까? 어머니. 무얼 믿고 이자를 공주라 하십니까? 어제부터 우리를 홀리려고 나온 구미혼데, 공주라니요."

"온달님, 이걸 보소서. 소녀가 대궐에서 갖고 온 패물입니다. 이것을 팔아서 전답과 노비를 사고 소와 말도 삽시다. 세간 살림도 마련하고 집도 새로 짓도록 합시다."

"어디 봅시다. 그 패물들은 금으로 만든 것으로 보이는데."

온달이 팔찌를 하나 집어서 입에 물었다. 이빨 자국이 난 것을 문 밖에 나가서 아침 해에 비추니 금색이 찬란했다.

"어, 정말이네? 금이 틀림없군."

그제야 온달이 공주를 믿기 시작했다. 웬 호박이 넝쿨째로 굴러들어왔는가 했다. 이젠 배를 곯을 필요가 없을 것으로 생각되었고 특히 노모를 배불리 모실 수 있다는 생각을 하니 절로 어깨춤이 나왔다.

며칠이 지났다. 공주가 온달에게 말했다.

"낭군께서 오늘은 장안에 다녀오십시오."

"무얼 하러?"

"가서 말을 사 오십시오."

"말이라니?"

"앞으로 삼 년 뒤에 열리는 봄철의 사냥에서 공을 세우셔야 합니다. 그러려면 튼실한 말이 필요합니다. 그리고 좋은 안장과 맥궁과 화살도 필요하지요. 이 패물을 팔아서 그 돈으로 필요한 것들을 마련해 오십시오."

"아니, 해마다 3월에 열리는 임금님의 사냥 말인가?"

"그렇습니다. 그 사냥에 참가해서 큰 공을 세우면, 서방님의 관운이 트일 것입니다. 다만 주의하실 것은 말을 고를 때에 반드시 나라에서 기르던 것을 사십시오. 결코 백성들이 부리던 말은 소용이 되지 않습니다. 나라의 말 가운데 병들어 수척하면서도 다리나 말굽에 상처가 없고 갈기가 무성한 놈을 두 마리만 골라 사십시오."

아침에 나간 온달이 한나절이 넘어서야 돌아왔다. 적갈색의 말 한 마리와 회색 말 한 마리를 몰고 돌아왔다. 모두 나라에서 군마로 쓰다가 병이 나서 수척해진 것이었다. 공주는 두 마리의 말을 마구간에 들이고서는 정성껏 돌보았다. 궁에 있을 때에 말 타는 훈련을 많이 했고, 마감을 따라 말을 보살피는 것이 취미였던 공주가 각별한 애정으로 말들을 돌보았다. 아침에 여물을 먹이고 나면 온달과 함께 말을 타고 들판과 산속을 누볐다. 점심때에는 돌아와서 여물에 콩기름 한 공기를 섞어서 먹였다. 오후가 되면 다시 산으로 올라갔다가 내려와서 말의 등과 허리를 수세미와 물로 닦았다. 갈기를 곱게 빗겨 주면 말은 기분이 좋은 듯 어흐흥 하고 콧바람을 불었다. 저녁때가 되어 귀리를 섞은 여물을 주고 당근을 밭에서 캐어다가 하루에 두 개씩 주었다. 정성껏 돌보니 말의 건강이 놀랄 만큼 빨리 회복되어 살갗에 윤기가 번지르르해졌다.

온달은 공주가 예뻐서 어쩔 줄을 몰랐다. 말을 돌보는 일 외에도 매일 활을 쏘는 연습과 칼과 창을 다루는 훈련을 공주와 함께하니, 이보다 즐거운 일이 없었다. 밤이 되면 등잔불 아래에서 글씨와 산술을 배웠다. 삽시간에 삼 년이 흘렀다. 공주의 나이가 열아홉이 되었고 온달도 스물넷이 되었다. 공주가 시장에 가서 갑옷과 투구를 사가지고 왔다. 기마용으로 철갑으로 된 것이 가볍고 튼튼했다. 삼월이 되려면 아직 한 달이 남은 어느 날 공주가 온달을 보고 말했다.

"이제 준비가 다 된 것 같습니다. 이제부터는 오로지 산과 들에서 사냥하는 법을 배우셔야 하겠습니다. 소녀가 아는 임금님의 사냥터가 세 군데 있으니 함께 가봅시다."

"좋소. 당신이 시키는 대로 하리다. 어서 앞장서시오."

두 사람은 말을 타고 나섰다. 공주가 회색 말을 타고 앞장섰고 온달이 적갈색 말을 타고 뒤따랐다.

"저기 저곳을 보십시오. 저기 양쪽에 높은 산이 머리를 맞댄 듯이 서

있는데 그 사이의 골짜기가 짐승들이 몰리는 곳이랍니다. 그곳에 샘이 솟기 때문에 사슴과 멧돼지가 자주 찾아옵니다. 길목을 잡아 맥궁으로 쏘아 붙이면 반드시 큰 놈을 잡을 수 있을 겝니다."

두 사람은 한 달 동안 매일 같이 아침 일찍 나서서 저녁때까지 사냥터 세 곳을 샅샅이 뒤졌다. 지형과 짐승들이 다니는 길을 알아보며 다녔다.

삼월이 되어 나라 안에 포고가 나붙었다. 삼월 삼짇날에 낙랑의 산에서 사냥을 하여 잡은 사슴과 멧돼지로 산신제를 지내는데, 5부의 군사들더러 참가하라는 것이었다. 온달은 갑옷을 입고 투구를 쓴 뒤 말에 오르며 말했다.

"여보, 다녀오리다. 부인의 공으로 내가 이렇게 나가게 되니 기쁘기 한이 없소. 반드시 큰 공을 세워 부인의 은공에 보답하리다."

"잘 다녀오십시오. 공을 세우셔서 임금님을 알현하게 되거든 평강 공주의 낭군이라고 말씀드리십시오. 반드시 알아보실 것입니다."

이날의 사냥에서 온달이 잡은 짐승이 가장 크고 많았다. 한 달이나 공을 들여 연습한 것이 효과가 있었다. 반달곰까지 한 마리 잡았다. 잡은 짐승들을 바치니 왕이 가까이 오라고 사람을 보내어왔다.

"대왕마마 부르셨습니까?"

"그대는 어느 곳의 누구인가? 오늘 가장 큰 공을 그대가 세웠으니, 짐이 큰 상을 내리리라."

왕은 대단한 장수를 얻었다고 기뻐하면서 말했다.

"대왕마마, 소신은 온달이라고 합니다. 동부에 삽니다. 평강 공주가 소신의 아내입니다."

"아니, 뭐라고 했느냐? 온달이라니. 바보 온달인가? 공주가 고집을 피워서 혼인한 바보 온달 말인가?"

왕은 깜짝 놀랐다.

"예, 그렇습니다. 대왕마마."

"그래, 공주는 어떻게 지내나? 잘 있는가? 벌써 삼 년이 넘었는데. 그 렇잖아도 공주가 나간 뒤의 소식이 궁금했는데. 그대가 정말 그 바보 온달 이 맞는가?"

"대왕마마, 바보 바보 하지 마소서. 평강 공주의 남편이라면 마마의 부 마가 되는 셈이 아닙니까? 신하들이 듣기에 민망합니다."

왕의 곁에 있던 동부 대인이 말했다.

"그렇군. 대인의 말이 옳소. 그런데 어찌 온달이 이처럼 훌륭한 장수 로 변했는가? 놀라운 일이로다. 칠성신께서 짐을 도울 신장을 보내신 것 인가?"

"대왕마마, 이는 오로지 소신의 아내인 평강 공주의 공입니다. 굽어 살 피시어 평강 공주를 다시 받아들이도록 하소서. 소신은 공주와 함께 대왕 마마에게 진충보국할 것입니다."

"그럼. 다른 말이 있을 수 있겠는가? 대대로大對盧는 어서 가서 공주 를 대궐로 데려오도록 하시오. 온달은 짐을 따라 신령에게 제사를 지내는 일에 참가하도록 하고."

마침내 온달은 평강 공주가 바라던 대로 왕의 측근으로 등용되어 무장 으로 활약하기 시작했다. 온달과 평강 공주는 평양성 안에 저택을 얻어 살 면서 아들과 딸을 낳았다.

몇 년이 지났다. 서쪽 변경에서 싸움이 시작되었다. 중원을 통일한 북 주北周의 3대 황제인 무제武帝가 서기 577년에 북제北齊를 멸망시킨 여세 를 몰고 요동을 침범했다. 급보를 접한 고구려에서는 온달을 장군으로 임 명하여, 선봉이 되어 침략군을 막도록 했다. 온달이 배산拜山의 들에서 적 군과 마주쳐서 적갈색 애마를 타고 진두에 서서 적군의 장병 수십 명을 참 살했다. 강장 밑에 약졸이 있을 리 없었다. 고구려의 군사들이 우르르 몰 려나가니 북주의 군사들이 패주했다. 승전고를 하늘에 닿게 높이 울리고 돌아 온 장수들을 모아 왕이 전공을 따졌다.

"이번 전투에서 제일의 공은 누가 세웠는가?"

왕이 여러 장수들에게 물었다.

"온달 장군이 진두에 서서 적군의 장수를 베어 적군의 예기가 꺾였습니다. 이 일이 이번 싸움에서 제일가는 공적이라 생각합니다."

여러 장수들이 이구동성으로 온달을 천거했다.

"과연 짐의 사위로다. 온달의 공이 제일이라 하니 온달을 대형大兄으로 삼아 그 공을 치하하리라."

왕이 온달의 어깨에 손을 얹고 말했다. 대형은 대대로와 태대형太大兄 다음으로 높은 관위였다.

평원왕은 할아버지 때부터 삼 대에 걸친 귀족들의 권력 다툼으로 정국이 혼란스러운 것을 해결하기 위해 온달 같은 사람을 등용하여 왕권을 강화할 생각이었다. 평원왕 23년 2월이 되었다. 북주의 장군으로 수왕隋王이된 양견陽堅이 5대 황제인 정제靜帝를 폐위시키고 수隋나라를 세워 황제가되었다. 수문제隋文帝였다. 수문제는 북주의 황족인 우문씨宇文氏를 모조리 죽여 씨를 말렸다. 수의 개국에 즈음하여 고구려와 백제가 연달아 사절을 보내어 축하했고, 수문제는 고구려의 사신을 대흥전大興殿에 불러 향연을 베풀었다.

서쪽 국경이 잠잠해지자 양원왕 때부터 지어오던 대동강가 평양의 장안성長安城을 34년 만에 완공시키고 평원왕 28년에는 이곳으로 서울을 옮겼다. 장안성은 평지성과 산성의 장점을 종합해서 5부의 사람들이 동원되어 축성했다. 평지성인 외성에 서민들이 살게 하고 중성 안에는 중앙 관아가 들어서며 내성에는 왕궁을 설치했다. 대동강과 보통강이 합쳐지는 지점에 남북으로 길게 펼쳐진 장안성은 주위 4십 리의 땅에 내성, 중성, 외성, 북성의 4개 성으로 축조되었다. 북성에만 성문이 둘 있을 뿐 나머지 성에는 성마다 동, 서, 남, 북의 네 성문이 있었다. 여러 성문 가운데 외부로 통하는 주요한 곳에는 옹성을 쌓아 방어에 만전을 기했다. 성안에 7개의 장대가 있었는데 대표적인 것이 내성의 을밀대乙密臺와 북성의 최승대最勝臺였다. 견고하게 쌓은 장안성으로 천도한 뒤, 왕은 수문제에게 사신을 보내어 친선을 도모했다.

재위 32년 만인 해의 10월에 평원왕이 돌아갔다. 태자 원元이 왕위에 올랐다. 고구려의 26대 영양왕嬰陽王이었다. 영양왕이 즉위하니 수문제가 사절을 보내어 왕을 정1품인 상개부上開府 의동삼사儀同三司로 삼고 요동군공遼東郡公을 계승시키면서 옷을 한 벌 보내어 왔다. 다음 해에 왕이 사은을 표하는 사신을 보내어 왕으로 봉할 것을 청하니, 수문제가 이를 허락하고 고구려왕으로 봉하면서 다시 수레와 옷을 보내어 왔다. 왕은 그 뒤 8년 동안 자주 사신을 보내어 수에 조공을 해서 서쪽을 안정시켰다.

왕이 즉위한 해에 온달이 아뢰었다.

"신라가 한강 북쪽의 땅을 빼앗아서 군현을 설치한 지 여러 해가 되었습니다. 그들의 착취가 심하여 백성들이 옛 주인을 그리워하고 있다고 합니다. 옛날 안장왕께서도 백제가 차지하고 있던 고양 땅을 미인계를 써서 탈환하셨습니다. 소장이 비록 어리석지만 군사를 맡겨 주시면, 한번 나가서 옛 땅을 탈환하겠습니다."

"장군이 그래 주시겠소? 반드시 이겨서 돌아오시오."

왕이 흔쾌히 승낙했다.

안장왕은 고구려의 22대 왕으로 장수왕의 증손이었다. 안장왕에 대해서는 이런 일이 있었다. 안장왕이 태자로 있을 때의 일이었다. 백제가 한강 하류를 빼앗아갔다. 태자가 이 지역을 회복하기 위해 변복을 하고 고양高陽 지역에 잠입했다. 그런데 태자가 개백현皆伯縣에서 백제 군사에게 쫓기게 되어, 그 고을에 있던 한韓씨 집에 몸을 숨겼다.

"누구요? 이 밤중에. 게 밖에 누가 있느냐? 누가 온 것인가?"

개울물이 흘러가는 것처럼 맑은 목소리가 들려왔다. 태자가 마루 밑으로 기어 들어가 가만히 살피니, 달밤에 한 여인이 섬돌에 내려서는 것이 보였다.

몸을 날려 그 여인의 입을 한 손으로 막고, 방문을 열고 안으로 들어갔다.

"소리치지 마시오. 해코지 할 사람이 아니오. 나를 좀 도와주시오. 밖에 포졸들이 몰려오고 있어요."

변복을 해서 서민처럼 차렸으나, 몸에서 향긋한 냄새가 풍기는 것이 심상치 않은 청년이었다. 밖에서 개가 짖고 사람들의 발자국 소리가 어지럽게 났다. 사나이는 여인의 입을 여전히 막고서는 여인을 안고 이불 밑으로 숨었다. 여인은 숨을 몰아 쉬면서 발버둥을 쳤으나, 사나이의 억센 팔에 꼼짝도 하지 못했다. 얼마 후 포졸들이 물러가고 주위가 고요해졌다. 그러자 사나이는 여인을 놓아주며, 그녀 앞에 꿇어앉아 머리를 숙였다.

"초면에 실례가 많았습니다. 나는 고구려의 태자 홍안興安이라 합니다. 이 땅의 형편을 살피러 왔다가 쫓기는 신세가 되었습니다. 낭자께서 숨겨 주셔서 무사했습니다. 이 은혜는 반드시 갚을 것입니다."

여인이 옷매무시를 단정히 고르면서 등잔을 밝혔다. 등잔불에 밝혀진 사나이는 콧날이 오뚝하고 얼굴이 갸름한 것이 귀공자로 보였다.

여인이 부끄러운 듯이 몸을 꼬았다. 어두운 불빛에도 교태가 풍겼다.

"낭자는 이 댁의 규수로 보이는데 어떤 분이신가요?"

홍안이 물었다.

"저는 구슬이라 합니다."

여인도 사나이가 고구려의 태자라는 말을 듣고 마음을 놓은 기색이었다. 이렇게 만난 두 사람은 밤이 지새도록 얘기를 나누었다. 고구려가 어떤 나라이며, 개백현이 어떤 곳인지. 또한 앞으로 어떻게 하면 살기 좋은 세상을 만들 수 있을 것인지. 많은 얘기를 나누다가 두 사람은 잠자리를 함께했다. 새벽닭이 여명을 알리자 홍안은 몸을 추스르고 일어났다.

"이제 가야 할 때가 되었구려. 지금은 이대로 떠나지만, 얼마 되지 아니하여 다시 군사를 몰고 올 것이니, 나를 기다려 주시오."

홍안은 구슬을 다시 품에 안았다가, 작별이 아쉬운 듯 몇 번이고 돌아보며 방에서 나갔다.

홍안은 평양으로 돌아가서 부왕의 뒤를 이어 왕위를 계승하게 되었다. 안장왕인데 그는 몽매에도 잊지 못하던 구슬을 찾아 군사를 이끌고 여러 번 백제를 공격해 보았으나 쉽게 이기지 못했다.

한편 백제에서는 고양의 태수가 구슬의 미모에 반하여 그녀를 차지하려고 갖가지 몹쓸 짓을 저질렀다. 그러나 끝내 뜻을 이루지 못하자, 고구려의 첩자와 내통했다고 하면서 구슬을 감옥에 가두었다. 그 소식을 들은 안장왕은 신하들을 모아 그녀를 구출하는 사람에게 만호후의 상을 주겠다고 말했다. 아무도 선뜻 나서는 용사가 없자, 왕은 을밀乙密을 지명했다. 을밀이 서민 출신이라 신분이 낮아서 혼인을 못하고 있다는 것과 누이 안학安鶴 공주가 을밀을 사모하고 있다는 것을 알고 있던 왕이 말했다.

"을밀 장군, 경이 구슬을 구출해 주기만 하면 안학 공주와의 결혼을 허락하도록 하겠다. 어서 나가 구슬을 구해다오."

"알겠습니다. 소신이 기필코 구출할 것이니 군사를 이끌고 도와 주소서."

을밀이 조의皁衣 스무 명을 뽑아 개백현으로 갔다. 마침 개백태수가 생일잔치를 하는 날이었다. 을밀의 일당이 하객을 가장하고 태수의 집에 잠입했다. 주흥이 한창일 때에 을밀이 소리쳤다.

"고구려 군사가 왔다. 10만이나 되는 대군이다. 어서 도망쳐라. 우리 백제 사람을 다 죽이러 왔다."

그 소리에 스무 명의 조의들이 여기 저기에서 들고 일어났다. 삽시간에

잔칫상이 엎어지고, 일대가 수라장이 되었다. 을밀은 옥으로 가서 구슬을 구해냈다. 그리고 함께 산에 올라가 봉화를 올려서 안장왕이 군사를 몰고 성안으로 들어오게 했다. 안장왕 11년 10월의 일이었다. 백제 성왕은 군사 3만 명을 거느리고 이를 맞다가 오곡원五谷原의 언덕에서 패하여 2천여 명을 잃었다. 안장왕은 승세를 몰아 혈성穴城까지 함락시켰다.

온달은 같은 식으로 승전보를 올리고 싶었다. 그래서 출진에 앞서 집에 들러 평강 공주와 아이들에게 말했다.

"이번 출전에서는 반드시 이겨, 신라가 빼앗아 간 계립현鷄立県과 죽령竹嶺 서쪽의 땅을 수복하고 올 것이오. 만약 뜻을 이루지 못하면 살아 돌아오지 않을 것이니 그리들 아시오."

온달은 아차성 밑에서 신라의 군사들과 싸우다가 화살에 맞아 전사하고 말았다. 사람들이 그 시신을 거두어 장사를 지내려고 하는데, 영구가 땅에 붙어 떨어지지 않았다. 급히 평양성으로 사람을 보내어 알리니, 평강 공주가 울면서 달려왔다.

"장군, 장군의 할 일은 다 하셨습니다. 이제 소첩이 장군을 모실 것이니, 극락왕생極樂往生하소서."

공주가 관을 두 손으로 어루만지며 이렇게 울부짖자, 관이 땅에서 떨어져 운구를 할 수 있게 되었다.

4. 서동요薯童謠

"선화善花 공주님은
남 몰래 정을 통해 두고
맛동 도련님을
밤에 몰래 안고 간다."

한 아이가 첫 줄을 부르면, 다른 아이들 네댓이 따라 큰 소리로 외쳤다. 다시 한 아이가 둘째 줄을 부르면 아이들이 합창하여 마지막 줄까지 그런 식으로 노래를 불렀다. 그러다가 어른들이 지나가면 "와아"하고 함성을 지르며 달아났다. 신라 서울의 아이들이 여기 저기에서 같은 짓거리를 거듭했다.

"어찌 이런 괴상한 일이 있는가? 선화 공주님을 두고 이상한 노래가 유행하고 있다니. 맛둥이 누군가? 얼른 알아 오지 못하겠느냐? 대왕마마의 귀에 들어가면 공주님만 야단맞을 것이 아니냐? 빨리 알아보도록 하라."

상대등上大等 수을부首乙夫가 부하를 재촉했다. 십여 년간 최고의 재상인 상대등으로 있던 노리부弩里夫가 진평왕 10년에 죽어 수을부가 뒤를 이어 벌써 십 년이 넘게 국정을 도맡아 보살피고 있었다. 밖에 나갔던 부하들이 얼굴이 빨개져서 숨을 헐떡이며 달려왔다.

"상대등께 아룁니다. 벌써 한 달 전부터 이런 노래가 시정에 퍼졌다고 합니다. 아이들이 누구로부터인지 마를 얻어먹고 노래를 부르고 다니고 있답니다."

"누가 그랬다던가?"

"아이들은 누군지 모릅디다. 그저 건장하게 생긴 젊은 총각이라고만 했습니다."

"말씨는 어떻고?"

"서라벌 말씨 같지는 않고, 가야나 백제 말씨를 썼다고 합니다."

"그 괴상한지고. 아무래도 내버려 둬서는 안 되겠다. 대왕마마께 보고해야 하겠다."

수을부가 서둘러 남당으로 들어갔다. 남당에서는 진평왕이 여러 신하들과 앞으로의 관부 조직에 대하여 논의하고 있었다.

"이미 관리들의 인사를 맡은 위화부位和府와 배를 관리하는 선부서船府署를 설치한 지도 십여 년이 지났고, 몇 년 전에는 나라의 세금과 공출을 관장하는 조부調府를 설치하여 조부령調府令을 임명했고, 또 수레와 말을 관장하는 승부乘府를 설치해서 승부령乘府令을 두었지 않은가. 게다가 이번에 예부령禮部令을 두 명이나 임명해서 의전과 예법을 맡겼으니, 얼마 동안은 더 조직을 설치할 필요가 없겠지?"

왕이 말했다.

"대왕마마, 무관의 조직으로는 진흥왕 마마 때에 대관대감大官大監 2명과 대대감隊大監 70명, 제감弟監 63명, 소감少監과 대척大尺을 각각 삼사백 명씩 임명했고, 그 외에도 곳곳에 당주幢主를 두게 했으니, 더 보강할 것은 없어 보입니다."

병부령兵部令 후직后稷이 말했다.

"대왕마마, 이제는 북쪽의 고구려나 서쪽의 백제, 그리고 남쪽의 야마토쯤은 걱정하지 않으셔도 될 것입니다. 이런 상비 군사 이외에도 수천 명의 청소년이 화랑 수십 명과 낭두郎頭 수백 명 아래에 모여서 열심히 무예와 학문을 연마하고 있습니다. 이 낭도들은 보통 열서너 살에 동도童徒가 되며, 18~9세에 평도平徒가 되었다가, 30세가 되면 대도大徒가 되어 병부에 속하거나 향리의 장이 되고 그렇지 못한 자는 전에 종사하던 일터로 돌아가게 되어 있습니다. 이들 모두를 이끌고 있는 것이 풍월주風月主와 그를 돕는 부제副弟랍니다. 우리 신라의 국방 태세가 어느 때보다도 튼튼해지고 있습니다."

이찬 동대冬臺가 말했다.

"그렇게 말하니, 풍월주가 갈릴 때가 된 것도 같은데."

"그렇습니다. 마마. 11대 풍월주로 하종夏宗이 있습니다마는, 이번 봄에 원광 법사圓光法師의 형인 보리菩利로 바뀝니다."

"하종은 6대 풍월주였던 세종전군의 아들이 아닌가? 미실 궁주께서 어머니이시지?"

"예, 그렇습니다. 미실 궁주도 한때 원화의 지위에 있지 않았습니까? 이들은 풍월주 집안이라 해도 과언이 아닙니다."

군신이 화목하게 이야기를 나누는데, 상대등 수을부가 들어왔다.

"마마, 소신 수을부입니다. 내밀히 말씀드릴 일이 있습니다. 주위를 물리소서."

"아, 상대등이신가? 어서 오시오. 오늘의 회의는 이것으로 마칩시다. 다들 물러가도록 하시오."

신하들이 나가고 왕과 수을부만이 남당에 남았다.

"그래, 무엇인고? 사람들을 물려야 할 만큼 중요한 이야기가."

"대왕마마, 참으로 괴상한 일이 일어났습니다."

수을부가 조심스럽게 입을 열었다.

"무엇인가?"

"마마, 이걸 보소서. 시정에 괴상한 노래가 퍼져서 적어 왔습니다."

수을부가 품에서 쪽지를 꺼내어 왕에게 바쳤다.

"아니, 이건 향찰鄕札로 쓴 노래가 아닌가?"

향찰은 신라 말을 한자의 음과 뜻에 따라 적은 글로 이두吏讀의 일종이었다. 쪽지를 읽은 왕은 이맛살을 잔뜩 찌푸리며 안색이 변했다.

"무어라? 선화 공주가 어떻게 했다고? 이런 망측한 일이 어디 있는가?"

왕의 목소리가 커졌다.

"마마, 고정하소서. 이는 아무래도 공주마마를 모함하는 노래인 것 같습니다. 화백회의가 문제를 삼게 되면 왕실의 위엄이 땅에 떨어질까 걱정됩니다. 어서 조치를 하셔야 합니다."

"게 밖에 누구 없느냐? 어서 마야 부인과 선화 공주를 불러라."

왕은 고함을 질렀다. 얼마 뒤에 내관의 기별을 받은 왕비와 공주가 걸음을 재촉하며 남당으로 들어왔다.

"선화야, 네가 지난 한가위 때에 화랑들과 밤새 춤추며 놀더니, 기어코 이런 일이 벌어지는구나. 그처럼 몸가짐에 조심하라 했거늘. 과년한 딸이 함부로 바깥출입을 하더니, 이것이 웬일이냐?"

왕은 화를 참지 못하고 쪽지를 공주에게 던졌다. 열여섯 살이 막 된 공주가 땅에 떨어진 쪽지를 줍는데, 터질 듯 부푼 가슴 사이로 하얀 살갗이 보여 수을부는 살짝 시선을 돌렸다. 왕의 시퍼런 서슬에 와들와들 떨면서 두 손으로 쪽지를 펴고 들여다보던 공주가 비명을 질렀다.

"아이구. 아바마마, 이게 어찌된 것입니까? 소녀를 이렇듯 욕보이는 노래가 있습니까? 소녀는 무관합니다. 누군가가 모함하는 것입니다."

공주로부터 쪽지를 전해 받은 마야 부인도 내용을 읽더니 두 손을 후들후들 떨었다. 마야 부인은 갈문왕葛文王 복승福勝의 딸이었다. 신라에서는 왕위에 오르지 못한 임금의 아버지나 장인을 갈문왕으로 봉하여 대궐에 살게 하는 제도가 있었다. 김씨 계열 성골인 마야 부인은 이 쪽지를 다른 성씨 계열의 왕족들이 모함해서 만든 것으로 생각했다. 그래서 그녀도 딸을 거들며 말했다.

"마마, 선화 공주를 믿으소서. 누군가 공주를 모함하는 것이 틀림없으니, 찾아내어 엄벌에 처하소서."

"아니 땐 굴뚝에 연기가 납니까? 부인이 공주를 단속하지 못해서 시정잡배의 입에 오르게 된 것 같소. 당장에 공주를 대궐에서 나가 지방에 가 있게 하시오. 이 일이 화백회의에 알려지면 왕실 전체의 망신이 될 것이오."

"마마, 어찌 막내딸을 이렇게 내치시려 하십니까? 이 아이가 무슨 죄가 있다고. 상대등이 마마를 말려 주시오. 과년한 아이 시집도 가지 못하게 이게 웬 망신입니까? 우선 범인을 찾아야 할 것이 아닙니까?"

"왕비마마, 그동안 사방으로 수색했으나 범인을 찾지 못했습니다. 아마도 나라 밖으로 도망을 간 것 같습니다. 이는 필시 적국의 첩자가 우리 왕실을 이간질하려고 꾸민 것이 틀림이 없습니다. 공주마마가 대궐에 계시면 수습할 길이 더 감감해질 것으로 생각됩니다. 멀리 피신하고 계셔야 노래도 그칠 것이고 사람들도 이 일을 잊게 될 것입니다. 민심은 쉽게 변합니다. 세월을 약으로 삼을 수밖에 없을 것으로 생각합니다."

수을부가 딱하다는 기색으로 음성을 낮추며 말했다.

"부인, 상대등의 말이 옳소. 짐인들 공주 셋밖에 없는 터에 막내를 멀리 보내려니 마음이 쓰리지 않을 리 있겠소? 그러나 어쩌겠소. 흉측한 노래를 온 장안의 아이들이 부르고 있다 하니, 빨리 조치를 해야 할 것이오. 가서 부인이 공주에게 충분한 금은을 주어, 대궐에서 나가더라도 편히 살 수 있게 조치해 주시오."

왕의 분부가 간곡하여 왕비와 공주도 거역할 수 없었다. 누가 이런 괴상한 노래를 퍼뜨려 공주를 곤경에 빠뜨렸는지 모르지만 우선은 수습부터 해야 할 일이었다. 바로 내전으로 들어간 왕비는 부대에 황금 열 덩어리를 담고, 일상생활에 소용이 될 피륙과 함께 봇짐을 만들어 공주에게 주면서 말했다.

"선화야, 억울하겠지만 잠시 몸을 피하도록 하여라. 이 황금을 처분하면 평생을 넉넉하게 살 수 있을 것이다. 서울이 잠잠해지면 다시 찾을 것이니, 얼마 동안만 시골에 가 있도록 하여라."

다음 날 아침 일찍 선화 공주는 대궐을 나섰다. 대궐에서 한 마장 가량 왔는데, 남녀 아이들이 모여서 놀고 있었다. 여러 아이들 가운데 한 사내아이가 장대를 휘저으며 노래를 부르자 다른 아이들이 합창을 했다.

"선화 공주님은
남 몰래 정을 통해 두고
맛동 도련님을
밤에 몰래 안고 간다."

아이들은 노래를 부르면서 손뼉을 치며 큰 소리로 웃었다.

선화 공주는 아이들에게서 고개를 돌리고, 하인이 인도하는 대로 노새에 몸을 싣고 낙동강洛東江을 따라 북쪽으로 올라갔다.

며칠을 이렇게 북상해서 상주尙州의 나각산螺角山 아래에 이르렀다. 낙동강과 어우러지게 솟아 있는 이 산은 소라 모양으로 생겼는데, 정상 부근의 능선에 뿔처럼 봉우리 둘이 솟아 있었다. 저녁노을이 깔린 소나무 숲 속에서 일행이 쉬고 있는데, 키가 크고 어깨가 딱 벌어진 청년이 다가와서 말을 건넸다.

"거기 있는 규수는 신라의 선화 공주가 아니십니까?"

일행은 깜짝 놀랐다. 특히 선화 공주는 가슴이 섬뜩했다.

'이놈이구나, 나를 골탕 먹인 놈이. 무슨 엉큼한 생각을 품고 가는 길을 막는 것일까?'

그렇게 생각하면서도 공주는 어쩐지 이 사내가 밉지도 무섭지도 않았다. 이 사내가 맛동이라면 하는 기대감까지 생기는 것을 느끼면서, 공주는 두 볼이 발개졌다. 공주의 하인이 대들었다.

"무엄하구나. 누군데 우리 마마의 이름을 함부로 부르느냐?"

"이리 오실 줄 알고서 벌써 여러 날을 기다렸습니다. 선화 공주가 틀림없다면, 날 따라 오시오."

말을 끝낸 사나이는 앞장서서 오솔길을 성큼성큼 걸어갔다. 공주가 따라가자고 고갯짓을 했다. 얼마를 이렇게 가는데 숲 속에 오두막이 한 채 나타났다. 사나이가 사립문을 열고 오두막으로 들어가서 일행도 따라 들어갔다. 사나이가 먼저 방에 들어가 허리에 찬 주머니에서 부싯돌을 꺼내어 탁탁 쳐서 등잔에 불을 밝혔다. 그러고는 공주더러 들어오라고 손짓했다. 하인을 마당에 남겨두고 공주가 방 안으로 들어갔다. 피어 오르는 불빛에 사나이의 얼굴 윤곽이 드러났다. 넓은 이마에 눈썹이 짙고 검었다. 약간 매부리코로, 흰듯한 콧대가 높아 귀한 티가 났다. 꼭 다문 입은 고집이 있을 것처럼 보였다. 공주가 물었다.

"도대체 누구길래 나를 선화 공주로 대뜸 알아보는가? 바로 네놈이 괴상한 노래를 지어서 퍼뜨린 놈이지?"

말투는 사나웠으나 목소리는 부드러웠다. 공주는 감정이 격한 것을 표시하려 했으나, 어쩐지 목소리에 힘이 들어가지 않았다.

"죄송합니다. 공주님. 그렇게라도 하지 않고서는 구중九重 궁궐 속의 공주님을 만날 수가 없었습니다. 용서해 주십시오. 저는 백제의 왕자 부여장夫餘璋이라 합니다. 아바마마가 백제의 26대 대왕이신 위덕대왕威德大王이신데, 어머니가 서민 출신이라 백제의 왕실에서는 제대로 대접해 주지 않습니다. 어머니 말씀으로는 백제의 서울, 사비성의 남쪽 연못가에서 살다가 대왕의 은총을 입어서 저를 잉태하셨다고 했습니다. 대왕이 승하하시기 전에 이 같은 징표를 주셔서 제가 후일에 왕자로 인정받을 수 있게 하셨다고 합니다만, 아직은 힘이 모자라 나서지 못하고 있습니다."

왕자는 품속에 간직했던 단도를 보이며 말했다. 손잡이와 칼집에 금으로 상감을 한 대여섯 치쯤 되는 단도는 백제 왕실의 보도라는 왕자의 말에 수긍이 갈 정도로 공을 들여 만든 것으로 보였다. 왕자가 다시 말을 이었다.

"백제와 신라는 오랫동안 동맹을 맺고 상부상조하여 왔는데, 할아버지이신 성명대왕聖明大王께서 구천仇川에서 신라군에게 붙잡혀 전사하신 이래로 두 나라 사이가 철천지원수가 되고 말았습니다. 저는 어떻게든지 그때의 원한을 복수할 일념으로 와신상담해 왔습니다. 이번에 신라의 서울 월성月城에서 신라의 문무 제도를 살피며 신라를 칠 방안을 모색하는 과정에, 한가위 놀음에서 탈을 쓰고 화랑들 속에 섞여서 하룻밤을 춤과 노래로 보냈습니다. 그날 밤에 춤추시던 공주마마를 보고 이분이야말로 나의 천생배필이라는 생각을 갖게 되었습니다. 그날 밤의 공주님은 정말로 아름다웠습니다. 관세음보살觀世音菩薩께서 이 땅에 환생하신 것 같았고, 미륵보살彌勒菩薩처럼 중생을 구해 주실 후광이 비치는 것 같았습니다. 간절한 마음에 그런 노래를 지어서 유포시킨 것입니다. 공주마마를 아내로 삼으려는 욕심으로 그렇게 한 것이니, 너무 나무라지 마소서."

"그래도 너무하신 것이 아닙니까? 그런 망측한 노래로 대궐에서 쫓겨나게 했으니, 어떻게 보상해 주실 거요?"

공주는 이 사나이의 분명한 말투에 은근히 호감을 느끼면서도 일부러 짜증을 섞어 말했다. 공주의 비스듬히 앉은 허리선이 등잔불에 드러났다. 부여장에게는 그런 공주의 모습이 귀엽고도 요염하게 느껴졌다.

"백제의 왕자로서 신라의 공주에게 청혼한다면 신라 왕실에서 들어줄 리가 없지요. 더구나 할아버지의 복수를 천하에 맹서한 왕자의 배필로는 어림도 없는 일입니다. 그래서 선화 공주님께서 저를 찾아 밤마다 나오신다고 한 것입니다."

"어떻게 아이들에게 그 노래를 부르게 했나요?"

"그건 쉬운 일이지요. 저는 어릴 때부터 마를 캐어서 팔았습니다. 그래서 저의 어릴 때 이름이 맛동이었습니다. 한자로는 서동薯童이라고 쓰지요."

왕자가 나무판자에 붓으로 서동이라 적었다.

"이번에도 산에서 캔 마를 아이들에게 공짜로 나누어 주었지요. 그랬더니 아이들이 많이 모여옵디다. 그래서 그 아이들 가운데 제일 똑똑해 보이는 아이를 골라 이 노래를 가르쳐 주었지요. 그러고는 그 아이더러 마를 가지고 가서 아이들에게 나누어 주면서 노래를 함께 부르게 했지요. 한 달이 지나니까 사방에서 노랫소리가 들려 왔습니다. 노래가 퍼지면 관속들이 원인을 캘 것으로 생각되기에, 저는 이곳까지 피신해서 숨어 지내기로 했습니다. 이곳은 백제와 가까운 곳이고, 공주님이 대궐에서 나와 낙동강을 따라 북상하면 반드시 이곳으로 오실 것으로 생각되었기 때문이지요."

두 사람은 이날 밤을 얘기를 하며 뜬눈으로 새웠다. 그러는 동안에 선화 공주의 마음이 차츰 왕자에게로 기울어지면서 말씨도 하대에서 반 공대로 바뀌었다. 먼동이 트는 새벽녘이 되면서 두 사람은 서로 떨어질 수 없다는 생각을 하게 되었다. 마침내 두 사람은 잠자리를 함께하고 말았다.

며칠을 이곳에서 지낸 뒤 공주가 가지고 온 부대를 풀었다. 눈이 부시게 노랗게 빛나는 황금 덩어리 열 개가 있었다. 공주는 황금 덩어리를 왕자에게 내어 놓으면서 말했다.

"왕자님께서는 이제 소녀의 낭군이 되셨습니다. 여기 소녀의 어미가 주신 황금 덩어리가 있습니다. 이것을 팔면 왕자님의 군자금으로 충분할 것입니다. 부디 사람들을 모아 백제의 왕위에 오르도록 하십시오."

그런데 황금 덩어리를 물끄러미 바라다보던 왕자가 "껄껄껄" 하고 웃었다.

"무엇이 그렇게 우스운가요? 사람 무안하게."

공주가 새치름해지면서 입을 내밀었다.

"그럴 수밖에. 이런 황금 덩어리야 산더미처럼 많은 곳을 내가 알거든요. 그깟 열 개로 무얼 한답니까? 날 따라 오시오."

큰소리를 친 왕자가 공주를 안내하여 산속으로 들어갔다.

"내가 마를 캐다가 이런 금덩이가 엄청나게 나오는 맥을 찾았어요. 그 뒤 틈틈이 금을 캐어 모아 두었지요. 바로 이곳입니다."

왕자가 길가의 커다란 노송 밑을 가리켰다. 풀숲과 소나무 가지를 치우니, 움 속에 금덩이가 헤아릴 수 없이 많이 싸여 있었다.

"공주만 날 도와주시면, 백제의 왕위를 반드시 얻고 나아가 신라를 쳐서 할바마마의 원수를 갚을 수 있을 것이오. 다만 공주의 친정을 치는 것이 미안할 따름입니다."

"여인은 출가하면 외인이라 했어요. 하물며 소녀는 신라 왕실에서 쫓겨난 몸이니, 신라를 치는 일에 주저하실 것이 없어요. 다만 우리 아바마마와 어마마마만은 다치게 하지 마시오."

"걱정하지 마시오. 공주의 아버지는 내게 장인이고 어머니는 장모가 아니오. 신라를 쳐서 여러 성은 빼앗을 것이나, 진평왕 내외까지 죽이지는 않을 것입니다."

두 사람은 상주를 떠나 서남으로 길을 잡았다. 여러 날을 산과 내를 넘어 가다가 익산益山에 도착했다.

"자, 우리는 이곳에 자리 잡고 후일을 도모합시다."

왕자가 금마산金馬山 중턱의 언덕에 짐을 부리면서 공주를 보고 말했다.

익산은 큰 강을 옆에 끼고 수많은 작은 강줄기가 얼기설기 흘러내리는 넓은 들에 있었다. 기씨조선의 준왕이 이곳 금마산에 도읍을 정하고 마한을 다스린 이후로, 북쪽에서 여러 부족이 이곳으로 내려와 농사를 지으며 힘을 기른 곳이었다. 부여장의 아버지인 위덕왕도 이곳을 전략적인 요지로 생각하고, 아우인 계季를 보내어 주변의 마한 세력을 회유하여 왕권 회복에 힘을 보태도록 했다. 익산에서 서쪽으로 나가면 금강錦江 어귀의 포구에 이를 수 있어서, 그를 통하여 서쪽의 중국이나 동남의 야마토와 자주 왕래할 수 있었다. 왕자는 아버지의 큰 뜻을 잘 이해하고 있었기 때문에, 익산을 중심으로 세력을 키워서 백제의 왕위를 계승할 계획을 세운 것이었다.

왕자의 아버지 위덕왕은, 아버지인 성왕이 자기를 구원하러 오다가 구천에서 신라군에게 붙잡혀 참을 당한 뒤로, 모든 일이 자기의 책임이라고 말하면서 한동안 국정을 저버린 사람이었다. 그러나 여러 신하들의 권고에 못 이겨 왕위를 이은 뒤로, 고구려와 신라에 빼앗긴 옛 땅을 회복하려고 모든 수단을 동원했다. 위덕왕은 동남의 야마토에 특히 관심을 쏟았다. 위덕왕은 서기 555년 2월에 아우인 계季를 야마토에 보내어 원군을 청했다. 야마토의 실권자인 오오미 소가노이나메는 다음 해에 가서야 무기와 좋은 말을 보내고 쓰쿠시의 히노기미火君가 지휘하는 병력 일천으로 하여금 계를 백제로 호송하게 했다. 왕제 계가 돌아온 뒤, 위덕왕은 태자인 아좌阿佐를 다시 야마토로 보내어 계속된 지원을 요청했다. 아좌 태자는 야마토에 머물면서 탁월한 그림 솜씨로 야마토의 쇼토쿠聖德 태자와 두 아들의 초상화를 그려 주면서 환심을 샀다.

그뿐 아니라 위덕왕은 중국의 북제北齊, 진陳, 후주後周 등의 나라에 매년 사신을 보내어 조공을 했다. 왕의 28년에 후주의 양견이 황제를 폐하고 수隋를 세워 황위에 올라 수문제라 칭했다. 이 황제는 백제의 조공에 답하여 위덕왕을 상개부 의동삼사 대방군공帶方郡公으로 책봉했다. 위덕왕은 동남으로는 야마토와 그리고 서북으로는 수와 외교관계를 강화하면서 신라와 고구려에게 빼앗긴 옛 땅을 수복하기 위해 노심초사했다. 그러나 신라는 강적이었다. 왕의 24년 10월에는 신라의 이찬 세종에게 크게 패하여 물러서고 말았다. 여러 번 신라에게 당하고도 위덕왕은 단념하지 않았다. 그런 뜻을 잘 아는 서동 왕자는 비록 백제 왕실에서 살지 못하고 초야에 묻혀서 마나 캐고 살지만, 언젠가는 아버지의 뜻을 승계하리라고 굳게 마음먹고 있었다.

서동 왕자와 선화 공주가 익산에서 사람들을 모아 힘을 기르고 있을 때의 일이었다. 백제의 서울 사비성에서 대혼란이 있었다. 야마토에 갔던 아좌 태자가 다시 서울로 돌아온 것이었다. 그런데 이미 서울에서 세력을 펴고 있던 숙부인 부여계夫餘季가 아좌 태자의 귀국을 반가워하지 않았다. 위덕왕이 병이 나서 시름시름 앓다가 서기 598년 12월에 74세로 돌아갔다. 그러자 부여계가 거병을 해서 아좌 태자를 죽이고 왕위에 올랐다. 백제 27대 혜왕惠王이었다. 그러나 혜왕은 이미 나이가 일흔이 넘은 노인이었다. 혜왕의 등극을 도운 것은 그의 맏아들 선宣이었다. 아좌 태자를 밀어내고 아버지를 왕위에 오르게 한 선은 성왕 이후로 약화된 왕권을 강화하고 싶었다. 그는 불교를 흐트러지는 민심을 규합하는 수단으로 삼았다. 그래서 한 달 만에 왕흥사王興寺를 세우고, 30여 명의 승려에게 도첩을 내리는 행사를 거행했다. 마침 기근이 들어 절간에서 기우제를 올리기로 했다. 그러면서 모든 살생을 금했다. 심지어 민가에서 기르는 매나 새매도 놓아 주라고 했고, 고기 잡는 도구나 사냥하는 연장도 모두 태워버리도록 영을 내렸다. 그러나 이렇게 하면 할수록 민심은 떨어져 나갔다. 백성의 살림은 궁핍한데, 고기잡이나 사냥도 못하게 옥죄는 것이 피곤을 더해 갔다. 마침내 중신들이 들고 일어났다. 특히 좌평 해수解讐를 중심으로 한

아좌 태자 직계의 귀족과 장사長史 왕변나王辯那를 중심으로 한 신흥 귀족
들의 움직임이 활발해졌다. 봉기한 귀족들을 모아 해수가 말했다.

"지금의 왕은 실덕을 하신 분이오. 첫째로 정통이신 아좌 태자를 시해
하고 왕통을 빼앗아간 패륜을 하였소. 둘째로 불교를 광신한 나머지 도탄
에 빠진 민생을 외면했소. 마지막으로 아좌 태자 시해를 계기로 야마토와
의 관계가 험악해졌소. 이런 분은 폐위함이 마땅할 것이오."

그러자 귀족 가운데 한 사람이 말했다.

"그럼 다음 왕으로 누구를 모실 것인가?"

사람들이 웅성거리는데 좌평 왕효린王孝隣이 말했다.

"위덕대왕의 세 왕자 가운데 한 분이 더 있으니 그분을 모시도록 합
시다."

"왕실에는 왕자가 두 분밖에 없었는데, 어디에 또 한 분이 있습니까?"

"위덕대왕께서 사비성 연못가에 살던 여인을 취해 낳으신 왕자가 초야
에 묻혀서 마를 캐고 살았는데, 근자에 익산에서 세력을 키우고 계신다고
했소. 이분이 왕통을 이을 만한 인물이라고 소문이 자자합니다. 신라의 선
화 공주를 아내로 맞아 신라의 내막을 소상히 알고 있고, 성왕 마마의 치
욕을 설원하겠다고 천하에 선언해서 힘을 기르고 있으니, 우리 백제의 위
상을 크게 높이실 분이라 생각합니다. 이분을 모시도록 합시다."

해수가 말했다.

"신라의 선화 공주라니, 그럼 맛동 왕자 말씀이구려. 신라에 잠입해서
참언으로 노래를 흘려 선화 공주를 취했다는 그 귀신 같은 재주를 가진 왕
자님 말씀이군요."

"신라의 공주라면 철천지원수의 나라 사람이 아닌가? 어찌 그런 아내
를 취한 자를 군왕으로 모실 수가 있겠소. 나는 반대요."

한 사람의 귀족이 반론을 제기했다.

"선화 공주가 비록 신라 태생이나 출가하기 전에 왕실과 인연을 끊은
사이이고, 맛동 왕자가 취하면서 신라에 복수하게 되더라도 협조하기로 맹

서했다고 합니다. 그러니 문제가 되지 않아요. 도리어 신라의 내정을 잘 알 것이니 도움을 줄 것이 아니겠소."

귀족들 간에 이견이 많았으나 얼마 지나지 않아 의견이 서동 왕자를 왕으로 모시는 쪽으로 몰렸다.

"그럼 누가 모시러 갈 것이오?"

"그건 내가 가리다. 그보다 먼저 지금의 왕을 폐위시킬 일을 해수 장군이 추진해 주시오. 해수 장군에게는 수하에 군사 만 명이 있으니 쉽게 일을 도모할 수 있을 것이 아니오."

장사 왕변나가 말했다. 그는 익산의 서동 왕자와 일찍부터 왕래가 있었다.

다음 날 밤 사람들이 사비성의 대궐로 몰려갔다. 부여선이 혜왕을 이어 등극한 지 6개월밖에 안 된 시점이었다. 부여선은 견디지 못하고 난전 중에 돌아가고 말았다. 서기 600년 5월의 일이었다. 부여선에게 법왕法王이라 시호했다. 마침내 익산에서 서동 왕자가 서울로 올라왔다. 서동 왕자가 무왕武王으로 왕위에 등극하여 맨 먼저 한 일은 백제의 8대 귀족과 신흥 귀족들을 족벌을 따지지 않고 고루 기용해서 관부를 정비하는 일이었다. 그러고는 수나라와 야마토에 대한 외교 노력을 강화하면서 주로 신라의 여러 성을 공략하여 백제의 판도를 크게 넓혔다.

하루는 왕이 왕비가 된 선화 공주와 함께 첫새벽에 대궐을 나섰다. 이들이 용화산龍華山의 사자사師子寺에 가다가 용화산 아래의 큰 못에 이르렀다. 그러자 못 가운데서 밝은 빛이 태양처럼 솟아올랐다. 왕과 부인이 경건한 자세로 바라다보는데, 하늘에서 장엄한 목소리가 들려왔다.

"우리는 도솔천兜率天에서 내려온 미륵보살彌勒菩薩이다. 부처님께서 말씀하셔서 사바세계娑婆世界의 천인賤人들을 구제하기 위해서 이곳에 왔노라. 왕과 왕비는 우리에게 귀의하여 생로병사의 무상함을 없애고, 오직

선정과 지혜로서 생활하도록 하여라. 그리하면 56억 7천만 년 뒤에 용화수
龍華樹 아래에서 272억 명의 인간을 구제하게 되리라.”

그 소리와 함께 광배를 뒤에 지고 미륵보살 세 분이 나타났다. 왕과 왕
비가 수레에서 내려 땅에 엎드려 예불을 했다. 얼마 후 고개를 드니 미륵
삼존彌勒三尊이 없어졌다. 그러자 왕비가 왕에게 말했다.

“대왕마마, 이 못을 메워 평지를 만들고, 그 자리에 절을 지어 주소서.
미륵삼존에 귀의해서 이 세상의 모든 번뇌와 생로병사의 무상함에서 벗어
나도록 도움을 받을까 합니다.”

“그렇게 합시다. 왕비. 부처님의 자비로 모든 사람들이 구제되도록 만
듭시다.”

왕은 이곳에 백제 제일의 절을 지었다. 방대한 절터에 금당과 탑을 셋
씩 짓고 회랑을 둘러 구획하여 미륵삼존을 모시게 하고 절의 이름을 미륵
사彌勒寺로 지었다.

5. 원광 법사圓光法師와 세속오계世俗五戒

신라의 진평왕 7년은 몹시 가물었다. 왕이 정전을 나와 남당에서 몸소
죄수들을 살피고, 가벼운 죄를 지은 자들을 사면해 주었다. 왕은 백성의
어려운 살림을 살피다가 스스로 절약해야겠다고 하면서 수라에 오른 반찬
의 가짓수를 줄이게 했다. 왕이 신하들에게 일렀다.

“근자 가물이 심하니 모두 낭비와 사치를 삼가라. 그동안 여러 관부를
창설해서 국사를 나누어 맡도록 했는데, 관부마다 인원을 경쟁적으로 늘
리고 있다 하는구나. 정원을 규정해서 방만하게 경영되는 일이 없도록 하
여라.”

왕은 이제는 국토를 확장시키는 데에 주력하기보다는, 나라 살림을 효
율적으로 운영하는 일에 신경을 쓸 때가 되었다고 생각했다.

“작년에 연호를 건복建福이라고 지었으나, 한 해가 지나도록 별로 한

일이 없구나. 가물만 심하게 드니 참으로 안타까운 일이로다. 곳곳에 우물을 파서 갈라진 논밭에 물을 대어 주고, 백성들의 공물과 세금을 감면해 주도록 하여라. 사직과 부처님께 드리는 공이 모자라는 것 같으니, 나을신궁奈乙神宮과 사찰마다 기우제를 드리도록 하여라."

진평왕 때의 고승 가운데 가장 유명한 이로 원광 법사가 있었다. 원광법사는 4세 풍월주 이화랑二花郎의 아들이었다. 이화랑은 미륵신앙을 믿어 영흥사永興寺에 나가 살면서 불도에 전심했던 사람으로, 상대등 이사부異斯夫의 딸 숙명 궁주叔明宮主와 혼인해서 원광을 낳았다. 이화랑은 피부가 백옥 같이 희고 부드러웠으며, 눈은 항상 미소를 지어 얼굴이 꽃처럼 아름다웠다. 그는 음률과 문장을 잘해서 열두 살에 부제에 오르고 18세에 4세 풍월주가 되었다. 진흥왕이 숙명 궁주를 후궁으로 삼았다가 아비 다른 누이라 하여 거리를 두고 지내던 중, 이화랑과 숙명 궁주가 밀통하는 것을 알고 처벌하려고 했다. 그러나 진흥왕의 정비인 사도 부인이 왕을 말리고 도리어 숙명 궁주를 이화랑의 부인으로 내어주게 만들었다.

숙명 궁주가 이화랑을 사모하여 왕을 배반하게 되면서, 이화랑에게 해가 미칠까 염려하여 자살을 시도했다. 숙명 궁주가 영흥사 금당에 들어가 부처님께 기도하면서 약사발을 마시려고 하는데, 갑자기 불상의 뒤에서 눈부신 빛이 비췄다. 그와 함께 장엄한 목소리가 금당에 울렸다.

"나는 약사여래藥師如來다. 궁주의 배를 빌려 세상에 나올까 한다."

궁주가 깜짝 놀라 약사발을 마룻바닥에 놓고 일어서서 불상을 넋을 잃고 바라다보았다. 한참 만에 정신을 가다듬은 궁주는 합장하고 배례했다. 그러자 부처가 궁주의 몸을 덮치면서 몸 속으로 들어왔다. 궁주는 황홀해져 잠시 정신을 잃었다. 이화랑이 궁주를 걱정해서 영흥사로 찾아왔을 때 법당의 마룻바닥에 궁주가 벌렁 자빠져 있는 것이 아닌가?

"숙명 궁주, 왜 이러는 게요? 어디 아프시오?"

"풍월주님, 약사여래께서 제 몸을 빌리자며 절 눕히셨어요. 저의 배를 빌려 세상에 강림하시겠다고 해요."

"그런 기적이 어디 있겠소. 이는 필시 부처님의 원력이로다. 경하할 일이오. 이로 인해 잉태를 한다면, 약사여래께서 재림하시는 것이 되고 미륵보살의 영험일 것임이 틀림없소. 궁주, 경하하오."

이화랑은 기쁜 마음을 억제하지 못하고 부처님을 찬송하는 노래를 연신 불렀다. 궁주가 만삭이 되어 아들을 낳으니 원광圓光이라 이름을 지었다. 원광은 두뇌가 명석했고 어릴 때부터 좋은 글을 많이 읽었다. 그는 도학道學과 유학儒學도 섭렵하고 제자백가諸子百家의 책을 읽고 『사기史記』를 연찬해서 온 나라에 그 이름을 알렸다. 하루는 원광이 부모에게 아뢰었다.

"제가 아무래도 공부가 모자랍니다. 이곳에서 배울 만큼은 배웠으나, 책도 모자라고 스승도 없습니다. 하여 서쪽의 중국에 건너가서 공부를 더 하고 싶습니다. 허락해 주십시오."

원광은 약사여래의 화신이라는 심증을 갖고 있던 이화랑이 말했다.

"월광아, 너는 선仙, 유儒, 불佛의 세 가지를 아울러 연구하고 있으니, 중국에 가서 도인과 학자 그리고 고승을 찾아가서 가르침을 받도록 해야 이 세상을 구제할 대업을 이룰 수 있을 것이다. 가거라. 중국에 가서 공부하고 오너라. 내가 대왕마마께 말씀드려 가는 선편을 주선해 주마."

원광이 배를 타고 진陳나라의 수도 금릉金陵으로 건너갔다. 이때에 원광의 나이가 25세였다. 금릉에서 장엄안공莊嚴晏公의 문중에 들어가 경전과 시문에 대한 것을 그 문중의 제자들과 담론해 보았으나, 여기서도 원하는 해답을 얻지 못했다. 하는 수 없이 원광은 진의 황제를 알현하여 청원했다.

"폐하, 소신은 동쪽 나라 신라에서 이곳까지 진리를 탐구하러 왔습니다. 그런데 대학자의 문중에 들어가 담론을 해 보아도 소신이 구하는 회답은 얻지 못했습니다. 아무래도 불문에 들어가서 불도를 익혀야 할 것으로 생각됩니다. 소신의 청을 허락해 주소서."

진의 황제가 원광을 보고 말했다.

"그대의 국왕이 특별히 청하여 그대의 학문을 도우려고 했는데, 그래 유학과 도교에서는 답을 얻지 못했다고? 그러면 불도가 되어 불심을 연찬할 수밖에 달리 방도가 없겠군."

원광이 처음으로 중이 되었다. 머리를 삭발하고 승복을 입고 여러 사찰의 고승을 찾아 나섰다. 그러다가 성실열반成實涅槃을 얻어 마음을 가다듬을 수 있게 되었다. 경經, 율律, 논論의 삼장三藏에 기술된 석가모니의 가르침도 두루 익히다가, 오吳나라의 호산虎山에 들어가서 좌선坐禪을 하면서 마음을 다스리니 크게 깨우침을 얻었다. 원광의 도통함이 널리 알려지니, 사람들이 그의 가르침을 받으려고 구름처럼 모여들었다. 마침내 소승불교에서 석가모니의 가르침을 적은 경전인 사부四部 아함경阿含經마저 통달하니, 그 공이 크게 이루어지게 되었다. 원광은 밝고 착한 일을 쉽게 가릴 수 있게 되고, 마음을 대쪽처럼 둥글고 곧게 가질 수 있게 되었다. 그는 속세를 떠나 성지를 유람하면서 일생을 이곳에서 보낼 생각을 하고 있었다. 그런데 사람들이 그를 내버려두지 않았다. 나와서 가르치기를 여러 사람이 청하는 바람에 마지못해 성실론과 반야경을 강론했다. 원광이 알기 쉽고 아름다운 말로 경서의 뜻을 해석해 주니, 듣는 이마다 기뻐하고 고마워했다. 이역 땅이었지만 그의 탁월한 설교가 진나라 방방곡곡에 알려졌다.

그런데 수나라가 진나라의 양도揚都로 쳐들어왔다. 원광이 마침 절에 있다가 수의 군사들에게 체포되어 죽임을 당하게 되었다. 난전 속이라 수의 군사들은 고승을 알아볼 수 없었다. 절의 금당 옆 탑전에 원광을 결박해서 목을 치려는 찰나에 수의 대장이 나타났다.

"멈추어라. 그자는 예사로운 중이 아닌 것 같다. 이리 끌고 오너라."

수의 대장은 사찰에 불이 붙는 것을 보고 달려 왔는데, 불타는 광경은 전혀 없고 오로지 원광이 포박되어 꿇어 앉아 있는 것을 보고 깜짝 놀란 것이었다. 위기일발이었다. 부처님의 가호가 있었던지 가까스로 목숨을 건진 원광은 수의 군사를 따라 수의 서울인 장안長安으로 가게 되었다. 신라 진평왕 11년의 일이었다.

장안에서도 원광의 강론은 그 아름다운 말과 이해하기 쉬운 해석으로 시대를 풍미하게 되었다. 원광이 유학 12년 만에 본국으로 돌아갈 것을 황제에게 청했다. 황제가 아쉬워하면서도 서기 600년에 조빙사朝聘使인 나마奈麻 제문諸文과 대사大舍 횡천橫川이 귀국하는 편에 함께 가도록 허락했다. 신라에서는 노소를 막론하고 환영 일색이었다. 특히 진평왕은 직접 그를 만나 성인으로 모시면서, 가실사加悉寺에서 포교할 수 있도록 배려하고 온갖 편의를 제공했다. 원광은 가실사에서 사람들에게 강론을 하며 대중을 가르쳤다.

그런데 어느 날 두 사람의 젊은이가 찾아왔다. 젊은이들은 원광의 앞에 엎드려 예배를 하면서 말했다.

"대사께서 저희들에게 가르침을 주셔야 하겠습니다."

"뉘신데 이처럼 빈도貧道를 찾아오셨습니까?"

"저는 귀산貴山이라 합니다. 이 친구는 추항箒項이라 하고요. 저희들은 사량부沙梁部 사람입니다. 저의 부친이 아찬阿湌 무은武殷입니다."

"아찬이라면 6등의 관위에 계시는 어른이 아니십니까? 그런 분의 자제께서 어찌 빈도를 찾으시는 겁니까?"

"실은 저희들은 화랑도에 속하는 사람들로, 그동안 박혁거세 거서한이 가르치신 고조선 이래의 선도仙道를 익히고 이어서 공맹의 교와 노장의 도를 배워 왔으나, 모두 가르침이 어려워서 실천에 옮기기 힘듭니다. 지금 마음을 바르게 하고 몸을 바로잡지 않으면, 장차 위급한 일이 생겼을 때에 잘못을 저지르지 않을까 두려워하고 있습니다."

귀산이 공손하게 말했다. 그러자 추항이 거들었다.

"대사님, 저희들은 속된 사람이라, 어리석고 아는 것도 없습니다. 대사님께서 세상 사는 이치에 밝으시다고 들었습니다. 저희들 화랑도가 평생을 두고 지켜야 할 말씀을 가르쳐 주시면 백골난망이 될 것입니다."

"우리 신라에서는 풍월주와 국선國仙이 이끄는 낭도들이 천하를 유람하면서 노래와 춤으로 마음을 다스리고 학문과 무예를 수련하고 있다고 들었습니다. 두 분은 풍월주가 이끄는 화랑도이신 것으로 보이는데, 빈도의 말을 알아들을 수 있을지 모르겠습니다."

"대사의 명성은 중국과 한반도의 세 나라에까지 자자합니다. 어찌 저희들이 대사의 주옥같은 말씀을 소홀히 할 수 있겠습니까? 가르쳐만 주시면, 다른 낭도들과 함께 길이 받들어 모실 생각입니다."

"좋습니다. 빈도가 한번 생각해 보겠습니다. 오늘은 늦었으니 밝은 날 아침에 다시 찾아오십시오. 절간의 산나물로 밤참을 드시고 편히 쉬신 후 다시 만납시다."

다음 날 아침이었다. 청소와 공양을 마치고 아침 염불과 독경이 끝났다. 두 젊은이가 다시 원광을 찾았다.

"대사님, 저희들이 또 왔습니다. 오늘은 기어코 가르침을 받고 가겠습니다."

두 사람의 눈이 굳은 결심을 나타내며 반짝였다.

"부처님께서는 일찍이 보살계菩薩戒를 말씀하셨습니다. 보살계는 열 가지입니다. 대승보살이 지니는 가장 무서운 계율이지요. 이 십대중계보다 가벼운 것으로 48가지 가벼운 계율도 있는데 모두 보살이 지킬 계율이지요."

"48가지는 너무 많고, 십대중계를 한번 들려주시면 고맙겠습니다."

귀산이 공손하게 말했다.

"좀 길지만 들어 보시렵니까? 첫째 보살은 항상 자비심과 효순심으로 중생을 구호할 것이니 중생을 살해하지 말며, 다른 사람이 살인을 저지르지 않게 해야 한다는 것이지요. 둘째로 보살은 중생이 도와 복과 낙을 얻게 해야 한다 했어요. 남의 재물을 훔치거나 다른 사람이 도적이 되지 않게 해야 합니다. 셋째로 보살은 항상 효순심을 내어 중생을 제도하고 정법을 일러 주어야 한답니다. 결코 여인이나 축생에게 사악한 음행을 하지 말아야 하고, 다른 사람의 난행도 말려야 한다는 것입니다. 이런 식의 계율인데 더 들어 보시렵니까?"

"모두 성인이 지켜야 할 도리를 말씀하시는 것 같은데, 좀 더 요약해 주실 수는 없습니까? 너무 자세해서요."

추항이 답답한 마음을 표현했다.

"속인들에게는 장황하게 느껴질 것이지요. 줄일 일은 아니지만 빈도가 요약하면 이렇습니다. 넷째로 거짓말을 하지 말라. 다섯째로 술을 팔지 말라. 여섯째 사부대중의 허물을 말하지 말라. 일곱째 자기를 칭찬하고 남을 헐뜯지 말라. 여덟째로 남의 재물을 아껴 탐내지 말고 오히려 내어주어야 한다. 아홉째 자비심으로 중생을 평화롭게 만들어 성내지 말라. 마지막으로 부처님과 부처님의 말씀을 적은 경서와 부처님의 말씀을 펴는 스님의 삼보三寶를 비방하지 말라고 했는데, 자기만이 아니라 다른 사람도 그런 짓을 못하게 하라고 되어 있으니 얼마나 어려운 계율입니까? 이런 것을 화랑도에게 지키라고 하는 것은 안 될 말이지요."

"그럼 가벼운 계율이라는 48경계에는 어떤 것이 있습니까?"

귀산이 그래도 궁금하다는 듯이 물었다.

"48경계는 스승과 벗을 공경하라는 것에서부터 술이나 고기를 먹지 말라 했고, 대승법을 지키고 소승을 잠시라도 생각하지 말라는 계율에서 부처님의 법을 파하는 어떤 일도 하지 말라는 것까지 마흔여덟 가지의 사람이 해서는 안 되는 일을 정한 것이지요. 이것을 모두 일러 드려도 다 외우려면 며칠은 걸릴 것이지요. 그리고 며칠이 걸려 외워도 얼마 가지 않아 쉽게 잊을 것이니, 여러 낭도에게 전하기는 어려운 노릇이지요."

"그럼, 대사께서 저희들이 지킬 수 있는 쉬운 계율을 가르쳐 주셨으면 합니다."

두 사람이 이구동성으로 말했다.

"세상 사람들이 쉽게 지킬 수 있으려면 다섯 가지가 넘으면 안될 것입니다. 사람의 손가락이 다섯 개이니 이에 맞추어 만드는 것이 좋을 듯합니다. 그래서 세속오계世俗五戒를 만들어 보았습니다. 들어보시렵니까?"

"어서 말씀하세요. 대사님."

"첫째로 임금을 충성으로 섬길 것, 둘째로 어버이를 효성으로 섬길 것, 셋째 벗을 사귐에 있어서 신의에 의할 것, 넷째 싸움에 임하여 물러서지 말며, 다섯째는 자비로 살생을 가려 할지어다. 이러한 충忠, 효孝, 신信, 용勇, 자慈의 다섯 가지를 실천함에 소홀하지 않아야 한다는 것입니다. 나무아미타불 관세음보살."

원광 법사가 말을 끝내고 합장했다. 묵묵히 법사의 말을 듣던 귀산이 자리를 뜨려는 법사의 가사 자락을 얼른 붙잡았다.

"대사님, 잠시만 계십시오. 다른 말씀은 다 알아듣겠습니다마는 마지막 계율은 지키기가 어려울 것으로 생각됩니다. 살생을 가린다면 어떻게 하라는 말씀이십니까?"

"살생을 가리는 것은 대저 두 가지를 말합니다. 첫째는 때를 가리라는 것으로 한 달의 엿새, 즉 여드레, 십사 일, 보름, 이십삼 일, 이십구 일, 그믐날에는 살생을 하지 말고 봄과 여름에는 죽이지 말라는 것이지요. 그다음이 택물擇物이라 해서 소용되는 것만 죽이고 너무 많이 죽여서는 안 된다는 것으로 가축이나 세물細物, 즉 고기가 한 점도 되지 않는 것을 죽이지 말라는 것입니다."

"잘 알겠습니다. 우리 낭도들에게 일러 반드시 실천하도록 하겠습니다. 고맙습니다. 대사님."

두 사람이 이렇게 말하고 하산한 지 한 해가 지났다. 8월에 백제가 대군을 이끌고 아막성阿莫城을 포위했다. 진평왕이 파진찬波珍飡 건정乾晶을 장군으로 삼고 아찬阿飡 무은武殷과 함께 군사를 거느리고 이를 막게 했다. 귀산과 우항도 소감少監으로 종군했다. 백제군이 짐짓 패한 척하며 천산泉山의 연못가로 물러났다. 신라군이 뒤쫓아 왔는데, 이곳에 백제의 복병이 있는 것을 미처 몰랐다. 갑자기 함성을 지르며 복병이 일어나 화살을 비 오듯이 쏘며 신라군을 무찌르니, 신라의 군사들이 어쩔 줄을 모르고 후퇴하려 했다. 이때에 귀산의 부친인 무은이 후군이 되어 군사를 거느리고 후퇴하다가 적병과 백병전이 벌어져 말에서 떨어졌다. 귀산이 큰 소리로 외쳤다.

"내가 일찍이 원광 법사에게 임전무퇴臨戰無退라는 말씀을 들었는데, 어찌 전황이 불리하다고 도망칠 수 있으랴."

귀산이 혼신의 힘을 다하여 적병 수십 명을 쳐 죽이고 부친을 구출해서 말에 태워 보냈다. 그런 뒤에 귀산이 추항과 함께 좌충우돌하면서 진격하니, 신라의 군졸들이 용기백배하여 이를 뒤따랐다. 싸움터에 시체가 쫙 깔리고 한 마리의 말이나 한 채의 수레도 온전하지 못하게 되었다. 두 사람은 상처를 입고 돌아오다가 도중에서 죽었다. 진평왕이 군신들과 함께 아나阿那의 들까지 마중을 나왔다가, 시신을 보고 울면서 이를 수습하여 예를 갖추어 장사를 지내 주었다. 이어서 귀산에게 나마 벼슬을, 추항에게 대사 벼슬을 추증해서 그 공을 기렸다. 원광 법사가 이들의 원혼을 위령하기 위해 대법회를 열었다.

다음 해에는 고구려가 북한산성北漢山城으로 침입해 왔다. 진평왕은 백제와 고구려의 침입을 방어해 나가면서 수나라에게 고구려를 정벌하자는 걸사표乞師表를 보냈다. 원광 법사가 글을 지으면서 말했다.

"불문에 몸을 둔 빈도가 남을 살생하라는 글을 짓는 것은 계율에 어굿나는 일이나, 이 몸을 담고 있는 나라가 이를 바라니 어찌 마다할 것인가?"

수의 황제에게 보내는 글이 모두 그의 가슴속에서 나왔다. 그는 천성이 겸허하고 다정 박애해서 항상 웃음을 잃지 않았다. 한 번도 노기를 띤적이 없으니, 모든 사람이 그를 진심으로 우러러보았다. 얼마 후인 진평왕 34년 2월에 수양제隋煬帝가 대군을 일으켜 고구려 정벌을 시작했다. 진평왕이 즉위한 지 35년이 되는 해 가을 수에서 사신으로 왕세의王世儀가 왔을 때에 황룡사皇龍寺에서 백좌도장百座道場을 열어 전국의 고승을 청해서 법회를 열었다. 원광 법사가 가장 높은 자리에 앉았다. 나이가 많아서 수레를 타고 대궐에 들어갔는데, 옷과 약식을 왕이 친히 마련하여 좌우를 물리고 직접 수발했다고 전한다. 원광 법사가 입적한 것은 84세 때의 일이다. 서기 648년으로 신라의 진덕왕 2년이 되는 셈이다. 시름시름 이레를 앓다가 죽으니 유해를 삼기산三岐山의 금곡사金谷寺에 모셨다.

제17장

고구려와 수의 전쟁

1. 수문제隋文帝 양견楊堅

초여름의 햇볕이 살갗에 따갑게 느껴지기 시작했다. 사람들은 올해도 더위가 심한 것이 아닌가 하고 걱정을 했다. 중국 대륙의 황하黃河 중류, 섬서陝西의 풍익馮翊에 있는 반야사般若寺의 뜰에 보라색 안개가 자욱이 깔렸다. 북주北周의 대장군 양충楊忠의 부인 여씨呂氏에게 산기가 있었다. 마침 황하의 동쪽에서 지선智仙이라는 여승이 찾아왔다. 그녀는 이 절에서 고귀한 아이가 태어날 것이라고 말하면서 해산을 돕겠다고 자청했다. 얼마 후 여씨가 옥동자를 해산했다. 지선이 아기를 여씨의 품에 안겼다.

"아니, 이 아이가 어찌 된 건가?"

여씨가 비명을 지르며 아기를 바닥에 내쳤다.

"왜요? 무슨 일인데요?"

까르르 자지러지게 우는 아기를 안아 올리면서 지선이 물었다.

"아니, 저게 안 보이는가? 이마에 뿔이 났지 않은가?"

여씨가 손가락질하는 곳을 보니, 아기의 이마가 툭 튀어나온 것이 마치 뿔이 난 것 같았다. 지선은 아기를 싼 강보를 벗겼다. 그랬더니 아기의 피부가 비늘이 솟은 것처럼 꺼칠했다.

"마님, 이건 대단한 길조입니다. 바로 용의 형상입니다. 제왕이 되실 상을 타고나신 것입니다. 참으로 경하드릴 일입니다."

지선이 얼른 아기를 강보로 다시 싸서 침상에 놓고, 엎드려 절을 네 번 올렸다. 여씨가 정신을 가다듬고 아기의 손바닥을 펼쳐 보았다. 아기의 부드러운 손바닥에 임금 왕 자가 그려져 있었다. 여씨는 얼른 아기의 손을 강보 속으로 감추며 말했다.

"누구에게도 이 사실을 알리지 마시오. 절대로 비밀을 지켜야 합니다. 안 그러면 아기에게 해가 미칠지 모르오."

아기의 이름을 나라연那羅延이라 지었다가 뒤에 견堅으로 고쳤다. 나라연은 부처님을 지키는 금강역사金剛力士의 하나였다.

견의 아버지는 북주의 대장군으로 양梁을 멸망시키는 일에 큰 공을 세워 수국공隋國公에 책봉된 사람이었다. 원래 이 집안은 동이東夷족에 속하는 선비鮮卑의 명문 푸류루普六茹 족에 속했다. 푸류루는 선비 말로 버드나무를 뜻했다. 양충楊忠은 양楊씨를 성으로 택한 뒤로 스스로를 후한後漢의 명사 양진楊震의 후손이라 주장했다.

양진은 사지일화四知逸話로 유명한 사람이다. 어느 날 양진이 가르치던 제자가 찾아와서 뇌물을 바쳤다. 그러면서 그 제자가 말했다.

"지금 이렇게 제가 선생님께 드리는 것은 아무도 모릅니다. 그러니 받으셔도 탈이 없을 것입니다."

그 말을 들은 양진이 옷깃을 여미며 정색을 하고 말했다.

"무슨 소리냐? 하늘이 알고 땅이 알며 내가 알고 네가 아는데 어찌 아무도 모른다고 하느냐?"

그는 그러면서 뇌물을 거절했다. 그만큼 청렴한 사람이었다. 이 얘기가 세상에 알려지자 사람들은 사지四知라 하면서 그를 칭송했다.

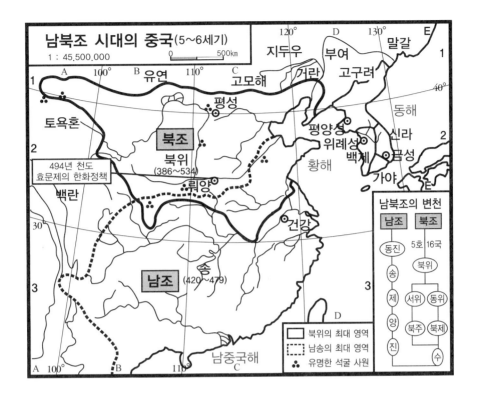

남북조 시대의 중국(5~6세기)

1 : 45,500,000

0　　　500km

120°　D　130°　E

1

A　100°　B　유연　110°　C

지두우　부여

말갈

거란　고구려

고모해

평성

40°

북조

동해

토욕혼

북위
(386~534)

평양성
위례성
백제

신라

금성

2

494년 천도
효문제의 한화정책

황해

가야

백란

뤄양

건강

남조의 변천

남조　북조

동진

5호 16국

30°

송

북위

3

남조 (420~479)

제

서위　동위

양

북주　북제

D

진

수

북위의 최대 영역

남송의 최대 영역

유명한 석굴 사원

남중국해

A　100°　B　110°　C

북위北魏 초기에 양씨의 일족은 무천진武川鎭으로 이주했다. 무천진은 북위의 수도 평성平城의 북쪽에서 유연의 침공을 막기 위해 설치된 군사기지 여섯 가운데 하나였다. 북위에서는 국경에 흉노匈奴와 선비의 부족들을 이주시켜 진민鎭民이라 부르고, 그 위에 장수를 두어 다스리면서 국방을 맡게 했다. 북위의 통치력이 강화되면서 다른 지역은 차차 폐지되었는데, 북쪽의 여섯 진만이 남겨져서 그곳에 사는 사람들은 특별대우를 받았다. 그러나 북위의 말기에는 6진도 퇴락하게 되어 유형지流刑地로 변했다. 이에 불만을 품은 6진 사람들이 난을 일으켜서 북위는 더욱 쇠약해져 갔다.

양견의 아버지는 북위가 동서로 분열했을 때에 서북위의 우문태宇文

泰를 도우면서 대장군 수국공隨國公의 지위를 얻었다. 그는 다시 우문태의 아들이 세운 북주의 건국에도 크게 역할을 하다가 568년에 죽었다. 그 뒤 아들인 양견이 아비의 지위를 계승했다. 그런데 북주의 3대 황제 무제武帝가 숙적이던 북제北齊를 멸망시킨 뒤에 남쪽의 진陳을 치기 전 단계로 북쪽의 돌궐突厥에 원정하다가 576년에 사망했다. 그 뒤를 이은 선제宣帝는 괴팍한 사람이었다. 양견은 선제를 도와 실권을 잡으면서 딸 여화麗華를 선제의 다섯 명의 황후 중 하나로 만들었다. 국구가 된 양견은 크게 권력을 휘두르게 되었다. 580년에 선제가 죽고 정제靜帝가 즉위하니, 양견이 섭정이 되어 북주의 실권을 완전히 장악하게 되었다. 양견의 전횡에 다른 장수들이 반발했다.

여러 장수들 가운데에서도 샹주총관相州総管 위지형尉遲迴은 인망이 있었다. 위지형이 군사들과 백성을 모아 성의 북쪽 망대에 올라 말했다.

"양견은 태후의 아비라는 지위를 남용해서 어린 황제를 옹립했다. 이 자가 장차 찬탈을 할 것이라는 것은 누구나 알고 있는 일이다. 나는 국조 우문태의 조카로 문무를 겸하고 있다. 선제께서 나를 골라 샹주相州에 두신 것은 국가 존망의 위기에 대비하신 조치였다. 이제 여러분과 함께 의용군을 모아 나라를 바로잡고 백성을 보호하고자 한다. 여러분은 이를 어떻게 생각하는가? 나를 따라 나설 것인가?"

이에 대중이 따라 나섰다.

위지형과 두 아들은 13만에 이르는 군사를 총동원해서 성의 남쪽에 포진했다. 이들은 본대와는 별도로 녹색 두건에 금빛 비단으로 지은 상의를 착용한 정병 일만 명을 거느리고 있었다. 반군은 이들을 황룡병黃龍兵이라고 불렀다. 이들이 전세를 추스리고 있는데, 위지형의 아우가 5만의 군사를 청주青州로부터 몰고 왔다. 위지형은 노구를 무릅쓰고 진두에서 싸웠다. 휘하의 군사들은 모두 관중의 사람으로, 가족을 돌보지 않고 위지형을 위해 분전했다. 관군은 약간 불리해졌다. 그런데 이 지역의 백성들 수만 명이 이 전쟁을 관전하고 있었다. 이를 본 행군총관 우문흔宇文忻이 격분해서 고함을 질렀다.

"저기 관전하는 놈들부터 쳐부수자. 그리하여 반군이 패배해서 도망치는 것으로 몰아붙이면 대혼란이 일어날 것이다."

우 총관의 지시로 관군이 일제히 관중들에게 활을 쏘았다. 전쟁을 구경하던 관객들이 비명을 지르면서 도망쳤다.

"반군이 도망친다. 때려 부숴라."

관군이 혼란에 빠진 반군 쪽으로 돌격했다. 마침내 반군은 크게 패하여 업성業城으로 도망쳐 들어갔다. 관군의 장수들이 서로 앞을 다투며 성벽을 넘었다. 마침내 위지형은 견디지 못하여 자살하면서 사돈인 최홍승崔弘升에게 수급을 받쳤다. 그가 거병한 지 68일 만의 일이었다. 관군은 저항하는 반군을 모두 생매장해서 죽였다.

위지형 외에도 북주의 다섯 왕들이 양견의 암살을 기도했다가 탄로가 나서 주모자와 그의 세 아들이 주살 당했다. 자신의 집권에 대한 중신들의 반란을 무력으로 진압한 양견은 581년에 선양을 받아 황제가 되면서 수 제국隋帝國을 열었다. 수문제隋文帝였다. 수문제는 대흥大興(뒷날의 長安)을 수도로 삼았다. 그런 뒤에 중국 삼 대 강의 하나인 북쪽의 회하淮河와 남쪽의 장강長江 사이에 운하를 파서 남북 간의 운송에 편의를 도모했다. 국력이 갖추어지자, 588년 10월에 둘째 아들인 양광楊廣을 원수로 삼아 90명의 대장과 함께 51만 8천 명의 대군을 이끌고 진陳을 치게 했다. 양광의 산하에서 행군총관으로 3만의 군사를 이끌고 장강을 건너 진의 수도인 건강建康에 들어가서 진의 마지막 황제를 붙잡은 것이 우문술宇文述이었다. 이때의 인연으로 우문술은 양광과 가깝게 되었고, 그의 아들이 남양 공주南陽公主에게 장가들게 되었다.

중국 일원을 통일한 수문제는 먼저 내치에 힘써서 중앙의 관제를 크게 개편했다. 최고 기관으로 상서성尚書省, 문하성門下省, 내사성內史省의 세 성을 설치하고, 상서성 밑에 인사를 담당하는 이부吏部를 필두로 탁지부度 支部, 예부禮部, 도관부都官部, 공부工部 등의 5부를 두었다. 다시 그 아래 에 실무기관인 9시寺와 감찰기관인 어사대御史台를 두었다. 지방 조직도 그전까지 주와 현 사이에 있던 군郡을 없애고 주州와 현縣의 2단계로 축소 했다. 그러고는 인재 등용을 위하여 공거貢擧를 실시했다. 공거는 뒷날의 과거科擧로 이를 통해 황제가 직접 관리를 임명할 수 있게 되었다. 과거는 학식을 기준으로 해서 관리를 뽑는 제도인데, 시험에 합격하기 위해서는 어릴 때부터 공부를 하지 않으면 안 되었다. 당시에는 서책이 고가였기 때 문에 과거 합격자의 태반이 서책을 살 수 있는 부자들이었다. 귀족 출신이 아니더라도 시험에만 합격하면 얼마든지 출세할 수 있게 되니, 모두들 머 리를 싸매고 과거 준비를 했다. 수隋시대의 과거로는 수재秀才, 명경明經, 명법明法, 명산明算, 명서明書, 진사進士의 6과의 향시鄕試와 향시에 합격 한 사람들이 치르는 회시會試의 2단계가 있었다. 이 가운데 진사과가 가장 어려웠다. 후세의 역사가들은 이러한 수문제의 치적을 그가 쓴 연호에 따 라 "개황開皇의 치治"라 했다.

한편 수문제는 17살 때에 결혼을 했다. 북주의 대사마大司馬로 있던 독 고신独孤信의 일곱째 딸로 가라伽羅라고 하는 14살의 규수였다. 가라는 성 격이 강한 여인이었다. 그녀는 결혼을 앞두고 수문제에게 다른 여자와는 아이를 생산하지 않을 것을 서약하게 했다. 그만큼 질투심이 강했다. 그 녀는 책을 많이 읽어 고금의 사례에 밝아서, 수문제의 통치를 일일이 챙 길 정도로 간섭을 즐겼다. 당시의 사람들이 수문제와 그의 황후를 두 성인 聖人이라고 부를 정도로 만사에 나서서 의견을 개진했다. 수문제가 북주의 섭정으로 있을 때의 일이었다. 가라는 사람을 보내어 수문제에게 다음과 같은 말을 건넸다.

"사나운 짐승 위에 올라탔을 때에는 함부로 내려올 수가 없습니다. 실

수가 없도록 짐승을 잘 부려, 길을 들이도록 하십시오."

그녀에게 정치는 사나운 짐승 같은 것이었다. 수문제는 이런 부인의 말을 듣고 한층 더 노력했다.

수문제가 황제가 되어 가라를 황후로 삼았는데, 하루는 유주幽州 총관總管이 돌궐에서 8백만의 가치가 있는 명주를 얻었다고 하면서 황후에게 바치겠다고 했다. 황후가 이 말을 듣고 8백만의 가치가 있는 구슬이라면 공로가 있는 장졸들에게 나누어 두루 보상해야 한다고 했다. 여러 관리들이 이 말을 듣고 크게 기뻐하며 그녀를 칭송했다. 그녀는 공사가 분명했다. 그녀의 사촌이 법을 어겨서 참형을 당하게 된 적이 있었다. 황제인 수문제가 황후의 근친이라 하여 참형을 면하려고 했다. 그러나 황후는 추상같이 말했다.

"나라의 법은 준엄한 것입니다. 비록 소첩의 오빠라 해도 법을 어기면 엄하게 다스려야 나라의 기강이 섭니다. 그대로 처형하소서."

황후의 근친에게도 사정을 두지 않으니, 그녀가 살아 있는 동안에는 질서가 잡혀나갔다.

2. 돌궐突厥의 등장

"큰일 났습니다. 북쪽의 돌궐이 만리장성을 넘어 침범해 왔습니다."

상서좌복야尚書左僕射 겸 납언納言으로 있는 고경高熲이 급히 들어와 아뢰었다. 수문제가 제위에 올라 큰아들 양용楊勇을 태자로 임명하고 북주의 마지막 황제와 그의 일족을 모두 죽여 후환을 없애고 한시름을 놓고 있던 서기 582년 5월의 일이었다.

"돌궐이라니. 유연柔然에 속한 유목민들 말인가? 그들이 왜 우리 중원에 쳐들어온단 말인가? 군사의 수가 얼마나 된다던가?"

태자 양용이 물었다.

"40만이라고 합니다."

"40만이나 쳐들어왔단 말인가? 장성을 넘었느냐?"

"그렇다고 합니다. 폐하."

"돌궐은 알타이 지방에 살던 아스나阿史那 씨의 일족이 아닌가? 40여 년 전에 토문土門이 부족을 통합했다지?"

황제가 말했다.

"돌궐은 꼭대기가 뾰족하다는 뜻으로 그들의 발상지인 알타이의 금산金山의 모습을 따라 쓰게 된 부족의 이름이랍니다. 토문의 아들인 무간 Mukhan木杆 때에 동쪽으로는 걸안契丹을 정벌하고, 서쪽으로는 키르기스 Kirgiz를 병합했답니다. 얼마 뒤에 사산 조朝의 페르시아Sassanid Persia와 결탁해서 에프탈리테Ephthalite를 멸망시켰습니다."

고경이 말을 이었다.

"에프탈리테라니, 동서양의 무역을 중계하던 장사치들 말인가? 이들을 멸망시켰다면 돌궐이 동서양의 무역중계권을 차지하게 되었다는 뜻이 되는데? 대단한 일을 해내었군. 우리나라의 견직물을 서역으로 판다면 그 이문이 엄청날 게야."

태자가 말했다.

"돌궐의 본거지는 몽골의 외튀겐Ötüken 산입니다. 이곳을 중심으로 동쪽으로는 조카인 무간이 홍안령興安嶺 산맥을 넘어 만주까지 진출했고, 서쪽으로는 숙부 아스테미가 이해裏海 넘어의 방대한 지역을 장악했습니다. 돌궐을 대단한 제국으로 키운 무간 가한이 10년 전에 죽은 뒤, 동생인 타파르陀鉢가 4대 가한이 되면서 돌궐의 위세가 대단해졌습니다. 그는 이런 말을 하면서 그들의 위세를 자랑했습니다."

고경이 말을 이었다.

"무어라고 했는가?"

"'우리는 북주가 남제와 싸울 때에 북주를 도왔다. 북주가 우리와 화친을 맺으려고 해마다 비단 십만 필을 보내어 왔다. 북주의 수도에 있는 수천 명의 우리 돌궐인을 후하게 대접하여, 우리 아이들이 비단 옷을 입고 고기를 먹으며 호화롭게 지낼 수 있게 했지. 남제에서도 해마다 많은 공물을 바쳐오니, 우리에게는 순종하는 두 아이가 남쪽에 있는 셈이다. 그러니 재물이 모자란다고 걱정할 필요가 없다. 모두 두 아이들이 마련해 줄 것이 아닌가?' 그렇게 말하며 뽐내었다고 합니다."

"거참, 건방진 놈이로군. 그래."

몽고 초원에 거주했던 유목민은 옛부터 중국의 북쪽에 있으면서 중국을 항상 위협해왔다. 기원전 221년에 중국이 진秦에 의해 통일되었을 무렵에 흉노족이 유목국가를 건설했다. 흉노를 중국의 역대 왕조가 장성을 쌓아 막으면서 여러 번 정복하려 했으나 뜻을 이루지 못하고, 도리어 3세기에 들어 다섯 계통의 유목민이 중국으로 침범하여 5호 16국 시대가 되었다. 이 가운데 동이족 계열의 선비족이 세운 북위가 황하 이북을 통일하고 강남에는 한족이 세운 여러 왕조가 잇따라 세워져서 남북조 시대를 이루게 되었다. 그 뒤로도 만리장성 이북에서는 몽고 계통의 유목국가인 유연이 북조를 위협해왔다. 그런데 6세기 중반이 되어 유연의 신하 부족의 하나였던 투르크 계통의 돌궐이 일어나 552년에 유연을 격파하고 초원의 패자가 되었다. 돌궐의 정식 명칭은 '쾩 튀르크'(신성한 투르크)인데, 그들의 근거지인 알타이 산의 모양이 투구(돌궐突厥Turk)와 비슷하다 하여 돌궐이라 했다. 돌궐의 시조는 여성으로 고창高昌 서북의 분지에 살았으며 그녀는 10명의 아이가 있었는데, 그 가운데 하나가 아사나阿史那를 성씨로 삼아 군장이 되었다. 아사나 씨는 철을 다루는 기술이 있었다. 이들은 목축업 외에도 병기와 공구 등 철제품을 만들어 유연에 공납하여 단노鍛奴라고 멸시되었으나, 그들이 제련한 철기는 서역西域 36국에서 사용되었다.

돌궐 제국의 창건자는 부민Bumin土門이었다. 부민은 552년 초에 서위西魏의 도움을 받아 유연을 멸망시키고 이리伊利 가한可汗이 되었다. 이리 가한은 나라를 만든 왕중의 대왕이라는 뜻이었다. 그가 죽은 뒤 돌궐은 동서로 나누어져서 서부지역은 그의 큰동생 이스테미Istemi가 야브구Yabgu 葉護가 되어 통치하고, 동부 지역은 아들이 승계했다가 아우인 무간이 가한이 되었다. 야브구는 가한의 바로 아래 칭호였다. 서 돌궐의 이스테미가 서쪽으로 진출해서 동 로마Roma와 사산왕조의 페르시아와 교류했다. 그는 사산 왕조와 함께 실크 로드의 중계 무역을 장악하던 에프탈리테 부족을 멸망시키고 상권을 확보했다. 당시 중국 북조北朝를 형성했던 동위東魏, 서위西魏, 북제北齊, 북주北周 등의 여러 나라의 왕권 유지에 돌궐과 연합는 것이 큰 힘이 되었다. 그래서 왕조마다 돌궐의 공주를 맞으려고 혈안이었다. 결국 북주의 태조가 무간 가한의 딸을 황후로 맞이하게 되었다. 무간 가한을 이어 그의 동생인 타파르Tapar陀鉢가 가한이 되었다. 576년에 이리 가한의 동생으로 돌궐 서부를 다스리던 이스테미 야브구가 사망했다. 그의 뒤를 이은 아들 타르두Tardu達頭가 동부 돌궐 산하를 떠나 완전 독립을 추구하면서 타파르 가한의 통제를 거부했다. 581년은 중국과 돌궐에 큰 전환점이 된다. 이해에 동 돌궐에서는 타파르 가한이 사망하고 계승분쟁이 일어났으며, 북주에서는 외척 양견이 제위를 찬탈하여 수를 건국하였다. 가한 자리를 놓고 타파르 가한의 아들 안로Anro菴羅와 조카인 탈로핀Talopien大邏便이 경쟁했다. 탈로핀은 처음에 타파르 가한에 의해 가한으로 추천되었으나 돌궐의 귀족 회의는 그의 모친이 돌궐계가 아니라는 이유로 가한 자격을 인정하지 않았다. 그래서 안로가 즉위했으나 이번에는 탈로핀 측이 강력히 반발, 결국 타협하여 이리 가한의 손자인 이쉬바라Ishbara始波羅에게 가한의 자리를 물려 주게 되었다.

"지금의 동 돌궐을 통치하고 있는 이쉬바라Ishbara始波羅 가한은 돌궐의 혼인 관습에 따라 숙모인 무간의 아내를 비로 삼았습니다. 그런데 이 여자는 북주의 천금千金 공주인지라, 그녀의 친정이 우리에게 망한 것을 복수하겠다고 이쉬바라를 충동해서 이번 사태가 벌어진 것입니다. 지금 돌궐은 다섯 부로 나뉘어져서 서로 주도권을 다투고 있는데, 그 가운데에서 이쉬바라의 동부 돌궐이 가장 강력합니다. 이쉬바라는 서부의 달두와도 싸우고 있으니, 우리가 동북의 기민啓民 가한에게 우리의 공주 한 분을 출가시켜서 동맹을 맺고 서부의 달두를 회유해서 동부의 이쉬바라를 치는 것이 좋을 것입니다." 태자 양용이 말했다.

"태자의 말이 옳습니다. 이들은 워낙 사나운 종족이라 아무래도 혼인정책으로 회유해야 할 것 같습니다. 선례에 따라 우리 종실의 공주를 출가시켜서 인척으로 만들어야 하겠습니다."

진왕 광이 태자의 의견에 찬성했다.

"아니, 그런 오랑캐 하나 제대로 다스리지 못하여 정략결혼으로 구슬려야 한단 말이오? 큰일 났군."

황제가 탄성을 올렸다.

"우선은 급한 것을 모면하셔야 합니다. 황상께서 굽어 살피소서."

고경이 말했다.

"그럼 누굴 보낸다?"

"폐하, 우리 황실의 안의安義가 좋겠습니다. 그 아이면 돌궐에 가서도 능히 견뎌낼 수 있을 것입니다."

진왕 광이 말했다. 진왕은 사촌 누이인 안의와 사이가 좋지 않았다. 이번 기회에 이 누이를 돌궐로 보내어 본때를 보이겠다는 속셈이었다.

"그게 좋겠습니다. 이십 년 전에도 돌궐 가한의 딸을 북주의 태조太祖가 황후로 맞은 적이 있듯이, 이미 오래전부터 돌궐과의 유대를 강화하기 위해 우리 북조北朝에서는 정략결혼을 이용했습니다. 우리가 이기려면 정략결혼을 통하여 그들의 상류층에 침투해서 그들을 이간하고 분열을 조장시켜야 합니다. 돌궐에는 28개의 관등이 있는데 가한의 바로 아래가 야브구이고, 그 아래에 찰察이 있습니다. 이런 요직들은 왕족이 차지하고 있는데, 각기 군사를 거느리고 자기의 부족민을 지배하고 있습니다. 그러니 이런 왕족들을 이간해서 저희끼리 싸우게 만들면, 아무리 강한 돌궐이라도 무너뜨릴 수 있다고 생각합니다."

태자가 말했다.

"동쪽으로 나간 돌궐이 유연을 멸망시켰다면 고구려와도 격돌을 할 것인데, 어떤 상황인지 아는가?"

황제가 다시 물었다.

"사실 만주와 한반도에 걸쳐서 고구려가 있는데, 그곳 사람들은 강인한 정신력으로 뭉쳐 있는 데다가 매일 같이 무예로 단련을 하기 때문에 용맹이 대단하다고 합니다. 그들의 강철 제련 기술은 우리보다 나으면 나았지 못하지 않습니다. 게다가 말을 잘 타고 활을 잘 쏘는 사람들입니다. 고구려가 원래 거란과 말갈을 복속시키고 있는 터에 유연의 유민까지 거두어들이게 되었으니, 자연히 돌궐과 충돌하게 되었습니다. 삼십 년쯤 전에 첫 충돌이 있었습니다. 돌궐이 요동의 신성新城을 포위했다가 승리하지 못하고 군사를 돌려 백암성白巖城을 공격했습니다. 당시의 고구려왕 평성平成이 장군 고흘高紇에게 군사 1만을 주어 이들을 물리치게 했는데, 1천여 명의 머리를 베었다고 합니다."

고경은 고구려의 사정에 밝았다.

"아니, 돌궐을 무찌르는 나라가 있단 말인가? 고구려가 어떤 나라인지 미리 단단히 방비해야 하겠군. 그들에 대하여 상세히 조사해서 따로 보고하도록 하거라."

황제가 약간 놀란 기색을 나타내며 언성을 높였다.

"폐하, 돌궐의 일은 안의 공주를 출가시키는 한편 군사를 보내어 막으면 됩니다. 돌궐의 일도 중요하지만 폐하께서 보위에 오르셨으니, 새로운 도읍을 정하시는 일이 무엇보다도 시급합니다. 이는 민심을 수습하고 국정을 쇄신하는 데 긴요한 일입니다."

태자가 말했다.

"어디다 도읍을 정하는 것이 좋을까?"

"대흥大興이 좋겠습니다. 대흥은 전한前漢의 수도였던 장안長安(뒷날의 서안西安)입니다. 이곳에 다시 궁궐을 조성하시면 새 나라의 수도로 손색이 없을 것입니다."

"좋은 말을 했소. 좌복야左僕射 고경이 건설도감이 되어 도성을 수축하도록 하자. 그리고 상주국上柱國 리광李光이 군사를 동원해서 돌궐을 물리치도록 하거라."

한편 이보다 먼저 581년 10월에 백제의 위덕왕威德王이 수의 개국을 축하하는 사신을 보내어 왔기에, 그를 상개부上開府 의동삼사儀同三司 대방군공帶方郡公으로 책봉했다. 그랬더니 12월에 고구려의 평원왕平原王도 조공을 해왔다. 그래서 황제는 고구려왕을 대장군大將軍 요동군공遼東君公으로 책봉했다. 백제는 한반도의 대방 지역에 있는 나라이고 군사력보다는 학문의 수준이 높았기 때문에 종1품의 문관 직을 제수했고, 요동을 차지한 고구려는 그 군사력을 높이 사서 정1품의 대장군을 준 것이었다. 582년 정월에 백제와 고구려가 다시 사신을 보내어 와서 감사의 뜻을 전했다. 4월에 대장군 한승수韓僧壽가 계두산雞頭山에서 돌궐의 군사를 격파하고 다시 5월에 돌궐의 군사가 만리장성을 넘어온 것을 마읍馬邑에서 격파했다. 11월에 고구려가 다시 사신을 보내어 왔다. 583년 정월에 대흥성大興城으로 천도할 것을 선포하면서, 천하에 대사령을 내리고 도성에서 큰 칼과 긴 창을 휴대하지 못하게 했다. 3월에 천도를 했다.

583년 정월과 3월 그리고 5월에 고구려가 다시 조공을 해 온 것을 보고, 조정에서는 응분의 대접을 해야 한다는 공론이 일어났다. 고구려의 평원왕平原王은 서방을 통일한 수 제국과 화평을 구한 뒤에 남쪽의 백제와 신라를 도모할 생각이 있어서, 이처럼 여러 번 사신을 보냈다. 수는 아직 남조의 진陳을 정복하기 전이고 북방의 돌궐이나 서방의 토욕혼吐谷渾을 공략할 일이 남았기에, 동쪽의 고구려, 백제, 말갈 등과 잘 지내어야 할 형편이었다. 583년에 3만의 인민을 징발해서 장성을 수축한 황제는 다음 해에 15만을 동원하여 동쪽의 요지에 수십 개의 성을 지었다. 584년 봄에 고구려가 다시 사신을 파견해 왔기에, 황제는 대흥전大興殿에 돌궐, 고구려, 토욕혼의 사신을 모아 잔치를 베풀고 이들을 위로했다. 그런 때에 이쉬바라 가한의 아내인 천금 공주가 양楊씨로 성을 고치면서 수의 황실에 속하기를 자원했다. 황제는 공주의 청을 받아들여 그녀를 양녀로 삼고 대의大義 공주로 다시 책봉했다. 그리고 개부의동 삼사 서평화徐平和를 파견해서 이쉬바라를 돕게 했다. 585년 7월에 이쉬바라 가한은 고비 사막을 넘어 백두천으로 옮겼다. 그런데 이쉬바라 가한이 원정 나간 동안에 유연의 부족이 백두천을 기습해서 이쉬바라 가한의 처자를 사로잡은 것을 수의 군사가 탈환했다. 이런 일이 있은 뒤로 중국과 동 돌궐의 관계가 주종으로 바뀌게 되었다.

이쉬바라 가한이 황제에게 표문을 올렸다.

"하늘의 뜻을 받들어, 대 돌궐의 천하를 다스리는 성명 천자 이쉬바라가 대수大隋의 황제에게 글을 올립니다. 이제 황제의 사위가 되었으니, 나라는 달라도 의리를 저버릴 수는 없습니다. 앞으로 자손 대대로 폐하를 잘 모실 것을 하늘을 두고 맹세합니다. 우리나라의 양과 말은 모두 폐하의 것입니다."

이런 국서에 대한 황제의 답서는 간략했다.

"대수의 천자가 글을 대 돌궐 이쉬바라 가한에게 보내노라. 서한을 받아보고 대단히 좋은 느낌을 가졌다. 짐이 장인이 되었으니, 그대는 짐의 자식과 다름이 없느니라. 짐의 딸에게 대신을 보내어 그대를 보좌토록 하리라."

수는 돌궐에게 그들의 문자를 버리고 한자를 쓰며 수의 의관을 착용하라고 강요했다. 이쉬바라 가한은 이러한 수의 요구에 다음과 같은 답서를 보내어 정중히 거절했다.

"과인이 황제의 신하로 조공을 바치고 좋은 말을 드리리다. 그러나 우리 언어를 버리고 중국식 의관을 갖추며, 중국 관습을 취하기는 어렵습니다. 돌궐의 관습은 우리의 심장과 같은 것이기에, 우리 백성이 쉽게 바꾸지 못하기 때문임을 헤아려 주시오."

8월이 되어 말갈이 수에 조공을 해 왔다. 이어서 돌궐의 남녀 만여 명이 투항해 왔다. 587년에 10만 명을 20일 동안 동원하여 장성을 다시 수축했다. 모두 동쪽과 북쪽의 돌궐과 거란, 그리고 고구려에 대비한 조치였다. 얼마 뒤에 이쉬바라가 죽으니, 수에서는 사흘 동안 조정을 폐하고 조문사를 파견했다.

한편 동쪽의 고구려에서는 수도가 심양瀋陽에 있는 것이 통일 가능성이 커지는 중국과 가까워서 거북했다. 그리고 남쪽의 백제와 신라의 공격을 방비하기에도 너무 북쪽에 치우쳐서 불편했다. 585년 12월에 다시 사신을 수로 보내어 정국을 살펴본 고구려는 수와의 관계가 점차 험악해지는 것을 느끼고, 다음 해인 평원왕 28년(586년)에 우선 왕궁을 먼저 짓고 수도를 요녕遼寧의 심양에서 한반도 대동강변 평양의 장안성으로 옮겼다. 천도 후 3년이 지나서 외성을 축조하기 시작했는데, 북위北魏의 낙양洛陽을 본따서 조방제條坊制를 만들었다. 뒤에 북성北城도 만들어서 별궁으로 쓰고 그 속에 사찰을 세웠다. 장안성은 남북으로 흐르는 보통강과 대동강 사이의 자연 지형을 이용해서 축조했기 때문에 외적을 방어하기가 쉬울 것으로 생각되었다.

진을 멸망시킨 공적으로 양소楊素는 납언納言으로 승진해서 고경高熲과 함께 국정을 총괄하게 되었다. 양소는 곧 내사령內史令이 되었다가 591년 12월에 상서우복야尚書右僕射가 되어 고경과 대등한 지위를 갖게 되었다. 590년에서 597년까지의 7년 동안에 양소를 비롯한 여러 장수들이 중국 대륙의 서남 부인 강남江南과 운남雲南 지구까지 평정하여 수의 강역이 크게 확장되었다. 600년 4월에 돌궐이 다시 침범했다. 수에서는 진왕 양광과 우복야 양소가 영무靈武를 거쳐 진격하고, 한왕 양량楊諒과 장군 사만세史万歲가 마읍에서 협공을 했다. 수군이 강물에 독을 풀어 돌궐의 많은 군사와 말이 강물을 마시고 죽었다. 돌궐인은 이런 재앙을 천벌로 믿고 야반에 철병했다. 수의 군사가 이를 추격하여 1,000여 급의 머리를 베었다. 다시 도망가는 돌궐의 군사를 요격한 사만세가 백여 리를 추격하여 수천의 수급을 베었다.

그동안에도 거의 해마다 고구려와 동 돌궐, 말갈, 거란 등이 수에 조공을 해왔다. 각국의 사절들이 해마다 조공을 해와서 수문제隋文帝는 궁궐을 다시 크게 건축하기로 했다. 그리하여 593년에 착공한 궁전이 2년 만에 낙성하니 그 이름을 인수궁仁壽宮으로 짓고, 601년에 연호도 개황에서 인수仁壽로 바꾸었다.

3. 제1차 여수麗隋 전쟁과 강이식姜以式 원수

"아니, 이런 모욕적인 말이 어디 있습니까? 양견楊堅이 황제가 되더니 눈에 보이는 게 없나 봅니다. 태왕太王마마, 이런 오만한 국서는 붓으로 답할 것이 아니라, 칼로 회답해야 할 것입니다."

대형大兄 강이식姜以式이 얼굴을 붉히면서 말했다. 웬만한 일로는 안색이 변하지 않는 강이식이기에 열석한 신하들 모두가 숙연해졌다.

"무어라고 했는데 대형이 그렇게 화를 내는가? 큰 소리로 읽어보아라."

고구려 26대 영양왕嬰陽王 원元이 말했다. 왕은 평원왕의 맏아들로 풍채가 좋았다. 그리고 백성을 위해 천하를 도모할 큰 배포가 있었다. 강이식으로부터 국서를 받아서 대학박사大學博士 이문진李文眞이 낭독했다.

"짐이 천명을 받들고 나라를 다스리고 키우니, 그대 고구려왕이 바다 건너에서 짐의 뜻을 받들어 왔도다. 그대가 해마다 사신을 보내고 조공을 해오나, 그 성의와 충절을 다하지 못하고 있다. 그대가 짐의 신하로 짐과 함께 덕을 베풀어야 함에도, 말갈을 핍박하여 몰아내고, 거란을 가두어 나오지 못하게 하고 있다. 그러니 여러 나라가 퇴폐하고 민심이 흉해졌다. 더욱이 우리나라에는 공인工人이 적지 않은 바 그대가 필요하다고 청하면 보내어 줄 것인데, 어찌 재물을 풀어 이들을 유인하여 사사로이 빼어가는가? 노弩를 만들고 병기를 수리하기 때문에 남이 알까 두려워서 이런 짓거리를 하는 것이 아닌가? 특별히 사신을 보내어 그간의 사정을 알아보고 제대로 다스리도록 가르치려 했으나, 그대는 그 사신을 객관에 가두고 엄하게 지켜서 눈과 귀를 막고 듣고 보지 못하게 하니 무슨 음모가 있기에 이런 짓거리를 하는고? ……지금 왕을 축출하여 다른 관리를 보낼 것이로되, 왕이 만일 마음을 고쳐먹고 행실을 바꾸면 곧 짐의 좋은 신하가 될 것이니, 어찌 달리 관리를 보내어 다스리려 하겠는가? ……일찍이 진陳의 군주가 강남에 있으면서 백성을 해치고 우리 군사를 건드렸다. 수차 짐이 훈계하는 칙서를 보냈는데도 10년이 넘도록 장강의 험을 믿고 군사를 모아 미쳐 날뛰며 짐의 말을 듣지 않았다. 그리하여 장수에게 출사를 명하여 흉악한 역도를 제거하니, 불과 몇 순이 지나지 않아 수천도 안되는 군사로 이를 소탕하여 사람들이 기뻐하게 만들었다. 요수遼水가 넓다고 한들 어찌 장강만 하겠는가? 고구려인이 많다고 한들 진나라 만큼이야 될 수 있겠는가? 짐이 그대를 기를 생각을 하지 않고 지금까지의 허물만 문책한다면, 장군 한 사람만 보내어도 될 일이다. 이제 은근히 타이르니, 왕이 스스로 깨닫고 짐의 뜻을 좇아 큰 복을 구하도록 하여라."

읽어가는 이문진의 말문이 곳곳에서 막혔다. 너무나도 오만불손한 언사에 왕이 크게 화를 내는 모습을 보고, 이문진의 등에 식은땀이 흘렀다.

"대단한 놈이군. 이렇게 무례한 국서가 어디에 또 있겠는가? 우리 고구려가 어떤 나라데. 이제 겨우 나라를 세운 양견이 600년이 넘게 사직을 지켜온 우리 고구려에게 이런 말을 할 수 있는가? 참으로 주제를 모르는군. 선대왕도 이자가 건방진 국서를 보내어 온 적이 있어서 이들과의 싸움에 대비하여 여러 가지 조치를 하셨었지."

"그렇습니다. 이곳 대동강변의 장안성으로 천도한 것이라든지, 여러 해 동안 군량미를 비축하여 온 것, 장인을 모아 활과 노弩를 비롯한 많은 병장기를 제조한 일들이 모두 서쪽을 대비하여 준비하신 것이었습니다. 태왕마마께서도 태자 시절에 이런 일들을 몸소 챙기지 않으셨습니까?"

대형 강이식이 말했다.

"내 아우 건무建武와 함께 대형이 추진한 일이 아니오."

"양견의 국서가 오만불손한 것도 문제지만, 이번에 태왕마마를 상개부 의동삼사 요동군공遼東郡公으로 삼은 것은 선대왕에 비하여 마마의 벼슬을 한 등 낮춘 것으로, 일부러 창피를 주려는 의도가 분명합니다. 그냥 두셔서는 안 될 일로 생각됩니다."

이문진이 거들었다.

"그렇지만 어떡하겠나. 아직은 우리 군비가 덜 갖추어졌고 국상이 임박했으니, 우선은 시간을 더 벌어야 할 일이다. 양견이 책봉사편으로 수레와 옷을 보냈으니 우선 사신을 보내어 고맙다고 말해 주자. 그런데 우리가 이들을 응징할 힘을 기르려면 얼마나 시간이 필요하겠는가?"

왕은 사려가 깊었다.

"양견이 나라를 세운 지 8년이 되었습니다. 앞으로 십 년 정도 서쪽과 북쪽을 평정해야 할 것입니다. 특히 북쪽의 돌궐이 강성하니, 쉽게 동쪽을 넘나 보지 못할 것입니다. 그렇게 생각해 보면 한 십 년은 시간이 있을 것으로 생각됩니다. 그동안에는 양견의 마음을 달래어 줄 필요가 있습니다. 한두 번 사신을 더 보내면서 그들의 동태를 살펴보는 것이 좋겠습니다. 그리고 양견이 북벌에 힘쓰고 있는데, 그 대상인 돌궐은 우리와 통상하는 나라입니다. 서로 물자를 교역하는 사이이니 이들과 동맹하여 양견에 대비해야 할 것입니다."

대형 강이식이 말했다.

"그렇게 하자. 그리고 그동안에 대형이 병장기와 군량미를 충분히 마련하고 군사들을 조련하여 일당백의 강병으로 길러 주오."

"태왕마마, 수隋나 돌궐과 잘 지내기로 하더라도 남쪽의 신라와 백제에 대한 방비에는 신경을 쓰셔야 하겠습니다."

장군 고승高勝이 걱정스러운 낯빛으로 말했다.

"그렇지. 그들은 우리가 빈틈만 보이면 쳐들어올 놈들이야. 남쪽의 각 성주에게 방심하지 말라고 이르고, 수시로 감찰을 보내어 점검하도록 하라."

세월은 빨랐다. 어언 십 년이 흘렀다. 영양왕이 제가회의諸加會議를 열었다. 내평內評, 외평外評 그리고 오부의 욕살褥薩과 각부의 대표적인 상가相加가 참석한 가운데 왕이 말했다.

"그동안 우리 고구려는 서쪽의 수나라에 대비하여 만반의 준비를 해 왔다. 이제 우리의 군비가 갖추어졌으니, 우리를 모욕한 양견의 높은 콧대를 꺾을 때가 되었다. 양견이 돌궐과 싸우고 있는 지금이 적기인 것 같은데, 각자 의견들을 말해 보아라."

"태왕마마, 소신이 길러온 군사 가운데 5만 명으로 요수 서쪽의 영주榮州를 공략할까 합니다. 말갈 군사 1만으로 선봉을 삼아 이곳을 쳐서, 수가 요서로 반격해 오도록 유인하여 요격하는 것입니다. 이와는 별도로 거란 수군 3천을 바다 건너로 파견해서 산동의 병참 기지를 급습하여 그들의 예기를 꺾어야 하겠습니다."

태대형太大兄으로 승진한 강이식이 말했다.

"우리가 먼저 공격할 필요가 무엇입니까? 차라리 요동의 여러 성을 보수하여 수의 침범을 대비하는 것이 상책이 아니겠습니까?"

온상溫常 장군이 반론을 제기했다. 온상은 태왕의 매제인 온달 장군과 평강 공주 사이에서 태어난 아들이었다. 서쪽은 방비만 하고 남쪽을 공격해야 한다는 것이 그의 지론이었다. 그는 아버지가 신라와의 싸움에서 전사한 일에 한을 품고 있었다.

"수가 중원을 통일하고 지금은 북쪽의 돌궐을 정벌하고 있지만, 이들은 반드시 동쪽을 도모하려고 할 것입니다. 세력이 커진 뒤에는 상대하기가 더욱 힘들어질 것입니다. 그동안 태왕마마의 분부를 받자와 우리가 준비해 온 것을 살펴보면, 지금이야말로 이들을 초전에 박살할 수 있는 가장 좋은 시기라 생각합니다. 그들을 유인하기 위해 먼저 말갈족을 선봉으로 삼아 영주를 칩시다. 그들이 세게 반격해 오면 짐짓 패하는 척하고 빠져 나오는 것이 요긴합니다. 이를 위해서는 말갈의 헌성하치 추장의 역할이 대단히 중요합니다. 수의 군사가 몰려오면 임유관臨榆關(뒷날의 산해관山海關)에서 우리의 궁수들과 개마무사蓋馬武士들이 협곡의 좁은 곳을 장악하여 매복하고 있다가 공격하도록 합니다. 그런 뒤에 신속하게 철수해서 적군을 난하灤河의 서쪽에 있는 요택遼澤으로 몰아넣으면 됩니다. 적군이 아무리 많더라도 요택의 수렁에 빠지면 제대로 진군하지 못할 것이고, 칠월의 염천 하에서 지쳐 쓰러지고 말 것입니다. 그때에 우리의 조의들로 파상 공격을 해나가면 승리는 우리의 것이 될 것입니다. 이날이 있을 것이라 기약하여, 조의와 개마무사 그리고 궁수들의 훈련을 밤낮으로 계속해 왔습니다. 특히 개마무사들은 파르티안 기사법을 구사할 수 있도록 훈련해왔습니다."

태대형 강이식의 전략은 분명했다.

고구려의 각궁角弓은 활줄을 풀면 뒤집어지며 둥글게 휘었다. 활채의 바깥쪽에 무소뿔이나 소의 힘줄을 붙여 복원력을 극대화시킨 활이었다. 위력이 대단해서 화살 한 대로 사람과 말과 안장을 함께 관통할 정도로 강력했다. 고구려의 궁수들이 자주 쓰는 도끼날 활촉은 화살 뒤쪽에 큰 날개가 달려 있어서 중국의 화살보다 2배의 거리를 날 수 있었다. 근거리에서는 끝이 송곳처럼 뾰족한 활촉을 써서 명중률도 높이고 상처도 더 깊이 낼 수 있었다. 흉노匈奴를 통해 전달된 파르티안 기사법은 말 타고 활 쏘기에 편하게 개발한 승마법이었다. 말을 타고 뒤로 돌아 쏘는 자세인데, 말등자에 두 발을 딛고 반쯤 몸을 솟구쳐서 사방 어느 방향으로든 화살을 쏠 수 있게 훈련했다.

중장비 기병인 개마무사는 투구, 목 가리개, 손목과 발목까지 내려 덮은 찰갑札甲을 착용했다. 발에는 강철 박차가 달린 가죽 신발을 신었다. 노출되는 부위가 얼굴과 손뿐이어서 웬만한 적의 화살은 모두 막을 수 있었다. 게다가 말도 안면갑과 갑옷을 입혀 보호했다. 이들은 삭槊이라고 하는 길이 20자에 100근에서 150근이 되는 무거운 장창을 휘두르며 돌진하니, 그 돌파력이 대단했다. 멀리에서는 각궁을 쏘고 가까이에서는 장창과 말이 하나가 되어 돌진하면 적진이 일시에 무너졌다.

이에 비하여 수의 기마병이 쓰는 활은 도달 거리가 훨씬 짧고, 창은 그 길이나 무게가 작아서 상대적으로 취약했다. 이런 개마무사의 뒤를 따라 보병군단이 적을 공격했다. 보병군단의 주력은 도끼를 든 도부수였다. 여기에 갑주를 착용하고 창과 길쭉한 방패를 든 중장비 보병이 밀집대형을 이루며 뒤따랐다. 이들은 갈고리 창도 들고 있었는데, 적의 기병을 만나면 이 갈고리 창으로 낚아채어 말에서 떨어뜨려 섬멸했다. 보병은 기병과는 달리 다양한 무기를 갖고 밀집대형을 이루어 행동했는데, 궁극적인 승리를 위해서 보병이 투입되는 경우가 많았다.

지형에 따라서는 개마무사 같은 중장비 기병은 활동하기 힘든 곳이 있었다. 그럴 때에는 가볍게 무장한 경기병이 투입되었다. 보병과 기병의 전투에 앞서 궁수들이 줄지어 먼저 화살을 소나기처럼 적진에 쏘아붙였다. 대체로 한 군단의 보병과 기병의 비율은 3대 1로 편성했다. 기병의 4할이 개마무사였다. 수에서 고구려와 같은 개마무사를 본격적으로 활용하지 못한 것은 그들의 제철 능력이 부족했기 때문이었다.

고구려의 제철 능력은 주변의 어느 나라보다 우수했다. 고구려의 전신인 고조선은 근방의 어느 나라도 갖지 못한 첨단 기술로 강철을 주조할 수 있었는데, 이것이 부여를 거쳐 고구려에 전수되었다. 중국 전국시대의 유적지 가운데 철기가 출토된 20여 곳이 고조선의 영역이었던 것을 보면 그 수준을 짐작할 수 있다. 고구려는 350년 전인 11대 동천왕 때에 벌써 개마무사 5,000명을 동원할 수 있었으니, 그들을 무장시키기 위한 철을 생산하고 다듬는 능력이 진작부터 갖추어져 있는 셈이었다. 개마무사 한 사람이 입는 갑옷이 340근인데, 여기에 말에 입히는 갑옷이 700근, 창칼의 무게를 160근으로 보면 도합 1,200근의 강철이 필요했다. 5,000명의 개마무사를 위한 장비만 해도 6백만 근의 강철이 필요했다. 여기에 예비용을 더하면 대체로 1천만 근의 강철을 다룰 수 있어야 했다. 고구려에는 혼하渾河의 동쪽에 있는 신성의 무순撫順 같은 광산이 많아서 그렇게 많은 쇠를 쉽게 생산할 수 있었다. 신성을 지키기 위해 고이산성을 축성해서 외침에 대비했는데 이 신성을 장악하기 위해 동서 간의 무력충돌이 잦았다. 이 모두 철과 석탄 광산을 확보하기 위한 것이었다.

"수가 동원할 수 있는 군사의 수는 얼만가? 우리의 군사가 수적으로 적은데, 그들이 많은 군사를 동원해오면 어떻게 대비할 것인가? 그들을 격멸할 전략이 있는가?"

왕이 다시 물었다.

"저번에 진陳을 칠 적에 동원한 군사의 수를 보면 50만이 넘었다고 합니다. 이제 수가 남북조를 통일했으니 적게 보아도 100만을 넘는 군사를 동원할 수 있게 되었습니다. 수의 민호가 1,000만 호 가까이 된다고 하니, 백성의 수도 5,000만 명은 되지 않을까 합니다. 우리 고구려가 70만 호 가량이니 우리의 10배가 넘습니다. 그러니 정면으로 부딪치면 우리의 군사가 수적으로 열세가 되어 이길 수 없을 것입니다.

그래서 치고 빠지는 유격전을 해야 할 것입니다. 수의 군사가 진을 구축하면 공격하기 어렵습니다. 그들이 이동하느라 미처 진형을 갖추지 못할 때에 개마무사와 경기병으로 일격을 가하고, 바람처럼 철수하여 성안으로 들어가는 것이지요. 이렇게 철수하기 전에 근처의 모든 민가와 먹을거리를 불태워서 적군이 일절 쓸 수 없게 만드는 것을 청야淸野 작전이라 합니다. 물론 백성들은 미리 성으로 피난시키지요. 성마다 일만 명이 이백일 동안 먹을 수 있는 양식과 물을 준비해 두면 됩니다. 일단 성안으로 들어가면, 굳게 지키고 적군의 어떤 도발에도 응하지 않아야 합니다.

손자의 병법에도 있습니다마는, 성을 포위해서 공격하려면 적어도 수비군의 10배가 넘는 군사와 각종 공성 기구가 필요하답니다. 만약에 수군이 공성을 하지 않고 우회해서 진격을 한다면, 그 후미를 습격해서 양도를 끊는 작전을 펴면 됩니다. 아무리 강한 군사라도 식량을 보급하는 양도가 끊어지면 굶주려 힘을 쓰지 못하게 됩니다. 10월까지만 견디면 동장군이 들이닥쳐서 모두 얼어 죽게 될 것입니다. 요서와 요동의 여러 성을 이용해서 치고 빠지기를 거듭하면, 저놈들도 감당하지 못하고 어쩔 수 없이 철수할 것입니다. 그때를 이용해서 개마무사로 그들의 후미를 후려치면 모조리 도륙할 수 있습니다. 한여름의 더운 날씨와 홍수 철을 활용하고 우리가 익혀 아는 지형을 이용해서 적군을 요택으로 유인하는 것입니다. 그러기 위해 우리는 철저한 청야전투와 산성전투를 벌여야 할 것입니다."

강이식이 단호한 말투로 대답했다.

"좋은 작전이오. 난하와 요하의 동편에 구축한 천 리에 걸친 여러 성들은 선조 대대로 이때를 위해 축성해온 것이 아닌가? 우리 고구려는 옛날부터 돌을 잘 다루었지. 그래서 우리 고구려인이 만든 성은 모두 난공불락이란 말이야."

"예, 그렇습니다. 태왕마마. 우리가 만든 성은 대체로 고로봉식栲栳峰 式이지요. 고리짝 같이 전후좌우로 높은 산등이 둘러막은 지형 중앙의 오 목하게 생긴 곳에 성을 축성했습니다. 그래야만 장병들과 백성이 장기 농 성을 할 수 있기 때문이지요. 산의 능선 밑의 절벽을 따라 성벽을 더 높 이 쌓으면 아무도 근접할 수 없답니다. 높은 산 위에 있으니, 성안에서 바 깥 동정을 살피기는 쉬워도 밖에서 안의 사정을 알아볼 길은 없습니다. 그 러니 전투의 주도권을 우리가 잡을 수 있게 됩니다. 성안에 풍부한 수원도 갖추고, 넓은 골짜기에 장기전에 견딜 수 있는 물자를 비축할 수 있게 만 들었습니다. 성벽 가운데 암반의 기초가 없는 곳에는 땅을 깊이 파고 네모 난 건칫돌을 다듬어 엇물리게 쌓아서 웬만한 힘으로는 이를 무너뜨릴 수 없도록 만들었습니다. 그러니 이보다 견고한 산성이 어디 있겠습니까?"

이문진이 고구려 산성의 특징을 설명했다.

"그렇습니다. 북으로 농안農安의 부여성夫餘城, 신성의 고이산성古爾 山城에서 시작하여 크고 작은 성들이 남쪽 발해만까지 천 리에 걸쳐 뻗어 있습니다. 각각의 성마다 봉화대를 두어 서로 정보를 교환하며 철통같은 수비를 할 수 있도록 만들었습니다. 요동성遼東城을 중심으로 백암성白巖 城, 안시성安市城, 건안성建安城, 비사성卑沙城이 남북으로 지키고 있습니 다. 바다에서 침략하는 적을 막기 위해서 요동반도의 성들과 압록강변의 성들이 서로 긴밀히 연계하여 축성되어 있습니다. 수군이 이런 성들을 버 려두고 장안성長安城을 직접 치러 들어올 수는 없을 것으로 생각됩니다."

강이식이 다시 부언했다.

"그러나 바다를 건너서 대동강으로 직접 공격해오면 이곳 평양의 장 안성도 안전하지 못할 테지. 수의 수군에 대해서도 충분히 방비해야 할 것 이야."

왕은 주도면밀했다.

"수隋의 수군水軍은 아직 우리 고구려 수군의 적수가 못됩니다. 우리 수군은 백잔의 한성 공략 작전을 거치면서 여러 번 단련되었고, 산동을 직접 공격한 적도 있는 대선단으로 구성되어 있어서 충분히 수의 수군을 섬멸할 수 있습니다."

왕제 건무建武가 차고 있던 칼자루를 주먹으로 치면서 기세 좋게 말했다. 뒤에 영류왕榮留王이 된 태왕의 아우였다. 그의 당당한 모습이 하도 믿음직하여 사람들이 모두 기뻐하며 크게 환호성을 올렸다.

"준비가 다 된 셈인데, 언제까지 가만히 있을 것인가? 양견이 돌궐을 평정하기 전에 선수를 쳐야 할 것인데."

"그렇습니다. 양견은 언젠가는 우리 고구려로 쳐들어올 것입니다. 돌이켜보면 서쪽 세력이 우리를 괴롭힌 것이 한두 번이 아닙니다. 국초부터 미천왕 마마 때까지는 낙랑, 현도, 요동의 중국 군현과 싸워왔고, 동천왕 마마 때에는 위魏에 패해서 환도성이 함락당하는 수모를 겪기도 했고, 고국원왕 마마 때에도 전연前燕의 침공으로 수도가 함락되는 위기를 다시 겪지 않았습니까? 광개토대왕 마마 때에는 북 중국에 진출한 선비 족의 연燕과 각축했지요. 수가 중원을 통일하고 나면, 반드시 우리 고구려를 칠 것입니다. 그러니 우리가 선수를 쳐야 합니다."

이때까지 왕과 신료들의 대화를 묵묵히 듣고만 있던 서부대인 연태조淵太祚가 한마디 거들었다.

"그래 서부대인도 선제공격에 찬성하는 모양인데, 어디부터 공격하는 것이 좋을꼬?"

"지금 난하灤河 서쪽이 무주공산이 되어 있습니다. 백잔이 차지하고 있던 요서遼西와 북평北平을 공략하는 것이 좋겠습니다. 이곳은 비여성肥如城에 정청을 둔 평주平州가 관장했습니다.

북위魏가 북조를 통합한 뒤에도 이곳에는 남영주南營州와 영주를 두어 다스렸는데, 선대왕마마 18년에 갈석산碣石山에서 우리 군사들과 크게 충돌했습니다. 그런데 양견이 수를 건국하면서 이 일대의 군현을 모두 폐지하고 대릉하大凌河 일대에 용산현龍山縣 하나만 남겨 두었습니다. 이는 수가 모든 국력을 동원하여 북쪽의 돌궐과 남쪽의 진陳을 공략하는 데에 전념했기 때문입니다. 바로 이곳, 난하에서 대릉하 하류 사이의 발해 연안에 진출해야 하겠습니다."

강이식이 구체적으로 공격할 지점을 말했다.

"잘 알겠다. 태대형 강이식을 병마원수兵馬元帥로 삼겠노라. 강이식 원수는 정서군단을 지휘하도록 하거라. 산동을 기습할 수군은 누가 맡으면 좋겠는가?"

"태왕마마, 소신이 맡겠습니다. 윤허하여 주소서."

씩씩한 목소리가 방 안에 크게 울렸다. 여러 신하들이 목소리의 주인공을 돌아보니, 왕제 건무였다.

"소신도 가겠습니다. 형님을 따라가겠습니다."

아직 소년티가 가시지 않은 젊은 장수가 나섰다. 왕의 막내아우 대양大陽 왕자였다.

"아니, 너는 아직 어려서 안 된다."

왕이 말렸다.

"왜 아니 됩니까? 소신도 이제는 전장에 나갈 수 있습니다."

소년은 막무가내였다.

"대양 왕자는 소신이 부장副將으로 삼아 모시고 가겠습니다."

강이식이 말했다.

"그렇게 해 주겠소? 저 아이가 저렇게 가기를 원하니."

왕이 말했다.

영양왕 9년 2월에 강이식 병마원수가 이끄는 1만의 철기병과 4만의 보병이 요동성을 떠나 서쪽으로 진격했다. 이들에 앞서 선봉이 된 말갈 군사 1만여 명이 요서를 쳤다. 요서총관遼西總管으로 위총韋冲이 있었는데, 가까스로 이들을 막아내었다.

고구려가 요서를 침범했다는 소식에 수문제 양견은 크게 화가 났다. 그는 막내인 한왕漢王 양량의 인솔 하에 왕세적王世積을 원수元帥로 삼은 수륙의 30만 대군으로 고구려를 치게 했다. 6월에는 수문제가 조서를 보내어 고구려왕의 관작을 몰수했다. 한왕의 군사가 고구려의 복병을 물리치고 임유관을 지나서 동쪽으로 진군하여 난하에 도달했다. 난하를 건널 때에 다시 고구려의 군사가 덮쳐와서 많은 희생을 낸 끝에 가까스로 난하를 건넜다. 난하에서 동쪽에 있는 요하까지 이르는 일대는 낮은 습지가 많아 요택遼澤이라고 불렀다. 요택은 200리가 넘게 진창으로 되어 있었다. 이곳을 말과 수레로 지나려는데, 수렁에 빠져서 쉽게 건너지 못했다. 며칠을 억수같은 장대비가 내리더니, 난하와 요수가 함께 범람해서 곳곳에 홍수가 났다. 어쩌다가 해가 뜰 때면 한여름의 뙤약볕이 쬐어서, 사람들을 찜통에 넣어 삶는 것 같았다. 식량을 보급하던 치중부대도 같은 꼴을 당하여 30만의 군사를 지탱할 식량의 보급이 끊겼다. 군사들은 굶주림에 허우적거리기 시작했다. 그런 판에 고구려의 특공대인 조의 부대가 기습을 해서 수군을 괴롭혔다. 얼마 지나지 않아 수의 진영에서는 괴질이 번지게 되었다. 수군은 태반의 군사를 요택에서 잃고 말았다.

한편 산동반도를 떠나 대동강의 장안성으로 진격하던 수군도독 주라후周羅睺의 수군水軍도 고전했다. 도중에 폭풍을 만나 많은 군선이 조난당했다. 거기에 고구려의 왕제 건무가 인솔한 수군이 공격을 해서 수의 수군은 거의 전멸하다시피 했다. 수륙 양면의 작전이 모두 실패하여 수문제는 철군령을 내렸다. 결국 수의 군사들 가운데 죽은 자가 열 명 중 여덟에서 아홉이 되었다.

승전보를 올린 강이식 원수를 보고 왕이 말했다.

"정말 대단하오. 30만의 대군을 전멸시키다니. 이제 양견이 다시는 덤비지 않을 것이다. 우리 장졸들을 크게 포상하고 충분히 쉬게 하라."

태학박사太學博士 이문진이 왕의 탑전에 나와 아뢰었다.

"태왕마마, 수의 군사가 이번에는 참패해서 물러갔지만, 아직 많은 군사를 동원할 힘이 남아 있습니다. 이번에 우리의 위력을 충분히 그들에게 알린 셈이니, 이제부터는 외교로 마무리해야 할 것으로 생각됩니다. 수의 양견에게, 이번 전쟁이 우리의 의도가 아니라는 것을 해명하는 사신을 보내어 화평을 구하는 것이 좋겠습니다. 그러려면 양견의 비위를 맞추는 모양새를 갖출 필요가 있습니다. 국서를 보내면서 '요동의 더러운 땅의 신하'로 몸을 낮추어 표시하여 복종할 뜻을 전하소서. 그리하여 다시 십 년의 세월을 벌어 국력을 보강하는 것이 최선책이라 생각합니다. 깊이 통촉하시어서 윤허하소서."

"태학박사가 참으로 좋은 계책을 말했소. 싸움에 이기고도 후일을 대비하여 외교로 마무리하는 이치를 우리 모두가 깨달아야 할 것이오."

수문제는 고구려의 사신을 접하고 국서를 읽더니 크게 만족했다. 그는 사신을 극진히 대접했다. 며칠 후, 백제의 혜왕惠王이 사신을 보내어 와서 고구려를 치는 일에 백제가 길을 안내하겠다고 했다. 수문제는 그 사신을 보고 말했다.

"고구려가 이미 사죄해 왔기에 이를 용서하기로 했다. 그러니 고구려 정벌은 하지 않을 것이다. 그러나 그대가 우리 수를 위해 이처럼 정성을 다하니 실로 가상한 일이로다. 상을 후히 내리니, 돌아가서 왕에게 짐의 뜻을 전하라."

고구려에서 이 소식을 들은 영양왕은 크게 화를 냈다. 바로 군사를 동원해서 백제의 변경을 공략하게 했다. 영양왕 11년 정월에 사신을 다시 수에 보내어 조공하고, 태학박사 이문진을 시켜서 『신집新集』 5권에 간략히 이때의 일을 기록해서 100권의 『유기留記』에 첨가했다.

4. 수문제隋文帝의 주변 사람들

"어찌 이런 일이 있습니까? 고구려에게 우리의 30만 대군이 당하다니. 한왕이야 아직 나이가 어려서 그렇다 치더라도, 왕세적王世績 원수는 무엇을 했는가? 눈이 멀어도 분수가 있지, 이것이 말이나 되는 일인가?"

진왕晉王 양광이 분해서 숨을 몰아쉬며 말했다.

"이놈들이 살아서 돌아오다니. 데리고 간 군사들은 모두 어디에 두고 왔는가? 이놈들 잘못으로 태반이 죽었다며? 마땅히 군율을 적용해서 죄를 다스리리라. 지금 어디에 있느냐? 나가보자."

수문제隋文帝가 옥좌에서 벌떡 일어나며 외쳤다. 황제와 함께 여러 신하들이 대전 밖으로 나갔다. 대전 밖의 석단 아래에 한왕과 왕세적이 투구를 벗고 엎드려 있었다.

"네 이놈, 왕세적아. 네 어찌 이다지도 멍청한 짓을 했단 말이냐? 30만 대군으로도 요동을 함락시키지 못하고 너희만 돌아왔느냐? 양諒은 또 무슨 낯을 들고 짐을 만나러 왔는가? 이놈들을 모두 참하여 군율의 엄함을 만천하에 알려라."

황제의 호통은 추상같았다. 신하들이 할 말을 잃고 고개만 숙이고 서 있는데, 납언 소위蘇威가 나섰다.

"폐하, 잠시 고정하소서. 두 사람의 죄는 엄벌에 처해도 마땅할 일이나, 이번 일은 천재지변의 탓이 더 큽니다. 결코 두 사람만의 잘못이 아닙니다. 저 멀리 요동에 이르는 길에는 요택이라 부르는 수렁이 수백 리에 걸쳐 뻗어 있고, 장마와 혹서로 질병이 창궐해서 장병들이 싸우기도 전에 기진맥진하게 되었습니다. 그러니 두 장수의 허물만은 아니라고 생각됩니다. 그런 사정을 살피시어 관용을 베푸소서."

왕세적의 용모는 험상궂었다. 그러나 허리가 열 아름은 될 정도로 크고 풍채가 뛰어나서 기개가 하늘을 찔렀다. 그는 고경의 비호를 받아서 여러 전란에서 혁혁한 전공을 세워 대장군이 되었다. 그런데 이번의 고구려 정벌에서 참패를 한 것이었다. 소위는 이런 장수를 버리면 국가의 장래에 손실이 클 것으로 걱정했다. 그래서 입에 침이 마르도록 극구 변호했다. 마침내 황제의 분노가 풀렸다.

"왕세적을 양주총관涼州總管으로 보내어라. 그리고 한왕 양은 자택에서 근신하라."

수문제는 네 사람의 신하를 특히 총애했다. 그 가운데 좌위대장군左衛大將軍 광평왕廣平王 양웅楊雄은 아랫사람들에게 관용해서 인기가 높았다. 수문제가 그의 높은 인기를 시기해서 병권을 맡기지 않고 사공司空이라는 한직에 임명했다. 광평왕은 황제의 뜻을 알아차리고 두문불출해서 보신책을 구했다. 또 한 사람의 귀인은 우무후대장군右武候大將軍 우경칙虞庆則이었다. 이 사람은 키가 여덟 자가 넘는 대장부로, 배짱이 있고 힘이 세어 무거운 갑주를 착용하고도 말을 타고 좌우로 활을 쏠 수 있었다. 일찍이 돌궐과 싸워 적은 군사로 승전을 올린 적도 있었다. 이 사람이 돌궐에 사절로 가서 이쉬바라 가한을 잘 회유했다. 그런 그였지만, 이세현李世賢의 난을 평정할 적에 애첩과 밀통하고 있던 처남의 모함으로 역모로 몰려서 죽임을 당하고 말았다.

네 사람의 귀인 가운데 한 사람인 소위蘇威는 북위의 재정을 맡은 장관인 탁지상서度支尚書의 아들이었다. 수가 개국하자 좌복야 고경의 천거로 태자소보太子少保를 맡았다가, 납언과 민부상서民部尚書가 되어 부역을 줄이고 검소한 생활을 하도록 진언해서 황실이 이를 따르게 만들었다. 수문제는 성질이 급해서 툭하면 사람을 쳐 죽였다. 그럴 때마다 소위는 황제의 앞을 막고 몸을 던져 말렸다. 이런 소위의 태도를 가상히 여긴 황제가 말두 마리와 10여 만 전錢을 하사하고 그를 요직에 등용했다.

소위가 마침내 상서우복야尚書右僕射가 되었다. 고경과 뜻을 합쳐 정치를 해나가고 있는데, 소위의 어머니의 병환이 깊어졌다. 그가 사직서를 올렸으나, 황제가 그 효심의 지극함을 칭찬하면서 사표를 받아들이지 않았다.

황제는 원래 의심이 많은 사람이었다. 학문을 좋아하지 않아 유식하지 못했으나, 북주의 제위를 찬탈한 뒤로는 자신이 생겼다. 신하가 잘못을 저지르거나 뇌물을 먹으면 엄벌에 처했다. 더러는 뇌물을 받을 만한 함정을 만들어 신하들을 시험해서 죄를 범한 자를 참형에 처했다. 황제는 궁전 내에서 툭하면 신하들을 몽둥이로 때렸다. 신하들은 고경과 소위가 황제를 말려서 무사한 적이 많았다.

소위가 붕당을 짜서 사리를 취한다는 상소가 있어서 조사한 결과 소위와 붕당으로 연루된 백여 명의 명사들이 유죄로 처벌되었다. 얼마 뒤에 소위는 사면을 받아 복직했으나 1년 뒤에 파면되고 얼마 안되어 복직하기를 거듭했다. 수양제隋煬帝의 대에도 소위는 파직과 복직을 되풀이하다가 82세로 천수를 다했다.

네 사람의 귀인 가운데 마지막이 고경高熲이었다. 고경은 발해수渤海 蓚 사람으로 수문제가 북주의 대승상大丞相으로 있을 때에 참모로 있었다. 수 개국 초에 군사에 밝고 계책을 잘 세운다 하여 상서좌복야 겸 납언으로 임명되었다. 진陳을 정벌할 때에는 진왕 양광의 아래에서 전군을 지휘하여 통일에 큰 공을 세워서 제국공齊國公으로 책봉되었다. 고경의 아들이 태자 양용의 사위가 되었는데, 황제가 고경이 태자와의 관계를 이용해서 사리 사욕을 탐한다고 생각하여 고경을 실각시켰다. 고구려를 정벌하기 위해 요 동으로 30만 대군을 보낼 때에 고경이 이를 말렸다. 황제는 고경의 반대를 물리치고 요동 정벌을 강행했다가 참패를 당했다. 그러자 황후가 말했다.

"고경이 이 원정을 반대했는데도 폐하께서는 그를 파견하셨습니다. 그러니 이 원정이 참패로 끝날 것은 애당초부터 뻔한 일이 아니겠습니까?"

황후의 말을 듣고 마음이 언짢아 있는데, 원정군의 총수인 한왕 양량諒이 울면서 호소했다.

"고경은 소자가 어리다고 무시하고 소자가 하는 일에 사사건건 간섭해서 일을 하지 못하게 했습니다. 소자는 고경이 소신을 죽이려 하는 것이 아닌가 하고 잠도 제대로 자지 못했습니다."

아들의 읍소를 들은 수문제는 고경을 괘씸하게 생각하기 시작했다.

개황 19년에 양주총관涼州總管으로 좌천되었던 왕세적이 모반으로 몰려 죽었다. 그런데 이 사건을 국문하는 과정에서 왕세적이 말했다.

"대궐에서의 일은 모두 좌복야 고경으로부터 배웠습니다."

여러 대신이 고경의 무죄를 증언했으나 황제의 노여움은 풀리지 않았다. 황제가 고경의 무죄를 주장하는 대신들을 고경의 붕당으로 모니, 그 후로는 아무도 변호하려 들지 않았다. 마침내 고경은 상주국 좌복야左僕射에서 해임되고 제공齊公의 작위만을 지니게 되었다. 그런데 고경의 아래에서 제국齊國을 맡고 있던 국령國令이 밀고했다.

"고경 제국공은 아들에게 말하기를 '진晉의 사마중달司馬仲達은 나라를 찬탈하기 위해 병이 난 척하며 은둔해서 때를 기다렸다. 내가 지금 제국공으로 있는 편이 다행한 일이다.'라고 했습니다.

이는 필시 모반의 뜻이 있는 것으로 생각되어 고변합니다."

황제가 격노해서 고경을 하옥시켰다. 여러 신하가 고경을 참형에 처하라고 상소했으나, 황제는 듣지 않고 그의 신분을 서민으로 떨어뜨리면서 말했다.

"작년에 우경칙를 죽이고 올해에 이미 왕세적을 베었다. 이 이상 고경마저 주살하면 천하에서 짐을 무어라 할 것인가?"

고경은 뒤에 다시 등용되었다가 수양제가 돌궐의 사신을 맞으면서 3,000명을 수용할 수 있는 이동 궁전을 만들었을 때에 그 사치스러움을 간하다가 주살되었다.

이보다 먼저 개황 12년 12월에 황제는 양소楊素를 상서우복야로 승진시켜 고경과 함께 국정의 책임을 맡겼다. 다음 해에 황제가 기주岐州로 행차해서 그 북쪽에 인수궁仁壽宮을 조영하는 감독으로 양소를 임명했다. 양소는 산을 헐고 골짜기를 묻어가며 대규모로 궁궐을 짓기 시작했다. 양소는 동원한 일꾼들을 사정없이 혹사해서, 많은 사람들이 사고와 과로로 죽어갔다. 그는 시체를 골짜기에 쏟아 그 위를 토석으로 덮었다. 그리고 길가에서 죽은 인부들은 태워 없앴다. 이렇게 죽은 자가 만 명이 넘었다. 황제가 그 보고를 받고 기분이 엄청나게 상했다.

"이놈이 짐을 욕보이는군. 천하의 원성을 짐에게 돌리려는가?"

얼마 뒤에 황후가 왔다. 아름다운 궁궐을 돌아본 황후는 절찬을 하면서 크게 시상했다.

"경의 충성심은 누구에게도 비할 수 없구려. 우리 부부가 늙어서 낙이 없더니, 이제 이런 대궐에서 살 수 있게 되었소."

수문제는 인색했으나 공이 있는 신하에게는 재물을 아끼지 않고 시상했다. 전사자의 가정에 일일이 사자를 보내어 위문하고 포상했고, 농사와 누에치기를 장려하고 세금을 감면했다. 그의 사생활은 검소했다. 타고 다니는 수레에 치장을 하지 않았고, 잔치 때가 아니면 밥상에 육류는 한 가지밖에 올리지 못하게 했다. 후궁에서도 물들이지 않은 베옷을 입게 하는 바람에, 세상 사람들이 비단으로 옷을 지어 입지 않고 허리띠를 금이나 옥으로 장식하지 않게 되었다. 그러다가 보니 창고가 항상 가득 찼다. 왕조를 세울 때에는 400만 호에 지나지 않던 백성의 수가 수문제 말년에는 890만 호가 넘었다. 그는 의심이 많고 참소를 쉽게 믿어, 공신이나 오래된 신하 가운데 천수를 다한 사람이 적었다. 심지어 친자식들까지 원수처럼 다룬 점이 그의 가장 큰 험이었다.

수문제의 황후는 질투심이 보통이 아니었다. 그런데 위지형이 반란을 일으켜서 토벌을 당할 때에 그의 손녀가 대단히 아름다워 수문제의 눈에 들었다. 수문제가 그녀와 잠자리를 함께하게 되었는데 황후에게 들키고 말았다. 황후는 질투의 화신이 되어 황제가 밖에 나간 동안에 그녀를 잡아 죽였다. 대궐에 돌아온 황제가 이를 알고 미친 듯이 날뛰었다. 말을 몰아 산속으로 질주하는 황제를 고경과 양소가 쫓아가서 말고삐를 붙들고 환궁할 것을 읍소했다. 수문제가 탄성을 올렸다.

"짐은 황제가 되었으나 전혀 마음대로 할 수가 없구나. 황후 때문에."

"폐하, 한 여자 가지고 어찌 그러십니까? 천하를 가볍게 생각하셔서는 안 되지요. 여자쯤을 가지고."

고경의 말이었다.

마음을 진정시킨 황제가 밤에 대궐로 돌아왔다. 황후가 눈물을 흘리며 사과해서 군신이 황후와 함께 밤새도록 술을 마시고 즐겼다. 원래 황후의 아버지와 고경은 친한 사이였기 때문에 황후도 고경을 가까이 여겼다. 그런데 이번에 고경이 자기를 '여자쯤'으로 경시했다고 하여 고경을 원망하기 시작했다. 황후는 태자 용勇보다 진왕 광으로 대통을 이어야겠다고 생각했는데 고경이 장유유서를 주장하며 방해를 일삼았다. 이에 황후는 고경을 제거할 마음을 먹었다.

원래 수문제는 군사와 정치를 논의할 때에 황태자 양용을 참여하게 했다. 황태자의 성격은 온후하고 관대했다. 그러나 사치를 즐겼고 총애하는 여자가 많았다. 그래서 검소함을 주장하는 황제의 마음에서 점차 벗어나게 되었다. 동지에 황태자가 성대한 연회를 열어 백관을 대접했다. 수문제는 이런 태자의 행동이 마뜩치 않았다. 그는 조서를 내렸다.

"백관이 동궁에 하례를 드린 것은 예법에 어긋난다. 황태자가 높은 지위에 있다 하나 아직은 짐의 신하이다. 그런데 군신을 혼동해서 동지에 황태자에게 하례를 올리고 황태자가 예악을 갖추고 정장해서 군신을 맞은 것은 예법에 맞지 않는 일이다. 금후로 다시는 이런 일이 없도록 하여라."

한편 지나칠 만큼 순결을 강조하는 황후도 황태자가 싫었다. 우선 너무 총애하는 여자가 많았다. 황후는 밀정을 놓아 황태자의 과실을 더 알아

보게 했다. 이런 기미를 황제의 둘째 아들인 진왕 양광이 알아차리지 못할 리 없었다. 그는 모처럼의 기회를 철저히 이용했다. 진왕은 영향력이 있는 대신과도 마음을 터놓고 교제했다. 그러면서 황제나 황후에게서 사신이 오면, 무조건 아내와 함께 대문까지 나가 영접했다. 그 사신이 아무리 지위가 낮은 사람이라도 성찬을 베풀어 잘 대접했기 때문에, 진왕의 어질고 효성에 찬 인품을 흠모하는 사람이 점차로 늘어났다. 특히 황제와 황후가 진왕의 집에 놀러 올 때에는 가장 검소한 옷을 입었다. 그러면서 진왕은 악기의 현을 잘라 먼지투성이가 되게 해 놓고, 일부러 눈에 띄는 곳에 놓았다. 평소에 가까이하던 아름다운 시녀들은 근접도 하지 못하게 밀실에 가두었다. 음악이나 여색에는 관심이 없고, 오로지 성왕의 길에만 전념한다는 인상을 강하게 풍기기 위해서였다. 황제가 이에 반하여 몰래 사람을 시켜 진왕의 관상을 보게 했다. 그 신하가 돌아와서 아뢰었다.

"진왕 마마의 이마에는 뼈가 둘이나 솟아 있어서, 더할 수 없이 존귀한 상을 지니고 계십니다."

진왕은 자태가 아름다우면서도 영리하고 무게 있게 행동했다. 학문을 좋아하고 문장을 잘 쓰는 가운데, 신하들을 항상 낮은 자세로 대했다. 진왕은 연극도 잘했다. 양주총관揚州總管으로 있으면서 입조했다가 황후전에 들러 하직 인사를 드릴 때에는 이별의 슬픔을 이기지 못하는 것처럼 땅바닥에 엎드려 통곡했다. 황후도 함께 울었는데 진왕이 그러한 황후를 보고 아뢰었다.

"소신은 어리석기 때문에 항상 아우로서 황태자마마를 모시도록 힘써 왔습니다. 그런데 황태자마마는 소신을 미워하고 계십니다. 언제 소신을 죽일 수 있을까 벼르고 계십니다. 우리들 사이를 이간질하는 사람이 있으면 언제 사약을 받게 될지 모르니, 항상 마음을 졸이고 있습니다. 어마마마, 통촉하소서."

황후가 화를 내며 말했다.

"근자에 용의 태도는 정말로 마음에 들지 않아요. 내가 죽어 없어지면 그대는 도륙이 날지 모르겠구나."

모자가 함께 손을 붙잡고 통곡했다. 이런 일이 있은 뒤 황후는 황태자를 폐립하기로 마음을 굳혔다.

5. 황제가 되는 진왕晉王 양광楊廣

하루는 진왕 양광이 안주총관安州總管 우문술宇文述을 불렀다. 우문술은 선비족鮮卑族 출신으로 성은 파야투破野頭였으나 한족의 성을 취하면서 우문宇文 씨가 되었다. 그의 아버지는 북주의 상주국이었다. 개황 초에 우위대장군右衛大將軍이 되어 진陳을 멸망시키는 일에 공을 세워 안주총관이 되었다. 양광과는 진을 정벌할 때에 그 산하에서 일한 사이라 남달리 친하게 지냈다.

"여기서만의 얘기인데, 앞으로 내가 어떻게 하면 되겠소? 우 총관."

"무엇을 말입니까?"

"다 알면서 시치미를 떼는가?"

"진왕 전하께서는 황제폐하 내외분께 두루 잘 보이고 계신데, 무엇이 또 걱정이십니까?"

"그러지 말고 가르쳐 주게. 우리가 사귄 지 한 해 두 해인가?"

"그래도 맨입으로야 말씀드릴 수 있겠습니까? 술이라도 한잔 주시죠."

"아 참, 그렇군. 내가 생각이 짧았군. 여봐라. 밖에 누가 있는가? 우총관과 내가 한잔하려고 하니, 술상을 차려오너라."

양광이 소리쳤다. 이윽고 술상이 들어와서, 술잔을 주거니 받거니 하며 몇 순배가 돌았다.

"어디 말해 보게. 이만하면 대접이 섭섭하진 않을 테지."

"지금 황태자는 이미 황제폐하의 총애를 잃고 있습니다. 동짓날에 황제폐하께서 크게 나무라신 이래로, 황태자의 문후를 받지 않으신다고 들었습니다. 황후 폐하도 황태자가 여색을 밝힌다 하여 몇 번이나 역정을 내신 적이 있다고 했습니다."

"그렇지. 태자가 실덕을 한 것이 많았지."

"그에 비하여 전하에게는 진陳을 평정할 때나 북쪽의 돌궐을 정벌할 때에 세우신 혁혁한 무공이 있습니다. 게다가 전하의 풍채와 외모는 여러 왕들 가운데 으뜸이고, 지모와 문재 또한 탁월하여 여러 신하들이 칭송하는 소리가 자자합니다. 그러니 다음의 대통은 전하의 차지가 되지 않겠습니까?"

"과찬의 말씀이오. 그렇지만 태자가 저렇게 버티고 있으니, 내가 어찌할 수가 없어. 어떻게 하면 되는지 한 수 가르쳐 주게."

"전하, 진정으로 말씀하시는 것입니까? 희롱하시면 아니 되십니다."

"어찌 공을 희롱할 수 있겠나. 어서 말해 보게."

"정 그러시다면 말씀드리겠습니다. 부모 형제간의 일은 아무나 끼어들 수 있는 일이 아닙니다. 더욱이 대통에 관련된 일은 국가 대사가 아닙니까? 잘못하면 역모로 몰리게 되어 삼족을 멸하게 될 수도 있는 일입니다."

"그러니 아무에게나 상의할 수 있는 일이 못 되지."

"지금 이 나라에 많은 사람이 있으나, 이 일을 다룰 수 있는 사람은 우복야 양소밖에 없습니다."

"나도 그렇게 짐작하고는 있네. 그런데 어떻게 우복야를 내 사람으로 만들 수 있겠나. 어디 방도가 있으면 가르쳐 주게."

"우복야 양소를 움직일 수 있는 사람은 그의 아우 양약楊約뿐이지요. 양약은 지금 대리소경大理少卿으로 있습니다. 우복야는 모든 일을 이 아우와 사전에 협의하여 처리하고 있습니다. 다행히 소신이 양약과 친분이 있으니, 한번 은밀하게 만나서 양소와 다리를 놓을 뜻이 있는지 알아보겠습니다."

"그래 주겠나? 돈은 얼마가 들더라도 좋으니, 반드시 그 두 형제가 날 돕도록 만들어 주게."

양광은 크게 기뻐하면서 우문술에게 금은보화를 듬뿍 쥐어 주고, 그가 수주寿州 자사총관刺史總管으로 진급할 수 있도록 주선했다.

우문술은 도성으로 오자마자 제일 먼저 양약을 찾아갔다.

"어찌 된 일인가? 정말 오랜만이구려. 자사가 어찌 날 찾아 왔는가?"

"무슨 소리. 우리가 보통 사이인가? 한잔하려고 왔네. 내가 다시 도성에 와서 살게 되었으니, 자네가 축하해 주어야 할 일이 아닌가?"

"그러세. 그게 뭐 어려운 일인가?"

두 사람은 기방으로 나가 기녀를 끼고 도박을 했다. 도박에 지면 벌주를 마시는 것으로 시작하여, 차차 돈을 걸기 시작했다. 기녀가 지면 옷을 하나씩 벗는 놀이로 여색까지 즐기다가 밤이 이슥해졌다. 우문술이 손뼉을 쳐서 종자를 불렀다.

"부르셨습니까? 나리."

"밑천이 떨어졌구나. 나가서 함을 갖고 오너라."

종자가 갖고 온 함 속에는 금은과 보옥이 가득 들어 있었다. 우문술은 이것을 하나씩 꺼내어 도박에 걸었다. 양약의 눈에도 휘황찬란한 보물로 보였다. 원래 양약은 형을 닮아 재물에 눈이 먼 사람이었다. 보물을 보자 눈빛이 번뜩였다.

'어떻게 해서라도 저걸 내 것으로 만들어야지.'

그는 도박에 속임수를 쓰기로 했다. 그의 속임수는 감쪽같아서 아무도 눈치를 채지 못했으나, 우문술만은 이를 알아차렸다. 둘은 예전에도 여러 번 함께 도박을 해본 사이었다. 우문술은 양약이 속임수를 쓰는 것을 알면서도 짐짓 모르는 척했다. 여러 날을 이렇게 도박과 주색으로 지내다 보니, 많은 금은보옥이 양약의 손으로 넘어갔다. 얼마 후 양약이 이상한 생각이 들어 말했다.

"자네, 매번 이렇게 지기만 하니 이상한 일이 아닌가? 전에는 내 돈을 왕창 따서 내 속이 꽤나 상했는데. 아무래도 무슨 딴생각이 있는 게 아닌가? 실토하게. 우리들 사이에 무슨 비밀이 있겠는가?"

"허허허허. 눈치를 챘구먼. 실은 이 모든 재화는 자네에게 주라고 진왕 전하께서 주신 것이라네."

"진왕이라고? 양광 말인가?"

"양광이라니. 함부로 존함을 불러서는 아니 되지. 앞으로 존귀한 신분이 되실 분인데."

"그렇긴 하지만, 황태자가 있는데 되어 봤자지, 뭐."

"어리석은 소리 작작하게. 고래로 바르게 처신하라고 했다네. 정도를 지키는 것이 성인군자의 길이지만, 시절에 맞추어 잘 처신하여 화를 피하는 사람이 결국 입신양명하게 마련이지. 자네들 형제는 그 공명이 세상에 알려지고 영화가 극에 달해 있는 셈이네. 그래서 자네 앞에 무릎을 꿇는 사람들이 셀 수 없이 많지 않은가? 그러나 바로 그것 때문에 황태자나 황후가 못마땅하게 여기고 있네. 그들이 언젠가는 본때를 보여주어야 하겠다고 벼르고 있지 않은가? 자네들 형제가 폐하의 어심은 잡고 있지만, 폐하께서 승하하시면 무슨 재주로 몸을 지킬 것인가. 지금 황태자가 모후의 총애를 잃었고, 폐하마저 그를 폐할 생각으로 있다네. 그러니 지금 진왕 전하에게 힘을 보태어 줘야만 후일을 기약할 수 있다는 것을 어찌 모르는가? 자네 형제들의 입과 귀를 빌리면 안 될 일이 뭐에 있겠는가? 이런 때에 큰 공을 세우면 진왕 전하께서 그 은공을 잊으시겠는가? 이야말로 누란의 위기를 피하여 태산의 안정을 취하는 일이지. 마침 전하께서 이렇게 많은 금은보화를 자네에게 전하라고 하시니, 어찌 그 큰 뜻을 거역할 것인가?"

"알겠네. 자네가 아니었으면 내가 큰 실수를 할 뻔 했네. 형과 상의해 봄세. 가거든 진왕 전하께 말씀 잘 드려 주게."

양약이 말했다.

다음 날 양약이 형을 찾아가서 진왕의 이야기를 했다. 양소가 아우의 말을 듣고 크게 기뻐하면서 손바닥을 비비며 말했다.

"참으로 좋은 말을 들었다. 네가 곁에 있으면서 언제나 날 도와주는구나."

"지금 폐하께서는 황후의 말씀을 잘 들으십니다. 이 기회에 진왕을 도와, 우리의 지위도 한 번 더 다지고 자손 대대로 영화를 누리도록 해봅시다. 우물쭈물하다가 이변이 생겨서 황태자가 등극하는 날에는, 우리 일문이 화를 면하기 어렵게 될 것입니다."

양약이 말했다.

며칠 뒤에 대흥전에서 연회가 있었다. 양소가 황후를 보고 말했다.

"진왕 전하는 효성이 지극하고 검소하며 항상 공손한 것이 폐하를 빼어 닮으셨습니다."

"공이 말한 대롭니다. 진왕은 효잡니다. 나나 폐하가 사신을 보내면, 부부가 함께 대문 밖까지 나와 마중한답니다. 먼 곳으로 부임할 때에는 하직인사를 하면서 울지 않은 적이 없었습니다. 진왕도 효자이지만 진왕비도 귀여운 아이입니다. 진왕은 소실이나 시녀를 두지 않아, 진왕비가 일일이 수발을 들고 있어요. 내가 여색을 멀리하라고 했더니, 진왕은 그대로 내 말에 순종하고 있답니다. 태자 용은 진종일 못된 소실 운雲씨한테 홀려서 소인들을 가까이하고 술에 취해 정신을 못 차리고 있으니, 이보다 딱한 일이 어디 있겠습니까? 게다가 자기의 동기까지 의심하고 시샘을 하니, 잘못하면 진왕이 언제 당하게 될지 몰라 걱정이랍니다."

황후가 말하면서 눈시울을 닦았다.

양소는 황후의 속마음을 엿보게 된 뒤로 기회가 있을 때마다 황태자의 험을 뜯었다. 마침내 황후가 양소에게 재물을 주면서 황태자를 폐하고 진왕을 황태자로 책봉하도록 황제께 권하라는 부탁까지 하게 되었다. 황태자는 이런 일이 벌어지고 있는 기미를 알았으나, 어찌할 바를 몰랐다.

개황 20년(서기 600년), 인수궁에 나가 있던 황제가 황태자의 동정을 알아보라고 양소를 대흥전으로 보냈다. 황태자는 우복야 양소가 황명을 받들고 찾아온다는 전갈을 받고 정장을 하고 기다렸다. 양소는 일부러 늦장을 부렸다. 기다림에 지쳐 불안해진 황태자의 얼굴에 초조하고 화난 기색이 역력했다.

"어찌 이리도 늦었는가? 과인이 경이 오는 것을 기다린 지 얼마나 되었는지 모르겠다. 부황께서 경을 보낼 때에는 필시 연유가 있을 텐데, 이처럼 소홀해서야 되겠는가?"

황태자의 불만이 대단했다.

양소가 황제에게 복명하면서 아뢰었다.

"황태자전하께서 불만에 가득 차 있습니다. 사람들을 보내어 다시 알아보시는 것이 좋겠습니다."

황제가 다른 시종 여럿을 보내어 황태자의 심기를 다시 알아보게 했다. 양소의 사주를 받은 시종들은 돌아와서 황태자가 원망하고 있다고 침소봉대해서 아뢰었다. 황제는 황태자가 더욱 싫어졌다. 황태자의 불온한 동정을 걱정해서, 동궁 위병의 수를 줄이고 힘센 자를 모두 다른 곳으로 이동시켰다. 양소의 지시를 받은 태사령太史令 원윤袁允이 아뢰어왔다.

"오늘 밤 소신이 천문을 보니, 황태자가 폐립될 징조가 보입니다."

"천문에도 나타날 정도인가? 아무도 짐에게 알려 주지 않았는데."

진왕은 부하를 시켜서 황태자의 총신에게 뇌물을 주어, 황태자의 동정을 하나하나 양소에게 전하게 했다. 양소는 보고가 들어오는 대로 황제에게 고했다. 진왕의 부하는 뇌물에 중독 된 황태자의 총신을 보고 위협했다.

"동궁의 과실은 모두 폐하의 귀에 들어갔다오. 이미 폐위하겠다는 밀조가 내려져 있어요. 안팎으로 황태자의 허물만 폐하의 귀에 들어가게 되어 있어요. 그러니 그대가 황태자의 잘못을 일일이 알려서 우리에게 협력하면 언젠가는 부귀영화를 맛보게 될 것이나, 그렇지 못하면 큰 화를 입게 될 것이오. 알아서 하시오."

4월에 돌궐이 다시 국경을 침범했다. 진왕 양광이 행군원수가 되고, 한왕 양량, 대장 양소와 사만세史萬歲가 군사를 인솔하여 이를 요격해서 물리쳤다. 몇 달이 지나서 가을이 되니, 황제가 그때까지 거처하던 인수궁에서 동궁이 있는 대흥전으로 돌아왔다. 그런데 대궐의 분위기가 흥청망청할 것으로 알고 왔는데, 뜻밖으로 음산했다.

"어찌 된 일이냐? 황태자가 연일 주연을 베풀고 음탕한 음악을 연주하게 한다고 들었는데 어찌 이리 조용한가?"

"신들의 힘이 미치지 않아 폐하께서 걱정하시게 했습니다."

이부상서吏部尚書 우홍牛弘이 황제를 맞으며 말했다. 황제는 인수궁에 있는 동안에도 황태자의 추태에 관하여 계속해서 들어왔기 때문에, 사람들이 황태자의 허물을 비난할 것으로 알고 질문을 했다. 그런데 우홍이 이렇게 답하는 바람에 말문이 막혀 기분이 언짢아졌다. 그는 화난 얼굴로 어쩔 줄 몰라 하는 동궁의 관속들을 보고 말했다.

"인수궁은 여기서 멀리 떨어져 있는 곳이 아니다. 그런데 어찌 짐이 대흥전으로 올 때마다 호위를 더욱 엄하게 하지 않으면 안되는 것이냐? 마치 적국에 들어오는 것 같구나. 걱정이 되어 옷도 벗지 못하고 잤노라. 경들이 부자간을 이간해서 나라를 망치게 하려는 것이 아니냐? 우복야는 태자를 보좌하는 좌서자左庶子 일당을 당장 포박해서 이들이 어떤 음모를 꾸미고 있는지 문초하여 그 죄상을 낱낱이 밝혀라."

이에 좌서자 당령칙唐令則과 동궁의 신하들을 국문하게 되었다. 양소가 아뢰었다.

"신이 일찍이 칙명을 받들고 동궁에 들어가서, 황태자전하에게 유거사劉居士 일당을 소탕하라고 진언했습니다. 그런데 태자전하께서 폐하의 칙명을 받들면서도 화를 내고 펄펄 뛰면서 항의하셨습니다."

"무어라고 하던가?"

"'유거사 일당은 이미 법으로 다스렸는데 또 무엇을 하라고 하는가? 과인과는 이제 무관한 일이 아닌가? 네가 우복야의 신분으로 있어 막강한데, 필요하다면 직접 조사하면 될 것이 아닌가? 과인이 더 할 일이 무엇인가? 옛날에는 큰 잘못이 있으면 먼저 과인을 불러 나무라셨는데, 지금은 폐하께서 아우들만큼도 과인에게 말을 건네지 않으시니 불편한 것이 한두 가지가 아니다. 과인이 스스로 방어책을 강구하지 않으면 안 될 것 같이 생각되는구나.'하고 말하며 한숨을 쉬셨습니다."

"유거사는 상주국 유창劉昶의 아들이 아닌가? 그자의 아비가 짐의 총애를 받고 있는 것을 믿고 교만해져 다른 귀족들과 함께 악랄한 짓을 많이 해서 백성들을 괴롭혔다고 했던가? 그자가 황태자의 측근이었단 말이지?"

"그렇습니다. 이들이 항시 수백 명의 불한당과 건달을 거느리고 있다가, 탄로가 나서 모반으로 참형에 처해졌습니다. 그때에 많은 공경들의 자제가 연루되어 모두 처벌되었습니다."

"그랬지. 그런데 이번에는 또 무슨 문제가 있던가?"

"당령칙은 황태자를 측근에서 보좌하는 자리에 있으면서도 제왕의 길을 인도하지 않고, 비파로 음탕한 곡을 연주하고 황태자를 주흥에 취하도록 만들었습니다. 세마洗馬 이강李綱이 보다 못해 이자를 멀리하도록 권했으나, 황태자께서는 음악을 즐기려는 것이니 간섭하지 말라고 이를 물리치셨습니다. 이처럼 지금 황태자전하의 주변은 위계질서가 문란하고, 천자의 도를 닦는 일을 방해하는 자들만이 모여 있습니다."

"또 무엇이 문제인가?"

"황태자전하의 부인인 운씨의 아비가 동궁에 무상으로 출입하고 있습니다. 이자는 기이한 옷이나 그릇을 전하에게 권하면서 전하의 비위를 맞추어 왔습니다. 동궁 시종인 배정裴政이 그런 일은 법도에 어긋나고 태자비의 급사 또한 그자가 권한 그릇에 묻은 독약 때문이라는 소문까지 항간에 나돌고 있다면서, 그런 짓을 하지 못하게 말렸습니다. 그런데 이자가 그 말을 황태자전하께 일러바쳤습니다. 결국 황태자전하는 배정을 멀리하고 지방으로 좌천시키고 마셨습니다."

황제가 크게 화를 내면서 말했다.

"이 아이로는 천하의 중책을 감당할 수 없겠다. 황후가 언제나 그의 폐위를 권해 왔는데, 짐이 벼슬을 하기 전에 얻은 아이이고 맏아들이기 때문에 황후의 말을 듣지 않고 지금까지 지켜보아 왔지. 점차 개선의 기미가 보일 것으로 기대했는데, 그것이 가망이 없어 보이는구나. 지금 운씨와 그의 일족이 이렇듯 몹쓸 짓을 하고 있으니, 후일 종사를 그르치게 할 것이 틀림없구나. 짐이 요순堯舜의 덕이 없는 터에, 어찌 이런 불초한 자식으로 대통을 잇게 할 수 있겠는가? 천하를 위하여 황태자를 폐하도록 하겠노라."

한 측근 신하가 간했다.

"폐립은 천하의 대사입니다. 천자는 한 번 말씀을 하시면 바꾸지 못하십니다. 칙명을 내리시고 나면 나중에 잘못했다고 후회해도 소용이 없으십니다. 세상에는 남을 헐뜯는 사람이 대단히 많으니 잘 살펴보셔야 합니다."

신하의 직언하는 목소리와 몸짓은 간곡하고 애절했으나, 황제는 답을 하지 않고 돌아섰다.

황제가 황태자의 총신인 희위姬威에게 황태자가 지은 죄를 낱낱이 보고하라고 추상같이 지시했다. 희위가 벌벌 떨면서 아뢰었다.

"태자는 교만하고 사치스럽습니다. 이런 말씀을 하신 적이 있습니다. '간언하는 놈이 있으면 참할 것이다. 백 명만 죽이면 다 입을 다물 것이야.' 일 년 내내 누각 하나 짓는 일에 세월을 보내신 적도 있습니다. 동궁을 맡은 상서尙書가 법을 엄격하게 적용하자, 전하께서는 화를 내시며, '복야僕射 두셋을 죽여서 날 깔보면 재미없을 것이라는 것을 알려 주어야 하겠다.' 하셨답니다. 점쟁이를 불러서 점을 친 뒤에, 소신에게 '지존께서 앞으로 18년이나 사신다는데, 좀 더 일찍 어떻게 할 수 없을까?' 하셨습니다."

희위의 말을 들은 황제가 기가 막혀서 눈물을 흘리며 말했다.

"부모 없이 태어난 사람은 없을 텐데, 이런 소리까지 하게 되었는가?"

마침내 황태자와 그 자식들을 동궁에 가두어 바깥출입을 금하고 황태자의 신하들을 하옥시켰다.

양소는 동궁에서 의복과 일용잡화를 압수해서, 화려하게 다시 꾸며 마당에 진열하고 여러 신하들에게 보였다. 황제와 황후가 황태자를 힐책하는 사신을 보냈으나, 황태자는 전혀 반성의 빛이 없고 죄가 없다는 변명만 늘어놓았다. 10월이 되어 황제는 황태자와 그의 자식들을 여러 신하들의 앞에 끌어내고 황태자를 폐립한다고 포고했다. 이에 따라 황태자의 아들인 왕이나 딸인 공주는 모두 그 작위를 박탈당했다.

세마 이강이 홀로 아뢰었다.

"폐하, 황태자를 폐위시키는 일은 중대사입니다. 대신들이 모두 이의 불가함을 알고 있으면서도 감히 말하는 자가 없습니다. 그러나 소신은 죽음을 무릅쓰고 말씀드리겠습니다. 황태자는 평범한 분입니다. 보좌하는 자에 따라 착하게도 되고 나쁘게도 되십니다. 폐하께서는 올바른 사람을 골라 황태자를 보좌시켜 나라의 기초를 구축하도록 하셨어야 합니다. 그런데도 당령칙 같은 무리를 좌서자나 시종으로 삼으셨습니다. 이들이 황태자에게 그저 풍악이나 개싸움 같은 놀이만을 가르쳐서 이번과 같은 결과가 된 것입니다. 이건 황태자의 죄가 아닙니다. 오로지 폐하의 과실이십니다."

이강은 땅을 치고 통곡했다. 황제가 얼마 동안 침묵하다가 말문을 다시 열었다.

"세마가 짐을 책망하는 것에도 일리는 있다. 그러나 그대는 하나는 알고 둘은 모른다. 짐이 그대를 동궁의 세마로 선임했지 않은가? 그런데도 용은 그대를 가까이하지 않았다. 그러니 바른 신하를 골라봤자 무슨 소용이 있었겠나?"

이강은 여전히 불복했다.

"신이 등용되지 않은 것은 황태자의 측근에 간신이 있었기 때문입니다. 폐하께서 당령칙 같은 자들을 베어버리고 현명한 사람으로 바꾸셨더라면, 어찌 소신을 멀리했겠습니까? 황태자를 폐립한 일로 나라가 기울어진 사례는 예부터 셀 수 없이 많습니다. 제발 다시 생각을 고치고 후회하지 않도록 하소서, 폐하."

황제가 기분이 상해 분연히 자리를 떴다. 다른 신하들은 모두 벌벌 떨었다. 그러나 황제는 직언을 할 줄 아는 이강을 인정했다. 뒤에 상서우승 尙書右丞의 자리가 비자 황제는 이강을 가리키며 좋은 재상감이라고 말하며 즉석에서 그를 등용했다.

황제는 양용을 동궁에 유폐하고 양광으로 하여금 감시하게 했다. 양용이 태자에서 폐위된 것을 억울하다 하면서 다시 아버지를 알현하겠다고 주장했으나, 양광은 이를 묵살했다. 마침내 양용은 나무 위에 올라가서 큰 소리로 부르짖었다.

"아바마마, 소자는 억울합니다. 한 번 더 알아보소서. 소자는 잘못한 것이 없습니다. 살려 주소서 아바마마."

양용은 이렇게 외치면 아버지가 알현을 허락하리라고 생각했다. 그러나 양광은 황제에게 아뢰었다.

"형님이 미쳤습니다. 귀신에 씌었습니다. 이제는 회복하지 못할 것입니다."

양용이 아무리 외쳐도 황제는 들은 척도 하지 않았다.

수문제가 진陳을 멸망시켰을 때에 세상 사람들은 이제 살기 좋은 세상이 될 것이라고 기뻐했다. 그러나 감찰어사監察御史로 있던 방언겸房彦謙은 친구들에게 말했다.

"주상은 잔혹하고 인정이 없는 분이시다. 태자는 허약한데, 다른 왕들이 큰 권력을 쥐고 있다. 평화로워졌다고 하지만 얼마 안가서 망하고 말 것이야."

광양문廣陽門 밖에 백관을 모은 자리에서 동궁에 관련된 죄인들을 처형하라는 칙명이 내려졌다. 그러자 광평왕이 나와 이를 찬양했다.

"지존께서 백성을 위해 골육의 정을 끊으시고 덕이 없는 자를 폐출하시니, 실로 큰 경사이고 천하를 위해 좋은 일입니다."

황제는 이번의 양용 국문에 공을 세운 양소에게 비단 3,000단段을 내리고 양약에게 1,000단을 하사했다.

11월에 진왕 양광이 황태자로 책봉되었다. 천하에 지진이 일어나고 도성에 폭풍설이 내렸다. 다음 해인 인수仁壽 원년에 다시 돌궐의 부자步迦가한이 수를 침공했다. 다음 해에 양소가 행군원수가 되어 운주雲州로 출격해서 돌궐을 격파했다. 5월에 돌궐의 남녀 9만 명이 투항해 왔다. 8월에 독고独孤 황후皇后가 붕어했다.

양소는 군사적인 공적이 있는 데다가 태자를 폐립하는 일에 큰 공을 세워 승진을 거듭하게 되었다. 그래서 그의 집안에 거느리는 종이 수천에 이르고, 마당에 고운 옷을 걸친 기생과 처첩은 천 명이 넘게 되었다. 저택은 호화롭고 사치스러워 대궐에 버금갈 지경이었다. 실로 그 영화는 고금에 으뜸이 되었다. 조정의 신하 가운데 그를 거역하다가 사만세나 이강처럼 배척당한 사람이 한둘이 아니었다. 나랏일을 보필하는데 삼사 일에 한 번 성省에 나가 큰일만 챙기면서 실권을 장악하니, 하고 싶은 일에 막힘이 없었다. 양광이 황태자가 된 뒤에 아우인 촉왕蜀王 양수楊秀를 내모는 데에도 양소가 한몫 거들었다.

인수 4년, 황제가 인수궁에 가서 쉬려고 시종들에게 준비하도록 지시했다. 그러자 길흉사를 점치는 술사術士 장구태익章仇太翼이 한사코 말렸다. 황제가 말을 듣지 않자 술사는 아뢰었다.

"지금 가시면 두 번 다시 돌아오지 못하십니다."

격분한 황제는 술사를 감옥에 처넣고, 돌아오면 죽이기로 작정했다. 황제는 곡절 끝에 인수궁으로 옮기면서, 나라의 일은 모두 황태자인 양광에게 맡겼다. 인수궁에 도착한 지 얼마 되지 않아 황제에게 병이 났다.

"아무래도 짐의 병은 원인을 알 수 없구나. 그동안에 짐이 죽인 원혼들이 짐을 괴롭히는 것 같다. 천하에 사면령을 포고하여 짐의 병이 낫도록 도와다오."

황제가 황태자에게 지시하여 6월에 특사령이 내려졌다. 7월이 되니 황제의 병이 더욱 위중해졌다. 황제는 침전인 대보전大寶殿에서 자리에 누운 채로 신하들과 작별했다. 황제가 신하들의 손을 하나하나 잡으며 눈물을 흘렸다. 그리고 술사 장구태익을 풀어주라고 지시했다.

그런데 새로 황태자가 된 양광이 전부터 마음에 두고 있던 아버지의 애첩 선화 부인宣華夫人을 희롱하는 사건이 터졌다. 아름다운 여자만 보면 사족을 못 쓰는 본색이 드러난 것이었다. 선화 부인이 양광을 뿌리치고는 황제가 누워있는 침실로 울면서 뛰어 들어왔다.

"폐하, 동궁이 신첩을 희롱했습니다. 신첩을 안으며 신첩을 능멸했습니다. 처벌하여 주소서."

"이런 짐승 같은 놈이 있는가? 짐이 이런 놈을 후사로 삼았단 말인가? 황후가 꾀는 바람에 짐이 속아 넘어갔구나. 안 되겠다. 폐태자 용을 다시 불러라. 얼른 이리로 불러오도록 해라."

병에 시달려 들숨날숨이 없는 황제가 숨을 몰아쉬며 시종에게 소리쳤다. 그러나 황제의 시종으로 있는 사람은 양소의 조종 하에 있었다. 그 시종이 이런 사정을 즉각 양소에게 보고했다. 양소로부터 보고 받은 황태자 양광은 복심인 장형張衡을 황제의 침전으로 파견했다. 침전에 있던 부인이나 시종들을 별실로 먼저 내보내고 장형만이 침전에 잠시 머물렀다가 뒤따라 나왔다. 얼마 뒤에 선화 부인의 다급한 목소리가 들려왔다.

"폐하, 어찌되신 겁니까? 폐하, 정신 차리소서. 누구 없느냐? 폐하께서 이상하시다. 얼른 어의를 불러라. 얼른."

밖에는 양광과 양소가 보낸 동궁전의 병사들이 침전을 에워싸고 아무도 들어가지 못하게 막고 있었다. 양광은 우문술과 구오연 그리고 장형을 시켜 이들을 지휘하게 했다. 마침내 황제가 다보전에서 육십사 세의 생을 마쳤다. 서기 604년, 인수 4년 7월의 일이었다. 곧이어 8월에 황태자 양광이 보위에 올랐다.

6. 양소楊素와 수양제隋煬帝

양광이 황제가 되기까지는 우여곡절이 많았는데, 중요한 고비마다 양소楊素가 거들어서 이겨낼 수 있었다. 양소는 홍농군弘農郡 화음현華陰縣 사람으로 수의 황실인 선비鮮卑의 푸류루부普六茹部와는 계통이 다른 선비족 출신이니 이 또한 동이족 계열이었다. 어릴 때부터 사람됨이 체면이나 예법에 얽매이지 않고, 자유분방自由奔放하게 행동하는 버릇이 있었다. 항상 큰 뜻을 품고서 학문을 연찬하여 문장을 잘 지었다. 초서와 예서에 능하고, 풍수지리에 밝아 점을 잘 쳤다. 어른이 되면서 아름다운 수염을 길러 영웅호걸의 풍채를 갖추었다. 말을 너무 잘하고 마음 내키는 대로 방약무인傍若無人한 행동을 많이 했기 때문에, 조정의 신하들 가운데 미워하거나 싫어하는 사람이 많았다. 재상으로서의 품격이나 신임에서는 고경에 미치지 못했으나 지혜가 많고 권모술수에 능했다. 군사 면에서는 틀에 박힌 일을 싫어하고 임기응변에 능하며 신속하게 행동했다. 군사를 통솔함에 있어서는 대단히 엄격해서, 군령을 위반한 자는 즉결 처분하며 결코 관용할 줄을 몰랐다. 패전해서 돌아오는 사람은 모두 베어 없앴으니, 이를 두려워한 장병들은 죽음을 각오하고 적진으로 돌격했다. 그러니 항상 이길 수밖에 없었다. 양소의 밑에서 싸운 장병들은 작은 공을 세워도 모두 기록해서 상을 주었기 때문에, 그의 통솔이 엄격하고 혹독한데도 모두 그를 따랐다.

양견이 북주의 승상이 되자, 양소는 양견과 친교를 맺어 그의 심복이 되었다. 그 결과 변주汴州 자사로 부임하여, 위지형尉遲逈의 난에서 공을 세워 대장군이 되었다. 이어 그는 서주총관徐州総管이 되었다가 주국柱國으로 승진하고, 청하군공清河郡公으로 책봉되어 식읍食邑 2,000호를 받았다. 양소의 아내가 강짜를 부리자 그는 "그런 짓거리만 하면 내가 천자가 되더라도 그대를 황후로 삼지 않을 거다." 하고 고함을 질렀다가 아내가 양견에게 일러바치는 바람에 파직된 적도 있었다.

그의 여러 가지 무공 가운데에서도 남조 진陳을 평정할 때와 북의 돌궐을 정벌할 때의 일이 특출했다. 진왕 양광이 총사령관인 통수각로병마統帥各路兵馬가 되었을 때에, 양소는 행군원수로 임명되어 수군을 거느리고 장강長江을 따라 삼협三峽까지 내려가서 진의 군사를 무찔렀다. 적장이 중무장한 병사를 요소에 주둔시키고 장강에 굵은 쇠사슬을 쳐서 배가 내려오지 못하게 방어하고 있었는데 양소는 결사대를 보내어 쇠사슬을 걷어치우고 돌진하게 했다. 병사들이 겁에 질려 출격을 꺼리는 것을 본 양소가 삼백 명을 즉결 처분했다. 이런 추상같은 호령에 다른 병사들이 사생결단하고 돌격하니 진의 요새가 쉽게 함락되었다. 이때에 양소가 만든 전선은 오아五牙라는 5층의 누선樓船으로, 높이가 백여 척이나 되고 팔백 명의 전사를 수용할 수 있는 큰 전함이었다. 다음으로 큰 배로 전사 100명을 실을 수 있는 중형의 배가 있었는데 황룡黃龍이라고 이름을 지어 썼다. 양소는 이런 중형선도 오아와 함께 활용해서 수군을 자유자재로 지휘했다. 많은 포로를 잡았는데, 이들을 위무하여 해산시키고 전혀 다치지 않게 했다. 이를 반기어 많은 진의 장병이 귀순해 왔다. 함대가 장강에 나타나면 정기旌旗가 바람에 나부끼고 갑옷이 햇빛을 받아 눈부시게 번쩍였다. 전함 위에 칼을 짚고 선 양소의 모습이 웅장하고 신색이 완연했다. 진의 사람들이 멀리서 이를 보고 심히 두려워하면서 말했다.

"청하공清河公께서 이미 장강에 오셨다. 천신께서 강림하셨다."

양소는 장강을 따라 진군하며 곳곳에서 진의 군사를 격파하다가 한구漢口에 도착했다. 한구에 상륙한 그는 다른 장수들에게 뒤를 맡기고 도성으로 돌아왔다. 이때의 전공으로 그는 형주총관荊州總管으로 임명되고 형국공荊国公에 책봉되면서 식읍 3,000호를 받았다.

이때에 그의 아들 양현감楊玄感도 의동儀同이 되고 청하군공에 봉해졌다. 수문제는 양소에게 별도로 비단 일만 단, 곡식 일만 석과 금은보화를 하사하고 말 200마리, 양 200마리, 전답 100경頃과 저택 한 채를 주었다. 당시의 한 경은 100묘畝로, 100경이면 30만 평坪이나 되는 넓은 땅이었다. 다시 얼마 뒤에 월국공越国公에 책봉되었다가 납언이 되고, 다시 내사령内史令으로 옮겼다. 개황 12년에는 소위를 대신해서 상서우복야에 올라 고경과 함께 정사를 담당하게 되었다. 이때까지 양소는 강남을 평정하기 위해 백여 차례의 싸움을 치렀다. 수문제는 장기간의 출정으로 수고가 많다고 치하하면서 양소가 수레를 타고 입조하는 것을 허락하고, 아들에게도 상개부를 더하고 공단貢緞 3,000단을 하사했다.

돌궐과의 반복된 싸움에서도 양소의 역할은 대단했다. 개황 18년에 돌궐의 달두 가한이 침범했을 때에는 영주도靈州道 행군총관이 되어 이를 격파했다. 이때에 양소가 중앙에 기병을 두고 그 주위를 전차대와 보병으로 둘러싼 방진方陣을 치는 새로운 진법으로 적 기병의 기습을 막고 대승을 거두었다. 마침내 달두가 중상을 입고 도주하니 수문제가 특별히 그 공을 칭찬해서 특제 비단 이만 필과 보석 띠를 하사하고, 큰아들을 대장군으로 삼고 다른 세 아들을 상의동으로 삼았다. 개황 20년에 진왕 양광이 행군원수로 나갔을 때에는 그의 참모장으로 장사長史를 맡게 되었다. 이때에 진왕 양광이 머리를 숙여 양소의 가르침을 청했고, 그 후 양소는 진왕의 팔과 다리가 되었다. 다음 해인 인수 원년에 양소는 고경을 대신해서 상서좌복야가 되었다.

서기 604년 7월에 수문제가 돌아간 뒤 황제가 된 양광이 사치와 여색을 좋아하고 백성을 돌보지 않고 외정에만 힘써서 나라를 2대 만에 망하게 했다고 하여, 그 시호를 불로 달달 볶는 황제라는 뜻의 수양제煬帝로 지었다. 앞으로는 양광을 수양제 또는 양제로 적기로 한다. 수양제가 황제가 되자 한왕漢王 양량楊諒이 불복하고 거병했다. 한왕의 거사를 따른 주州가 열아홉이나 되었다. 한왕은 개황 18년에 고구려를 정벌하려고 30만 대군을 거느리고 행군원수로 출정했다가 요동의 전투에서 참패를 당한 일이 있었다. 다음 해에 돌궐이 침범해 왔을 때에는 다시 행군원수가 되어 이를 막아냈다. 수문제가 그를 총애하여 천하의 정병을 기르는 일을 맡기고 있었다. 태자 양양이 폐립될 때 한왕은 마음이 거북하고 불만스러워서 은근히 딴 뜻을 품게 되었다. 그는 수문제에게 아뢰었다.

"지금 돌궐이 강력하니 태원太原이 대단히 중요한 곳이 됩니다. 이곳의 군비를 보강해야 할 것입니다."

"그렇게 하여라."

수문제가 윤허하여 태원의 성벽을 크게 보수하고 군비를 보강했다.

한왕의 바로 위 형인 촉왕 양수가 죄를 얻어 서인庶人이 되는 것을 보고 한왕 역시 불안을 느끼고 있는데 수문제가 붕어했다는 소식이 전해졌다. 한왕은 양소가 수문제를 시해하여 모반했으니 이를 토벌해서 죽여야 한다며 거병의 구실을 삼았다. 수문제가 살아 있을 적에 한왕과 미리 약속한 것이 있었다. "양아, 만약 짐이 죽는다면 반드시 네 형이 짐의 죽음을 감추고 너를 소환하는 칙서를 보낼 것이다. 짐은 서명 위에 작은 점을 찍는 버릇이 있는데, 이는 아무도 알지 못한다. 그러니 만약 칙서가 오거든 그것부터 챙겨 보아라. 점이 없으면 위조한 것이니, 받아들일 필요가 없단다."

수양제가 한왕을 도성으로 소환하는 칙서를 보냈다. 한왕이 살펴보니, 서명 위에 점이 찍혀 있지 않았다. 한왕이 칙사를 보고 고함을 질렀다.

"네 이놈. 이 칙서는 가짜가 아니냐? 황제폐하께서 보내신 것이 아니지 않느냐? 여봐라, 이자를 즉각 문초하여 수도에 무슨 변이 있었는지 알 아내도록 하여라."

칙사를 문초하여 가까스로 아버지께서 돌아가신 것을 알아낸 한왕은 통곡을 하면서 하늘을 보고 맹세했다.

"아바마마의 원한을 소자가 반드시 갚아드리겠습니다."

태원에는 수만 명의 군사가 이미 확보되어 있었고, 한왕을 보필하는 사람이 둘이 있었다. 한 사람은 양梁의 장수였던 왕승변王僧辯의 아들 왕규 王頍이고, 다른 한 사람은 진의 장수였던 소마가蕭摩訶였다.

왕규가 말했다.

"장수들의 가족이 관서關西에 살고 있습니다. 가족을 두고 온 그들의 걱정이 대단합니다. 그런 사정을 이용해서 바로 관서로 쳐들어가면 번개처럼 빠르게 수도를 차지할 수 있을 것입니다. 만약 제齊의 옛 땅에 할거하고 싶다면 동쪽으로 향하실 수도 있습니다.

어느 쪽이든 빨리 결정하셔야 합니다."

한왕은 얼른 결정하지 못하고 망설이다가 결국 두 안을 모두 쓰기로 했다.

총관부의 병조를 맡았던 배문안裴文安이 안을 또 내었다.

"정경井陘의 서쪽 땅은 이미 왕의 수중에 있습니다. 산동의 군사와 군마도 우리가 확보하고 있습니다. 노약자로 각지의 요로를 지키게 해서 그 일대를 확보하고, 정예 군사를 인솔하여 포진蒲津을 바로 치는 것입니다. 제가 선봉을 맡겠습니다. 왕께서는 대군으로 뒤따라오십시오. 질풍처럼 진군해서 파상에 진을 치면 함양咸陽 이동은 손가락만 까닥해도 손아귀에 들어옵니다. 이렇게 되면 수도가 떠들썩해질 것입니다. 군사를 모집할 겨를도 없이 상하가 서로 의심하고 민심이 흉흉해질 테니, 소신이 군사를 이끌고 나가면 누가 감히 저항할 수 있겠습니까? 열흘도 지나지 않아 대세가 정해질 것입니다."

한왕이 크게 기뻐하고 대장군 셋을 시켜서 군사를 나누어 각각 하양河陽과 여양黎陽 그리고 연조燕趙로 진군하게 했다. 그러는 한편 주국 서문안署文安과 흘단귀紇單貴 등의 여러 장수로 하여금 도성으로 진격하게 했다.

그런데 포진에서 백여 리가 되는 곳에 이르러 한왕이 마음을 바꾸어 흘단귀로 하여금 강의 다리를 끊고 포주蒲州를 지키게 하고는 배문안을 소환했다. 배문안이 돌아와서 말했다.

"군사를 움직일 때에는 신속해야 합니다. 적군이 생각지도 않은 곳을 찔러야 승리할 수 있는 법입니다. 그런데 왕께서는 진군하지 않고 소장마저 불러 들이시니, 적에게 준비할 시간을 주고 말았습니다. 결국 이길 수 있는 기회를 놓쳤습니다."

한왕은 이에 대답하지 않고 여러 주국들을 각 지방의 자사刺史로 임명하고 장군 조자개趙子開에게 군사 10만을 주어 양소를 막게 했다. 조자개는 말뚝으로 울을 쳐서 관군의 진로를 막고 벽을 높이 쌓아 방어진을 쳤다. 그러다가 보니 50리에 걸쳐 포진하게 되었다. 이를 본 양소가 산하의 장수들에게 대치하게 하고, 자신은 특공대를 인솔하여 절벽의 벼랑을 기어 올라가기로 했다.

양소가 말했다.

"이곳은 300명만 남겨서 지키도록 하고 나머지는 모두 계속해서 진격하기로 한다."

양소가 특별히 조직한 특공대를 거느리고 한왕군의 북쪽으로 진출했다. 불시에 북을 치고 불을 지르며 돌격하니, 당황한 한왕군은 자기네끼리 싸워 수만 명의 사상자가 나왔다. 양소가 5,000기를 거느리고 포주에 있던 왕담王聃과 흘단귀를 치게 되어, 양소의 군사는 밤중에 포주의 강가에 도착했다. 양소는 수백 척의 배를 사 모았다. 그러고는 배마다 바닥에 풀을

깔아 소리가 나지 않게 하고, 군사들에게는 자갈을 물려 소리를 죽이고 새벽에 습격하게 했다. 불의의 습격을 받은 흘단귀가 패주하고, 왕담이 성문을 열고 항복했다. 양소가 향군총관 겸 하북도河北道 안무대사安撫大使가 되어 4만으로 부푼 보병과 기병을 몰고 태원으로 진격했다. 조자개의 군사가 패하여 크게 두려워하던 한왕은 마침 큰 비가 내려 회군할 생각을 갖게 되었다. 왕담이 이를 보고 간했다.

"양소의 군사는 인마가 모두 지쳤습니다. 왕께서 정예병으로 이를 치시면 반드시 물리칠 수 있습니다. 적을 앞에 두고 물러가면 사람들에게 겁을 집어 먹었다고 보일 것이고, 전사들의 사기는 땅에 떨어지고 적에게는 도움만 줄 것이니, 왕께서는 물러서시면 안됩니다."

한왕이 듣지 않고 군사를 물려 청원清源을 지키게 했다. 양소가 다시 진격해 와서 한왕과 마지막 대전을 치렀는데, 한왕의 군사 가운데 일만 팔천 명이 전사했다. 한왕이 다시 진양晉陽까지 후퇴하니 양소가 이를 포위했다. 한왕은 그 이상 항거하지 못하고 양소에게 항복했다. 조정의 신료 모두가 한왕에게 죽음을 내리라고 주상했으나, 수양제는 말했다.

"형제간의 정으로 차마 그렇게 하지 못하겠구나. 죄를 한 등 낮추어 죽음만은 면하게 하고 싶다."

마침내 한왕은 서민으로 떨어지고 모든 작위와 봉록을 삭탈 당했다. 한왕은 고민 끝에 병사하고, 그의 아들은 금고에 처해졌다가 뒤에 살해되었다. 한왕의 관속으로 연루되어 죽임을 당한 자가 20만이 넘었다.

인수 4년 11월, 수양제는 태자인 진왕소晉王昭를 수도에 머물게 하고, 황제로서는 처음으로 낙양洛陽으로 행차했다. 수양제는 수의 서울을 서경의 대흥과 동경의 낙양으로 양분해서 천하를 다스릴 생각이었다. 그래서 다음 해인 대업원년大業元年 3월에 양소와 납언 양달楊達 그리고 장작대장 將作大匠 우문기宇文愷를 시켜 낙양에 성곽과 궁궐 및 민가를 대규모로 증축하는 사업을 추진했다. 이를 위해 달마다 200만 명의 일꾼을 징발하고,

그 지역의 주민과 여러 주의 부호들 수만 호를 낙양에 이주시켰다. 우문기는 현인궁顯仁宮을 짓게 되어 엄청나게 많은 양의 기암괴석을 강남이나 영북嶺北에서 낙양으로 운반해왔고, 해외에서 신기한 나무와 화초 그리고 새와 짐승을 수입해서 정원을 꾸몄다. 수양제는 달밤에 수천 명의 궁녀와 이곳에서 놀기를 좋아했다. 그뿐만이 아니라 스스로 청야유곡淸夜遊曲이라는 곡을 지어 말을 타고 연주했다.

한편 수양제는 하남회북淮北의 백성 100여만 명을 징발해서 통제거通済渠를 비롯한 많은 운하를 파게했다. 이 운하로 하남 형양현滎陽縣에서 황하黃河를 거쳐 회하淮河에 이르는 물길을 트고, 다시 회남淮南 사람 10여만 명을 징발해서 장강의 제일가는 도성인 강도江都에 이르는 운하를 파게했다. 그리고 장안에서 강도에 이르는 40여 곳에 별궁을 지었다. 별도로 왕홍王弘을 보내어 용선龍船과 잡선 수만 척을 만들게 했다. 8월에 수양제가 강도로 행차했다. 왕홍이 용선을 내어 이를 맞았다. 용선은 4층으로 높이 45척尺에 길이 200장丈이나 되는 큰 선박이었다. 최상층에 정전, 내전과 동서 묘당이 있었다. 2층과 3층에는 방이 120개나 있어서 모두 금과 옥으로 장식했다. 제일 아래층에는 내시가 거처했다. 이 밖에도 호화로운 배가 많았는데 후궁, 왕, 공주, 백관, 비구와 비구니, 도사나 외국 사신들이 수천 척의 배에 분승했다. 배가 200여 리나 이어졌다.

대업 2년 2월에 우홍을 시켜서 황후와 백관의 조복과 임금이 타는 수레를 품계에 따라 다시 만들도록 했다. 5품 이상의 문관이 타는 수레나 옷을 주옥으로 장식하게 하니, 그 사치가 일세를 풍미했다. 개부의동삼사開府儀同三司 하조何稠가 고금의 도서를 참조해서 조복과 수레를 화려하게 꾸며 수양제의 비위를 맞추었다. 장식에 많은 새 깃털을 썼는데, 전국에서 아름다운 깃털을 공출하게 해서 황새나 두루미와 같이 고운 깃털을 가진 새는 거의 씨가 마르게 되었다. 이 깃털을 수집하는 일에 10만이 넘는 인력이 동원되고, 이를 위해 수억이 넘는 금은이 뿌려졌다. 수양제는 3월에 강도를 출발하여 한달이 걸려서 낙양으로 올라갔다. 이어서 대사면을 포고하고 한 해의 조세와 부역을 면제했다.

6월에 양소를 사도司徒로 삼아 일선에서 물러가게 했다. 사도는 삼공의 다음 지위로 각부의 대신인 상서尚書와 같은 급이나 실권은 없는 원로 대신이었다. 수양제는 양소가 지나치게 호화롭게 사는 것이 못마땅하고 그의 세도가 너무 커지는 것이 두려워 그를 거세할 생각이었다. 양소가 물러간 뒤에는 우홍이 이부를 맡았으나, 정무를 혼자 처리할 수는 없었다. 납언 소위, 좌익위대장군左翊衛大将軍 우문술, 내사시랑内史侍郎 우세기虞世基 등이 중용되어 정치에 간여했기 때문이었다. 특히 우세기는 그 권세가 남달라, 모든 관리의 출세가 우세기에게 바친 뇌물에 따라 좌우되었다.

대업 2년에 양소가 병이 드니 수양제가 어의를 보내어 약을 짓게 했다. 수양제가 어의를 통해 양소의 용태를 알아보면서 투덜댔다.

"그 영감, 어찌 이리도 목숨이 질긴가? 벌써 저승사자가 데리고 가야 할 사람인데, 또 무슨 흉계를 꾸미려는 것인가?"

양소도 수양제의 이런 뜻을 알아차리고 경계하기 시작했다. 그래서 수양제가 보낸 약은 한 방울도 마시지 않고 버리면서 동생인 양약에에게 말했다.

"내가 이 이상 살아서 무얼 하겠나? 내가 죽고 나면 황제가 우리 양씨 집안을 그냥 두지 않을 것인데 그것이 걱정이구나."

얼마 뒤 7월에 양소가 죽으니 수양제가 근신을 보고 말했다.

"양소는 죽었으나 그 일족을 살려 두면 살아 있는 것이나 마찬가지다. 차라리 그 일족을 몰살하는 편이 낫겠다."

수양제는 그런 속마음을 내색하지 않았다. 양소에게 타이북위공太尉公 홍농십군태수弘農十郡太守를 추서하고 성대한 장례식을 거행해 주었다.

7. 극도로 사치를 하는 수양제隋煬帝

서기 608년, 대업 3년에 돌궐의 기민啟民 가한可汗Qǐmínkèhàn이 입조하게 되었다. 수양제는 이들에게 음악을 들려주어 수의 높은 문화로 돌궐을 압도하고 싶었다. 그래서 사방에서 산악散樂을 할 줄 아는 악공 3만여 명을 낙양에 모아 음악회를 열었다. 산악이란 북제에서 놀이에 쓰던 음악으로 우홍이 좋은 음악이 아니라고 배척했던 음악이었다. 놀이를 곁들인 음악이다 보니 여러 가지 곡예도 보여주었다. 불을 뿜는 곡예, 두 사람이 메고 있는 장대 위에서 춤을 추는 곡예, 고래가 뿜은 바닷물이 일곱 길의 황룡으로 변하는 마술 등, 많은 곡예사와 마술사들이 재주를 부려서 상으로 능라비단을 받아 갔다. 하도 많이 상을 주는 바람에 도성과 하남의 비단이 바닥나게 되었다. 수양제가 작곡한 곡이나 악공들이 연주한 곡은 모두 구슬픈 곡조였다. 수양제는 그런 곡이 마음에 들었다.

수양제가 수도 대흥으로 돌아오니, 우문술이 수양제를 만나 아뢰었다.
"폐하. 폐세자의 아들이 벌써 성년이 되었습니다. 아비의 원수를 갚겠다고 거병 준비를 하고 있다는 소문입니다. 빨리 처분하셔야 하겠습니다."
"뭐라고? 그놈들이 원수를 갚겠다고? 누구한테 말인가? 괘씸한지고. 당장 조치하리라."
무고한 폐세자의 아들 장녕왕長寧王 양엄이 사약을 받고 죽었다. 일곱 명의 동생도 멀리 귀양 가는 도중에 모두 살해되었다.

4월에 우홍이 새로 개정한 18편의 율령律令인 대업률大業律이 반포되었다. 그동안 가혹한 율령으로 시달리고 있던 백성들이 크게 반겼다. 그러나 얼마 가지 않아 이 율령은 사용하지 못하게 되었다. 연이은 전쟁으로 백성이 도탄에 빠져 관리들이 임의로 일을 처리하게 되었기 때문이었다. 정부 조직도 개편하고 주州를 군郡으로 바꾸었으며, 상주국 이하의 관위를 대부大夫로 고쳐 부르게하고 왕공후백자남王公侯伯子男의 6개 작위 가운데 백자남伯子男을 폐지해서 왕공후王公侯의 셋만 남기는 등 많은 제도를 고쳐 기구와 제도를 간소화했다. 그러나 워낙 중앙의 이부吏部에서 지방 관헌까지 일일이 임명하는 바람에 실지로 필요한 인원보다 많은 관리가 임명되었다. 관리의 수가 늚에 따라 일도 증가했다. 관리와 일거리가 줄어야 효과가 있을 터인데, 증가 일로에 있으니 백성만 고달파졌다.

대업 3년 5월에 동 돌궐의 기민 가한이 아들을 보내어 수양제에게 하례를 올리게 했다. 얼마 뒤에 기민은 다시 조카를 보낸 뒤 가한 자신이 중국에 와서 수양제를 출영하겠다고 전해왔으나, 수양제가 이를 허락하지 않았다. 수양제가 처음으로 북부 지방을 순수해서 탁군涿郡까지 행차했다. 얼마 뒤에 기민 가한과 안의安義 공주가 행궁에 와서 알현했다.

수양제는 행궁의 북루에서 황하黃河의 고기잡이를 구경하며 신료들과 잔치를 벌였다. 태부경太府卿 원수元壽가 아뢰었다.

"한무제漢武帝가 관關을 나서니 정기가 천 리에 연하였다 합니다. 지금 행궁의 밖을 24대로 나누면 각 부대의 사이가 30리쯤 떨어져도 정기를 볼 수 있게 되고, 북과 징의 소리도 들을 수가 있습니다. 그러면 한무제 때와 마찬가지로 천 리의 진을 치게 되는 것이니, 이것이야말로 제왕의 위엄을 천하에 떨치게 할 것입니다."

수양제는 행궁용으로 거대한 막사를 만들게 했다. 막사 안에 수천 명이 앉을 수 있는 규모였다. 수양제는 막사에 호위병을 도열시키고 기민 가한과 부족장을 초청해서 커다란 연회를 열었다. 산악散樂을 연주하게 하니, 참석한 돌궐인들은 처음 보는 행사라 보는 것이 모두 경탄의 대상이었다. 연회가 파한 뒤에 돌궐인들이 다투어 소와 양과 말과 낙타를 바쳤는데, 모두 합해 수백만 마리나 되었다. 수양제도 기민 가한에게 비단 2만 단을 하사하고 다른 부족장들에게도 지위에 따라 선물을 주었다. 기민 가한에게 수레와 말을 하사하면서 조정으로 들어올 때에 호명하지 않아도 되는 특권을 주어, 다른 제후나 왕보다 윗자리에 두었다.

수양제는 장정 100여만 명을 따로 징발해서 보름 동안 장성을 수복했다. 기민을 후대하는 일이나 장성을 수복하는 일이 모두 국고를 낭비하는 것이라 생각한 상서좌복야尚書左僕射 소위가 그러지 말라고 수양제를 말렸다. 그러자 고경高頴, 우문궁宇文弓, 하약필賀若弼 등이 모두 나서서 수양제에게 사치하지 말라고 건의했다. 그러나 수양제는 말을 듣지 않아 이들은 수양제의 앞에서 물러나와 각기 친지들에게 투덜거렸다.

"나라가 망하려 하는군. 주周가 망할 때에도 음악만 좋아했지."

"그때의 사치도 지금에 비하면 별것이 아니지."

"장성 공사가 뭐에 그리 급한가? 민생이 더 급하지."

"돌궐의 야만인이 우리의 허실을 알고 산하의 험준함을 이용하게 되면, 뒤에 큰 환란의 원인이 될 것이다."

그런데 이런 말들을 밀고하는 자가 있었다. 모두 황제를 비방한 죄로 잡혀서 하옥되었다. 수양제는 자기를 비판하는 세력을 일소할 생각이었다. 그 중 특히 고경이 비위에 거슬렸다.

"지가 무엇이기에 짐이 하는 일을 일일이 훼방하는가? 이번에는 이놈을 죽여 본때를 보이리라."

혹독한 국문 끝에 고경, 우문궁 그리고 하약필이 사형에 처해졌다. 고경의 아이들은 벽지로 귀양을 보내고 하약필의 처자는 관노비로 만들었다. 좌복야 소위도 파면되었다. 수양제의 사치와 낭비로 국고가 점차 고갈되는 것을 우려해서 간언한 결과가 이렇게 되었다.

8월, 유림군楡林郡을 떠난 어가가 운중雲中을 거쳐 금하金河에 도착했다. 무장병 50만에 마필이 10만 마리니, 정기와 치중이 천 리에 연했다.

금하에 행궁을 다시 지었는데, 주위가 2,000보나 되었다. 이 행궁은 판자와 베로 만들어 단청으로 장식했다. 누각까지 만든 이 거대한 행궁을 보고, 돌궐인들은 혀를 내두르며 수의 힘에 공포를 느꼈다. 이들은 행궁에 올 때에 십 리 밖에서부터 무릎을 꿇고 기었다. 기민 가한도 마찬가지로 무릎을 꿇고 수양제를 대했다.

수양제가 기민 가한의 막사에 들어서는데, 기민이 다른 민족의 사람과 대담하다가 당황하면서 맞았다.

"누군가. 이 사람이?"

"폐하, 동이의 나라 고구려왕의 사신입니다."

"고구려라니? 구려 말인가?"

수양제는 고구려를 멸시하는 마음이 앞서서 구려라고 불렀다.

"그런 자가 왜 여기에 있는가?"

"저희와의 교역을 원하고 있습니다. 그리고 서부 돌궐을 통해 서쪽 나라들과의 교역을 알선하라고 사신을 보내어 왔습니다."

"구려가 짐도 모르게 경과 거래를 하려 들다니. 괘씸한 일이군."

"폐하, 안 될 일입니까? 저희 돌궐로서도 이 교역을 알선하면 큰 이문을 얻을 수 있습니다."

"안 되고 말고. 잊었는가? 선제 때에 구려를 정벌하려다가 크게 낭패를 당한 일을."

마침 황문시랑黃門侍郞 배구裴矩가 곁에 있다가 수양제에게 아뢰었다.

"옛날에 주周의 무왕武王이 은殷을 멸하면서 은의 공자 기자箕子에게 백성을 다스리는 도를 물었다 합니다. 그 뒤에 기자가 동쪽으로 조선 반도에 건너가니, 이를 조선후朝鮮侯로 책봉했다고 합니다. 구려의 땅은 원래 기자가 차지했던 곳으로 한漢나라와 진晉나라가 모두 군현으로 삼았던 곳입니다. 중국이 남북조로 갈려 싸우는 동안에, 이들이 우리의 산하에서 이탈해 사사건건 거역해 왔습니다. 그래서 선제께서 이들을 정벌하려 하셨던 것입니다. 그런데 한왕이 불초하여 30만 대군으로도 이들을 평정하지 못하고 말았습니다. 이제 폐하의 시대가 되었으니, 이들을 정벌하여 예법을 지키고 행실을 바로하게 만드셔야 합니다. 오늘 이곳에서 기민 가한이 나라를 바쳐 복종하는 것을 직접 보았기 때문에 구려의 사신에게 두려운 기색이 완연합니다. 이 참에 구려가 조공하도록 칙명을 내리시는 것이 좋을 것으로 생각됩니다."

수양제가 배구의 말을 그럴듯하게 생각하고, 고구려의 사신에게 다음과 같은 말을 전하도록 이부상서吏部尚書이자 비서감秘書監인 우홍에게 지시했다.

"기민 가한은 짐을 지성으로 받들고 있다. 그래서 짐이 그의 막사까지 오게 되었다. 구려의 사신은 돌아가서 구려왕에게 다음과 같이 말하라. 내년에는 짐이 탁군으로 갈 것인데, 의심하거나 두려워하지 말고 빠른 시간 내에 입조하라고. 그러면 짐이 구려왕을 보호하기를 기민과 같이 할 것이다. 그러나 만약 입조하지 않으면 기민을 거느리고 구려의 땅을 토벌하리라."

수양제는 기분이 좋지 않았다. 한왕이 30만 대군을 몰살시키고 도망쳐 온 요동 전쟁의 기억이 되살아났다. 자기가 진두지휘했더라면 그런 참패는 안 일어났을 것인데, 바보 같은 한왕이 일을 망치고 말았지. 그런 일이 있은 지 벌써 십여 년이 지났다. 그때에 비하면, 수의 국력은 비길 수 없을 만큼 강성해졌다. 고구려가 돌궐과 동맹하고 거란과 말갈을 앞세워 침범하면 동북 면이 시끄러워질 것이고, 나아가서는 모처럼 통일한 중국의 안위에 큰 위협이 될 것이 틀림없었다. 그러니 아예 그 싹이 트기 전에 없애야 할 일이었다. 수양제는 수도에 돌아가면 대군을 모아 구려를 정벌해야겠다고 마음을 먹었다.

대업 4년 4월에 동남 변방인 야마토의 국왕이 사신을 보내어 국서를 봉정했다. 이 국서에 적힌 다음과 같은 글이 수양제의 비위를 크게 거슬렀다.

"해 돋는 곳의 천자가 해 지는 곳의 천자에게 국서를 보내노라. 별 일 없으신가?"

중원의 대륙을 통일한 수의 황제로서는 도무지 이해할 수 없을만큼 거만한 국서였다. 수양제는 크게 화를 내며 홍로경鴻臚卿에게 일렀다.

"야만의 오랑캐라 예법을 모르는구나. 이런 국서는 짐에게 올리지 말라."

이 국서는 우마야도廐戶 황자가 야마토 왕조의 황태자로서 국정을 혁신하면서 수와의 수교를 청하기 위해 보낸 것이었다. 우마야도는 뒤에 야마토에서 쇼토쿠 태자聖德太子로 우러러 모신 태자였다. 작은 나라의 왕인 주제에, 천자가 천자에게 서를 보낸다는 표현은 있을 수가 없었다. 중국의 긴 역사 속에서도 이처럼 무례한 짓을 한 나라는 없었다. 모든 나라가 중국의 비위를 맞추고 조공을 해서 무역으로 이득을 얻으려는 판국이었다. 야마토의 사신은 자기네 천자의 말이라고 다음과 같을 말을 전했다.

"바다의 서쪽에 있는 보살 같은 천자께서는 거듭 불법을 일으키고 계신다고 들었습니다. 그래서 사신을 보내어 교역을 허락해 주실 것을 청하는 바입니다. 우리나라의 승려 수십 명을 유학시켜서 불도를 배울 수 있도록 허락하소서."

건방진 국서에 격노했으나, 고구려와의 싸움을 계획하고 있던 수양제는 동쪽 끝의 나라 야마토와는 우호관계를 맺어 두는 것이 좋겠다고 생각을 다시 고쳤다. 그래야만 고구려를 협공할 수 있을 것이 아닌가? 그래서 다음 해에 귀국하는 야마토의 사신 오노노이모고小野妹子를 따라 배세청裵世淸을 야마토로 파견했다. 배세청은 나이는 젊었으나 학식이 있고 훌륭한 가문 출신이라 수와 당唐나라에 중용된 사람이었다.

당시의 야마토는 여자 오오기미大王, 스이코推古 천황의 시대인데, 우마야도는 오오기미가 여자라 수의 사신 앞에 보이는 것은 좋지 않다고 생각했다. 그래서 그는 자기가 왜왕이라고 하면서 사신을 접견했다. 이번에는 격식에 맞게 의장대를 설치하고 고각鼓角을 울리면서 도성 밖에서 수의 사신을 맞았다. 왜왕으로 나온 우마야도는 배세청을 만나 크게 반가워하며 말했다.

"짐은 바다의 서쪽에 대수大隋라는 예의 바른 나라가 있다고 하여 사신을 보내어 조공하게 했다. 짐은 동방의 미개인이라, 바다의 한쪽 구석에 있어서 예법에 어둡다. 국내에만 머물러 있었기 때문에 아직 대수국의 사람을 만나본 적이 없다. 그래서 이번에 특별히 길을 청소하고 객관을 꾸며 대사가 오는 것을 기다렸다. 대사가 힘을 써서 우리가 대수국의 새로운 교화를 받을 수 있게 해 주시오."

배세청이 환대를 받고 귀국하는 길에 다시 야마토의 사절을 대동했다. 이리하여 수와 야마토 사이에 직접 교류가 시작되어 세 번이나 사절을 교환했다. 수를 이어 당唐나라 때에는 894년에 당나라 말의 전란으로 사절 왕래가 끊어지기까지, 십수 차에 걸쳐 2, 3년에 한 번씩 사절이 왕래했다. 견수사遣隋使나 견당사遣唐使로 부른 이 사절단은 대사와 부사가 인솔한 오륙백 명의 인원으로 구성되어, 중국 문화와 불교를 야마토에 이식하는 데에 크게 공헌했다.

6월에 수양제가 이차로 북부를 시찰하러 나가 오원五原에서 만리장성을 순시했다. 허물어진 만리장성을 7월에 수축하도록 지시하고 대장군 우문술을 시켜 신강新疆 합밀哈密 지역에 있던 이오伊吾 왕국을 정벌해서 판도에 편입했다. 대업 5년 3월에 수양제가 토욕혼을 공격하여 이를 병탄하니 청해青海 지구도 판도에 들어오게 되었다. 6월에 이 지역에 네 개의 군을 설치하니 수 왕조의 강역이 최대로 커졌다.

고구려와의 전쟁 준비에 여러 해가 더 걸렸다. 대운하 건설도 전쟁 준비의 일환이었다. 황하와 회수淮水, 회수와 장강, 황하와 탁군涿郡, 그리고 강남하江南河와 항주杭州를 연결하는 대운하를 연이어 건설한 덕에, 장강 하류에서 생산하는 쌀을 대흥과 낙양으로 운하를 따라 수송하거나 군량미를 항주에서 탁군으로 수송하기가 쉬워졌다. 대업 6년에 유규流求(뒷날의 타이완臺灣)를 정벌하여 포로 만여 명을 붙잡았다. 이제 고구려를 정벌할 기초 준비가 끝났다.

8. 불세출의 명장 을지문덕乙支文德

서쪽 하늘에 벌겋게 저녁노을이 졌다. 요동성의 서장대에 올라, 황량한 들판 너머 지평선에 걸친 해를 보고 크게 한숨을 내쉬는 장수가 있었다. 고구려의 대장군 을지문덕乙支文德이었다.

'벌써 열두 해가 지났구나. 강이식 장군이 수의 30만 대군을 무찌른 지가. 그때는 장군의 신출귀몰한 전술로 무사함을 얻었으나 지금은 수가 엄청나게 커졌지. 그들이 서쪽과 남쪽의 여러 나라를 평정하고 북쪽으로 군사를 돌려 돌궐을 굴복시켰다고 하니, 우리 고구려만 외롭게 대항하게 되었어. 그동안은 잠잠했지만, 수가 우리 고구려를 그냥 두지는 않을 것이야. 세작들의 보고에 의하면 이미 동 돌궐의 기민이 수의 황제에게 항복했고, 신라와 백제가 조공을 보내고 있다고 했지. 심지어 바다 건너 야마토마저 수와 교역하기 시작했다고 한다. 그러니 우리 고구려는 고립무원이 된 셈이야. 어떻게 하면 수의 동진을 막을 수 있을까?'

갑자기 계단을 올라오는 소리가 들려왔다. 혼자서 시름에 잠겨 골똘히 생각하고 있던 을지문덕이 인기척에 고개를 돌렸다.

"대장군, 소장입니다. 소장, 연태조淵太祚입니다. 서장대에 오르신 지도 벌써 한 시진이 넘었습니다. 무슨 생각을 그리 하십니까? 저녁 진지 드실 때도 되었으니 얼른 내려가십시다, 대장군."

연태조는 서부 사람이었다. 옛날의 소노부消奴部가 서부로 개편 되었는데, 서부에 속한 연태조는 요동성을 맡은 처려근지處閭近支였다. 연태조가 속한 서부와 을지문덕이 통솔하는 을지족은 국조 동명성왕東明聖王 이래로 상부상조하는 사이였다. 을지족은 을파소乙巴素의 후예였다. 그래서 고구려의 왕족을 낸 소노부나 계루부桂婁部와는 다른 혈통에 속했다.

"벌써 시간이 그렇게 되었는가? 저길 보게. 저 지평선 너머로 떨어져 가는 해를 보게. 엄청나게 둥글고 커다란 게, 사방을 벌겋게 물들이고 있지 않은가? 지금의 수 제국을 상징하는 것 같아. 수 제국은 저 지는 해처럼 사라져야만 한다네."

"참으로 장관입니다. 장군. 말씀대로 수가 지는 해가 되어 준다면, 무엇을 더 바라겠습니까?"

"우리 고구려는 개국 이래로 서쪽 세력에게 당한 적이 많았지. 그동안 얼마나 우리의 백성들이 수탈을 당했는지 장군은 잘 알 것이오."

"이제 서토가 4백여 년의 동란을 끝내고 통일되었으니, 우리 고구려를 다시 도모하려고 할 것이 틀림없습니다."

"태왕마마 9년에 우리가 한왕 양량과 왕세적王世績 원수의 수륙 30만 대군을 전멸시켰지. 그때는 강이식 원수의 공이 컸지만, 지금은 그 어른께서도 연로하시니 어떡하면 좋겠는가?"

"걱정하지 마십시오. 소장들이 요서와 요동의 산성과 난하 灤河, 요하 遼河, 압록강鴨綠江, 살수薩水 등의 크고 작은 하천에 의지해서 적군을 요격하면, 가히 백만 대군이라도 겁낼 것이 없습니다."

연태조가 가슴을 펴며 기염을 토했다.

"허나 우리 병력의 수가 워낙 적은 것이 걱정이란 말이야. 수는 남조 진陳을 칠 때에 50만 대군을 동원했고, 지난번 요동 전역 때에도 한왕에게 30만이나 군사를 주지 않았나? 수가 돌궐을 앞세워 온다면 얼마나 동원할 수 있을 것인가? 적게 잡아도 백만은 넘을 것이야. 대운하 건설이나 장성 수축에만 백만 명이 넘는 일꾼을 동원한 사람들이니 다음번 전쟁에는 엄청난 군사를 움직일 것이 아닌가? 그들의 전체 인구가 4천만 명이 넘는다고 하니 백만이래야 사십 분의 일밖에 되지 않거든."

"그건 그렇습니다. 그러니 우리 고구려는 태왕마마를 비롯하여 오부五部의 노비에 이르기까지 일사불란으로 움직여야 할 것입니다."

"그렇지? 우리 오부의 백성이 70만 호는 넘지만 남녀노소를 합해도 400만이 안 되니, 우리 모두가 하나가 되어 싸워야 그들을 막을 수 있을 거야. 요동과 요서에만 100여 개의 성이 있고 큰 강물 여럿이 그들과 우리 사이를 차단하고 있으니, 이를 활용하면 수를 막을 수 있을 게야. 요녕의 기후가 여름에는 덥고 겨울에는 얼어 붙으니, 이런 혹독한 기후도 우리 편으로 만들어야 하지. 길게 잡아 열 달만 견디면, 아무리 강한 군사라도 견디지 못하고 물러갈 것이야. 결국 동장군께서 우리를 도와주실 것이니. 가장 중요한 것은 고구려의 오부와 거란 및 말갈의 단결이지. 우리 모두가 한마음 한뜻이 되어 싸울 방법을 찾는 것이 요긴한 일이지."

두 사람은 서장대에서 내려와 내전으로 들어갔다.

을지문덕은 내전에서 저녁을 먹고 잠자리에 누웠다. 잠이 잘 오지 않아 뒤척거리는데, 어릴 적에 들은 혜관慧灌 대사의 말씀이 생각났다.

"문덕아, 세상만사가 인연으로 생기는 것이니라. 모든 것은 원래 실체가 없어서 비어 있단다. 비어 있는 가운데, 인연이 생기면 희로애락이 뒤따르게 된단다. 그러니 항상 마음을 비워서 인연에 매이지 않도록 힘쓰거라. 너희 나라가 여러 부족으로 나뉘어 다투고 있으니, 각자가 마음을 비우고 나라를 위해 단합하게 만들지 못하면 큰 낭패를 당하게 될 거야. 네가 그런 일을 해낼 수 있도록 심신을 단련해야 한다."

대사의 말을 들을 때에는 무슨 뜻인지 잘 이해가 되지 않았다. 그런데 지금 수의 대군이 닥칠 지경이 되고 보니 대사의 깊은 뜻을 알 것만 같았다.

혜관 대사는 을지문덕의 고향인 평양 근방 석다산石多山 사람이었다.

혜관 대사는 삼론종三論宗의 대가인 승랑僧朗 대사의 제자였다. 문덕이 동맹東盟의 무술대회에서 궁술과 기마술로 장원에 뽑혔다가 얼마 뒤에 고구려 열두 관위의 네 번째인 대형이 되어 군사를 통솔하게 된 것을 보고, 대사는 더 거들 일이 없다고 하면서 야마토로 건너갔다.

이보다 먼저 영양왕嬰陽王은 수와 강화한 뒤, 곧바로 한반도의 남쪽으로 군사를 움직였다. 서기 603년인 왕의 14년 8월에 신라의 북한산성을 공격했으나 이 공격은 성공하지 못했다. 신라의 진평왕眞平王이 친히 군사 1만 명을 거느리고 나와 막았기 때문이다. 신라에서는 고구려에 대항하기 위해 수와의 외교를 강화하고, 이천利川에 있던 남천주南川州를 폐하고 광주廣州에 북한산주北漢山城州를 다시 설치하여 방어선을 강화했다.

영양왕 18년 5월에 고구려가 군사를 내어 백제의 송산성松山城을 공격했으나 이 역시 빼앗지 못했다. 고구려는 군사를 돌려 석두성石頭城을 함락시키고 남녀 삼천 명을 사로잡아 왔다. 영양왕 19년 2월에 다시 고구려는 신라를 습격하여 8,000명을 사로잡았고, 4월에 신라의 우명산성牛鳴山城을 함락시켰다. 이보다 1년 전 8월에 백제의 무왕武王이 군사를 내어 신라의 막산성莫山城을 포위했다가, 진평왕이 군사 수천으로 막아 아무 이득 없이 돌아갔다. 그러자 신라는 충주 부근에 성을 넷이나 쌓고 백제를 핍박했다. 크게 화가 난 백제의 무왕이 좌평佐平 해수海讐에게 4만 명의 군사를 주어 신라가 새로 쌓은 네 성을 공격하게 했다. 신라는 파진찬 건품乾品을 보내어 싸우게 했다. 신라와 백제 간에는 싸움이 자주 있었다.

고구려가 강성해짐에 신라는 크게 위협을 느꼈다. 진평왕은 즉위한 지 16년이 되는 해에 수로 사신을 보내어 조공하면서 수의 지원을 청했다. 신라의 사신을 보고 반긴 수문제가 조서를 내어 진평왕을 상개부上開府 낙랑군공樂浪郡公 신라왕新羅王으로 삼았다. 2년 뒤 3월에도 신라는 수에 토산물을 바치고 고승 담육曇育이 수에 들어가서 불법을 구할 수 있도록 부탁했다. 진평왕 23년에는 고승 원광이 귀국했다. 진평왕 24년에 왕은 대나마 大奈麻 상군을 다시 수로 보내어 토산물을 바쳤다. 상군이 돌아오는 길에 고승 지명智明을 데리고 왔기에, 왕은 지명을 대덕으로 삼아 불교의 포교 에 힘쓰게 했다. 26년 7월에 다시 대나마 만세萬世와 혜문慧文을 수로 보냈 다가, 다음 해 3월에 귀국하게 했다. 이때에 9년간의 유학을 마친 담육도 함께 돌아왔다. 진평왕은 고구려가 자주 침략하는 것을 걱정하여 수에 군 사적 지원을 청하려고 원광 법사에게 걸사표乞師表를 작성할 것을 명했다. 진평왕 33년에 진평왕이 걸사표를 수양제에게 바치니, 고구려를 칠 준비가 다 된 수양제는 크게 기뻐하며 이를 허락하고 고구려 정벌 대군이 하북의 탁군에 집결하게 조서를 내렸다.

난하 서쪽의 갈석산碣石山과 발해군勃海郡 사이의 지역에는 고구려의 군사들이 이미 침투하여 주둔하고 있었다. 수가 중원을 통일하는 일에 집 중하는 동안에는 고구려를 달래기 위해서도 문제 삼지 않았으나, 수양제가 탁군에 고구려 정벌군을 모은 시점에서는 이를 크게 문제 삼게 되었다.

영양왕嬰陽王 21년(서기 610년), 요서와 요동의 각 성을 돌아보고 장안 성으로 돌아온 을지문덕이 왕에게 시찰 결과를 보고했다.

"태왕마마, 이번에 난하의 서쪽과 요동성을 돌아보고 왔습니다. 갈석 산에서 발해渤海 연안에 이르는 지역에는 우리 고구려의 군사들이 들어가 서 지키고 있습니다. 난하의 동쪽에 포진한 우리 군사들도 주야로 맹훈련 을 하고 있어서 일단은 마음을 놓았습니다. 그런가 하면 요동성에는 오만 의 군사가 일 년을 지탱할 수 있는 식량 50만 섬과 무기를 비축하고 있는 것을 확인했습니다."

을지문덕의 건의에 따라 건안성에서 오부욕살五部褥薩과 내평욕살 그 리고 대사자大使者 이상의 중신들을 모은 대가회의大加會議가 열렸다. 영양왕이 먼저 말했다.

"이번에 경들을 모이게 한 것은 수가 마침내 우리 고구려를 침략할 의
사를 밝혔기에 그에 대한 대책을 논의하기 위해서요. 대장군 을지문덕이
난하와 요하의 여러 성을 살펴보고 왔고 장군 고승高勝은 남쪽의 신라와
백제를 공략했으며 경학과 공예에 밝으신 담징曇徵 스님도 계시니, 각자
그 의견을 여러 중신 앞에 말해보도록 하시오."

먼저 을지문덕이 말했다.

"소장이 창리의 요동성에 가 있을 때에 수의 황제가 우리나라를 치기
위해 200만 대군을 하북의 탁군으로 집결하게 했다는 소식을 들었습니다.
저번에 태왕마마께서 통상을 위해 돌궐의 기민 가한에게 보낸 사신이 돌아
왔는데, 그 편에 수의 황제가 오만불손한 말을 전해 왔다고 합니다. 먼저
사신의 말을 들어 보소서."

사신으로 갔던 대사자 고문高文이 앞으로 나서며 말했다.

"기민 가한에게 돌궐을 통해 서역의 여러 나라와 통상을 할 수 있도록
부탁하러 갔습니다. 그러면서 우리 고구려와 동맹해서 수와 싸울 뜻이 없
는지도 은근히 비추어 보았습니다."

"그래, 기민의 뜻은 어떻던가?"

"한창 가한과 얘기를 하고 있는데 수의 황제가 예고도 없이 가한의 막
사에 나타났습니다."

"무어라고? 수의 황제가 거기까지 갔더란 말이냐? 그래 어떻게 되었
는가?"

"가한이 옛날의 위세는 어디로 달아났는지 수의 황제에게 쩔쩔매며 충
복 행세를 합디다. 소신을 본 수의 황제가 화를 벌컥 내면서 비서감에게
구려의 왕이 와서 알현하도록 명령하라고 했습니다. 듣지 않으면 돌궐을
앞세워 우리를 공격하겠다고도 했습니다."

"수의 황제가 서역과 남만을 평정하더니 이젠 보이는 것이 없는 것 같
군. 돌궐마저 산하에 넣었으니, 이젠 우리 고구려만 남은 셈이군."

왕이 미간을 찌푸리면서 말했다.

"여기에 수의 황제가 이번에 대군을 일으키면서 선포한 조서가 있습니다."

태대각간太大角干 강이식이 말했다.

"어디, 내평욕살이 큰 소리로 읽어 보아라."

내평욕살 덕무德武가 목청을 가다듬고 조서를 읽어 나갔다.

"고구려의 무리들이 어리석고 공경할 줄을 몰라서 발해와 갈석 사이에 들어와 우리 강역을 잠식했다. 한과 북위 시대에 여러 번 토벌하여 소탕한 것으로 아는데, 우리 중국이 남북으로 싸우는 통에 다시 모인 것이 전보다 많고 그 행패가 자심해졌다. 일찍이 조서를 내려 타일러도 복종할 줄을 모르고, 구려왕은 오라 해도 입조하지 않는다. 해마다 거듭된 재앙으로 흉년이 드는데도 병사들은 쉬지 못하며, 부역은 기한이 없다 한다. 이에 짐은 해동의 백성들을 구휼하기 위하여 친히 6군을 거느리고 나갈 것이니, 모든 장병들은 군율을 지키고 대오를 정비하여 발진하도록 해야 할 것이다. 진군하는 소리가 발해에 우레처럼 울리게 하고, 부여를 거쳐 구려를 번개처럼 휩쓸도록 할지어다. 방패와 갑옷을 정비하고 군사들에게 지시하여 필승을 기한 뒤에 출정하도록 하여라."

"이미 그런 조서가 내렸다면 전쟁은 시작된 것이 아닌가?"

대가회의에 참석한 중신들이 웅성웅성하기 시작했다. 그러자 을지문덕이 짚고 있던 대도의 손잡이를 오른손으로 치면서 조용히 하라는 몸짓을 보이며 말했다.

"태왕마마, 수의 군사들이 수의 황제의 조서를 받고 준비하려면 아직 몇 달은 족히 걸릴 것입니다. 그네들은 필시 탁군에 집결할 것입니다. 별도로 수군水軍도 동원할 것이고요. 이미 이런 일이 있을 것으로 생각하고 소장이 난하 동서의 여러 성에 있는 우리 군사들에게 방비에 소홀함이 없도록 타일러 두었습니다. 수의 군사는 그동안에 서토의 통일을 위한 큰 싸움을 여러 번 겪어서 단련되어 있습니다. 특히 수의 황제는 새로운 무기를 많이 개발한 것으로 압니다. 우리가 정면으로 승부를 해서는 이기지 못합니다. 그러니 방어선을 세 곳에 설정하여 이들을 요격해야 할 것입니다. 수의 군사가 많다면 그만큼 치중선이 길어질 것이니 이를 쳐서 그들의 군량을 없애야 합니다."

"방어선 세 곳이란 어디지요?"

강이식이 길게 늘어뜨린 흰 수염을 만지면서 물었다.

"첫 번째는 난하입니다. 안시성, 창리의 요동성, 백암성에 근거한 정예병으로 수의 군사가 요택을 건너 난하에 이르는 것을 요격하는 것입니다. 수군이 난하를 건너려고 부교를 만들면, 이를 엄습해서 박살을 내는 것입니다."

"다음은 어딘가?"

이번에는 왕이 물었다.

"다음은 요하입니다. 요양의 요동성을 중심으로 적을 막는 것입니다. 이곳의 공방전을 오래 끌게 되면, 수의 황제가 화가 나서 별동군을 대동강의 장안성으로 직행하게 돌릴 것이 틀림없습니다."

"그렇다면 수도 장안성이 위협을 받는다는 말이 아니십니까?"

장군 고승이 답답하다는 듯 말했다.

"세 번째가 장안성입니다."

"아니 장안성까지 적군이 들어오게 된단 말이오?"

왕이 놀라움을 금치 못하여 목소리가 높아졌다.

"태왕마마, 검법에 적을 죽이려면 내 살을 베게 하고 적의 뼈를 쳐야 한다는 말이 있습니다. 압도적으로 많은 적을 무찌르려면, 수도 장안도 일부 내어 주어야 할 것입니다. 그러나 그렇게 되기까지에 우리 고구려군은 가능한 한 군사의 손실을 줄이면서 백 번 싸워 아흔아홉 번을 패주해야 합니다. 그리하여 적군이 만심하고 깊이 우리의 강역으로 들어와야 합니다. 장안성의 외성에 적군이 들어오면 내성에 대기했던 개마무사로 적을 무찌르면 반 이상을 섬멸할 수 있을 것입니다."

"그래도 적병의 반은 남지 않습니까?"

"우리가 적을 유인하는 속도가 빠르면 빠를수록, 적병은 빨리 추격하느라고 군량을 버리고 가벼운 차림으로 나타날 것입니다. 우리의 개마무사와 맥궁 궁수들로 공격하고 조의 군사들로 유격전을 벌이면, 결국 그들은 견디지 못하여 살수로 도망치게 될 것입니다. 이 살수薩水가 마지막 방위선입니다."

"을지 대장군, 방위선이란 적군을 막는 선인데, 대장군 말씀대로라면 살수는 이미 적군이 넘어온 강이 아닙니까?"

장군 온상溫尙이 의아한 표정으로 말했다.

"그렇지요. 일단은 살수를 넘어오게 합니다. 장안성에서 격파당한 적군이 다시 도망쳐서 살수를 건너 북으로 가게 만들고, 강을 반쯤 건넜을 때에 이를 쳐서 몰살하는 것이 이번 작전의 대단원입니다. 그러기 위해서는 살수의 상류를 막아 물을 가두었다가, 시기를 맞추어 보를 터뜨려 강물에 적군이 휩쓸리게 만들어야 합니다."

을지문덕 대장군의 말이 떨어지니 태대각간 강이식이 환성을 올렸다.

"신과 같은 계책이오. 대장군. 이보다 더 좋은 계책이 어디 또 있겠소."

대가회의의 분위기가 밝아졌다. 여기저기서 고개를 끄덕이는 사람도 있었고, 웃음으로 얼굴이 활짝 피는 사람도 있었다.

"그런데 태왕마마. 한 가지 걱정해야 할 일이 있습니다."

을지문덕이 말했다.

"무엇인가. 말해 보오. 대장군."

"이 작전이 성공하려면 우리 고구려의 온 백성이 한마음 한뜻이 되어 움직여 주어야 합니다. 그러기 위해서는 남쪽의 신라와 백제가 우리의 배후를 치지 않도록 만드셔야 합니다."

"그건 그렇소만. 백제야 지금 신라와 싸우느라 우리를 엿볼 겨를이 없을 거요. 그러나 신라는 그렇지 않을 것이오. 지난번에도 신라의 진평왕이 걸사표를 수의 황제에게 올렸다고 들었소. 그러니 신라를 막을 방도를 미리 정하지 않으면 문제가 커질 것이오."

왕이 말했다.

"한 가지 방도가 있습니다만."

강이식이 말했다.

"말씀해 보십시오. 태대각간."

을지문덕이 말했다.

"바다 건너의 야마토에 사람을 보내어 우리를 거들라고 하면 될 것입니다. 태왕마마께서 고승을 한 분 더 골라 보내시어 야마토로 하여금 신라를 견제하게 만들면, 신라가 우리를 칠 엄두를 내지 못할 것이 아닙니까?"

"거참 좋은 생각이오. 마침 여기에 담징曇徵 스님도 있으니 의견을 들어 봅시다."

왕이 말했다. 그러자 담징 스님이 몸에 걸친 가사를 한 번 추스르고 염주를 든 손으로 합장을 하면서 한 발짝 앞으로 나섰다.

"태왕마마, 소승 담징이 아룁니다. 지금까지 논의하시는 것을 들으면서 소승들이 무엇을 거들면 될 것인지가 분명해졌습니다. 사실 우리 고구려의 불교가 동해 건너의 야마토로 포교하기 시작한 지도 제법 오랜 세월이 지났습니다. 평원왕 마마 26년에 혜편惠便 스님이 야마토의 오오미 소가노우마고蘇我馬子의 부탁으로 그가 지은 정사精舍의 낙성식을 주재한 일이 있습니다. 이어서 태왕마마 6년에 혜자惠慈 법사가 마마의 어명으로 야마토에 가서 불경과 사서오경을 가르치고, 지금은 야마토왕의 섭정인 우마야도 태자의 스승이 되었습니다. 소승이 야마토로 건너가서 대사를 뵙고 신라가 움직이지 못하게 야마토의 군사가 신라를 공격하도록 만들겠습니다. 소승과 소승의 아우 법정法定을 야마토로 보내소서."

"스님께서 그렇게 해 주신다면 그보다 다행한 일은 없지요."

강이식이 말했다.

"오늘의 회의는 이것으로 끝낸다. 이제부터는 우리 모두가 일사불란으로 수의 대군을 물리치는 데 힘을 모으자."

왕의 한마디로 이날의 대가회의는 끝났다.

서기 610년, 영양태왕 21년에 담징과 법정이 야마토로 건너갔다. 그들은 나라奈良의 호류지法隆寺에 머물면서 유교의 오경과 불교의 불법을 가르쳤다. 그리고 벽화의 채색법, 제지법, 먹을 만드는 법, 연자방아 맷돌을 개발해서 왜인들이 쓰게 했다. 혜자 법사와 함께 야마토를 설득해서 고구려를 돕게 만든 것은 말할 것도 없었다. 뒤에 수의 100만 대군을 고구려가 격퇴했다는 소식을 듣고, 담징은 감사와 기쁜 마음으로 호류지의 금당에 석가釋迦, 아미타阿彌陀, 미륵彌勒, 약사藥師로 구성된 사불정토도四佛淨土圖를 그렸다.

9. 살수대첩薩水大捷

고구려는 한반도로만 진출한 것이 아니고 중국의 화북華北 지역 깊이, 후일의 베이징北京 동쪽까지 진출했다. 5세기 초, 고구려의 유주幽州 지역 자사刺使로 있던 진鎭에게 열세 명의 태수들이 보고하는 장면이 진의 무덤 속 벽화에 그려져 있는데, 이 열세 지역이 모두 화북 지역에 있었다. 고구려인들은 자기네의 땅이 천하의 중심이라고 믿었다. 고구려는 유성柳城에 큰 시장을 만들어 이 유성을 중심으로 돌궐과 같은 북방 민족에게 농산물과 철제품을 팔고, 말과 가죽을 샀다. 중국에도 말과 황금 및 화살을 수출하고, 비단과 장신구 등을 수입했다. 또한 이곳에서 출발한 대상들이 동북아시아의 초원지대를 넘어 중앙아시아까지 왕래했다. 고구려는 황해의 해상권도 장악해서 해상무역이 활발했다. 서기 438년에 벌써 800마리의 말을 남송으로 수출한 일만 보아도 그 힘을 짐작할 수 있다. 고구려인은 불교가 들어온 이후로는 중국을 거쳐 위구르 족이 사는 지역과 뒷날의 인도인 천축天竺에까지 왕래했다. 고구려의 경제력은 자체 생산물만이 아닌,

남북과 동서를 잇는 통상에서 얻는 막대한 이익에 그 기반을 두고 있었다. 수가 고구려를 정벌하려는 가장 큰 이유가 이런 막강한 고구려를 내버려두어서는 천하를 호령할 수 없고, 심지어 자기네가 모처럼 통일한 중원도 유지할 수 없을 것임을 걱정했기 때문이다.

대업大業 8년(서기 612년) 2월에 수양제가 조서를 내려 탁군涿郡으로 군사들을 집결시켰다. 전국에서 군사들이 징집되고 군량미와 무기가 육로와 대운하 편으로 속속 탁군에 모였다. 4월에는 임삭궁臨朔宮에 행궁을 옮긴 수양제가 장수들을 한자리에 모았다. 좌후위대장군左後衛大將軍으로 임명된 병부상서兵部尙書 단문진段文振, 우후위대장군右後衛大將軍이 된 형부상서刑部尙書 위현衛玄을 비롯한 좌 12군과 우 12군에 속한 장수들과 수양제의 본영을 지키는 좌 6군의 상장上將과 아장亞將이 한자리에 모였다. 여러 장수들을 앞에 두고 수양제는 장황한 미사여구를 늘어놨지만, 요지는 다음과 같았다.

"짐이 이번에 구려를 정벌하려는 것은 이미 조서에서도 말했듯이 동방의 백성들의 고초를 덜기 위함이다. 모두들 짐의 뜻을 받들어 반드시 승리해야 한다."

모든 장수들이 함성을 올렸다. 이번에는 기필코 대승하리라. 개황 18년의 참패를 설욕하리라.

수양제가 각군의 상장들만 따로 모아 일렀다.

"이번 출정은 짐이 직접 지휘할 것인바, 어떤 자도 공을 다투어 앞질러 가서는 안 된다. 짐의 사전 승인 없이 행동한 자는 지위의 고하를 막론하고 엄벌에 처할 것이다. 경들은 세 길로 나누어 진군하되, 서로 연락해서 그 동정을 알리도록 하고 결코 독불장군이 되어서는 아니 된다. 그리고 구려의 왕 고원高元이나 구려의 대원수 을지문덕을 만나면 즉각 체포하여 짐에게 데리고 와야 한다. 특히 을지문덕은 간이 크고 지혜가 많은 장수이니 각별히 조심해야 할 것이다. 이번의 출정은 오래 걸리고 험한 길이다. 도중에 구려의 성이 170여 개나 있어 성에 있는 군사들이 우리의 허리를 자르면 양도가 끊겨서 크게 낭패를 당할 것이다. 여러 장수들은 이 점을 특히 유념해서 만전을 기하도록 하라."

수양제의 말이 끝나자 좌익위대장군左翊衛大將軍 우문술이 말했다.

"소장은 부여도扶餘道를 취해 나갈 것이고 우익위대장군右翊衛大將軍 우중문于仲文은 낙랑도樂浪道로, 좌효위대장군左驍衛大將軍 형원항荊元恒은 요동도遼東道로 나갈 것입니다. 다른 여러 장수들도 각각 맡은 군을 이끌고 난하를 건너 창리의 요동성에서 만납시다. 요동성을 함락시킨 뒤에, 요양을 공격하기 위해서 요하의 서쪽에 다시 집결합시다."

수양제와 각 군의 상장들이 상제上帝와 지신에게 제사를 지냈다. 이날 출발하게 된 군사의 수는 정예 전투부대 36만에 행정요원과 전투부대의 두 배가 되는 치중부대가 참가해서, 총 백십삼만 삼천팔백 명이 되었다. 이를 수는 200만 대군이라고 선전했다. 역사상 전무후무한 규모의 대군이었다. 1월 3일부터 하루 한 군軍씩 출발한 원정군의 정기가 960리에 걸쳐 이어졌고, 북과 나팔소리로 부대 간에 연락을 간단없이 취하게 되었다. 별도로 수군이 천 리에 이어 돛을 높이 달고 대동강을 향해 떠났다. 좌우의 24군이 떠난 지 16일 후인 2월 13일에 어영御營과 이를 호위하는 내외전후좌우內外前後左右의 6군이 이틀에 걸쳐 80리의 행렬을 이루며 발진했다.

수의 대군이 출발한 소식은 순식간에 고구려에 전해졌다. 고구려는 이미 오래전부터 난하 가의 험지에 여러 개의 성을 만들었다. 고구려의 성에는 세 가지가 있었다. 인구가 밀집된 평야 지역에는 평지성이 있고, 이런 평지성 가까이에 고구려식 산성이 견고하게 지어졌다. 평지성과 산성 사이에는 많은 토성이 있어서 평지성과 산성을 돕는 역할을 맡았다. 난하 근방의 산성 중 으뜸은 창리의 요동성이었다.

수양제의 어영이 난하에 도착하니, 모든 군사가 난하 서쪽 기슭에 크게 포진했다. 강을 건너기 위해 수양제가 공부상서工部尚書 우문개宇文愷에게 부교를 만들도록 지시했다. 그런데 난하의 동쪽에 있던 고구려의 군사들이 결사적으로 방해했다. 3월 19일에 수양제의 어가가 난하에 이르렀는데도, 수의 대군은 강을 건너지 못하고 있었다. 수양제가 다시 부교를 세 길로 만들어 난하의 서쪽에서 동쪽으로 걸치게 지시했다. 그런데 이 부교를 설치하면서 보니 한 길가량이 짧았다. 억지로 수의 군사가 건너려는데, 고구려의 군사가 덮쳤다. 물가에서 백병전이 벌어졌다. 고구려의 군사가 우세하여, 수의 장병은 동쪽 기슭에 오르지도 못하고 참살 당했다. 이에 우둔위대장군右屯衛大將軍 맥철장麥鐵杖이 몸을 날려 물에 올랐다가, 뒤따르던 낭장郞將 전사웅錢士雄과 맹금차孟金叉와 함께 모두 전사하고 말았다. 부득이 부교를 거두어들여 소부감少府監 하조何稠를 시켜 다시 가설하니 이틀 만에 완성되었다. 5월 16일에 각 군이 차례로 부교를 건너 동쪽 기슭에 올라가서 고구려의 군사 만여 명을 인해전술로 죽였다. 승세를 탄 군사들은 하루 만에 창리의 요동성으로 달려가서 성을 포위했다. 5월 17일에 어가가 요동성에 이르러, 수양제는 천하의 백성을 용서한다는 조서를 내리고 형부상서 위문승衛文昇을 시켜 근처의 백성들을 무마하고 10년간의 조세를 면제하겠다고 선포했다.

요동성에 있던 고구려의 군사와 백성들은 하나로 뭉쳐서 싸웠다. 수의 공성 무기는 대단했다. 수양제가 병기감에게 시켜 특별히 만든 갖가지 공성 무기가 총동원되었다. 예를 들면 소차巢車가 있었다. 소차는 아래위로 움직이면서 성안의 동태를 살피는 정찰용 차량이었다. 성내의 동태를 살필 수 있게 성벽보다 훨씬 높은 곳까지 망대를 올려놓을 수 있는 이동식 승강기였다. 성벽 가까이에 접근해서 땅을 팔 수 있도록 만든 장갑 무기로 전호피차塡虎皮車도 사용했다. 수군은 전호피차로 땅굴을 파서 성안으로 몰래 진입하려 했다. 성안에서는 거꾸로 땅굴을 파서 수의 땅굴을 무너뜨렸다. 포행차抛行車는 수백 가닥의 줄을 한꺼번에 당겨서 거대한 돌을 날려 보내는 무기였다. 높은 성벽을 오르기 위해 30길의 사다리를 펼칠 수 있도록 만든 운제雲梯도 동원되었다. 거대한 쇠망치를 앞뒤로 흔들어 성벽이나 성문을 파괴하는 당차撞車도 사용했다. 수십 명의 군사가 함께 타고 싸울 수 있는 팔륜누차八輪樓車도 개발하여 사용하니 공성전에서 큰 역할을 했다. 이런 공성 무기를 동원하여 수군이 여러 차례 공격했으나, 번번이 고구려의 반격에 후퇴하기를 거듭하다가 근 달포가 지났다. 고구려의 군사가 자주 성에서 나와 싸우면서도 불리해지면 성안으로 철수하여 성문을 굳게 닫고 지키니, 수의 군사가 성을 아무리 공격해도 소용이 없었다. 어쩌다가 위태로워지면 성안에 있던 사람들이 항복하겠다고 고함을 질렀다. 이런 소리를 듣고도 수의 지휘관은 혼자 결정하지 못했다. 출정하기 전에 수양제가 이르기를 "군사행동은 모두 미리 짐에게 아뢰고서 행하여라." 하였으므로, 여러 장수가 그 칙명을 받들기 위해 먼저 달려가 수양제에게 보고했다. 수양제의 지시가 내려졌을 때에는 이미 성안의 방어선이 정비되어 다시 싸움이 계속되었다.

요동성을 비롯한 고구려의 여러 성이 완강하게 저항하고 있던 6월에 수양제가 요동성 남쪽으로 행차했다. 성의 지형과 형세를 살핀 그는 여러 장수를 모아 크게 꾸짖었다

"경들이 힘을 다하지 아니하는데, 짐이 경들을 죽이지 못할 줄로 여기느냐? 이까짓 오랑캐 놈의 성 하나를 백만 대군으로도 못 뺏으니 어떻게 된 일인가? 경들은 모두 죽임을 당해야 기를 쓰고 싸울 것인가? 짐이 보는 앞에서 총공격하라."

수의 장수들은 수양제의 노발대발에 사색이 되었다. 그러자 우문술이 나서서 말했다.

"폐하, 여기 요동성에 매달려 세월을 허송할 수는 없습니다. 지금 난하와 발해 사이의 갈석도碣石道로 나간 우무후장군右武侯將軍 조효재趙孝才

나 축성도遂城道에 있는 고구려 성을 치고 있는 탁군 태수太守 최홍승崔洪昇이 모두 성을 함락시키지 못하고 있습니다. 그러다가 보니, 두 곳의 성에서 수시로 고구려군이 나와 우리의 배후를 위협하고 있습니다. 그뿐만이 아니라 우리의 식량을 보급하는 치중부대마저 고구려의 유격군에게 위협을 받고 있으니, 얼마 가지 않아 군량이 동나게 됩니다. 요동의 겨울은 지독합니다. 삼가 청합니다. 신들로 하여금 구려왕이 있는 평양의 장안성을 바로 공격할 수 있도록 명령하소서. 기필코 구려왕의 항복을 받아내겠습니다."

수양제가 그의 말을 그럴듯하게 여겼다.

"대장군은 우중문于仲文과 함께 30만 장병을 거느리고 평양으로 진격하라. 여기는 짐과 어영군에게 맡기고, 어서 가서 내호아來護兒의 수군과 함께 평양을 협공하도록 하라."

우문술과 우중문이 수양제에게 배례하고 어전을 물러나왔다. 각 방면으로 오던 좌우 24군 군사들을 요하의 서쪽에 있는 노하濾河와 회원懷遠의 두 고을에 모았다.

"여기서 평양까지는 수천 리나 되니, 속도가 느린 치중부대를 데리고 진격해서는 내호아와 약정한 시간에 댈 수 없을 것이오. 그러니 모든 군사에게 백일 분의 식량과 무기를 지고 떠나라고 해야 하겠소. 만약 군량과 무기를 버리는 자가 있으면 참형에 처한다고 이르시오."

산동반도의 등주登州성에 수의 수군기지가 있었다. 고구려 정벌을 위해 10만 수군이 등주성에서 출발했다. 출정에 앞서 등주성 일대에서도 대대적인 전쟁 준비가 이루어졌다. 수양제는 전국의 조선공을 산동에 집결시켜 큰 선박을 500척 이상 건조했다. 수의 오층 누선인 오아는 최고 천 명의 군사를 태울 수 있는 거함이었다. 좌익위대장군 내호아는 수군을 거느리고 패수浿水로 들어가 평양과 60리 거리의 지점에서 남하한 수의 군사와 만나기로 기약했다. 내호아의 수군은 패수를 거슬러 올라가서 평양의 장안성의 외성 밖으로 진출했다. 내호아가 승세를 타고 장안성 안으로 돌진하려 하자, 부총관 주법상周法尚이 남하해오는 수의 주력군의 도착을 기다려 함께 진격하는 것이 좋겠다고 건의했다. 그러나 내호아는 듣지 아니하고 정병 수만 명을 뽑아 성안으로 돌진했다. 수의 군사가 구름 떼처럼 몰려오는 것을 본 평양성 수비군의 총사령관인 건무建武는 외성의 빈 절간 여러 군데에 날랜 군사를 묻어 놓고, 수의 수군水軍과 싸우다가 거짓으로 패한 척하고 퇴각했다. 건무는 미리 계획한대로 외성의 곳곳에 금은보석과 비단을 뿌려 두었다. 외성 안에 들어온 수의 군사들은 금은보석과 비단에 눈이 뒤집혔다. 미처 피신하지 못한 백성을 사로잡고 물건을 약탈하느라 수군의 대오가 지리멸렬이 되었다. 내성의 장대에서 이것을 지켜보던 건무가 북소리를 둥둥둥 크게 울렸다. 북소리와 함께 여러 절간에 숨어 있던 고구려의 군사들이 함성을 올리면서 수의 군사들을 습격했다. 도끼로 이마를 까고 큰 칼과 창을 휘두르며 달려드는 고구려의 정병을 당할 길이 없었다. 반 시진 가까운 전투 끝에 수의 수군은 섬멸되어 살아남은 군사는 수천 명에 불과했다. 건무의 군사는 수의 병선이 있는 곳까지 추격하려 했으나, 주법상이 진영을 단속하고 있는 것을 보고 외성으로 철수해서 승리의 함성을 크게 올렸다. 수의 수군은 산동의 등주로 돌아갔다.

수양제는 6월 11일이 되자 노하와 회원에서 경무장으로 장비를 바꾸고 있던 좌우 24군에게 불같은 독촉을 했다.

"내호아의 수군이 전멸했다. 우문술과 우중문은 모든 군사를 이끌고 평양을 강타하라."

수의 군사가 출발하는데, 병사마다 100일분의 식량과 침구와 무기를 지고 가니 그 무게가 식량 석 섬에 맞먹었다. 아무리 힘센 장골이라도 이런 짐을 지고서는 며칠이나 행군할 수가 없었다. 곳곳에서 군사들이 무거운 짐을 견디지 못하여 나가떨어졌다. 군령을 위반하고 무기나 식량을 버린 자를 잡아 죽였으나, 아무리 단속을 엄하게 해도 군사들은 막무가내였다. 각자 감시의 눈을 피해 군막 밑에 구덩이를 파고 그 속에 식량을 묻는 자도 나왔다. 그러니 행군이 겨우 중간밖에 가지 못했는데도 양식이 떨어지기 시작했다.

한편 을지문덕이 지휘하는 고구려군은 수의 주력 군사를 유인하기 위해 싸우다가 후퇴하기를 하루에도 일곱 번이나 되풀이했다. 영양왕을 모신 본영도 요양에서 한반도의 봉황성으로 일단 옮겼다가, 수의 군사가 압록강을 넘게 되자 다시 대동강의 장안성으로 옮겼다. 고구려는 왕이 거처하는 곳을 평양성平壤城이라 불렀기 때문에 요양성, 봉황성, 장안성이 모두 평양성으로 후세에 전해졌다. 요양의 평양성은 왕이 장안성으로 간 뒤로는 도사성 또는 요동성이라고 부르게 되어 창리의 요동성과 혼동되게 되었다.

수의 군사가 도망치는 고구려군을 몰아 한반도로 들어가려고 잠시 진용을 가다듬고 있는 어느 날의 일이었다. 수군의 본진을 지키고 있던 파수병이 헐레벌떡 숨을 몰아쉬며 우문술의 막사에 들어왔다.

"대장군께 아뢰오. 구려에서 사신이 백기를 들고 왔습니다."

"사신이 왔다고? 백기를 들었다고? 항복하겠다는 것인가? 그래 사신의 이름이 무엇이라 하던가?"

위무사로 종군하던 유자룡劉子龍이 물었다.

"을지문덕이라고 합니다."

"뭐라고 했느냐? 을지문덕이라고? 아니 을지문덕이라면 구려의 총사령관이 아닌가? 빨리 이리로 끌고 오너라."

우문술은 반가웠다. 군량이 떨어져서 군사들의 사기가 말이 아니어서 부득이 철군을 논의하고 있던 참에 구려가 항복하러 왔다면 이제야 살았다고 한숨을 돌릴 수 있었다. 을지문덕이라면 고구려의 최고 명장으로 온 천하에 알려진 사람이 아닌가? 그러기에 황제께서 무조건 잡아오라고 하시지 않았는가? 그런 자가 제 발로 걸어 들어와? 하늘이 우리를 버리지 않았구나. 우문술은 쾌재를 불렀다. 우문술은 얼른 의장대를 도열시키고 부월로 무장해서 삼엄한 분위기를 만들게 했다. 들어오는 장수는 누구든지 주눅 들게 만들 생각이었다. 이윽고 수의 장교의 안내를 받으며 세 명의 고구려 장수가 나타났다. 선두에 훤칠한 키에 어깨가 딱 벌어진 당당한 체구의 장수가 황금빛이 나는 투구와 갑옷을 입고 검은 턱수염을 날리며 걸어왔다. 위풍이 당당했다. 우문술과 우중문이 자기도 모르게 자리에서 일어났다.

"소장, 고구려의 원수 태대형 을지문덕이오. 수의 행군원수 우문술 대장군을 만나러 왔소이다."

우렁찬 목소리가 막사 내 구석구석으로 퍼졌다.

"내가 수의 행군원수 좌익위대장군 우문술이요. 장군의 고명은 일찍부터 들어 왔소. 이렇게 만나니 반갑구려."

우문술도 수의 통일전을 이끌어왔던 장수답게 당당한 자세로 을지문덕을 맞았다.

"어찌 오셨소. 이제 며칠이면 구려의 수도가 우리 수군의 말발굽 아래 초토화될 것인데."

"우리 고구려의 태왕마마의 분부를 받잡고 왔소. 태왕마마께서는 이미 귀국의 군사가 우리의 강토를 유린해서 더 이상 항거하는 것은 소용없겠다고 하시오. 기일을 정하고 자리를 마련하여 몸소 나와 대수의 황제를 모시는 번국蕃國의 예를 갖추겠다고 하시오. 대장군은 태왕의 뜻을 대수의 황제에게 알려 주시기 바라오."

을지문덕의 태도와 말씨는 공손했다.

"알겠소. 장군은 잠시 다른 막사에서 휴식을 취하시오. 우리가 의논해서 답하리다."

우문술이 말했다. 을지문덕 일행은 그 자리를 나와서 이백 보쯤 떨어진 막사로 옮겼다. 가는 도중에 유심히 주위를 살펴보니, 수의 군사들이 허기져서 수척해 있는 것을 느낄 수 있었다. 처음 수의 군문에 들어올 적에도 처처에 쉬고 있는 군사들이 지쳐서 기율이 무너져 있는 것을 느낄 수 있었다. 이곳 본진도 예외가 아니었다. 기병들이 지나가는데 타고 있는 말이 휘청거리는 것이 심상치 않았다. 을지문덕이 데리고 온 부장에게 말했다.

"아무래도 수군의 군량이 다된 것 같소. 각자 유심히 살펴보시오."

고구려의 사절을 다른 막사로 보낸 뒤, 수의 군막에서는 격론이 벌어졌다. 먼저 우중문이 말했다.

"호랑이 아가리에 제 발로 기어들어온 놈이니 포박해서 황상에게 바칩시다. 우리가 떠날 적에도 황상께서 을지문덕을 보면 무조건 잡아오라 하시지 않았습니까?"

여러 장수가 이에 응했다. 바야흐로 군졸을 보내어 을지문덕을 잡아 오려는데, 위무사 유자룡이 큰 소리로 말렸다.

"잠깐만 기다리시오. 황상께서 말씀하신 것은 적대하는 장수로서의 을지문덕이었소. 지금은 항복하겠다고 온 것이 아니오. 항장을 포박하여 압송한다면, 이는 대국의 금도에 어긋나는 것이오. 큰 나라가 항복하는 사람을 이렇게 대접하는 법은 없습니다. 고래로 항복해 오는 사람은 예로 대접해서 점령지의 민심을 크게 얻는 법입니다. 지금은 구려의 항복을 받아들여서 하루빨리 회군하여 황상께 승리의 낭보를 올려야 할 때입니다. 을지문덕을 잡아봤자, 이에 항의하여 구려군이 결사적으로 덤비게 되면 시일만 끌게 될 것입니다. 그러면 군량도 떨어진 형편에 우리가 당해낼 수가 없을 것입니다. 대장군은 현찰하시어 결단을 내리시오."

유자룡은 위무사慰撫使로 종군하기 전에는 상서령尙書令의 높은 직함에 있던 재상이었다. 그의 말은 천금 같이 무거웠고 위엄이 있었다. 우중문은 할 수 없이 을지문덕을 돌려보내기로 했다. 그 대신 고구려왕 고원을 반드시 데리고 와서 항복의 예식을 갖도록 하라고 다짐을 받는 것을 잊지 않았다.

수가 고구려의 항복을 받아들이겠다는 말을 듣고, 을지문덕은 부장들을 데리고 적진을 뒤로 했다. 세 사람이 말에 올라 한 마장을 가는데, 뒤에서 부르는 소리가 들려왔다.

"장군은 서시오. 게 잠깐만 서시오. 우리 대장군께서 전할 말이 있다고 하시니 잠깐만 가는 길을 멈추시오."

"원수님, 어찌할까요?"

한 부장이 물었다.

"못들은 척하고 질주하세."

을지문덕이 채찍으로 말 등을 치고 박차를 가했다. 말은 "흐흥, 부르렁" 하고 크게 소리 내며 콧김을 뿜더니 쏜살같이 달리기 시작했다. 뒤따르던 수의 군사가 미처 소리를 지를 새도 없이 순식간에 일어난 일이었다. 이 군사는 을지문덕을 떠나보낸 우문술이 아무래도 마음이 놓이지 않아서 을지문덕을 잡아 놓고 고구려왕더러 항복하러 나오게 만들자고 마음을 바꾸고는 보낸 자였다. 그러나 그런 인간의 심리를 모를 을지문덕이 아니었다. 호구를 빠져 나왔으니 다시 들어갈 필요는 없었다. 이미 수군의 사정은 염탐한 셈이니, 무엇을 더 지체할 것인가?

을지문덕을 잡지 못했다는 병사의 보고를 받은 우문술이 좌우를 돌아보며 말했다.

"제장도 알다시피 우리의 군량은 동이 났소. 이 이상 버틸 수가 없으니 회군하는 것이 어떻겠소?"

그러자 우중문이 목소리를 높여 말했다.

"안 될 일이오. 수십만 대병을 거느리고 와서도 하찮은 적을 격멸하지 못하고 돌아간다면 황상을 무슨 낯으로 뵙겠소? 소장은 그렇게 하지 못하겠소. 좌군을 거느리고 장군만 돌아가시오. 소장은 우군을 거느리고 적을 섬멸한 뒤에 황상을 뵙겠소."

우중문은 고구려의 저항력이 바닥났다고 생각했다. 한 번만 힘껏 치면 모두 박살날 것이었다. 더욱이 고구려 여인들은 아름답지 않던가? 풍만한 여인의 가슴과 허리를 버려두고 가다니 말이 되지 않았다. 많은 장수들이 고개를 끄덕였다. 며칠 굶는다고 견디지 못할 군사가 아니지 않은가? 고구려의 왕성에 들어가 돼지나 닭을 잡고 곡식을 약탈해서 포식하면 될 것이었다. 우문술은 여러 장수의 뜻을 굽힐 수가 없어서 남쪽으로 진군할 것을 명령했다. 이들이 압록강을 건너 살수薩水에 이르렀다. 가는 도중에 여러 마을을 접수했는데, 곡식이나 가축을 전혀 얻을 수가 없었다. 그저 도망치다가 만 마을의 노약자만 몇몇 잡았을 따름이었다. 고구려군의 청야작전은 철저했다. 곡식 한 톨이나 가축 한 마리도 얻을 수 없게 인근의 산성으로 모든 백성을 양곡이나 가축과 함께 철저히 수용했다. 산성을 공격하자니 산세가 험하여 공성 기구를 제대로 쓸 수 없었다. 요소요소에 숨은 고구려군의 화살이나 창칼에 많은 군사를 잃고 난 수군은 살수를 건너서 평양성 못 미처 30리에 이르러 산을 등지고 진을 쳤다.

그동안에도 을지문덕 장군은 수의 군사들을 유격전으로 괴롭혔다. 수군이 진격하면 도망치다가도 잠시만 멈추면 돌아와서 공격했다. 이러기를 하루에도 예닐곱 번을 되풀이했다. 지칠 대로 지친 수군 앞에 고구려의 사자가 다시 백기를 들고 나타났다. 고구려의 사자는 우문술과 우중문에게 말했다.

"만약 군사를 물린다면 반드시 우리 국왕을 모시고 가서 황제에게 항복한다 하셨습니다. 그리고 을지문덕 원수께서 이런 시를 보내셨습니다."

"아니, 을지문덕이 또 우리를 갖고 노는구나. 이놈이 직접 안 오고 무슨 시구 나부랭이를 보내는가?"

우중문이 화가 상투 끝까지 나서 펄펄 뛰었다.

"적장이 항복을 다시 청하면서 시를 보내었다고 하니, 한번 들어는 봐야 할 것이 아니겠소."

유자룡이 우중문을 달래면서 말했다.

"어서 그 시를 읊어 보아라."

우문술이 명령했다. 고구려의 사신은 공손히 절을 하고서, 두루마리를 펼쳐 낭랑한 목소리로 시를 읽어나갔다.

"신통한 계책이 하늘의 이치를 깨달았고 神策究天文
기묘한 계략은 땅의 이치를 알아내었도다. 妙算窮地理.
이미 전투에 이겨서 그 공이 높으니 戰勝功旣高
이제 만족할 줄 알고 그만둠이 어떤가? 知足願云止?"

우문술은 이 시가 뜻하는 바를 알아들었다. 그만큼 했으면 되었으니 돌아가라는 뜻으로 항복을 청하는 글귀라 하기에는 너무도 당당했다. 이 이상 주저할 일이 아니었다. 속더라도 우선은 항복하겠다는 말만이라도 구실로 삼고 퇴각하는 것이 상책이라고 생각했다. 우문술은 다시 막료회의를 열어 회군을 결정했다.

서둘러 회군할 것을 지시했으나, 오는 길도 험했지만 가는 길은 더 험난했다. 며칠을 굶은 장병들이 퇴각령에 더욱 사기를 잃고 뿔뿔이 흩어지다가 장수들의 호령에 다시 모이니, 대오도 제대로 갖추지 못했다. 이들은 짐이 되는 공성 무기나 전투 무기를 버리고 다투어 북으로 도망쳤다. 이미 30만 대군은 많이 손상된 터에 고구려군의 추격이 맹렬했다. 살수에 이르기까지 곳곳에 매복해서 기회를 엿보아오던 고구려군이 수의 군사를 엄습했다. 후미를 지키던 우둔위장군 신세웅申世雄이 살수를 건너려는 군사들을 엄호하다가 전사하고 말았다. 올 때와는 달리 살수에 물이 불어서 도보로 건너기 어려웠다. 마침 고구려의 스님 일곱이 얕은 곳을 찾아 건너가는 것을 본 수의 군사가 다투어 뛰어들었는데, 그곳은 얕지 않고 깊은 여울이 있어서 많은 사람이 익사했다. 고구려군은 살수의 남북에서 공격을 해 왔다. 수군이 살수를 반쯤 건넜을 때에 상류의 보가 터져 격류가 덮쳤다. 미리 보를 만들어 수공할 준비를 했던 고구려의 계책이 적중했다. 을지문덕의 진두지휘 하에 공격한 고구려군에 의하여 수군은 살수에서 몰살을 당했다. 대부분의 군사를 잃은 우문술과 우중문이 남은 군사와 함께 하루 밤낮으로 450리를 달려 가까스로 압록강에 도착했다. 이때에 살아남은 군사가 겨우 2천 7백여 명에 지나지 않았다고 전하니, 실로 30만 2천 3백여 명의 수의 군사가 없어진 셈이었다. 이와 함께 수십만 개의 병기와 수백 개의 공성 무기도 잃고 말았다.

수양제는 패장 우문술과 우중문을 크게 문책했다. 수양제는 이들을 쇠사슬로 묶어 본국으로 압송했다. 그러고는 모든 관직을 몰수하고 평민으로 강등시켰다. 을지문덕을 놓아주게 한 상서령 유자룡은 그 죄를 물어 참수했다. 우문술은 수양제가 등극할 때에 큰 공이 있어 수양제의 총애를 받아왔고, 그 자식을 수양제의 딸 남양 공주의 부마로 삼은 관계라 차마 죽이지는 못했다. 제장이 모든 죄를 우중문에게 돌리니, 우중문은 화병이 터져 얼마 뒤에 죽었다. 살수의 싸움에서 오직 설세웅薛世雄만이 고구려의 추격을 백석산에서 격파하고 살아 와 관직을 유지할 수 있었다.

이보다 먼저 백제의 무왕이 고구려를 치는 길잡이가 되겠다고 국지무래國智牟來를 보내어 와서 수양제가 크게 기뻐하며 많은 상을 준 적이 있었다. 그래서 이번 원정을 통보했더니, 백제는 고구려와의 국경에 군사를 보내어 엄히 지키기만 하고 전투의 추세를 관망했다. 말로는 수를 돕는다고 하면서 실은 양다리를 걸친 것이었다. 수는 이번 군사행동으로 오직 요하의 서쪽에 있는 고구려의 성채 무려라武厲邏를 함락시키고 요동군遼東郡과 통정진通定鎭을 설치하였을 따름이었다. 9월에 수양제는 민부상서民部尙書 번자개樊子蓋를 탁군 유수留守로 삼고 동도東都인 낙양으로 돌아왔다.

을지문덕은 살수대첩 뒤에 강의 얕은 곳을 건너는 시늉을 한 승려들을 찾았다. 그러나 그들이 누구였는지 아는 사람이 아무도 없었다. 후에 사람들이 칭송하며 말했다.

"큰일을 당하여 부처님께서 우릴 도와주신 거야. 일곱 분의 부처님이 오셔서 수의 군사를 깊은 여울로 유도하신 거야. 나무아미타불. 나무아미타불."

사람들이 이를 기념해서 칠불사를 지었다.

10. 계속되는 수의 침공과 수 제국의 멸망

부자 2대에 걸쳐서 고구려를 치다가 참패를 당하게 된 수는 전국이 소란해졌다. 누구에게도 져본 적이 없고, 천하대사를 마음대로 휘두르며 온갖 사치를 다했던 수양제에게 이보다 큰 수모는 없었다. 한왕이 잘못해서 30만 대군을 잃었다고 탓을 했는데, 직접 지휘한 정벌군 200만이 무참한 꼴을 당했으니, 수양제는 속이 끓어올라 견딜 수가 없었다. 살수에서 대패한 이듬해 정월에 수양제가 다시 모병해서 용맹한 군사로 훈련하여 탁군에 모이게 했다. 그리고 요동의 옛 성을 수리해서 군량을 저장하게 했다. 그러자 반란이 일어나서 괴수 두언빙杜彦冰과 왕윤王潤 등이 평원군平原郡을 함락시키고 크게 약탈한 뒤에 도망쳤다. 얼마 뒤에 평원에서 이덕일李德逸이 수만 명을 모아 아구적阿舅賊이라 칭하면서 산동 지방을 약탈했고, 2월에는 제북濟北 사람 한진락韓進洛이 수만 명을 모아 비적이 되었다. 이처럼 여기 저기에서 민란이 일어나고 도적이 발효하는 가운데, 수양제는 백성을 징발해서 효과驍果라는 이름의 군단으로 기르고 여러 낭장郎將으로 하여금 인솔하게 했다. 어떤 비적들은 돌궐까지 침입해서 약탈을 했다. 장군 범귀范貴를 보내어 이들을 토벌했지만 성공하지 못했다.

수양제는 우문술의 관작을 복귀시키고 다시 개부 의동삼사를 더해 주며 평양성으로 진격하는 선봉을 맡게 했다. 수양제의 생각은 지난번의 실패는 군량 공급이 끊기어 일어난 것이지 우문술의 죄가 아니라는 것이었다. 이와 함께 좌공록대부左光祿大夫 왕인공王仁恭을 불러 좋은 말 열 마리와 황금 백 냥을 주며 신성을 공격하도록 명령했다. 3월에도 곳곳에서 민란이 일어나 더러 군의 정청을 공격하여 약탈하고 도망을 쳤다. 수양제가 측근에게 말했다.

"고구려 같은 보잘것없는 오랑캐가 상국을 업신여기고 있다. 지금 우리에게는 바다를 뽑고 산을 옮길 수 있는 힘이 있거늘, 이런 오랑캐쯤이야 굴복시키지 못할 까닭이 있겠는가?"

이 말을 듣고 좌광록대부 곽영郭榮이 간언을 올렸다.

"오랑캐가 예의를 어기는 것을 벌하는 일은 신하가 할 일입니다. 생쥐를 잡기 위해서 천균鈞(3만근)의 쇠뇌를 쓰지 않는 법인데, 어찌 만승萬乘의 천자께서 직접 나서서서 천자의 지위를 욕되게 히십니까?"

수양제는 귀를 기울이려고도 하지 않았다.

4월 경오일에 수양제의 거가가 요하를 건넜다. 우문술과 양의신楊義臣을 보내어 평양으로 향하게 했다. 왕인공王仁恭이 부여도로 나와 신성에 이르자, 고구려의 군사 수만 명이 나와 싸웠다. 왕인공이 날랜 기병 1천 명으로 공격해도 고구려의 군사는 성문을 닫고 굳게 지켜 나오지 않았다. 이번에는 전번과는 달리 보급로를 차단 당하지 않기 위해, 수군은 고구려의 난하 방어선을 통과하지 않고 다링허의 북쪽 돌궐 지역으로 돌아서 49일만에 요하를 건넜다.

수양제는 주력군을 몰아 요하를 건너 요양의 요동성을 포위했다. 요동성은 태자를 해자로 삼은 평지성이었다. 요동성 측면 성벽의 높이는 열 길이 넘었는데, 수의 군사는 단 한 번도 이 성벽을 넘지 못했다. 당시 고구려군은 요동성에 50만 석의 군량미를 비축해 놓아 농성 준비가 되어 있었다. 고구려군은 이번에도 철벽같은 수성전守城戰과 철저한 청야전술을 펼쳐 수의 군사들을 골탕 먹였다. 수군은 비루飛樓, 운제, 당차, 포석차抛石

車 따위의 공성기攻城器를 총동원하여 맹렬히 요동성을 공격했으나 성은 20일이 넘도록 함락되지 않았다. 고구려의 군사들과 백성은 무서운 투지로 싸워 단 한 명의 수나라 군사도 성안으로 넘어오지 못하게 막았다. 양측에 희생자가 속출했다. 요동성이 오랫동안 함락되지 않아서 수양제는 베주머니 백여만 개를 만들어 그 속에 흙을 채워 차근차근 쌓아 올려서 넓이 30보의 통로를 만들었는데, 높이가 성과 맞먹게 되었다. 수의 전사들이 그 위에 올라가 성을 공격했다. 또 바퀴 여덟 달린 누거를 만들어 성보다 높은 곳에서 성안을 내려다보고 활을 쏘게 했다. 이들이 기일을 정해 총공격하려는 기세를 보이니, 고구려군은 큰 위기에 처하게 되었다. 수양제가 내일은 총공격을 지시해서 요동성을 함락시키리라 마음먹고 있는데, 어영 밖에서 소란한 소리가 들려왔다.

"폐하, 큰일 났습니다."

여러 장수들이 우르르 몰려나왔다.

"왜 그러느냐? 무엇이 일어났기에 큰일이라 하느냐?"

수양제가 이맛살을 찌푸리며 말했다.

"폐하, 예부상서 양현감楊玄感이 반란을 일으켰다는 보고가 왔습니다. 여양黎陽에서 군량을 공급하는 임무를 완수할 수 없게 되자, 폐하의 문초를 당할 것이 두려워 반란을 일으키게 되었다 합니다."

"뭐라고? 양현감이 반란을? 그놈이 드디어 일을 저질렀구나. 아비 양소가 죽을 때에 그놈도 처치했어야 했는데. 아비의 공을 참작해서 이번의 군역에서는 치중만 맡겼는데 이놈이 반란을 일으켰다고? 누가 양현감과 한 패인가?"

"포산공蒲山公 이밀李密과 병부시랑 곡사정斛斯政이라고 합니다."

"포산공이라면 전에 친위대도독親衛大都督으로 있던 자가 아니냐? 짐의 뜻을 받들지 않아서 파직시킨 자가 아니냐? 그 자가 무천진武川鎭 군벌의 한집안이었지? 명문 출신이라고 콧대가 높아 짐을 항상 능멸했지. 이들과 절친한 자가 곡사정이냐? 어서 곡사정을 불러라. 필시 내통한 것이 있을 게야."

"폐하, 곡사정이 사라졌습니다. 군사를 이끌고 도망쳤습니다."

곡사정을 부르러 갔던 상련봉어尚輦奉御 우문사급宇文士及이 달려와서 보고했다.

"무엇이라? 곡사정이 어딜 갔단 말인가? 빨리 알아보아라."

"폐하, 아무래도 이자가 양현감과 내통했던 것 같습니다. 요동성으로 백기를 들고 들어갔다고 합니다."

"아니, 그러면 구려에 항복했단 말인가? 우리 사정을 소상히 아는 곡 사정이 구려로 갔다고? 이런 변이 있나?"

수양제가 하늘을 우러러보면서 크게 탄식을 했다.

"이제 얼마 안 있어 구려 놈들을 굴복시킬 수 있는데 이게 웬 변이냐? 하늘이 짐을 돕지 않는구나. 오호 통재라. 비통하기 짝이 없다."

수양제의 얼굴이 발개졌다가 금시 하얗게 핏기를 잃었다.

곡사정은 하남 사람으로 이때에 병부시랑兵部侍郎으로 군무를 거들고 있었다. 원래 양소의 비호를 받았고 양소의 아들인 양현감 형제와 친교가 있었다. 요동성을 포위하고 있는 수군의 사정을 누구보다 잘 알고 있는 곡 사정이 고구려로 투항했으니 수양제의 모든 계획이 양현감의 반란과 곡사 정의 도피로 물거품이 되고 말았다. 군략은 곡사정이 알고 있고 치중은 양 현감이 맡았는데, 이 모두를 한꺼번에 잃게 되었으니 수양제의 호기로도 어찌할 바를 몰랐다.

원정 온 장수들의 가족이 모두 양현감이 관할하는 곳에 있으니 더욱 염 려되었다. 수양제가 밤에 여러 장수를 몰래 불러 회군을 명했다. 군수품과 공격용 기계와 도구가 산더미처럼 쌓인 것과 보루와 장막을 그대로 두고 수군은 철수했다. 수군의 사기는 땅에 떨어지고, 대오를 정비하지 못하고 뿔뿔이 흩어졌다. 이런 소식이 고구려군에게 전해졌으나, 고구려의 군사는 위계일지 모른다고 생각하여 성 밖으로 나오지 않았다. 그저 성안에서 북과 꽹과리를 치며 함성만 올리고 있었다. 다음 날이 되어서야 수군이 지평선 너머로 사라진 것을 알고 수천 명의 기병을 내어 추격했으나, 수의 군사 수가 워낙 많아 항상 팔구십 리의 거리를 두고 쫓아갔다. 마침내 수양제가 요하를 건너니, 그 후군을 습격해서 수천 명을 죽였다. 그러나 후군도 수만 명이나 되니 더 이상 쫓아갈 수가 없었다.

수군이 돌아가니 동도 낙양을 공격하던 양현감이 이에 대항하다가 패하여 관중으로 들어가려고 하다가 장안에서 온 관군과 고구려에서 돌아온 우문술이 이끈 원정군의 협공을 받아 참패한 끝에 자살했다. 그의 목을 베어 낙양에서 사흘 동안 효수했다. 우문술은 양현감이 죽은 뒤 다시 고구려의 전선으로 복귀해서 회원懷遠까지 갔다가 얼마 뒤에 귀환했다.

수양제는 아무리 생각해도 억울하기 짝이 없었다. 모처럼 승기를 잡았다가 놓치고 나니 분통이 터졌다. 대업 10년 봄 2월에 수양제가 신하들에게 조서를 내려 고구려를 다시 정벌할 일을 토의하게 했다. 여러 날을 회의해도 감히 나서서 고구려를 치자고 말하는 자가 없었다. 수양제는 인내심을 잃고 조서를 내려 천하의 군사를 다시 징발하여 여러 길로 함께 진군하게 했다. 보기병이 회원진까지 진군했지만 뚜렷한 전과를 올리지는 못했다. 7월에 수양제의 거가가 회원진에 행차했다. 수의 전국에서 반란군과 도적 떼가 봉기하여 어지럽기 한이 없었다. 징발한 군사들도 기일을 지키지 못하고 도망친 자가 많았다. 고구려 또한 오랜 전투로 지쳐 있었다. 내호아가 수군을 이끌고 비사성卑奢城을 함락시키고 8월이 되어 평양으로 향하려 하자, 영양왕은 사신을 보내어 고구려에 도망쳐 왔던 곡사정을 돌려보내면서 화의를 청했다. 수양제가 크게 기뻐하고 절부를 가진 사신을 보내어 내호아를 소환했다. 고구려의 사신에 섞여서 수양제를 배알하던 사람 가운데 조의 신분의 일인一仁이라는 자가 있었다. 이자가 사신과 함께 표를 수양제에게 바쳤다. 수양제가 표를 손에 들고 절반도 읽기 전에, 일인이 소매 속에서 꺼낸 작은 활을 쏘아서 수양제의 머리를 맞혔다. 실신한 수양제를 우상右相 양명羊皿이 급히 종자에 업혀서 작은 배로 피신시켰다. 의식을 회복한 수양제는 회원진의 병력을 철수하라고 지시했다. 수양제가 좌우를 보고 말했다.

"짐이 천하의 주인이 되어 몸소 작은 나라를 쳐도 승리하지 못하니 이는 만세의 웃음거리가 된 것이 아닌가?"

수양제의 말에 양명 등은 황당하여 얼굴색이 변하고 대답하지 못했다. 10월에 서경西京 장안으로 귀환하여, 고구려의 사자와 곡사정을 대묘大廟에 바치고 고구려의 왕을 입조하라고 지시했다. 영양왕이 말을 들을 리가 없었다. 비위가 뒤틀린 수양제가 다시 고구려 정벌을 논의했으나, 이번에는 아무도 찬성하지 않았다.

수의 전국에서 고구려와의 전쟁을 반대하는 노래가 유행한 것도 이때부터였다. 그 노래의 하나를 들면 다음과 같았다.

"긴 창은 하늘을 반이나 덮고 長戟侵天半
휘두르는 칼은 햇빛에 번쩍이네 輪刀耀日光.
산 위에서는 노루와 사슴을 잡고 上山吃獐鹿
아래에서는 소와 양을 잡아먹는다 下山吃牛羊.
문득 들으니 관군이 와서 忽聞官軍至
칼을 들어 앞을 쓰니 提刀向前蕩,
요동에 가면 오직 죽음뿐 譬如遼東死
머리를 잘리고 다치기만 할 것을 斬頭何所傷."

다음 해 8월에 수양제가 네 번째로 북쪽을 순수했다. 수양제의 일행이 안문군雁門郡에 이르자 돌궐의 대군이 수양제의 행궁을 포위해서 공방전이 치열하게 벌어졌다. 시피始畢 가한可汗이 수십만 기의 기병을 인솔하고 수양제를 습격할 계획을 세웠다. 마침 의성 공주義成公主가 이를 알고 수에 고변했다. 수양제의 거가가 안문에 들어가고 제왕齊王 동東이 후군이 되어 향현享縣을 확보해서 만반의 준비를 하는데 설마 했던 일이 일어났다. 돌궐의 군사가 안문을 포위했다. 돌궐의 공격은 매서웠다. 어떤 때에는 수양제의 앞까지 화살이 날아왔다. 수양제는 두려움에 어쩔 줄을 모르며 막내인 조왕 양고楊杲를 안고 눈이 퉁퉁 붓게 울었다. 우문술이 수양제에게 권했다.

"폐하, 이럴 것이 아니라 정예군 수천 기를 인솔해서 포위망을 돌파하십시다."

"철저히 수비하면 아직 견딜 수 있습니다. 경솔히 나가면 돌궐의 적수가 될 수 없습니다. 만승의 천자이신 폐하께서 경솔하게 움직이셔서는 안 됩니다."

소위가 말했다.

그러자 번자개도 나섰다.

"폐하, 이 정도의 일로 졸속하게 행동하시면 사태를 악화시킬 뿐입니다. 지금은 굳게 지켜서 적의 예기를 피해야 합니다. 그리고 사방으로 사자를 보내어 원군을 청하는 것이 좋겠습니다. 지금 어영군이 있으나, 모두 고구려를 다시 정벌하겠다는 폐하의 생각을 알고 있기 때문에 불안에 떨고 있습니다. 폐하께서 몸소 장병을 보고 다시는 요동을 정벌하지 않겠다고 약속하십시오. 그리고 이번 전투에 이기면 크게 포상하겠다고 선언하소서. 그러면 모두 힘을 다하여 싸울 것입니다. 무엇을 그렇게 두려워하십니까?"

황후의 동생인 내사시랑 소우蕭禹도 거들었다.

"돌궐의 풍습에 따르면 가한의 부인인 거돈可敦도 군사에 관여합니다. 그리고 폐하의 따님인 의성 공주를 그들에게 출가시킨 것은 그들이 수와 동맹을 하라는 뜻이 아니었습니까? 사신을 보내어 이번의 가한의 행동으로 장차 큰 화를 입게 될 것이라고 전하면, 돌궐에서도 반대하는 자들이 나오게 될 것입니다. 또한 요동 정벌을 중지하고 돌궐 정벌에 전념하겠다고 선포하시면 군사들의 사기도 올라갈 것입니다."

수양제도 이들의 건의를 받아들일 수밖에 없었다. 수양제가 진중을 순회하면서 말했다.

"여기서 싸워 적을 격퇴시키고 살아남으면, 모두 평생 편히 살 수 있도록 해 주겠다. 성을 지켜서 공적이 있는 자는 관위가 없으면 6품의 관위와 100단段의 재물을 주리라. 관위가 있는 자는 승진과 은상을 함께 줄 것이다."

이 말을 들은 장병들이 크게 기뻐하며 밤낮으로 함께 싸워서 사상자가 많이 났다. 마침 천하에 모병한 효과가 있어서, 군태수나 현령들이 다투어 구원군을 이끌고 달려왔다. 이들 가운데 8주국의 한 사람인 이연李淵의 아들 이세민李世民이 참가했다. 이때 이세민의 나이가 약관 16세였다. 이연의 자는 숙덕叔德이고 농서 성기 출신이다. 동이족의 하나인 선비족 출신의 무장인데, 8세에 북주의 안주총관安州總管이던 아버지 이병이 죽자, 당국공唐國公의 자리를 계승했다. 수문제의 아내인 독고 황후가 작은 이모였다. 이세민이 말했다.

"우리는 수가 적습니다. 시피 가한이 천자를 포위한 것은 우리 쪽에 구원의 군사가 없을 것으로 알기 때문입니다. 우리 쪽에 구원군이 많이 온 것을 알면 포위를 풀고 철수할 것입니다. 우리 군사들로 하여금 수십 리에 걸쳐서 정기를 세우고 행군하는 것처럼 보이게 하고, 밤에는 북과 꽹과리를 울려서 서로 호응하고 있는 것처럼 위장하는 것이 좋겠습니다. 그러면 가한이 속아 넘어 갈 것입니다"

모두들 이세민의 계책을 따르기로 했다.

한편 수양제가 사자를 보내어 의성 공주에게 도움을 청했다. 공주는 시피 가한에게 사자를 보내어 북쪽에 긴급사태가 일어났다고 알렸다. 마침 그때에 낙양을 비롯한 여러 군에서 보낸 원병이 흔구忻口에 도착했다. 9월에 들어 시피 가한이 포위망을 풀고 물러갔다. 수양제가 척후를 보내어 살

퍼보니, 산야에 돌궐의 사람이나 말이 하나도 없었다. 수양제는 2,000기를 보내어 마읍에서 돌궐인 노약자 2,000여 명을 사로잡아 왔다. 수양제의 거가가 태원으로 돌아가니 소위가 말했다.

"도적이 사방에서 난리를 피우고 있습니다. 이번 전투에 군사들이 지쳐 있으니, 재빨리 장안으로 돌아가서야 하겠습니다. 근본을 다져야만 사직을 보존할 수 있을 것입니다."

수양제가 그럴듯하게 여기고 윤허하려는데, 우문술이 진언했다.

"폐하의 수행원의 처자가 모두 낙양에 살고 있습니다. 먼저 낙양으로 가기 위해 관중關中으로 진군하는 것이 좋겠습니다."

수양제가 우문술의 진언을 따랐다. 10월에 낙양에 도착한 수양제는 성내를 천천히 시찰하고 말했다.

"저번의 양현감의 반란으로 사람들이 많이 죽었을 텐데, 아직도 사람이 너무 많구먼."

이번 일에 공이 많은 장병에게 시상하겠다고 포고한 내용이 지나치게 무거웠다. 소위가 재고하도록 권하자, 번자개가 말했다.

"폐하, 한번 약속한 것을 어기면 신뢰를 잃게 됩니다. 처음 한 약속을 이행하시는 것이 좋겠습니다."

"경이 상을 받고 싶어서 그런 소리를 하는가?"

수양제가 일언지하에 꾸짖으니 번자개는 수양제의 포악한 성품을 익히 알고 있던 터라 두려움에 말문을 닫았다. 원래 수양제는 상을 줌에 인색했다. 안문을 지킨 1만 7천 명의 장병 가운데 상훈을 얻은 사람은 겨우 1,500명밖에 되지 않았다. 그러면서 다시 고구려 토벌에 대한 논의가 재개되니, 장병 모두가 수양제의 조치에 분노했다.

다음 해인 대업 12년 7월에 우문술이 수양제에게 남쪽의 강도江都로 갈 것을 건의했다. 수양제는 그곳이면 아무런 걱정이 없겠다고 만족해하며 미간을 폈다. 월왕越王 양동陽侗을 동도 낙양의 유수로 명하고, 전국의 민란이나 호족들의 봉기를 무시하고 강도로 옮겼다. 곧이어 우문술이 강도에서 병사했다. 전후 16년이나 계속된 네 번의 고구려 토벌은 수의 국력을 탕진시키고 백성의 삶을 곤경에 빠뜨렸다. 그래서 농민, 지방 호족과 일부 불만을 품은 귀족들이 잇달아 봉기했다. 수의 조정의 통제력은 날이 갈수록 약해졌다. 그런데도 수양제는 강도의 궁궐에서 100여 개의 방마다 미녀를 배치하여 함께 즐기며 호의호식했다.

다음 해 정월에 두건덕竇建德이 하북을 차지하고 장락왕長樂王을 자칭하더니 곳곳에서 반란이 일어나고 저마다 황제라 칭하기 시작했다. 7월에는 당공唐公 이연李淵이 진양에서 거병해 남쪽으로 내려왔다. 마침내 11월에 이연이 수의 양동을 제위에 올리고 천하를 호령하기 시작했다. 수의 대왕代王 양동楊侗은 수의 3대 황제가 되는데, 서도西都의 공제恭帝라고 불렀다. 12월이 되어 이연의 서경 정부가 사천四川의 여러 군을 점령해서 판도에 넣었다. 다음 해 3월에 강도에 정변이 있었다. 수의 금위군장령禁衛軍掌令인 우문화급宇文化及이 수양제를 시해하고, 진왕 양호楊浩를 황제로 모시고 북쪽으로 진격했다. 5월에 수의 서경 정부의 황제 양동이 이연에게 보위를 물리니, 이연이 당唐을 세우고 고조高祖가 되었다.

이보다 먼저 고구려에서도 영양왕 29년 9월에 왕이 재위 29년 만에 승하했다. 서기 618년이었다. 영양왕의 이복동생인 건무가 왕위에 오르니 그가 바로 비극의 주인공 영류왕榮留王이었다. 영류왕은 즉위한 이듬해 3월에 당唐으로 사신을 보내어 조공했다. 왕은 4월에 졸본卒本으로 가서, 시조묘에 제사를 지내고 5월에 돌아왔다. 영류왕은 왕의 4년과 5년에 계속해서 당에 사신을 보내어 조공했다. 이제는 서토와의 전쟁을 더 이상 하지 않겠다는 의사 표시였다. 왕의 5년이 되자 당의 고조 이연이 다음과 같은 조서를 보내어 왔다.

"짐은 보명을 받아 천하에 군림하여 삼령三靈에 제사 지내고 만국을 회유懷柔하며 온 세상을 고루 사랑하여 일월이 비치는 곳은 다 편안하게 하려고 하고 있소. 왕은 요동을 통섭하여 대대로 제후의 나라로 있으면서 정월 초하루마다 공물을 바치고 사자를 파견하여 산천을 두루 밝히며 성실하고 부지런함을 알리니, 대단히 반가운 일이라 생각하오. 이제 모든 것이 정리되어 천하가 편안하니, 서로 친목을 도모하고 수호를 두터이 하여 서로의 강역을 안보하면 그보다 아름다운 일이 어디 있겠소. 다만 수조隋朝 말년에 싸움이 그치지 않아 싸울 때마다 백성을 잃고 이산가족을 만들어 많은 세월을 보내게 되었으나, 아직도 백성의 원성을 씻어주지 못하고 있소. 지금 양국은 평화를 구하여 다른 뜻이 없으니, 짐은 이곳에 있는 고구려 사람들을 찾아서 돌려보내도록 이미 영을 내렸소. 그러니 그곳에 있는 우리나라 사람도 왕이 살펴서 돌려보내어 주는 것이 마땅한 일로 생각되니, 베풀고 용서하는 길을 여시오."

영류왕은 이에 답하여 국내에 있는 수의 포로를 찾아서 모두 송환했는데, 그 수가 만여 명에 이르니 당의 황제가 크게 기뻐했다. 그 뒤 영류왕 25년까지는 거의 해마다 고구려와 당이 서로 왕래하면서 우호관계를 유지해 나갔다.

제18장

율령시대로 들어가는 야마토 왕조

1. 야마토 왕조의 실권자가 되는 소가노우마고蘇我馬子

"고구려의 사신이 고시越의 해안에 표류해 왔다고 하던데, 지금 어디에 있는가?"

야마토 왕조의 오오기미大王, 비다쓰敏達 천황이 물었다. 구다라百済노 오오이노미야大井宮의 대궐에서 태자와 소가노우마고蘇我馬子 오오미大臣를 데리고 선제의 유훈인 미마나任那 부흥책을 논하는 자리에서였다.

"대행마마의 유지를 받들어 벌써 여러 달을 야마시로山背의 사가라相樂 객관에 머물고 있습니다."

"대행마마의 대상으로 바쁜 바람에 미처 챙기지 못했구나. 이미 대행마마에게 보고된 것인데, 여태 버려둔 것은 잘못된 일이지. 얼른 그들이 갖고 온 공물과 국서를 받아오도록 해라. 그리고 사신들을 극진히 대접해야 한다. 앞으로 미마나 부흥을 위해서는 고구려와의 협조가 필수란다."

며칠 뒤에 고구려의 국서를 받은 천황은 내용을 알아보도록 일렀다. 그런데 야마토의 학자들이 이 국서를 해독하려고 사흘 밤낮으로 힘썼으나 실패하고 말았다. 마침 후나비도船史의 자리에 있던 백제의 귀화인 왕진이王辰爾가 이 소식을 듣고 나타났다.

"무얼 그렇게 애를 쓰고 있는가? 어서 이리 주게."

왕진이는 고구려의 국서를 뜨거운 김에 쐬었다. 그런 뒤에 젖은 국서 위에 명주 베를 덮고, 그 위를 두드러서 국서에 적힌 글을 알아볼 수 있게 베꼈다.

"이걸 보시오. 이 국서는 까마귀 날개처럼 검은 바닥에 글씨를 먹으로 쓴 것이랍니다. 그래서 얼른 알아볼 수가 없게 되어 있지요. 그러나 이렇게 하면 글씨가 모두 드러나게 된다오."

"참으로 대단하구나. 왕진이가 학문을 소홀히 했다면 이런 것을 해낼 수가 없었을 것이다. 왕진이는 대궐에 들어와서 짐을 보좌하도록 해라."
천황의 말이었다.

해마다 5월이 되면 고구려의 사신이 고시의 해안에 도착했다. 오오미 소가노우마고는 무슨 수단을 써서라도 야마토 왕조의 주도권을 쥐고 싶었다. 그에게는 오오무라지大連로 있는 모노노베物部守屋가 강력한 군사력을 기반으로 사사건건 대립해 오는 것이 항상 두통거리였다. 모노노베는 오오기미 가家보다 먼저 천손으로 가와치에 강림했다고 전해지는 니기하야히노미코토饒速日命의 후손이었다. 야마토의 군사 씨족으로 대대로 오오무라지의 가바네姓를 승계하는 호족이었다. 이에 비하여 소가는 한반도에서 도래한 남부여족 출신의 전설적인 대재상 다케우지武內宿禰의 후손으로 우네비야마畝傍山의 북쪽에 거점을 잡고 일어난 씨족이었다. 이들은 세력을 키우면서 소가가와曽我川를 따라 남하했다. 이 씨족이 뿌리를 내린 곳은 아스카飛鳥라고 불렸는데, 한반도에서 이주해온 도래인渡來人이 몰려 사는 지역이었다. 다케우지의 아들 소가노이시가와蘇我石川 때에 소가가 조정의 재정권을 장악하기 시작하더니, 손자인 마치満智, 증손 가라고韓子, 고손 고마高麗에 이르기까지 안라와 백제 및 신라계의 도래인들이 소가 씨의 산하에서 활약했다. 고마의 아들인 이나메稻目는 긴메이欽明 천황天皇의 비로 기다시히메堅塩媛와 오아네노기미小姉君 자매를 바쳐서 국구가 되어 황실마저 주름잡게 되었다. 소가의 집안에서 대대로 오오미를 맡아 국정을 살폈으나, 오오무라지를 맡은 모노노베 집안과는 주도권 쟁탈전이 끊임없이 일어났다. 소가는 궁궐과 사찰을 짓는 곤고구미金剛組를 산하에 넣고 수도의 모습을 화려하게 바꾸어 나가면서 실권을 점점 장악했다. 이 곤고구미가 후세까지 오랫동안 그 명맥을 유지한 것을 보면 이들의 세력이 대단했던 것을 알 수 있다.

비다쓰敏達 천황 6년을 전후해서, 해마다 신라의 사절이 공물을 가지고 와서 교역을 청했는데, 야마토 조정에서는 미마나任那를 부흥시키는 데 협조하라고 하면서 이를 접수하지 않고 돌려보냈다. 그런데 백제에서 아시기다葦北 군주의 아들이라고 하는 자가 나타나서, 미마나 부흥에 한몫을 할 테니 도와달라고 했다. 백제에서 두 번째로 높은 달솔達率 관위에 있는 일라日羅라는 사람이었다. 천황은 이 자를 활용해서 선제의 유훈인 미마나 부흥을 달성하라고 칙령을 내렸다. 일라가 말했다.

"백제는 선박 300척에 많은 백제인을 실어 쓰쿠시筑紫로 보내고, 쓰쿠시에 신라에 대항하는 세력을 심겠다고 했습니다. 이는 백제의 음모이니 짐짓 허락하신 척 하십시오. 그러면 백제인들이 자기들의 계획대로 되겠다고 생각하여, 여자와 아이들을 잔뜩 태워 나타날 것입니다. 야마토 조정에서는 이키와 대마도對馬島에 군사를 주둔시켜서, 이들이 오면 모두 잡아 가두고 요소요소에 성채를 만들어 방어하도록 하셔야 됩니다. 그런 뒤에 백제로 사신을 보내어, 백제의 왕을 오라고 하십시오. 만약 왕이 응하지 않으면 백제의 상좌평上佐平과 왕자들이라도 오도록 지시하시면, 절로 한반도의 세력이 복종하게 될 것입니다."

그런데 일라가 한 말을 세작을 통해 알게 된 백제의 한 은솔恩率이 부하인 덕이德爾와 여노余怒를 불러서 일렀다.

"아무래도 일라를 그냥 두어서는 백제에 해를 끼칠 것이다. 우리가 쓰쿠시를 지나갈 적에 이를 죽여 없애면, 귀국 후에 높은 관직을 받도록 추천할 것이니 너희들이 해치워라."

덕이와 여노는 일라가 객관을 떠나 나니와로 갈 적에 죽일 수 있는 기회를 엿보다가 마침내 섣달 그믐에 일라를 살해할 수 있게 되었다. 야마토 조정에서 이 사건을 조사하다가 덕이와 여노의 자백을 받아 은솔을 포박해서 이의 처분을 일라의 유족에게 일임했다. 유족들이 죽음으로 다스리고, 일라의 무덤을 아시기다葦北로 옮겼다.

모노노베와 나카토미中臣 집안의 집요한 반대로 불교가 공인되지 못한 가운데에서도 소가는 이나메 시절부터 집안에 불당을 모셨다. 비다쓰 13년 9월에 백제에서 온 미륵보살 석상과 군사 씨족인 사혜기佐伯 씨가 갖고 있던 불상을 소가노우마고가 거두어서 집으로 모셔왔다. 그러고는 사방에 사람들을 보내어 불교 수행자를 찾게 했다. 마침 고구려왕이 승려 혜편惠便을 보내어 왔기에, 소가가 그를 스승으로 모셨다. 그런 뒤에 백제계 도래인의 한 사람인 구라즈구리鞍部의 촌장 시메다치도司馬達等의 딸 시마嶋를 득도시켜 젠신니善信尼라는 비구니로 만들었다. 이때에 젠신니의 나이는 겨우 열한 살이었다. 하나만으로는 외롭다 하여 백제계 도래인의 딸 도요메豊女와 이시메石女로 다시 두 사람의 비구니를 만들어 각각 젠조니禪藏尼와 에젠니惠善尼로 이름을 지었다. 2월에 불당을 소가가 사는 집의 동쪽 끝에 지어 미륵 석상을 안치하고 세 사람의 비구니로 하여금 모시게 했다. 소가는 다시 이시가와石川의 별장에도 불당을 세우고, 탑의 꼭대기에 사리를 모시게 한 뒤 대법회를 열었다. 그런데 소가노우마고가 병이 나서 점쟁이에게 물었다.

"어찌 내가 이렇게 몸이 아픈가?"

"이나메 오오미께서 모셨던 불상을 훼손했기 때문에, 부처님께서 마음을 상하셔서 탈을 내신 것입니다."

소가노우마고는 자신의 병을 치유하기 위해서 불교의 힘을 빌리기로 결심했다. 그래서 아들을 보내어 천황에게 불교를 믿을 수 있도록 청원해서 윤허를 받았다. 그런데 공교롭게도 이때부터 장안에 몹쓸 병이 유행하게 되었다. 3월이 되자 천황의 측근에 있던 모노노베物部守屋와 나카토미中臣勝海가 아뢰었다.

"소신들이 말씀 드린 것을 어찌 받아들이지 않으십니까? 대행마마 때부터 마마에 이르기까지 역병이 유행하여 많은 백성들이 고초를 겪고 있습니다. 이는 필시 이단의 귀신인 부처를 소가의 오오미가 숭상해서 퍼뜨리기 때문입니다. 어서 이를 금하소서."

"그렇군. 그렇다면 당장에 불법을 금지시켜라."

천황이 말했다. 모노노베가 무사들을 몰고 소가의 집을 습격했다. 불당에 들어간 모노노베는 사리탑을 부수어 불로 태우고 타다 남은 불상은 나니와의 수로에 버렸다. 이날은 바람이 불고 비가 왔다. 모노노베는 우비를 입고 서서 사헤기佐伯의 수장 미무로御室를 시켜서 소가가 아끼는 세 비구니를 잡아오게 했다. 미무로의 부하들이 비구니들을 저자로 끌고 가서 옷을 벗기고 엉덩이와 어깨를 회초리로 갈겼다. 이런 일이 있은 지 얼마 되지 않아서, 천황이 마마에 걸리고 말았다. 마마는 전국에 퍼졌다. 많은 백성들이 마마에 걸려 피부가 타서 울부짖으며 죽어감에 백성들의 원성이 크게 올랐다.

"이 모든 일이 불상을 태운 죄 때문이다."

다시 몇 달이 지나 6월이 되어서도, 소가노우마고의 병은 차도를 보이지 않았다. 소가는 아들을 보내어 천황에게서 다시 윤허를 받도록 했다.

소가가 가까스로 윤허를 받아 새로이 정사精舍를 지어 불상과 세 사람의 비구니를 모시고 정성을 다하여 기도했다. 8월이 되어 천황이 마마를 이기지 못하고 붕어해서 중요 대신들이 그의 치적을 칭송하는 말을 올리게 되었다. 소가는 오오미로서 큰 칼을 차고 먼저 나가 송사를 읊었다. 그러자 모노노베가 조롱했다.

"네 모습이 꼭 화살 맞은 참새 같구나."

다음이 모노노베의 차례였다. 그는 손발을 덜덜덜 떨면서 송사를 읊었다. 소가가 이를 보고 큰 소리로 웃었다.

"요령을 달면 소리가 많이 나겠군."

이제 두 사람은 화해할 길을 잃었다.

선대 천황의 총신이던 미와노기미三輪君 사가후逆가 쓰쿠시의 무사 하야도隼人를 동원하여 빈소를 철저하게 경호했다. 빈소에는 대비가 된 가시기야히메炊屋姫가 지키고 있었는데, 소복을 입은 모습이 눈이 시리도록 예뻤다. 평소에 대비를 연모하고 있던 아나호베穴穂部 황자가 그녀를 가까이하고자 빈소로 들어가려 했다. 아나호베는 돌아가신 천황의 배다른 동생이라 천황이라는 권좌가 탐이 나서 가시기야히메를 통해 유리한 위치를 확보하려고 생각하고 있었다. 문을 열고 들어가려는 아나호베를 사가후가 막았다. 문을 열라고 하고 열지 못하겠다고 하는 일이 일곱 번이나 되풀이 되었다. 아나호베가 소가와 모노노베를 보고 말했다.

"사가후가 무례하구나. 내가 빈청 안을 보려고 해도 가로막아 문을 열지 않는다. 벌써 일곱 번이나 거절하니, 이놈을 반드시 베어 죽이고 말리라."

아나호베는 빨리 야마토 조정을 장악해야겠다고 생각했다. 그래서 오오무라지인 모노노베를 끌어들이기로 했다. 아나호베가 모노노베에게 말했다.

"오오무라지, 어서 저 못된 놈을 잡아 죽이시오. 그놈의 자식 두 놈도 함께 처단하시오."

모노노베가 군사를 몰고 빈청으로 쳐들어갔다. 사가후는 빈청에서 태후의 거처로 몸을 피했다가 모노노베의 군사에 잡혀 죽었다.

이런 일이 벌어지는 참에 오오미 소가노우마고가 들어섰다. 마침 아나호베가 모노노베를 따라가려는 것을 보고 소가가 말리면서 말했다.

"왕자는 죄인을 가까이 하는 법이 아니오."

아나호베가 자리에 주저앉는데, 모노노베가 나타나서 말했다.

"사가후 일당을 잡아 죽였소."

소가가 한탄하면서 말했다.

"천하의 대란이 멀지 않았구나."

그러나 모노노베는 비웃으며 말했다.

"너 같은 하찮은 신하가 알 바가 아니니라."

9월 초닷샛날 29대 긴메이欽明 천황의 넷째 아들이자 비다쓰 천왕의 이복 동생인 요메이用明 천황이 보위에 올랐다. 이 천황의 어머니는 기다시히메로 소가노이나메의 딸이었다. 다음 해의 4월에 천황이 새로 거둔 곡식을 올리며 천지신명에게 제사를 지냈다. 그런데 제사를 지내고 돌아온 천황이 병이 나서 누웠다. 천황은 신하들을 돌아보며 말했다.

"짐은 불법의 삼보三寶에 귀의하려 하노라. 경들은 알아서 일을 처리하라."

신하들이 천황의 분부를 받들어 어찌할 것인지를 논하는데, 둘로 의견이 갈렸다. 모노노베와 나카토미는 천황의 뜻을 거역하면서 떠들었다.

"어찌 조상 대대로 모셔온 신을 배반하고, 이방의 신을 모실 수 있는가? 그런 짓은 할 수 없는 일이다."

그러나 소가의 의견은 달랐다.

"황상의 뜻을 누가 거역하리. 분부대로 모셔라."

소가의 지시에 따라 천황의 배다른 동생, 아나호베穴穗部 황자가 도요구니豊國 법사를 내전으로 모시고 들어가서, 부처님께 천황의 쾌유를 빌게 했다.

소가노우마고는 이런 사태가 나리라고 미리 짐작하고 있었다. 그래서 얼마 전부터 소가 집안과 관련되는 황자들과 비빈들을 한자리에 모아서, 반대 당인 모노노베를 물리칠 계략을 다졌었다. 이들은 누나인 기다시히메堅鹽姬의 딸인 가시기야히메炊屋姬와 누이동생 오아네노기미小姉君의 아들 하쓰세베泊瀨部 황자, 그리고 외손자뻘인 다케다竹田, 우마야도廐戶 황자들이었다. 그와 함께 충신 도미노이치이迹見赤檮도 불러서 군사들을 단속하라고 일러두었다. 모두 소가의 세력 규합의 중심이 될 인물들이었다.

다음 해 4월 천황이 붕어했다. 다시 황위 계승권을 놓고 다투는 싸움이 모노노베와 소가의 양 진영 사이에 일어났다. 모노노베는 오오무라지로서 군사를 모아 아나호베 황자를 천황으로 추대하려고 서둘렀다. 5월에 모노노베는 비밀리에 사람을 아나호베 황자에게 보내어 사냥하러 나갈 것을 제안했다. 이들은 아와지淡路에서 사냥을 빙자하여 군사를 동원해서 반대파를 일거에 해치울 생각이었다. 그런데 그 계획이 탄로나서 소가의 진영에 대소동이 났다. 6월 초이레의 일이었다. 오오미 소가노우마고와 그의 일당인 사헤기佐伯, 하지土師, 이쿠하的의 수장들이 한자리에 모인 자리에서 가시기야히메가 대왕대비의 자격으로 지시했다.

"그대들은 군사를 몰아 신속히 나가서 아나호베와 그의 아우 야캬베宅部 황자를 주살하라."

명에 따라 사헤기 등이 아나호베 황자의 궁궐을 에워싼 뒤에 이들 형제를 쳐 죽였다.

7월이 되면서 두 진영의 전투가 본격적으로 벌어지게 되었다. 소가노우마고 오오미는 여러 황자들과 귀족을 총동원해서 모노노베 오오무라지를 멸망시키기로 했다. 소가의 편에 선 황자들로는 하쓰세베泊瀨部, 다케다竹田, 우마야도廐戶, 나니와難波, 가스가春日 등의 여러 황자였고, 중신으로는 소가노우마고, 기노오마로紀男麻呂, 고세巨勢臣, 가시하膳臣, 카즈

라기葛城臣 등이었다. 이와는 별도로 오오도모大伴, 아베阿倍, 헤구리平
群, 사가모도坂本, 가스가春日의 수장인 오미臣들이 군사를 몰고 모노노베
의 별장이 있는 시부노가와澁河를 습격했다.

모노노베노모리야는 친히 가족과 노비들을 이끌고, 볏단을 쌓은 성에
의지해서 싸웠다. 모노노베는 별장 가운데 우뚝 선 팽나무 위에 올라가서
활을 쏘며 독전했고, 집 안이나 들에 있던 모노노베의 군사들이 힘을 다하
여 싸웠다. 소가의 군사들이 당해 내지 못하여 세 번이나 물러갔다. 이 전
투에 우마야도 황자가 어린 나이에 참가하고 있었는데, 고전하는 소가의
군사들을 보고 말했다.

"자칫하면 패전하고 말 것 같구나. 싸움에 이기려면 부처님께 빌어
야지."

그는 붉나무로 사천왕상四天王像을 만들어서 머리에 이고 맹세했다.

"우리가 적을 이길 수 있게 해 주시면, 반드시 사천왕을 모시는 사찰을
만들리라."

열다섯 살밖에 되지 않는 어린 황자가 들먹인 사천왕은 호국의 사천왕
이라고 불리는 불법의 수호신으로 동방의 지국천왕持國天王, 서방의 광목
천왕廣目天王, 북방의 다문천왕多聞天王 그리고 남방의 증장천왕增長天王
이었다. 소가노우마고가 다시 맹세했다.

"모름지기 여러 천왕天王과 대신왕大神王께서 우리를 도와 효험을 주
시게 된다면, 사탑을 세워 삼보三寶를 전하도록 하리라."

소가의 군사들이 벌떼처럼 덤벼들었다. 도미노이치이가 팽나무 위에서
분전하고 있는 모노노베를 발견하고, 화살을 쏘아 나무 아래로 떨어뜨렸
다. 괴수가 전사하자, 모노노베의 군사들이 패주했다. 모노노베의 군사들
은 검은 옷을 입고 있었는데, 히로세廣瀬의 산야에 새까맣게 흩어져서 도
망쳤다. 모노노베 씨의 영지와 노예는 둘로 나뉘어 반은 소가의 차지가 되

고, 나머지 반은 우마야도 황자가 세운 사천왕사四天王寺에 기증되었다. 소가노우마고는 다시 아스카에 호우고우지法興寺를 세워서 전란 중에 했던 맹세를 지켰다.

이해 팔월에 여러 중신이 하쓰세베泊瀬部 황자를 천황으로 모셨다. 수순崇峻 천황이었다. 가시기야히메는 황태후가 되었다. 이때부터는 오오무라지가 없어지고, 오오미 소가노우마고가 모든 국정을 도맡아 결정하여, 소가의 전성시대가 시작되었다.

2. 야마토노아야東漢와 비극의 대왕 하쓰세베泊瀬部

"오, 춥구나. 무슨 날씨가 이런가? 이리 추워서야 경비를 제대로 할 수 있겠는가?"

소가의 경비대장 고마駒가 추위에 곱은 손가락을 비비며 말했다. 소가 오오미를 경호하러 아마가시甘樫 언덕에 있는 저택으로 온 그를 보고 아우인 시무志努가 투덜댔다.

"형님, 우리는 언제까지 야마토의 호족들 아래에서 시중을 들어야 합니까? 소가의 집안도 한반도 출신이라 들었습니다. 우리보다 먼저 이 땅으로 건너온 것뿐인데, 우리가 그들의 시중을 들어야 하니 말이 되지 않습니다. 우리는 그래도 한漢나라의 대방군帶方郡에 뿌리를 두고 있는 왕족 출신이 아닙니까? 형님께서 야마토노아야東漢의 수장인 아다이直로 계시니, 무슨 조치를 해야 할 것입니다. 언제까지나 우리가 이들의 아래에서 수발만 들어야 할 것입니까?"

"너무 그러지 마라. 내게도 생각이 있단다. 우리의 실력을 한번 따져보자. 우선 우리의 제철기술은 당대 제일이지. 이백 년 전쯤인 호무다노 오오기미 10년에 아지노오미阿智使主 할아버지께서 가야의 열일곱 고을 사람들을 데리고 온 뒤로, 우리 집안에서 야마토의 오오기미와 오오미를 경호하는 임무를 수행하고 있지 않은가. 조금만 더 참으면, 우리가 이곳의 중심 세력으로 자라게 될 것이다. 그동안은 강력한 소가 집안을 거들며 지낼 수밖에 없어. 조금만 더 참아라."

고마는 키가 크고 어깨가 떡 벌어진 20대 후반의 청년이었다. 얼굴이 갸름하고 검은 눈썹이 짙게 자란 아래 콧날이 우뚝했다.

"허긴 그렇군요. 형님. 우리 야마토노아야에는 일곱 집안이 있지요. 그 가운데에서도 고안무高安茂 박사는 백제의 오경박사가 아닙니까? 단양이 段陽爾 박사도 백제 출신인 것을 보면, 이곳의 오오기미나 오오미와 비교해도 전혀 꿀리지 않는 문무를 겸비한 집안이라 할 수 있습니다. 더군다나 우리 집안사람들은 셈에 밝아서 야마토의 재물을 관리하는 일에 큰 역할을 하고 있지 않습니까?"

"가만있어. 저기 한 여인이 오는군. 시녀를 거느리고 오는 것을 보니 귀하신 분 같은데. 네가 잘 알아보도록 해라. 모노노베를 토벌한 지 얼마 되지 않아 세상이 뒤숭숭하거든. 이 집에 드나드는 사람은 철저히 미리 챙겨야 한다."

"알겠습니다. 형님."

시무가 나가서 여인을 맞았다.

"누구십니까? 저녁이 다 되었는데, 이곳에 오시니."

"비마마를 모르십니까? 오오미의 따님이시자, 오오기미의 비가 되시는 분을 몰라보십니까?"

"오오기미라니요? 하쓰세베泊瀬部(수순崇峻 천황) 마마를 말씀하시는 것입니까? 그렇다면 가와가미노이라쓰메河上娘女가 아니십니까? 어디에 다녀오시는 길입니까? 오시는 길에 별일이 없으셨습니까?"

시무가 공손히 절하면서 물었다.

"경비를 하느라 수고가 많으셔요. 저기 계시는 분이 고마駒 아다이直 아니신가?"

여인이 얼굴을 가리고 있던 쓰개치마를 벗으며 방긋이 웃었다. 햇불에 비친 흰 볼에 팬 보조개가 예뻤다.

"참으로 아름다운 여인이군. 저 터질 듯한 가슴이며, 나긋나긋한 허리하며. 오오기미의 비로서는 아까운 여자야."

여인이 다소곳하게 인사하는 것을 고개를 숙여 답하면서, 고마는 젊은 피가 뜨겁게 솟아오르는 것을 느끼며 자기도 모르게 몸을 떨었다.

하쓰세베는 3대 전의 오오기미, 긴메이欽命 천황과 소가노우마고의 누이인 오아네노기미小姉君 사이에 태어난 아들이었다. 형인 아나호베穴穗部가 보위를 엿보다가 우마고에게 죽임을 당하자, 오오기미로 추대되어 보위에 오른 수순崇峻 천황이었다. 그는 가와가미와는 외종간이었다. 당시의 야마토 조정의 상류층에는 근친혼이 유행했다. 부모의 한쪽만 다르면 형제자매 간에도 혼인을 하는 경우가 많았다. 하쓰세베가 즉위하자마자, 백제에서 혜총 법사惠總法師를 비롯한 여섯 명의 승려를 보내어 부처님의 사리를 바쳐왔다. 동시에 은솔恩率 수신首信, 덕솔德率 개문蓋文, 나솔奈率 복부미신福富味身 등을 보내어 조調를 바쳤다. 그리고 절을 짓는 목수, 탑의 상륜相輪을 주조하는 박사, 기와를 굽는 기술자, 그림을 그리는 화공 등이 한반도에서 건너왔다. 소가노우마고는 은솔 수신이 돌아가는 편에 겐고우지元興寺에 있던 젠신니善信尼 등을 보내었다가 2년 뒤에 귀국시켜 사구라이데라櫻井寺에 거처하게 했다. 이들 비구니들이 돌아오면서 한반도에서 건너온 씨족의 딸들이 연이어 불교에 귀의해서 절에 들어갔다.

소가의 저택에서 처음 만난 이후로 고마는 밤마다 가와가미의 생각에 잠을 이루지 못했다. 그는 여러 날을 고민하다가, 구라하시倉梯에 새로 지은 대궐로 가와가미를 찾아갔다. 오오기미의 대궐을 경비하는 부대가 부하였기 때문에, 고마의 출입을 간섭하는 사람은 없었다. 맑은 하늘에 별이 총총한 가운데 그믐달이 부끄러운 듯이 내려다 보고 있는 밤이었다. 고마는 가와가미가 거처하는 별채의 창 밖에 서서 휘파람을 여러 번 불었다.

한참만에 창이 열리면서 하얀 얼굴이 밖을 내다보는 것이 불빛에 비쳤다.

"누구요? 거기서 휘파람을 부는 자가."

"접니다. 이라쓰메娘女. 야마토노아야 고마입니다."

"아, 며칠 전에 소가의 저택에서 본 고마 님이시군요. 어찌 이 밤중에 여기까지 오셨나요?"

"이라쓰메에게 아뢸 말이 있어서 왔습니다."

"거기 밖은 쌀쌀할 텐데, 안으로 들어와서 말씀하시죠."

"아닙니다. 아직 날씨가 견딜만합니다. 약간 추운 것이 정신도 맑아져 서 좋습니다."

"무슨 말인데요."

대궐 안의 여인들 사이에 고마의 평판이 좋게 나 있어서, 가와가미도 준수하게 생긴 이 청년에게 은근히 호감을 갖고 있었다.

"저 그믐달을 보소서. 저 달이 서산에 지면 다시 해가 돋겠지요?"

"해야 언제나 뜨는 것이 아니오?"

"저는 저 달과 함께 하늘을 나는 새가 되어 이라쓰메를 지키고 싶습 니다."

"아이, 무슨 말씀을. 고마 님이 새가 되어 절 지키다니요."

"견우와 직녀가 은하수를 건너서 만날 때에 다리를 놓은 것이 까치가 아닙니까? 저는 그런 까치가 아니라, 바로 세발 까마귀가 되어 달 같은 이 라쓰메를 모든 악귀로부터 지켜드리고 싶습니다."

한동안 두 사람이 말을 주고받는데, 별채의 뒤 안에서 인기척이 났다. 고마가 손을 창문으로 뻗으며 말했다.

"누가 오나 봅니다. 이라쓰메, 오늘은 이만 가겠습니다. 내일 밤 이맘 때에 다시 오겠습니다. 그때에는 방 안에 들어가서 많은 얘기를 나누고 싶 습니다. 약속하소서. 다시 만나시겠다고."

"좋아요. 그럼 낼 저녁에 다시 만나요."

고마가 어둠 속으로 자취를 감추었다.

다음 날 밤에 고마가 다시 와서 휘파람을 세 번 불었다. 그러자 이번에는 기다렸다는 듯이 얼른 이라쓰메가 나타나서 고마를 방으로 불러들였다. 두 사람은 이날 밤 서로의 마음을 알리며 함께 보냈다. 가와가미는 수슌 천황의 비가 되었으나, 소가노우마고의 딸이라고 해서 수슌 천황의 내침을 받았다. 수슌 천황은 자기를 허수아비처럼 대궐 속에 가두어 놓고 모든 정사를 마음대로 좌우하는 우마고가 몹시 거북했다. 그러니 우마고의 딸인 가와가미에게 정이 갈 리 없었다. 수슌 천황은 정비인 오오도모노고데고大伴小手子를 사랑해서 그 사이에 남매를 낳았다. 게다가 최근에는 모노노베노후쓰物部布都라는 여인을 비로 삼아, 밤마다 그녀를 찾았다. 그래서 가와가미는 독수공방의 쓸쓸한 생활을 강요당하고 있었다. 한창 무르익은 몸매를 갖고 있는 가와가미로서는 너무나도 척박한 신세였다. 그런 참에 고마 같은 대장부가 제 발로 찾아왔으니, 이보다 반가운 일이 없었다. 몇 년을 두 사람이 남몰래 만나서 밀통을 하다보니 이제는 떨어질 수 없는 사이가 되었다. 하루는 가와가미가 고마의 품에 안기면서 속삭였다.

　"고마 님, 우리가 이렇게 남몰래 만난 지도 몇 년이 지났는데, 오오기미가 눈치를 채면 큰일이 아니오? 무슨 조치를 강구해야 하지 않겠어요?"

　"염려 마세요. 제게 생각이 있습니다. 조금만 더 참으시오."

　고마가 상전인 소가노우마고를 찾아갔다. 우마고의 두터운 신임을 받고 있던 그는 가와가미를 아내로 취할 뜻을 알려서, 우마고의 허락과 도움을 얻을 생각이었다. 그런데 고마를 만난 우마고의 표정이 어두웠다. 미처 말을 꺼낼 기회를 얻지 못한 고마에게 우마고가 말했다.

　"야마토노아야, 지금 수하에 군사가 몇이나 있는고?"

　"왜 그러십니까? 한 천 명은 되는데요."

　"지금 많은 군사들이 쓰쿠시로 가 있지? 신라가 미마나의 조調를 보내오지 않아 이를 징벌하고, 신라에 병합된 미마나를 부흥하라고 했는데. 그래서 군사들이 모두 쓰쿠시로 가 있지? 도대체 몇 명이나 갔었지? 이만

명이 넘는다 했던가?"

"그렇습니다. 지금은 기노오마로紀男麻呂를 비롯한 여러 장수들이 모두 쓰쿠시에 집결해 있습니다. 출진에 앞서 두 명의 사신을 각각 신라와 미마나에 보내어 교섭하고 있다고 들었습니다."

"그런데 말이야. 오오기미의 비로 있는 오오도모노고데고大伴小手子가 사람을 보내어 왔어."

"고데고 비가 뭐라고 해왔습니까?"

"오오기미께서 시종들을 무장시키고, 수하에 사람들을 모으고 있다고 하는군. 분위기가 심상치 않아 무슨 일이 날 것 같다는군."

"무슨 일이 나다니요? 우리 야마토노아야 군사들이 대궐을 철저히 지키고 있는데, 별일이야 있겠습니까? 그리고 오오기미의 시종이야 몇 명이 되지 않습니다."

"아니야, 마음을 놓아서는 안 될 일이다. 만약에 쓰쿠시의 장군들과 통하면, 대군을 불러올릴지 모르지 않은가. 게다가 또 한 가지 걱정되는 일이 있어."

"무엇인데요."

"바로 엊그제 일이지. 그날이 10월 초나흘이었지. 오오기미에게 산돼지 한 마리를 잡아서 바친 사람이 있었다네. 그런데 그 산돼지의 목을 따서 생피를 보약으로 드는 자리에서, 오오기미가 한마디 한 것이 있다는데, 몹시 귀에 거슬리는군."

"뭐라고 했는데요."

"산돼지를 손으로 가리키면서 '언젠가 이 돼지의 목을 자르듯이 짐이 싫어하는 자를 베리라.'고 했다는 거야."

"아니, 그게 무슨 뜻입니까?"

"오오기미가 싫어하는 자가 누구겠는가? 오오기미를 보위에 올린 뒤로 정사에 관여하지 못하게 산속에 대궐을 짓고 나오지 못하게 한 것이 나였거든. 등극한 지 5년이 되었지만 그동안에 내전 깊이 비빈을 거느리고 편히 살게 만들었지. 아마도 마음대로 바깥출입을 못한 것을 원망하고 있을 거야."

"그렇다고 누구 덕에 보위에 오른 것인데. 은혜를 몰라도 분수가 있지. 그런데 고데고 비가 그런 말을 전해온 까닭은 무엇입니까? 원래 오오기미와 고데고는 사이가 좋아서 하치고蜂子 황자와 니시기데錦代 공주를 낳지 않았습니까?"

"그게 최근에 사이가 벌어진 거야. 아마도 모노노베노후쓰物部布都를 더 가까이 하게 된 것 같아."

"모노노베노후쓰라면 우리가 멸망시킨 모노노베노 모리야守屋의 누이가 아닙니까? 그렇다면 오오기미가 모노노베의 잔당과 힘을 합치게 된 것이군요. 얼른 손을 쓰지 않으면 다시 큰 난리가 날 것 같습니다."

"그래서 걱정을 하고 있던 참이야. 우리가 빨리 대처하지 않으면, 실기를 할 가능성이 점점 커지고 있어. 이 일만 해결하면 걱정이 없겠는데."

우마고는 오오기미를 할 수만 있다면 거세하고, 소가 집안의 피가 섞인 황자와 자기의 딸 가와가미를 짝지어서 다음의 오오기미로 삼을 생각이었다. 그렇게 되면 자기의 혈통이 황위에 오르게 되고 자기는 국구로서 자손 대대로 영화를 볼 터전을 공고히 마련할 수 있을 것이 아닌가? 그러나 그는 고마에게는 자기의 속마음을 알리지 않았다.

"소장이 대책을 강구해 보겠습니다. 오오기미가 힘을 쓰지 못하게 되면 될 것이 아닙니까?"

고마는 이야말로 천재일우의 기회라고 생각했다. 큰 공만 세우면 그 보상으로 가와가미를 아내로 얻을 수 있을 일이었다. 그런 생각에 고마의 심장이 두근거리기 시작했다.

"그대가 그렇게 해 주겠는가? 성공만 하면 원하는 대로 무엇이든지 보상할 것이네."

"걱정하지 마소서. 소신에게 모든 것을 맡기소서."

고마는 큰 주먹으로 가슴을 두드리며 자신 있게 말했다.

고마는 우마고의 집을 하직하고 곧바로 대궐의 가와가미에게 달려 갔다.

"내가 왔소. 이라쓰메. 드디어 때가 되었소."

"무슨 좋은 일이 있기에 이렇게 기뻐하시오?"

"하쓰세베를 베어 없앨 수가 있겠어요."

"오오기미를 베어 없애다니요?"

"하쓰세베를 없애면, 우리가 부부가 될 수 있을 것이 아니오."

"그래도 주군이신데, 시역을 할 수야 없지요. 제발 무지막지한 말씀은 함부로 하지 마시오."

"아니요. 오오미의 허락을 받았소."

"무슨 허락을요? 우리 아버지가 오오기미를 베랍디까?"

"아니, 직접 그러시지는 않았지만, 오오기미가 불온한 움직임을 보인 다고 걱정하시기에, 내가 대책을 강구하겠다고 했더니, 잘만 하면 내 소원 을 모두 들어주겠다고 하셨소."

"그래도 사람을 죽이는 일만은 하지 마시오."

"알았소. 나만 믿고 기다리시오. 일이 끝나면 데리러 올 것이니, 아무 데도 가지 말고 방에 있으시오."

고마는 나는 듯이 돌아갔다.

하루가 다시 지났다. 고마가 우마고를 찾아왔다.

"오오미, 내일 동국의 조를 바치는 의식을 대궐에서 행하게 하셔야겠 습니다."

"동국의 조라니? 동국의 백성들로부터 공출하게 한 물건을 말하는가? 오랜 소원이 하나 풀렸군. 우리 야마토의 세력권이 크게 확장된 것이니, 여러 신하들과 의논해서 오오기미에게 바치는 의식을 거행해야겠군. 알겠 다. 곧바로 오오기미에게 아뢰어 준비하도록 하겠다."

다음날 구라하시궁倉梯宮에는 소가의 일족을 비롯한 여러 신하들이 모여들었다. 우마고는 오오미로서 이 식전에서 축사를 올려야 했다. 대궐의 주변을 야마토노아야의 군사들이 겹겹으로 포위했다. 쥐새끼 한 마리도 허가 없이는 대궐을 드나들지 못하게 삼엄한 경비를 폈다. 우마고가 황금으로 장식된 긴 칼을 허리에 차고 정장하여 대전으로 들어갔다. 그가 들어가자 궁궐의 출입문이 모두 잠겼다. 이런 일들이 모두 비밀리에 진행되어 오오기미의 시종들은 눈치를 채지 못했고, 설령 일부가 눈치를 챘더라도 삼엄한 분위기에 주눅이 들어 옴짝달싹 못했다. 오오기미 수순 천황이 정전의 옥좌에 좌정했다. 옥좌 앞에 구슬로 꿴 발을 치고, 그의 모습이 아래에서 보이지 않게 만들었다. 단 아래의 가운데에 오오미 소가노우마고가 축사를 쓴 두루마리를 두 손으로 펴서 들고 읽기 시작했다. 그의 목소리는 대전 내에 찌렁찌렁 울릴 만큼 우렁찼다. 그가 반쯤 읽었을 때에, 대전의 옥좌 근처에서 비명이 들렸다. 천황의 곁에 시립하고 있던 고마가 칼을 빼어 천황을 벤 것이었다. 천황이 그 자리에서 즉사했고, 뿜어나오는 피에 젖은 고마는 옆문으로 도망을 쳤다. 단 아래에서 축사를 읽던 우마고가 얼른 단상으로 올라가서 주렴을 올리게 했다. 그곳에는 피투성이가 되어 쓰러진 오오기미의 주검이 있었다. 우마고는 돌아서며 군신을 향해 고함을 쳤다.

"오오기미께서 시해되셨다. 야마토노아야 고마가 한 짓이다. 빨리 어의를 부르고, 군사를 보내어 고마를 잡아 오너라."

"내가 오오미를 위해 오오기미를 베었다. 오오미의 대권 장악의 일등 공신이 내가 되었으니, 지금부터 가와가미와 시골에 가서 숨어 있다가, 정국이 안정되면 나와서 우리의 혼인을 허락 받고 백년해로하리라."

고마는 하늘을 날아 구름 위를 달리는 기분으로 한걸음에 별채로 달려가서 가와가미의 방문을 두드렸다.

"이라쓰메, 내가 왔소. 얼른 나오시오. 함께 우리 시골로 갑시다. 얼마 동안만 숨어 있으면, 오오미가 우리를 맞아 줄 것이오. 크게 상을 받을 것이니, 그동안만 숨어서 지냅시다."

고마가 서두르는 바람에 가와가미는 짐도 챙기지 못하고 따라 나섰다. 하루를 오솔길로만 찾아서 두 사람은 고마의 사촌 집이 있는 시골로 도망쳤다. 그런데 밤이 새기도 전에 우마고가 보낸 포졸들이 들이닥쳤다.

"대역죄인은 나와서 오라를 받아라."

"아니, 나더러 대역죄인이라니. 그럼 오오미는 무엇이 되는가?"

고마가 중얼거렸다.

"네 이놈, 고마야. 네가 오오미의 따님이자, 오오기미의 비이신 가와가미노이라쓰메를 겁탈해서 도망친 죄를 물어 우리가 잡으러 왔다. 빨리 나와 포승을 받아라."

"뭐라고? 이라쓰메를 겁탈했다는 죄를 묻는다고? 이건 말이 안 되지 않나. 오오미가 그렇게 시키던가?"

"이놈, 무슨 말이 이리도 많은가? 어서 나와 오라를 받으래도."

"이라쓰메는 날 따라온 것이지, 내가 그녀를 겁탈한 것은 아니다. 무언가 오해가 있는 듯하니, 오오미를 뵙게 해 달라."

고마는 어디까지나 떳떳한 척했다. 우마고만 만나면 모든 것이 해결될 것이었다. 정적을 죽였으니 상을 받았으면 받았지, 처벌 받을 일은 아니었다. 그런데 고마의 예상은 모두 빗나가고 말았다. 포졸들은 고마를 끌고 가서 하옥시켰다. 사흘이 지나도록 아무도 고마를 찾지 않았다. 이윽고 문초를 받기 위해 흰 모래가 깔린 정원에 끌려 나온 고마를 보고 우마고가 말했다.

"그대의 죄를 알렸다. 첫째는 대궐을 지키는 수장이 오오기미의 비를 겁탈했다. 둘째로는 오오기미를 시해했다. 그보다 큰 죄는 대궐의 기밀을 밖으로 알린 일이다. 그대는 죽어 마땅하다."

항변할 시간을 주지 않고 즉석에서 처형했다. 수슌 천황의 장례도 이례적으로 하루 만에 치러졌다. 당시 천황의 장례는 여러 달에서 길게는 삼 년을 빈소에 안치했다가 능을 조영한 뒤에 예를 갖추어 성대히 치러지는 것이 관례였는데, 그의 경우에는 하루도 지나지 않아 땅에 묻히고 말았다.

그의 아들인 하치고蜂子 황자皇子는 아버지가 시해된 직후에 동북으로 도피해서 중이 되었고, 니시기데錦代 황녀皇女와 비인 오오도모고데고大伴도 동북으로 도망쳐서 사람들에게 누에치는 기술을 전하면서 여생을 보냈다.

이렇게 되고 보니 소가노우마고는 정적이 되는 사람은 모조리 죽여 없앤 셈이 되었다. 적대 세력의 수장인 모노노베를 비롯해서 조카인 아나호베穴穗部 황자를 죽이고, 그 동생인 하쓰세베를 수슌 천황으로 모시더니, 이마저 고마를 시켜 시해했다. 우마고는 암살자의 입을 막기 위해서 고마마저 처단하니, 권력을 위해서는 피도 눈물도 없는 사람이었다. 그러나 그도 마음의 한구석에는 걸리는 것이 있었던 것 같다. 고마를 처형하면서도 그의 아우인 시무는 살려서 야마토노아야 집안을 잇게 했다. 시무가 야마토노아야를 사가노우에坂上로 성을 바꾸어 후세로 이어갔는데, 우마고가 형을 처형한 일을 원망해서 소가의 산하에서 이탈하고 반대 세력에 가세하게 된 것은 뒷날의 얘기이다.

3. 우마야도황자厩戸皇子

"어마마마, 무얼 그렇게 생각하고 계십니까?"

수심에 잠긴 아나호베노하시히도穴穗部間人 대비를 보고 우마야도 황자가 물었다. 서기 592년 11월 하순의 일이었다.

"황자의 외숙들이 모두 죽었으니, 우리가 앞으로 어떻게 해야 할지 걱정이 되어 그런단다."

대비가 황자를 반기며 말했다. 대비는 며칠 전에 시해된 수슌 천황의 선대인 요우메이用明 천황의 비이며, 첫 아들로 우마야도를 낳았다. 대비로서는 외숙인 소가노우마고가 자기의 친동생을 둘이나 연달아 죽였으니, 자신과 아들의 장래를 걱정하지 않을 수 없었다.

"어마마마, 너무 걱정 마소서. 소자가 가시기야炊屋 이모님과 상의하여 큰 화를 입지 않도록 만들겠습니다."

가시기야는 비다쓰敏達 천황의 미망인이며 대왕대비로 있었다.

"그래, 황자만 믿는다. 잘해 다오. 가시기야는 보통 분이 아니니 조심하고. 황통을 자기의 아들로 이을 욕심이 있으니, 잘못하면 의심을 품고 널 해치려고 할지 모른단다."

그러나 대비의 걱정은 기우에 지나지 않았다. 가시기야는 아들 둘과 딸 다섯을 두었는데, 아들은 모두 허약해서 황통을 이을 인물이 못 되어 고민에 빠져 있었다. 당시의 오오기미의 보위는 형제간에 승계하는 것이 관례였고, 그 다음으로 생모의 신분에 따라 황자의 차례가 되었다. 그런데 아나호베 대비와 가시기야炊屋姬 대왕대비는 모두 4대 전의 오오기미, 긴메이 천황의 딸로서, 그들의 어머니는 지금의 오오미의 아버지인 소가노이나메蘇我稻目의 딸들이었다. 이나메의 첫 딸인 기다시히메堅鹽姬가 낳은 것이 대왕대비이고, 둘째 딸 오아네노기미小姉君에게서 난 것이 대비였다. 다시 말하자면 이들은 배다른 자매간이었다. 그러니 궁중에서도 세력 다툼이 심했고, 모든 정쟁의 뒤에는 두 사람의 그림자가 항상 따라 다녔다.

"대왕대비마마…… 이모님. 제가 왔습니다. 우마야도 입니다. 제가 말씀드릴 게 있어서 왔습니다. 주변을 물려주소서."

"황자가 왔구나. 오랜만인데. 요즈음은 워낙 시국이 어수선해서 그렇지 않아도 걱정이 되었는데, 잘 왔다. 안으로 들어와서 다식茶食이나 들면서 얘기를 나누자. 어서 들어오너라."

가시기야 대왕대비는 다식이 들어오자, 시종과 시녀들을 멀리 물렀다. 우마야도가 방문을 살며시 열고 바깥을 살펴보고 다시 들어와 차를 한잔 들고 입을 열었다.

"그동안 엄청나게 큰 난리를 겪었습니다. 모노노베 집안은 쑥대밭이 되었습니다. 그리고 오오기미와 그의 형제분들이 모두 참살을 당했으니.

이모님, 우리 외가가 너무 횡포를 하는 듯한데, 이러다가는 황실의 혈통이 끊어질 것 같아 걱정이 되어 왔습니다."

"쉬. 황자는 말씀을 삼가라. 낮말은 새가 듣고 밤말은 쥐가 듣는다고 하지 않으냐. 소가의 첩자가 곳곳에 있는데, 함부로 그런 말을 하다가 황자도 화를 입지 않는다고 누가 장담하겠느냐?"

"이모님, 여기 누가 있다고 걱정을 하십니까? 저는 오직 우리 야마토 황실의 장래가 염려되어 이모님을 뵈러 온 것인데, 무엇을 이렇게 조심만 하십니까?"

만 열여덟 살이 된 우마야도는 당당했다. 그러나 대왕대비는 워낙 조심성이 많고 영리한 여인이었다.

"황자, 모든 일에 조심해야 한다. 우리 집안을 걱정하는 것은 고맙지만, 함부로 소가의 오오미를 비방해서는 안 되지. 지금 야마토의 재정과 병권을 모두 장악하고 있어서, 우리 황실의 힘만으로는 대항할 수가 없으니, 복지부동으로 몸조심해야 할 수밖에 없단다."

"그렇더라도 이모님과 제가 힘을 합해서 이 난국을 헤쳐나가야 하지 않겠습니까? 지금 황실 내에 이모님 외에 누가 있습니까? 소가와 맞서서 황실의 권위를 유지해 주실 수 있는 분은 이모님밖에 없답니다."

우마야도는 대왕대비보다 친근감이 가는 이모라는 호칭을 되풀이해서 쓰면서 대왕대비의 기색을 살폈다. 그는 어릴 때부터 대단히 총명해서 한마디를 들으면 열을 알아듣고, 열 사람의 말을 한꺼번에 들어도 한 마디도 틀리지 않게 다시 되풀이할 수 있는 비상한 재주를 지녔다. 아나호베노하시히도 대비가 만삭인 몸으로 대궐 안을 살피러 나갔다가, 마구간 입구에서 아들을 낳았다고 해서 이름을 우마야(마구간)의 도(문)라고 지었다.

우마야도 황자는 백제에서 온 오경박사 각가覺哿에게 유학을 배웠다. 그는 미래를 설계하는 재주가 있었다. 그래서 부황이 장래가 촉망되는 그를 각별히 귀여워했다. 가시기야 대왕대비도 이 조카가 특출한 것을 일찍

부터 눈여겨보고 있었다. 아들인 다케다竹田 황자를 황위 계승의 제일 후
보로 생각했었는데, 몸이 약해서 저 세상으로 일찍 떠난 뒤로는 마땅한 사
람이 없었다. 그녀에게는 또 하나의 아들이 있었으나, 이도 또한 허약해서
도무지 오오기미를 삼을 재목이 못 되었다. 근친결혼이 심한 당시에는 우
마야도 같은 우수한 인재가 나오기도 하지만, 다른 한편으로는 허약하고
우둔한 자식도 많이 생겼다. 가시기야에게 다만 한 가지 걸리는 점이 있다
면, 우마야도의 어머니와 배다른 자매간으로 두 사람이 모두 황실의 세도
다툼의 구심점에 서 있다는 점이었다. 그러나 지금 우마야도가 스스로 찾
아와서 자기를 돕겠다고 청하고 있으니, 이보다 다행스러운 일이 없었다.
한참을 말없이 황자가 다과를 들고 있는 것을 보고 있던 대왕대비가 입을
다시 열었다.

"황자여, 그러면 소가노우마고를 우리 편으로 만들 계책이 있는가? 어
디 황자의 복안을 들어보세."

"이모님, 소가노우마고 오오미는 이모님과 우리 어머님의 외숙입니다.
그리고 아직은 소가가 황통을 찬탈할 정도의 위세를 갖추지 못하고 있습
니다. 이모님이 먼저 오오미를 만나서 넌지시 그의 뜻을 물어 보는 것입니
다. 오오기미를 시해한 뒤로 마땅한 후계자를 신속히 정하지 않으면 안 되
는 처지라, 이모님이 오오미와 모든 일을 협의할 것임을 약속하면, 반드시
이모님을 황위에 추대하겠다고 할 것입니다."

"내가 어찌 황위를 이을 수 있겠는가? 여자의 몸으로."

"무슨 말씀을 하십니까? 야마토의 조정에는 여인이 지도자가 된 사례
가 여러 번 있었습니다. 아마테라스天照大神나 진구 황후神功皇后의 예를
보더라도 여인이 야마토의 조정을 이끌어 갈 수가 있습니다. 이모님이 천
지신명을 모시는 성찬을 준비하는 일에만 관심이 있는 것처럼 말씀하시고,
오오미의 정권을 인정한다고 하시면 될 일입니다. 생각해 보십시오. 지금
오오미가 직접 오오기미로 등극하지 않는 한, 이모님을 빼고 달리 누구를
모시겠습니까?"

"그래도 황자가 있지 않은가? 황자야말로 보위를 이을 자격이 충분하지."

대왕대비는 여전히 마음이 내키지 않는 눈치였다. 그러자 황자가 다시 강조했다.

"이모님, 오오미의 입장에서 생각해 보세요. 저 같은 청년을 오오기미로 삼으면, 수슌 천황의 재판이 될까 봐 꺼리지 않겠습니까? 차라리 저를 이모님의 태자로 삼아 섭정을 맡겨, 오오미를 돕도록 시키겠다고 하십시오. 그러면 오오미도 안심할 것입니다."

"알았다. 황자의 조언이 크게 도움이 되었다. 오오미를 만나서 얘기해 보지."

드디어 대왕대비가 마음을 정했다.

대궐에 여러 신하들이 모였다. 오오기미의 자리를 오래 비어 둘 수 없다 하여 신하들이 가시기야에게 보위에 오를 것을 진언했다. 대왕대비가 세 번을 사양했다가, 오오기미의 신표인 거울과 신검을 받아들여 도유라노미야豊浦宮에서 보위에 올랐다. 그녀는 자색이 단정하면서도 아름답고, 예의 바르며 절도가 있는 것이 바로 천군天君의 모습을 지니고 있었다. 서기 592년 12월 초여드레의 일이었는데, 즉위하자마자 그때까지 쓰던 칭호인 오오기미大王를 스메라미코토, 다시 말해 천황天皇으로 고쳤다. 스이고推古 천황이었다. 다음 해 정월에 백제에서 온 부처님의 사리를 호우고우지法興寺의 불탑에 모신 뒤에, 4월에 우마야도 황자를 황태자로 삼아 정사를 섭정하게 했다. 다음 해 봄에 천황은 황태자와 오오미에게 조서를 내려서 불佛, 법法, 승僧의 삼보三寶를 세워 불교를 널리 포교할 수 있게 했다. 그러자 신료들이 앞 다투어 절을 지었다. 왜인들이 절을 '데라寺'라고 부르게 된 것이 바로 이때부터였다.

즉위 후 3년이 된 해의 5월에 고구려의 영양왕이 보낸 혜자慧慈 법사를 황태자가 스승으로 모셨다. 불교에 대하여 더 깊이 알고 싶기도 했지만, 고구려와 수隋의 정세와 문물제도를 살피기 위한 뜻이 많았다. 7월에는 신라를 침범하기 위하여 쓰쿠시에 보냈던 군사를 4년 만에 다시 야마토로 불러왔다. 황태자는 고구려의 승려만이 아니라 백제에서 온 혜총慧聰 스님도 스승으로 모시고 불교를 진흥시키는 일을 적극적으로 추진해 나갔다. 다음 해 11월에 호우고우지法興寺가 준공했다. 오오미의 아들 젠도구善德臣로 하여금 이 절을 맡아 관리하게 하고, 혜자와 혜총의 두 스님을 거처하게 했다. 즉위 후 5년이 된 해의 4월에 백제의 위덕왕이 왕자 아좌阿佐를 보내어 왔다.

황태자는 알고 싶은 것이 많았다. 혜자 법사를 만난 황태자가 말을 꺼냈다.

"스님, 고구려와 수의 관계가 험악해진다고 들었는데, 중국 대륙을 통일한 수와 비할 때 고구려의 국력이 비교가 되지 않을 정도로 약할 텐데, 어찌 고구려가 동북에서 큰소리를 치고 있습니까? 법사께서는 우리 야마토가 수와 연합하지 말고, 고구려와 협력해서 신라를 도모하라고 하시는데, 도대체 고구려의 힘이 어디서 나는 것입니까?"

"황태자마마, 고구려는 오래전에 세 가지 일을 해냈습니다. 우선 소수림왕 2년에 전진前秦으로부터 불교를 들여왔습니다. 그러고는 불교를 나라를 지키는 중심 사상으로 삼았습니다. 그전까지 고구려에는 동명성왕을 모시는 사람들과, 칠성七星이나 수신燧神을 모시는 사람들, 천군을 통해 일월신을 모시는 사람들, 공맹孔孟의 가르침을 따르는 사람들 등으로 사상이 하나가 되지 못하여 서로 권세를 다투어 왔습니다. 그런 곳에 불교가 들어와서 사람들이 부처님의 대자대비하신 뜻을 받들어 모시게 되어, 차차 한마음으로 뭉치게 되었습니다."

혜자 법사의 말을 듣고 황태자가 말했다.

"그러고 보니 우리도 마찬가지 형편이군요. 야마토의 팔백 신을 모시는 신도神道와 왕인王仁 박사가 전해주어 널리 배우게 된 유교와 도교, 게다가 최근에는 불교까지 포교하게 되니, 황실이나 호족들만이 아니고 모든 백성들이 어느 가르침을 따라야 할지 몰라 헤매고 있는 셈이지요. 그런데 고구려가 세 가지 일을 해내었다고 하시니, 나머지 둘은 무엇이지요?"

"두 가지 가운데 하나는 율령律令을 소수림왕 3년에 제정해서 반포한 것입니다. 율律이란 형벌이나 제재를 가할 때에 적용하는 형법을 뜻하고, 영令이란 명령과 금지에 대한 사항을 규정한 법입니다. 특히 사람에게 부과하는 세稅와 세대 단위로 거두는 조租의 분량을 미리 공시해서 가혹한 착취를 하지 못하게 만들었지요. 율령으로 백성들로 하여금 해야 할 일과 해서는 안 될 일을 미리 알 수 있게 하여 나라의 기강과 질서를 잡게 되었습니다. 이 두 가지의 법은 서로 연계해서 활용하게 됩니다."

"우리도 율령을 빨리 제정해야 하겠습니다. 그런데 마지막 한 가지는 무엇입니까?"

"마지막 한 가지는 학문, 예술, 무예, 산업을 진작시키기 위해 태학과 경당을 세워 귀족이나 평민이 모두 면학에 힘쓰도록 장려한 일입니다. 그러는 한편 무예도 장려하여 한 해에도 여러 번 무술 경시대회를 열어 인재를 널리 등용하기도 했습니다."

혜자의 말이 끝나자 황태자는 무릎을 탁 하고 치면서 감탄했다.

"법사께서는 저번에 백제에서 온 혜총 스님과 엊그저께 백제에서 온 아좌 태자와 함께 과인의 일을 도와주시면 좋겠습니다. 우리 야마토가 그 동안 여러 가지로 어려움이 많았습니다. 중앙에 오오미와 오오무라지를 두어 정사를 다루게 해 왔으나, 그들 아래에 있는 오미臣와 무라지連 이외에도 지방마다 구니노미얏고國造, 아가다누시県主 등의 여러 호족이 있는데다가, 새로운 기술을 들여온 사람들의 수장으로 오비도首나 아다이直 따위가 있어, 서로 그 신분이나 직책의 높고 낮음이 분명하지 않습니다. 율령을 정하기 전에 이런 것도 바로 잡아야 할 것입니다. 지금 야마토의 실권은 소가의 집안에 집중되어 있습니다. 이런 실정도 참작해야 하는지라 법사님 같은 분의 조언이 필요합니다."

"황태자마마께서 무엇을 뜻하고 계시는지 알 것 같습니다. 소승이 혜총 스님이나 아좌 태자와 상의해서 힘을 합하여 돕도록 하겠습니다."

혜자 법사가 호우고우지 강당의 협실에서 혜총 스님과 아좌 태자를 만났다.

"두 분께서 백제에서 오셨으니, 야마토의 황실과는 오래전부터 각별한 사이이신 것으로 알고 있습니다. 소승이 비록 고구려에서 왔으나, 우마야도 황태자를 도와서 야마토가 크게 발전하도록 만들고 싶습니다. 두 분께서는 백제의 학문, 예술, 종교에 밝으신 분이시니, 힘을 보태어 주셨으면 합니다."

"우마야도 황태자께서는 지금 대궐의 남쪽에 있는 가미쓰미야上宮 궁전에 계시지 않습니까? 황태자께서는 오 년 전의 모노노베 토벌전에서 붉나무로 사천왕의 모습을 새겨서 전승을 기원하셨다고 들었습니다. 그렇다면 불교에 대하여 조예가 깊은 것으로 보이는데, 어떤 수준이십니까? 이번에 사천왕사를 건립하게 된 것도 그때의 맹세 때문이었다지요."

혜총이 말했다.

"황태자의 불심은 대단하답니다. 몸소 『승만경勝鬘經』과 『법화경法華經』을 강독하실 수 있는 수준에 이르렀습니다."

"그렇게 대단하신가요? 사서삼경과 노장老莊의 가르침은 어느 정도이십니까?"

"백제의 오경박사 각가覺哿를 사사해서 그 또한 상당한 경지에 이르신 것으로 알고 있습니다."

두 사람의 대화를 듣고 있던 아좌 태자가 물었다.

"그렇다면 우리가 거들어야 할 일이 무엇입니까?"

"소승이 알기로는 세 가지가 있습니다."

"세 가지라니요?"

혜총과 아좌 태자가 동시에 물었다.

"첫째는 야마토의 관위를 제정하여 신료들과 호족에게 수여하고 그들의 위계질서를 바로잡는 것입니다. 물론 관모와 관복도 제정해야 하지요."

"그거야 고구려와 백제의 관위를 참작해서 정하면 될 것이니, 그리 어려운 일이 아니군요. 허나, 우리나라에 비하여 많이 뒤지는 나라라 새로운 것을 소화할 수 있을지 모르겠습니다."

아좌 태자가 말했다.

"큰 혼란이 일어나지 않도록 먼저 소가의 집안사람들에게는 특별한 관위를 제수하고, 나머지는 출신 성분을 따지지 않고 능력에 따라 매기되, 충분한 기간을 두어 서서히 자리 잡게 만들어야 할 것입니다. 지금은 소가가 가장 강력하니까요."

혜자 법사는 용의주도한 사람이었다. 일을 추진함에 있어서 신중을 기했다.

"다음으로 가장 중요하고도 힘든 것이 있습니다. 이는 야마토 내 호족 간의 투쟁을 잠재우고, 군신이 하나가 되어 백성을 진심으로 위하는 정치를 펴는 일입니다. 그러기 위해서는 율령의 근본이 되는 헌법憲法을 만들어 반포하는 것입니다."

"헌법이라니 무엇을 말합니까?"

혜총이 물었다.

"『국어國語의 진어晉語』나 『관자管子의 7법』에 헌법이라는 말이 나오는데, 나라를 다스림에 있어서 모든 지시나 명령을 내릴 수 있는 근거를 밝힌 것을 말합니다. 이는 만백성의 생각과 행동의 근본이 되는 것입니다. 누구나 헌법을 지키면서 말과 행동을 해야 하지요."

혜자의 말에 나머지 두 사람도 머리를 끄덕였다. 그러자 혜총이 말했다.

"그건 대단히 중요한 것이군요. 그렇다면 당대의 여러 사상을 소화해서 반영해야 하겠습니다. 불교, 유교, 도교, 법가 등의 성현의 가르침을 요약해야 할 것이라, 정말로 어려운 일이 되겠습니다. 그리고 야마토의 사정을 잘 아는 귀족 가운데 학문이 높은 분을 한두 분 더 모셔서 함께 일했으면 합니다."

"그렇습니다. 우리 모두가 황태자께 말씀드려서 두 분 정도를 더 모시도록 합시다."

"아까 세 가지를 황태자께서 하고 싶어 하신다 했는데, 마지막 한 가지는 무엇입니까?"

혜총이 물었다.

"황태자께서는 불교를 더욱 장려하면서도, 이 나라에 이미 있는 신도나 먼저 들어온 유교와 도교와도 혼연일체가 되도록 만들고 싶어 하십니다. 그러기 위해 수隋나라와 직접 교류해서 심오한 불법과 수의 문물을 배워오게 할 생각을 하십니다."

"우리 백제나 고구려를 통해 배우기가 갑갑하신 모양입니다, 그려."

혜총과 아좌 태자가 함께 웃었다.

세 사람의 주청으로 백제에 유학했다가 돌아온 젠신니善信尼와 오경박사 각가覺哿가 이들의 작업에 합류했다. 황태자는 이런 일을 다섯 사람에게 맡기고서는 몇 달에 한 번씩 그 진척도를 챙겼다. 그러는 동안에도 야마토의 조정에는 군사적인 일이 많았다. 특히 야마토노아야의 고향인 함안咸安의 안라가야安羅伽倻가 신라의 침략을 받아서 비명을 올리고 있었다. 신라와는 불침을 조건으로 야마토가 일정한 공물을 받기로 했었는데, 최근에는 제대로 보내어 오지 않았다. 안라가야마저 신라에 병탄되면 야마토가 한반도에 발을 붙이지 못하게 될 것이었다. 신라와의 교섭은 나니와노 기시難波吉士 이와카네磐金가 맡고 있었다. 이와카네는 신라에 다녀오면서 까치 두 마리를 갖고 와서 나니와에서 기른 일이 있었는데, 다음 해에는 공작 한 마리를 다시 신라로부터 들여왔다. 야마토에 없는 신기한 선물을 한반도에서 많이 보내어 와서 교역을 촉구했다. 서기 599년 9월에는 백제에서 낙타 한 마리, 노새 한 마리, 양 두 마리, 흰 꿩 한 쌍을 보내어 왔다.

서기 600년에 신라가 안라가야를 다시 침범했다. 소가노우마고가 만여 명의 군사를 보내어 신라를 치니 신라는 잠시 강화하는 척하다가, 야마토의 군사가 철수하자 이내 다시 안라가야를 침범했다. 이런 일이 되풀이되니 도무지 그대로 둘 수가 없었다. 602년 2월에 황태자의 아우인 구메來目 황자를 토벌 장군으로 삼아 이만 오천 명의 군사를 쓰쿠시로 나가게 했다. 배를 모으고 군량을 준비하다가 6월에 이르렀는데, 구메 황자가 병이 나서 더 이상 신라로의 출병이 불가능해졌다. 다음 해 2월에 구메 황자가 죽어서 그 뒤를 다기마當摩 황자가 이었으나, 이번에는 그를 따라 갔던 부인이 도중에 죽어서 다기마가 더 이상 움직이지 못하게 되었다.

백제나 고구려와는 좋은 관계가 유지되었다. 백제에서 관륵觀勒 스님이 달력이나 천문지리의 서적과 함께 점성술을 가르치는 둔갑방술遁甲方術의 서책을 가지고 왔다. 야마토에서는 서생 몇 명을 뽑아서, 관륵 스님의 가르침을 배우게 했다. 고구려의 승려 승륭僧隆과 운총雲聰이 야마토에 온 것도 같은 시기의 일이었다.

603년 11월이 되었다. 혜자 법사가 함께 일하던 사람들을 데리고 황태자를 찾아왔다. 황태자가 반가이 맞으며 말했다.
"어서들 오시오. 그동안 수고가 많았지요."
"황태자마마께서는 변함이 없으십니까? 소승들이 워낙 우둔해서, 너무 시간을 허비한 것이 아닌가 걱정됩니다. 겨우 이제야 분부하신 일을 마무리 지을 수가 있게 되었습니다."
혜자 법사가 말했다.

"그래 관위를 어떻게 정하셨소?"

"고구려는 12개에서 13개의 관위를 쓰고 있고, 백제는 16개 관위를 쓰고 있습니다. 그리고 관위에 따라 관복과 머리에 쓰는 관이 다릅니다. 우리는 관위를 12개 계급으로 정하고자 합니다. 가장 윗자리에 대덕大德을 두고 그 아래에 소덕小德, 대인大仁, 소인小仁, 대례大禮, 소례小禮, 대신大信, 소신小信, 대의大義, 소의小義, 대지大智, 소지小智의 12관위를 두는 것이 좋을 것으로 생각합니다. 대덕과 소덕은 자줏빛 관복을 입게 하되 대덕의 것은 짙은 색깔로 구분하는 것이 좋을 것입니다. 마찬가지로 대인과 소인은 파란색, 대례와 소례는 붉은색, 대신과 소신은 노란색, 대의와 소의는 흰색, 대지와 소지는 검정색으로 하되, 대자가 붙은 관위에 보다 짙은 색깔로 관복을 입게 하는 것이 좋겠습니다. 관의 색깔도 관복과 마찬가지로 하되, 설날에는 관에 우즈髻華를 꽂아 축하하도록 하면 좋겠습니다. 우즈로는 금, 은, 표범의 꼬리, 꿩의 깃 등을 써서 그 신분의 귀천을 첫눈에 알 수 있게 만들어야 하겠습니다."

"좋군요. 그 능력과 직책에 따라 천황께서 관위를 호족들에게 친히 제수하시면, 모두 승복할 것이오. 황실의 권위를 세우는 일이니 꼭 시행해야겠는데, 아무래도 초기에는 소가蘇我를 비롯한 유력 호족들이 반발할 가능성이 많지 않을까 그것이 염려가 되오."

우마야도 황태자는 모처럼 화합으로 뭉친 호족들이 또다시 편을 갈라 싸우게 될까 봐 걱정했다.

"마마, 너무 걱정하지 마소서. 이런 일은 급하게 서두르면 낭패를 당하게 됩니다. 지금은 소가 집안이 가장 강력하니, 이 12관위 위에 오오미를 그대로 두고 특별히 우대하면 될 것입니다. 장차 시간을 두고 서서히 고쳐 나가면 되는 일이고, 우선은 천황께서 칙임하신다는 사례를 만드시면 되는 일입니다. 소가 이외의 집안을 적절히 12개 관위에 경중과 지위의 고하를 따져서 임명하도록 했다가, 앞으로 나라를 위해 뚜렷한 공적을 세운 자를 승진시켜 나가면 될 일입니다. 가장 중요한 것은 천황의 권위를 받아들이게 하고, 변화는 서서히 일으키게 하는 것입니다."

"알겠소. 우선 관위제도부터 반포하도록 합시다. 수고들이 많았소."

"마마, 분부하신 세 가지 가운데 남은 두 가지는 다음에 소상히 아뢰도록 하겠습니다. 먼저 관위제도의 정착에 힘쓰소서."

스이고 11년 12월 5일에 정전에 모든 황족과 신료들이 모였다. 천황이 옥좌에 높이 앉아서 아래를 내려다보는데, 오오미 소가노우마고와 황태자 우마야도가 한 단 아래에 관복을 입고 시립했다. 천황이 황태자에게 말했다.

"황태자, 이번에 새로 정한 관위제도에 대하여 짐의 조칙을 읽도록 하시오."

"삼가 어명을 받들어 모시겠습니다."

황태자는 오오미에게 가볍게 인사한 뒤, 신료들을 내려다보며 조서를 읽었다. 새로 정한 관위 12계에 대한 설명이 끝나고, 모든 황족과 신료들이 대궐에서 퇴청했다.

다음 해 원단에 천황은 신료들에게 주는 관위를 발표했다. 천황은 신료들에게 친히 관위에 따라 의관을 수여했다. 거명된 신료들이 한 사람씩 단상으로 올라와 의관을 받아 갔다. 오오미가 모든 관위의 위에 있는 것을 알고 소가 집안의 사람들은 만족해했다. 소가노우마고는 미리 황태자로부터 새로운 제도의 취지와 내용을 들어 알고 있었기 때문에, 이 식전이 거행되는 동안 시종 미소를 띠며 지켜보고 있었다.

"이제야 외국에 사신으로 갈 때에도 권위가 설 수 있게 되었군. 지금까지는 관위가 없어서 얼마나 창피했는지 모른다."

스이고 8년에 수로 파견되었던 제1차 견수사遣隋使, 오노노이모고小野 妹子가 안도의 한숨을 쉬었다. 7세기의 동아시아에서 중국의 남북조와 고구려, 백제, 신라가 모두 관위를 갖고 있는데 야마토만 없었으니, 어깨가 움츠러드는 것은 어쩔 수가 없었다. 수와의 교역에 활약했던 공으로 대덕으로 승진한 그는 가문의 영광으로 알고 기뻐했다. 다른 호족들도 제 나름대로 만족해 보였다. 처음으로 반포된 관위제도는 성공적이었다. 이 관위제는 701년까지 여러 번을 개정해 나갔다. 12계가 48계까지 불어났다가 다시 30계로 줄었고, 명칭도 정正 1위, 종從 1위 식으로 알기 쉽게 고쳤다. 그러나 이는 거의 100년에 가까운 세월이 흘러서 율령관위제律令官位制로 이행한 뒤의 일이었다. 그만큼 신분제도의 정착에는 많은 세월과 공이 들었다.

4. 17조 헌법憲法

"헌법의 조문을 몇 개로 하면 좋을 것인가?"

혜자 법사가 물었다.

"조문의 수가 무에 그리 중요합니까? 여러 가지 내용을 담다가 보면, 절로 정해질 것입니다."

혜총이 말했다. 그러자 오경박사 각가가 정색을 하면서 주장했다.

"그렇지 않습니다. 헌법은 관료들의 마음가짐과 행동방식의 근본을 정하는 것이니, 선현의 가르침을 많이 참작해야 합니다. 『관자管子의 오행편五行編』에 도道는 아홉 가지가 있으며, 지리에는 여덟 가지가 있다고 했습니다. 그리고 원래 양陽의 극極에 달한 수가 아홉이고, 음陰의 극에 달한 수가 여덟입니다. 이 두 가지 수를 더하면 열일곱이 되니, 열일곱 개의 조문에 내용을 담는 것이 좋을 것으로 생각합니다."

"그게 좋겠군. 다른 분들은 이의가 없으신가?"

아무도 답을 하지 않자, 혜자 법사가 말했다.

"좋습니다. 열일곱 개의 조문에 내용을 담도록 합시다."

그러자 혜총이 말했다.

"어떤 글이나 첫 줄이 가장 중요합니다. 우리가 이 헌법의 첫 줄에 무엇을 쓰면 좋겠습니까? 제 생각에는 화위귀和爲貴가 좋을 것 같습니다. 부처님께서는 공동생활에서 모든 사람이 명심해야 할 여섯 가지의 덕목을 육화六和라 하셨습니다. 아래위의 사람들이 화목하게 논의하면 절로 도리가 통할 것이니, 화합을 강조했으면 합니다."

그러자 각가가 말했다.

"불교에서 그렇게 가르치기도 하지만, 공자께서도 예법을 지키기 위해서는 딱딱하게 굴지 말고 온화하게 처신하는 것이 제일이라 하셨습니다. 지금 우리 야마토에는 한반도와 중국에서 엄청나게 많은 사람들이 이주해 왔습니다. 서로 사고방식과 문화 그리고 생활양식이 판이한 사람들이 함께 살게 된 셈이지요. 그러니 서로 상대방의 처지를 이해하는 것이 무엇보다도 시급한 일이 됩니다. 지금까지의 야마토는 호족들의 연합체였습니다. 그러나 지금부터는 천황을 중심으로 화합해서 싸우지 말고 일하는 법을 배워야 할 것입니다."

"좋습니다. 그런 취지로 제일 조를 다듬도록 합시다."

혜자가 정리했다.

"다음으로 강조해야 할 것은 부처님을 믿는 일입니다. 삼보三寶, 즉 불佛, 법法, 승僧을 공경하며, 부처님의 가르침을 받드는 사람은 항상 좋은 일을 하게 됩니다. 태생부터 나쁜 사람은 없는 법이니, 불심佛心을 갖도록 지도하면 좋은 세상을 만들 수 있게 됩니다."

이번에는 젠신니가 한마디 거들었다.

"좋은 말씀을 하셨소. 우리 야마토의 중심에 불교를 두자는 말씀이시지요. 그러지 않아도 야마토의 조정을 보면, 친인척 간에도 유혈이 낭자하게 서로 죽이고 싸우는 것이 다반사가 되어 있어요. 이제는 불심으로 서로 이해하고, 싸우지 않게 만들어야 하지요."

혜총이 찬성했다.

"불교를 너무 강조한다고 해서, 태초부터 백성들이 믿어온 팔백만 신을 저버릴 수는 없습니다. 그리고 공맹의 교나 노장의 가르침도 너무 배척해서는 화위귀를 정한 제일 조에 어긋나게 됩니다. 그래서 불교와 함께 신도神道, 유교, 도교에 대하여도 함께 소중히 하도록 가르쳐야 할 것입니다."

오경박사 각가가 의견을 달았다.

혜자 법사를 비롯한 다섯 사람은 이런 식으로 학식과 지혜를 총동원해 가며 밤낮으로 논의해서, 신료들에게 가르칠 사항을 열일곱 조목에 담아 나갔다. 참고한 선현의 글이 엄청나게 많았다. 『시경詩經』, 『예기禮記』, 『효경孝經』, 『논어論語』, 『상서尚書』, 『관자管子』, 『순자荀子』, 『손자孫子』, 『한비자韓非子』, 『좌전左傳』, 『문선文選』, 『한서漢書』 등과 함께 『승만경勝鬘經』, 『법화경法華經』 등의 불경도 섭렵했다.

"나라를 다스리는 데에는 고래로 예禮를 중심으로 해야 한다고 전해 옵니다. 예는 사회 질서를 지키기 위한 생활규범이 됩니다. 항상 남을 존경하는 태도와 감사하는 기분으로 행동하는 것이 예의 근본이 됩니다. 정치를 맡은 사람일수록 예의가 바르지 않으면 안 된다는 것도 밝혀 두어야 하겠습니다. 다른 나라와 왕래할 때에도 예법을 존중하면 대접을 받습니다."

아좌 태자가 강조했다.

"하늘 아래 임금님은 한 분뿐이고, 모든 신하는 임금님을 받들어 모셔야 한다는 것도 담아야 되겠습니다. 천황은 한 사람뿐이며, 지방을 다스리는 왕이나 구니노미얏고國造, 아가다누시縣主 따위는 천황이 임명하여 파견한 것임을 밝혀 두어야 합니다. 그래야만 지금까지의 호족 집단 정치체제에서 천황 중심의 정치체제로 바꿀 수 있게 됩니다. 이는 정치권력의 소재를 밝히는 일이니, 가장 중요한 설명이 될 것입니다."

각가가 말했다.

"그렇습니다. 위로는 임금님을 모시고, 정치를 맡는 사람부터 예의를 바르게 지켜야 하지요. 사리사욕을 버리고, 공평하고 사심을 버린 입장에서 송사를 재판해 나가야, 좋은 정치가 이루어지게 되지요."

아좌 태자의 의견이었다.

"인재를 널리 구하고 적재적소로 활용해야 합니다. 그리고 모름지기 나라를 다스리는 관료는 아침 일찍 출사하고, 퇴출은 저녁 늦게 해서, 백성의 고초를 두루 살필 수 있어야 함을 강조합시다. 아첨을 일삼거나 거짓말을 밥 먹 듯하여, 신의가 없는 사람을 멀리하고, 나라에 공헌하고 백성을 구휼하는 일을 높이 평가해서, 논공행상을 잘 해야 할 것입니다. 권선징악勸善懲惡과 신상필벌信賞必罰은 사람들을 다스리는 데에 필수가 되는 일입니다."

각가의 말이었다.

"너무 자상하게 기술하면, 헌법의 권위가 떨어지지 않을까요? 관료들의 처신에 대해서는 간략하게 적는 것이 어떨까요?"

젠신니가 지적했다.

"아닙니다. 요즈음의 관료들의 근무 태도를 보니, 출퇴근 시간을 강조할 필요가 있습니다. 오오미부터 오전에는 안 나오니, 관료들의 집무 태도가 느슨해지지 않습니까?"

아좌 태자는 야마토 조정의 근무 태도가 불만스러웠다.

"그럼, 출퇴근에 대한 말도 넣도록 합시다."

각가가 동의했다.

"남을 시기하거나, 남에게 한을 품거나 하는 일은 하지 못하게 만들어야 합니다. 특히 바쁜 농사철에 백성에게 부역이나 병역을 시키는 일은 금해야 합니다."

젠신니는 백성을 혹사하는 것을 금하자고 주장했다.

같은 말이라도 어떻게 표현할 것인가에 대한 토의도 진행되었다. 많은 주장들을 정리한 끝에 혜자 법사가 다음과 같은 말로 마무리를 지었다.

"헌법의 제일 조에서 강조했지만, 상하가 화목해야 하겠습니다. 어떤 일이든지 결정할 때에는 독단을 해서는 안 됩니다. 반드시 많은 사람들의 의견을 듣고 논의해야 합니다. 사소한 일은 천황의 재량으로 정할 수도 있으나, 국가의 대사는 독단으로 처리해서는 안 된다는 것을 다시 강조하는 것이 좋겠습니다. 지금까지 우리들이 논의해 온 것을 열일곱 개의 조문에 잘 다듬어서 황태자마마에게 보고 드리도록 합시다."

이들이 작업한 내용을 보고 받으면서, 황태자는 각 조문의 표현 하나하나를 세심하게 살펴서 다듬었다.

스이고 12년 4월에 황태자의 주청을 받아 천황은 17조 헌법을 반포했다. 스이고 천황은 두뇌가 명석한 사람이었다. 그녀는 황태자로 하여금 법령과 조직의 정비와 불교의 진흥에 힘쓰게 하면서, 전성기의 소가 씨와의 세력 균형에 금이 가지 않도록 조정하는 일에 신경을 썼다. 외숙인 소가노 우마고가 본거지로 삼고 있는 가즈라기葛城 고을을 차지하려고 욕심내었을 때에도, 그녀는 다음과 같은 말로 완곡하게 거절할 정도로 중심을 잡을 줄 알았다.

"오오미는 짐의 외숙이시지만, 나라의 땅을 개인에게 양도하게 되면, 짐은 어리석은 여인이라고 후세에 비난을 받게 될 것이고, 오오미도 불충하다고 비방을 받게 될 것이니, 이것만은 들어드릴 수가 없어요."

공정하게 처신하는 여제女帝의 신임을 활용하면서도, 오오미 소가노우마고와 호족들의 반감을 사지 않도록 세심하게 처신해 황태자는 많은 개혁을 주도했다. 12등의 관위 설정, 17조 헌법의 반포, 호류지法隆寺를 비롯한 여러 사찰을 건립하고 많은 전답을 기증하여 일족의 근거지를 굳게 다진 일 그리고 스이고 14년에 오노노이모고小野妹子를 수에 파견해서 학문과 불교를 배워오게 한 일 등 많은 개혁이 황태자의 주도로 이루어졌다.

9월에 조례에 임하는 신료들의 예법을 개정했다. 모든 신료는 정전에 드나들 때에, 두 팔을 땅에 짚고 두 다리를 꿇는 자세로 거동하게 하고, 퇴출하면서 문턱을 넘었을 때에야 서서 나가는 것을 허락했다. 다음 해 4월에 천황이 황태자와 오오미를 비롯한 여러 신료에게 칙서를 내려서, 구리 2만 3천 근과 황금 759냥으로 장륙불丈六佛 열 구를 구라쓰쿠리노鞍作 도리鳥로 하여금 주조하게 했다. 도리는 시메다치도司馬達等의 손자로 젠신니의 조카였다. 구라쓰쿠리베鞍作部에 속했는데, 이들은 안장을 비롯한 마구를 만드는 기술자 집단으로, 한반도에서 건너온 지가 얼마 되지 않는 사람들이었다. 야마토가 장륙불을 짓는다는 소식을 전해들은 고구려의 영양왕이 황금 320냥을 보내어 왔다. 다음 해 4월에 주조된 장륙불을 간코지元興寺의 금당에 안치했다. 간코지는 소재지의 이름을 따서 아스카데라飛鳥寺라고도 했는데, 소가 씨의 번창과 구원을 위해 세운 사찰이었다. 장륙불의 키가 커서 금당 안으로 들어가지 못하게 된 것을 도리가 꾀를 내어 문을 부수지 않고도 안치할 수 있게 만들었다. 7월이 되어 황태자가 승만경을 사흘 동안 강론했다. 승만경은 대승경전으로, 아유타국阿踰他國의 왕비 승만에게 어머니가 불법에 귀의할 것을 권하는 장면에서 시작되는 경서이다. 황태자는 28품品으로 된 『법화경』도 호류지法隆寺 근처에 있는 오카모도岡本 궁에서 강론해 천황을 기쁘게 했다. 『법화경』은 『묘법연화경妙法蓮華經』, 『무량의경無量義經』, 『불설관보현보살행법경佛說觀普賢菩薩行法經』의 삼부로 되어 있는 대승경전大乘經典으로, 대승불교 최고의 경전이었다. 황태자의 강론을 듣고 크게 기뻐한 천황이 하리마播摩의 논 100정보를 황태자에게 하사했다. 황태자는 이 논을 일족이 의지하는 또 하나의 절인 이카루가데라斑鳩寺에 기부해서 재정적으로 풍족하게 만들었다.

태자가 섭정하는 시기에는 대륙과 한반도와의 왕래가 대단히 빈번했다. 이미 앞에서 적은 사람들 이외에도 야마토로 건너오거나 다녀간 사람들이 많았는데, 스이고 15년 이후의 대표적인 사례만 적으면 다음과 같았다.

15년 7월에 오노노이모고가 수에 파견되었다가 이듬해 4월에 수의 배세청과 12명의 사절단을 안내해 왔다. 사절단의 귀로 편에 여덟 명의 유학생을 야마토에서 수로 다시 파견했다. 이해에 신라에서 많은 사람들이 귀화해왔다. 18년 3월에는 고구려의 영양왕이 승려 담징曇徵과 법정法定을 보내어 왔다. 담징은 오경에 밝았고, 채색법과 양질의 종이와 먹을 만드는 법을 야마토의 사람들에게 가르쳤다. 7월에는 신라와 안라가야에서 사신들이 다녀갔다. 이들은 보름 동안 환대를 받고 본국으로 귀국했다가, 다시 8월에 방문해 왔다. 20년에는 백제에서 정원을 조경하는 기술자와 산악散樂을 잘 추는 백제인이 귀화해 왔다. 산악은 고대 티베트와 천축의 가면극으로, 서역을 통해 중국 남조에 전해진 비속하면서도 우스꽝스러운 춤이었다. 22년에는 이누가미노미다스키犬上御田鍬를 수로 보냈다가 다음 해에 돌아오게 했다. 그는 귀로에 백제의 사신을 데리고 왔다. 11월에 황태자의 스승인 혜자 법사가 고구려로 돌아갔다. 24년 7월에 신라가 높이 2척의 금동불을 보내어 왔다. 28년 8월에 고구려가 사신을 보내서 수양제隋煬帝의 30만 대군을 섬멸했다고 하면서, 낙타 한 마리와 노와 포석기 같은 병기를 선물해 왔다.

황태자는 이런 외교의 일에만 힘쓴 것이 아니라, 백성 가운데 곤경에 처한 사람을 친히 구휼하기도 했다.

다음과 같은 전설이 전해질 정도로 그는 늙고 병든 사람들을 특별하게 돌보았다.

스이고 21년 12월에 황태자가 가다오까片岡 산으로 놀러간 적이 있었다. 길가에 굶주려서 피골이 상접한 노인이 누워 있었다. 노인은 황태자가 그 이름을 물어도 답하지 못할 정도로 기진맥진했었다. 황태자가 이를 보고 음식물을 손수 주어 먹게 하고, 입고 있던 옷을 벗어서 입혀주었다. 그러면서 노래를 지어 부르고 "편히 쉬고 있으시오"라고 말하고 돌아왔다. 그가 지었다는 노래가 다음과 같이 『니혼쇼기日本書紀』와 『만요슈萬葉集』

등에 전했다.

> "가다오까 산으로 가는 고갯길에,
> 허기져서 쓰러진 나그네여 가엾다.
> 어버이도 없이 태어난 것인가?
> 다정한 사랑의 손길도 없는 것인가?
> 끼니 없이 쓰러진 그 나그네여 가엾다."

다음날, 황태자가 사람을 보내어 노인을 살피게 했다. 그런데 살피러 갔던 사람이 돌아와서 보고했다.

"마마, 그 노인은 이미 죽었습니다."

"불쌍한 사람이다. 그 유해를 장사 지내어 주도록 해라."

황태자가 몹시 애통해 하면서, 하인들에게 다시 지시했다. 며칠 뒤에 황태자가 말했다.

"그 노인은 보통 분이 아닐 것이다. 도가에서 말하는 진인眞人이 틀림 없을 거야. 그 무덤에 가서 다시 살펴보고 오너라."

시종이 다시 노인의 무덤에 다녀와서 아뢰었다.

"마마, 무덤에 가봤는데, 손댄 흔적이 없는데도, 관을 열어 보니 시신 이나 유골이 사라지고 없었습니다. 다만 관 위에 태자마마가 주신 의복만 이 개켜서 놓여 있었습니다."

황태자가 그 의복을 가져오게 해서 아무 일이 없었던 것처럼 몸에 걸쳤다. 사람들은 신기하게 여기면서 두런거렸다.

"성자는 성인만이 아는가 보다."

황태자는 백제나 고구려에서 전해 주는 불교만을 배운 것이 아니었다. 그를 측근에서 보좌한 사람들 가운데에는 하다秦 씨 사람들이 있었다. 이들은 신라계로, 오래전에 유쓰기노기미弓月君가 인솔해서 귀화해온 사람들이었다. 야마토의 각지에 살면서 베를 짜는 기술로 많은 공헌을 해왔다. 이들의 사찰로 알려진 고류지広隆寺의 미륵보살 반가사유상弥勒菩薩半迦思惟像이 신라의 불상을 닮았고, 지붕에 신라식 기와를 인 것을 보면 이들이 신라에서 귀화한 사람들임을 알 수 있었다. 황태자는 소가 씨가 백제계의 불교를 도입한 것을 보고, 하다 씨를 통해서 신라계의 불교를 지지 세력으로 삼았다. 그만큼 황태자는 호족 가운데 최강인 소가 씨와 대립되면서도, 싸우지는 않게 절묘한 균형세력을 만들어서 오오미의 전횡을 견제해 나갔다. 스이고 23년에 황태자는 『삼경의소三経義疏』를 저술했고, 28년에는 오오미와 합작으로 『국기国記』와 『천황기天皇記』를 편찬해서 천황의 지위를 크게 높였다.

많은 일을 해내던 황태자가 스이고 30년인 서기 622년에 이카루기斑鳩궁에서 과로로 쓰러졌다. 24년간을 황태자의 비로서, 4남 4녀를 낳은 카시와데노오오이라쓰메膳大郎女가 황태자의 회복을 기원하면서 정성껏 간호하다가, 2월 21일에 사망했다. 그러자 다음날에 황태자가 아내를 뒤쫓아가듯 49세의 나이로 숨을 거두었다. 황태자가 돌아간 소식을 듣고 왕족들과 신료들부터 만백성에 이르기까지 모두들 비탄에 잠겼다. 나이 많은 사람은 사랑하는 아들을 잃은 듯했고, 젊은이들은 자애로운 부모를 잃은 듯이 구슬피 울었다. 모두들 말하기를 "해와 달이 빛을 잃고, 천지가 이미 무너졌다. 이제부터 누구를 의지해야 할 것인가?"하고 비통해 했다. 밭을 갈던 농부는 쟁기를 멈추고, 곡식을 찧던 여인은 공이질을 그만 두며 슬픔으로 어찌할 줄을 몰라 했다. 바로 시나가磯長릉에 장사를 지냈다. 소식을 들은 고구려의 혜자 법사는 황태자를 위해 재를 올렸다. 스스로 불경을 강론하는 날에 그는 맹세했다.

"야마토에 성인이 있었다. 가미쓰미야노도요도미미노上宮豊聰耳 미꼬皇子라고 한다. 실로 하늘이 내리신 분으로 성인의 깊은 덕을 지니고 야마토에 탄생하셨다. 성군이신 우왕禹王, 탕왕湯王, 문왕文王의 삼통三統

을 넘치는 큰 인물로, 큰일을 추진하며 삼보를 공경해서 만백성의 어려움을 구하셨다. 이는 진실로 대성인이시다. 이제 황태자께서 이미 돌아가시니, 내가 나라는 다르지만, 창자가 끊기는 아픔을 느낀다. 나 홀로 살아간들 무슨 뜻이 있으랴. 내년 2월 5일에 나도 황태자를 따라 죽으리라. 그리하여 황태자와 정토淨土에서 다시 만나서 함께 중생을 제도하리라."

혜자 법사가 서약한대로 다음 해 2월 5일이 되어 입적하니 사람들이 말했다.

"황태자만 성인이 아니고 혜자 법사께서도 성인이시다."

황태자가 흥거薨去한 뒤 100년이 지나서 후세의 사가들이 그를 쇼토쿠聖德 태자로 시호를 올려 적었다. 황태자가 돌아간 4년 뒤에 오오미 소가노우마고도 죽었다. 오랫동안 국정을 맡아 왔던 중신들을 차례로 잃은 스이고 여제도 노경의 적막감을 어찌할 수 없었다. 스이고 36년 3월 7일에 천황은 75세의 나이로 후계자를 지명하지 않고 붕어했다. 9월 20일에 그녀의 유언에 따라 사랑하던 아들 다케다竹田 황자의 묘에 합장되었다.

제19장

김유신의 탄생

1. 가야 세력과 신라 왕족의 합세

"저기 가는 여인이 누구네 집 규순가? 참으로 아름답군. 바우야, 얼른 가서 어느 집 규순지 알아 오너라."

금관가야 왕손인 김서현金舒玄이 종자를 보고 일렀다.

"그분은 만명萬明 공주입니다. 갈문왕葛文王 입종立宗의 손녀라 합니다."

"갈문왕 입종이라면 진흥왕 마마의 아버님이 아니냐? 그렇다면 저 규수가 숙흘종肅訖宗 마마와 만호 태후의 따님이란 말인가? 지금 거처하시는 곳이 어딘가?"

"나리, 공주님은 보통 신분으로는 가까이 가지 못하십니다. 더욱이 갈문왕의 손녀라면, 구중 궁궐 깊이 사는 분이라, 그 거처를 함부로 알 수가 없습니다. 공주님일랑 잊어버리시고, 가시는 사냥길이나 빨리 가십시다."

바우가 서현이 탄 말고삐를 잡고 걸음을 재촉하면서 말했다.

"무슨 소리. 비록 신라에 들어와서 지내지만, 나는 본시 가야의 왕손으로 진골眞骨이니, 가야와 신라의 인연으로 보더라도 내가 어찌 신라의 공주를 가까이 할 수 없단 말인가? 잔소리 말고 얼른 거처를 알아 오너라."

서현은 가야의 무인들 가운데서도 기골이 장대하고 혈기가 왕성한 청년이었다. 그는 일명 소연逍衍이라고 했는데, 이때에 만노군萬弩郡 태수로 있었다. 마침 서울의 남당南堂에 공무로 다녀오는 길이었다. 서현의 아버지, 김무력金武力은 금관가야의 마지막 왕인 구형왕仇衡王의 셋째 아들이자, 금관가야 시조인 수로왕首露王의 11세손이었다. 무력은 신주도新州道 행군총관行軍摠管으로 있을 때에, 백제왕 성왕聖王과 그의 장수 4명을 잡고, 만여 명의 머리를 잘라 대승을 거둔 장수였다. 서현은 무력이 진흥왕의 딸 아양阿陽을 아내로 맞아 낳은 아들이었다.

"만명 공주님이십니까? 저는 만노군 태수 김서현입니다. 가야 시조의 12세손입니다. 공주님을 뵙게 되어 기쁘기가 한량이 없습니다. 아무쪼록 저의 얼굴을 익혀 두소서. 차차 뵙게 될 날이 있을 것입니다."

바우가 공주의 거처를 알아보러 간 사이에 서현이 공주에게 직접 말을 걸었다. 서현의 말씨는 공손했으나, 젊은 무인의 건장한 체구와 당당한 기품이 만명 공주의 시선을 끌었다. 만명 공주도 이렇게 자기를 소개하는 젊은이에게 호감이 갔다. 그녀는 약간 부끄러운 듯, 부채로 입을 가리며 다소곳이 말했다.

"태수님께서 소녀를 어찌 알아보시는지 모르겠습니다만, 가야 시조의 12세손이시라면 혹시 김무력 장군의 아드님이 아니신지요?"

"그렇습니다. 우리 집안을 아시는군요. 공주님께서 괜찮으시다면 한번 찾아뵐까 하는데."

"제가 있는 곳을 아십니까? 신월성新月城이랍니다. 낮에는 이렇게 나와 다닙니다만, 밤에는 집에서 서책을 읽으며 지냅니다. 태수님께서 좋으시다면 한번 놀러 오십시오. 함께 시국도 얘기해 보고, 인생사에 관한 의견도 교환해 보고 싶습니다. 태수님께서 선정을 베풀고 계시다고 만노군

백성들의 칭송이 자자하다고 들었습니다. 어떻게 해서 백성을 편안하게 만드시는지 그 요령도 알고 싶습니다."

그날 밤 서현은 신라의 왕성인 금성金城의 동남에 있는 신월성으로 찾아갔다. 가야 출신 무사들이 각 성의 경비병으로 근무하고 있어서, 성안으로 들어가기가 별로 어렵지 않았다.

"공주님, 계십니까? 낮에 길에서 뵌 서현입니다. 공주님과 차나 나누면서 얘기를 나누고 싶어서 왔습니다."

서현이 공주가 거처하는 궁실 밖에서 작은 목소리로 말했다. 그러자 문이 열리면서, 한 시녀가 나와 공손히 인사를 하며 그를 맞았다.

"어서 들어오소서. 공주님께서 기다리고 계십니다."

시녀를 따라 방으로 들어가니, 공주가 정중하게 서현을 맞으며 의자를 권했다.

"어서 오세요. 오늘 낮에 처음 뵈었는데, 벌써 소녀를 찾아오시다니, 성미가 꽤 급하신 것 같습니다. 옛날, 가야 출신의 8세 풍월주, 문노공도 윤궁 궁주를 취할 때에 민첩하게 행동하셨다고 들었습니다. 가야의 무인들은 모두 문노공처럼 행동이 잽싼가 봅니다."

공주가 말하면서 재미있다는 듯이 활짝 웃었다.

"우리 가야 무인은 모두가 호탕해서 무엇을 해도 거침이 없답니다. 그러니 서두르다가 혹시 결례하는 일이 있더라도, 크게 나무라지는 마십시오."

"먼저 차를 올리겠습니다. 죽로차竹露茶예요. 지리산의 대나무 잎에서 떨어지는 이슬을 먹고 자란다지요. 이 차를 한 모금 마시면, 기분이 한결 맑아지고 입안이 부드러워지지요."

공주가 찻잎을 한 줌 집어 손으로 닦고 비빈 뒤에 다관에 넣고 뜨거운 물을 부어 차가 우러나는 것을 기다렸다가, 찻잔에 곱게 부어 두 손으로 받쳐 들며 권했다.

"한잔 들어보세요."

"고맙습니다. 차의 향기가 참으로 은은한 것이 좋습니다."

서현은 찻잔을 입에 대고 몇 모금을 마시고, 찻잔과 다관을 차례로 살펴본 뒤에 탄성을 올렸다.

"어쩌면 이 찻잔과 다관이 이렇게 우아합니까? 마치 공주님의 모습과 같습니다."

"아니, 부끄럽게 그런 말씀을 하세요?"

공주가 몸을 꼬며 말했다. 그 모습이 원앙새처럼 귀여웠다. 서현이 자기도 모르게 한숨을 쉬었다.

"신라에도 이처럼 풍류를 즐기시는 분이 있다는 것을 미처 몰랐습니다. 우리 가야의 시조 할아버지의 왕비이신 보주 황태후普州皇太后께서 시집오실 때에, 중국에서 차의 묘목을 가지고 오셨다고 합니다. 그 뒤로 지리산 서쪽 기슭의 구릉지에 차나무를 심어서, 철마다 그 잎을 따서 여러 가지로 차를 달여서 복용해왔습니다. 공주님께서는 잎차와 가루차 가운데 어떤 것을 더 좋아하십니까?"

"소녀는 잎차를 즐기지요. 특히 이 죽로차를 좋아하지요. 맛이 어떻죠?"

"참으로 좋은 차로군요. 그런데 공주님께서는 서책을 즐기신다고 들었습니다. 지금 보시는 것은 무엇입니까? 한번 보아도 되겠습니까?"

서현이 공주가 책상에 펼쳐둔 책을 살펴보려고 몸을 움직였다.

"아니, 부끄러워요. 태수님께 보여드릴 만한 것이 못 되는데."

"이건 『시경詩經』이 아닙니까? 그래 지금 보시던 노래는 무엇입니까? 소인에게 들려주소서."

"시경 가운데 국풍에 실린 관저關雎라는 노래지요. 시경은 4부로 되어 있는데, 국풍國風에는 중국 황하유역의 민요가 담겼고, 대아大雅와 소아小雅에는 의식에서 부르는 노래를 모았어요. 마지막 것이 송頌이라고 해서 제사 때에 쓰이는 시지요."

"공주님께서 시를 즐기시니 정말 다정다감한 분인 것 같습니다."

서현은 우선 공주의 박식함에 놀랐다.

"관저는 사랑의 노래지요. 요조숙녀의 마음을 이처럼 잘 표현한 노래는 드물 것이랍니다. 죽로차를 한잔 더 드시면서 들어보세요."

공주가 곁에 둔 가야금을 무릎에 얹고 줄을 뜯으며 노래하기 시작했다. 공주의 목소리가 방 안에 퍼지니, 산골짜기 개울물이 흐르는 소리 같이 맑았다. 노래를 다 부른 공주가 가야금을 옆으로 치우며, 두 뺨에 홍조를 띠며 자세를 고쳐 앉았다. 가야금의 맑은 소리와 어울린 부드러운 목소리에 한동안 취해 있던 서현은 무릎을 치면서 탄복했다.

"공주님의 노래는 정말 아름답습니다. 노래의 뜻 또한 사람의 애를 끊는 내용입니다. 이런 노래를 듣고 마음을 움직이지 않는 사내가 있겠습니까?"

"아니 너무 칭찬하지 마세요. 부끄럽게."

공주가 옷고름을 만지작거리며 말했다.

"그런데 한 가지 궁금한 것이 있습니다. 오늘 낮에 공주님을 처음 뵙고, 이분이야말로 한평생을 함께 할 수 있겠다고 했더니, 종자인 바우가 분수에 넘치는 욕심이라고 말하면서 말렸습니다. 신라의 골품제도가 엄격하다고 들었습니다만, 공주님을 가까이 모시지 못할 정도로 차별이 심하다면 예삿일이 아닙니다. 공주님께서는 어떻게 생각하십니까? 신라의 골품제도를."

서현은 솔직한 성품이라, 단도직입적으로 핵심적인 질문을 했다. 그런데도 공주의 안색은 변하지 않았다. 공주는 자세를 바로 고치며, 빙그레 웃었다.

"신라 초창기에 박씨와 석씨의 두 집안이 번갈아 가며 왕이 되었어요. 김씨로 왕통이 바뀌면서, 왕권을 강화하기 위해 성골을 만들었다고 하지요. 법흥왕께서 율령을 반포하시면서 성골, 진골과 6두품에서 1두품까지의 골품제도가 확립되었답니다. 법흥왕께서는 당신을 중심으로 아버님인 지증왕과 아우 입종, 따님인 지소 부인, 입종의 아들과 따님까지만 성골 신분을 갖도록 엄격히 제한하셨어요. 말하자면 금상의 아버지와 형제, 자녀 및 조카를 성골로 삼으신 것이지요. 율령에 따르면 대가 바뀔 때마다 금상과 그의 아버지, 형제자매, 자녀와 조카들만 성골이 될 수 있기 때문에, 그 수가 극히 제한되었지요. 왕의 대가 바뀌면 이 범주에서 벗어나는 왕족은 진골로 신분이 내려간답니다. 진골이라 하더라도 아래의 골품과 혼인해서 낳은 자녀부터는 6두품 이하로 신분이 내려간답니다. 왕위에 오르지 못하면서 아들이 왕이 된 갈문왕 같은 성골은 근친끼리라도 혼인해서 그 신분을 유지하려고 노력합니다."

"참으로 엄격하군요. 근래에 신라 왕실이 근친혼으로 얼룩진 까닭을 알 것 같습니다. 그런데 근친혼을 거듭하다보면, 우수한 자질보다 열성 인자가 증폭되어, 허약하고 우둔한 사람이 많이 태어날 수 있다고 합니다. 성골이 취약해질까 봐 걱정이 됩니다."

서현은 이런 제도는 타파해야 한다고 생각해서 나쁜 점을 특히 강조했다.

"그렇지요. 근자, 왕자나 공주들 가운데 음란하고 난폭한 자가 더러 나타나는 것도 근친혼의 폐단이지요."

공주는 최근의 문란했던 신라 왕실에 대한 생각이 미쳐서, 침울한 표정을 감추지 않고 말했다.

"성골과 진골 외에는 어떤 신분이 있습니까?"

서현으로서는 대충 아는 일이었지만 공주가 어느 정도로 실정을 알고 있는지 알고 싶었다.

"진골 아래에 6두품에서 1두품까지의 여섯 골품이 있어요. 그리고 이런 두품 층 아래에 평인平人 신분이 있답니다. 평인은 백성이라고도 하지요. 이들은 대체로 농사를 짓거나, 장사를 하는 사람들과, 집이나 그릇, 옷, 그림, 조각 같은 것을 만드는 기술자 그리고 군인, 관청의 사인使人들인데, 노동으로 생계를 유지한답니다. 요즈음에 와서는 3두품, 2두품, 1두품과 평인의 차이가 애매해져서 구분이 잘 되지 않게 되었어요. 우리나라 사람의 8할 정도가 평인입니다. 이들은 3년간 국가를 지키는 병역이나 부역에 종사하게 되어 있어요. 그리고 농사를 짓는 평인은 租라고 하여, 한 해에 거두어들이는 곡식의 일부를 상전에게나 국가에 바쳐야 합니다. 적어도 소출의 3할은 바치는데, 많을 때에는 7할이 넘게 부담하는 경우도 있어서, 백성의 고초가 이만저만이 아니라 하지요. 이뿐만 아니라 調라고 해서 뽕나무, 잣나무, 호두나무에서 생산되는 물건을 바치는 것도 있어요.

이 평인 신분의 아래에 노비가 있어서 힘든 잡역을 맡고 있어요. 전쟁 포로나 범법자나 거지와 그의 자손들이 노비가 되는데, 재물처럼 사고팔수 있어요. 우리 백성들의 1할 정도는 노비랍니다. 불교가 들어온 뒤로 많은 사람들이 승려나 여승이 되었지요. 그런데 이런 사람들은 골품의 규제를 받지 않아요. 성골 신분으로도 진흥왕처럼 임종 시에 삭발하고 승려가 된 분도 있답니다."

공주는 구중궁궐에서 자랐으나 수시로 바깥출입을 하면서 백성의 살림을 파악하고 있었다. 그녀의 설명은 자세하고 구체적이었다.

"골품제도가 엄격한 것은 알겠으나, 실지로 어떤 차별을 받습니까? 저희 가야 왕손은 진골로 대접을 받고 있어서 큰 지장을 느끼지 못합니다만, 거주지가 골품에 따라 제한되는 것을 보니, 많은 차별이 있는 것을 느꼈습니다. 혹시 공주께서 알고 계시는 일이 있으면 말씀해 주십시오."

서현은 공주가 한 번 더 따라준 죽로차로 목을 축이고 다시 물었다.

"거주지는 골품에 따라 규제되지요. 월성(대궁大宮), 만월성(양궁梁宮), 금성(사량궁沙梁宮)의 세 왕궁에 주인으로서 살 수 있는 자격은 성골만이 지닐 수 있답니다. 진골은 궁 밖의 왕도에 살 수 있습니다. 서울에는 여섯 부가 있고, 부마다 여러 리가 있고, 리 안에 많은 마을이 있는데, 6두품 이하의 경우 골품에 따라 부나 리, 또는 마을로 거주 지역이 규제됩니다."

공주가 하얀 천을 펼쳐서 그 위에 먹으로 지도를 그리면서 자세히 설명했다.

신라의 골품제도는 엄격했다. 거주지만 규제하는 것이 아니라, 관직으로 나가는 것도 골품에 따라 차등을 두었다. 낮은 골품 때문에 특출한 능력이 있더라도 큰일을 맡지 못하게 되어 인재를 등용하는 데에 큰 지장이 있었다. 게다가 모든 생활양식이 골품에 따라 달라졌다. 옷의 색깔, 수레의 재료, 말의 장식, 기물의 장식, 집이나 방의 크기와 장식 등을 골품에 따라 상세히 구분해서 규제했다.

서현은 백제와 인접한 곳의 태수를 맡고 있으면서, 이런 골품제도에 얽매어서 높은 관직에 등용되지 못하는 애로를 겪고 있었다. 그래서 답답한 마음을 공주에게 알려서 이해를 구하고 싶었다.

"너무 골품에 집착하면, 사람을 쓰기가 어려워집니다. 가야 명장 문노도 윤궁 궁주에게 장가들기까지는 풍월주에 오르지 못했습니다. 혁혁한 무공으로도 41세가 되도록 풍월주에 오르지 못한 것을 보면, 골품제도의 폐단을 짐작할 수가 있습니다. 많은 인재가 이 제도 때문에 초야에 묻히고 맙니다."

서현이 탄식을 하면서 이렇게 말하자, 공주도 고개를 끄덕였다. 공주역시 골품제도의 폐단을 잘 알고 있었다.

"태수님께서는 백성들을 온정으로 돌보신다고 칭송이 자자합니다. 많은 관리들이 저마다 사리사욕으로 백성의 고초를 돌보지 않아서, 곳곳에서 민원이 일어나고 있어요. 그런데 오직 만노군에서는 원성이 없고 도리어 칭송만 들려오니, 어떻게 된 일이지요?"

공주가 물었다.

"특별한 혜택을 준 것이 아닙니다. 그저 저녁마다 소관 구역을 돌면서, 굴뚝에 끼니를 짓는 연기가 나는지 살펴보았지요. 식량이 모자라서 끼니를 끊이지 못하는 집에는 하인들을 시켜서 곡식을 한 포대씩 마당에 놓고 오라고 시켰답니다. 가뭄이 들어서 딸을 내다 팔려는 사람에게는 보리쌀이나 피륙을 주어 군으로 데리고 오라고 했지요. 이들에게 누에치기와 삼 삼기를 가르쳐서 집으로 돌려보내는 구휼 사업을 계속했습니다. 이런 일에 쓰일 재물은 우리 가야 왕가에서 비축한 것을 썼습니다. 그랬더니 우리 군에는 거지나 도적이 생기지 않더군요."

"참으로 대단하시군요. 다들 치부하기에만 혈안이 된 세상에서, 태수님처럼 베푸시는 분이 계시니, 이 얼마나 훌륭한 일입니까? 참으로 우러러 보입니다."

공주의 말은 공치사가 아니었다. 서현을 올려다보는 눈에 존경하는 기색이 완연했다. 두 사람은 밤이 이슥하도록 많은 얘기를 나누다가, 며칠 뒤에 다시 만나기로 하고 헤어졌다.

이런 일이 있은 뒤로 서현과 만명은 사흘이 멀다 하고 서로를 찾았다. 어떤 때에는 만명 공주가 서현을 따라 만노군까지 따라갔다. 그러다보니 차차 두 사람의 관계가 소문나게 되어서, 마침내 만명의 아버지인 숙흘종 肅訖宗의 귀에까지 들어갔다. 숙흘종은 노발대발했다.

"아니, 만명이 가야 놈과 놀아났다고? 어찌 이런 일이 있을 수 있는가? 성골의 반열에 속할 자가 가야의 무리와 논단 말인가? 절대로 그대로 둘 수가 없다. 장차 왕위를 이을 고귀한 분들과 사귀어야, 성골 신분을 유지할 수 있을 터인데, 어찌 이렇게 함부로 처신하는가? 이제 이년이 바깥 출입을 못하게 해야겠다. 잡인이 찾아오지도 못하게 감시를 철저히 해라."

숙흘종은 만명 공주를 궁실에 가두고, 경비를 세워 감시하게 했다.

그러던 어느 날 밤, 하늘에 구름이 짙게 깔리고, 신월궁에 강풍이 몰아치더니, 천둥번개가 잇달아 쳤다. 번쩍하고 번개가 치고 우르르 꽝 하고 벼락이 떨어져서, 신월궁의 궁문이 산산조각 났다. 문 밖에서 여러 날 동정을 살피고 있던 서현과 바우가 벼락 치는 순간을 전후해서 궁문을 부순 것이었다. 이들은 궁 안으로 몸을 날렸다.

서현이 만명 공주의 거실 밖에 이르러 인기척에 수하를 하는 경비병을 주먹으로 쳐서 실신시킨 후 방문을 두드렸다.

"공주님, 접니다. 서현입니다. 공주님을 구하러 왔습니다. 어서 나와서 도망갑시다. 밖에 말을 세워두었으니, 함께 만노군으로 갑시다. 공주님, 어서 서두르세요."

서현이 방문을 활짝 열고 안으로 들어갔다. 방 안에서 바깥 동정을 살피고 있던 공주가 황급히 옷가지와 서책만 챙기고 나와서 바우의 도움을 받으며 말 등에 올랐다. 세 사람은 말을 몰아 억수 같이 퍼붓는 빗발을 가르며 서북으로 치달았다. 몇 시진이 지났을까? 그토록 심하게 불던 비바람이 멎으면서, 먼동이 하얗게 터왔다. 서현은 만명 공주를 만뢰산성萬賴山城으로 안내했다. 만뢰산성은 만노군에서 가장 높은 산인 만뢰산에 외적의 침략을 막기 위해 쌓은 석성이었다. 며칠을 이곳에서 쉬면서, 서현은 바우를 보내어 서울의 동정을 염탐하게 했다. 바우가 돌아와서 서현에게 보고했다.

"나리, 신월성에서는 난리가 났더군요. 숙흘종 마마께서 공주님이 사라진 것을 알고 노발대발하셨답니다. 군사를 풀어서 수색했으나 공주님을 찾지 못하여 숙흘종 마마는 상심에 빠졌는데, 마마를 무마시킨 분이 김용춘金龍春 이찬伊飡이라 합니다. 이찬이 기왕 이렇게 된 것을 탓해서 무엇하느냐고 숙흘종 마마를 설득하셨다고 합니다. 마침내 숙흘종 마마께서 성골 신분을 망각한 딸은 잊겠노라고 선언하시고 자리에 누우셨다고 합니다. 이찬이 절 알아보시고, 나리가 공주님을 모시고 간 것을 확인하시더니, 안도하시는 기색이셨습니다."

김용춘은 진지왕의 아들로 진평왕의 딸 천명 부인을 아내로 맞은 사람이었다. 미실 궁주와 노리부가 진지왕을 폐위시키고 진평왕을 보위에 모실 때에, 난을 피하여 김무력의 근거지인 양산의 취산에 숨었었다. 그래서 뒤에 김무력의 주선으로 다시 조정에 나올 수 있었던 김용춘은 가야 출신 무인들과 교분을 갖게 되었다. 그가 서현을 어릴 때부터 눈여겨보아 장차 훌륭한 장수가 될 것으로 짐작하고 있었는데 그 서현이 숙흘종의 딸과 연분을 맺게 된 것을 알고 못내 반가워했다. 마침 진평왕이 왕자를 얻지 못하고 딸만 여럿을 두고 있었기 때문에 왕실을 보필할 남자가 모자랐다. 용춘이 가야 출신 무인 집안과 손을 잡고 실권을 장악할 생각으로 있던 참에 서현이 만명을 데리고 도망친 사건이 터진 것이었다. 용춘은 이때야말로 가야인들의 마음을 사는 절호의 기회라고 생각해서 왕실을 설득하고 무마하기 위해 애썼다. 덕분에 서현과 만명의 일을 신라 왕실에서 묵인하게 되었다.

서현은 만뢰산 동쪽에 있는 작은 산 아래에 담을 축조하고 그 안에 집을 지었다. 사람들은 이곳이 담 안에 있는 밭이라고 담안밭이라 불렀다. 길일을 택하여 서현과 만명은 이곳에서 화촉을 밝혔다. 두 사람은 포부가 같았다. 신라의 구습을 혁파하고 외적의 침입을 막아, 백성 모두가 편히 살 수 있는 고장을 이룩하는 꿈이었다. 서현은 어릴 때부터 시조 할아버지의 가르침에 대하여 귀가 따갑도록 들어왔다.

"서현아, 시조 할아버지께서는 가야를 개국하면서 홍익인간을 강조하셨단다. 모든 백성을 사랑하고 널리 인간세계를 이롭게 하라고 하셨다. 우리 가야 왕실이 신라에 귀부한 것도 신라와 힘을 합하여 이런 소망을 이루어보자는 뜻이었다. 그러니 너도 장차 커서 이 나라를 지키기 위해 외적을 물리치고, 백성을 어루만져서 살기 좋은 세상을 만들도록 노력하거라."

2. 화성火星과 토성土星의 정기를 받은 아이

담안밭에서 즐거운 나날을 보내던 어느 날 아침에 부부가 밥상머리에 앉아서 이야기를 주고받았다.

"여보, 이상한 꿈을 꾸었소. 경진庚辰 일 밤에 형혹熒惑 두 별이 내게 내려와서 깜짝 놀라 깨어보니 꿈이었다오"

형혹이란 화성과 토성을 말했다. 경진일이란 17일을 말했다. 음양오행에 따르면 천간天干에서 경과 진은 모두 양陽에 속하는데 경은 금을 뜻하고, 진은 지지地支에서 토에 속했다. 그래서 경진일은 토가 금을 낳고 상생을 하는 날로 간주했다. 그러자 만명 부인이 말했다.

"저도 신축辛丑일 밤에 금으로 만든 갑옷을 입은 한 동자가 구름을 타고 집 안으로 들어오는 꿈을 꾸었습니다. 신축은 38번째 날인데 이 역시 신이 금이고, 축이 토에 속해서 토가 금을 낳고 상생을 하는 날이 됩니다. 우리 부부가 전후하며 비슷한 길몽을 꾸니, 필시 칠성님께서 훌륭한 아들을 점지하시겠다는 뜻일 것입니다. 이처럼 좋은 일이 어디 있겠습니까?"

그로부터 얼마 지나지 않아 만명 부인에게 태기가 있었다. 두 사람이 꿈을 꾼 때로부터 스무 달이 지나서 만명 부인이 옥동자를 낳았다. 서현은 태를 거두어 집 뒤의 산에 묻었는데, 뒤에 이 산을 태령산胎靈山이라 불렀다. 서현이 먹수 마을에서 미역을 빨아서 국을 끓여 산모에게 바쳤다. 이때가 서기 595년 진평왕 건복 17년이었다.

태어난 지 며칠이 지난 어느날, 아기를 목욕시키던 유모가 아기의 등을 가리키며 신기한 듯이 탄성을 올렸다.

"이걸 보세요. 도련님의 등에 검은 점이 많습니다."

"어디 보자. 이게 무슨 모양인가? 북두칠성처럼 생겼군. 이 아이를 칠성님이 점지하신 증좌가 여기에 있었구먼."

만명 부인이 아기의 등을 살피면서 말했다.

"그런데 아기의 이름을 무엇이라고 짓지? 나리께 여쭈어보자."

만명 부인이 서현에게 가서 아기의 이름을 재촉했다. 서현이 말했다.

"내가 경진일 밤에 좋은 꿈을 꾸어 이 아이를 얻었소. 그러니 경진이라고 했으면 좋겠는데, 고래로 날짜로 이름을 짓는 법이 아니라 했소. 경庚

과 비슷한 글자에 유庾가 있고, 진辰과 신信이 소리가 비슷하니 이름을 유신으로 삼을까 합니다. 중국의 남북조 시대에 남북의 문학을 집대성하신 어른의 이름이 유신庾信이라고 했소. 이 아이도 장차 남북을 아우르는 큰 인물이 되어야 할 것이 아니오? 부인 생각은 어떠시오?"

"참으로 좋은 이름이라 생각되어요. 김유신 하고 불러보니, 소리도 매끄러워 부르기가 좋네요."

유신은 건강한 체질로 몇 년이 지나는 동안에 키가 쑥쑥 자랐다. 동네 아이들과 함께 쏠고개에서 활을 쏘고, 태령산 앞에 있는 치마 바위에서 말 달리기 수련을 했다. 그러다가 짬이 나는 대로 장수굴에 들어가서 천자문을 익히고 경전과 병서를 읽었다. 언제나 유신이 앞장섰다. 무술을 익힐 때만이 아니라 글을 배울 때에도 한번 들으면 잊어버리지를 않았고, 하나를 배우면 서너 가지로 활용할 줄 알았다. 이런 유신에 대한 소문이 대궐에까지 퍼졌다. 소문을 들은 만호萬呼 태후太后가 유신을 한번 보기를 원했다. 서현을 사위로 인정하지 않고 있던 만호 태후는 유신을 만나보고 크게 반겼다. 넓은 이마에 콧날이 오똑하고, 큼직한 눈의 눈동자는 검은 수정 같이 검게 빛나서 영특하게 생겼다. 게다가 또래의 소년에 비해 키가 머리 하나 차이만큼 크고, 튼튼한 몸매를 지니고 있는 것이 우선 마음에 들었다. 태후는 외손자가 이렇게 무럭무럭 자라고 있다는 것이 무엇보다도 든든했다. 태후가 유신을 가까이 하다가 보니, 자연히 서현을 사위로 인정하게 되었다. 이런 일이 있은 뒤에 서현은 양주총관良州摠管으로 승진해서 백제와 싸우게 되어 큰 전공을 세웠다.

천지가 바뀌어도 사람이 사는 한 세상은 변함 없이 이어진다. 금관가야가 신라에 귀부한 뒤로 금관가야의 왕족은 신라 귀족인 진골로 대접을 받고 살아왔다. 더욱이 유신은 신라 진흥왕의 외손으로 신라 왕실의 혈통마저 이었으니, 어디에 가도 당당히 대접을 받을 수 있어야 했다. 그러나 신라의 귀족들은 가야에서 온 신참 귀족을 쉽게 받아들이지 않았다. 곳곳에서 따돌려서 설움을 겪게 했다. 유신이 활동을 활발히 함에 따라, 그를 질투하는 서라벌의 아이들이 편을 짜고 따돌렸다. 어떤 날 유신이 아우 흠순 欽純을 데리고 폭음하면서 신세를 한탄했다.

"어쩌면 서라벌 놈들이 이리 거만한가? 우리 가야 출신이 거들지 않으면, 고구려나 백제의 공격을 막지 못해 결단이 날 처지이면서. 아우야, 우리가 화랑도花郎徒로서 계속해서 수련해 나가야 할 것인지 결심이 서지 않는구나. 오늘은 술이나 마시고 우리의 신세를 한탄해 보자."

흠순은 형이 이처럼 흐트러지는 것을 전에 본적이 없었다. 흠순이 형에게 말했다.

"형님, 우리가 훌륭한 화랑이 될 수 있도록 천지신명께 기도를 드려보십시다."

유신이 아우의 권에 따라, 치마 바위에서 승마와 궁술로 훈련하다가 저녁이 되면 신궁으로 가서 기도를 드렸다.

"서라벌의 시조이신 박혁거세 거서한과 금관가야의 시조 할아버지께 기도드립니다. 이 나라에 태평성세를 만들 수 있도록 도와주소서. 아직은 한반도의 동남에 있는 소국이지만, 언젠가는 천하를 통일하여 널리 사람들에게 이익을 줄 수 있게 힘이 생기도록 도와주소서."

유신의 정성스런 기도를 눈여겨보던 천군天君이 있었다. 아직 이팔청춘에 손이 닿을 정도의 아리따운 처녀였다. 그녀는 유신의 늠름한 모습에 매력을 느꼈다. 기도를 마치고 나오는 그에게 손짓을 해서 신궁 옆의 암자로 안내했다. 그녀가 차려온 다과를 들던 유신이 말했다.

"누구신지요. 저를 이렇게 대접해 주시니 고맙기 한이 없소이다. 그런데 술도 한잔 주시면 더더욱 감사하겠소만."

"소녀는 신궁에서 서라벌의 시조와 소지 마립간 이후의 대왕마마의 신위를 모시고 있는 천관天官입니다. 술이라 하시니 신궁에서 숙성해온 황금주를 드리겠습니다. 잠시만 예서 쉬고 계십시오."

"황금주라 하셨소? 거 참 좋은 술이지요."

유신이 천관의 나가는 뒷모습을 유심히 바라다보았다. 천관이 내어온 서라벌에서 가장 귀하게 생각하는 술인 황금주를 유신이 마시고 거나하게 취했다. 천관이 유신에게 술을 따라주면서 말했다.

"화랑은 참으로 준수하게 생기셨습니다. 필시 고귀한 핏줄을 이으신 분인 것 같습니다. 어느 댁의 귀공자이신지 말씀해 주십시오."

"귀공자라니요? 나는 금관가야 왕손으로 진흥대왕 마마의 외손인 김유신이라 하오. 이 나라에서는 왕족들이 홀대하는 진골 말단에 이름이 있는 사람이지요."

유신의 말투에는 자조하는 기색이 섞여 있었다.

"소녀가 뵙기에는 공자께서는 얼마 안가서 풍월주風月主가 되실 분으로 생각됩니다. 요즈음 화랑들을 보면 공자보다 허우대나 기골이 한참 미치지 못해 보입니다. 너무 스스로를 가벼이 하지 마십시오."

"고맙소. 천관이 그렇게 말해주니 용기가 나는군요. 자, 한잔 더 따르시오. 그리고 내 잔도 한잔 받으시오."

유신이 건네는 잔을 받아 옆으로 몸을 꼬며 술을 마신 천관이 다시 술을 따라 권했다. 그녀의 두 볼이 상기되어 불그스름해져서 마치 모란이 피는 것 같았다.

유신은 이런 일이 있은 뒤로 날마다 무예수련이 끝나면 홀로 백마를 몰고 천관을 찾았다. 두 사람의 정분이 무르익어갔다. 차차 유신의 몸가짐이 술과 색에 절어서 흐트러지기 시작했다. 마침내 어머니인 만명 부인에게 탄로가 났다. 만명 부인이 유신을 불렀다.

"유신아, 요즈음 네가 하는 행동을 보니 수상하구나. 술과 여인을 가까이 하는 기색인데, 한창 때에 신세타령이나 하고 주색에 빠져서야 되겠느냐? 아버지와 내가 너를 낳을 때에 형혹熒惑의 정기精氣와 칠성七星의 가호加護를 받았다고 기뻐했었느니라. 장차 이 나라의 동량이 되어 국태민안國泰民安할 수 있게 만들 인물로 자랄 것을 기대했는데, 네가 지금 하는 짓을 보니 참으로 한심하구나. 무엇을 고민해서 이처럼 바른 처신을 하지 못하는 것이냐?"

만명 부인의 꾸중은 대단했다. 눈물을 흘리면서 유신을 타이르고 또 타일렀다. 한 시진을 어머니의 질타를 듣다가 유신도 홀연히 깨달았다. 그는 어머니에게 읍소했다.

"어머님, 제가 아무리 열심히 공부하고 무예를 닦아도, 가야 출신이라고 사람들이 따돌립니다. 그래서 울적한 마음을 다스리지 못하다가, 신궁에 있는 천관을 사귀게 되었습니다. 그녀와 함께 있으면, 세상의 구차한 시름은 다 잊게 됩니다. 제가 어떻게 하면 다시 마음을 고쳐 잡을 수 있을지 가르침을 주소서, 어머님."

"너의 이름을 생각해보아라. 유신은 화성과 토성의 정기를 받아 태어난 것이고, 중국의 남북조 문학을 집대성하신 성현의 존함을 본뜬 것이니라. 그만큼 우리 부부가 너에게 거는 기대가 크단다. 가야의 왕인 조상께서 신라에 귀부하신 것도 진한과 변한의 힘을 합하여 한반도를 통일한다는 큰 포부가 있었기 때문이었지. 그 숙원을 너의 대에 가서 이룩하고, 골품제의 폐단을 개혁해서 만민이 고루 잘 사는 나라로 만들 일을 너에게 맡기겠다는 생각으로 너를 길러 왔단다. 그런데 한창 나이에 주색에 빠져서 헤어나지 못하니, 어떻게 그런 대업을 이룩할 수 있을 것인가? 네가 가야 출신이라 하여 서라벌 사람들의 멸시를 받을 수도 있겠지만, 무예와 학문을 닦고, 인격을 도야하면 반드시 이들을 이끌어갈 수 있는 힘이 생길 게야. 더욱이 너는 진흥대왕의 외손인 셈이니, 비록 성골은 아니지만 당당한 진골이니라. 결코 내 말을 귓가로 흘려듣지 말고 당장 정신을 차리도록 하거라."

유신은 우둔한 아이가 아니었다. 어머니의 정성 어린 충고를 들은 뒤로 굳게 결심했다.

'이제부터는 여인을 멀리하고 술을 삼가리라.'

며칠 뒤에 치마 바위에서 화랑도들이 두 편으로 갈려 싸우는 훈련이 있었다. 유신이 속한 낭도들이 크게 이겼다. 전승의 기쁨을 축하하는 자리에서 낭도들이 권하는 술을 받다가 유신이 거나하게 취했다. 집으로 돌아가겠다고 생각한 유신은 애마에 올랐다. 홀로 말을 몰고 집으로 돌아가는 길에 깜빡 잠이 들었다. 낮의 훈련에서 치른 격투의 피로가 몰려온 것이었다. 말안장에 올라 앉아 고삐만 붙들고 있던 유신이 소스라치게 놀라며 잠에서 깨었다.

"공자님, 어서 오십시오. 참으로 오랜만입니다. 어서 안으로 들어오세요."

천관이 반갑게 맞는 인사였다. 유신의 말은 늘 하던 대로 신궁을 찾아간 것이었다.

'아니, 이럴 수가 있나? 내가 어머님께 맹서했는데. 다시는 이곳을 찾지 않겠다고. 이 말이 나를 그르치게 하는구나. 천관과의 유대를 단칼에 끊으려면, 내가 타고 온 말을 베어버려야겠다.'

유신은 천관과의 끈끈한 정을 끊기 위해서 결심했다. 그는 허리에 차고 있던 칼을 빼어 말의 목을 쳤다. 비명을 올리며 말이 땅에 쓰러졌다. 선혈이 사방에 낭자했다. 깜짝 놀란 천관이 긴소매로 얼굴을 가리는 사이에 유신은 신궁에서 나왔다. 뒤에 남은 천관이 흐느껴 울면서 불렀으나, 유신은 뒤도 돌아보지 않고 집으로 줄달음질쳤다. 그 뒤로 유신은 신궁에 발을 끊었다. 유신을 그리워하던 천관은 한을 품고 노래를 부르다가 병이 나서 죽었다.

유신이 열다섯이 되어 화랑으로 뽑혔다. 많은 낭도들이 그를 중심으로 활동을 하게 됨에 유신은 차츰 자기의 역량이 부족함을 느끼기 시작했다. 북쪽에서는 고구려와 말갈, 서쪽에서는 백제 그리고 남쪽에서는 왜구가 침범하는 것을 보고도, 큰 힘을 발휘하지 못하는 것이 속이 타고 안타까웠다. 그는 결심했다. 더 많은 재주를 길러야겠다고. 그래서 그는 목욕재계하고, 하늘과 부처님께 향을 피우고 제를 지낸 뒤에, 중악의 동굴로 혼자 들어갔다. 그는 이 동굴에서 물만 먹으면서 벽을 향해 가부좌를 하고 기도했다.

"천지신명과 부처님께 비나이다. 우리 신라가 아직 힘이 없어서 여러 적국의 침략을 당하고 있습니다. 무고한 백성들이 하루도 편히 살 수 없게 되니, 어떻게 하면 이런 고초를 면하게 할 수 있겠나이까? 제가 작은 힘이나마 보탤 수 있게 지혜와 힘을 기르게 해 주소서."

나흘을 동굴 안의 커다란 암반 위에 가부좌跏趺坐를 하고 기도하다가 선정禪定에 빠졌다. 물만 마시며 지내려니, 처음에는 시장기가 들어 견디기가 어려웠으나, 차차 정신이 맑아지는 것을 느끼게 되었다. 갑자기 등 뒤에 인기척이 나면서 카랑카랑한 목소리가 동굴 안에 메아리쳤다.

"무슨 일인가? 귀한 공자가 홀로 동굴에 있으니. 여긴 독거미와 사나운 짐승이 설치는 곳인데. 다치면 어쩌려고."

유신이 얼른 자리에서 일어나 돌아보니, 흰 수염을 길게 늘어뜨린 노인이 들고 있던 선장仙仗으로 유신을 가리키고 있었다. 유신이 공손히 절하면서 말했다.

"저는 이 나라에 태어나서 화랑이 되었습니다. 저의 힘이 비록 약하지만, 나라가 환란을 계속 당하고 있어서 이를 극복하는 방법을 찾다가 이곳으로 왔습니다. 벌써 며칠을 천지신명과 부처님에게 힘과 지혜를 주시도록 기도를 드려왔습니다. 노인장께서는 어디서 오신 어르신인지요? 존함을 가르쳐 주시고 나라를 구하는 길을 교시하여 주십시오."

"나는 아무 데서나 자고 돌아다니는 사람이오. 내 이름은 난승難勝이라고 한다네."

"어르신이야말로 우리 신라를 구할 방도를 가르쳐주실 분인 것 같습니다. 부디 저희들이 사방의 강적들을 물리치고 삼한을 통일해서 나라를 안정시킬 수 있는 방술을 가르쳐 주소서."

유신이 거듭 허리를 굽히면서 간절하게 청했다. 노인이 얼마 동안 묵묵히 답을 하지 않다가, 유신이 눈물을 흘리면서 간청을 다시 하니 말문을 열었다.

"그대가 아직 나이도 어린데, 강적들을 물리치고 삼한을 통일할 꿈을 꾸고 있다니 정말로 장한 일이로다. 내가 비방을 가르쳐 줄 것이니, 잘 익혀서 실천하여야 하느니라. 이 비방은 함부로 써서는 안 된다. 반드시 삼한을 통일하여 민생을 구제하는 일에만 써야 하느니라. 만의 하나라도 의롭지 않은 일에 사용하게 되면 도리어 재앙을 당하게 될 것이니라. 내가 한 말을 깊이 새겨서 결코 어기는 일이 없어야 한다."

노인은 품 안에서 비방을 적은 두루마리를 끄집어내어 유신에게 주었다. 유신이 두루마리를 두 손으로 받아서 공손히 절을 하고 고개를 들어 보니, 노인의 모습이 보이지 않았다. 깜짝 놀란 유신이 동굴 밖으로 뛰어나갔다. 사방을 두리번거리는데, 벌써 산길을 내려가는 노인의 뒷모습이 자욱한 안개 속에 희미하게 보였다.

"어르신, 저를 버리지 마세요. 다시 가르침을 주소서."

유신이 큰 소리로 외치며 따라가는데, 노인은 뒤도 돌아보지 않고 안개 속으로 사라졌다. 그 뒤에는 산새의 우는 소리가 간간이 들릴 뿐 온 산이 귀가 멍하도록 적막해지면서, 노인이 사라져간 쪽으로 햇빛만이 오색 무늬를 이루며 찬란하게 비쳤다. 유신은 다시 동굴로 돌아와서 노인이 건네준 비방을 읽고 또 읽어 한 자도 남김없이 암송했다. 근 달포를 중악 동굴에서 수련한 유신이 동굴을 떠나 마을로 내려오다가 비통한 소식을 들었다. 진평왕 33년 10월에 백제가 신라의 가잠성椵岑城을 쳐서 함락시키고, 성주 찬덕讚德을 베어 죽였다. 유신은 이 비보를 듣자, 다시 결심한 바가 있어 보검을 들고 바로 인박산咽薄山에 들어갔다. 인박산에서 심신을 단련하면서 검법을 비롯한 무술과 병법을 익혔다. 유신의 정성에 감동했는지 인박산에 들어간 지 사흘째 되는 밤에 별빛이 유신의 보검을 비추더니 보검이 절로 칼집에서 튀어나오면서 잉잉 울었다. 그런 뒤로는 유신의 검법이 크게 달라져서 웬만한 나무그루나 짐승은 단칼에 베어 넘길 수 있게 되었다.

유신이 열여덟이 되었을 때에 제15세 풍월주로 임명되었다. 가야 계통 무인으로는 8세 풍월주 문노공 다음으로 두 번째 풍월주가 된 셈이었다. 문노공이 마흔하나에 풍월주가 되었고, 김용춘공이 열여덟 살에 13세 풍월주가 된 것을 보면, 유신의 입신양명이 빠른 것임을 알 수 있다. 유신이 풍월주가 되었을 때 가야 계통 낭도의 한 사람이 그를 찾아와서 불평했다.

"공은 가야 정통으로서 어찌 저와 같은 가야 계통 낭도를 크게 쓰지 않으십니까?"

유신이 정색을 하면서 그를 나무랐다.

"나는 태후마마의 외손자라 가야의 정통이면서도 신라의 정통도 겸하고 있다. 어찌 내가 가야 계통 낭도만을 편애해서야 되겠는가? 승진을 하고 싶으면, 공을 세워야 하는 것이야. 내가 가야 정통이라고 가야 출신을 편애하면 어떻게 모든 낭도를 통솔할 수 있단 말인가?"

유신이 이끈 화랑도를 용화향도龍華香徒라 불렀다. 용화는 미륵불彌勒佛의 상징이고, 향도는 불교를 믿는 집단을 뜻했다. 화랑은 미륵의 화신이라 인간세계를 구제할 사람으로 이 당시의 사람들이 믿고 있었다. 유신이야말로 바로 도솔천兜率天에서 인간세계로 환생한 미륵이라고 사람들은 믿고 따랐다.

3. 김유신과 김춘추金春秋

김유신은 외조모인 만호 태후의 명으로 하종夏宗의 딸 영모令毛를 아내로 맞았다. 김유신이 18세에 15세 풍월주가 된 뒤로 근 18년 동안 낭도들을 이끌고 전국의 산천을 다니며 심신을 단련해 나갔다. 그러나 그는 가야 출신이라는 출신 성분 때문에 서라벌에서의 입지를 쉽게 구축할 수가 없었다. 할아버지인 김무력은 신라의 17관등 가운데 으뜸인 각간角干이었으나, 아버지 서현은 제3위인 소판蘇判에 그쳤다. 당시의 서라벌 세력이 그만큼 대단한 영향을 주었다. 김유신은 이런 딱한 환경을 혁파하기 위해서 오랫동안 고민했다. 진한과 변한의 세력이 한데 뭉쳐야만 삼국의 각축에서 살아남을 수 있는데, 그러기 위해서는 무엇보다도 먼저 서라벌의 정통인 성골, 진골과 가야의 정통인 진골이 한데 뭉쳐야만 한다고 유신은 군게 믿었다. 유신이 노심초사하고 있는 것을 보다 못한 누이동생 문희文姬가 안을 내었다.

"오라버니, 서라벌의 왕족 가운데 가장 빼어난 분이 김춘추金春秋공으로 보입니다. 오라버니께서 그분에게 절 소개해 주세요. 춘추공은 오라버니보다 아홉 살이나 아래이지만, 진지왕眞智王 마마의 손자이시니, 앞으로 이 나라의 동량이 되실 분으로 알고 있습니다."

"춘추공이야 김용춘金龍春 장군의 아들이 아니냐? 김용춘 장군은 우리 아버지께서 어머니와 결혼하실 때에 생긴 말썽을 무마하여 주신 분이지. 그분의 아들이니 너와 가까이 지내게 되면, 대를 이어 돈독한 연분을 갖게 될 것이니 이보다 양가를 위해 좋은 일이 없을 게다. 그러나 어떻게 너희들을 가깝게 만들지?"

"오라버니, 그분을 우리 집으로 모셔 오세요. 뒷일은 제게 맡기시고."

다음 날 아침에 문희의 언니인 보희寶姬가 밥을 먹으면서 동생에게 말했다.

"아우야, 어젯밤 내가 이상한 꿈을 꾸었어. 서악西岳에 올라가 오줌을 누었는데, 서라벌이 그 오줌에 잠기고 말았단다. 온통 지린내가 나서 코를 쥐고 끙끙거리다가 잠에서 깨었거든."

그러자 문희가 말했다.

"언니, 그 꿈 길몽인 것 같소. 내가 사겠소. 어서 내게 파시오. 내가 아껴온 비단 치마를 드리리다."

문희는 평소에 해몽에 대한 글을 즐겨 읽고 있었다. 산정에 올라가서 눈 소변으로 온 장안이나 나라가 잠기게 되는 꿈은 선류몽旋流夢이라 해서 대단한 길몽으로 전했다. 대체로 비정상적으로 왕위를 계승하는 인물과 관련된 꿈이었다. 나라를 일으키는 시조의 태몽보다는 못하지만, 태초에 인간세상을 지배하던 거인들이 하던 짓거리를 보이는 꿈이라, 왕을 낳게 된다고 풀이하고 있었다. 그런 일을 알고 있던 그녀는 언니를 졸라서 그 꿈을 샀다. 그런데 그날 오후에 꿈과 같은 일이 일어났다.

신라의 화랑도들이 즐기는 놀이에 축국蹴鞠이 있었다. 축국은 기원전 300년쯤의 전국시대戰國時代에 군사훈련 삼아 즐겼던 놀이였다. 그런데 신라의 화랑도가 즐기는 축국은 공을 혼자 차거나 둘 내지 여럿이 공을 차면서, 땅에 공을 떨어뜨리면 지는 것으로 판가름 했었다. 김유신은 김춘추에게 축국을 하자고 꾀었다. 김유신의 집 앞의 넓은 뜰에서 두 사람은 한나절 공을 찼다. 제기처럼 땅에 떨어뜨리지 않고 차려니 여간 힘든 것이 아니었다. 유신은 무예로 단련되어 발재간이 대단했다. 일곱 번을 두 발로 차다가 힘껏 춘추에게 공을 넘겼다. 춘추도 유신에 못지않아 날렵하게 몸을 솟구쳐서 공을 받아 유신에게 다시 넘겼다. 주위에서 두 사람의 공 차는 모습을 보면서 한 사람이 이기면 그의 식솔들이 갈채를 보냈다.

"어엿차, 이걸 받아라."

기합과 함께 유신이 공을 찼다.

"오냐, 어디 보자."

춘추가 받아 차 넘기려다가 발을 헛디디며 가까스로 몸의 균형을 잡았다. 두 사람이 서로 어울려 발길질을 하다가, 유신이 넘어지면서 춘추의 옷고름을 밟았다.

"뿌드득" 소리가 나면서 춘추의 옷고름이 뜯어졌다. 춘추가 엉거주춤 웃옷을 두 손으로 감쌌다. 유신이 이마의 땀을 훔치면서 미안한 기색으로 다가왔다.

"춘추공, 내가 옷을 망가뜨렸군요. 미안하오. 집 안에 들어갑시다. 술을 한잔하는 동안에 옷을 고쳐 드리다. 자, 어서 들어갑시다. 이리로 오시오."

두 사람은 사랑채로 들어가서 술상을 받고 앉았다. 유신은 안채로 사람을 보내어서 보희더러 나와서 인사하라고 일렀다. 그런데 보희는 외간 남자가 와서 오라버니와 술상을 벌이고 있다는 것을 듣고, 창피하다며 나오지 않았다. 유신은 보희가 오지 않는 것을 알고, 혀를 끌끌 차면서 아우인 문희를 불렀다. 그래서 문희가 예쁘게 단장하고 사랑으로 나왔다.

"애야, 어서 와서 인사 드려라. 춘추공, 이 아이가 제 누이 문희요."

유신이 춘추에게 누이를 소개했다. 문희가 얌전하게 큰절을 했다. 춘추가 옷고름이 뜯어져서 앞섶이 열리는 것을 두 손으로 가리면서 문희의 인사를 고개 숙여 받았다.

"춘추공이 나와 공을 차다가 내 잘못으로 옷고름이 뜯어졌다. 네가 꿰매어 드렸으면 좋겠다. 할 수 있겠느냐?"

"어려운 일이 아닙니다. 소녀가 나중에 안채로 갖고 들어가서 고쳐 오겠습니다. 그동안 오라버니 저고리를 빌려드리소서."

"그래? 그렇게 하기로 하고. 그럼 내 저고리를 갖고 오너라. 그리고 이리 와서 춘추공에게 술을 한잔 올려라."

유신의 말에 따라 문희가 오빠의 저고리를 춘추에게 가져다 주었다. 춘추가 옷을 갈아 입은 뒤에 곁으로 다가가서 두 손으로 주전자를 들고 잔에 가득히 술을 따랐다. 술을 따르는 문희의 옷소매가 스치면서 향긋한 냄새가 춘추의 코를 간질였다. 두 사람의 시선이 마주쳤다. 문희가 수줍은 듯이 몸을 꼬며 얼굴을 돌렸다.

'아름다운 규수군. 시원스런 눈매며, 오뚝한 콧대가 예쁘게 아문 입과 함께 귀티가 나는군. 가야에 이런 요조숙녀가 있었던가?'

춘추가 상기된 얼굴로 잔을 받아 마시면서 속으로 뇌까렸다.

두 사람은 문희가 따라준 술을 마시며, 시국에 대하여 담소했다.

"춘추공, 우리 신라가 서라벌파니 가야파니 하여 화랑도부터 패를 지어 다투니, 이래서야 고구려나 백제를 이길 수가 없어요. 우리 두 사람만이라도 힘을 합쳐서 우리 신라가 삼한을 통일하도록 지도해 나가야겠습니다. 춘추공, 어떻게 생각하시오. 자, 술 한잔 더 드시며 말씀해 보시오."

"유신공, 말씀 잘하셨소. 우리 신라는 아직 소국이라 북으로는 고구려와 말갈, 서쪽으로는 백제의 눈치를 봐야 한다오. 그런데 화랑도들이 뭉치지 못하고, 여러 파로 나뉘어 다투고 있으니 한심하기 짝이 없소. 유신공이 나와 함께 이들을 하나로 뭉쳐서 나라를 지킵시다."

이날 밤 춘추는 술에 만취해서 유신의 사랑채에서 잠이 들었다. 밤중에 갈증이 나서 깨었는데, 곁에 여인이 다소곳이 시중들고 있었다. 깜짝 놀란 춘추가 몸을 일으키고 자세를 고치며 말했다.

"뉘시오? 그대가."

"소녀입니다. 김유신의 누이 문희입니다. 옷을 꿰매어 갖고 왔더니, 공자님께서 술에 취하여 주무시기에 깨어나실 때까지 기다리고 있었습니다. 소녀는 공자님을 오래전부터 알고 있습니다. 소녀의 아비와 어미가 혼인할 적에 공자님의 아버님께서 도와주셨다고 들었습니다. 오라버니께서 평소에 공자님을 많이 칭찬하셨지요. 서라벌에 인물이 많다 해도 공자님만한 분이 없다고 하셨어요."

춘추가 등잔의 심지를 돋우며 살펴보니, 술자리에서 볼 때보다 한결 고결해 보이는 여인이었다. 학처럼 두 어깨가 부드럽게 흐르는 것이 건드리면 금시 날아갈 듯이 가뿐해 보였다. 도톰한 젖가슴이 저고리의 앞섶 사이로 보일 듯 말 듯 하는 것이 남정네의 혼을 흔들었다. 한창 젊은 혈기에 못 이겨서 춘추는 문희를 와락 끌어안았다.

"내가 낭자를 가까이 하고 싶소. 낭자는 날 받아 주시겠소?"

"공자님께서 소녀를 영원토록 버리지 않으신다면, 소녀도 공자님을 모시고 싶습니다. 서라벌과 우리 가야가 하나가 되도록 공자님을 모시고 진력하고 싶습니다."

말은 조리 있게 하면서도 문희의 몸이 와들와들 떨고 있는 까닭은 무엇일까? 결국 두 사람은 이날 밤에 운우의 정을 통하고 말았다.

이날 이후로 두 사람은 자주 만났다. 어떤 때에는 뒷동산의 풀밭에서
정분을 나누기도 했고, 어떤 날 밤에는 문희의 방에 춘추가 몰래 찾아들었
다. 얼마 뒤에 문희가 아이를 잉태했다. 차차 배가 불러온 것을 본 유신이
다잡아 물었다.

"네가 누구와 정분이 난 것이냐? 시집도 안 간 처녀가 배가 불러오다
니. 누가 너를 이런 지경으로 만들었느냐? 어서 이실직고 하렸다."

유신이 서슬이 시퍼렇게 야단을 쳤다. 그러나 문희는 말을 하지 않았
다. 유신이 가신들을 시켜서 안마당에 나뭇단을 산더미처럼 쌓고 불을 지
피게 했다. 연기가 하늘 높이 올랐다. 유신은 불이 제대로 붙으면 가법에
따라 문희를 화형에 처하겠다고 선포했다. 누가 아기의 아비인지 파악되지
않을 때, 가야 명문의 명예를 지키기 위해서는 화형에 처할 수밖에 없는
것이 가야의 전통이었다.

남산에 올라가 신하들과 장안을 내려다보고 있던 덕만 공주德曼公主가
멀리 연기가 나는 것을 보고 주변에 물었다.

"저 연기가 무엇인가? 게 김유신 공의 집이 아닌가? 어서 가서 어찌
된 일인지 알아보고 오너라."

공주는 여러 귀족들과 함께 남산에서 내려와, 김유신의 집 쪽으로 걸음
을 재촉했다. 사정을 알아본 시종이 숨을 가쁘게 내쉬면서 돌아와 말했다.

"김유신 공이 누이를 태워 죽이겠다고 불을 피운 연기입니다. 어서 가
서 말리소서. 안 그러면 그 여인은 죽고 맙니다."

"왜 그런다던?"

"김유신공의 누이가 시집도 안 갔는데, 배가 불러왔다 합니다. 가문의
명예를 더럽혔으니 죽어 마땅하다며, 막 불을 지르고 있습니다."

공주의 일행이 유신의 집에 당도했다. 공주가 왔다는 기별을 받고 유신

이 황급히 나와 맞았다.

"처녀가 애를 배었다고 마구 태워 죽인다니, 그런 법이 어디 있습니까? 연유를 알아보고 조치를 해야 할 것이 아닙니까? 유신공."

"쟤는 죽어서 마땅하지요. 누구와 정을 통했는지 실토를 안 한답니다. 우리 가문에서는 아비를 모르는 아이를 낳게 되면, 태워서 죽이게 되어 있습니다. 누가 그 아비인지를 알기 전에는 방면하지 못합니다."

그러자 공주를 따라왔던 귀족들 가운데 한 사람이 얼굴이 하얗게 질리면서 앞으로 나왔다.

"내가 잘못했소. 유신공, 용서하시오. 내가 공의 누이를 건드렸소. 용서하시오."

모두들 놀라서 쳐다보니 김춘추였다. 덕만 공주가 껄껄 웃으며 말했다.

"아니, 춘추공이었구려. 까딱했더라면 애매한 처자 하나 죽일 뻔했소. 어서 가서 저 처자를 구하시오. 내가 특별히 그대들을 짝지어 주리다."

덕만 공주는 내심 반가웠다. 서라벌 출신의 왕족인 춘추와 가야파의 거두인 김서현의 딸이 결혼한다면 나라 안의 거대한 두 세력이 힘을 합칠 수 있게 되기 때문이었다. 공주는 어릴 때부터 머리가 잘 돌았다. 중국의 황제가 보낸 병풍화에 그려진 모란에 나비와 벌이 없는 것을 보고, 그 꽃에 향기가 없을 것이라고 추정할 정도로 두뇌가 명석했다. 그런 그녀가 이런 기회를 놓칠 리가 없었다. 왕족 가운데 가장 똑똑한 춘추의 딱한 사정을 살펴서 은혜를 베풀면, 장차 자기가 왕위를 계승하는 일에 큰 힘을 보태어 올 것이 틀림없었다. 게다가 김유신의 누이를 구해줌으로써 강력한 가야 출신 군벌의 환심을 사게 되니 일석이조가 아니겠는가? 더욱이 김춘추는 이미 정부인으로 보량寶良이 있어서, 문희를 첩으로 데리고 갈 수도 없는 처지라 난감해하고 있었다. 공주가 특별히 제이 부인으로 삼으라고 권하니, 김춘추가 희색이 만면해졌다. 당시의 풍습으로는 왕위 계승권에 가까이 있는 자라도 가야의 여인과 연을 맺으면 한 골품을 내려가야 했으나, 공주가 특별히 주선해서 부왕의 허락을 받아 춘추가 제 골품을 지닐 수 있게 했으니, 춘추는 오직 감지덕지할 뿐이었다.

문희가 김춘추의 둘째 부인으로 들어온 지 얼마 되지 않아, 보량이 아이를 낳다가 죽었다. 이때에 낳은 딸이 고타소古陀紹였다. 이 고타소는 뒷날에 대야성에서 백제군에게 공격 받아 남편인 김품석金品釋과 함께 죽었다. 어쨌든 그런 일은 후일의 일이고, 보량이 죽자 문희는 제일 부인으로 승격했다. 언니로부터 꿈을 산 문희는 뒤에 춘추가 왕위에 오르니 왕비가 되어 그 다음 왕이 될 법민法敏을 낳았다. 마침내 신라의 왕실과 김유신은 인척관계가 되었고, 이를 발판 삼아 김유신은 가야 출신이라는 신분의 벽을 아버지에 이어 다시 넘어서 권력의 중심에 설 수 있게 되었다.

진평왕眞平王 51년 8월에 왕명에 따라 고구려의 낭비성娘臂城을 치게 되었다. 이찬 임영리任永里, 파진찬 김용춘金龍春과 김백룡金白龍, 소판 김대인金大因과 유신의 아버지인 김서현金舒玄 등과 함께, 34세가 된 김유신은 당주幢主의 자격으로 출전했다. 고구려군의 반격으로 신라군에 사상자가 많이 생겼다. 패색이 짙었을 때에 유신이 나섰다.

"원광 법사께서 가르치시기를 임전무퇴臨戰無退라 하셨다. 어찌 화랑도를 이끄는 풍월주로서 적을 향해 등을 돌릴 수가 있겠는가? 모두들 나를 따르라."

일언지하에 유신이 말을 몰고 앞장서서 적진으로 돌격했다. 순식간에 유신이 칼을 휘둘러서 수백 명의 적병을 무찌르고 적장의 목을 베니, 군사들이 함성을 올리며 그를 따라 돌진했다. 이 싸움에서 신라군이 크게 이겨 5천여 명의 적병을 죽이고 천여 명을 사로잡으니, 낭비성의 사람들이 겁을 먹고 성문을 열고 투항해 왔다.

4. 당唐의 황제로 등극하는 이연李淵

한편 서토에서는 수나라 말기에 천자가 대승상大丞相 당국공唐國公 이연을 상국相國으로 임명하고 구석지례九錫之禮를 갖추게 했다. 이로써 당唐은 따로 승상을 둘 수 있고, 4묘廟를 장안의 저택에 설치할 수 있게 되었다. 구석지례라 함은 중국의 한漢나라 때부터 신하에게 주는 최고의 영예로, 거마車馬, 의복, 삼백 명의 호위병으로 구성된 호분虎賁, 악기, 납폐納陛, 붉은 대문, 활과 화살, 부월, 특제 향주香酒인 거창秬鬯 등 천자만이 누릴 수 있는 아홉 가지를 신하에게 허용하는 것을 말한다. 역사상 이를 허용받은 신하들 가운데 황위를 찬탈한 자가 많았다.

4월에 세자와 이세민이 동도에서 개선해 왔다. 서기 618년 5월에 배적裵寂이 이연에게 천자의 선위를 받아야 한다고 주창했다. 이에 천자가 이연에게 황위를 양위하는 조칙을 내리고, 근시近侍로 하여금 옥새를 전하도록 했다. 이연이 전례에 따라 세 번을 사양하다가, 백관이 다시 권하자 옥새를 받았다. 이연이 태극전太極殿에서 보위에 오르니, 이분이 당의 고조高祖이다. 고조高祖는 형부상서刑部尚書 소조蕭造로 하여금 태위太尉를 겸하게 했다. 이어서 천하에 대사령을 내리고, 의녕義寧 2년을 무덕武德 원년으로 고치면서 모든 관리의 관작을 일급씩 올려 주었다. 군郡을 폐하고 주州를 둔 것도 이때의 일이었다. 따라서 군의 태수도 주의 자사刺史로 바뀌었다. 태극전에서 백관을 모아 경축연을 베풀고 폐백을 두루 하사했다. 6월에 이세민을 상서령尚書令으로 삼고, 상국부의 장사長史로 있던 배적을 상서우복야尚書右僕射로, 유문정劉文静을 납언納言으로 삼았다. 이세민이 뒤에 황제가 되었기 때문에 황제의 전직인 상서령에 신하가 임명될 수는 없다 하여, 당에서는 멸망할 때까지 상서령을 결원으로 두고 좌복야와 우복야가 상서령의 일을 맡았다. 고조는 세자인 이건성李建成을 태자로 삼고, 둘째 아들 이세민李世民을 진왕秦王, 넷째 아들 이원길李元吉을 제왕

齊王으로 삼았다. 그러고는 자기에게 양위를 한 수의 천자를 휴국공酅國公으로 봉했다.

무덕 2년 4월에 왕세충王世充이 반란을 일으켰다. 왕세충은 서역 출신인데, 수에서 병부원외랑兵部員外郞이 되었다가 수양제의 신임을 받아 강도궁감江都宮監이 되어, 양현감의 반란과 산동 일원의 농민 반란을 평정한 사람이었다. 하남河南 지방의 일대 세력으로 커진 왕세충은 수양제가 시해되자, 낙양에서 월왕越王 양동楊侗을 황제로 옹립하고 이부상서가 되었다. 실질적으로 왕권을 쥐게 된 왕세충은 우문화급宇文化及의 군사를 격파한 뒤에 구석지례를 양동에게 요구했다. 그는 무덕武德 2년인 619년에 양동을 폐하고, 스스로 황제가 되었다. 그러나 그의 통치는 가혹해서 백성들이 줄줄이 도망치고 많은 장군들이 당에 귀순하게 되었다. 4월에 돌궐의 시피가한이 죽고, 5월에는 휴국공酅國公 공제恭帝가 별세했다. 서세적徐世勣이 려양黎陽과 하남河南의 십 개 군을 들고 투항해 왔기에, 고조는 그를 려주총관黎州摠管에 임명하고 조국공曹國公에 봉하며 이씨李氏 성을 하사했다. 이후로 서세적은 이세적李世勣이라 부르게 되었는데, 당 제일의 무장으로 큰 공을 세우게 된다. 고조는 수시로 도성을 미행하여 백성의 살림을 살펴서 흉년이 들어 곡식이 모자랄 때에는 즉시 곳간을 열어 구휼했다.

한편, 마읍에서 수의 교위校尉였던 유무주劉武周가 반란을 일으켜서 2만의 군사를 직접 이끌고 북쪽에서 침입해 왔다. 7월에 유무주는 진양晋陽을 점령하라고 건의한 송금강宋金剛에게 따로 3만의 군사를 주어서 빙주井州를 공격하게 했다. 우복야右僕射 배적裴寂이 유무주를 막겠다고 자원해서, 고조는 그를 진주도행군총관晋州道行軍摠管에 임명하고 현장에 있던 모든 장병을 그의 지휘 하에 넣어 유무주를 토벌하게 했다. 7월이 되어 송금강이 호주浩州에 나타났다가 한 달도 안 되어 물러갔다. 배적이 개휴介休로 진격하니 송금강宋金剛이 성에 들어가서 항전을 했다. 그런데 송금강이 손을 써서 배적 진영의 물길을 끊었다. 그 바람에 배적의 군사들이 목이 말라 고생하게 되었다. 배적의 군사들이 수원을 찾아 헤매는 것을 송금강이 강습했다. 배적은 군사의 태반을 잃고 밤새도록 말을 달려 진주晉州성으로 도망치고 진주 이북의 성채들이 모두 송금강의 손에 들어갔다. 배적이 표를 올려 고조에게 사죄하니 고조는 이를 위무하고 그를 하동河東으로 보내어 그 지역의 백성을 위무하게 했다.

유무주가 빙주幷州까지 진격해 왔을 때 고조의 넷째 왕자 제왕齊王 이원길李元吉이 사마司馬 유덕위劉德威를 불러 말했다.

"경은 노약자와 함께 성을 지키시오. 나는 정병을 인솔해서 출동하겠소."

그렇게 말한 이원길은 야반에 성을 나와 처자를 데리고 장안長安으로 도망쳤다. 그가 떠난 지 얼마 안 되어 유무주의 군사가 성에 도착했다. 진양의 토호가 성문을 열고 이들을 환영했다. 고조가 이런 보고를 듣고 격분했다. 그는 예부상서礼部尚書 이강李綱을 불러 빙주를 빼앗긴 장수의 책임을 물어 엄벌에 처하자고 했다.

"이원길은 아직 어려서 문무가 모두 미숙하다. 그래서 두탄竇誕과 우문결宇文欠로 보좌하게 한 것이다. 빙주에는 수만의 강병이 있고, 식량 또한 십 년은 넉넉히 지탱할 수 있도록 만들어 놓은 곳이다. 이런 우리의 본거지를 하루 만에 버리다니. 도망을 주창한 자는 엄벌에 처하여야 할 것이다. 주모자인 우문결을 참형에 처하거라."

이강이 간했다.

"제왕은 어리면서도 교만하고 방탕합니다. 두탄은 제왕의 나쁜 행실을 눈감아주고, 백성을 혹사하여 원성을 사게 했습니다. 오늘의 패배는 두탄의 잘못입니다. 우문결이 간언을 드렸으나 왕이 듣지 않았습니다. 그런데도 우문결을 죽여야 하겠습니까? 그야 말로 충신인데."

다음날 고조는 두 사람을 모두 용서했다. 그리고 이강에게 고맙다고 하면서 말했다.

"공의 덕에 형벌을 남용하지 않게 되었다. 원길이 잘못한 것이지. 저두 사람인들 원길을 말릴 수 있겠는가?"

10월에 유무주는 태원太原을 본거지로 삼고 송금강에게 진주晉州를 공격하게 해서 함락시켰다. 송금강은 진주를 지키던 우효위대장군右驍衛大將軍 유홍기劉弘基를 사로잡았다가 놓치고 말았다. 그들이 용문龍門과 회주會州마저 함락시키니 군사들의 사기가 하늘을 찔렀다. 유무주가 연전연승하니 곳곳에서 호응하여 사람들이 거병했다. 배적은 우주虞州와 태주泰州의 백성들을 성안에 들어오게 하면서 식량을 모두 태워버리게 하니, 백성들이 놀라서 소란을 일으켰다. 원래 배적에게는 장수로서의 재주가 없어 작전이 지리멸렬하였다. 고조가 놀라서 스스로 칙서를 썼다.

"적의 기세가 이처럼 사나우니 싸울 재주가 없도다. 대하大河의 동쪽을 버리고 관서関西만 지키도록 해라."

진왕秦王 이세민이 이 칙서를 보고 표를 올렸다.

"태원은 우리의 근거가 되는 곳입니다. 하동河東은 부귀한 땅이고, 도성에는 물자와 재물이 많습니다. 이를 버리고 뒤에 후회하여도 소용이 없습니다. 신에게 3만의 군사를 주십시오. 반드시 유무주를 평정하고 진주를 탈환하겠습니다."

고조가 관중의 군사를 총동원해서 이세민에게 주었다. 그리고 이들을 장춘궁長春宮에 몸소 나가 환송했다. 이세민은 군사를 이끌고 얼어붙은 황하黃河를 용문龍門에서 건넜다. 이들은 백벽柏壁에서 송금강과 대진했다. 송금강이 점령한 성루에는 군량이 없었다. 많은 사람을 성안에 모았으나, 백방으로 손을 써도 곡식 한 톨도 얻을 수가 없었다. 그만큼 하동의 여러 고을은 계속된 난리통에 황폐화되었다.

11월에 두건덕竇建德이 려양黎陽을 쳐서 함락시켜 산동이 그들의 손에 넘어갔다. 12월이 되었다. 영안왕永安王 효기孝基가 공격하다가 송금강이 협공해 오는 바람에 크게 패하고, 부하 장수들과 함께 송금강의 포로가 되었다. 적장 위지경덕尉遲敬德과 심상尋相이 회주로 돌아가려고 할 때에, 이세민이 병부상서兵部尚書은개산殷開山을 시켜 이들을 공격하게 해 크게 이겼다. 수급만 2,000급을 베었다. 적장들은 도망을 쳤으나 그 부하들은 모두 붙들려 당군이 백벽으로 데리고 돌아왔다. 승기를 타고 송금강을 공격하자고 진언하는 자를 보고 이세민이 타일렀다.

"금강金剛의 군사는 적지에 깊이 들어와 있다. 유무주는 태원에 있으면서 금강을 방어벽으로 믿고 있다. 그런데 그들에게는 식량이 없어. 그래서 민간으로부터 약탈해 군량을 얻고 있어서 백성들의 원성이 자자해. 그러니 그들에게는 속전속결이 유리할 것이지. 그러나 우리는 속전을 피하고 방어하면서 장병들의 예기를 기르는 것이 좋을 것이오. 별동대를 수시로 파견하여 적의 허리를 치면, 그들은 식량이 다하여 어쩔 수 없이 도망치기 시작할 것이오. 지금은 그때를 기다릴 뿐, 속전할 필요는 없어."

무덕 3년 4월이 되자 송금강이 군량이 떨어져 도망치기 시작했다. 이세민이 이를 추격해서 크게 격파했다. 이때에는 하루 밤낮에 200여 리를 진격하며 수십 번을 싸웠다. 고벽령高壁嶺에 이르렀을 때 총관総管 유홍기劉弘基가 말렸다.

"대왕께서는 적군을 격파해서 여기까지 추격해 오셨습니다. 공적은 충분히 이루셨으니, 이쯤에서 멈추시는 것이 좋겠습니다. 장병들이 피로와 굶주림에 지쳐 있으니, 군량이 모이는 것을 기다려 다시 진군해도 늦지 않을 것입니다."

그러자 이세민이 말했다.

"송금강은 어쩔 수가 없어서 도망치는 것이다. 군사들의 마음이 이미 그를 떠났다. 좋은 기회는 얻기 힘들고 잃기는 쉽다. 지금의 기세를 타고 나가지 않고 여기에서 늦추면, 적이 다시 준비하여 쉽게 깨뜨릴 수 없게 된다. 나는 나라에 충성을 다하다가 죽어도 좋다. 어찌 내 한 몸을 아낄 수 있는가?"

그가 말에 채찍질하여 나가니 아무도 더 이상 말리지 않았다. 송금강을 쫓아서 하루에 여덟 번을 싸워 모두 이기고 수만 명을 잡거나 죽였다. 이틀 동안 먹지 않고, 사흘 동안 군장을 풀지 않았다. 마침 군중에 양 한 마리가 있었다. 이세민은 이를 잡아 군사들에게 나누어 먹게 했다. 마침내 이들이 개휴介休에 도착했다. 송금강은 남은 군사 2만으로 성의 서문을 나와 성벽을 등에 업고 포진했다. 송금강이 당군의 총관 이세적李世勣의 군사를 공격하여 이세적 군이 약간 후퇴했다. 송금강이 이를 추격하는데 이세민이 정예병을 이끌고 그 배후를 찔렀다. 송금강은 크게 패하고 3,000여의 목이 달아났다. 호주성에서 농성하고 있던 당의 장병들이 이세민의 얼굴을 보고 반가워서 울음을 터뜨렸다. 개휴성을 지키고 있던 위지경덕尉遲敬德과 심상尋相이 패잔병을 수습했다가 이세민이 사신을 파견해서 항복을 권하여 항복해왔다. 이세민은 위지경덕을 얻은 것을 크게 기뻐하며 그를 우일부통군右一府統軍으로 임명하고, 거느리고 있던 8,000명의 부하를 그대로 지휘하게 했다. 굴돌통屈突通이 진중에 귀순한 장병이 섞인 것을 우려하여 수차 간언했으나, 이세민은 듣지 않았다.

무덕 3년 7월, 이세민이 왕세충을 낙읍洛邑에서 공격했다. 왕세충의 정병 3만여 명이 진을 치고 있는 곳으로 이세민이 기병을 거느리고 도전했다가 중과부적으로 포위망에 빠졌다. 모두들 겁을 먹고 어쩔 줄을 모르는데, 이세민이 좌우를 보고 먼저 퇴각하라고 명한 후 스스로 퇴군의 후미를 맡았다. 왕세충의 부하 수백 기가 길을 막고 덤벼들어 백병전이 벌어졌다. 얼마 가지 않아 전멸할 지경이 되었는데, 이세민의 부하들이 활을 비 오듯이 쏘아 적장을 쓰러뜨려서 가까스로 활로를 뚫을 수 있었다. 왕세충이 동도인 낙양으로 돌아가니 이세민의 군사들이 낙양을 에워싸고 군량의 보급로를 끊었다. 얼마 가지 않아 왕세충 산하의 보루들이 연달아 함락했다.

그리하여 이세민의 대군이 낙양 북쪽의 제왕과 귀인, 명사의 무덤이 많은 망산邙山에 진을 치게 되었다. 9월이 되어 이세민이 500기로 싸움터를 시찰하다가 졸지에 왕세충의 군사 만여 명을 만나 싸우게 되었다. 장병들이 분전하여 적의 수급 3,000여를 베고 그들의 대장을 잡았으나, 왕세충은 잡지 못했다. 얼마 안되어 형榮, 판汴, 유洧, 예豫 등 아홉 개 주州가 투항해 왔다.

다음 해인 무덕 4년 2월에 다시 군사를 몰아 북망산北邙山에 진을 쳤는데, 아직 보루를 세우지도 못한 때에 왕세충의 군사 2만이 나타났다. 이세민이 굴돌통으로 하여금 보군 5,000명을 거느리고 강을 건너서 적병을 치게 했다. 먼저 이들에게 "적과 마주치면 연기로 신호를 올리라. 내가 군사를 몰고 남하하리라." 하고 일렀다. 연기가 하늘 높이 솟는 것을 보고 이세민이 진두지휘하니 부하들이 앞뒤에서 호응했다. 사력을 다해 새벽부터 한나절을 싸우는데, 점심 때가 되어 적군이 퇴각하기 시작했다. 승세를 타고 종횡무진으로 싸워 8,000여 명을 죽이고 성 밑까지 진출했다. 왕세충이 다시는 성 밖으로 나오려 하지 않고, 두건덕에게 구원을 청했다.

이세민은 군사들에게 참호를 파고, 장기 포위전에 들어갈 것을 지시했다. 두건덕이 십여 만의 군사를 이끌고 왕세충을 구원하러 산조酸棗에 나타났다. 이를 본 굴돌통을 비롯한 이세민의 장수들이 건의했다.

"앞뒤로 적을 맞게 되니 싸우기가 어려워졌습니다. 만전을 기하기 위해서 곡주穀州로 일단 후퇴하여 진용을 다시 정비하는 것이 좋겠습니다."

이세민이 말했다.

"왕세충은 양식이 떨어져서 안팎으로 민심이 이탈하고 있다. 우리가 이때를 이용해서 공격하지 않을 까닭이 없다. 두건덕이 그동안의 승리로 방심하고 있을 터이니, 우리가 공격해서 무뢰武牢로 나가 저들의 급소를 쳐야 한다. 저들만 격파하면 싸우지 않고도 열흘 안에 왕세충이 자멸할 것이니라. 속전을 하지 못하여 적군이 무뢰에 먼저 들어가면, 쉽게 이길 수가 없게 된다. 두 적군이 힘을 합하게 되면 장차 어떻게 감당할 것이냐?"

굴돌통이 포위망을 풀고 두건덕을 막으려 하는 것을 이세민이 허락하지 않고, 제왕 원길을 도와서 왕세충의 포위망을 더욱 공고히 하라고 지시했다. 4월에 이세민이 친히 군사 3,500명을 몰고 무뢰武牢로 진격했다. 무뢰에 진을 치고 20여 일이 지났다. 하루는 첩자가 와서 보고했다.

"두건덕이 우리의 말에 먹일 꼴이 다한 것으로 알고 있습니다. 그래서 우리가 하북에서 방목하는 것을 보면 무뢰를 습격하러 올 것입니다."

이세민이 이 정보를 이용해서 일부러 하북에 말을 놓아먹이며 두건덕이 유인되어 오는 것을 기다렸다. 아침이 되어 두건덕이 전군을 인솔하고 나타났다. 이들은 남쪽의 왕세충 부대와 호응해서 북을 치고 함성을 올리며 공격해왔다. 이세민이 장수들과 함께 높은 언덕에 올라 적군을 바라보며 말했다.

"적군은 산동에서 오면서 아직 큰 적을 만난 적이 없다. 이번에 험하고 소란스러운 곳에 처음으로 왔는데도, 제대로 군기가 잡혀 있어 보이지 않는다. 성 가까이에 진을 친 것을 보면 우리를 가볍게 보는 것 같다. 우리가 굳게 지키고 성 밖으로 나가지 않으면, 저들의 기운이 빠져서 얼마 가지 않아 스스로 물러갈 것이니, 이를 추격해서 처부수도록 하자. 공들에게 확약하건대 점심때 이전에 이들을 격파할 수 있을 것이다."

과연 점심때가 되니 두건덕의 진영 병사들이 아침부터의 전투에 허기가 져서 피로한 기색이 역연해져서 모두 대열을 이탈하고, 앞 다투어 물을 마시며 군장을 풀고 쉬고 있었다. 이세민이 명령했다.

"지금이다. 돌격하라."

그는 친히 경기병을 몰고 적군을 공격했다. 두건덕의 군사들이 미처 전열을 가다듬기도 전에 이세민의 군사들이 힘을 다하여 공격하니 싸우는 소리가 천지를 뒤흔들었다. 이세민이 여러 장수들에게 기치를 들고 나가게 하니 적군이 이를 보고 대군이 이르는 것으로 착각하고 겁을 먹고 크게 무너졌다. 30리를 추격하여 3,000여 급을 참수하고, 5만이 넘는 적병을 생포했다. 두건덕도 생포되어 이세민의 앞으로 끌려왔다. 이세민이 따졌다.

"이번 싸움의 죄를 묻겠다. 왕세충이 망하는 것은 그대가 관여할 일이 아니지 않는가? 어찌 국경을 넘어 우리 군사를 첬는가?"

두건덕이 무릎을 꿇은 채로 말했다.

"이번에 돕지 않으면, 더 큰일을 당할까 봐 두려웠습니다."

두건덕을 끌고 낙양성 밑에 이르니, 왕세충이 두려움에 차서 관속 2,000여 명을 데리고 항복했다. 하북河北과 하남河南이 모두 평정되었다. 이세민이 궁성에 들어가서 부고府庫를 봉하고 약탈하지 못하게 만들었다. 기실記室 방현령房玄齡이 수의 공문서를 모두 거두어들였다. 50여 명의 수의 관리를 주살하는 한편 무고하게 감금되었던 사람들을 석방하고 죄 없이 죽은 자에게 위령제를 지내어 주었다. 이어 승전을 축하하는 잔치를 크게 베풀고 공에 따라 장병들을 포상했다. 고조가 전승의 소식을 듣고 상서좌복야尙書左僕射 배적裵寂를 보내어 이들의 노고를 치하했다.

유무주는 송금강이 진 것을 알고, 빙주를 버리고 돌궐로 도망쳤다. 송금강은 패잔의 무리를 모아 다시 싸우려 했으나 아무도 응하지 않아서 100기 정도의 부하를 거느리고, 그 역시 돌궐로 피했다. 이세민이 진양에 도착하자 유무주의 부하가 성을 들어 항복해왔다. 이리하여 유무주의 영토는 모두 당의 차지가 되었다. 송금강이 상곡上谷으로 들어가려다가 돌궐에 붙들려 참형을 당했다. 7월에 유무주도 마읍으로 몰래 돌아가려다가 돌궐에게 탄로 나서 죽임을 당했다.

무덕 7월에 이세민이 황금 갑옷을 입고 철마 일만 기와 갑사 삼만 명을 거느리며 앞뒤에 북을 치고 나팔을 불게 하면서 서안西安으로 개선했다. 그는 수 황제들의 기물을 태묘에 바치고, 두건덕을 저자에 내어 참했다. 그리고 왕세충을 평민으로 만들어 일족과 함께 파촉巴蜀으로 귀양을 보냈는데, 도중에서 왕세충이 죽었다. 고조가 크게 기뻐하면서 축배를 올리고, 전공에 따라 상훈을 내렸다. 천하가 거의 평정되니 이세민은 학문을 장려하려 문학관을 개설하고 사방에서 학자들을 모았다. 이세민은 새로 만든 문학관에서 두여회杜如晦를 비롯한 십팔 명의 학자들과 저녁마다 밤이 이슥하도록 경서의 뜻을 논하며 즐겼다.

왕세충이나 두건덕 이외에도 많은 사람이 천자를 잠칭하거나 나라를 세웠다가 토벌되었다. 대표적인 것만 들더라도 강도江都에서 오吳나라를 세운 이자통李子通, 유흑달劉黑闥과 호응해서 거병하여 노왕魯王을 잠칭한 서원랑徐圓朗 등 고조高祖의 말년까지는 곳곳에서 반란이 있었다. 이를 진왕秦王 이세민이 거느리는 부대가 하나씩 평정해서 천하를 통일해 나갔다.

한편, 북쪽의 돌궐도 시피 가한이 죽은 뒤로 여러 번 당을 침공했다. 이들을 황태자인 이건성이나 진왕 이세민이 군사를 이끌고 가서 격퇴했다.

고조는 천하를 평정하는 과정에서 지방의 유지들을 왕에 봉하고, 황제의 성인 이씨李氏를 쓰도록 허락해서 회유해 나갔다. 그런데 이런 통일전에 큰 전공을 올린 이세민과 그의 부하들은 점차 자기네들에 대한 처우가 흡족하지 않다고 불만을 품게 되었다. 고조가 장남인 이건성을 태자로 삼은 것은 이세민보다 열 살이 많은 장남이었기 때문이었다. 이건성은 이세민보다 못하지만, 그 또한 많은 무공을 세웠다. 이연이 산서山西 하동河東의 위무대사慰撫大使가 되어 도적을 잡을 때에는 하동유수河東留守로 하동을 지켰다. 617년에 이연이 태원에서 거병할 때에도 28세의 이건성은 좌령군대도독으로 좌군을 통솔하고 나섰다. 그가 인솔한 좌군은 남하하여 서하西河를 공략하고 장안을 평정했었다. 뒤에 무군대장군 겸 동토원수撫軍大將軍東討元帥가 되어 왕세충과 싸우고 상서령에 임명되었다. 이연이 황제가 되어 황태자로 책봉되었는데, 그 뒤로는 주로 궁중에 머물러 이연을 측근에서 보좌하는 바람에 전공을 그전처럼 세우지 못하게 되었다. 그는 교만하고 선비를 아끼지 않는 인물이라거나 주색을 좋아하고 사냥을 즐거서 절제를 할 줄 몰랐다고 정사에 기록되어 있으나, 이는 현무문玄武門의 변란에서 이건성이 참패했기 때문에 사가들이 지나치게 폄하한 것으로 보는 사람이 많다. 자치통감資治通鑑 같은 곳에는 성품이 어질고 너그러웠다고 기술하고 있다.

고조는 무덕 4년의 10월에 이세민을 천책상장天策上將으로 삼아서 다른 왕이나 삼공三公보다 높은 지위에 올리고, 사도司徒들을 거느리게 하며, 섬동도대행태陝東道大行台 상서령尚書令에 임명해서 황태자에 못지 않는 권력과 명예를 갖게 했다. 천책상장은 문무를 총괄하는 특별직으로 정일품에 해당하며, 그 아래에 무관의 관청인 천책부를 두어 모든 관속을 다스리게 했다. 천책상장은 이세민을 위해 특별히 마련한 직위로, 이세민이 황제에 오른 뒤로는 폐지되었다. 고조는 이와 함께 신축한 홍의궁弘義宮을 이세민에게 주고, 종전의 삼만 호에 이만 호의 봉토를 더 주었다. 그뿐만 아니라 금으로 된 수레와 곤룡포, 면류관을 사용할 수 있게 하고, 벽옥璧玉 한 쌍과 황금 6,000근도 하사했다. 그리고 이세민이 행차할 때에 북과 취주 악대와 착검 호위 40인을 거느릴 수 있게 해 주었다.

시피始畢 가한이 죽은 뒤로 돌궐의 힐리頡利 가한은 안문雁門, 삭주朔州, 병주并州, 정주定州, 유주幽州 등으로 여러 해에 걸쳐서 번갈아 침공해 왔다. 황태자와 이세민, 이원길 형제들은 이들을 물리치느라 쉴 사이가 없었다. 관리들 가운데에 장안을 불태우고 없애면 돌궐 같은 오랑캐의 침공이 멎을 것이라는 진언이 있었다. 고조가 남쪽 땅으로 천도하자고 했을 때, 다들 그 잘못을 알면서도 감히 간언을 올리지 못했다. 이때 홀로 이세민이 나서서 말했다.

"한漢의 곽거병霍去病이 흉노匈奴를 멸했다고 기록되어 있는데, 신이 군사를 통솔하고서 아직 북쪽의 오랑캐를 평정하지 못해 폐하께서 천도하

고자 하실 지경에 이르렀습니다. 이는 모두 신의 잘못입니다. 신이 힐리
가한을 공격해서 한두 해 안에 수급을 얻지 못하면, 천도하겠다 하셔도 다
시 이의를 제기하지 않겠습니다."

고조가 화를 냈으나, 이세민이 천도의 불가함을 고집하여 천도령을 거
두었다. 무덕 9년 정월에 주현州縣마다 성벽을 수리하여 돌궐에 대비했다.
2월에 이원길을 사도司徒로 만들어 후선으로 물러나게 했다.

5. 현무문玄武門의 변

무덕 5년 정월에 유흑달劉黑闥이 한동왕漢東王을 자칭하면서 낙주洛州
를 수도로 삼고, 연호를 천조天造로 개원했다. 진왕 이세민의 공격으로 유
흑달이 상주相州를 버리고 낙주로 도망쳐 이세민이 상주를 거쳐 낙수洛水
의 북쪽에 포진했다. 양쪽의 군사가 두 달 동안 싸웠다. 유흑달이 가만히
군사를 움직여 이세적李世勣을 공격함에, 이세민이 그들의 배후를 공격해
서 이세적을 구원하려다가 아들과 함께 적군에게 포위되었다. 위기일발의
이들을 위지경덕尉遲敬德이 가까스로 구출해내었다. 유흑달의 군량이 떨
어질 때가 되니, 이제야말로 결전을 하러 나올 것이라고 생각한 이세민은
부하들에게 낙수의 상류에 보를 쌓아 물을 막게 하고 일렀다.

"내가 적군과 싸울 때에 이 보를 터뜨려라."

유흑달이 보기병 이만을 거느리고 낙수를 건너 공격해온 것을 이세민
이 요격해서 쳐부수었다. 양군이 격전을 벌이는데, 점심때에 시작된 싸움
이 황혼이 져도 끝나지 않았다. 이윽고 유흑달군이 무너지기 시작하여 유
흑달은 200기의 부하를 거느리고 돌궐로 탈출했다. 유흑달이 도망친 것도
모르고 계속해서 싸우고 있는데, 후퇴하라는 깃발을 보고 당군이 골짜기
에서 빠져나왔다. 유흑달의 군사가 골짜기로 쇄도하자, 신호와 함께 상류
의 보가 터졌다. 적군 수천 명이 익사하고 수급 일만여 급이 당군의 차지
가 되었다. 마침내 산동이 평정되었다. 유흑달은 돌궐로 망명한 뒤에도 여

러 번 다시 군사를 몰고 와서 당군을 괴롭혔다.

　돌궐의 힐리頡利 가한이 15만 기로 안문雁門을 거쳐 변청边城을 공격해왔다. 그리고 돌궐의 별동대가 원주原州를 공격해왔다. 태자가 유주도幽州道에서 출진하고, 진왕 이세민은 진주도秦州道에서 출진해서 이들을 막았다. 황제가 신하들을 모아서 말했다.

　"돌궐은 우리나라를 공격했다가도 강화를 구하고 있다. 전쟁과 강화 가운데 어느 쪽이 더 유리할까?"

　태상경太常卿 정원숙鄭元璹이 아뢰었다.

　"돌궐은 개나 양 같이 순종하는 병사들을 믿고, 우리나라를 능멸합니다. 우리가 싸우지 않고 화의를 구하면, 그들은 우리가 약하다고 생각해서 내년에 다시 공격해올 것입니다. 신은 먼저 일격을 가한 뒤에 화평을 하여, 위엄과 은혜를 함께 보여주는 것이 좋을 것으로 생각합니다."

　황제가 그의 말에 따라 계속해서 돌궐을 요격하게 했다. 여러 곳에서 당군이 이기기도 했으나, 돌궐이 염주廉州에 침공해서 대진관大震関을 함락시켜서 황제는 정원숙을 힐리 가한에게 사신으로 보냈다.

　사신으로 가면서 보니 돌궐의 기병 수십 만이 개휴介休에서 진주晋州에 이르는 수백 리의 산골짜기를 가득히 메우고 있었다. 정원숙은 가한을 만나서 돌궐이 약속을 위반한 것을 따지면서 말했다.

　"당과 돌궐은 원래 사는 풍습이 다릅니다. 그러니 돌궐이 당의 토지를 얻어 봤자 살 수 있는 것이 아닙니다. 지금 가한께서 우리 백성을 약탈해서 돌궐로 데리고 간들, 유목을 모르는 백성들이 무슨 소용이 되겠습니까? 그보다는 군사를 철수하고 화친을 도모하면, 약탈하지 않고도 금은 재화를 얻을 수 있게 됩니다. 이 금은 재화는 모두 가한의 재산이 됩니다. 돌궐인이 오랫동안 즐길 수 있게 될 이런 일을 버리고, 자손 대대로 원수를 만드는 것이 어찌 좋은 일이라 하겠습니까?"

　가한은 그 말이 옳다고 생각하여 기꺼이 군사를 돌렸다. 정원숙은 사선을 넘어 전후 다섯 번이나 돌궐을 왕래해서 그들과의 화의를 성립시켰다.

고조는 두竇 황후皇后를 필두로 비와 부인이 18명이나 있고, 황후와 비빈으로부터 얻은 아들이 22명이며, 딸이 19명이나 되었다. 태자인 이건성은 너그럽고 만사 쉽게 생각하는 성격인 데다 주색과 수렵을 즐겼다. 둘째는 이세민이고, 셋째 아들이 이현패李玄霸인데 어릴 때부터 총명하고 말을 잘했다. 그러나 수의 대업大業 10년인 614년에 열여섯 살의 젊은 나이로 죽었다. 넷째 아들 제왕齊王 원길元吉은 겁과 시샘이 많았다. 모두 두 황후가 낳았는데 형제간이 이처럼 달랐다. 두 황후는 북주北周의 상주국上柱国 두이竇毅와 양양장공주襄陽長公主 사이에 태어난 딸인데, 북주의 무제武帝가 특히 총애해서 궁중에서 자랐다. 많은 귀공자들이 그녀의 미모를 탐내어 구혼해 온 것을 활쏘기로 겨루게 해 이긴 자를 사위로 삼기로 했다. 대문에 공작 두 마리를 그려 놓고, 70보 밖에서 활을 쏘아 공작의 눈을 맞추는 자를 사위로 삼겠다고 선언했는데, 구혼해 온 귀공자들이 두 개의 화살을 번갈아 쏘았으나 아무도 맞추지 못했다. 수십 명이 차례로 나와 겨루다가 마지막에 이연이 나왔다. 그는 화살 두 발을 쏘아 두 마리 공작의 눈에 하나씩 맞추었다. 그래서 그녀가 이연의 아내가 되었다. 그녀는 병든 시어머니를 정성껏 모셨고, 문장을 잘하고, 글씨를 잘 썼다. 그녀는 아들 넷과 딸 하나를 낳고, 45세에 탁군涿郡에서 죽었다.

이세민의 공적과 명성이 나날이 드높아져서 황제는 언제든지 태자를 이세민으로 갈아도 될 일로 생각하고 그런 내색을 자주 보였다. 황태자가 이를 불안하게 여겨 대책을 강구하기 시작했다. 마침 사공司空의 한직으로 물러난 이원길李元吉이 형들을 제치고 황제가 되겠다는 마음을 먹었다. 이원길은 속마음을 숨기고 먼저 태자와 황제의 후궁에 접근했다. 황제의 많은 비빈은 각자 자기의 지위를 확보하려고 앞 다투어 태자와 인연을 맺으려 했다. 이들은 아첨과 추종을 해가면서 모든 수단을 동원해서 황제에게 잘 보이려고 애썼다. 이들이 차차 장안에서 제멋대로 법을 어기고 방자하게 굴게 되었으나, 관리들은 이를 단속하지 못했다. 황태자와 두 왕의 명령이나 교서가 황제의 조서와 함께 수시로 남발되어, 관리들은 누구의 지시에 따라야 할지 갈피를 잡지 못하게 되었다. 황태자나 두 왕이 대궐을 출입할 때에 말을 타고 활과 칼을 지니고 다니니, 장안이 어수선하고 흉흉해졌다. 이세민은 후궁 비빈의 비위를 맞추려 하지 않았으나, 태자와 이원길은 항상 이들을 돌봤기 때문에, 후궁에서는 모두 태자와 이원길을 칭찬하고 진왕 이세민을 헐뜯었다.

이세민이 낙양을 평정하여 황제가 비빈 몇 명을 낙양에 파견해서, 수의 궁인을 선별하고 재물을 검수하는 일을 맡겼다. 비빈들은 이를 기화로 하여 사적으로 이세민에게 부탁하여 재물을 구하거나 친척의 엽관운동을 일삼았다. 이세민이 이들의 청탁을 거절하면서 말했다.

"여기에 있는 보화의 모든 목록을 황제께 올렸습니다. 그리고 관직이란 훌륭한 재주가 있거나 공을 세운 사람이 얻어야 합니다. 아무나 차지할 수 있는 것이 아니지요."

이 바람에 이세민은 더욱 후궁의 비빈으로부터 미움을 사게 되었다.

한번은 이런 일이 있었다. 이세민이 회남왕准南王 이신통李神通의 공적을 인정해서 수십 경頃의 논을 주었다. 그런데 그런 일이 있은 줄 모르는 고조가 총애하는 장비張妃의 청으로 그녀의 아버지에게 같은 땅을 하사하라는 지시를 했다. 그러나 이신통은 이미 자기가 얻은 것을 돌려줄 수 없다고 하여 땅을 내어놓지 않았다. 장비가 고조에게 눈물을 흘리면서 호소했다.

"신첩의 아비에게 주라고 내리신 분부를 진왕이 빼앗아 신통에게 주었습니다. 폐하, 어찌 이런 일이 있을 수 있습니까?"

이 말을 들은 고조가 격노했다. 이세민을 불러 책했다.

"어찌 짐의 말이 네 지시보다 못할 수 있는가?"

얼마 뒤에 고조가 좌복야 배적裴寂에게 말했다.

"세민이 오래 외지에서 싸움만 해왔다. 그동안에 측근의 못된 놈들이 많은 영향을 끼쳐서 아주 다른 사람이 된 것 같군."

또 한 사람의 비인 윤덕비尹德妃의 아버지 아서阿鼠는 오만불손한 사람이었다. 진왕부秦王府의 관리인 두여회杜如晦가 말을 타고 집 앞을 지나가자, 아서의 도당 몇 사람이 두여회를 말에서 끌어내리고 손가락 하나를 부러뜨리면서 욕했다. 사건의 전말을 보고 받은 아서가 이세민이 황제에게 일러바칠 것 같아, 선수를 쳐서 윤덕비로 하여금 고조에게 호소하게 했다.

"진왕의 근시近侍가 신첩의 친정에서 행패를 부렸습니다. 폐하, 처벌해 주소서."

고조는 화가 나서 이세민을 불러 나무랐다.

"네놈의 시종이 우리 윤비의 친정에 가서 행패를 했다고 하는 군. 그러니 백성들에게는 무슨 짓인들 안 하겠는가? 잡아서 엄히 처단하거라."

이세민이 실상을 조사하여 다시 보고하면서 두여회의 일을 변호했으나, 고조는 전혀 귀를 기울이지 않고 계속해서 책망했다.

이세민은 모후가 일찍 별세하는 바람에 고조가 천하를 평정하는 모습을 보지 못했다고 축하연 때마다 눈물을 흘렸다. 고조의 눈에는 이런 이세민의 모습도 마땅치 않았다. 후궁의 비빈은 다시 입을 모아 이세민을 비방했다.

"천하가 평정되어 좋은 세상이 되고 폐하께서도 건장하십니다. 그래서 모두들 태평성세를 즐기려고 하고 있는데, 진왕만이 눈물을 흘리고 있습니다. 아마도 신첩들이 미워서 그러는 것 같습니다. 폐하께서 계실 때에는 괜찮겠지만, 폐하가 천추만세하신 후에는 신첩들 모자를 진왕이 받아주지 않고 죽일 것입니다. 이에 비하여 태자전하께서는 인자하시고 효자이십니다. 폐하께서 신첩들을 전하에게 당부해 주시면 후일에도 별탈이 없을 것으로 생각됩니다. 폐하, 헤아려 주소서."

이들은 눈물을 흘리며 번갈아 가며 호소했다. 차차 고조의 마음이 이세민에게서 떠나고, 태자와 원길에게 기울어지기 시작했다.

하루는 태자중윤太子中允 왕규王珪와 세마洗馬 위징魏徵이 태자를 찾아와서 건의했다.

"진왕의 공적은 천하를 덮고, 많은 사람들이 그를 믿고 따르고 있습니다. 전하께서는 그저 나이가 많다고 동궁에 계십니다만, 천하에 떨칠만한 큰 공이 없으십니다. 이제 유흑달이 패잔병을 모았는데, 병력이 일만이 되지 않고 군량도 모자란다고 합니다. 전하께서 대군으로 임하면, 추풍낙엽처럼 쓸어버릴 수 있습니다. 전하 스스로 공명을 세우고 산동의 호걸들을 초치하면, 전하의 지위는 반석같이 공고해질 것입니다. 어서 황제폐하에게 행군을 청원하소서."

태자의 청원을 고조가 허락했다. 태자가 섬동도대행태陝東道大行台, 산동도행군원수山東道行軍元帥가 되어 하남과 하북의 주州들을 그 산하에 넣어, 유흑달을 치는 토벌군을 인솔하게 되었다. 제왕 이원길李元吉도 위주魏州로 군사를 보내어 유흑달의 아우 유십선劉十善을 격파했다. 그런데 유흑달이 군사를 이끌고 남하하니 상주相州 이북의 여러 주현이 모두 그에게 귀속하게 되었다. 유흑달이 항주恒州를 쳐서 함락시키고 자사刺使를 죽였다. 이원길李元吉은 유흑달의 군사가 강한 것이 두려워, 혼자서는 아예 나가서 싸우려 하지 않았다.

유흑달이 북위주魏州를 공격하고 있는 도중에 태자 이건성이 거느린 대군이 창락昌樂에 도착했다. 위징魏徵이 태자에게 말했다.

"전에 유흑달을 깨뜨렸을 때에 우리를 배반하고 적에 가담했던 장수들을 모두 죽이고 처자를 붙잡았습니다. 그래서 지금 제왕이 반군의 죄를 용서하겠다는 조서가 있다고 말해도 아무도 믿지 않는 것입니다. 이제라도 붙잡아 두었던 처자들을 석방하고 돌려주면 가만히 있어도 적들이 흩어져서 도망칠 것입니다."

태자가 그의 말을 옳다고 여겨 잡아 두었던 역적의 처자를 석방하면서 반군의 죄를 용서할 것임을 다시 선포하니 유흑달의 부하들이 흩어져서 도망치기 시작했다. 유흑달은 성중의 당군이 출격해서 태자의 대군과 안팎으로 협공하는 것이 두려워 밤중에 줄행랑을 쳐 관도館陶까지 도망갔다. 관도에서 강을 건너려고 하니 건널 다리가 아직 공사 중이었다. 배수의 진을 치고 당군을 막는 한편, 다리 건설을 독려했다가, 다리가 완성되어 바로 건너서 서쪽으로 도망치는데, 대부분의 군사들이 건너지 못한 채 붙들려서 무장해제 되었다. 태자의 대군이 다리를 건너 유흑달을 추격했으나, 천여 기가 건넜을 때에 다리가 무너졌다. 그 바람에 유흑달이 겨우 수백 기를 거느리고 도망칠 수 있었다. 태자가 유홍기劉弘基를 시켜서 그를 계속 추격하니 유흑달은 밤낮으로 도망쳐서 요양饒陽에 이르렀을 때 요양 성주가 눈물을 흘리며 나와 맞이하며 성안으로 들어갈 것을 권유했다. 성주는 유흑달의 군졸들에게 식사를 제공했다. 식사가 끝나기도 전에 성주의 군사들이 습격해서 모두 체포해 유흑달을 태자에게 보냈다. 태자는 그를 동생과 함께 낙주에서 참했다.

서쪽의 토욕혼吐谷渾이 여러 번 침공해 온 것을 당군이 물리쳤다. 토욕혼은 5호 16국 시대에 요서遼西의 선비鮮卑 모용부慕容部에서 갈라져 나온 부족으로, 4세기에서 8세기까지 청해靑海 일대를 지배하여 번성했다. 서역 남부 제국을 지배하고, 중국과 서역 사이의 국제무역을 통제하였는데, 그 바람에 교역권을 탐낸 북위, 수, 당의 원정군에 의해 여러 번 토벌되었다가, 중원의 힘이 약해지면 다시 회복해서 이 지역을 지배해 나갔다. 당은 여러 번 공주를 출가시켜 이들을 회유했다.

무덕武德 7년이 되었다. 제왕齊王 이원길이 태자를 보고 진왕 이세민을 없애자고 권했다.

"태자전하께서 직접 칼을 드소서."

그러나 태자는 결심을 하지 못했다. 이세민이 황제를 수행해서 이원길의 집을 방문했다. 이원길은 호군護軍 우문보宇文寶에게 무사들을 인솔해서 집 안에 숨어 있다가 이세민을 공격하게 했다. 그런데 태자가 이를 말렸다. 이원길은 화가 나서 씩씩거렸다.

"이건 다 형님 전하를 위한 일인데. 내게 무슨 득이 있다고."

태자는 장안과 주변에서 용사 2,000명을 모집해 동궁의 위병으로 삼으면서 장림병長林兵이라 호칭을 정했다. 별도로 유주幽州의 연왕燕王 이예李藝에게 사람을 보내어 돌궐의 기병 300기를 얻어 와서 동궁의 경비를 강화했다. 그러나 이를 안 고조가 태자를 문책하여 실무 책임자를 유형에 처했다. 동궁의 숙위宿衞로 있던 양문간楊文幹은 경주도독慶州都督으로 가 있었는데, 워낙 태자와 친한 사이라 장사를 모아 장안으로 보내었다. 고조가 인지궁仁智宮으로 거동하면서 태자에게 장안을 지키게 하고, 이세민과 이원길을 수행하게 했다. 그러자 태자가 이원길에게 이세민을 처치하자고 말했다. 그러면서 양문간에게 갑주를 보내면서 낭장郎將과 교위校尉를 파견했다. 그런데 이들은 태자가 양문간에게 지시해서 함께 거병하려 한다고 고조에게 고했다. 고조가 크게 놀라서, 손수 조서를 써서 태자를 궁으로 불렀다. 태자가 겁을 먹고 주저하는 것을 보고 주부主簿 조홍지趙弘智가 말했다.

"전하, 지금은 거병할 때가 아닙니다. 아랫것들의 옷을 입고, 수행원도 없이 인지궁에 출두해서 죄를 빌어야 합니다. 우선은 그렇게 모면을 하시고 후일을 기하소서."

태자가 조홍지의 권고대로 고조가 있는 궁으로 가기로 했다. 부하 십여 기만 데리고 황제를 알현하면서 땅에 엎드려 절통하게 울며 죄를 빌었다. 정성을 다하여 사죄하는데도 고조의 분노는 풀리지 않았다. 이날 밤, 고조는 태자에게 보리밥을 먹인 뒤, 붙잡아 놓고 궁의 수비를 챙기면서, 사농경司農卿 우문영宇文穎을 보내어 양문간을 소환했다. 이때가 6월이었다. 고조가 군사들을 파견하여 양문간을 치게 하면서 이세민을 불러 상의했다. 이세민이 아뢰었다.

"폐하, 양문간은 보잘것없는 놈입니다. 이런 놈이 미쳐서 역모를 하는 것이니, 이미 잡혔거나 죽임을 당했을 것입니다. 만일 아직 무사하다 하더라도 장수 하나를 보내면 쉽게 토벌할 수 있을 것입니다."

"아니다. 문간의 역모에는 태자가 연관되어 있어서, 호응하는 자가 많을지 모른다. 네가 직접 토벌하는 것이 좋겠다. 토벌한 뒤에 돌아오면 너를 태자로 봉하겠다. 수문제가 자식을 주살했지만, 짐은 그런 짓을 하지 못하겠다. 그러니 태자는 촉왕蜀王으로 봉하도록 하자. 네가 보위에 오른 뒤에는 신하로 삼아 그를 살려주도록 해라. 촉의 병졸은 취약하니, 네 말을 듣지 않더라도 쉽게 다스릴 수 있을 것이다."

고조는 그렇게 말하면서 한숨을 크게 쉬었다.

이세민이 출진한 뒤 이원길과 비빈들이 번갈아 태자의 사면을 청했다. 고조가 마음을 고치고 태자를 도성으로 보내어 유수를 맡게 했다. 7월이 되어 이세민의 군사가 영주寧州에 와서 양문간의 무리들을 궤멸시켰다. 양문간을 부하가 살해하여 그 수급을 보내어 왔다. 그와 함께 우문영도 잡아 주살했다.

무덕 7년 가을에 돌궐의 힐리頡利와 돌리突利 가한可干이 원주原州를 거쳐 관중으로 침공해왔다. 관중에 장마가 계속되어 식량 공급이 끊어지니 군사들은 원정으로 피곤에 지치고, 활이 습기에 젖어서 잘 쓸 수가 없게 되었다. 가한이 만여 기의 기병을 몰고 오롱판五隴阪에 포진했다. 당군의 장졸들이 공포에 떨었다. 이세민이 이원길에게 말했다.

"적군이 왔다고 겁을 먹어서는 안 된다. 너는 나와 함께 가겠는가?"

이원길은 두려움에 떨면서 말했다.

"적의 형세는 저렇게 대단합니다. 어찌 가벼이 출격할 수 있으리오. 만

일에라도 싸움에 지면 후회막급이 될 것입니다."

"네가 출격하지 않는다면, 나 혼자라도 갈 것이다. 너는 여기서 보고 있거라."

이세민이 기병을 몰고 적군의 본진 근처까지 다가가서 큰 소리로 외쳤다.

"우리와 가한은 화의를 맺었다. 어찌하여 화해 약조를 어기고 우리의 영토에 깊숙이 들어왔는가? 나는 진왕이다. 가한이여, 용기가 있으면 혼자 나와 싸우자. 떼를 지어 온다면 여기 있는 백 명으로 상대해 줄 것이다."

힐리는 응하지 않고 웃어넘겼다. 이세민이 더 전진해서 돌리 가한에게 말했다.

"그대는 일찍 우리와 동맹을 맺고, 위급한 때에 서로 도운 사이가 아닌가? 그런데도 이번에는 군사를 끌고 와서 공격하고 있다. 어찌 신전에서 피운 맹서의 향불의 정을 저버리는가?"

돌리 가한 역시 아무 대꾸를 하지 않았다. 이세민이 더 전진해서 개울을 넘으려고 했다. 힐리 가한은 이세민이 가벼이 전진하는 것을 보고, 또 향불 운운하는 말을 듣고, 돌리 가한과 이세민이 결탁한 것으로 의심이 났다. 사자를 보내어 이세민을 말렸다.

"왕이시여. 개울을 건너려 하지 마시오. 우리가 딴 뜻이 없소. 그저 왕과의 맹약을 확인하고 싶었던 것이오."

힐리 가한이 군사를 약간 물렸다. 그러자 지금까지 내리던 부슬비가 점점 세게 내리기 시작했다. 이세민이 부하 장수들을 보고 말했다.

"돌궐이 믿고 있는 것은 활밖에 없다. 지금 비가 점점 심해지니, 활의 애교가 붓고, 활대가 풀려서 힘을 쓰지 못하게 되었다. 이제 이놈들은 날개 꺾인 새가 된 셈이다. 우리는 집안에서 따뜻한 음식을 먹고, 창칼을 갈고 다듬어서 싸울 준비가 다 되어 있다. 그러니 지금이야말로 이길 수 있는 기회가 아니겠는가? 무엇을 더 기다릴 것인가? 바로 진격하자."

밤중에 소리를 죽여서 빗속을 진격하니, 돌궐군이 크게 놀랐다. 이세민이 다시 사자를 파견해서 돌리 가한에게 이해관계를 설득했다. 돌리 가한이 기꺼이 이세민의 설득에 응했다. 힐리는 싸우고 싶었으나 돌리가 이를 말렸다. 마침내 그들은 이세민과 화의를 맺고 물러갔다.

하루는 고조가 성남에서 사냥을 하면서 태자와 진왕, 제왕이 모두 수행했다. 고조가 세 아들에게 각기 제일 잘 다루는 연장을 자랑해 보라고 일렀다. 그러자 태자가 튼실하고 잘 달리는 말을 이세민에게 주면서 말했다.

"이 말은 굉장한 준마로 몇 길의 고랑도 뛰어넘는다. 아우는 승마를 잘하니까, 이 말을 타보도록 하는 것이 좋겠다."

이세민이 이 말을 타고 사슴을 쫓는데, 말이 뛰어오르면서 이세민이 말 등에서 나동그라졌다. 이세민이 몇 번이고 말 등에 다시 오르고 떨어지기를 거듭하다가, 곁에 있던 우문사급宇文士及을 보고 말했다.

"태자가 날 죽일 생각인가? 허나 사생은 천명인걸. 어찌 날 다치게 할 수 있을까?"

여태까지 많은 싸움에 나가서 진두지휘하면서도 한 번도 다친 적이 없었다. 그만큼 그의 운이 좋았다. 그러나 이 말을 들은 태자는 후궁의 비빈을 시켜서 고조에게 참언을 올리게 했다.

"진왕이 말했습니다. 자기에게는 천명이 있다. 천하의 주인이 되기까지 어찌 개죽음을 할 것인가 하고. 이런 무엄한 말이 어디 있습니까? 자기가 천하의 주인이 되겠다고 하니. 금상을 제쳐두고."

고조가 격노했다. 먼저 태자와 이원길을 불렀다. 그리고서 이세민을 불러서 꾸짖었다.

"천자가 되려면 천명이 있어야 하는 것이다. 꾀가 많다고 천자가 될 수 있는 것이 아닌데, 너는 어찌 성급하게 그런 말을 하는가?"

이세민이 관을 벗고 고개를 숙여서 재판에 걸 것을 청했으나 고조의 화는 풀리지 않았다. 분위기가 살벌해지고 있는데, 마침 시종이 들어와서 아뢰었다.

"돌궐이 쳐들어왔습니다, 폐하."

"무어라고? 돌궐이 침공했다고? 어떻게 하면 좋을까? 진왕이 말해보라."

고조가 표정을 고치고, 이세민에게 관을 쓰라고 하면서 대책을 물었다. 이런 일은 모두 이세민이 처리해야 했고, 그런 능력이 그에게는 있었다.

무덕 9년 정월에 주현州縣마다 성벽을 수리하여 돌궐에 대비했다. 고조가 불교와 도교를 탄압하기 시작했다. 태사령太史令 부혁傅奕이 11조로된 상소를 올렸다. 부혁은 관직에 오르기 전에는 천문과 역법曆法을 연구하는 도사였는데 불교 반대론자였다. 무덕 4년에는 수 때에 세운 여러 사찰과 도관道觀을 폐지하고, 낙양에 고승과 비구니 각각 30명씩만 남기고, 나머지 승려와 비구니는 환속시켰다. 무덕 9년의 탄압은 그보다 더 심하여, 40여 년 전의 북주北周의 무제武帝가 탄압했던 것에 버금가는 것이었다. 5월에 고조는 수도의 불교 사찰과 도교 도관이 몹시 더럽고 문란한 것을 비난하는 다음과 같은 요지의 조서를 내려 일대 개혁을 시도했다.

"석가께서 가르치기를 맑고 깨끗하게 지내라고 하셨다. 먼지와 때를 멀리하고 탐욕을 없애라 하셨다. 그런데도 착한 뿌리를 가꾸고 우매한 중생을 깨우쳐서 검약하기는커녕 심신을 가꾸어 나가지 않고, 그저 게으른 자들이 부역을 피하려고 머리를 깎고 출가를 하여, 방자하게 욕심을 탐하는 자가 그치지 않는다. 이런 자들이 마을에 드나들며 재물을 모으고 예법을 문란하게 하며 소란을 피우니, 마치 맑은 물을 흙탕물로 망가뜨리고 있는 것과 같다. 원래 절간이란 깨끗하게 거처해서 고요한 분위기를 갖추어야 하는데도, 근래에는 집을 함부로 지어 사람을 모으니 소란하기 한이 없다. 짐은 이를 고쳐서 원래의 가르침대로 중생에 이익을 주는 불법을 진흥하도록 하려고 한다. 모든 승려와 비구니, 도사 가운데 부지런히 도를 닦고 계율을 지키는 자만이 큰 절이나 도관에 거주하고 의식을 해결할 수 있을 것이다. 그렇지 못한 자는 모두 환속을 시켜라. 경성에 절 세 곳과 도관

두 곳을 남기고, 또 지방의 주에는 하나씩만 두고 나머지는 모두 폐지하도록 하여라."

5월이 되었다. 역관이 와서 태백성이 하늘 높이 솟았다고 아뢰었다. 원래 태백성이 하늘 높이 올라간다는 것은 혁명이 일어나서 황제가 바뀌는 것을 뜻했다. 금성이 서쪽 하늘에 뜨는 것을 태백성太白星이라 했고, 동쪽 하늘에 뜨는 것을 샛별 또는 계명성啓明星이라 했다. 좀처럼 하늘 높이 뜰 수가 없는 별이니, 그런 일이 일어나면 이변이라고 생각했다. 고조는 아들들의 사이가 멀어져서 골이 깊어 가는 것이 몹시 걱정하고 있었는데 이런 역관의 보고를 받고 더욱 수심에 잠겼다.

진왕 이세민과 태자 이건성 그리고 제왕 이원길의 사이에는 이미 깊은 골이 생겼다. 진왕은 낙양을 요지로 생각해서, 만약 변란이 생기면 그곳으로 도망칠 생각으로 심복을 파견해서 지키게 했다. 그러면서 산동의 호걸들과도 내밀히 손을 잡고 금품을 주어 대비하게 했다. 이원길이 진왕과 가까운 장군 장량張亮을 역모로 몰아 잡아서 심문했으나, 장량이 끝까지 승복하지 않아 어쩔 수 없이 그를 낙양으로 돌려보냈다.

태자가 어느 날 밤에 이세민을 불러서 술을 먹여 독살하려고 했다. 이세민은 갑자기 염통에 통증을 느끼고 엄청나게 피를 토했다. 회안왕 이신통이 그를 도와서 서궁西宮으로 모셨다. 고조가 서궁에 행차하여 이세민의 용태를 묻고 태자에게 분부를 내렸다.

"진왕은 원래 술을 못하지 않는가? 이제부터는 밤에 술을 권해서는 안 된다."

그리고서 다시 이세민에게 말했다.

"큰 뜻을 갖고 천하를 평정한 것은 모두 그대의 공적이다. 그래서 짐은 그대를 태자로 삼아 보위를 잇게 하려고 했는데, 그대가 굳이 싫다고 했다. 건성이 나이도 위이고, 태자가 된 지도 오래되었으니 지금 바꿀 수는 없단다. 그런데 너희들 형제는 서로를 포용하지 못하니, 이대로 장안에 함께 살다가는 반드시 싸움이 일어날 것 같다. 그래서 진왕 그대를 낙양에 보내어 동쪽의 주인이 되게 할까 한다. 그대에게 천자의 정기를 세울 것을 명한다. 한의 양효왕梁孝王의 고사를 본뜨거라."

이세민은 고조의 슬하에서 떨어져 멀리 가는 것은 견딜 수 없는 일이라고 말하며 눈물을 흘리면서 못 간다고 읍소했다. 그런데도 고조는 막무가 내였다.

"천하는 한집안이 아닌가? 동서의 두 도성이 멀리 떨어져 있으니, 그대가 동도로 가주어야 하겠다. 번거롭게 굴지를 마라."

이세민이 떠나려고 하는데, 태자가 이원길에게 말했다.

"만일 진왕이 낙양에 간다면, 그는 토지와 군사를 함께 얻는 셈이 된다. 그렇게 되면 우리가 손을 쓸 수 없게 된다. 그보다 장안에 두면 홀몸이라 쉽게 요리할 수 있을 것이다."

이들은 비밀리에 몇 사람을 시켜 고조에게 아뢰게 했다.

"진왕의 시종들은 낙양에 간다는 말을 듣고 크게 기뻐했다고 합니다. 마치 떠나면 다시는 돌아오지 않을 기세로 보였습니다."

이들은 고조의 시종들에게 손을 써서 진왕이 낙양으로 떠나면 문제가 생긴다고 거듭 아뢰게 해, 결국 고조가 변심해서 진왕에게 내린 분부를 거두어들였다.

태자와 이원길은 후궁의 비빈들과 짜고 밤낮으로 이세민을 참소했다. 고조가 이들의 말을 믿고 이세민을 벌하려 하자 진숙달陳叔達이 말렸다.

"진왕은 천하에 큰 공이 있습니다. 처벌하셔서는 안 됩니다. 그리고 진왕은 성격이 강직하고 격렬합니다. 억압하면 화병이 생길 우려가 있습니다. 그렇게 되면 소중한 분을 잃게 됩니다. 그때 가서 후회하셔도 소용이 없을 것입니다."

이원길이 가만히 진왕을 죽이라고 청했다. 그러자 고조가 말했다.

"진왕에게는 천하평정의 공적이 있는 데다 죄상이 분명하지 않은데, 무슨 구실로 그를 죽일 것인가?"

이원길이 답했다.

"진왕은 동도를 평정하자 돌아오려고 하지 않고, 재물을 산포해서 사사로이 은혜를 베풀었습니다. 게다가 칙명을 거역했으니, 역모를 했다고 할 수 있지 않습니까? 불문곡직하고 죽이십시오. 어찌 죽일 핑계가 없다고 걱정하십니까?"

진왕부의 막료들은 걱정만 하지 어찌 할 줄을 몰랐다. 행태고공랑중行台考功郎中 방현령房玄齡이 비부랑중比部郎中 장손무기長孫無忌에게 말했다.

"이미 틈이 벌어져 버렸어. 일단 화가 터지면, 조정에 혼란이 일어나는 정도로는 그치지 않고, 사직이 무너질 지경에 이른다. 이를 막기 위해서 주공周公의 예에 따라 국가를 안정시켜야 한다고 진왕에게 권해 드려야 하겠다. 국가 존망의 일이 오늘에 달려 있다."

장손무기도 말했다.

"나도 전부터 그렇게 생각하고 있었는데 차마 입에 올리지 못했다. 지금 그대가 한 말은 바로 내 마음과 같다. 함께 건의하자."

두 사람은 진왕에게 가서 말했다.

"대왕의 공적은 천지를 덮습니다. 대업을 잇는 것이 당연합니다. 오늘의 위기를 모면하는 일에 하늘도 도울 것입니다. 결코 의심해서 우유부단하셔서는 안 됩니다."

마침 진왕부에 있던 두여회杜如晦도 태자와 이원길을 주살하도록 이세민에게 권했다.

태자와 이원길은 진왕부에 좋은 장수들이 많은 것을 우려해, 자기편으로 만들려고 좌이호군左二護軍 위지경덕尉遲敬德에게 금은보화 한 수레를 보내면서 글을 보내어 일렀다.

"대인께서 우리와 운명을 함께하시지 않겠습니까?"

경덕이 이를 거절하면서 이세민에게 일러바쳤다. 이원길이 경덕을 죽이려고 자객을 보냈다가 실패하자, 다시 역모로 몰아 심문하여 죽이려고 하는 것을 이세민이 황제에게 직소해서 구출해냈다. 위지경덕 이외에도 이세민의 측근 여럿을 모함해 좌천시켜서, 이세민의 측근을 하나하나 제거해 나갔다. 태자가 이원길에게 말했다.

"진왕부의 참모들로 이제 남은 것은 방현령과 두여회뿐이다. 이놈들도 황제께 말씀드려 쫓아내도록 하자."

마침내 두 사람도 참언으로 진왕의 천책부天策府에서 쫓겨나게 되었다. 이제는 이세민의 곁에 심복으로 남은 것은 장손무기長孫無忌와 그의 장인인 고사렴高士廉, 그리고 후군집侯君集, 위지경덕尉遲敬德 등의 장수들뿐이었다. 이들은 매일 같이 이세민에게 태자와 제왕 이원길을 주살하라고 권했다. 이세민은 차마 결단하지 못하여 영주대도독靈州大都督 이정李靖과 이세적李世勣에게 상의했으나 이들은 가타부타 답을 하지 않았다. 마침 돌궐의 군사 수만 기가 하남河南에 다시 침투해서 오성烏城을 포위했다. 태자가 이원길을 이세민 대신으로 군사를 몰고 이를 치도록 칙명을 내리시라고 고조에게 주상했다. 고조가 이원길에게 오성 구원을 지시하니 이원길은 천책부의 정예 군사와 장수들을 자기의 군사에 편입할 것을 주청했다. 솔경승率更丞 왕질王晊이 이세민에게 밀고했다.

"태자께서 제왕齊王에게 말씀하셨습니다. '지금 그대가 진왕秦王의 용장과 정병을 얻어 수만의 대군을 거느리게 되었다. 내가 진왕과 함께 곤밍지昆明池에서 그대를 송별할 것인데, 그때에 수하의 장사로 진왕을 죽여라. 그러고는 진왕이 급사했다고 주장하면, 주상께서도 믿으실 수밖에 없을 것이다. 그러면 내가 국사를 맡을 수 있도록 대신들로 하여금 주청하게 할 것이다. 이미 위지경덕 같은 장수들이 그대의 수중에 있으니, 말을 듣지 않으면 모두 생매장 해버려도 누가 탓할 수 있을 것인가?' 하셨답니다."

이세민이 왕질의 말을 장손무기들에게 전했다. 무기가 선수를 치자고 했으나, 이세민은 하늘을 우러러 장탄식을 하면서 말했다.

"골육간에 죽이는 일은 고금의 대악이다. 나는 화가 바로 코밑에 와 닿은 것을 알고 있지만, 먼저 그들이 일을 저지르는 것을 기다리겠다. 그런 뒤에 의로써 이를 치자. 그게 좋을 것 같다."

위지경덕尉遲敬德이 말했다.

"죽음을 좋아하는 사람은 없습니다. 지금 사람들이 대왕에게 목숨을 맡기고 있는데, 이는 하늘의 뜻을 받든 것이라 할 수 있습니다. 화가 닥치려고 하는데, 대왕께서는 아직도 한가로이 걱정만 하고 계십니다. 대왕께서 자신을 가볍게 생각하고 계십니다만, 그렇게 되면 사직은 어찌됩니까? 대왕께서 소신의 말을 듣지 않으시면, 소신은 쥐새끼처럼 풀숲에 숨어 대왕의 좌우에서 모실 수도 없이 앉아서 당하게 됩니다."

장손무기長孫無忌도 나서서 말했다.

"경덕의 말을 듣지 않으시면 망하고 맙니다. 경덕이나 소신 무기도 대왕을 모실 수 없게 됩니다."

"내 생각도 무리한 것이 아니지 않은가? 공들은 다시 잘 생각해 보아라."

이세민의 변함없는 말에 경덕이 말했다.

"대왕의 말씀은 가당치 않습니다. 어려움을 당하면서 결단을 하지 않는다는 것은 용기가 없는 탓입니다. 그리고 대왕께서 길러 오신 용사 800여 명은 지금 모두 궁정에 들어가서 무장해 있습니다. 궐기 태세가 이미 갖추어졌는데, 무엇을 이처럼 주저하고 계십니까? 대왕전하."

이세민이 천책부로 갔더니 막료들이 입을 모아 말했다.

"제왕은 흉포하고 간사해서 아우로 둘 수가 없는 자입니다. 아직 천하를 정하지 못했는데도, 이미 태자마저 죽인 것처럼 생각하고 있답니다. 현명하신 대왕께서 두 사람을 처치하는 것은 여반장인데, 어찌 필부의 절의에 끌려서 사직의 장래를 그르치시는 것입니까?"

이세민이 그래도 마음을 정하지 못하니 한 장수가 다시 말했다.

"대왕전하, 순舜 임금이 어떤 분인 것 같습니까?"

"성인聖人이시지."

"순 임금이 파놓은 우물에서 나오지 않았다면, 우물 안의 뻘이 되었을 것입니다. 불이 난 곳간에서 내려오지 않았다면, 곳간 위에서 재가 되었을 것입니다. 그랬다면 천하의 주인으로 뽑혀서 후세에 법규를 남길 수가 있었겠습니까? 순 임금은 아버지의 작은 매는 맞아도 몽둥이로 칠 때에는 도망쳤습니다. 그건 살아 있어야만 큰일을 할 수 있기 때문입니다. 대왕전하께서도 순 임금처럼 큰 화를 피하도록 하셔야 합니다."

드디어 이세민이 마음을 정했다. 이세민이 남몰래 방현령을 데리고 오라고 지시했다. 그런데 이세민이 보낸 사람을 보고 방현령이 말했다.

"칙명으로 대왕을 모시는 것이 금지되었다. 만일 지금 사적으로 대왕을 알현하면, 사형을 당하게 될 것이다. 그래서 오라고 하셔도 그 말씀을 받들지 못하겠다고 보고 드려라."

보고를 들은 이세민이 크게 화를 내면서 위지경덕에게 다시 명령했다.

"어찌 현령과 여회가 나를 배반하는가? 이 칼을 갖고 가서 끝내 말을 듣지 않으면 그 목을 베어 오너라."

위지경덕이 장손무기長孫無忌와 함께 다시 찾아가서 타일렀다.

"대왕전하께서 결심하셨다. 공들은 즉시 천책부에 나가 함께 일을 도모하자. 우리 넷이 함께 가는 것은 위험하니 따로 가자."

방현령과 두여회가 도복을 입고 장손무기를 따라 천책부로 갔다. 위지경덕은 딴 길을 택해 돌아갔다.

태백성이 다시 하늘 높이 솟았다고 역관이 고조에게 글을 올렸다.

"태백성이 진秦의 지역에 보입니다. 아마, 진왕이 천하를 얻게 되는 징조일 것입니다."

고조가 그 장계를 진왕 이세민에게 주었다. 그러자 이세민이 태자와 제왕 원길이 후궁을 더럽히고 있다고 아뢰면서 말했다.

"신은 형제에 대하여 모함한 적이 추호도 없습니다. 그런데 이 사람들은 신을 왕세충王世充이나 두건덕竇建德 같은 역도들을 대하듯 하고 있습니다. 신이 지금 죽임을 당하면 군신이 영원히 어긋난 채로 혼백이 저승으로 가더라도, 이미 죽임을 당한 역도들을 대하기가 부끄럽게 될 것입니다."

고조가 그 말을 듣고 놀라면서 일렀다.

"내일, 그들을 힐문하리라. 그대는 먼저 입궐해 있도록 하라."

이에 이세민이 장손무기들을 인솔하여 입조해서 현무문玄武門에 군사를 묻었다. 장비張妃가 이를 알고 태자에게 미리 전했다. 태자가 제왕 이원길을 불러 협의하니 이원길이 말했다.

"동궁의 군사를 동원하고, 병이 났다고 하며 입궐하지 말고 형세를 관망해 봅시다."

태자가 말했다.

"군사는 충분히 동원했다. 아우여, 함께 입궐해서 직접 알아보도록 하자."

이들이 함께 입궐해서 현무문을 향했다. 이때에 고조는 배적裴寂, 소우蕭禹, 진숙달陳叔達들을 불러들여 협의하고 있었다. 태자와 제왕 이원길이 임호전臨湖殿에 들어왔다가, 수상한 분위기를 알고 동궁을 향하여 말머리를 돌렸다. 이세민이 그들을 부르자, 이원길이 활로 이세민을 쏘았다. 여러 번을 쏘았으나 맞지 않는데, 이세민이 되쏜 화살에 맞아 태자가 쓰러졌다. 위지경덕이 70기를 거느리고 도망치는 이원길을 쫓았다. 여러 무사들이 이원길을 쏘아 말에서 떨어뜨렸다. 이세민의 말이 길을 어긋나서 숲 속으로 달리다가 나뭇가지에 부닥쳐서 이세민이 낙마하여 얼마 동안을 일어나지 못했다. 그러자 이원길이 달려들어 이세민의 활을 빼앗아 목을 졸랐다. 위지경덕이 급히 달려와서 고함을 지르며 이원길을 밀쳤다. 이원길은 무덕전武德殿으로 도망쳐 들어가다가 경덕의 화살을 맞아 죽었다. 급보에 접한 동궁과 제왕부의 정병 2,000을 이끈 장수들이 현무문에 달려왔으나, 괴력을 지닌 장공근張公謹이 문을 잠그고, 이들이 대궐 안으로 들어가는 길을 한사코 막았다. 태자의 숙위병을 장악하고 현무문에 주둔하고 있던 장군 경군홍敬君弘이 형세를 보고 군사가 모이면 싸우자는 주변의 만류를 무릅쓰고, 큰 소리를 지르며 돌격했다가 중랑장과 함께 전사하고 말았다. 동궁부의 병사들이 천책부를 공격하라는 지시를 받고 주저하고 있는데, 위지경덕이 태자와 이원길의 목을 높이 들어 보이며 항복을 권해 모두 무기를 버렸다. 고조가 연못에 배를 띄우고 있는데, 이세민이 위지경덕을 보내어 호위를 서게 했다. 경덕이 창을 들고 고조에게 다가왔다. 고조가 크게 놀라 물었다.

"오늘 누가 난을 일으켰는가? 경은 어찌 이곳에 왔는가?"

"태자와 제왕 이원길이 난을 일으켰습니다. 진왕이 거병해서 이들을 주살했습니다. 폐하께서 놀라시지 않을까 해서, 진왕께서 소신을 이 곳에 보내어 폐하를 지키게 하셨습니다."

고조가 배적과 소우들에게 말했다.

"어쩌다가 이런 지경이 되었는가? 어찌하면 좋을까?"

소우와 진숙달이 아뢰었다.

"이건성과 이원길은 원래 폐하의 거사에 크게 참여한 바가 없습니다. 그래서 천하를 평정하는 일에 별 공적이 없었습니다. 진왕의 공적이 워낙 높아 사람들의 기대가 커진 것을 보고 두 사람이 나쁜 음모를 했던 것입니다. 지금 진왕 스스로 이를 쳐서 주살했습니다. 진왕의 공적은 세상을 덮고 미래 영구히 빛납니다. 민심도 모두 그분에게 귀순하고 있습니다. 폐하께서는 진왕을 태자로 책봉하시고, 국사를 맡기시면 일은 모두 제자리로 돌아가게 될 것입니다."

"좋은지고. 이야말로 짐의 숙원이로다."

고조가 말했다.

이때까지도 동궁과 천책부의 군사들은 싸움을 그만두지 못하고 있었다. 위지경덕이 황제의 조서를 얻어서 모든 군사들이 진왕의 지휘를 받도록 알리자고 아뢰었다. 고조의 윤허로 천책부 사마司馬 우문사급宇文士及이 칙서를 보이니 모두 싸움을 그만두고 조용해졌다. 고조가 다시 황문시랑黃門侍郎 배구裴矩를 동궁에 보내어 동궁의 장병들을 타일러서 해산하게 했다. 고조가 이세민을 불러내어 몸을 어루만지면서 말했다.

"최근에는 정권을 내어 던지고 싶은 적이 여러 번 있었다."

그 소리를 들은 이세민은 무릎을 꿇은 채 고조를 붙잡고 오랫동안 통곡했다. 이어서 이건성의 아이들과 이원길의 아이들이 모두 주살되고 왕적王籍에서 삭제되었다. 여러 장수들이 이건성과 이원길의 측근 백여 명을 모두 삭탈관직해서 죽일 것을 권했으나, 위지경덕이 한사코 말렸다.

"죄는 두 사람의 원흉에 있고, 죄인들은 이미 주살되었다. 졸개들까지 처벌하는 것은 좋은 일이 아니다."

같은 날에 조서가 내려 천하에 대사령이 선포되고, 이세민이 황태자로 책봉되었다. 흉악죄는 이건성과 이원길에게만 해당하게 하고, 다른 무리들의 죄는 일절 묻지 않게 했다. 동궁과 제왕부에 있던 승려, 비구니, 도사들은 원상으로 복귀하게 하고, 국사를 진왕이 관장하게 되었다. 이번 일에 공적이 있던 신하들은 모두 승진을 하는데, 특히 이원길의 금박 집기는 모두 위지경덕에게 하사했다.

세마로 태자 이건성을 모시고 있던 위징魏徵이 진왕을 제거하라고 항상 태자에게 권하고 있었는데, 태자가 패배하자 이세민이 그를 불러 따졌다.

"너는 어찌하여 우리 형제를 이간질했느냐?"

모두들 위징의 목숨이 위태로울 것으로 걱정했는데, 위징은 태연한 태도로 말했다.

"그때, 태자가 제가 말한 대로 했더라면, 이번과 같은 화는 입지 않았을 것입니다."

이세민은 원래 위징의 재주를 인정하고 있었다. 그는 태도를 고쳐서 예절을 갖추며 위징에게 부탁했다.

"그대가 동궁에 있었으니, 상전을 위해 충의를 다한 것이 어찌 죄가 되겠소. 첨사주부詹事主簿가 되어 측근에서 과인을 도와주시오."

첨사주부는 정8품으로 비서 역할을 하는 직위였다. 위징은 그 뒤로 간의대부諫議大夫, 문하시중門下侍中, 좌광록대부左光禄大夫를 두루 거치면서 정국공鄭国公으로 책봉될 정도로 중용되었다.

이세민은 이렇게 자기를 죽이려던 반대당의 사람까지도 그 재능과 절개를 높이 사서 중용하는 도량이 있었다. 이세민이 금원禁苑에서 사람들이 사냥할 수 있게 하고, 사방에서의 공물 상납을 중지시켰다. 그와 함께 여러 관료들로부터 정치하는 법을 듣고, 정령을 간결하게 만들었기 때문에 안팎이 모두 좋아했다.

6. 정관貞觀의 치治

무덕武德 9년 8월에 고조가 황제의 자리를 태자 이세민에게 양위하겠다고 말했다. 태자가 고사했으나 고조는 칙명을 거두어들이지 않았다. 마침내 동궁의 현덕전顯德殿에서 태자가 황제로 등극하여 연호를 정관貞觀으로 고치고, 사면령을 선포했다. 무덕 원년 이래로 유배된 자를 모두 사면하고, 문무관 가운데 5품 이상으로 작위가 없는 자에게는 작위爵位를 내리고, 6품 이하의 사람에게는 훈위勳位를 주었다. 새로 등극한 황제는 관내関内와 중앙의 6개 주에 2년간, 다른 주에 1년간의 조세를 면제했다. 이 황제는 시호가 태종太宗이라 해서 당唐 제일의 명군으로 후세에 이름을 남겼다.

태종은 많은 일을 처리하면서 황후와 신하들과 먼저 상의하려고 했다. 그는 궁실에 들어온 궁녀들의 처지를 가엾게 여겨서 다음과 같은 조서를 내렸다.

"궁녀가 많은데, 그녀들이 평생을 대궐에 갇혀 살게 되는 것은 정말로 딱한 일이다. 이제부터는 친정으로 돌아가고 싶은 사람은 자유롭게 나가도 되게 하여라."

이 조서에 따라 궁을 나간 궁녀가 3,000여 명이나 되었다. 태종이 장손 씨長孫氏를 황후로 삼았는데 황후는 어릴 때부터 독서를 즐기고 예법을 숭 상했었다. 그녀는 태종이 진왕秦王으로 있을 때에도 고조高祖를 잘 모시 고, 궁 내외를 잘 다루어 크게 내조를 했다. 중전이 되면서도 검약을 제일 로 삼아, 사치와 낭비를 삼가서 크게 칭송을 받았다. 태종이 상벌을 논의 하면서 황후와 상의하자, 황후가 머리를 가로저으며 말했다.

"암탉이 울면 집안이 망합니다. 소첩은 여자입니다. 어찌 정치에 간여 하겠습니까?"

태종이 거듭 권해도 그녀는 머리를 저으며 전혀 응하지 않았다.

힐리頡利와 돌리突利의 두 가한可干이 징주涇州를 거쳐 무공武功으로 쳐들어와서 수도 일원에 계엄령이 선포되었다. 이들이 고릉高陵에 이른 것 을 행군총관行軍總管 위지경덕尉遲敬德이 경양涇陽에서 맞아 크게 파하고 천여 급의 머리를 베었다. 다시 힐리가 위수渭水에 나타나자, 태종太宗이 친히 여섯 기의 기병을 거느리고 나가서 나루를 사이에 두고 힐리를 나무 랐다.

"어찌하여 가한은 또다시 약속을 어기고 침범해 왔는가? 어서 물러가 지 못할까? 우리 당군의 힘을 당해낼 수 있을 것인가? 저기를 보아라."

태종이 가리키는 곳에 수만의 당군이 구름처럼 몰려왔다. 힐리가 이 를 보고 크게 놀라, 스스로 화의를 청했다. 태종이 이를 허락하고 바로 환 궁했다. 얼마 뒤에 편교便橋에서 흰 말을 베어 영원한 평화를 맹서하게 했다. 돌궐이 물러가면서 말 3,000마리와 양 일만 마리를 헌납하려 했으나 태종은 이를 받지 않았다.

9월에 태종이 현덕전顯德殿의 뜰에서 친위 부대원으로 하여금 무예 훈련을 하도록 시켰다. 태종이 말했다.

"자고로 돌궐과 우리나라는 번갈아 이기고 졌다. 만약 황제黃帝께서 오병五兵을 잘 쓰셨더라면 북쪽의 오랑캐를 능히 축출할 수 있었을 것이다. 이는 주周, 한漢 때에도 마찬가지였다. 수隋 때가 되어서 군사들이 평소에 무예를 연마하지 않아, 돌궐의 침입을 막지 못하고, 우리 백성이 도탄에 빠지게 되었다. 변경이 조용해지면 사람들은 전쟁을 잊고, 제멋대로 놀고 즐기려고만 하기 쉽다. 그러다가 보면 서쪽과 북쪽의 오랑캐를 당하지 못하게 된다. 짐이 지금 너희들을 연못이나 파고 정원을 가꾸는 일에 부리지 않고, 활을 쏘는 일을 배우게 하고 있다. 돌궐이 쳐들어와도 너희들을 장수로 삼아 격퇴하여 우리 백성이 마음을 놓고 살게 하려는 것이다."

한주자사韓州刺史 봉동인封同人이 궁정에서 일어나는 일이 걱정되어 급히 상경해서 황제를 간했다.

"폐하, 이런 일은 없습니다. 부디 궁 안에서의 훈련은 그만 두소서."

태종太宗이 말했다.

"무슨 소린가? 임금은 모든 백성을 가족으로 생각한다. 짐의 백성은 모두 짐에게 복종해서 충성을 다하는 적자赤子들이다. 어찌 짐을 지키는 위병들을 의심하겠는가?"

황제는 더욱 무사들의 훈련을 장려하고, 이들 가운데 특히 우수한 성적을 올리는 자에게 활과 보검 그리고 비단을 주어 크게 포상하고 공이 많은 장수들은 진급으로 보답했다. 몇 년이 지나지 않아, 각 부대의 장병들이 모두 정예가 되었다.

태종이 장손무기長孫無忌를 제국공齊國公, 방현령房玄齡을 형국공邢國公, 위지경덕尉遲敬德을 오국공吳國公, 두여회杜如晦를 채국공蔡國公으로 각각 봉하면서 조회에서 말했다.

"짐이 경들에게 서훈과 포상을 하는데 빠진 것이 있을지 모른다. 각자 말해 보아라."

그러자 여러 신하들이 앞 다투어 공적을 아뢰느라 떠들썩해졌다. 회안왕淮安王 이신통李神通이 말했다.

"신은 선제폐하께서 거병을 하실 때에, 관서關西에서 군사를 이끌고 누구보다도 먼저 달려왔는데, 이제 보니 글재주만 부리고 문서나 만지던 방현령이나 두여회보다 작위가 아래입니다. 도저히 납득할 수가 없습니다. 어찌 이처럼 신의 무공을 홀대하십니까?"

"숙부는 맨 먼저 달려왔지만, 그것은 자기의 잘못을 면하려는 행동이었소. 두건덕竇建德이 산동을 점령했을 때에 숙부의 군사는 전멸했소. 유혹달劉黑闥이 잔당을 모아 다시 쳐들어 왔을 때에도, 숙부는 누구보다도 먼저 도망쳤소. 방현령 등은 전략을 세우고 계책을 강구하여 본진에 앉아 있으면서도 사직을 편안하게 만들었소. 그러니 논공행상으로 말한다면 숙부의 위에 서는 것이 당연하오. 숙부는 나라의 지친至親이라 짐도 육친의 정을 금할 수 없소만, 사사로운 정으로 공신과 같은 상을 줄 수는 없는 일이오."

태종의 말을 들은 여러 신하들이 서로를 돌아보며 두런거렸다.

"폐하는 정말 공정한 분이시다. 회안왕에 대해서도 지친이라고 역성들지 않았다. 우리들에게도 반드시 응분의 포상이 있을 것이다."

"오랜 옛날부터 진왕부秦王府에 근무하면서 폐하를 모시고 온 사람들이 승진하지 못했다고 원성이 자자합니다. 특별한 배려가 있으셔야 할 것입니다."

방현령이 권했다.

"무슨 소린가. 임금이 공평무사하니까 천하의 민심이 따라오는 것이다. 짐이나 경들이 매일 소비하고 있는 옷과 음식은 모두 백성이 대어준 것이다. 그런 이치에서 보면 관직을 설치하여 백성을 위한 정무를 보게 하는 일에는 항상 우수한 인재를 먼저 등용해야 하는 법이다. 어찌 선후배로 자리를 정할 수가 있는가? 신참이 현명하고 고참이 불초한데도, 어찌 신참을 버리고 고참을 쓸 수 있겠는가? 그런 이치도 깨닫지 못하고 불평을 하고 원망을 하는 것은 정치의 정도가 아니다."

태종의 인재 등용 원칙은 흔들림이 없었다.

태종은 폐 태자 건성과 제왕 원길을 다시 왕으로 봉하고, 장사를 치르게 하면서 슬프게 통곡했다. 위징魏徵을 비롯한 폐 태자와 제왕의 구신들이 묘소까지 배송하는 것을 허락했다. 뜻이 달라 상극을 한 일이 끝내 마음에 걸렸기 때문이었다. 모든 것을 용서하는 마당에 고인이 된 형제들을 극진히 대하지 않을 연유가 없었다.

"짐에게 호소하는 글이 많을 때에는 출입하면서도 읽을 수 있게 벽에 붙여두라고 했다. 정치를 하는 일에 골몰하다가 보면 심야까지 일어나 있을 수도 있는 법이다. 모든 관료들은 짐의 이런 뜻에 맞게 각자의 직무를 다하도록 해주기 바란다."

태종이 상서尚書들에게 그런 말을 하면서 어떤 때에는 침소에까지 위징魏徵을 불러들여 정책의 득실을 따졌다. 그때마다 위징이 아는 대로 숨기지 않고 즉답을 하니, 태종은 크게 기뻐하며 그의 말을 잘 따랐다.

돌궐의 힐리頡利 가한이 잡혀온 것을 보고 상황上皇 고조高祖가 탄성을 올렸다.

"한의 고조高祖 유방劉邦도 북쪽의 오랑캐에 당한 것을 보복하지 못했는데, 짐의 아들이 돌궐을 멸망시켰다. 이젠 나라의 장래에 대한 걱정이 없어졌다."

기쁨에 찬 상황이 태종과 고관 십여 명 그리고 여러 왕과 비빈을 불러 능연각凌煙閣에서 연회를 열었다. 주연이 도도해지면서 상황이 몸소 비파를 연주했다. 태종이 일어나서 곡에 따라 춤을 추고, 공경들이 교대로 일어나서 흥을 돋우었다. 밤이 늦도록 군신이 함께 즐겼다. 돌궐이 멸망하여 부족들이 사방으로 흩어졌는데, 당에 항복한 자도 십만 명이 넘었다. 여러 신하들이 이들을 처리하는 일에 대하여 논의했다. 하남河南의 변경에 분산시키고 새북塞北을 비우자는 주장을 하는 자가 있는가 하면, 부족별로 추장을 두어 하북河北에 나누어 살게 하자는 자도 있었다. 어떤 자는 이들에게 왕후의 칭호를 내리고, 종실의 여자를 출가시켜 그들의 환심을 사자고 했다. 그리하여 그들이 다시는 가한의 아래에 뭉치지 않게 하면 통제하기가 쉬워진다는 주장이었다. 위징의 제안은 더욱 강경했다.

"돌궐은 대대로 침입해 와서 도적질을 일삼아 백성들의 원성이 잦았는데, 다행히 이번에 멸망하게 되었습니다. 항복해온 그들을 폐하께서 죽여 없앨 수가 없으시다면, 이들을 모두 원래 살던 땅으로 돌려보내는 것이 좋을 것입니다. 결코 우리나라에 들어와서 살게 해서는 안 됩니다. 이런 야만족은 인면수심입니다. 약하면 항복하지만, 강해지면 모반을 하는 것이 그들의 습성입니다. 지금 항복한 자가 10만에 가까운데, 금시에 배가 되어 반드시 심복의 우환이 될 것입니다. 진晉나라 초에 이런 오랑캐들을 중국 땅에 섞여 살게 했습니다. 진무제晉武帝의 신하들이 오랑캐들을 새외에 쫓아버려서 난리의 싹을 자르자고 권했으나 무제가 듣지 않았지요. 그 바람에 그 뒤 20여 년간 털가죽으로 옷을 지어 입고 다니는 놈들이 경사에 행세했지 않습니까?"

그런데 온언박溫彦博의 의견은 달랐다.

"무릇 왕자의 도는 만물을 대함에 있어 하늘을 덮고 땅 위에 두어서 남기는 것이 없어야 한다고 했습니다. 지금 돌궐이 곤경에 빠져서 우리에게 귀순한 것을 어찌 버릴 수가 있겠습니까? 공자님도 말씀하셨습니다. '가르침에 차이가 있을 뿐, 인종에 차이가 없는 법이다'라고. 만약 이들을 죽음의 나락에서 건져서 생업을 주고, 예악을 가르치면 몇 년이 되지 않아 모두 우리의 백성이 될 것입니다. 그 추장을 뽑아 숙위宿衛에 넣으면, 폐하의 위엄을 두려워하면서 은덕을 고마워해서 따르게 될 것입니다. 어찌 뒷날에 우환이 될 수 있겠습니까?”

태종이 온언박의 건의를 받아들여서 항복한 돌궐을 동쪽의 유주幽州에서 서쪽의 영주靈州에 이르는 땅에 살게 했다. 그리고 돌리突利가 관할하던 지역을 4개 주로 분할하여 도독부都督府를 설치했다. 그리고 힐리頡利의 땅은 6주로 분할하여 정양定襄 도독부와 운중雲中 도독부로 나누어 주민을 통괄하게 했다. 돌리를 순주順州 도독으로 삼으면서, 태종이 말했다.

“그대의 조부가 수隋로 도망왔을 때에 수는 그를 대가한大可汗으로 삼아 북쪽의 황야를 주었다. 그런데도 그대의 조부는 수에 복종하지 않고 도리어 수의 우환이 되었다. 이제 그대를 도독으로 명하니, 부디 중국의 법을 지키고 침략해서는 안 된다. 그러면 중국이 오래 평안해질 뿐만 아니라, 그대의 종족 또한 영원히 살아남을 수 있을 것이다.”

태종은 돌리만이 아니라, 힐리의 아래에 있던 여러 추장들도 도독이나 중랑장으로 삼아 조정에 나오게 해서 5품 이상에 속한 자가 백여 명이 되었다. 그 바람에 만 가구 가까운 돌궐인이 장안에 입주하게 되었다.

태종이 다시 조서를 내어 관리와 그 부인들의 복색을 정했다. 이전까지는 관위에 따라서 복색에 차이가 없었는데, 이때부터 3품 이상은 자줏빛, 4품과 5품은 붉은색, 6품과 7품은 녹색, 8품은 청색으로 복색을 통일하고, 부인들도 남편과 같은 색을 입게 했다.

위징 외에도 태종에게 직언을 서슴지 않던 신하가 많았다. 태종은 이들의 말을 경청하고 측근에 자주 등용했다. 유주幽州의 중서성中書省에 있던 장온고張蘊古는 대보잠大寶箴을 작성하여 올렸다. 조정에서 지켜야 할 잠언을 적은 것이었다. 장온고는 이 잠언집을 만든 공으로 크게 포상을 받고, 종6품의 대리승大理丞에 임명되어 최고 법원인 대리사大理寺를 맡게 되었다. 잠언 가운데 몇 가지를 들어본다.

"거성을 화려한 구중 궁궐로 만들어 보았자, 무릎을 넣을 만큼의 자리 밖에 필요하지 않다. 그런데도 멍청하고 도리를 모르는 자는 누대나 궁실을 멋진 금은보화로 꾸미고 있다. 눈앞에 진수성찬을 차려도 배에 찰 정도 밖에 먹지 못한다. 그러나 광란에 빠져 눈이 먼 폭군은 술지게미로 언덕을 만들고, 술로 연못을 채운다."

"깜깜하여 어두워도 안 되지만, 너무 밝혀서 트집만 잡으면서 자기가 명석하다고 자랑해서도 안 된다. 군주의 관에는 그 명석함을 덮어서 감추기 위해 앞뒤로 끈이 달려 있는데, 형태가 분명하게 드러나기 전에 사물을 알아보아야 한다. 또한 노란 솜을 뭉쳐서 관의 양 귀에 걸어 귀를 막고 있는데, 사람의 말소리가 나오기 전에 잘 들을 수 있도록 해야 한다는 뜻이다."

정관貞觀 원년에는 관중에 기근이 들고, 2년에는 황재蝗災가 그리고 3년에는 홍수가 일어났다. 한때에는 쌀 한 말의 값이 비단 한 필에 맞먹었다. 민중의 살림이 궁핍하게 되었으나, 태종이 백성을 부지런히 보살피고 구휼을 했기 때문에 원망하는 사람이 없었다. 식량을 찾아서 백성을 동서로 이동시켰으나 다시 대풍년이 되자 유랑민들이 향리로 돌아왔다. 그 뒤로는 외출할 때에도 문을 잠그지 않았고, 여행할 때에도 식량을 갖고 가지 않았으며, 길에 떨어진 것을 줍는 사람이 없어질 정도로 나라 안이 평안해졌다.

방현령房玄齡이 아뢰었다.
"국고의 무기나 병졸은 수 시대보다 훨씬 증강되었습니다."
이 말을 받아서 태종이 말했다.
"무기나 병졸을 증강하는 일은 실로 소홀히 할 수 없는 일이다. 그러나 수양제隋煬帝의 군사가 적지 않았는데도 천하를 잃었다. 중요한 것은 백성들의 지지이다. 공들이 힘을 다하여 백성을 안락하게 한다면, 그것이야말로 우리의 가장 큰 방위력이 될 것이다."

정관 3년 2월에 방현령을 좌복야左僕射로, 두여회杜如晦를 우복야右僕射로, 상서우승尚書右丞 위징을 수비서감守秘書監으로 삼아 측근에 두어 조정에 참여하게 했다.

태종이 방현령을 보고 말했다.

"공은 복야가 되었으니 널리 현인을 찾아 그 재능에 따라 일을 맡겨라. 그렇게 하는 것이 재상의 할 일이다. 요즈음 송사가 많아서 그것을 결재하는 데 시간에 쫓기고 있다고 하는데, 그래서야 어떻게 짐을 도와 현인을 구할 수가 있을 것인가? 잔 사무는 좌우의 승에게 위임하도록 하라. 짐에게 보고할 필요가 있는 중대 사건만을 복야가 보고받도록 하거라."

방현령은 정사에 밝고 문학을 이해했다. 하나라도 실수를 할까 봐 밤늦도록 성심을 다하여 일했다. 그는 법률을 적용할 때에는 관용을 기본으로 했고, 다른 사람의 장점을 들으면 자기 일처럼 기뻐했다. 남에게 완전함을 구하지 않고, 자기보다 못하다고 남을 헐뜯지도 않았다. 정부의 규칙이나 규범을 두여회와 함께 정해 나갔다. 방현령은 머리가 잘 돌았고, 두여회는 결단력이 있었다. 방현령이 국사國史를 감수하고 있는데, 태종이 그를 보고 일렀다.

"『한서漢書』처럼 화려한 문장으로 적을 필요는 없다. 올라온 논문 가운데 정론이고, 이치에 맞는 설명은 짐의 비위에 상관하지 말고 모두 신도록 하거라."

돌궐을 정복한 뒤인지라 3월에 태종은 천가한天可汗이 되었다. 대가한大可汗이나 가한可汗의 위에 군림하는, 하늘이 낸 가한이라는 뜻이었다. 그만큼 중국의 황제에 못지 않게 북방 대국의 영도자로서의 호칭이 자랑스러운 것이었다.

4년 6월에 병졸을 징발해서 낙양궁洛陽宮을 수복하는데, 급사중給事中 장현소張玄素가 간언을 올렸다.

"낙양은 천도할 시기도 아닌데 미리 궁궐을 수복하고 있습니다. 이런 일은 급한 일이 아닙니다. 옛적에 한의 고조가 낙양에서 장안으로 천도했습니다. 이는 낙양의 지형이 장안만 못했기 때문입니다. 폐하께서 낙양을 평정하셨을 적에 너무 호화롭다고 모두 부수셨습니다. 그런 지 10년도 지나지 않았는데 다시 개축하신다니 말이 되지 않습니다. 지금의 재력이 수의 시대만큼 풍부한 것입니까? 폐하께서는 다친 사람까지 혹사하여 망한 수의 폐단을 답습하고 계십니다. 이래서야 수양제煬帝보다 심하다 하지 않겠습니까?"

"경은 짐을 수양제보다 심하다고 했는가, 그렇다면 짐은 걸주桀紂와 맞먹는단 말인가?"

"그렇습니다. 이 공사를 그만두지 않으시면, 그때와 마찬가지로 동란이 일어날 것입니다."

"짐은 가볍게 생각하고 있었는데, 그렇게 혹독하단 말인가? 낙양은 이 나라의 한가운데에 있기 때문에 이곳을 도성으로 만들면, 조공을 어디에서 바치더라도 먼 거리가 아니라 나르기가 수월하다. 그래서 짐은 백성의 편의를 위해 궁궐을 이곳에 짓게 하려던 것이다. 그러나 지금 현소의 말에도 일리가 있다. 지금 곧 공사를 중지하도록 하거라. 뒷날 낙양에 갈 일이 있을 때에 노숙을 한들 어떠랴."

태종이 간언을 기려서 수놓은 비단 200필을 하사했다.

하루는 태종이 방현령과 소우蕭禹를 보고 물었다.

"수문제隋文帝는 어떤 임금이었나?"

"수문제는 정치를 부지런히 하신 분입니다. 조정에 나가면 해가 저물 때까지 일이 끝나지 않고, 5품 이상의 관리들과 계속해서 논의하다가 저녁을 함께 들 때도 있었습니다. 인자하신 분은 아니었지만, 부지런한 임금이었습니다."

태종이 정색을 하면서 말했다.

"공은 하나는 알고 둘은 모른다. 수문제는 밝지 못하면서 밝히기를 즐겼다. 밝지 못하면 비추어도 통하지 않을 수 있고, 밝히기를 즐기면 시의 심猜疑心이 강해져서 모든 일을 스스로 결단하고 신하들에게 맡기지 못하게 된다. 천하는 넓어 하루에도 만이 넘는 사건이 일어난다. 아무리 심신을 채찍질해서 일을 처리하려 해도 이처럼 많은 일을 하나하나 이치에 맞게 처리할 수는 없는 법이다. 그런데도 수문제는 스스로 판단하고 지시를 했다. 신하들은 임금의 의향을 알기 때문에, 그저 결정된 일을 실천할 뿐, 잘못된 것을 알아도 간언하거나 논쟁에 붙이지 못한다. 이것이 수가 2대로 망하게 된 원인이다. 짐은 그와는 다르다. 천하의 현재를 뽑아 관료로 발탁하여 천하의 일을 생각하게 부탁했다. 충신을 재상으로 임명해서 충분히 생각한 뒤에 보고하게 했다. 공적이 있으면 상을 주고, 죄가 있으면 벌을 준다. 그러니 누구나 성심성의껏 각자의 맡은 바를 해내려고 힘쓰게 된다. 어찌 천하가 다스려지지 않을 것이라 걱정하겠는가? 금후에도 짐의 지시에 불비한 점이 있으면 반드시 상주하도록 해라."

정관 6년 3월에 황후가 낳은 장락 공주長樂公主가 출가하게 되었다. 태종은 이 딸을 특히 사랑하고 있어서 예단과 살림살이를 선대 공주의 배로 준비하게 했다. 위징이 간언을 올렸다.

"한나라의 명제明帝가 황자를 봉할 때에 선제의 아들에 비하여 반으로 그 영지를 줄였습니다. 그런 분에 비해서 폐하는 어찌 마음 쓰심이 이다지도 다르십니까?"

태종이 깨닫는 바가 있어서, 내전에 들어가 황후에게 그런 말을 전했다. 황후가 감탄했다.

"위징이 대단한 사람이고, 또 그래서 폐하께서 중용하고 계신 것은 알고 있었지만, 그 이유까지는 몰랐습니다. 지금 선례를 들어서 임금의 방종을 고친 것을 듣고 그야말로 사직을 위한 신하인 것을 알았습니다. 신첩은 폐하와 부부라 누구보다도 사랑을 받고 있지만, 폐하에게 말씀을 드리기 전에 폐하의 기색을 살펴서 비위를 거슬리지 않으려고 신경을 쓰고 있답니다. 신첩이 그러하니 하물며 신하이니 더 조심할 것인데, 어찌 이렇게 정론을 올릴 수 있는지 모르겠습니다. 그러니 폐하께서도 그의 말에 따르지 않으실 수 없습니다."

어떤 때에는 조회를 중단하고 나온 태종이 화가 잔뜩 나서 말했다.
"저 촌뜨기 영감을 죽여버려야겠다."
"왜 그러십니까? 폐하."
황후가 물었다.
"위징이란 놈이 조회 때마다 짐을 모욕한다오."
그러자 황후가 자리를 떠나 정장을 하고 뜰에 시립했다. 태종이 놀라서 까닭을 물었다. 황후가 답했다.
"임금이 총명하면 신하는 강직해진다고 들었습니다. 지금, 위징이 강직하다고 했는데, 이것은 폐하께서 총명하시다는 증거입니다. 신첩이 어찌 정장을 해서 축하를 드리지 않을 수 있습니까?"
태종이 화를 풀고 황후의 슬기에 고마워했다.

태종이 인재 등용에 대하여 위징을 보고 소신을 밝혔다.
"관리를 뽑을 때에는 신중에 신중을 기해야 한다. 대충 쓸만하다고 등용해서는 안 된다. 한 사람의 군자를 등용하면 여러 명의 군자들이 모여오고, 한 사람의 소인을 쓰면, 소인들이 앞 다투어 모이게 된다."
위징이 말했다.
"그렇습니다. 천하가 정해지지 않을 때에는 그저 능력으로만 사람을 뽑고 품행을 생각하지 않았습니다. 그러나 이미 소란을 모두 평정했습니다. 그러니 재능과 올바른 품행을 겸비한 자가 아니면 등용하셔서는 안 됩니다."

정관 7년 말에 대궐에서 상황의 명에 따라 술자리가 마련되었다. 상황上皇 고조는 돌궐의 힐리 가한에게 춤을 추게 하고, 남만의 추장 풍지대馮智戴에게 시를 낭송하게 했다. 그런 뒤에 웃으면서 말했다.

"호월胡越이 한집이 되었다. 이런 일은 고래로 처음 있는 일이다."

호는 북쪽의 오랑캐, 월은 남쪽의 야만족을 뜻하는데, 이들을 모두 정벌해서 중국에 병합했다는 뜻이었다.

태종이 잔을 들고 경하하면서 말했다.

"지금, 사방의 오랑캐들이 신하가 되어 복종하게 된 것은 모두 상황 폐하의 은덕으로 이루어진 것입니다. 신의 지력智力이 미치는 바가 아닙니다."

부자간의 이런 대화를 들은 여러 신하가 만세를 불렀다.

태종이 다시 위징에게 물었다.

"여러 신하들의 상서에 취할 만한 내용이 있어, 불러서 말해보라고 하면 별로 대단한 것이 없는 경우가 많다. 왜 그렇게 된다고 생각하는가?"

위징이 답했다.

"신이 알건대, 여러 신하들은 폐하에게 아뢸 때에는 먼저 며칠 동안을 그 일에 관해서만 생각을 거듭하게 됩니다. 그런데도 폐하의 면전에서는 삼분의 일도 말하지 못합니다. 간언을 맡은 사람은 언제 역린逆鱗을 건드리게 될지 몰라 겁에 질려 있습니다. 그러니 폐하께서 항상 부드러운 안색을 갖도록 신경을 쓰지 않으시면, 신하들이 감히 진정한 간언을 올리지 못할 것입니다."

제왕이란 생사여탈권이 있는 법이다. 그러니 그의 안색의 변화를 신하들이 신경 쓰지 않을 수 없다는 말에, 태종은 신하들을 대함에 있어 애써 표정을 부드럽게 고쳤다.

정관 9년 5월에 고조가 수공전垂拱殿에서 붕어했다. 군신이 유고遺誥에 따라 국가의 대사를 돌보도록 태종에게 청했으나, 황제는 이를 윤허하지 않았다. 6월이 되어 다시 군신이 청원하여 드디어 국가의 대사를 돌보기 시작했으나, 잔잔한 일은 태자에게 위임했다. 태자 이승건李承乾이 동궁에서 서정을 살펴서 결정했다.

태종은 중서성中書省과 문하성門下省, 상서성尚書省의 3성을 두어 정사를 보게 했다. 중서령이 기관장인 중서성은 황제와 상의해서 아래에서 올라온 상서를 음미하고 이를 바탕으로 하거나, 황제의 독자적인 의견을 근거로 해서 법안의 문장을 만드는 기관이었다. 문하성 장관은 시중侍中이라 해서 중서성에서 온 법안을 심사하고 중서성과 함께 입법을 하는 기관이었다. 내용에 따라서는 중서성이 만든 법을 반려할 권한이 있었다. 상서성의 장관은 상서령이라고 하는데, 태종이 황제가 되기 전에 이 지위에 있었기 때문에 당에서는 신하가 같은 지위를 갖지 못하게 하였다. 그래서 좌우의 복아僕射가 상서성의 일을 돌보았다. 상서성은 중서와 문하의 두 성에서 합의한 법안을 근거로 해서 행정을 맡아 수행하는 기관으로, 그 산하에 인사를 맡은 이부吏部, 재정과 지방행정을 맡은 호부戶部, 교육과 윤리 그리고 외교를 맡은 예부礼部, 군사를 맡은 병부兵部, 사법과 경찰을 맡은 형부刑部, 마지막으로 공공공사를 맡은 공부工部의 6부가 있어서 그 장관을 상서尚書로 부르게 했다.

태종이 병들어 오래 일어나지 못할 때에는 황후가 곁에 있어 밤낮으로 간병했다. 황후 스스로가 원래 병약했다. 긴급 사태가 나서 태종이 갑옷을 입고 정청에 나가게 될 때가 있었는데, 황후가 신병을 무릅쓰고 나와서 함께 걱정을 하다가 병이 더욱 위중해졌다. 태자가 의사와 약이 갖추어져 있는데도 병이 차도를 보이지 않는 것을 걱정해, 대사령을 내리고 불교를 장려하도록 황제에게 말씀드려서 명복을 얻도록 하시라고 권했다. 황후는 정색을 하면서 답했다.

"죽는 것이나 사는 것은 천명입니다. 사람의 힘으로 좌우할 수 있는 일이 아니지요. 좋은 일을 하면 복이 있을 것이라 하지만, 내가 나쁜 일을 한 적이 없어요. 그렇다면 구태여 복을 구한들 무엇을 얻을 수 있을까요? 사면이란 국가의 대사입니다. 함부로 행해서는 안 되는 일입니다. 도교나 불교는 이단의 가르침이라 나라를 잠식하고 백성을 병들게 합니다. 모두가 황상께서 믿지 않으시는 것인데, 어찌 나 같은 한 부녀자가 황상께 권할 수 있으리오. 그런 일을 할 것이라면 차라리 죽어버리는 것이 나을 것입니다."

태자는 황후의 뜻에 따라 황제에게 상주하는 일은 그만 두고, 가만히 방현령에게 상의했다. 이 말을 들은 방현령이 태종에게 보고했다. 태종이 황후를 가엾게 여겨 사면령을 내리려고 하는데 황후가 이를 알고 말렸다. 병이 더욱 위중해지니 황후가 태종에게 이별을 고하면서 말했다.

"방현령은 폐하를 오랫동안 모셨습니다. 신중하고 세심해서 기발한 꾀와 비상한 계책이 있어도 결코 누설하지 않지요. 신첩의 본가는 신첩과의 연으로 높은 봉록이나 관위를 얻고 있습니다. 덕으로 출세한 것이 아니니 대단히 위험합니다. 그 자손을 보전하고 싶으니 결코 중요한 지위에는 올리지 마십시오. 신첩이 살아서 남을 위해 한 일이 별로 없습니다. 그러니 죽은 뒤에 남을 괴롭히고 싶지 않습니다. 일부러 능을 구릉처럼 쌓아 백성들을 괴롭히지 마세요. 자연의 산을 분으로 삼고, 부장하는 기물은 기와나 나무로 만든 것을 쓰십시오. 신첩이 저세상으로 가지만 정말로 마음에 걸리는 일이 없습니다. 장례식에 아녀자를 모으지 않아도 됩니다. 슬픈 얼굴을 보아도 괜히 마음만 어지러워집니다."

그러면서 품에서 독약을 끄집어내어 태종에게 보였다.

"신첩은 폐하께서 불행할 시에는 저세상까지 모시고 가려고 생각해 왔답니다. 한나라의 여후呂后의 흉내는 낼 수 없기 때문이지요."

황후는 일찍이 고래 여인의 몸가짐에 대하여 사례를 모아 『여측女則』 30권을 만들었다. 그녀가 붕어함에 이르러 이 책을 황제에게 올렸다. 태종이 이를 읽고 감동하여 시종에게 주며 말했다.

"황후의 이 책은 백세의 규범이 될 것이다. 짐도 천명을 모르는 것이 아니다. 슬퍼해도 소용이 없다는 것은 알고 있다. 그러나 궁에 돌아와도 황후의 말을 듣지 못하니 좋은 보좌역을 잃게 되었다. 두고두고 그리워하게 될 것이다."

황후의 유지에 따라 태종은 그동안 멀리했던 방현령을 다시 불러 원래의 관위에 복구시켰다.

정관 12년 봄에 황손이 탄생하여 5품 이상을 모아 연회를 열었다. 태종이 말했다.

"정관 이전에 짐을 따라 천하를 경영한 것은 방현령의 공적이 크다. 정관 이후에 잘못을 바로 잡은 것은 위징의 공적이다."

그러면서 두 사람에게 패도佩刀를 하사했다.

태종이 위징에게 물었다.

"요즈음 짐의 정치는 왕년에 비해 어떤가?"

위징이 답했다.

"우리나라의 위덕은 정관의 초기보다 훨씬 먼 곳까지 미치고 있습니다. 그러나 초기에는 지금보다도 사람들이 기꺼이 복종했습니다."

"초기보다 사람들이 기꺼이 복종하지 않는다는데, 그렇다면 어찌 먼 나라들이 조공까지 하여 왔는가?"

"폐하께서 옛날에는 사람들을 다스리지 못하고 있음을 걱정하셨습니다. 그래서 나날이 위덕과 정의가 새로워졌습니다. 지금은 이미 잘 다스려지고 있다고 만족하고 계시니, 정관의 초기에 미치지 못하는 것입니다. 처음에 폐하께서 사람들이 간언을 올리지 않을까 하시어, 사람들이 하고 싶은 말을 다 할 수 있도록 유도하여 옳은 진언을 하면 기뻐하면서 받아들이

셨습니다. 지금은 그렇지 못하십니다. 애쓰고 계시는 척하십니다만, 불만스러움이 용안에 나타나십니다."

위징이 구체적인 사례를 들어가면서 일일이 설명했다. 태종이 말했다.

"공이 아니면 이렇게까지 말하지 못할 것이다. 사람은 자기를 모르니까 괴로워하게 된다."

다시 태종이 신하들에게 물었다.

"창업創業과 수성守成 중 어느 쪽이 더 어려운가?"

방현령이 말했다.

"난세의 초기에는 영웅들이 나와 힘을 겨루는 가운데에서 일을 해나가야 합니다. 아무래도 창업하는 일이 어려울 것으로 생각합니다."

위징의 의견은 달랐다.

"예부터 제왕은 어렵고 힘든 가운데 천하를 얻고, 안일한 삶으로 천하를 잃습니다. 그러니 수성이 더 어렵습니다."

태종이 말했다.

"현령은 짐과 함께 천하를 취하면서 백 번 죽을 고비를 넘기고 한 번의 삶을 얻었다. 그래서 창업의 어려움을 말하고 있다. 징徵은 짐과 함께 천하를 안정시키면서 부귀에서 교만과 사치가 발생하고, 소홀함에서 환란이 생길 것을 항상 두려워하고 있다. 그래서 수성의 곤란을 알고 있는 것이다. 그런데 지금은 창업의 어려움은 끝났다. 앞으로 제공과 함께 수성의 어려움을 당하지 않도록 모든 일에 몸과 마음을 신중히 다스리도록 하자."

정관 16년 7월에 장손무기長孫無忌를 사도司徒로, 방현령房玄齡을 사공司空으로 삼았다. 위징이 병이 났다. 태종이 직접 조서를 써서 위징의 병이 어떤 상태인지 물으며 말했다.

"며칠 못 보는 동안에도 짐의 과실이 많아지고 있다. 지금 찾아가서 묻고 싶지만, 너무 경에게 수고를 끼치는 것은 짐의 뜻에 안 맞다. 그러니 무엇이든지 말하고 싶은 일은 봉서로 진언하라."

그러자 병석에 누운 위징이 상소를 했다.

"최근에는 제자가 스승을 능가하고, 노비가 주인을 업신여기는 사례가 많아지고 있습니다. 아랫사람이 윗사람을 가볍게 보는 자가 많은데도 아무도 이를 나무라지 않습니다. 이런 풍조를 버려두면 안 됩니다. 얼른 시정하소서."

17년 정월에 위징이 죽었다. 태종은 9품 이상의 관원에게 상복을 입히고 일품우의一品羽儀를 갖추고 주악을 하는 가운데, 소릉昭陵에 배장陪葬하라고 지시했다. 일품우의는 장례를 최고 관작인 일품에 맞게 치장하라는 뜻이었다. 그러나 위징의 아내 배씨裴氏가 말했다.

"징徵은 평생을 질박하고 검소하게 지냈습니다. 지금 일품우의를 갖추어 장례를 치르게 된 것은 망인의 뜻에 어긋납니다."

그녀는 모든 것을 사퇴하고 포차布車에 영구를 싣고 가서 매장했다. 태종이 서쪽의 누각에 올라가 무덤을 보고 통곡하며 애통해했다. 그리고 몸소 비문을 작성해 비석에 새기게 하면서 위징을 잊지 못하여 시종에게 말했다.

"사람은 구리로 거울을 만들면, 의관을 바르게 고칠 수 있다. 역사를 거울로 삼으면 흥망의 이치가 보인다. 사람을 거울로 삼으면 과실을 알 수 있게 된다. 위징이 죽어 짐은 거울 하나를 잃었다."

이런 위징도 한때 태종의 신뢰를 잃었다. 마침 어떤 사람이 모함을 했다.

"위징은 지금껏 올린 간언을 모두 기록해 두었다 합니다. 역사를 기록하는 관리에게 보여주고 있습니다."

태종이 점점 불쾌하게 생각했다. 그래서 위징의 아들과 공주의 혼약을 파기하고, 비문도 찢어버린 적이 있었다. 이보다 뒤인 정관 19년에 태종이 고구려를 정벌했다가 패하고 돌아와서 한탄하면서 말했다.

"만약 위징이 있었더라면, 짐이 이런 실수를 하게 두지 않았을 것이다."

태종은 문학을 좋아하고 능변이었다. 여러 신하가 보고를 하면 고금의 사례를 들면서 반박하는데, 대부분의 신하는 반론하지 못했다. 보다 못한 한 신하가 진언했다.

"제왕과 어리석은 서민은 너무 차이가 있습니다. 어리석은 자가 가장 성스러운 분을 대하고 가장 천한 자가 지존을 대하게 되면 공연히 자기가 약하지 않음을 나타내려고 애쓰게 된답니다. 폐하께서 아무 말씀을 하시지 않고 부드러운 얼굴로 신하의 말에 귀를 기울이시면, 신하들은 제대로 말씀을 드리지 못했다고 걱정하게 됩니다. 그런데 폐하께서 신하의 말이나 주장을 꺾으시고 옛일을 들먹이면서 반론을 하시게 되면 신하들이 무슨 말씀을 더 드릴 수 있겠습니까? 사직을 위해서라도 말씀을 삼가서야 합니다. 진시황제秦始皇帝가 말을 잘해 뽐내는 바람에 인심을 잃었고, 위魏의 조조曹操도 머리가 좋아 많은 말을 해서 인망을 잃었습니다. 모두 너무 말을 잘해서 온 폐단입니다."

태종이 답했다.

"그대의 말이 옳도다. 금후로는 마음을 비우고 고치도록 하겠노라."

태종 스스로 자기가 성공한 이유를 다섯 가지로 들었다.

"짐이 지금처럼 성공한 데에는 다음과 같은 다섯 가지의 이유가 있단다. 첫째로, 옛날의 제왕들은 자기보다 능력이 있는 자를 질투했다. 짐은 사람의 장점을 보면 자기 것처럼 기뻐한다. 둘째로, 사람의 행동은 완전하지 않다. 짐은 항상 단점을 버리고, 장점을 취한다. 셋째로, 임금은 어진 사람을 출세시켜서 그로부터 존경을 받고자 하고, 못난 자를 물리칠 때에는 그를 나락으로 떨어뜨리고 싶어 한다. 짐은 현인을 보면 그를 존경하고, 불초한 자를 보면 그를 불쌍하게 생각한다. 그러니 현인이나 불초자가 모두 그 있을 곳을 보전하게 된다. 넷째로, 임금의 태반은 강직한 자를 미워해서 암살하거나 학살한다. 짐은 즉위한 이래 강직한 인사들이 조정에 즐비한데도, 아직 한 사람도 퇴출시키거나 문책한 적이 없다. 마지막으로,

예부터 중화만을 높이고, 이적夷狄의 오랑캐들을 업신여기고 차별했다. 그러나 짐은 모두 똑같이 대접한다. 그러니 짐은 다른 제왕과 달리 이적까지 복종시킬 수 있게 된 것이다."

태종이 사관史官인 저수량褚遂良을 보고 말했다.

"어떻게 생각하나? 짐의 말이 맞는가?"

저수량이 아뢰었다.

"폐하의 성덕은 다섯 가지만이 아니지요. 폐하께서 다섯 가지만 드신 것은 겸허한 마음이 있으시기 때문입니다."

경사京師의 유수로 있던 방현령이 중병에 들었다. 태종이 그를 가마에 태워 들여오게 하여 옥좌의 곁에 내려놓고 마주보며 눈물을 흘리며 위로했다. 그대로 대궐에 머물게 하다가 증상이 약간 회복된 것을 보면 기뻐했고, 나빠지고 있다고 들으면 침울해지고 걱정에 잠겼다. 방현령이 여러 신하들에게 말했다.

"나는 지금껏 주상의 은혜를 입을 만큼 입었다. 지금 천하가 무사하지만 동쪽을 정벌하는 일이 그치지 않는다. 아무도 간언을 올리려고 안 하고, 나도 그 해를 알면서 입에 올리지 못하고 있다. 이래서야 내가 죽어도 책임을 다하지 못할 것이다."

그러면서 그는 표를 올려 간했다.

"노자가 말씀했습니다. 만족을 알면 모욕을 받지 않고, 그칠 줄을 알면 위태롭지 않을 것이라고. 폐하의 고명과 위덕은 이제 충분하십니다. 국토의 확장에도 한계가 있습니다. 지금 폐하는 죄 없는 군사들을 몰아서 칼을 맞아 죽게 하고, 간장과 골수를 땅에 묻히게 하고 계십니다. 어찌 이들이 불쌍하지 않으십니까? 고구려가 신으로서 지켜야 할 예절을 잃고 있다면 주살해야 할 것입니다. 그들이 백성을 침범해서 괴롭힌다면 멸망시켜야 할 것입니다. 후일에 중국의 우환이 된다면 이를 제거해야 합니다. 그러나 지금은 이 세 가지 죄가 모두 없는데 중국의 백성을 출정시켜 괴롭히고 있습니다. 이는 안으로는 전번의 패전을 설욕하고, 밖으로는 신라의 보복을 거들려는 것에 지나지 않습니다. 어찌 이런 사소한 이유로 큰 손해를 볼 것입니까? 폐하, 고구려가 잘못을 고치고 빌면 받아들이셔서 군사를 거두도록 하소서. 그러면 중화나 동이가 자연히 승복하고 폐하의 슬하에 들어오게 될 것입니다. 신이 지금이라도 금방 땅속으로 들어가게 될 것인데, 신의 말을 들어주시면 내일 죽어도 여한이 없겠습니다."

태종은 붓글씨도 잘 썼다. 그래서 신하로 해서楷書를 완성시킨 대가를 등용할 만큼 서도에 대한 관심이 강했다. 특히 서성書聖이라고 불리는 왕희지王羲之의 진필에 대해서는 대단한 집착을 갖고 있었다. 왕희지의 후손이 갖고 있던 『난정서蘭亭序』를 구하여 능묘에 부장할 정도로 그의 글씨를 아꼈다. 또한 태종은 열성적인 도교道教 신자였다. 당의 황실은 노자老子이이李耳를 시조로 삼고 있어서, 도교가 크게 보호를 받았다. 수도 장안에 세계 각국의 사람들이 찾아와서 많은 종교가 유행하게 되었다. 이슬람교, 마니교, 경교景教(네스토리우스파 그리스도교), 조로아스터교 등의 사원이 건립되어 국제 도시의 경관을 이루고 있었다. 그러나 과거제도에 있어서는 유교의 경전이 필수과목으로 되어 있었다. 태종은 오경의 갖가지 해석을 통일시킨 『오경정의五経正義』를 편찬하게 해서 지식층의 공통 교양으로 삼게 했다. 불교도 소홀히 하지 않았다. 현장삼장玄奘三蔵 같은 법사를 시켜서 『대반야경大般若経』을 번역하게 했다.

태종은 문학을 좋아했다. 그의 치세에 시인들이 많이 등장했는데, 그가운데 왕발王勃·양형楊炯·노조린盧照鄰·낙빈왕駱賓王의 네 사람이 유명했다. 역사도 방현령으로 하여금 『진서晋書·양서梁書·진서陳書·주서周書·수서隋書』 등을 편찬하게 하여, 후세에 멸망한 왕조의 정사를 다음 왕조에서 의무적으로 편찬하게 하는 효시가 되었다. 우세남虞世南, 저수량褚遂良, 구양순欧陽詢은 당 초기의 삼대가로 불렸다. 도자기에서도 당 삼채

三彩라고 불리는 명품이 만들어졌다. 그 색이 아름답고, 서쪽 사산조의 영향을 받아 인물상이나 동물상 또는 용俑이 많다. 높은 온도에서 굽는 자기도 이때부터 만들어졌다.

서쪽의 토욕혼吐谷渾이 초토작전을 펴는 것을 무릅쓰고 공격하여 멸망시키고, 서부를 오랫동안 평온하게 만들고 철륵鉄勒, 티베트 고원의 토번吐蕃까지 산하에 편입했다. 다만 태종이 점령에 실패한 유일한 국가가 동쪽의 고구려였다. 이렇게 내치와 외정의 치적이 높아서 후세에서 태종의 정치를 '정관貞觀의 치治'로 불러 높이 평가하게 되었다.

제20장

풍운이 이는 한반도

1. 최초의 여왕이 된 덕만德曼 공주

신라의 진평왕眞平王에게는 아들이 없었다. 그래서 후사를 잇는 일이 문제가 되었다. 지금까지 성골聖骨로만 왕통을 이어왔는데, 김씨 계열의 성골 남자가 동이 났다. 선대의 진지왕眞智王에게는 아들이 두 명 있었으나, 진지왕이 화백회의 결정으로 폐위 당함에 모두 한 품계가 낮은 진골眞骨로 강등되고 말았다. 진평왕은 자신의 혈통으로 다음 왕을 삼아야 할 터인데, 딸뿐이니 난감했다. 진골에는 김용수金龍秀와 용춘龍春의 형제를 비롯하여 내로라하는 남자들이 활약하고 있으니, 잘못하면 내란이 일어날 수도 있는 법이었다. 왕이 걱정을 하고 있는데, 마침 몇 년 전 바다 건너 야마토에 파견했던 길사吉士 반금磐金이 알현을 청해 왔다.

"마마, 오랜만에 뵙습니다. 그동안 강녕하셨습니까?"

"길산가? 야마토에서 언제 돌아왔느냐? 근래에는 왜구가 없었는데, 그들이 만족한 모양이지?"

"마마, 그런 것이 아니라, 다시 미마나任那의 조를 받겠다고 성화가 대단합니다. 빨리 바치지 않으면 군사를 동원하겠다고 야단들입니다."

"뭐라고 했느냐? 왜놈들이 또 노략질을 하겠다고 하는가?"

"예, 이번에는 대덕大德 사가이베境部가 대장군이 되어 수만 명의 군사를 인솔하고 바다를 건너오겠다고 준비하고 있습니다."

"고약한 일이로구나. 그래, 야마토의 태자가 죽었다고 들었는데, 어찌 이들이 이다지도 극성인가?"

"마마, 야마토는 태자가 죽었지만, 여왕을 모시고 소가 오오미蘇我大臣가 군정을 장악하기 때문에, 여전히 그 힘이 막강합니다. 어서 사신을 보내어 이들을 무마하소서."

야마토의 침략 야욕을 무마하기 위해 배 두 척에 공물을 실어 보내게 한 진평왕의 머리에 왕위 계승의 해법이 떠올랐다.

"그렇지. 야마토가 여왕을 추대하고도 그 아래에 유능한 신하들이 있어서 저렇게 기고만장한 것이 아닌가? 우리 신라도 남자로만 왕을 삼을 것이 아니라, 여자로 왕을 삼고 그 아래에 유능한 인재를 배치하면 사직을 지킬 수 있을 것이다."

진평왕에게는 마야 부인摩耶夫人 김씨와의 사이에 딸 셋이 있었다. 그 첫째가 덕만德曼이고, 둘째가 천명天明이며, 막내가 선화善花였다. 그에게는 동생인 국반國飯이 낳은 딸 승만勝曼을 합하면 성골녀가 넷이 있었는데, 둘째가 김용춘의 아내가 되는 바람에 진골로 강등됐고, 막내인 선화는 백제왕의 비가 되어 왕위계승권을 잃었다.

덕만은 어릴 때부터 성품이 관인하고 사리에 밝고 민첩했다. 한번은 당나라에서 모란의 그림과 함께 그 종자를 선물로 얻어왔다. 왕과 함께 그림을 보던 덕만이 말했다.

"이 그림에 있는 꽃은 아름답지만 향기가 없군요."

왕이 깜짝 놀라서 물었다.

"너는 어떻게 그런 것을 아느냐?'

"마마, 여기를 보소서. 그림에 벌과 나비가 그려져 있지 않습니다. 어떤 꽃이나 향기가 있어야 벌과 나비가 모여드는 법입니다. 이 꽃은 아름답기는 하지만 벌과 나비가 덤비지 않는 것을 보니 향기가 없는 것이 틀림없습니다."

왕이 모란의 씨를 뜰에 심게 했더니 6월에 꽃이 피는데 과연 향기가 없었다. 덕만 공주는 이처럼 모든 일을 명석하게 판단할 수 있는 식견이 있었다.

진평왕 53년에 이찬 칠숙柒宿과 아찬 석품石品이 모반하다가, 칠숙이 잡혀서 동시東市에서 참형을 당하고 구족이 멸망했다. 아찬 석품은 백제로 도망쳤는데, 처자가 그리워서 변장을 하고 몰래 집으로 돌아왔다가 역시 잡혀서 참형을 당했다. 어수선한 가운데 왕은 당나라와의 친선을 위해 7월에 사신을 파견하면서 아름다운 여자 둘을 당唐의 태종太宗에게 바쳤다. 태종이 진평왕의 뜻을 기꺼이 받아들이면서 말했다.

"이방에서 바친 앵무새도 슬피 울면서 고향을 그리워하는데, 하물며 두 여자가 멀리 친척과 이산하니, 그 슬픔을 말해 무엇 하겠는가? 모두 돌려보내도록 하거라."

632년 정월에 진평왕이 치세한 지 53년 만에 돌아가서 한지漢只에 장사를 지냈다. 당의 태종이 조서를 내려서 왕에게 좌광록대부左光祿大夫를 추증追贈하고, 비단 200필을 부의로 보내어 왔다. 국상을 치른 뒤에, 화백회의에서 진평왕의 맏딸인 덕만을 왕으로 추대하면서 성조황고聖祖皇姑라는 칭호를 올렸다. 이는 '신성한 황제의 혈통을 이은 여인'이라는 뜻이었다. 덕만을 왕으로 추대하는 일을 주동한 사람은 진지왕의 손자 김춘추와 금관가야 왕손 김유신이었다. 이들은 왕족과 무장 가운데 새로이 화백회의에 참석한 귀족들이었다. 이들이 덕만을 왕으로 추대하게 된 이유는 모두 비슷한 처지였기 때문이었다. 모두 기득권자인 진골 귀족들로부터 홀대를 당하고 있었다. 그래서 자연히 뜻이 통하여 기존 귀족들에 대항하기 위해서 덕만을 여왕으로 모시기로 했다. 여자를 왕으로 추대하는 일에 반대하는 세력도 만만치 않았다. 특히 비담毘曇을 비롯한 기존 귀족들의 반발이 심했다.

덕만은 신라만이 아니라 한반도 전체에서 처음으로 왕이 된 여인이었다. 이전에 지도자로서 나라를 이끈 여인으로는 고구려 주몽왕의 어머니였던 유화 부인이나 백제 건국을 도운 소서노 등이 있었다. 모두 후세 사람들이 사당이나 제단을 크게 설치하여 국모나 여신으로 숭상했다. 그러나 그 아무도 왕이 되지는 못했다. 신라에는 고구려나 백제에 비하여 유교나 불교의 예법이 늦게 전파되어 초창기부터 높았던 여인들의 지위를 늦게까지 유지할 수 있었다. 심지어 여자의 이름을 남자들과 함께 유적이나 암벽에 각인하여 놓을 정도였다. 신라의 여인들은 경제력도 장악하고 있었다. 특히 한가위를 앞두고 두 편으로 나뉘어 베짜기를 겨루어 이긴 편에게 진편이 향연을 베푸는 일은 이들의 경제력을 상징하는 행사의 하나였다. 당시에 포목은 후일의 화폐와 같은 역할을 했다. 직조를 통해 얻은 경제력으로 여인들은 사찰이나 탑을 시주했다. 경주의 황남대총皇南大塚 같은 곳을 보면 오히려 여인의 지위가 남자보다 높았던 것을 알 수 있다. 황남대총은 여인의 무덤과 남자의 무덤이 표주박처럼 이어서 조성되어 있는데, 여인의 무덤에서는 찬란한 금관과 부인대夫人帶라고 각인된 허리띠가 나왔고, 남자의 무덤에서는 금동관이나 은관이 무구와 함께 나왔다. 이를 미루어 보면 여인의 지위가 남자보다 높았음을 알 수 있다. 이런 사정도 여자를 왕으로 추대할 수 있는 배경의 하나가 되었다. 여기에 진평왕의 유고가 있었으니, 김춘추나 김유신 등이 다른 귀족들의 반발을 누르고 그녀를 왕으로 모실 수 있었던 것이다. 그녀에게는 관습에 따라 세 명의 남편이 있었다. 숙부뻘이자 천명 공주의 남편인 김용춘金龍春, 역시 숙부뻘인 흠반欽飯 그리고 대신 을제乙祭였다. 그러나 그녀는 아무에게서도 후사를 얻지 못했다. 성조황고는 뒤에 선덕여왕善德女王이라는 시호를 받았기 때문에, 이후로는 선덕여왕이라 적는다.

선덕여왕은 2월에 대신 을제로 하여금 국정을 총리하게 했다. 5월에 가뭄이 들어 6월 중순이 넘어서야 비가 왔다. 여왕은 관원들을 전국에 파견해서 곡식이 떨어져 어려워하는 백성을 구휼했다. 과부와 홀아비들을 위문하고 구제하면서, 죄수들을 방면하고, 모든 주와 군에게 일년 동안의 세금을 면제하여 민심을 수습했다. 즉위한 해의 12월과 다음 해의 7월에 사신을 당으로 파견해서 조공을 하여 외교에도 힘썼다. 8월에 백제가 서쪽 국경을 넘어 침공해 온 것을 격퇴했다. 선덕여왕 3년 정월에 연호를 인평仁平으로 고쳤다. 이때에 그동안 경주에 건립해온 분황사芬皇寺가 준공되었다. 분황사는 향기로운 황제의 절이라는 뜻으로, 여왕이 건립한 절임을 그 이름으로 나타내었다. 여왕은 이 절의 9층 석탑의 2층과 3층 사이에 옥으로 된 장신구와 함께 가위, 금과 은으로 된 바늘 그리고 실패를 담은 반지그릇을 사리함에 넣었다. 여인으로서 부처님의 옷을 지어 모실 것을 염원한 것인 듯하다. 이 석탑이나 황룡사皇龍寺의 9층 목탑에는 여왕의 호국 염원이 깃들어 있었다. 두 탑이 모두 9층인데, 제1층은 일본, 제2층은 중화, 제3층은 오월吳越, 제4층은 탁라托羅, 제5층은 응유鷹遊, 제6층은 말갈鞨鞨, 제7층은 거란契丹, 제8층은 여진女眞, 제9층은 예맥穢貊을 의미했다. 이 탑을 건립하면서 주변국들이 신라를 섬기게 될 것을 염원한 것이었다. 다음 해에 당나라에서 지절사持節使를 보내어 여왕을 주국柱國 낙랑공樂浪公 신라왕新羅王으로 책봉했다. 이는 진평왕을 이어서 신라왕이 된 것을 정식으로 인증한 셈이 된다.

선덕여왕 5년에는 이찬 수품水品을 상대등上大等으로 삼아서 화백회의를 관장하고 모든 품계 위에서 국정에 참여하게 만들었다. 3월에 여왕이 병들어 백약이 효험이 없게 되니 황룡사에 백고좌百高座를 베풀고 중들을 모아 『인왕경仁王經』을 강독하게 하고 100명에게 승려가 되는 것을 허락하여 차차 건강을 회복할 수 있었다.

하루는 대궐의 서쪽에 있는 옥문지玉門池에서 두꺼비와 개구리가 떼지어 몰려들었다. 신하가 이를 여왕에게 보고하니 여왕이 말했다.

"두꺼비와 개구리가 성이 나서 눈방울을 굴리고 있으니 이는 필시 군사가 나타남을 뜻한다. 짐이 알기로는 우리나라의 서남 변에 옥문곡玉門谷이라는 곳이 있다고 했다. 아마도 그곳에 백제의 군사들이 잠입한 것이 틀림없을 것이다. 어서 군사들을 풀어서 이들을 잡도록 하라."

장군 알천閼川이 왕명을 받들고 나갔다. 옥문곡에 이르니 과연 백제의 군사 500명이 장군 우소于召의 통솔 하에 골짜기에 숨어 있었다. 이들은 독산성獨山城을 공격할 요량이었다. 알천 등이 이들을 습격해서 모두 격살했다. 그 공으로 다음 해에 대장군이 된 알천은 선덕여왕 7년 10월에 고구려가 북쪽의 칠중성七重城으로 쳐들어온 것을 두 달 만에 격퇴했다. 여왕은 접경한 백제와 고구려의 침범을 여러 번 물리쳤으나, 신라의 국력이 허약함을 걱정했다. 그래서 한편으로는 사찰과 탑을 적극적으로 건립하여 부처님의 가호를 빌면서, 다른 한편으로는 이찬伊飡 김춘추, 사찬沙飡 진주眞珠, 대장군 김유신 등을 통해 외교력과 군사력을 강화해 나갔다. 그녀는 학문에도 관심이 많았다. 마침 당의 태종이 국자감國子監을 설치했기에 귀족의 자제들을 당나라로 유학 보냈다. 당의 국학은 최고의 학부로, 학사 1,200 간에 학생 3,260명이 공부하고 있었는데, 여기에는 신라만이 아니라 고구려, 백제, 일본, 고창高昌, 토번吐蕃들도 자제들을 보내어 공부하게 했었다. 선덕여왕 11년 정월에 다시 당나라로 사신을 보내어 방물을 바쳤다. 7월에 백제의 의자왕이 크게 군사를 일으켜서 나라의 서쪽 40여 성을 공략했다. 8월에 백제는 고구려와 더불어 군사를 다시 일으켜서 남양南陽의 당항성黨項城을 공격해 함락시키고, 신라가 당으로 통하는 길을 막았다. 여왕은 이런 사실을 당에게 알렸다.

같은 달에 백제의 장군 윤충允充이 군사를 이끌고 합천陜川의 대야성 大耶城을 공격해왔다. 대야성은 신라의 심장부인 대구와 경주로 이어지는 요충에 있었다. 윤충이 낙동강의 지류인 황강의 수로를 차단하고 대야성을 포위했다. 성주 김품석金品釋이 성루에 올라가서 아래를 내려다보니 겹겹으로 백제군이 포위하여 물샐 틈이 없었다. 차마 공격할 생각을 못하고 성문을 굳게 닫은 채 지키고 있는데, 갑자기 성안의 창고에서 불이 났다. 일찍이 품석에게 아내를 빼앗긴 검일黔日이 원한을 갚겠다고 저지른 짓이었다. 난공불락으로 천하에 이름을 떨쳤던 대야성이 백제와 내응한 반군 때문에 화염에 휩싸이면서 성주는 어쩔 줄을 몰랐다. 외부로부터의 원군이나 보급은 기대할 수 없었다. 신라군의 사기는 땅에 떨어졌고, 성안의 민심마저 흉흉해지고 말았다. 품석의 보좌관으로 있던 아찬阿飡 서천西川이 성루에 올라 백제군을 보고 고함쳤다.

　"만약 너희들이 우리를 죽이지 않는다면, 성을 들어 항복하리라"

　그러자 윤충이 말했다.

　"만약 너희들이 항복해 온다면 함께 한가지로 즐길 것임은 밝은 햇빛과 같이 명백한 일이오."

　윤충의 대답에 품석이 성문을 열고 나가려는데, 화랑인 죽죽竹竹과 용석龍石이 말렸다.

　"백제는 변덕이 심한 나라니, 그 말을 믿을 수가 없습니다. 우리가 성을 버리고 나가면 반드시 우리를 죽일 것입니다. 그들에게 굴복해서 삶을 구걸하는 것은 호랑이에게 죽임을 당하는 것만도 못할 것이니, 도독께서는 결코 항복하셔서는 안 됩니다."

　"무슨 소리. 윤충의 말을 들었지 않느냐? 지금 나가면 살 수 있다."

　품석이 소매를 뿌리치고 성문을 열고 나갔다. 군사들이 품석을 따라 나가다가 백제군의 복병을 만나 모두 죽임을 당했다. 품석은 부하들이 전멸하는 것을 보자 데리고 가던 처자를 죽이고 자결했다.

　죽죽이 남은 군사를 거느리고 성문을 굳게 닫고 항전했다. 용석이 죽죽에게 말했다.

"이제는 중과부적이 되어 지탱하기가 힘드니 우선은 항복해서 살아남아 후일을 도모하는 것이 좋겠소."

죽죽이 말했다.

"그대의 말이 맞다. 그러나 내 이름을 죽죽이라 아버지가 지어주셨다. 추운 겨울에도 시들지 않고 꺾이거나 굽히지 말라는 뜻이라고 들었다. 어찌 죽는 것이 두려워서 뜻을 굽혀 내 이름을 더럽힐 것인가?"

두 사람이 분연히 일어나서 결사적으로 싸우다가 마침내 처절하게 전사했다. 뒤에 선덕여왕이 이들을 가상히 여겨 죽죽에게 급찬級湌을, 용석에게 대나마大奈麻를 추증하였다. 또 그 처자에게 후한 상을 내리고 서울에 와서 살게 했다.

마침내 대야성이 함락되어 윤충은 품석의 목을 베어 그의 아내 고타소古陀炤의 유해와 함께 백제의 왕궁이 있는 사비泗沘로 보냈다. 윤충은 대야성에서 남녀 1천여 명을 사로잡아 갔다. 대야성이 함락되었다는 비보는 다음 날 경주에 있는 김춘추에게 전해졌다. 김춘추는 사랑하는 딸과 사위의 죽음을 듣고 비탄에 잠겼다. 사흘 밤낮을 식음을 전폐하고 슬픔에 잠겨 있던 김춘추는 이 한을 풀기 위해 고구려로 갈 결심을 하게 되었다. 선덕여왕에게 아뢰었다.

"마마, 신의 딸 고타소와 사위 품석이 대야성에서 죽임을 당했습니다. 백제 놈들의 짓입니다. 신이 이를 설욕하기 위하여 고구려의 원군을 청할까 합니다. 신이 고구려로 떠나는 것을 허락하소서."

"대야성은 우리 신라의 목줄에 해당하는 곳이 아닙니까? 그곳을 잃은 데다가 이찬의 식구마저 변을 당하니 이를 어찌 했으면 좋겠소? 당장이라도 대군을 일으켜서 복수를 해야 할 터인데, 군사의 수가 모자라니 그러지도 못하고, 짐도 못내 속을 태우고 있던 참이오. 이찬이 몸소 원로를 다녀오겠다 하니, 이보다 다행한 일이 없겠소. 이찬이 없는 동안에는 누굴 의

지하고 지내면 될 것인가?"

"신의 처남이 압량주押梁州의 군주軍主가 되어 군사를 맡아 대비하면 될 것입니다."

"대장군 김유신공 말이오?"

"예, 그렇습니다. 그 사람이면 백제도 꼼짝하지 못할 것입니다."

여왕의 윤허를 받고 난 뒤에 김춘추가 김유신을 만났다.

"유신공, 나와 공은 한 몸이 되어 이 나라의 팔과 다리가 되었소. 이번에 내가 고구려에 가서 원군을 청할 생각인데, 만약 내가 가서 실패하여 해를 당하게 되면 공은 어떻게 하겠소?"

김유신이 차고 있던 큰 칼의 칼자루를 툭툭 치면서 말했다.

"그런 일이 생기면 나의 말발굽이 반드시 고구려와 백제의 두 왕궁을 짓밟아 버릴 것이오. 그렇게 하지 못한다면 장차 무슨 낯짝으로 백성들의 얼굴을 볼 수 있을 것이오?"

"계획대로 간다면 60일이면 돌아올 수 있을 것이오. 만약 그 안에 돌아오지 못하면 다시 만날 수가 없을 것이오. 내가 돌아오지 않으면 군사를 움직여 주시오. 자, 우리 함께 약조를 굳게 합시다."

두 사람이 손가락을 깨물어 피를 뽑아 맹서했다.

2. 대막리지大莫離支가 된 연개소문淵蓋蘇文과 동분서주하는 김춘추

동남방에서 신라와 백제가 혈투를 벌이고 있고, 중국에서 당나라가 중원을 통일하기 위하여 토벌을 계속하고 있을 때, 만주와 한반도 북반을 차지한 고구려에서는 영류왕榮留王이 34년간 국력 회복을 위해 전력을 다하고 있었다. 영류왕은 이름이 건무建武로, 36대 영양왕嬰陽王의 배다른 동생이다. 그는 수隋와의 싸움에 고구려의 태자로 참전해서 수군 사령관으로 있던 수의 제독 내호아來護兒가 거느린 수군 30만을 한 번의 싸움으로 격퇴한 사람이었다. 거듭된 고구려와 수의 전쟁 끝에 수는 멸망하고 말았고, 고구려 또한 민생이 도탄에 빠지게 되었다. 전쟁의 참화를 통감한 영류왕은 즉위한 뒤로 12년 동안 해마다 사신을 당으로 보내어 화친을 도모했다. 마침 당을 세운 고조高祖도 각지에서 준동하는 군벌을 제거하는 통일전에 몰두하고 있었기 때문에, 그 역시 고구려와 화친하고 싶었다. 처음에는 서로가 잡은 포로들을 교환했는데, 그 수가 각각 만여 명이 넘었다. 고구려가 당에게 책력을 얻어오기를 청하여 당의 연호를 쓰게 되자, 당의 고조는 영류왕을 상주국上柱國 요동군공遼東郡公 고구려왕으로 삼고, 도사道士를 보내어 천존상天尊像과 도법道法을 전하고, 노자老子를 강론하게 했다.

양국 간의 화친이 무르익어가던 영류왕 9년에, 신라와 백제가 당에 사신을 파견하여 고구려가 길을 막고 번번이 침범한다고 호소하였다. 당은 산기시랑散騎侍郞 주자서朱子奢를 보내어 고구려가 신라와 백제의 두 나라와 화친할 것을 종용했다. 그 뒤로 당의 간섭이 차차 더해갔다. 영류왕 11년에는 당이 돌궐을 멸망시킨 여세를 몰아 고구려에 봉역도封域圖를 바치라고 요구했고, 14년이 되자 요하遼河 하류에 세운 경관京觀마저 허물 것을 강요하는 지경에 이르렀다. 이 경관은 수와의 전쟁에서 고구려가 승리한 것을 기념하고 전사한 장병들을 제사 지내기 위해 세운 건물이었다. 당나라와 고구려의 사이가 벌어지기 시작한 것을 안 신라의 진평왕이 629년 8월에 군사를 보내어 고구려의 남쪽을 침략했다. 이 싸움에 참가한 신라의 중당당주中幢幢主 김유신이 낭비성娘臂城을 함락시키면서 고구려 군사 5천여 명을 목 베고 1천여 명을 사로잡아 갔다. 그런데도 고구려는 남쪽의 방비보다 서쪽을 더욱 경계해서 요동 방어선을 보강하고, 당나라의 침공에 대비하기 위해 부여성에서 발해에 이르는 장성을 축조하기 시작했다. 이 장성은 곳곳에 있는 토성을 연결하여 쌓은 토축성이었다. 너비는 약 스무 자에, 높이는 두 길 정도의 고르지 않은 성벽으로 연결해서 크고 작은 성을 요동 방어망으로 이어나간 셈이었다. 그러나 이 천리장성은 성문이나 누각, 돈대墩臺 등이 없어서 당나라의 대군이 3차에 걸쳐 침범했을 때에 큰 역할을 하지 못했다.

이 작업을 지휘하던 막리지莫離支 연태조淵太祚가 축성 도중에 병사했다. 그의 집안은 아버지인 막리지 연자유淵子遊 이래로 서부 대인大人 대대로大對盧를 지냈으며, 야금冶金과 활을 잘 다루었다. 대대로는 상가相加나 태대형太大兄과 마찬가지로 고구려의 최고 관위였다. 연태조가 죽으니 아들인 15세의 소년 개소문蓋蘇文이 뒤를 이어 서부 대인이 되려고 했다. 연태조가 50이 넘어서 태어난 이 아이는 어릴 때부터 힘이 세고 난폭해서 사람들의 미움을 많이 샀다. 성품이 잔인하다고 하여 나라 사람들이 기피하는 것을 안 개소문이 몸을 낮추고 머리를 숙여 서부 사람들의 동정심을 구하고 다녔다. 사람들이 그의 처지를 가련하게 여겨 그가 벼슬을 승계할 수 있도록 도움을 주었다. 연개소문의 원래 이름은 얼가솜이었다. 얼은 연淵으로 물을 뜻하며 가솜은 가蓋＋소蘇(＝金)＋ㅁ(첨가음)으로 쇠를 잘 다루는 사람이라는 뜻이었다. 중국 사서에서는 당고조의 휘가 이연李淵이기 때문에 기휘忌諱하여 연 자를 쓰지 못하고, 연을 천泉으로 바꾸어 적었다. 연개소문이 대대로가 되어 아버지의 유업을 이어 천리장성을 쌓는 일을 독려하는데 백성들의 고통이 이만저만이 아니었다.

영류왕은 평화를 유지하기 위해 당나라에 대해서는 저자세 외교를 펼치기를 원했다. 왕의 21년 10월에 신라를 다시 공격해서 칠중성七重城으로 진출했다가, 주민들을 산속으로 피난시킨 신라 장군 이찬伊湌 알천閼川이 역공하는 바람에 이기지 못하고 물러났다. 영류왕은 9백 년간 이어온 전통에 따라 오부의 호족들에 의지하면서, 장수왕 이래로 지켜왔던 서수남진西守南進 정책을 취해 나갔다. 그러다 보니 당나라의 무리한 요구를 계속해서 받아들이게 되었다. 왕의 23년 2월에는 세자를 입조入朝시키라는 당의 명령에 따라 세자 환권桓權을 보내어 조공을 바쳤다. 왕은 귀족의 자제들을 파견해서 당의 국학에 입학할 것도 명했다. 당에서는 이를 가상히 여겨 직방랑중職方郎中 진대덕陳大德을 보내어 왔다.

진대덕은 사신으로 오면서 마치 유람을 하듯이 방방곡곡을 다녔다. 그는 성읍마다 비단을 선물로 뿌려 관리들을 매수해 고구려의 지형과 군비를 두루 살펴보고, 과거 수십 년간 고구려 정벌에 종군했다가 죽은 병사들의 유족을 만나고 다녔다. 그의 흑심을 고구려의 관리들은 알아차리지 못했다. 진대덕이 당으로 돌아가서 조사한 내용을 황제에게 보고하니, 당의 태종이 크게 기뻐하면서 말했다.

"구려는 본시 한사군의 땅으로, 짐이 군사를 내어 요동을 치면 그들은 반드시 국력을 기울여 이를 구할 것이다. 이때에 따로 수군을 동래로부터 바다를 건너 평양으로 진격시키고 수륙 양면으로 공격하면 쉽게 얻을 수 있는 땅이다. 다만, 아직 산동 일원을 평정하지 못해서 손을 대지 않고 있을 뿐이다."

이런 판국에 서부 대인이 되어 천리장성을 축조하게 된 연개소문이 남수서진南守西進으로 정책을 변경해야 한다고 주장하기 시작했다. 멀리는 광개토대왕의 위업을, 가까이는 을지문덕의 살수대첩을 생각하면 요즈음의 저자세는 말도 되지 않았다. 이대로 가다가는 고구려가 당나라의 속국으로 전락할 것이 틀림없다고 연개소문은 휘하의 조의皂衣들과 함께 비분강개했다. 영류왕을 모신 각부 대인들과 대신들은 이런 연개소문을 눈엣가시로 여기기 시작했다. 연개소문의 행동은 당을 자극해서 다시 큰 싸움이 터지게 될 것이고, 그러면 겨우 회복되어 가고 있는 고구려의 국력을 탕진하여, 모처럼 확보한 그들의 영화와 부귀를 망가뜨리게 할 것이었다. 독버섯이 크게 자라기 전에 뿌리째 뽑아야 할 일이었다. 영류왕 25년 10월이 되어 영류왕과 대신들이 모의를 했다. 그런데 이들의 모의를 연개소문에게 알린 자가 있었다. 연개소문은 짐짓 모른 척하고 왕에게 표를 올렸다.

"마마, 소신이 천리장성을 감독하기 위해 떠날 준비가 되었습니다. 출발에 즈음해서 군사들을 열병하고 잔치를 벌이고자 합니다. 윤허하여 주소서."

왕이 이 행사를 윤허하자 다시 사신을 100여 명이 넘는 대신과 각 부의 요인에게 보내어 알렸다.

"서부 대인 대대로 연개소문이 알립니다. 천리장성을 짓는 일을 감독하기 위해 출발함에 앞서 잔치를 벌이고자 하오니 왕림하시어 격려하여 주십시오."

고구려의 대신과 각 부의 요인들이 서부의 처소에 모였다. 연개소문은 이들이 찾아오자, 숨겨 두었던 군사들에게 명하여 108명의 요인들을 모조리 죽였다. 삽시간에 피바다가 된 처소를 뒤로하고 군사를 이끈 연개소문이 왕궁으로 달려갔다. 왕궁에 있던 영류왕이 난입하는 군사들을 크게 꾸짖으며 대항했으나, 연개소문은 수하의 장병들을 질타하면서 왕과 시종 및 근위병을 모두 살해하고 말았다. 이들은 왕의 몸을 몇 토막으로 잘라 구덩이에 던져 버리고, 왕궁에 숨어 있던 영양왕의 아우인 대양왕大陽王의 아들 장臧을 왕으로 추대했다. 고구려의 마지막 왕이 되는 28대 보장왕寶藏王이었다. 연개소문은 보장왕을 옹립한 뒤에 바로 고구려의 최고 관직인 대막리지大莫離支가 되고, 자신의 친인척을 모두 요직에 앉혀서 독재정권을 수립했다. 그는 고구려의 무장 출신답게 오도五刀를 차고 다녔으며, 귀족이나 무관을 엎드리게 해서 그 등을 밟고 말에 올랐다고 한다. 그만큼 서슬이 시퍼랬다.

신라의 김춘추가 구원병을 요청하러 온 것은 바로 고구려에 이런 정변이 일어난 직후였다. 김춘추는 사간沙干 훈신訓信을 데리고 고구려로 가다가 대매현代買縣에 도착했다. 대매현의 사간 두사지豆斯支가 이들을 맞아 극진히 대접하면서 말했다.

"이찬께서 고구려로 가시려면 이 청포青布 삼백 필을 갖고 가십시오. 긴히 쓰일 것입니다."

고구려왕을 알현하고자 훈신을 시켜서 왕의 총신인 선도해先道解를 만나게 했다. 선도해의 주선으로 보장왕이 크게 잔치를 벌이면서 김춘추를 환대했다. 이것을 본 고구려의 한 대신이 못내 왕에게 귀띔을 했다.

"이번에 온 김춘추라는 사람은 예사로운 사람으로 보이지 않습니다. 생김새가 준수하고 언변 또한 탁월한 것이 신라 귀족의 으뜸이라 소문이 나 있습니다. 제 발로 우리나라에 들어왔으니, 우리나라를 염탐하러 왔다고 덮어씌워 잡아 죽이는 것이 뒤탈이 없을 것입니다."

왕이 그럴 듯하게 여겼으나, 김춘추가 전혀 꼬투리를 잡히지 않아서 잡아 죽이지 못했다. 하는 수 없이 왕이 억지를 썼다.

"본래 마목현痲木峴과 죽령竹嶺은 우리 고구려의 땅이다. 이곳을 너희가 차지하고 있으니, 우리에게 돌려주어야 마땅하다. 그런 약조를 하지 못하면 그대를 돌려보내지 않을 것이니라."

"대왕께서 그런 말씀을 하시나, 한 나라의 땅을 신하로서 마음대로 처분할 수가 없습니다. 이웃 나라가 위험을 당해서 원병을 청하러 왔는데, 대왕께서는 도리어 땅을 할애하라고 군사력을 뽐내면서 억지를 쓰시니 이런 억울한 일이 어디 있겠습니까? 신은 죽는 한이 있더라도 명을 받들지 못하겠습니다."

"이런 무례한 자가 있는가? 당장에 하옥시켜서 욕을 보이도록 하거라."

보장왕이 호령했다.

"대왕마마, 신라가 옛날의 은혜를 잊고 방자하게 굴고 있으나, 지금 사신을 가두어 죽이면 안 되십니다. 서쪽의 강적을 대적해야 할 형편입니다. 그 정도로 꾸지람을 하시면 저들도 알아들을 것입니다. 우선은 사신을 객관으로 돌아가게 하소서. 차차 이 자도 잘못을 깨닫게 되면 마음을 바꿀 것입니다."

곁에 있던 연개소문이 말렸다.

가까스로 호구를 탈출해온 김춘추가 가만히 생각해 보았다. 아무래도 왕의 총신 선도해의 도움을 받아야 해결할 수 있을 것 같았다. 그래서 그는 갖고 온 청포 삼백 필을 몽땅 선도해에게 보내면서 도움을 청했다. 선도해가 김춘추 일행을 집으로 청하여 성찬으로 대접했다. 술이 거나해진 선도해가 농담 반 진담 반으로 김춘추를 보고 말했다.

"옛날에 용왕의 따님이 병이 들었다오. 의원이 말하기를, 토끼의 간이 약이라 했소. 바다 속에 토끼가 있을 수 없어 용왕이 수심에 잠겼는데, 주부主簿로 용왕을 모시던 거북이 토끼의 간을 구해 오겠다고 나섰어요. 뭍으로 올라간 거북이 토끼를 용궁으로 모셔서 호사를 시키겠다고 유혹해 등에 태우고 오다가, 토끼에게 실토를 했지요. 토끼의 간이 필요하다고. 토끼가 깜짝 놀라 하는 말이, '실은 간은 소중한 것이라 평소에 음지에 소중히 모셨다가, 필요할 때만 꺼내어 쓴답니다. 이번에 급히 떠나는 바람에 간을 갖고 오는 것을 잊었소. 돌아가서 갖고 옵시다'라고 했습니다. 토끼의 말에 거북이 얼른 뭍으로 다시 돌아갔지요. 뭍에 오른 토끼가 깡총깡총 뛰어 도망치면서 거북을 보고 비웃었다오. '간을 내어 놓고 사는 놈이 어디에 있단 말인가? 내 말에 속았다. 용용 죽겠지?' 거북은 사색이 되어 바다로 되돌아 갔답니다. 이게 무슨 뜻인지 알겠습니까?"

원래 하나를 들으면 열을 아는 김춘추였다. 그 자리에서 글을 써서 왕에게 올렸다.

"마목현과 죽령은 본래 대국의 땅입니다. 신이 귀국하면 우리 임금에게 청하여 바로 돌려드리도록 하겠습니다. 신의 말을 못 믿으시는 것은 동천에 뜨는 해의 밝음을 의심하시는 것과 같을 것입니다."

보장왕이 김춘추의 글을 보고 좋아하는데, 고구려의 첩자로 신라에 가 있던 중 덕창德昌이 밀계를 올렸다. 고구려로 들어간 지 두 달이 되도록 김춘추가 돌아오지 않자, 신라의 장군 김유신이 용사 일만여 명을 결사대로 조직해서 한강을 건너 고구려의 남쪽 지경에 들어오고 있다는 것이었다. 보장왕이 놀라서 연개소문과 상의했다.

"대왕마마, 지금은 신라를 자극할 때가 아닙니다. 김춘추를 돌려보내소서. 서쪽의 당이 아무래도 수상쩍습니다."

김춘추는 가까스로 석방되어 신라로 돌아왔다. 대장군 김유신의 군사 시위로 김춘추가 빠져나오게 된 것을 안 선덕여왕이 김유신을 압량주押梁州의 군주軍主로 삼아 그 공에 보답했다. 압량주는 후일의 경산慶山으로, 신라의 북방을 지키는 군사 요충이었다. 이때가 선덕여왕 11년 말의 일이었다.

이런 일이 있은 뒤로 선덕여왕은 해마다 당나라에 사신을 보내어 원병을 청했다.

"고구려와 백제가 우리나라를 공격하여 수십 성을 빼앗아 갔습니다. 대국에서 그들을 벌하시어 다시는 우리의 사직을 위협하지 않도록 해 주소서."

신라 사신의 거듭된 읍소에 당의 태종은 대답했다.

"그대의 나라가 항상 우리 대당에 공물을 바치고 있어서 그 충심을 가상히 여겨, 고구려와 백제에게 그대의 나라를 치지 못하도록 타일렀건만 이들이 말을 듣지 않는다. 그래서 짐이 세 가지 계책을 생각하였는데, 사신은 잘 듣고 선택하여 그대의 임금에게 알리도록 하여라."

"황제폐하, 무슨 계책이신지 하교하소서."

"첫째는 변방의 군사를 동원해서 거란과 말갈의 군사를 거느리고 요동遼東으로 쳐들어 가서 그곳에 주둔하게 하면, 가히 일년은 평화를 지킬 수 있을 것이다. 두 번째 계책은 그대의 나라에 우리 군사의 군복과 기치 수천 벌을 주면, 고구려와 백제의 군사가 쳐들어와도 우리 군사가 그대의 나라에 들어와 있는 것으로 착각해서 도망갈 것이다. 그러나 이 두 가지는 모두 임시변통에 지나지 않는다. 지금 살피건대 백제는 바다의 험난함을 믿고 병기구를 수리하지 않고, 남녀가 뒤섞여서 연회만 벌이고 놀며 지낸 다고 들었다. 그래서 우리 당나라가 수백 척의 전선에 군사를 싣고 백제로 쳐들어가면 쉽게 그들을 격멸할 수 있을 것이다. 그런데 그대의 나라는 여자를 임금으로 삼아 이웃 나라의 업신여김을 받고 있다. 이런 수모를 피하기 위해서는 짐의 친척 중 한 남자를 임금으로 삼고, 그를 지키기 위한 군사를 파견하는 것이 가장 좋은 계책으로 생각된다. 어느 계책을 따를 것인지 어서 가서 임금께 알리고 오라.ˮ

신라의 사신은 어안이 벙벙해서 말 한마디 못하고 물러갔다.

ˮ허허, 참으로 딱한지고. 계집으로 왕을 삼으니 저렇게 되지 않을 수 있겠는가?ˮ

선덕여왕 13년 정월에 다시 여왕이 방물을 바치며 당의 도움을 청했다. 당의 태종이 사농승상司農丞相 이현장里玄奬을 고구려에 보내어 국서를 전하게 했다.

ˮ신라는 우리나라에 조공을 잘 바치고 있고 우리를 의지해 오고 있다. 그대의 나라와 백제는 군사를 거두고 싸움을 그만두도록 하라. 만약 다시 신라를 공격하면, 내년에는 반드시 군사를 내어 그대의 나라를 공격하리라.ˮ

연개소문은 당의 국서를 내치면서 말했다.

ˮ우리가 수와 싸울 적에 신라가 우리의 땅 500리를 침략하여 아직 돌려보내지 않고 있다. 원한의 세월이 이미 많이 흘렀다. 신라가 가져간 땅을 돌려보내면 우리가 신라를 공격하지 않을 것이다.ˮ

압량주 군주로 있던 김유신이 선덕여왕 13년에는 소판蘇判으로 승진했다가, 그해 9월에는 상장군이 되어 군사를 거느리고 백제의 가혜성, 성열성, 동화성 등을 쳐서 크게 이겼다. 그 이듬해 1월에 서라벌로 개선했으나 미처 여왕을 알현하기도 전에 백제의 대군이 와서 매리포성을 공격한다는 급보를 받았다. 선덕여왕은 김유신을 다시 대장군으로 임명해서 백제를 치게 했다. 김유신은 이에 백제의 7성을 공격하여 수중에 넣었다. 다음 해인 선덕여왕 14년에도 먼저 당에게 방물을 바치고 지원을 청하면서, 김유신으로 하여금 백제의 대군을 막으라고 명령했다. 김유신이 집에 들리지도 못하고 다시 군사를 거느리고 나가서 적 2,000명을 참살하고 돌아 왔다. 집으로 돌아가려는데, 다시 백제가 변방을 침범했다는 급보가 들어왔다. 김유신은 또 집으로 돌아갈 짬도 얻지 못하고 전장으로 나갔다. 가는 도중에 집 근처를 지나게 되어 집에서 물 한 바가지를 얻어오라고 하여 마시면서 김유신이 말했다.

"물맛이 여전하니 집안이 편안한 것 같다."

나라를 위해 몸과 가정을 돌보지 않고 분골쇄신하는 김유신의 모습을 보고 모두들 감동했다.

5월에 당의 태종이 친히 군사를 이끌고 고구려를 치니 선덕여왕은 군사 3만 명을 내어 이를 도왔다. 11월에 이찬 비담毗曇을 상대등으로 삼았다. 그런데 이 사람이 해가 바뀌면서 당태종의 세 번째 계책을 빙자하여 여왕을 모실 수 없다고 반란을 일으켰다. 비담에 호응하여 염종廉宗 같은 기존 귀족이 동참하는 바람에 한때 여왕을 지지하는 근왕군이 열세에 빠졌다. 비담이 명활성明活城에 포진하고 여왕의 군사는 월성月城에 진을 쳐서 서로 치고받기를 십여 일 동안 하였는데 승부가 나지 않았다. 어느 병진丙辰 날 밤에 큰 별이 월성에 떨어졌다. 이를 본 군사들에게 비담이 유언비어를 뿌렸다.

"별이 떨어지는 것을 보니 여왕이 패망할 것이다."

군심이 동요하는 것을 안 김유신이 계책을 세웠다.

"연을 갖고 오너라. 연에 허수아비를 묶고 불을 붙여서 밤하늘 높이 띄워라. 그러고는 별이 다시 공중에 높이 떴다고 함성을 올려라. 하늘의 변

괴쯤은 우리에겐 아무것도 아니니라. 난신적자를 치는 것은 의로운 일이니, 사람이 정성을 다하여 선을 선으로, 악을 악으로 시행하면 신도 어쩔수 없이 우리를 도울 것이다."

사기가 오른 김유신의 군사들이 비담의 군사를 모조리 참살하고 그 구족을 멸했다. 난중인 정월 8일에 선덕여왕이 돌아가서 낭산狼山에 장사를 지냈다. 선덕여왕은 평소에 자신을 도리천忉利天, 곧 낭산 남쪽에 장사 지내라고 했는데, 훗날 왕릉 아래에 사천왕사四天王寺를 세우게 되었다. 불교에서는 세상의 한가운데에 수미산須彌山이 있고 그 위에 6천天이 있는데, 중턱에는 사천왕천, 꼭대기에는 도리천이 있다고 했다. 신라를 부처님의 나라라고 생각하면 선덕여왕은 죽은 후 도리천에 승천하여 신이 된 셈이었다.

선덕여왕은 불심이 돈독했다. 특히 백성을 사랑했다. 그녀는 백성들이 농사 짓는 것을 돕기 위해 천문과 기상을 살피는 첨성대瞻星臺를 짓게 했다. 반월성半月城 옆의 평지에 축조된 이 천문대는 음력 한 해를 상징하는 362개의 화강암 벽돌을 써서 원통형으로 축조되었다. 이외에도 호국 불교의 상징으로 분황사와 황룡사도 지어서 외적으로부터 나라를 지키는 염원을 담았다. 선덕여왕에게는 남편이 셋이나 있었으나 후사를 얻지 못했다. 그래서 성골 가운데 하나밖에 남지 않은 진평왕의 동생인 국반 갈문왕의 딸 승만勝鬘을 김춘추와 김유신이 화백회의에서 왕으로 추대했다. 진덕여왕眞德女王이었다. 당나라에서 이 소식을 듣고 전왕에게 광록대부光祿大夫를 추증하고, 승만을 주국낙랑군왕柱國樂浪郡王으로 봉했다.

10월에 다시 백제가 쳐들어와서 무산茂山을 비롯한 세 성을 포위했다. 김유신이 왕명을 받들고 군사 만 명을 거느리고 이를 요격했으나 힘이 모자라 위급하게 되었다. 그때 김유신의 격려를 받은 비녕자丕寧子가 아들과 종을 데리고 적진에 돌진하여 모두 전사했으나, 뒤를 이어 전군이 진격해 3,000여 명의 적군을 격살했다.

김춘추는 고구려에 대한 구원요청이 소용없게 되자 이번에는 야마토로 건너갔다. 비담의 반란 뒤에 선덕여왕을 이어 옹립한 진덕여왕眞德女王의 새 정권을 공고하게 만들 속셈이었다. 이를 위해서는 야마토 왕조의 비준과 원조를 얻는 것이 크게 도움이 되기 때문이었다. 야마토의 외교 사절로 신라에 와 있던 박사 다카무쿠高向와 오시구마押熊가 귀국하는 편을 이용하여 김춘추는 공작 한 쌍과 앵무새 한 쌍을 선물로 가져갔다. 야마토에서는 그가 온 것을 백제왕자 풍장豊璋과 마찬가지로 양국 간의 우의를 위해 파견되어 온 인질로 간주했다. 야마토의 고토쿠孝德 천황은 김춘추를 인견하여 그의 잘생긴 자태와 마음을 사로잡는 말솜씨에 감탄했다.

김춘추는 야마토에서 돌아온 뒤에 당나라로 아들 문왕文王과 함께 건너갔다. 당태종이 광록경光禄卿 유정柳亭을 교외에까지 보내어 그들을 영접하게 했다. 태종은 김춘추의 의표가 뛰어난 것을 보고 보통 사람이 아닌 것을 짐작해 그를 후하게 대접했다. 김춘추가 국학國學에 가서 석전釋奠과 강론을 보기를 청하자, 태종이 허락하면서 자신이 지은 『온탕비溫湯碑』와 『진사비晉詞碑』 그리고 새로 편찬한 『진서晉書』를 주었다. 김춘추를 며칠 동안 곁에 둔 태종이 금과 비단을 주면서 물었다.

"그래, 경은 무슨 생각을 하고 있는가?"

김춘추가 무릎을 꿇고 앉아 공손히 말했다.

"신의 나라는 바다 멀리 동쪽 끝에 있으나 항시 천조를 섬겨왔습니다. 그런데 백제가 군사력이 강하고 교활하여 번번이 저희를 겁략하고 있습니다. 근자에는 대군으로 침략해 와서 저희 성 수십을 빼앗아 가서 입조할 길을 막고 있습니다. 만약 폐하께서 천병을 빌려주셔서 저들을 응징해 주시지 않으면, 우리나라의 백성들이 조공을 드리고 싶어도 길이 막히게 됩니다. 폐하, 통촉하시고 도와주소서."

마침내 김춘추는 백제 공격에 대한 군사 원조를 한다는 약조를 받고 특진特進 벼슬을 제수 받았다. 돌아갈 때에 아들을 남겨 황제를 지키는 숙위

宿衛로 있게 했다.

　그런데 돌아오는 길에 바다 위에서 고구려의 수군에 걸려 꼼짝달싹하지 못하고 고구려군의 포로가 될 판이 되었다. 그런데 그를 호위하고 있던 온군해溫君解가 나섰다.

　"이찬께서는 관과 옷을 제게 주십시오. 그리고 얼른 작은 배로 피신하십시오."

　"알았소. 장군이 뒤를 잘 돌봐 주시오."

　김춘추가 온군해와 의관을 바꾸고 작은 배에 올라 육지를 향해 노를 저어 도망쳤다. 큰 배에 남은 온군해가 몰려오는 고구려의 수군을 향해 활을 쏘면서 외쳤다.

　"이놈들, 내가 신라의 이찬 김춘추다. 덤벼라! 한꺼번에."

　온군해가 큰 칼을 뽑아 휘두르며 배에 오르는 적병을 쳐 죽였으나 중과부적이었다. 마침내 만신에 창칼을 받고 배 위에 선혈을 뿌리며 쓰러졌다. 그러나 김춘추는 가까스로 호구를 탈출할 수 있었다. 진덕왕이 김춘추의 보고를 듣고 온군해의 죽음을 아쉬워하며, 대차안大阿飡의 벼슬을 추증하고 그의 자손에게 후한 상을 주었다.

　김춘추를 만난 사람은 모두 그의 높은 인품과 능숙한 언변에 매혹되었다. 그는 당시 국제무대에서 당당하게 외교를 할 수 있는 최고의 인물이었다. 이런 훌륭한 인물도 선덕과 진덕의 두 여왕이 즉위한 단계에서는 왕위에 오르지 못했다. 김춘추는 두 여왕과는 사촌 간이었다. 그러나 모계로 따지면 김춘추가 두 여왕의 생질이 된다. 그래서 한 대가 처지는 데다 문란한 행실로 축출된 진지왕眞智王의 손자라 이미 진골 신분으로 하강되어 있었다. 그래서 왕위계승권에서 멀어져 있었기 때문에 두 사람의 여왕을 모실 수밖에 없었다.

3. 7세기의 백제와 야마토의 관계

백제의 성왕聖王이 신라의 장군 김무력金武力의 비장裨將 도도都刀에게 사로잡혀서 분사를 한 이후로, 백제와 신라는 불구대천의 원수가 되었다. 진평왕의 딸 선화 공주를 왕비로 맞은 막동도 백제의 29대 무왕武王이 된 뒤로 평생 신라를 공격하면서 지냈다. 백제가 신라와 싸우려면 당의 지원이 필요했다. 그래서 무왕은 수시로 당에 사신을 보내어 과하마果下馬나 야광개夜光鎧, 금갑金甲, 조부雕斧를 바치면서 친교를 맺고, 신라와 교역하는 것을 방해했다. 무왕 33년에 여의자余義慈가 태자가 되었다. 여의자는 위덕왕威德王의 아들 아좌 태자阿佐太子의 적장자였다. 그는 태자가 된 뒤, 9년간 무왕을 보좌하며 동쪽의 야마토를 장악했다. 그는 태자가 되기 한 해 전에, 아들 여풍余豊을 야마토로 보내어 백제계 주민들을 관장하게 했다. 야마토의 오오기미 일가와 백제 왕가는 오래전부터 친척 간으로 가까이 지냈다. 야마토에서는 만세일계萬世一系로 황통이 이어지고 있는 것으로 『니혼쇼기日本書紀』에 기록하기 위하여 『백제기紀』, 『백제신찬新撰』, 『백제본기本紀』 같은 백제삼서百濟三書를 비롯해 많은 사서史書를 훼손했다. 이 때문에 백제의 왕자들이 야마토의 오오기미가 되었다는 주장에 대한 고증이 잘 되지 않고 있다. 그러나 일본의 각지에 있는 유적과 『신찬성씨록新撰姓氏錄』이나 『만요슈萬葉集』 같은 문헌을 살펴보면, 많은 백제의 왕족이 일본의 왕가에 섞였음을 알 수 있다.

백제 20대 개로왕蓋鹵王이 461년에 아우를 야마토로 보내어 그곳의 백제계 주민을 통솔하는 군군軍君으로 삼았다. 이 사람의 이름이 곤지昆支라했다. 이 곤지의 아들들이 뒤에 백제왕과 야마토의 오오기미가 되는 것을 야마토의 백제계 호족들이 크게 도왔다. 삼근왕三斤王의 뒤를 이어 479년에 백제의 왕이 된 22대 동성왕東城王이나, 암살된 동성왕의 뒤를 이은 무령왕武寧王이, 모두 야마토에 있다가 백제로 돌아간 백제의 왕족이었다.

곤지의 맏아들은 야마토의 지도층이 되었다. 곤지가 오진應神 천황이고, 그의 맏아들이 닌토쿠仁德 천황이라는 구전도 있을 정도로 이때의 백제와 야마토의 지배층은 뒤섞여 있었다. 25대 성왕聖王의 조카이자 26대 위덕 왕威德王의 아들인 아좌 태자는 597년에 야마토로 건너가서 쇼토쿠 태자 聖德太子의 스승이 되고, 야마토의 스이고 천황의 부마가 되었다.

『신찬성씨록』제1질의 12열에 오오하라 마히도大原眞人에 대한 기록이 있는데, 오오하라가 '비다쓰敏達의 후손인 구다라노기미百濟君의 후손'이 라고 적은 것을 보고, 30대 야마토의 오오기미大王 비다쓰敏達 천황이 백 제 출신이라고 주장하는 학자도 있다. 비다쓰는 야마토의 나라奈良에 큰 대궐을 지었는데, 그 이름을 구다라百濟 오오이노미야大井宮라고 했다. 그 런 것을 미루어 보면 비다쓰가 백제인이라는 주장도 일리가 있어 보인다.

한 가지 더 주목할 사실은 교토京都에 있는 히라노신사平野神社에 관 한 일이다. 서기 794년에 설립된 이 신사는 이마기노가미今木神를 비롯한 4위의 신을 모시고 있다. 일본의 신사 가운데 가장 격이 높은 관폐대사官 幣大社의 하나로, 한동안 해마다 천황이 가거나 황태자가 폐백을 바친 적 이 있었다. 주신인 이마기노가미今木神는 염직, 수예, 의상의 신이라고 하 는데, 이마는 지금이라는 뜻이고 기는 온다는 뜻이니, 이마기노가미는 최 근에 도래한 귀인이라는 뜻이 된다. 이 신사에 모신 네 분의 신들 가운데 네 번째 신이 히메가미比賣神인데, 이 여신이 다카노니이가사高野新笠라고 전한다. 다카노는 49대 고우닌光仁 천황의 측실로, 아들인 50대 간무桓武 천황에 의해 황태후로 모셔졌는데, 그녀는 백제 무령왕의 아들 순타 태자 純陁太子의 후손이라고 전한다. 그런데 백제에서 야마토로 건너간 사람들 의 이야기는 이에 그치지 않는다. 7세기의 야마토 조정을 주무르는 인물들 이 모두 백제와 관련이 있었다.

다시 이야기는 스이고 천황이 붕어한 서기 628년경의 야마토로 돌아간다. 스이고 천황은 후계자를 지명하지 않았다. 그 대신 아들 다무라田村와 쇼토쿠 태자의 아들 야마시로山背를 따로 불러서, 오오기미의 자리가 함부로 탐낼 자리가 아니니 몸조심을 하고, 여러 신하의 의견을 따르도록 하라고 당부했다. 그녀가 재위 36년만인 3월 초이틀에 74세로 붕어해서 9월에 장례를 치르게 되었다. 스이고 천황의 초상을 마치기까지 6개월간 오오미 소가노에미시蘇我蝦夷가 정사를 맡고 있었는데, 후사를 정하는 일을 논하고자 여러 신하를 집으로 초청했다. 그런데 신하들은 모두 의견을 말하지 않고 서로 눈치만 살폈다. 그러다 보니 신하들은 다무라와 야마시로의 두 왕자 편으로 나뉘어 암투를 하게 되었다. 소가노에미시는 다무라를 차기 오오기미로 추대할 속셈으로 있었다. 그러나 쇼토쿠 태자의 아들인 가미쓰미야게上宮家의 야마시로山背는 아버지의 후광을 업고 오오기미가 되고 싶어했다. 쇼토쿠 태자 시대부터 후견인 역할을 해왔던 소가씨蘇我氏 방계의 사카이베노마리세境部摩理勢가 그런 사정을 알고 야마시로를 옹립하고 나섰다. 참고로 가미쓰미야게는 쇼토쿠 태자 일족을 높여서 일컫는 호칭이었다. 그러나 소가노에미시가 뒤에서 조종하는 바람에 결국 야마시로山背는 계승권을 포기하고 말았다. 생각 밖의 사태에 격분한 사카이베노마리세가 반기를 들었다가, 야마시로의 설득으로 자택으로 돌아갔다. 에미시가 마리세를 공격하니 궁지에 몰린 마리세를 부하가 교살했다. 오오미 소가노에미시와 여러 신하가 오오기미의 징표인 거울과 검을 들고 다무라 황자에게 바치며 보위에 오를 것을 주청했다. 다무라가 여러 번 사양하다가 보위에 오르니, 34대 조메이舒明 천황이다. 이런 일이 있은 뒤로 야마시로와 소가의 관계는 더욱 악화되었다.

조메이 천황의 치하에서는 야마토와 한반도 및 당나라 사이에 여러 번 사신이 오갔는데, 내방하는 사신들을 위한 객관을 나니와難波에 개축하여 삼한관三韓館이라고 명명했다. 백제에서 의자왕이 왕자 여풍余豊을 3월에 파견해 왔다. 조메이 4년 8월에 당에서 고표인高表仁이 사절로 왔는데, 우선 대마도로 다이닌大仁 미다스키三田耜를 보내어 영접했다. 두 달 뒤에 선박 32척에 의장을 갖추고 고각을 울리면서 당의 사절을 나니와로 안내하여 고구려관의 위에 새로 지은 객관에 들었다. 이는 전조인 스이고 16년에 수隋의 사절 배세청裵世淸을 영접했던 전례에 따른 것이었다. 이때를 전후해서 고구려와 백제, 신라의 사신들이 잇따라 다녀갔다.

조메이 천황 8년 6월에 오가모도岡本에 있던 대궐에 불이 나서 다나카田中에 새로 궁을 지어 들어갔다. 7월에 황족의 우두머리인 오호마다大派王와 신하의 수장인 오오미 소가노에미시를 불러서 군신들의 출사와 퇴사 시각을 지키고 기강을 세우도록 일렀으나, 오오미부터 복종하지 않아서 천황의 영이 서지 않게 되었다. 이해에는 가뭄이 들어서 백성이 굶주리고, 다음 해에 걸쳐서 천재이변이 속출했다. 그런 가운데 동북방의 에비스蝦夷가 반란을 일으켰다. 이 에비스는 아이누족으로 야마토와는 전혀 다른 종족이었다. 다이닌 가미쓰게노기미上毛野君를 장군으로 삼아 이를 토벌시켰으나, 에비스에 이기지 못하고 도망쳐 왔는데 그의 처가 수십 명의 여군을 이끌고 구원하여 무사함을 얻었다. 몸이 허약해진 천황은 자주 온천을 다니게 되었다. 11년 가을에 나라奈良의 구다라가와百濟川가에 큰 대궐과 구다라데라百濟寺 그리고 9층탑을 건립했다. 12년 10월에 당에 있던 학문 승 미나부치南淵 세이안請安과 학자 다카무쿠高向 쿠로마로玄理가 신라를 거쳐 돌아왔다. 이 두 사람은 608년인 스이고 16년에 견수사遣隋使를 따라 갔다가 643년에 돌아왔으니, 실로 35년간이나 유학했던 셈이 된다.

조메이 천황은 새로 지은 구다라노미야百濟宮로 옮겼다가 다음 해 10월에 즉위 12년 만에 붕어했다. 조정에서는 대궐의 북쪽에 구다라노오오모가리百濟大殯를 만들어, 백제의 왕실 의례에 따라 3년상으로 성대하게 장례를 치르기로 했다. 야마토에서 이 장례를 구다라노오오모가리라고 한 것을 보면, 당시의 야마토가 온통 구다라, 즉 백제百濟 중심으로 되어 있던 것을 알 수 있다. 조메이 천황에게는 후사가 없었다. 그래서 조메이의 황후인 다카라노히메미코寶女王가 천황에 옹립되었다. 다카라노히메미코는 조메이 천황의 배다른 형인 치누노미꼬茅渟王의 딸이었다. 치누노미꼬는 『신찬성씨록』의 좌경황별左京皇別에 나오는 구다라노기미百濟王로 추정되는데, 이 사람이 백제의 무왕이라는 설이 있다. 무왕의 아명이 막동薯童인데, 이 이름이 치누의 한자 표시인 모정茅渟과 소리가 비슷하다고 해서 그런 주장을 한 것이었다. 아무튼 이 사람은 6세기에서 7세기에 걸쳐 살던 야마토의 왕족인데, 긴메이欽明 천황의 손녀 기비히메吉備姬를 비로 삼아 타카라노히메미꼬와 가루노미코輕皇子를 낳았다. 치누노미꼬가 무왕이라면 타카라노히메미꼬와 백제의 의자왕義慈王은 사촌간이 된다. 이처럼 백제 왕가와 야마토의 천황 집안은 이중 삼중으로 얽혀 있었다. 타카라노히메미꼬는 처음에 쇼토쿠 태자의 조카인 다카무쿠노기미高向王의 비가 되어 가라노미꼬韓皇子를 낳았으나, 얼마 가지 않아 남편을 잃고, 다시 조메이 천황의 비가 되었다. 그러다 보니 그녀는 황족 가운데 보위에 가장 가까운 위치에 있었다. 그래서 스이고에 이어 다시 여인인 타카라노히메미꼬가 보위에 올랐으니 고교쿠皇極 천황이다.

고교쿠 천황이 642년 정월에 즉위하면서 소가노에미시를 다시 오오미로 임명했다. 에미시의 큰아들 이름이 하야시타로林大郎 또는 구라쓰쿠리鞍作라고 했다. 『니혼쇼기日本書紀』에서는 그를 천대하여 짐승의 이름인 이루카入鹿로 적었다. 아비의 이름인 에미시도 야만족의 이름이니 이들 부자를 역도로 적기 위한 작명이었다. 그러나 이 부자의 시대에는 도적이 없고 사람들이 길에 떨어진 물건도 줍지 않을 정도로 치안과 질서가 잘 유지되었다. 2월 초이틀에 백제에서 조메이 천황 조문사 겸 신제 즉위 축하사절을 보내어 왔다. 그런데 조문사가 접대하는 자리에서 말했다.

"백제의 대왕께서 야마토에 보낸 새상塞上의 행실이 나쁘니, 돌아오는 편에 데리고 오라 하고 싶은데, 오오기미가 허락하지 않으리라 하셨습니다. 신들이 어찌할 바를 모르겠나이다."

그런데 사절의 수행원은 다음과 같은 말을 따로 전했다.

"작년 11월에 대좌평大佐平 지적智積이 죽고, 왕의 모후가 돌아가셨습니다. 그리고 아래 왕자 교기翹岐와 그 누이 네 사람을 비롯해서 내좌평內佐平 기미岐味 등 40여 명을 섬으로 추방했다 합니다."

백제에서 섬이라면 야마토의 쓰쿠시를 뜻했다. 수행원들이 떠도는 소문을 전한 것이었다. 뒤에 알려진 일이지만 대좌평 지적은 죽은 것이 아니라, 이보다 몇 달 뒤인 7월에 백제의 사신으로 야마토로 건너와 천황을 알현했다. 그런데 2월 6일에 고구려에서 사신이 와서 나니와쓰難波津에 들게 했는데, 고구려에 정변이 일어나서 연개소문이 왕을 시해하고 보장왕을 추대했다는 소식을 전했다. 한반도에 한꺼번에 큰 변란이 여기저기에서 일어난 셈이었다. 22일에 백제와 고구려의 사절들에게 나니와難波의 고을에서 향연을 베풀었다. 3월 6일에 신라에서도 사절을 보내어 왔다.

4월 8일에 백제에서 온 교기翹岐 왕자 일행이 대사 자격으로 천황을 알현했다. 이틀 후에 오오미가 사저로 교기 왕자를 초대해서 친히 얘기를 나누었다. 5월 5일에 요기미衣網의 둔창屯倉 앞으로 교기 왕자 일행을 초청해서 기사騎射 시합을 보게 했다. 7월 22일에 백제에서 대좌평 지적智積이 사신으로 와서 천황을 알현했다. 이때에 교기 왕자의 앞에 장정들을 모아 씨름을 하게 했는데, 이 뒤로 야마토에서 씨름이 유행하면서 이를 스모相撲라고 부르게 되었다. 지적 일행은 연회가 파하여 물러가면서 교기 왕자를 향해 국궁 재배했다.

고교쿠 원년의 6월 중순에 가랑비가 잠시 오고 여러 날이 가물었다. 사람들이 떠들었다.

"마을마다 무당이 시키는 대로 소와 말을 잡아서 여러 신에게 빌었고, 장터를 자주 옮기면서 하백河伯에게 비 오기를 빌었는데도 전혀 효험이 없습니다."

오오미 소가노에미시가 말했다.

"절마다 경을 읽고 부처님께 제를 올려서 기우제를 하자."

오오미의 영에 따라 구다라다이지百濟大寺의 남쪽 마당에 불상, 보살상 그리고 사천왕상四天王像을 모시고, 『대운경大雲經』과 같은 대승불경大乘佛經을 읽게 했다. 그러면서 오오미 자신이 향로를 손에 들고 향을 피우며 기우제를 지냈다. 오오미가 닷새를 빌어도 비가 오지 않았다. 오오미가 하는 수 없이 기우제를 거두었다.

8월 초가 되었다. 고교쿠 여제가 미나부치의 상류에 가서 땅에 꿇어앉아 사방을 보고 배례했다. 그런 뒤에 하늘을 우러러보고 기도했다.

"비나이다. 비나이다. 천지신령께 비나이다. 비를 내려서 백성을 도우소서. 비나이다. 다시 비나이다. 천지신령께 비나이다."

그러자 천둥이 치면서 장대 같은 비가 내렸다. 비가 오기를 닷새째 되니 천하가 눅눅해졌다. 백성들이 환성을 올렸다. 천황의 기도는 영험이 있고, 오오미의 기도는 효험이 없었으니, 천황의 천군으로서의 권위가 하늘을 덮게 되었다.

9월에 고구려, 백제, 신라의 사신들이 모두 돌아갔다. 천황이 오오미에게 조서를 내렸다.

"짐은 큰 절을 세우고 싶다. 아후미近江와 고시越의 장정을 동원하라."

십이월이 되어도 날씨가 봄처럼 따뜻해졌다. 처음으로 선제의 발상을 하면서 여러 귀족들이 왕자들과 오오미를 대신하여 축문을 읽고 선제를 나메하사마노오까滑谷岡에 가매장했다. 그 뒤에 오오미 소가노에미시가 선조를 모시는 묘당廟堂을 가쓰라기葛城의 저택에 건립하고, 팔일八佾의 춤을 추게 했다. 팔일의 춤은 64명이 방진을 짓고 춤을 추는 행사인데, 중국에서 전래한 것으로, 이 춤을 천자가 아닌 공경이나 대부가 추는 것은 분수에 넘치는 일이라고 비난하는 글이 논어에 실려 있다. 소가노에미시가 천자 행세를 한 셈이 되었다. 소가蘇我 부자의 횡포는 이것으로 그치지 않았다. 이들은 신라식으로 큰 묘와 작은 묘를 이은 쌍분을 축조해서 큰 묘는 아비의 묘로 삼고, 작은 묘는 아들인 이루카入鹿의 묘로 삼았다. 이 공사에 쇼토쿠 태자 집안인 가미쓰미야上宮 사람들을 모아 노역을 시켰다. 그러자 쇼토쿠 태자의 딸인 이라쓰메大娘姬王가 격분했다.

"도대체 소가는 나라를 마음대로 휘둘러서 예의라고는 전혀 모르는 놈들이다. 하늘에 해가 둘이 있을 수 없고, 나라에 두 임금이 없는 법인데, 어찌 이처럼 무엄한가?"

고교쿠 2년 9월 초엿새에 선제를 오시사카押坂의 능에 장사지냈다. 10월 3일에 군신과 지방의 수령들을 조정에 모아서 고교쿠 천황이 일렀다.

"전에 영을 내린 바와 같이 각자 맡은 곳에 가서 정사를 행함에 소홀함이 없도록 하라."

그런데 이때에도 오오미 소가노에미시는 칭병하고 나오지 않았다. 그러면서 사사로이 아들 이루카入鹿에게 자관紫冠을 수여했다. 이 관은 12계의 관위 외에 오오미에게 천황이 수여해야 하는 것이었다. 소가노에미시는 이에 그치지 않고, 이루카의 아우에게 모노노베노 오오미物部大臣라는 칭호를 주었다. 소가의 저택을 아스카飛鳥의 아마카시甘樫 언덕에 건립하여 궁문宮門이라고 부르고, 소가의 아이들을 미꼬皇子라 부르게 했다. 저택의 주위를 성채로 막고, 성문 곁에 무기고와 수조를 만들면서 화재에 대비했다. 그리고 그런 저택을 야마토노아야東漢 같은 무장군인으로 지키게 하고 소가노에미시가 드나들 때에 50명의 군사로 호위하게 했다. 그러니 그 세도는 천황을 능가하게 되었다. 이제 천황은 허수아비에 지나지 않고 왕실의 제사나 지내고, 천신과 지기에 대한 제례나 맡을 자리로 전락한 셈이었다.

11월 1일에 이루카入鹿는 자기편의 호족들을 시켜서 이카루가노미야斑鳩宮에 살던 가미쓰미야上宮의 야마시로山背 왕자를 습격했다. 격전 끝에 야마시로는 부하들을 데리고 불타는 이카루가노미야에서 탈출해 동쪽에 있는 이고마야마生駒山로 도주했다. 야마시로 왕자는 동국으로 피하여 다시 재기하라고 읍소하는 가신의 말을 듣지 않고, 애매한 백성이 자기 때문에 더 희생해서는 안 되겠다고 하면서 싸움을 포기했다. 11월 11일에 그는 처첩을 거느리고 이카루가데라斑鳩寺로 내려갔으나, 이루카의 공격이 심해지자 모두 목을 매어 죽고 말았다. 이로써 쇼토쿠 태자의 후손은 대가 끊어졌는데, 이런 소식을 들은 소가노에미시가 크게 화를 내며 이루카를 꾸짖었다.

"아, 이루카 이 바보가, 이처럼 나쁜 짓을 하고서 제 목숨인들 온전할 수 있을 것인가?"

소가의 부자가 이렇듯 천황을 무시하고 권세를 부리는 것을 보고 몹시 분개한 사람들이 있었다. 그 가운데 한 사람이 나까도미노가마꼬中臣鎌子였다. 그는 스이고 22년 나까도미노미게꼬中臣御食子의 둘째 아들로 야마토의 후지하라藤原에서 태어났다. 나까도미노미게꼬는 스이고 천황의 병환이 위중해졌을 때에 야마시로山背 왕자가 문병을 온 것을 안내한 적이 있었다. 그의 선조는 가야의 일곱 왕자가 쓰쿠시로 올 때에 함께 온 부족장들 가운데 하나였다. 이들은 진무神武 천황과 함께 야마토로 이동했고, 야마토 조정이 영토를 확장함에 따라 동쪽의 히다지나까常陸仲의 영주国造로 임명되었다. 원래 이들은 오오미多臣 씨 계열이었다. 나까도미中臣라는 성은 '신과 사람 사이를 주선함'을 뜻하며, 야마토 조정의 제사를 주관하는 중요 씨족으로 번영했다. 사철砂鐵의 산지인 가시마鹿島에 근거를 두고 쇠와 제철기술을 장악한 나까도미는 야마토 조정에서 큰 세력이 되었다. 가마꼬鎌子는 뒤에 그 이름을 가마다리鎌足로 고쳤는데, 태어날 적에 흰 여우가 낫을 물고 나타나서 그의 곁에 두고 갔다는 얘기가 전한다. 가마는 낫을 말한다. 그는 일찍부터 중국의 사서史書에 관심을 갖고, 『육도六韜』를 줄줄이 암기했다. 중국에 유학했던 미나부치南淵의 학숙에서 소가노이루카蘇我入鹿와 함께 유교를 배워 수재로 알려졌었다. 고교쿠 3년에 신관神官으로 취임하라고 한 것을 재삼 사퇴하다가 병을 빙자하여 퇴사하고, 셋쓰摂津의 미시마三島 별장으로 내려갔었다. 마침 그때에 고교쿠 천황의 아우인 가루노미코輕皇子가 소가의 행패에 불만을 품고 조정에 출사하지 않고 있다가 가마다리를 만나 크게 반겨서 두 사람은 가루노미코의 궁에서 밤을 새고 토론하는데 지칠 줄을 몰랐다. 가루노미코는 별전을 청소하고 총희 아베씨阿倍氏로 하여금 가마다리를 시중들게 하니 가마다리가 가루노미코의 후대에 감격해서 시종에게 말했다.

"각별하신 은총을 받으니 분에 넘친다. 이분을 천하의 오오기미로 모시는 일을 막는 자는 아무도 없을 것이다."

시종이 이 말을 가루노미코에 전하니 가루노미코는 기뻐서 어쩔 줄을 몰라 했다.

그러나 가마다리는 가루노미코만으로는 마음을 놓지 못했다. 그래서 따로 모실 만한 왕자를 찾다가 조메이 천황의 둘째 아들 나카노오오에中大兄에게 다가갔다. 나는 새도 떨어뜨릴 소가씨蘇我氏를 거세하려면, 보다 적극적인 의지와 힘을 가진 사람이 필요했다. 백제계 도래인들의 재력과 학문 그리고 기술을 활용할 수 있어야 한다고 생각한 가마다리는 나카노오오에를 가까이 할 수단을 모색했다.

당시 야마토에서는 호우고우지의 앞마당에 자란 느티나무 아래에서 오오기미와 황족과 군신이 모여 단합을 서약하는 일이 자주 있었다. 그리고 축구 시합을 하기도 했다. 이 자리에 나카노오오에中大兄도 참가할 것으로 생각한 가마다리는 나무 밑에서 기회를 엿보고 있었는데, 마침 나카노오오에가 공을 차다가 신발이 벗겨져서 공중을 날아 가마다리의 앞에 떨어졌다.

"황자皇子님, 여기 있습니다. 황자님의 신발이."

가마다리가 무릎을 꿇고 두 손으로 신발을 들어 공손히 바쳤다. 그러자 황자도 무릎을 굽혀 마주 몸을 낮추면서 신을 받았다.

"아니 고맙소. 신발이 그쪽으로 갔군요. 다치지는 않으셨소?"

"황자님의 축국蹴鞠 솜씨는 대단하십니다. 아무도 황자님처럼 오래 차실 수가 없을 것 같습니다."

"무얼요. 그대는 어디에 사는 뉘시오?"

"소신은 나까도미노 가마다리中臣鎌足라고 합니다. 셋쓰의 미와에 삽니다. 황자님을 이렇게 가까이 모시게 되어 영광입니다."

황자가 보니 이 사람의 체격이 탐스럽고 용모 또한 준수했다. 넓은 이마며, 날씬한 콧대에 꽉 다문 입 모양에서 지성과 의지력이 엿보였다.

"허허, 좋은 사람을 만났군. 우리 함께 술을 들면서 얘기 좀 나누어 보지 않겠소?"

"바라는 바입니다. 황자님."

"자, 어서 오시오. 날 따라오시오."

두 사람은 함께 나카노오오에의 궁으로 가서 그날 저녁 내내 술을 들며 담소로 밤을 지새웠다. 시국을 논하니 뜻이 하나로 통했다. 두 사람의 사이는 삽시간에 가까워졌다. 함께 서책을 갖고 미나부치 선생의 학숙으로 가서 공맹의 교와 병법을 논했다. 어깨를 나란히 하며 오가는 동안에도 의견을 주고받았다. 두 사람은 시간이 갈수록 한마음이 되는 것을 느꼈다. 며칠 뒤에 가마다리가 말했다.

"큰일을 하려면 동지들이 많아야 합니다. 소가씨의 유지인 구라야마다 이시가와倉山田石川麻呂를 우리 편으로 만들어야 합니다. 황자님께서 그의 딸을 비로 맞으시면 가능해집니다. 소신이 중신을 들겠습니다."

"좋소. 그렇게 해 주시오."

나카노오오에가 밝게 웃으며 말했다. 그런 뒤 얼마 안되어 사에끼左伯와 와까이누가이稚犬養의 두 무사도 끌어들였다.

가마다리가 동지들을 모았다. 가루노미코가 상석에 앉은 회의에서 가마다리가 말했다.

"내일 거사합시다. 마침 삼한에서 사신이 왔습니다. 이들 세 나라에서 공물을 바치게 되어 있으니, 그 의식의 자리에서 오오미大臣를 처단합시다. 오오기미께서 대전에 나오시게 되면 후루히도古人황자가 시립할 것입니다. 이 의식은 국가 대사인 만큼 오오미가 반드시 출석할 것입니다."

나카노오오에가 좌중을 날카로운 시선으로 돌아보며 말했다.

"내일의 거사는 중차대한 것이오. 한 치의 실수도 있어서는 안 되오. 이루카入鹿가 무기를 갖고 들어오지 못하게 해야 할 것이오."

그러자 구라야마다倉山田가 껄껄 웃으며 말했다.

"그건 쉬운 일입니다. 광대를 풀어서 마음을 놓게 하면 될 것입니다."

"그럼 구라야마다가 삼한의 공물을 받아들이는 데 대한 표문을 읽도록 하고, 각자 무기를 갖고 숨어 있다가 한꺼번에 나서서 물고를 내도록 하는 것이 좋겠습니다."

가마다리가 가루노미코와 나카노오오에中大兄를 쳐다보면서 말했다. 두 사람이 고개를 끄덕였다.

거사로 정한 고교쿠 4년 6월 12일 아침이 되었다. 대전에 고교쿠 천황이 나타났다. 오오미 소가노이루카가 들어오다가 황실에서 부리는 광대가 "어전에서 칼을 차다니. 오오미도 겁이 많구나" 하고 희롱을 하자, 폭소를 하면서 차고 있던 칼을 시종에게 건네주고 대전으로 들어왔다. 이루카는 의심이 많아 웬만해서는 칼을 놓지 않는데, 이날은 약간 방심을 한 셈이었다. 이루카가 대전에 오름에 나카노오오에가 대궐로 들어오는 열두 문을 잠그게 했다. 고교쿠 천황이 주렴의 뒤에 좌정하고, 그 앞에 사에끼佐伯와 와까이누가이稚犬養의 두 사람이 검을 들고 시립했다. 나카노오오에는 긴 창을 들고 숨었고, 가마다리는 활을 들고 대전 뒤에 있었다. 이윽고 구라야마다가 표문을 두 손에 들고 읽기 시작했다. 그런데 검을 들고 시립한

두 사람이 긴장한 나머지 아침에 먹은 밥을 토하면서 사색이 되었다. 구라야마다는 표문을 읽어나가면서 두 무사가 행동을 시작하지 않고 벌벌 떨고 있는 것을 보고 자기도 겁이 났다. 온몸에 식은땀이 흐르고, 목소리가 흐트러지고, 손이 와들와들 떨렸다. 이루카가 구라야마다의 행동을 수상쩍게 생각해서 물었다.

"어찌 그러시오? 어찌 이다지 떨고 있는 것이오?"

구라야마다가 기운이 빠진 목소리로 답했다.

"지존의 앞인지라 황송해서 땀이 나고 떨립니다."

나카노오오에는 이루카의 당당한 위세에 모두가 겁을 집어먹은 것을 알아차렸다. 이대로 두어서는 만사가 어긋날 것이었다. 그래서 그는 두 무사를 밀치고 당상으로 뛰어올랐다. 덩달아 당상에 오른 두 무사가 칼을 빼어 이루카의 머리와 어깨를 쳤다. 이루카가 놀라서 넘어졌다가 다시 일어서는 것을 사에끼가 다시 칼로 다리를 후려쳤다. 이루카가 옥좌 앞에 넘어지면서 울부짖었다.

"신에게 무슨 죄가 있어서 이럽니까? 마마, 살려주소서."

고교쿠 천황이 크게 놀라면서 나카노오오에에게 물었다.

"어찌 된 일이냐?"

"구라쓰쿠리鞍作가 황족을 멸하고 보위를 뺏으려고 했습니다. 그래서 이를 주살하는 것입니다."

나카노오오에가 답했다. 천황은 바로 내전으로 들어갔다. 두 무사가 한꺼번에 덮쳐 이루카를 도륙했다. 마침 폭우가 쏟아져서 마당에 물이 고여 있었다. 두 무사는 이루카의 시체를 마당에 팽개쳐서 돗자리로 덮었다. 당상에 있던 후루히도古人가 질겁해서 대전에서 빠져나가 사저로 도망치면서 외쳤다.

"가라사람韓人이 구라쓰쿠리를 죽였다. 한심한 일이다." 후루히도는 조메이 천황의 맏아들로, 소가노에미시의 생질이었다. 구라쓰쿠리는 이루카를 말한다. 나카노오오에는 호우고우지에 가서 군사를 모았다. 여러 왕자들과 호족들이 모두 그를 따랐다. 도래인인 야마토노아야의 일부가 소가의 집으로 모여 소가노에미시를 지키려고 했으나, 나카노오오에가 장군 고세노도고다巨勢德陀를 보내어 득실을 따져 설득해 모두 해산시켰다. 다음 날에 소가노에미시에게 이루카의 시신을 주었다. 에미시는 집에 불을 지르고, 각종 사서와 보물을 태운 후 자살했다. 사서 가운데『국기國記』를 후네노후히도船史가 불 속에서 건져서 나카노오오에에게 바쳤다. 같은 날 이루카와 에미시의 시체를 매장하고 곡을 하는 것을 허락했다.

6월 14일에 고교쿠 천황은 가루노미코輕皇子에게 양위했다. 이번 일의 주모자가 가루노미코였기 때문이었다. 자기의 아들인 나카노오오에에게 자리를 물리고 싶어 그 뜻을 전했으나, 나카노오오에가 받아들이지 못하고 대궐을 퇴출했다. 그는 이런 일이 있었음을 가마다리에게 말했다. 가마다리가 그 말을 듣고 아뢰었다.

"전하, 참으로 잘하신 일입니다. 후루히도께서는 전하의 이복형이시고, 가루노미코께서는 전하의 외숙이십니다. 아우로서 형을 앞서는 것은 사람의 도리에 어긋난다 하겠습니다. 그러니 외숙을 모시는 것이 만백성의 바라는 바에 맞을 것이라 생각됩니다."

나카노오오에가 다시 천황에게 사양하는 뜻을 몰래 아뢰었다. 천황이 황위의 징표인 새수璽綬를 가루노미코에게 주면서 선양할 뜻을 다시 밝혔다. 가루노미코가 세 번 고사하면서 후루히도가 적임이라고 아뢰었다.

"후루히도 왕자님께서는 대행마마의 아들이십니다. 게다가 연세도 저보다 많으십니다. 그러니 마땅히 보위를 이어야 할 것입니다."

이 말을 들은 후루히도가 자리에서 물러서며 공수를 하고 말했다.

"마마의 뜻이 이미 밝혀진 것을 어찌 나 같은 자에게 양보하시오? 나는 출가하여 요시노吉野로 입산하겠소. 불도를 닦으면서 마마를 보필하겠소."

그러면서 차고 있던 칼을 풀어서 땅에 버리고, 수하의 무사들도 무기를 버리라고 일렀다. 대궐에서 나가 그는 바로 호우고우지에 들어가서 삭발하고 가사를 걸쳤다. 그러니 가루노미코가 더 이상 사양할 수가 없게 되어 보위에 오르게 되니 이분이 고토쿠孝德 천황인데, 보위를 물려준 고교쿠 천황을 스메라오야노미꼬도皇祖母尊로 숭상하여 모셨다. 그런 뒤에 나카노오오에를 황태자로 삼고, 아베阿倍를 좌대신左大臣, 구라야마다를 우대신右大臣, 나까도미를 내신內臣으로 임명했다. 그리고 연호를 다이카大化로 고쳤다.

소가의 일족은 원래부터 외세를 받아들이는 진취적인 집안이었다. 불교를 받아들이는 데에도 앞장섰고, 수隋나 당唐에 사절을 보내고 승려나 학자를 유학시켜서 서방의 문물을 도입하는 일에도 적극적이었다. 이에 비하여 백제와의 유대를 강화할 것을 주장한 사람들이 나카노오오에와 나카토미노가마다리中臣鎌足였다. 이 정변이 을사년에 일어났다 하여 후세에서 을사乙巳의 변이라고 불렀다.

4. 연개소문淵蓋蘇文과 이세민李世民의 각축

서기 618년에 건국한 당唐은 중국 대륙을 평정하는 데에 무려 5년이라는 세월을 소비했다. 수隋가 멸망하는 소란의 틈을 타서 고구려는 북경北京과 난하灤河 사이의 발갈勃碣 지역과 산동, 강소江蘇 등의 중국 동해안에 침입했다. 무덕武德 3년에 진왕秦王 이세민李世民이 강소江蘇 건호建湖의 염성鹽城 지역을 토벌할 때의 일이었다. 진왕은 이곳의 사양하射陽河와 서당하西塘河가 만나는 곳에 진을 치고 북쪽의 청량원清凉院에 진출한 고구려군과 대치하고 있었다. 그동안 그는 고구려군과 싸울 때마다 지고 있었다. 오늘도 한바탕 격전을 치른 뒤에 군사들을 잠시 쉬게 하고, 진왕이 홀로 말을 몰고 적진을 살피러 나갔다.

한편 오자산鰲子山 남쪽 장군동將軍洞이라는 곳에 병사들과 함께 숨은 당의 장수 설인귀薛仁貴가 밖을 엿보고 있는데 동굴 밖에서 두런두런 사람의 소리가 났다. 고구려의 군장을 한 병사들이 동굴 앞에서 안을 살피고 있었다. 설인귀가 크게 외쳤다.

"저놈들을 쳐 죽여라."

당의 군사들이 우르르 달려 나가 종횡으로 칼을 휘두르고 장창으로 고구려의 병졸들을 무찔렀다.

"으악."

여기저기에서 비명을 지르고 선혈을 허공에 뿌리며 병졸들이 쓰러졌다.

"어떤가? 이놈들. 이제야 알겠지, 내 칼의 매운 맛을?"

수십 명의 수급을 얻은 당군이 함성을 올릴 때에 설인귀가 말했다.

"저기 보이는 언덕에 올라가서 밥을 지어 먹도록 하자."

병사들이 오자산鰲子山에 올라가서 돌을 쌓아 솥을 걸었다. 얼마 뒤에 따끈따끈한 밥을 지은 이들은 허기를 채웠다.

"우리 진왕秦王 전하는 어디에 가셨지? 누가 못봤는가?"

"어젯밤에 적정을 살피러 숲 속으로 가셨는데, 그 뒤로는 어디에 계시는지 알 수가 없습니다, 장군."

"그러니까 빨리 찾아봐야지. 저기 보이는 성의 북쪽 청량원淸凉院에는 구려句麗 놈들이 우글거리니 조심하고. 그놈들의 장수가 누구라고 했지? 무서운 놈이야. 칼을 다섯 개나 등에 메고 설치니 이길 수가 있어야지."

"구려의 막리지莫離支 연개소문淵蓋蘇文이라 했습니다."

"연개소문이 무엇이냐? 우리 황제의 휘를 함부로 불러서는 안 되지. 차라리 물이나 먹으라고 천개소문泉蓋蘇文이라 하거나, 그저 개소문蓋蘇文이라 하거라."

설인귀는 어젯밤의 싸움에 진 것을 생각하며 분을 삭이지 못하고 씩씩거렸다.

어젯밤에는 안개가 끼어 달빛이 몽롱했다. 언제나 그랬듯이 늦은 밤에 진왕秦王이 적정을 살피겠다고 혼자 말을 타고 나갔다. 청량원에 있는 구려의 진영 가까이 다가가서 조심스럽게 살피고 있는데, 키가 장대 같이 큰 장수 하나가 등에 칼을 여럿 메고 나타났다.

"게 누구냐? 어떤 놈이 우리 진영을 엿보고 있느냐?"

우레 같은 목소리가 골짜기에 메아리쳤다.

"들켰구나. 얼른 피해야지."

진왕이 서둘러 말을 몰고 내려가다가 아차 하는 순간에 진흙탕에 빠지고 말았다. 진왕이 말에서 뛰어내려 길도 없는 골짜기로 곤두박질쳤다.

"이놈, 게 섰거라. 날 피할 것이라 생각하느냐? 미련한 놈이. 이 연개소문을 몰라보고."

'아니, 저놈이 연개소문이란 말인가? 무용이 출중하다는. 잡히면 죽는다. 걸음아 날 살려라.'

온몸이 땀으로 범벅이 되어 달아나는데, 연개소문의 고함소리와 함께 고구려의 병졸들이 쫓아왔다. 골짜기를 몸을 굴리면서 내려가 산 중턱의 평지에 다다르니 마침 그곳에 우물이 하나 있었다. 우물 안을 들여다보니 물이 말라 바닥이 드러나고 거미줄이 입구에 쳐져 있었다. 진왕이 재빠르게 우물 속으로 들어가 돌벽을 타고 아래로 내려갔다. 두 길쯤 내려가니 옆으로 굴이 뚫려 있었다. 얼른 굴 속에 몸을 감추었다. 위를 쳐다보니 신기하게도 거미 한 마리가 뜯어진 망을 보수하면서 좌우로 바삐 움직이고 있었다. 한 식경이나 지났을까? 한 사나이가 우물 안을 들여다보며 고함을 쳤다.

"여기에 들어간 것 같지는 않아. 거미줄이 찢기지 않고 말짱하거든. 아무래도 그놈이 다른 데로 도망친 것 같다. 얼른 사방을 뒤져라."

"막리지, 저희는 저쪽으로 가보겠습니다. 막리지께서는 군영으로 돌아가십시오."

"알았다. 꼭 그놈을 잡아 오너라."

얼마 뒤에 모두 돌아갔는지 인기척이 끊겼다. 굴 속에서 숨을 죽이고 숨어 있던 진왕이 살며시 기어 나왔다. 그는 사방을 두리번거리다가 동북쪽에 있던 세니하洗泥河에서 온몸에 묻은 뻘을 씻었다. 이리하여 가까스로 살아난 진왕은 황제가 된 뒤에 거미줄이 목숨을 살려준 은공을 잊지 못해 우물이 있던 곳에 삼층 보탑을 세우고 그 곁에 큰 절을 세웠다. 이 탑의 이름을 몽롱보탑朦朧寶塔으로, 그리고 절의 이름을 정혜사淨慧寺라고 했다.

이런 일이 있은 뒤에도 연개소문이 이끄는 고구려군은 강소江蘇의 숙성宿城에서 다시 진왕의 당군과 격돌했다. 그 뒤 연개소문은 642년 10월에 영류왕을 시해하고 보장왕을 추대한 뒤 대막리지가 되어 군권을 모두 장악했다. 그는 대규모의 인력을 동원해서 여러 개의 성을 쌓아 당군을 위압했다. 정관貞觀 17년에 산동의 즉묵即墨에 있는 마안산馬鞍山에서도 큰 싸움이 벌어졌다. 진왕이 황제의 자리에 오른 뒤에 있은 이 전투에서 황제가 다시 연개소문에게 잡혀 죽을 뻔한 것을 용양장군龍驤將軍 김걸金杰이 구출했다. 후세에 김걸의 공을 기려 사당을 지어 모셨다.

다음 해에는 산동의 봉래蓬萊에서 전투가 크게 벌어졌다. 고구려군은 고성古城에 주둔하고 있었다. 패군을 수습한 당군이 다시 마을에 집결해서 연개소문의 군사와 격전을 벌이다가 연개소문이 크게 패하여 고성古城으로 들어가 주위에 흙으로 성곽을 높이 쌓고 지켰다. 태종은 맞은편의 산 꼭대기에 진을 쳤다. 그런데 이곳에서는 물을 구할 수가 없었다. 군사들이 목말라 초조해 하는 것을 보고 태종이 허리에 찬 검을 빼어 바위를 내려치니 바위가 반으로 갈라지고 그 틈에서 샘물이 솟았다. 그 뒤로 이 곳을 일검천一劍泉이라고 부르게 했다. 태종이 산에서 내려와 마을에서 북쪽으로 2리쯤 되는 곳에서 연개소문의 군사와 싸워 크게 이겼다. 전투를 마치고 태종이 배를 만들기 위해 목수를 찾았다. 마침 근처에 뛰어난 목수이자 술고래인 주선酒仙이 있다고 해서 찾아가던 도중에 함박눈이 내렸다. 눈 속에 꽃사슴 한 마리가 나타나 인기척에 놀라 도망을 치는 것을 따라가다가 산 속에서 초가집 하나에 부닥쳤다. 들어가 보니 주선이 누워 있는데 이미 숨이 끊겨 있었다. 주선이 누은 침상 위 벽에 커다란 배의 그림이 걸려 있고, 침상 밑에는 노란 가죽으로 표지를 만든 큰 책자가 있었다. 배를 만드는 도형이 들어 있는 조선도造船圖였다. 태종은 현청에 돌아와서 이 조선도에 따라 배를 만들게 했다. 태종이 다시 연개소문의 복병을 만나 패하여 남쪽의 묘산苗山 아래 개울가에 몸을 숨겼다. 새벽에 가마를 정비하고 강을 건너다가 낙가하落駕河에 빠졌다. 물에 젖은 투구와 갑옷을 쇄갑하晒甲河에서 말렸다. 늦은 가을에 태종은 승상 위징魏徵의 건의에 따라 새로 만든 배에 병마를 싣고 요동遼東으로 떠났다.

정관 18년, 서기 644년이었다. 고구려에서 사신이 와서 조공을 바쳤다. 태종은 사농승상司農丞相 이현장里玄獎에게 조서를 주어 고구려의 왕에게 가서 전하게 했다.

"신라는 볼모를 바치고 조공을 빠뜨리지 않는데, 그대는 백제와 병장기를 갖추고 싸우고 있으니, 만약 다시 싸운다면 내년에는 군사를 동원해서 그대의 나라를 칠 것이다."

이현장이 고구려에 들어가 보장왕에게 칙서를 전했으나 연개소문은 이미 신라를 치기 위해 출진하고 없었다. 왕이 사람을 보내어 연개소문을 소환했다. 이현장이 말했다.

"우리 황상 폐하께서는 동쪽의 세 나라가 밤낮으로 싸우는 것을 걱정하고 계십니다. 신라를 침공하지 말라고 하시오."

"우리는 신라와 원수가 된 지 이미 오래되었다. 지난날 수가 우리를 공격할 때에, 신라는 우리 땅 오백 리를 침범해서 성읍을 점령하고 지금껏 돌려주지 않고 있다. 그러니 어찌 군사를 파할 수 있겠는가?"

연개소문이 가소롭다는 표정으로 반박했다.

"이미 지난 일을 따져서 무엇 할 것인가. 그렇게 말한다면 지금 요동의 여러 성은 본시 우리 중국의 군현이었으나, 우리 대당大唐에서는 너희들이 차지해도 이를 따지지 않고 있는데, 어찌 너희가 옛 땅 운운할 수 있는 일인가? 부디 대막리지는 황명을 받들도록 하라."

연개소문이 그의 말을 들으려고 하지 않아 이현장은 귀국하여 그 사실을 황제께 복명했다. 벌써 이십여 년을 고구려와 싸워온 태종은 더는 참을 수가 없었다. 연개소문이 영류왕을 시해하고 대막리지가 된 일에다가 이번의 칙명을 거역한 것은 토벌하기에 좋은 구실을 제공했다. 태종이 드디어 결심했다.

"개소문은 그 임금을 죽이고 대신을 해쳤을 뿐 아니라, 백성들을 학대하고 마침내 짐의 명령마저 어기니, 이를 토벌하지 아니할 수 없도다."

먼저 잉주도독營州都督 겸 동이교위東夷校尉로 있던 장검張儉에게 유幽와 영營의 두 도독부 군사와 거란契丹, 해奚, 말갈靺鞨의 번병蕃兵을 거느리고 요동遼東을 공격하여 형세를 살피게 했다. 장검이 요서遼西에서 요수遼水의 강물이 불어난 것을 보고 건너지 못했다. 그는 옹주雍州 신풍新豊 사람으로 고조高祖의 생질이었다. 장검이 겁이 많아 그런 것으로 생각한 태종이 그를 낙양으로 소환했다. 11월에 장검이 돌아와서 요동 일대의 수리와 지형 그리고 군사 행동 시의 이득에 관한 보고를 하니 태종이 기뻐하며 그에게 행군총관行軍總管 겸 번병을 통솔하는 직함을 주어 6군의 선봉이 되게 했다. 6군은 어영御營을 호위하는 내, 외, 전, 후, 좌, 우의 여섯 군을 말하니, 장검이 어영군의 선봉이 된 것이었다. 마침 세작이 와서 고구려의 막리라는 자가 요동에 나타났다고 보고했다. 이에 황제의 명을 받은 장검이 3월 24일에 정주定州를 출발해서 사흘 뒤에 신성新城 방면에서 이를 요격하려 했으나 막리지는 나타나지 않았다. 장검이 4월 초에 요수遼水를 건너 4월 5일에 건안성建安城에 이르러 고구려군을 크게 무찌르고 수급 수천을 베었다. 태종은 7월에 장서江西와 호북湖北의 세 주에 칙령을 내려 전선 400척을 건조하여 군량을 싣고 오게 했다. 9월에 북쪽 돌궐 지역으로 우회하여 군량을 영주營州로 운반하게 했다. 발해渤海 연안은 고구려가 차지하고 있어서 길이 막혔기 때문이었다.

9월에 대막리지 연개소문이 백금을 당唐에 바쳐 왔다. 간의대부諫議大夫 저수량褚遂良이 아뢰었다.

"개소문이 그 임금을 죽여 구려에서도 용납되지 못하고 있습니다. 지금 토벌하려 하시면서 그자의 금을 받아들인다면 마치 춘추시대 고정郜鼎과 같은 뇌물이 됩니다. 신은 이런 것을 받아들여서는 안 된다고 생각합니다."

태종이 저수량의 의견에 따라 백금을 받지 않았다. 연개소문의 사자가 아뢰었다.

"대막리지께서 관원 50명을 보내어 숙위에 편입시켜 달라고 하셨습니다."

태종이 이를 듣고 크게 화를 내며 말했다.

"네놈들이 모두 고무高武, 영양왕을 섬겨 관작을 받았으면서 막리지가 시역해도 복수도 하지 않고 있다. 이제 와서 숙위를 거들겠다고 대국을 기만하려 하니, 용서하지 못할 죄를 범하고 있다. 모두 죄를 물어서 처벌할 것이니라."

10월 들어 평양에 붉은 눈이 내렸다. 태종이 고구려를 토벌할 결심을 하고 장안의 노인들을 불러 부탁했다.

"요동은 옛날의 중국 땅이다. 지금 구려가 그곳을 차지하고 있으면서, 신하인 막리지가 그 임금을 죽였다. 짐은 이런 못된 짓을 응징하려고 한다. 여러 원로들이 자손들을 타일러서 이 일에 동참하게 해 주면 짐이 그들을 잘 돌보아 줄 것이다."

태종은 포목과 곡식을 노인들에게 주었다. 여러 신하들은 한사코 말렸다. 그러나 태종은 마음을 바꾸지 않았다.

"짐은 안다. 근본을 버리고 지엽을 찾고, 높은 것을 버리고 낮은 것을 취하며, 가까운 것을 버리고 멀리 하는 것, 이 세가지는 상서롭지 않은 일이다. 그래서 구려를 정벌하는 것이다. 개소문이 임금과 대신들을 죽였으니 백성들이 목을 빼고 도움을 기다리고 있다. 그러니 이를 돌보지 않을 수 있는가?"

11월에 태종의 어가가 낙양에 이르렀다. 수양제隋煬帝를 따라 고구려로 원정했던 정천도鄭天璹를 행재소에 불러 고구려의 사정을 물었다. 정천도는 의주자사宜州刺使로 있다가 그만두어 고구려의 사정에 밝았다. 태종의 하문에 그가 대답했다.

"폐하, 요동은 길이 멀고 험하여 군량을 대기가 어렵습니다. 게다가 동이들은 성을 잘 지키니, 갑자기 공격해도 함락하지 못합니다."

태종이 말했다.

"지금은 수隋의 때와 다르니라. 공은 걱정하지 말라."

마침내 형부상서刑部尚書 장량張亮을 평양도행군 대총관平壤道行軍大總官으로 삼아, 4개 주에서 모집한 병사들을 거느리고 내주萊州에서 출발하여 요동반도로 향하게 했다. 그리고 영국공英國公 이적李勣을 요동도행군대총관遼東道行軍大總管으로, 예부상서禮部尚書 강하왕江夏王 도종道宗을 부총관으로 삼아, 장군 장사귀張士貴와 함께 보기병 6만을 거느리고 요동으로 가게 했다. 양군이 합세하여 유주幽州에 다 모이게 하면서 태종 스스로도 어영 6군을 거느리고 이들에 합류하기로 했다.

이어서 태종은 30만 대군으로 신라, 백제, 해, 거란의 군사와 함께 길을 나누어 고구려를 치라고 명령했다. 태종은 고구려에 대한 전면 공격의 시기를 4월 초로 잡았다. 그래서 이 시기에 맞추어 공격지점에 도착할 수 있도록 각 군을 차례로 출진시켰다. 북쪽의 돌궐 지역을 돌아 요수遼水를 건너 동쪽을 공격할 이적李勣과 도종道宗의 군사를 1월 말에 유주幽州를 출발해서 공격지점인 신성新城, 현토玄菟에 도달하게 했다. 백하白河 동쪽의 요동遼東지역에 태종이 거느린 어영군이 진출해서 그곳에 진을 치고 있던 고구려군을 공격했다.

다음 해인 서기 645년 정월 이적李勣이 인솔한 군이 유주幽州에 이르렀다. 3월 9일에 태종이 정주定州에 도착하여 시종들을 보고 말했다.

"요동은 본래 우리 중국의 땅이다. 그런데 수隋가 네 번이나 출사하고도 이를 회복하지 못했다. 이번의 출정으로 중국 자제들의 원수를 갚고 군부의 수치를 없애려고 할 따름이다. 사방을 평정했는데도 오직 이곳만을 얻지 못했으니, 짐이 늙기 전에 사대부의 힘을 빌어 이를 공략하려고 한다."

태종이 정주를 떠날 적에 활을 차고, 말안장 뒤에 비옷을 손수 붙들어 매었다. 태종이 3월 24일에 정주를 떠났다. 이적과 부총관 도종이 4월 15일에 개모성蓋牟城을 공격하여 열흘 만인 26일에 함락시켜 고구려 사람 일만을 사로잡고 양곡 10만 석을 탈취한 뒤에 이곳을 개주蓋州로 고쳐 불렀다. 그동안에 태종은 유주를 10일에 출발하여 열흘 뒤에 북평北平에 도착했다.

한편 선편으로 내주萊州를 떠난 장량張亮은 4월 26일에 고구려의 비사성卑沙城을 강습했다. 이 성은 요동반도의 대련大連 근방에 있는 성으로, 사면이 절벽으로 되어 있어서 오로지 서문으로만 오를 수가 있었다. 5월 2일에 부총관 왕대도王大度가 성벽을 기어올라 비사성을 함락시키고 남녀 팔천 명을 죽였다.

5월 3일에 이적이 요동성遼東城 밑에 왔을 때에 태종이 요택遼澤에 이르렀다. 태종은 이백 리에 뻗은 소택지의 뻘밭을 인마가 지나갈 수 없다는 것을 알고 장작대장將作大匠으로 있던 각립덕閣立德으로 하여금 흙을 퍼서 다리를 놓아 군사들이 건널 수 있게 만들었다. 5월 8일에 고구려의 보장왕이 신성을 떠나 국내성의 보병과 기병 4만을 끌고 요동성을 구원했다. 10일에 태종은 요수를 건너자마자 다리를 부숴 배수의 진을 쳐서 병사들의 마음을 다졌다. 태종이 몸소 수백 기를 거느리고 요동성 밑에 와서 군사들을 독려했다. 병사들이 흙을 날라서 구덩이를 파묻고 성 아래에 토루를 쌓는 것을 보고, 태종은 몇 사람을 뽑아 표창했다. 이적이 요동성을 열이틀 동안 밤낮을 가리지 않고 공격했다. 태종이 정병을 이끌고 와서 성을 겹겹으로 포위하고 북을 치고 함성을 지르게 했다. 천지가 진동했다. 이적이 포차抛車를 설치하여 성을 향해 300근의 큰 돌을 쏘니, 400보의 거리를 날아간 돌을 맞아 성의 곳곳이 무너졌다. 고구려군이 날렵하게 나무로 다락을 만들고 얽어서 무너진 곳을 메웠으나, 당군이 충차衝車로 다락을 쳐서 부쉈다. 당의 군사들은 백제가 보낸 쇠 갑옷을 입고 공격하는데, 갑옷에 햇빛이 반사되어 눈이 부셨다. 태종이 친히 철갑기병 만여 기를 거느리고 이적의 군사와 합류해서 성을 포위하다가 갑자기 남풍이 부는 것을 이용해 서남쪽의 망루에 불을 지르게 했다. 불이 성안으로 퍼지면서 성안의 집이 모두 불탔다. 당의 군사들이 앞 다투어 성안으로 오르니 고구려군은 궤멸하고 성이 5월 17일에 함락되었다. 불타 죽은 자만도 만여 명이고, 포로가 된 병사 역시 만여 명이었다. 남녀 주민 4만과 양곡 50만 석이 당군의 수중에 들어갔다. 당은 이곳을 요주遼州로 고쳐 부르기로 했다. 태종이 떠날 적에 정주定州와 요동성 사이의 수십 리에 봉화대를 하나씩 짓게 하고 요동성을 함락시키면 바로 봉화를 올리겠다고 태자와 약조했었다. 약속한대로 이날 바로 봉화를 올려서 소식을 경사에 전했다.

이적이 백암성白巖城 서남쪽으로 진격했다. 태종은 그 서북에 이르러 백암성의 공격을 명령했다. 난전 속에 우위대장군右衛大將軍 이사마李思摩가 쇠뇌의 독화살을 맞았다. 태종이 친히 그의 상처에 입을 대고 독을 빨아 뱉었다. 장병들 가운데 그 소식을 전해 듣고 감동하지 않는 자가 없었다. 이 성은 사면이 험한 절벽으로 둘러싸여 있었다. 이적이 당차撞車를 써서 돌과 화살을 비 오듯이 성안으로 쏘았다. 6월이 되어 태종이 있는 곳에 백암성의 성주 손벌음孫伐音이 몰래 사자를 보내어 칼과 도끼를 징표로 보내면서 항복을 청해왔다.

"신들이 항복하고자 하나, 성중에 따르지 않는 자가 있습니다."

"진정으로 항복할 생각이면, 성 위에 이 기를 세워라."

태종이 지시했다.

손벌음이 성 위에 태종이 준 당의 기를 세우니, 성중의 사람들은 당의 군사가 이미 성에 들어온 것으로 알고 모두 항복했다. 요동성이 함락될 때나 손벌음이 항복을 청할 때에도 고구려인들이 도중에 후회해서 번복하는 경우가 있었다. 태종이 고구려인의 변덕을 보고 화를 내며 명을 내렸다.

"고구려의 성을 빼앗으면 반드시 그 사람과 재물들을 전부 전사들에게 상으로 줄 것이다."

그런데 이번에는 항복을 받아들이려 했다. 이를 본 이적이 황제에게 아뢰었다.

"장병들이 시석矢石을 무릅쓰고 서로 다투어 분전하는 것은 노획을 탐내서입니다. 지금 성을 함락시키면서 어찌 항복을 받아서 노획을 못하게 하여 장병들의 마음을 언짢게 하십니까?"

"장군의 말이 옳소. 그러나 군사를 놓아 살육을 하고, 그 처자를 사로잡는 것은 짐이 차마 허락할 수 없는 일이다. 장군의 휘하에 공을 세운 자는 짐이 따로 재물로 보상을 할 것이니, 장군은 이 한 성은 양보하도록 하시오."

성중 남녀 일만여 명을 얻고 2,400명의 포로를 얻은 태종은, 물가에 장막을 치고 항복한 자에게 먹을 것을 주고, 80세 이상의 노인에게 피륙을 주었다. 다른 성의 군사로서 백암성에 있던 자도, 양곡과 병기들을 주어 위로하고 각각 소임을 맡겼다. 마침 요동성의 장사長史가 부하에게 죽임을 당한 뒤, 그 부하가 장사의 처자를 모시고 백암성에 도망쳐 있었다. 태종이 의리가 있는 일이라고 칭찬하면서, 베 5필을 주어 장사의 상여를 만들어 평양으로 돌아가게 해주었다. 태종은 백암성을 엄주嚴州라 하고, 항복해온 백암성 성주 손벌음孫代音으로 엄주자사를 삼았다. 당군이 요수를 건너는데, 대막리지 연개소문이 가시성加屍城의 군사 700명을 개모성 지원군으로 보냈다. 이적이 이들을 포로로 잡았더니, 모두 당군에 종군하겠다고 자청했다. 태종이 말했다.

"너희들의 힘을 얻기를 바라지 않는 자가 있을까? 그러나 너희들의 집은 모두 가시성에 있어서, 너희들이 짐을 위해 싸운다는 것이 알려지면, 막리지는 반드시 너희들의 처자를 죽일 것이다. 한 사람을 얻고자 한 집안을 망치는 일은 차마 하지 못할 일이로다."

모두 방면해서 돌려보냈다.

5. 안시성安市城의 전투

태종의 거가車駕가 안시성安市城 북쪽으로 나아가 군사들을 독려하여 안시성을 공격하게 했다. 이때에 고구려의 북부 욕살耨薩 고연수高延壽와 남부 욕살 고혜정高惠貞이 고구려와 말갈의 군사 15만으로 안시성을 구원하려 했다. 고구려의 진중에 대로對盧 고정의高正義라는 자가 있었다. 그는 나이가 많고 만사에 경험이 많았다. 이 자가 고연수에게 말했다.

"듣자오니 중국에 큰 난리가 있어서 영웅들이 난립했는데, 진왕秦王의 빼어난 능력을 당해낼 자가 없어서 그가 천하를 평정하고 남면해서 황제가 되었다고 합니다. 이미 북쪽과 서쪽의 오랑캐가 모두 당에 복종하고 있습니다. 그런 자가 온 나라의 힘을 기울여 맹장과 용병을 이끌고 왔으니 그기세를 당해 내지 못할 것입니다. 그러니 우리가 군사를 움직이지도 싸우지도 않게 하여 지구전으로 나가면서 그들을 지치게 만들고 그 양도를 끊으면 열흘이 지나지 않아서 그들의 군량이 다하여 싸울 수도 돌아갈 수도 없게 될 것입니다. 이야말로 이번 싸움에 우리가 반드시 이기게 될 계책이라 생각됩니다."

고연수는 그의 말을 듣지 않고 군사를 이끌고 안시성 밖 40리까지 나아갔다.

이보다 먼저 태종은 시신에게 말한 적이 있었다.

"지금 고연수에게는 세 가지 방책이 있다. 상책은 군사를 이끌고 와서 안시성과 연결된 보루를 만들고, 험한 산세를 의지해 성중의 식량을 먹으면서 말갈병을 놓아 우리의 우마를 약탈하는 것이다. 그러면 우리는 성을 쉽게 함락시키지 못하면서 돌아가려 해도 진흙탕 길이라 큰 곤혹을 치르게 될 것이다. 이들이 성안의 무리를 뽑아 함께 공격하는 것은 중책이고, 무조건 전략도 세우지 않고 와서 우리와 싸우는 것이 하책인데, 두고 보라. 그들은 반드시 하책으로 나올 것이니, 그를 사로잡게 될 것은 여반장이 될 것이다."

고연수가 안시성 밖 40리에 왔을 때에 태종은 고연수가 더 가까이 오지 않을까 염려해서, 대장군 아사나阿史那를 시켜서 돌궐병 1,000기를 거느리고 이를 맞아 싸우다가 도망 오게 했다. 고연수가 이런 당군을 격파하기가 쉽다고 생각하고 당군을 따라 안시성 동남 8리가 되는 곳까지 와 산을 의지하고 포진했다. 태종이 장손무기長孫無忌 등 수백 기를 거느리고 높은 언덕에 올라가 군세를 바라다보았다. 고구려군이 말갈병과 합세하여 포진했는데, 그 길이가 40리나 되었다. 태종이 약간 걱정하는 기색을 보였다. 장사왕 도종이 말했다.

"구려는 모든 힘을 합처 우리에게 대항하고 있으니, 평양의 수비가 허술할 것입니다. 신에게 정병 5,000만 주시면, 그들의 본거지인 평양을 정복하겠습니다. 그렇게 되면 여기의 수십만 대군도 절로 항복하게 될 것입니다."

"아니다. 여기서 결전을 한 뒤에 평양을 도모해도 늦지 않을 것이다."

태종이 도종의 건의를 물리치고 밀사를 고연수에게 보내어 말하게 했다.

"짐은 그대의 나라에서 신하가 임금을 시해한 일을 문죄하러 와서 싸우게 되었다. 그대의 지역에 들어와도 양식을 주지 않아, 부득이 몇 개의 성을 공취했다. 그러나 그대의 나라에서 신하의 예를 갖추어 사죄하면 곧 성을 돌려주고 돌아갈 것이다."

고연수가 이 말을 믿고 군비를 강화하지 않았다.

거가車駕가 있는 조당朝堂 곁에 고구려가 항복할 것을 받아들이기 위한 수강막受降幕을 짓게 하면서 태종이 말했다.

"내일 점심때에 이곳에서 항복을 받을 것이니라."

이날 밤에 별똥별이 고연수의 군영으로 떨어졌다. 태종이 밤에 여러 장수들을 모아 지시했다. 이적으로 하여금 만 오천여의 보기병을 몰고 안시성의 서쪽 언덕에 진을 치게 하고, 장손무기長孫無忌는 정병 일만 일천여 명으로 산의 북쪽에서 골짜기로 나아가 고구려군을 기습하게 했다. 태종이 몸소 4,000의 보기병과 함께 고구려 진영의 북쪽에 있는 높은 봉우리에 올라가, 그때까지 소리를 내지 않고 있던 고각鼓角을 터뜨리며 눕혔던 깃발을 일제히 세우게 했다. 구름처럼 엄습해오는 당군을 맞은 고연수의 군사는 공포에 휩싸였다. 급히 군사를 나누어 방어했으나 이미 때가 늦어서 고구려의 진열이 지리멸렬되었다. 마침 뇌성벽력까지 터졌다. 그러는 가운데 용문龍門 사람 설인귀薛仁貴가 괴상한 옷을 입고 기성을 지르며 고구려군을 종횡무진으로 무찌르니 이를 당해 내는 자가 없었다. 고구려군은 3만여 명의 사상자를 내고 산으로 도망쳐 올라갔다. 태종이 제군에게 명하여 이를 포위했다. 장손무기는 교량을 모두 파괴하면서 고연수 군의 퇴로를 차단했다. 마침내 고연수와 고혜진이 거느린 3만 6천 800명이 모두 항복하고 말았다. 태종이 말을 천천히 몰고 가서 고구려의 보루를 살펴보며 시신에게 말했다.

"구려가 거국적으로 나와 싸워 패했으니, 하늘이 우리를 도우셨다."

그렇게 말하면서 태종이 말에서 내려 하늘을 보고 두 번 절하며 감사 기도를 올렸다. 고연수 등이 무릎으로 기어 나와 어전에 부복하며 명을 청했다. 태종은 욕살 이하 관병 3,500명을 뽑아 중국으로 옮기게 하고, 그

나머지는 모두 무장을 해제시킨 뒤에 평양으로 돌려보냈다. 다만, 말갈의 군사 3,300명은 모두 땅을 파서 묻어 죽였다. 이 싸움에서 당군은 말 3만 필, 소 5만 두, 명광개明光鎧 5,000벌을 포획하였고, 헤아릴 수 없이 많은 병기를 획득했다. 뒤에 황성黃城과 은성銀城마저 함락시키니, 수백 리에 걸쳐서 사람의 인적이 사라졌다. 이곳을 주필산駐蹕山으로 명명한 후 이번 전투에서 공이 큰 설인귀를 유격장군遊擊將軍으로 삼고, 항장 고연수를 홍로경鴻臚卿으로 그리고 고혜진을 사농경司農卿으로 삼았다.

태종이 이적에게 말했다.

"안시성安市城은 산세가 험하여 난공불락인데다가 군사들이 정강하며, 그 성주의 재주와 용기가 대단하다고 들었다. 막리지가 임금을 시해했을 때에도 성주가 성을 지켜 굴복하지 않아서, 막리지도 어쩔 수 없어 그대로 두었다고 한다. 이에 비하여 건안성建安城은 군사가 약하고 군량이 적을 것이니, 먼저 이를 치면 꼭 이길 수 있을 것이다. 공은 먼저 건안성을 치도록 하라. 건안성이 함락되면 안시성은 저절로 무너지게 될 것이니, 병법에 성을 치지 않고 얻는다는 것이 이를 두고 한 말일 것이리라."

이적이 대답했다.

"건안성은 남쪽에 있고, 안시성은 북쪽에 있습니다. 그런데 우리의 군량은 모두 요동에 있으니, 지금 안시성을 피하고 건안성을 치다가 구려의 군사가 우리의 보급로를 끊으면 그런 낭패가 없을 것입니다. 이는 먼저 안시성을 치는 것만 같지 못합니다. 안시성이 함락되면 건안성은 북소리 한 번에 얻을 수 있을 것입니다."

태종이 허허 하고 웃으며 말했다.

"공을 장수로 삼았는데, 어찌 공의 전략을 쓰지 않으랴?"

이적이 안시성을 공격하는데, 안시성 사람들이 당군의 깃발이 몰려오는 가운데에 태종의 기가 나부끼는 것을 보고 성루에 올라가서 북을 치며 욕했다. 태종이 크게 화를 내었다. 이적이 성을 함락시키면 남자는 모조리 죽여버릴 것이라고 고함을 질렀다. 이 말을 들은 안시성 사람들은 더욱 성을 굳게 지키고 오랫동안 움직이지 않았다. 성주 양만춘楊萬春은 성안의 동명왕묘東明王廟에서 제를 올리며 필승을 다짐했다.

"동명성왕이시여 그리고 치우천왕이시여, 당의 대군을 물리칠 수 있도록 저희들에게 힘을 보태어 주소서. 이들은 우리 고구려를 병합해서 속국으로 만들려고 대군을 몰고 왔습니다. 선조 때부터 중국의 세력들이 우리 고구려를 넘나보면서 기회가 있을 때마다 겁탈을 일삼아 왔습니다. 우리 고구려의 5부 사람들이 말갈과 함께 이들을 막아서 만민을 편안하게 만들려고 합니다. 부디 우리에게 힘을 보태어 주소서."

양만춘은 안시성에서 3개월 동안 하루 평균 5~6회의 당군의 공격을 막아내며 농성을 계속했다.

고연수와 고혜진이 태종에게 청했다.

"신들은 이미 몸을 대국에게 맡겼습니다. 그러니 지성을 다하지 않을 수 없습니다. 천자의 일을 빨리 성사시키고, 신들도 처자를 빨리 만났으면 합니다. 안시성 사람들은 생사를 무릅쓰고 싸우니 성을 쉽게 함락시키지 못할 것으로 보입니다. 압록수鴨綠水 서편에 있는 오골성烏骨城은 수장인 욕살이 늙어 힘이 없습니다. 그러니 이곳을 공격하면 하루 반나절에 항복해 올 것입니다. 그 밖의 성들은 폐하의 위풍만 바라보고도 모두 궤멸할 것입니다. 그런 뒤에 군량을 거두어 북을 올리면서 진격하면 평양도 쉽게 무너질 것입니다."

태종의 신하들이 말했다.

"폐하, 장량의 군사가 비사성에 있습니다. 그를 불러서 오골성을 빼고 압록수를 건너 평양을 공격하는 것이 옳은 계책으로 압니다."

태종이 신하들의 계책을 좇고자 하는데 장손무기가 말했다.

"천자께서 친정하는 것은 보통 장수들과는 달라야 합니다. 위험을 무릅쓰고 운에 맡기는 것은 불가합니다. 지금 건안성과 신성의 적군이 10만이 넘는데, 이들은 우리가 오골성으로 나가면 우리의 뒤를 위협할 가능성이 있습니다. 그러니 먼저 안시성을 파하고 난 뒤에, 건안성을 공격하는 것만 같지 못합니다. 그런 뒤에 평양으로 진격하는 것이 만전의 계책이라 생각합니다. 폐하, 통촉하소서."

태종이 그의 말을 좇아 장수들에게 명령하여 안시성을 급히 공격하게 했다.

하루는 안시성에서 닭과 돼지 잡는 소리가 요란하게 들려왔다. 태종이 이적에게 말했다.

"성을 포위한 지 오래니 성중의 기세가 날로 쇠약하게 될 터인데, 지금 닭과 돼지 잡는 소리가 요란하게 들리니 무슨 계책이 있는 것이 틀림없다. 필시 야습을 위해 군사들을 배불리 먹이고 있을 것이다. 수비에 이상이 없도록 특히 유념하거라."

밤이 되자 고구려의 사수 백 명이 성에서 줄을 타고 내려와 당군을 공격했다. 미리 알아 대기하고 있던 당군이 이를 요격하여 수십 명을 베었다. 장사왕 도종이 군사를 동원해서 안시성의 동남쪽에 토산을 축조했다. 안시성 쪽에서도 이에 대항하여 성을 증축했다. 양군이 하루에도 대여섯 차례 교전하는데, 당군이 충차를 써서 성벽을 무너뜨리면, 고구려군은 목책을 세워 무너진 성벽을 보수했다. 도종이 발을 헛디뎌 걷기를 거북해 하는데, 태종이 친히 침을 놓아 치료해 주었다. 도종이 60일 동안 연 50만 명의 인력을 투입해 안시성을 내려다 볼 수 있는 높이로 토성을 쌓고, 그 꼭대기에서 안시성으로 건너갈 수 있는 널판자를 준비하여 흙으로 덮어 위장했다. 그러는 동안에도 이적은 서쪽에서 포차抛車와 당차撞車로 공격해서 성벽을 파괴했다. 그때마다 고구려군은 목책을 세워 무너진 곳을 막았다. 도종은 과의도위果毅都尉 부복애傅伏愛의 부대를 보내어 토산을 지키게 했다. 그런데 부복애가 사사로이 자리를 뜬 사이에, 고구려의 결사대 100명이 성을 타고 올라가 토산을 빼앗고 해자를 파서 지켰다. 태종이 이를 알고 격노하여 부복애를 참형에 처했다. 여러 장수를 독려해서 사흘 동안 토산 위의 고구려군을 공격했으나 이기지 못했다. 이 전투에서 태종이 양만춘의 화살에 맞아 한쪽 눈을 잃었다는 전설이 있을 정도의 격전이었다.

황급해진 도종이 맨발로 태종을 찾아뵙고 죄를 빌었다. 태종이 말했다.

"경의 죄는 마땅히 죽을 만하나 경이 개모성과 요동성에서 공을 세웠으니 특히 용서하는 것이다."

요동에 겨울이 왔다. 일찍부터 매서운 한파가 와서 풀이 마르고 물이 어니 당의 군사들은 견딜 수가 없었다. 게다가 양식마저 떨어지려 했다. 마침내 태종이 철군할 것을 명령했다. 먼저 요동성과 개모성에서 얻은 백성들을 요수 너머로 건너보내고, 곧이어 군사를 안시성 밑에 모아 깃발을 떨치며 철군하기 시작했다. 당군의 위용은 여전히 당당해서 안시성으로부터 추격해 나오는 군사는 없고 오로지 성주 양만춘이 성루에 올라 멀리 내려다보며 배웅했다. 태종이 성주가 성을 지키면서 보인 용맹과 지략을 가상히 여겨 비단 100필을 주면서 그 충성됨을 치하했다.

태종이 이적과 도종에게 명하여 보기병 4만 명을 거느리고 요동성을 거쳐 요수를 건너게 했다. 가는 길이 진흙탕이라 거마가 통과할 수 없어서 장손무기에게 명령해서 군사 만 명으로 뻘밭을 돌로 메우게 하고 수레로 다리를 만들게 했다. 태종이 스스로 나무를 메고 말을 채찍질하여 길 만드는 일을 도왔다. 10월의 삭풍은 사정없이 불어제쳤다. 많은 장졸들이 동상으로 쓰러져 죽어 불을 피우게 해서 온기를 취하게 해도 소용이 없었다. 폭풍설이 계속되니 속수무책으로 어둠 속에서 장병들이 이리저리 헤매게 되었다. 가까스로 중국으로 돌아간 자는 점령 지역의 백성을 합해 겨우 7만 명에 지나지 않았다. 항장 가운데 고연수는 항복한 것을 후회하여 탄식하다가 분사하고 말았고, 오로지 고혜진만이 장안으로 갈 수 있었다. 태

종은 성공하지 못한 것을 깊이 한탄하면서 말했다.

"위징魏徵이 살아 있었다면 짐이 이런 걸음을 하게 하지 않았을 것이다."

다음 해의 2월에야 태종이 경사로 돌아왔다. 이정李靖에게 물었다.

"짐이 천하의 주인으로 이런 작은 오랑캐에게 당하여 곤경에 처하게 된 것은 무슨 까닭일까?"

이정이 말했다.

"이는 도종이 해명한 바입니다."

"무슨 뜻이냐?"

"도종이 주비駐蹕에서 건의했지 않습니까? 구려의 허세를 찔러 평양을 공략하자고 했었지요. 그런데 폐하께서 듣지 않으셨지 않습니까?"

"그때는 급한 마음에 짐의 생각이 미치지 못했었지."

5월에 고구려왕과 대막리지 연개소문이 사신을 파견해서 사죄했다. 아울러 두 미녀를 바쳤다. 태종은 이들을 돌려보내면서 말했다.

"예쁜 여자는 누구나 탐낸다. 그러나 그들은 피붙이로부터 멀리 떨어져 와서 마음이 상할 것이다. 그러니 짐이 취할 수가 없겠다. 고향으로 돌려보낸다."

태종이 철수하면서 궁복弓服을 연개소문에게 주었으나, 그가 이를 받지 않고 교만한 태도로 사자를 대했다. 647년에 태종이 다시 군사를 일으켜 고구려를 치려고 했다. 그런데 조정에서 건의했다.

"구려는 산을 의지하여 성을 만들었습니다. 그러니 쉽게 함락시킬 수가 없습니다. 여러 번의 전쟁으로 구려 사람들이 밭을 갈지 못하여 곡식을 수확하지 못했습니다. 그동안은 성안에 비축한 식량이 있었으나, 이제 그마저도 고갈되었다 하니, 몇 사람의 장수를 보내어 소란을 피우면 얼마 가지 않아 민심이 이탈할 것입니다. 그러면 압록수의 북쪽은 싸우지 않고 얻을 수 있을 것입니다."

태종이 이 계책에 따라 좌무위대장군左武衛大將軍 우진달牛進達을 청구도靑丘道 행군대총관行軍大摠管으로 삼고, 우무위장군右武衛將軍 이해안李海岸을 부사령관으로 삼아, 동래東萊로부터 군함으로 만여 명의 군사가 바다를 건너 쳐들어가게 했다. 그와 동시에 태자첨사太子詹事 이적李勣을 요동遼東 행군대총관으로 삼고, 우무위장군 손이랑孫貳朗을 부사령관으로 임명해서 군사 3,000명을 거느리고 영주도독榮州都督의 부병府兵과 함께 신성도新城道로 진군하게 했다. 두 군사가 모두 수전에 능했다. 이적이 요수遼水를 건너 남소성南蘇城을 비롯한 여러 성을 공격하여 일부 성곽을 불태우고 돌아갔다. 7월에 우진달의 군사가 고구려의 영토 안으로 진격해서 백여 차례에 걸쳐 싸웠는데, 고구려 군사가 적리성積利城에서 이들을 맞아 싸우다가 3,000명의 군사를 잃고 패퇴했다. 태종은 송주宋州자사 왕파리王波利를 시켜서 강남江南 12개 주의 목수를 총동원하여 큰 전함 수백 척을 만들어 고구려 침공을 시도했다가 12월에 보장왕이 둘째 왕자를 보내어 당에 사죄하겠다고 하여 태종이 이를 받아들였다.

647년 정월에 고구려가 당에 사신을 보내어 조공을 했다. 그런데 태종은 다시 조칙을 내려서 우무위대장군右武衛大將軍 설만철薛萬徹을 청구도 행군대총관으로 삼고, 우위장군 배행방裵行方을 부관으로 삼아, 군사 삼만여 명과 전함을 거느리고 내주萊州로부터 바다를 건너 고구려를 침범하게 했다. 4월에는 오호진장烏胡鎭將 고신감古神感이 전함 여러 척에 만여 명을 태우고 쳐들어온 것을 고구려의 보기병 5,000명이 역산易山에서 맞아 싸우다가 복병에 걸려 도망쳤다. 이런 것을 보고 받은 태종은 고구려의 힘이 약해졌다고 하면서 명년에는 30만 대군을 동원해서 일거에 고구려를 침공하겠다고 했다. 그러자 한 신하가 상소를 했다.

"대군을 발동하면 많은 군량을 수송하게 되는데, 이를 육로로 운반하는 것은 과거의 예를 보아도 좋지 않습니다. 오히려 선편이라면 어렵지 않게 수송할 수 있습니다. 지난번 전역에서 사천泗川의 검남劍南이 출전치 않았고, 수말隋末의 난리도 무사히 넘겼기 때문에 그곳의 백성들이 여유가 있습니다. 이들에게 명하시어 전함을 건조하시면 크게 도움이 될 것입니다."

태종이 이 진언에 따라 사람을 보내어 전함을 건조하게 했다. 이때의 전함은 큰 것이 길이 백 척에, 폭이 오십 척이나 되는 대선이었다. 다시 태종이 장군 설만철로 하여금 고구려를 침공하게 해서 그가 압록수 하류에 있던 박작성泊炸城에서 40리 떨어진 곳에 진을 쳤다. 박작성주 소부손所夫孫이 보기병 만여 명으로 요격하다가 견디지 못하고 성으로 철수하여 굳게 지키게 되었다. 박작성은 산을 의지해서 축조한 성이라 지세가 험준한데다가 앞을 압록수가 막아 난공불락이었다. 고구려의 장군 고문高文이 오골烏骨, 안지安地의 군사 삼만 여를 거느리고 박작성을 지원하다가 설만철의 군사에게 당하여 패퇴하고 말았다. 이렇게 일진일퇴가 계속되는데, 659년 4월에 태종이 붕어하면서 다시는 고구려를 침범하지 말라는 유언을 남겨 고구려와의 싸움은 일단락 짓게 되었다. 사실 태종의 집요한 고구려 정벌을 사공司空 방현령房玄齡이 노환을 무릅쓰고 "만족할 줄 알면 욕됨이 없고, 그칠 줄 알면 위태로움이 없다"는 노자老子의 가르침을 들면서 글을 올려 말렸었다. 방현령의 상소는 극진했으나 태종은 그의 말을 듣지 않다가 죽어서야 일을 멈추게 되었다.

제 21 장

한반도의 통일

1. 의자왕義慈王의 비극

부여의자義慈는 백제 30대 무왕武王과 선화 공주善花公主 사이에서 태어난 첫째 왕자였다. 그는 무왕 33년 정월에 태자로 책봉되었는데, 체격이 건장하고 간담이 큰 사람이었다. 어릴 때부터 부모에 대한 효성이 지극하고, 형제간의 우애가 돈독해서 한때 사람들이 그를 해동증자海東曾子로 부르며 숭상했다. 서기 641년에 무왕의 뒤를 이은 그에게는 동남의 야마토 왕조의 지도층에 혈족들이 많았다. 백제의 21대 왕인 개로왕이 고구려와의 싸움에서 전사하기 전에 그의 아들 곤지昆支를 야마토로 보내어 군군軍君으로 삼았음은 이미 적은 바가 있다. 곤지의 후손들 가운데 몇몇은 한반도로 돌아와서 백제의 왕이 되거나 야마토의 천황이나 그의 지지 세력이 되니, 백제의 왕가와 야마토의 천황 일가는 친척 간이었다.

오랫동안 고구려나 신라와 싸워온 백제는 무왕과 의자왕 때에 들어서야 군사력을 회복하여 많은 전투에서 신라와 고구려를 압박해 나갈 수 있었다. 이때 야마토의 지지 세력은 규슈九州 오오이다大分와 북부지역을 중심으로 군사력을 동원해서 백제를 도왔다. 의자왕이 등극하니 당唐태종太宗이 사부랑중詞部郎中 정문표鄭文表를 보내어 그를 주국대방군왕柱國帶方郡王 백제왕百濟王으로 책봉했다. 이에 보답하여 8월과 다음 해 정월에 의자왕은 사신을 당으로 보내어 방물을 바치고 조공했다. 2월에 의자왕은 주와 군을 순무하고 죄수를 석방한 뒤, 7월에 군사를 거느리고 신라를 침공해서 미후성獼猴城을 비롯한 40여 성을 함락시키고, 8월에는 대야성마저 함락시켜서 신라의 이찬 김춘추의 딸 내외를 잡아 죽여 김춘추와 철천지원수가 되고 말았다. 의자왕 3년 11월에 고구려와 화친을 맺은 뒤, 신라의 당항성黨項城을 공격하여 이를 함락시키고 신라가 당으로 입조하는 길을 차단했다가 신라의 선덕여왕이 당에게 구원을 청한 것을 알고 일단 군사를 파했다.

의자왕 4년 정월에 사신을 당으로 파견해서 다시 조공을 했다. 당의 태종은 사농승상司農丞相 이현장里玄獎을 보내어 백제와 신라에게 싸우지 말라고 타이르게 했다. 그러나 아무도 귀를 기울이지 않았다. 의자왕이 등극한 지 7년째가 된 647년 정월에 신라에서는 비담毘曇과 염종廉宗의 난이 일어났고, 그 가운데 선덕여왕이 붕어했다. 그 뒤를 이은 진덕여왕은 정치제도를 혁파하면서 연호를 태화太和로 정하고, 처음으로 중국의 의관을 채택했다. 그 뒤 신라의 김유신과 백제의 장군 의직義直, 좌장 은상殷相 등이 밀양, 상주 등지에서 수십 번을 싸워서 일진일퇴를 거듭했다.

649년 8월에 백제의 장군 은상殷相이 군사를 거느리고 신라의 석토성石吐城을 비롯한 일곱 성을 함락시켰다. 신라에서는 대장군 김유신과 장군 진춘陳春 등으로 백제군을 막아 10여 일을 싸웠다. 그러던 어느 날 도살성道薩城에 주둔하고 있던 김유신이 측근을 보고 말했다.

"오늘은 반드시 백제의 첩자가 올 것이다. 너희들은 모른 척하고 누구냐고 묻지 말라."

백제의 첩자가 신라의 진중에 섞여 들었다. 김유신이 짐짓 모른 척하고 사람을 파견해서 진중에 선포하게 했다.

"성벽을 굳게 지키며 조금도 움직이지 말라. 내일 구원군이 오면 결전을 할 것이다."

숨어 있던 첩자가 이 말을 듣고 얼른 백제군의 은상에게 가서 알렸다. 신라군이 증원을 얻는다는 소식에 백제군이 주춤하고 있는데, 그 사이 김유신이 이끈 신라군이 엄습했다. 신라군은 이 전투로 장교 100명을 사로잡고, 군졸 8,980명을 참살하며, 전마 일만 필을 포획하고, 헤아릴 수 없이 많은 병기를 빼앗아갔다. 신라는 그런 뒤에 당으로 사신을 보내어 백제의 군사를 격파한 것을 알렸다.

서기 649년에 태종이 고구려 원정을 다시 준비하다가 붕어했다. 9월에 고종高宗이 뒤를 이었다. 고종은 655년에 황후 왕씨를 폐하고 무칙천武則天을 황후로 삼았다. 무칙천은 한족漢族 출신으로, 리주도독利州都督 무사확武士彠과 부인 양씨楊氏 사이의 둘째 딸로 태어났다. 태어난 지 얼마 안 되어 어떤 도사가 이 아이를 보고 "앞으로 반드시 하늘로 올라갈 것이다"라고 예언했다. 아이가 장차 황후가 될 것으로 생각한 아비는 정성을 다하여 이 아이를 길렀다. 그 덕에 그녀는 검은 머리를 길게 늘어뜨리고, 긴 눈초리와 커다란 눈, 서설처럼 하얀 살갗과 앵두 같은 입술에 장미처럼 붉그스름한 볼, 게다가 풍만한 젖가슴과 매혹적인 미소로 사람들을 홀리는 아름다운 규수가 되었다. 특히 명석한 머리로 사람들을 마음대로 다루어내는 재주가 있었다. 아명을 미낭媚娘이라고 했다. 자라서 이름을 조照로 지었는데, 스스로 새로운 글자를 만들어 조曌라고 적었다. 이는 해와 달이 하늘 위에 있다는 뜻으로, 고귀함과 웅장함을 나타내기 위한 것이었다. 그러나 그녀의 행적에는 악랄한 부분이 많아서 후세에 중국 삼대 악녀의 하나로 치부되었다. 참고로 삼대 악녀는 한漢나라의 여후呂后, 청淸의 서태후西太后 그리고 무칙천武則天을 말한다. 그녀는 여덟 살에 아비가 죽고 배다른 형제의 학대 속에 소녀기를 보냈다. 14세에 태종太宗의 후궁에 들어 정5품의 재인才人이 되었다. 처음에는 태종의 총애를 받았으나, 그녀의 지나친 총명함이 나라에 해를 끼칠 것을 우려한 태종은 그녀를 점차 멀리하게 되었다. 살해될 것을 겁낸 그녀가 왕자 이치李治를 농락하여 그의 사랑을 이끌어내었다. 태종의 만년에 장자인 태자를 모반으로 몰아 주살하는 바람에 아홉째 아들이었던 진왕晉王 이치가 외삼촌 장손무기長孫無忌의 천거로 황태자가 되었다. 태종이 붕어함에 그의 후궁에 있던 무칙천은 관례에 의해 이마에 낙인이 찍히고 여승이 되어야 했다. 그녀는 이를 피하기 위해 도교 사원에서 수행하는 여자 도사인 곤도坤道를 자원해서 아름다운 얼굴을 보존할 수 있었다. 마침 고종의 황후인 왕황후王皇后가 경쟁자인 소숙비蕭淑妃를 물리치기 위해 그녀를 입궁시켜서 소의昭儀로 만들었다. 무소의武昭儀는 고종高宗으로 등극한 이치의 총애를 독차지하게 되었는데, 왕황후와 어머니인 유씨柳氏가 주술로 그녀를 죽이려다가 탄로가 났다. 무소의는 황후가 되기 위해 여러 신하들을 회유했다. 고종이 무소의를 황후로 삼을 생각으로 네 명의 중신에게 하문했다. 네 명의 중신 가운데 외숙 장손무기와 재상 저수량褚遂良이 반대했다. 마침 돌궐 토벌에 공이 컸던 이적李勣이 "황후를 세우는 일은 황제의 집안일이니 궁정의 관료들이 왈가왈부할 일이 아닙니다" 하고 말하여, 고종이 그녀를 황후로 세울 생각을 굳혔다. 마침내 655년 10월 13일에 고종은 "독살 음모를 했다"는 죄명으로 왕황후와 소숙비를 폐하여 서민으로 내리고 옥에 가두었다. 7일 후에 고종은 무소의를 황후로 만드는 조서를 내고 강력하게 반대하고 있던 저수량을 담주도독潭州都督으로 좌천했다. 11월 초순에 황후가 된 무소의는 "뼈까지 취하게 해주마"고 하면서 감금했던 왕씨와 소씨를 곤장 백 대를 치고 사지를 잘라 술독에 던져 넣었다. 두 사람이 여러 날을 술독 속에서 울부짖다가 절명했다. 특히 소씨는 "다시 태어나면 고양이로 변신해서 무소의를 쥐로 만들어 잡아먹어버리겠다"고 저주하면서 죽어갔기 때문에 그 뒤로 궁중에 고양이를 기르지 않게 되었다.

황후가 된 무칙천武則天은 몸이 약한 고종을 대신해서 수렴정치를 행했다. 귀족 정치 집단을 혐오한 무칙천은 재능과 충성을 중심으로 낮은 신분이라도 능력이 있는 자를 등용했다. 뒷날의 일이지만 660년에 신라의 청원을 받아들여 백제 토벌의 군사를 일으킨 것은 사실인즉 무칙천이 결정한 것이었다. 이때보다 훨씬 뒤인 690년에 무칙천이 스스로 황제가 되어 나라 이름을 주周로 고쳤다가 705년에 당의 중종中宗에게 양위하여 일시나마 당을 중절시킨 일까지 있었다.

진덕여왕은 김춘추의 아들 법민法敏을 시켜서 비단에 오언시五言詩로 태평송太平頌을 지어서 당의 고종高宗에게 바쳤다. 고종이 이 글을 보고 크게 기뻐하면서 법민에게 대부경大府卿의 벼슬을 주어 돌려보냈다. 신라는 중국의 영휘永徽의 연호를 처음으로 쓰면서 고종의 비위를 맞추었다.

651년에 신라는 파진찬 김인문金仁問을 당으로 보내어 그 나라의 숙위로 근무하게 했다.

654년 3월에 진덕여왕이 붕어해서 후사를 논하는데, 화백회의에서 이찬 알천閼川이 천거되었다. 왕으로 천거된 알천은 굳게 사양하면서 말했다.

"나는 이미 늙었고 덕행도 이렇다 할 것이 없소. 임금으로는 춘추공만 한 사람이 없소. 실로 제세의 영걸이라 할 것이오."

그러자 김유신이 이에 찬동했다. 김춘추가 세 번을 사양하다가 왕위에 오르게 되었다. 이 사람이 신라 29대왕인 태종太宗 무열왕武烈王이다. 무열왕의 즉위 소식을 들은 당나라에서 지절사持節使를 파견하여 왕을 개부의동삼사開府儀同三司 신라왕新羅王으로 책봉했다. 왕은 법민을 태자로 삼고, 왕녀 지조智照를 대각찬大角湌 김유신에게 시집보냈다. 이렇게 되니 왕과 김유신은 이중 삼중으로 척분이 맺어지게 되었다.

651년에 백제의 의자왕이 사신을 당으로 파견했더니 당의 고종高宗이 유시했다.

"해동 삼국이 건국한 지 오래되어 국토의 경계가 개의 이빨처럼 이어져 있는데, 틈만 나면 서로 싸워 평안한 날이 없다 한다. 삼한 백성들의 목숨을 도마에 올리고 밤낮으로 싸우고 있는데, 천리와 물리를 따져 보니 심히 민망한 일이로다. 지난해에 고구려와 신라의 사절이 입조했기에 서로 숙원을 풀고 다시 화목하라고 일렀는데, 신라사 김법민金法敏의 말로는 '고구려와 백제는 순치와 같은 관계로, 서로 의지하며 군사를 일으켜 침략하므로, 중요한 성과 기지가 거의 백제의 몫이 되어, 우리의 강토가 줄어들고 위력이 말이 아니다. 백제가 공취한 성진을 돌려주고, 만약 조명을 받들지 않으면 군사를 일으켜 이를 공격하여 그들의 옛 땅만 찾게 해주면 곧 화친을 맺겠다'고 했다. 그의 말에 순리가 있으니, 이를 허락하지 않을 수 없다. 왕이 만약 짐의 말에 순종하지 않으면, 짐은 김법민이 요청한 대로 왕을 문책할 것이고, 고구려에도 구원하지 못하게 할 것이다. 고구려가 만약 영을 어기면 거란과 제번諸蕃에게 명하여 요수遼水를 건너 고구려도 공격할 것이다. 왕은 짐의 말을 깊이 새겨듣고, 스스로 복을 구하고 좋은 계책을 도모함으로써 나중에 뉘우침이 없도록 하라."

이런 고종의 당부도 소용이 없었다. 의자왕은 다음 해 정월에 사신을 당에 보내어 조공을 바치고 그 다음 해 8월에는 야마토에도 사신을 보내어 수교하는 한편, 655년 정월에 고구려, 말갈과 함께 신라의 33개 성을 공격해서 얻으니 신라의 무열왕이 사신을 당으로 다시 보내어 구원을 재촉했다. 싸움을 하면서도 의자왕이 2월에 태자궁을 수리했는데, 사치스러운 망해정望海亭을 대궐의 남쪽에 세우고 화려하게 단장했다. 9월에 신라의 김유신이 군사를 거느리고 백제로 쳐들어가서 조비성助比城을 공격했다. 김유신은 무열왕에게 아뢰었다.

"백제는 무도하여 그 죄상이 걸주桀紂보다도 심하니, 천리에 따라 그

백성을 불쌍히 여기며 그 죄를 벌해야 할 때입니다. 백제를 정벌하도록 분부하소서."

김유신은 전술에만 능한 장수가 아니었다. 그의 지모는 삼국의 으뜸이었다. 그는 백제 정벌을 건의하기 전에 벌써 세작을 백제와 고구려에 놓아 정보를 수집해 나가고 있었다. 다음과 같은 사연만 보아도 그가 멀리 내다보고 일을 꾸미는 것을 알 수 있다.

급찬級飡 조미곤租未坤이 천산현령天山縣令으로 있다가 백제의 포로가 되어 좌평 임자壬子의 노비가 된 적이 있었다. 조미곤이 성실하게 주인을 모시니 임자가 그를 신임하여 마음대로 나다니게 해주었다. 몇 년 뒤에 조미곤이 신라로 도망와서 김유신에게 백제의 사정을 낱낱이 고했다. 김유신이 그에게 지시했다.

"듣자니 좌평 임자가 백제의 국사를 전단한다 했다. 그와 모의해서 백제를 넘어뜨리려고 생각하고 있는데, 아직 그 기회가 무르익지 않고 있다. 너는 신라를 위해 다시 임자에게 가거라. 그와 힘을 합하고 싶은 내 뜻을 그자에게 전해 주었으면 한다."

조미곤이 감읍하면서 말했다.

"장군께서 저 같은 미천한 사람을 대접하여 이처럼 큰일을 맡기시니, 이 몸이 죽는 한이 있더라도 진충보국하겠습니다."

며칠이 지나서 조미곤이 다시 백제로 돌아갔다. 그가 임자를 만나서 말했다.

"저는 이미 백제 사람이 된 지 오래입니다. 그래서 백제의 풍속을 익히는 것이 좋겠다고 생각하여 그동안 여러 곳을 다녀 보았습니다. 그러는 동안에도 주인님을 사모하는 마음이 간절해져서 다시 이렇게 돌아왔습니다."

임자는 조미곤의 말을 믿고 다시 그를 받아들였다. 얼마 후 조미곤이 임자의 눈치를 살피다가 말을 끄집어냈다.

"주인님, 저번에는 제가 지은 죄가 커서 이실직고하지 못했습니다. 사실은 그동안 신라에 다녀왔습니다. 이미 백제에 망국의 징조가 있기에, 김유신 장군을 뵙고 왔습니다. 김유신 장군이 말씀하시기를 백제에 좌평 임자가 계시니 가서 말씀드리라고 하셨습니다. 한 나라가 흥하고 망하는 것은 미리 알 수 있는 일은 아니나, 백제가 먼저 멸망한다면 좌평께서 장군에 의지하고, 신라가 먼저 망한다면 장군이 좌평에게 의지하고 싶다고 하셨습니다. 주인님, 여러 가지 형편을 잘 살펴서 현명하게 처리하셨으면 합니다."

임자가 아무 대꾸를 하지 않아 조미곤은 무안해서 자리에서 물러났다. 몇 달이 지났다. 임자가 조미곤을 불렀다.

"저번에 네가 한 말은 틀림이 없는 것인가? 다시 한 번 더 말해 보아라."

조미곤이 송구해 하면서 다시 한 번 설명했다. 그러자 임자가 말했다.

"알았다. 가서 장군께 말씀드려라. 장군의 뜻대로 하시자고."

조미곤이 기쁜 마음으로 한걸음에 신라로 달려가서 김유신에게 임자의 말을 전하고, 그동안 살핀 백제의 사정을 상세히 보고했다.

33개의 성을 얻은 거듭된 승리로 자만에 빠진 의자왕은 차츰 신하들의 말을 듣지 않고 술 마시고 노는 것을 일삼게 되었다. 왕이 궁녀들과 음탕한 짓을 계속하는 것을 좌평 성충成忠이 충간을 하다가 하옥되었다. 옥중에서 단식하다가 병이 난 성충이 글을 올렸다.

"폐하, 한 말씀 올립니다. 충신은 죽어도 임금을 잊지 않는다 합니다. 신이 병이 나서 죽게 됨에 마지막으로 한 말씀을 올리려고 합니다. 신이 살펴보니 반드시 전쟁이 일어날 것 같습니다. 모름지기 군사를 쓸 때에는 그 지리를 살펴야 합니다. 강의 상류에 포진하고 적의 기세를 꺾은 연후에 싸움을 해야 군사를 보전할 수 있다고 합니다. 만약 다른 나라의 군사가 쳐들어오면, 육로로는 탄현炭峴을 넘지 못하게 하십시오. 그리고 수로로는 금강錦江 하류 기벌포伎伐浦의 언덕을 넘지 못하게 하소서. 기벌포는 백강白江이라고도 부르는 군사의 요지입니다. 이들 험준한 지세에 의지하여 적군을 막은 연후에 적군이 초조해지는 것을 기다려 공격하면 반드시 적을 물리칠 수 있습니다."

그러나 의자왕은 귀를 기울이지 않았다.

"늙은 것이 무슨 잔소리가 이렇게 많은가? 그런 것쯤이야 짐이 신경을 안 써도 될 일이 아닌가?"

성충이 왕의 말을 전해 듣고 안타까워하다가 피를 토하고 죽었다. 가장 덕망이 높은 노신이 이렇게 허무하게 죽으니, 다른 신하들은 아무도 감히 나서서 간언을 할 수가 없었다.

몇 해 후 의자왕은 서자 41명을 모두 좌평으로 삼고 각각 식읍을 맡아 다스리게 했다. 서자의 상당수는 왕이 쓰쿠시에 있을 때에 얻은 처첩의 자식이었다. 왕의 인사가 혈연을 따라 문란해지니 민심이 모두 떠나고 방방 곡곡에서 흉흉한 일들이 연이어 일어났다.

"백제가 망한다. 백제가 망한다."

귀신이 곡을 하며 궁중에 들어와서 외쳤다. 귀신이 땅속으로 들어갔다는 말에 왕이 그 땅을 석 자나 파게 했다. 그랬더니 거북 한 마리가 나왔다. 거북의 등에 글이 쓰여 있었다.

"백제는 둥근달과 같고 신라는 초승달과 같다."

왕이 그 뜻을 무당에게 물었다. 한 무당이 말했다.

"달이 둥글면 찼다는 뜻이요. 달이 차면 이지러집니다. 달이 초생이라면 점점 차게 되는 것이지요. 이는 백제가 망하고, 신라가 일어남을 뜻합니다."

"네 이놈. 혹세무민을 하는 놈이구나. 당장 저놈을 잡아서 목을 쳐라."

왕의 추상같은 호령에 무당의 목이 달아났다. 그러자 다른 사람이 말했다.

"둥근달은 왕성한 것이고 초승달은 희미한 것이니, 이는 백제가 성하고 신라는 쇠약함을 뜻하지요."

왕이 기뻐하며 상을 후하게 내렸다.

의자왕 18년 3월에 신라가 하슬라河瑟羅 소경小京을 주州로 고치고 도독을 두었다. 그러면서 실직悉直을 북진北鎭으로 삼아 북방을 지켰다. 하슬라는 뒷날의 강릉이니 신라의 국경이 다시 북쪽으로 올라갔다. 6월에 당의 설인귀薛仁貴가 요동에서 고구려군과 격돌했다. 다음 해 7월에 당의 장손무기長孫無忌가 유배를 당하고, 고종의 황후인 칙천무후則天武后가 집권하게 되었다.

660년 봄 2월에 백제의 서울인 부여의 우물물이 핏빛으로 붉게 변했다. 그러면서 서해 바닷가에서 조그마한 물고기들이 나와 죽었는데, 백성들이 이를 먹을 수가 없었다. 부여의 서남쪽 사비하泗比河의 물도 붉게 변했다. 이보다 먼저 신라에서는 상대등上大等 김강金鋼이 죽어 이찬伊湌 김유신을 상대등으로 삼았다. 상대등은 신라 17관계官階를 초월하여 설정된 최고 관직으로, 국사를 관장하고 귀족 백관회의인 화백和白을 주재主宰하는 귀족연합의 대표로 화백에서 가결된 것을 왕에게 상주上奏하여 그 재가를 얻어 실행하는데, 실지로 왕권을 제약하는 성격을 지니고 있었다.

3월에 당의 고종高宗이 조서를 내려 좌무위대장군左武衛大將軍 소정방蘇定方을 신구도행군대총관神丘道行軍大摠管으로 삼아, 좌효위장군左驍衛將軍 유백영劉伯英과 우무위장군右武衛將軍 풍사귀馮士貴, 좌효위장군左驍衛將軍 방효공龐孝公을 거느리고 군사 13만 명을 통솔하여 백제를 치게 했다. 그러면서 신라왕 김춘추金春秋를 우이도행군총관隅夷道行軍摠管으로 삼아 군사를 거느리고 합세하라 했다. 고종은 이런 일을 백제가 알 수 없도록 당에서 백제로 가는 선편을 통제하고, 사람들의 왕래를 한동안 막았다. 심지어는 당시 야마토에서 당으로 유학해 왔던 승려와 학자들도 한

곳에 유폐해서 돌아가지 못하게 했다.

4월에 백제의 서울에 두꺼비와 개구리 수만 마리가 나무 위에 모였다. 사람들이 놀라서 달아나다가 넘어져 죽는 자가 100여 명이나 되었고, 많은 사람들이 소동 끝에 재물을 잃었다.

5월 26일에 무열왕은 김유신, 진주眞珠, 천존天存 등의 장병을 거느리고 신라의 서울 경주를 출발해서 6월 18일에 뒷날의 경기도 이천利川인 남천정南川亭에 도착했다가, 6월 21일에 태자 법민으로 하여금 전선 100척을 거느리고 관서지방의 덕물도德物島에 나가 당군을 맞게 했다. 당의 총사령관인 소정방蘇定方이 군사를 이끌고 내주萊州에서 바다를 건너 덕물도德物島에 도착하는데, 전선이 천 리에 이었다. 소정방이 마중 나온 법민에게 말했다.

"나는 7월 10일에 백제의 남쪽에 이르러 대왕의 군사와 만나 백제왕 의자의 도성을 격파하고자 한다."

법민이 답했다.

"대왕은 지금 대군이 오는 것을 기다리고 계십니다. 대장군이 오신 것을 알면 반드시 음식을 만들어 영접할 것입니다."

소정방이 크게 기뻐하면서 법민을 돌려보내고 신라의 병마를 징발했다. 법민의 보고를 받은 무열왕은 대장군 김유신과 장군 품일品日, 흠춘欽春에게 정병 오만 명을 거느리고 나가서 당군과 호응하도록 하고, 왕 스스로는 상주尙州의 금돌성今突城으로 행차했다.

의자왕이 이런 소식을 듣고 크게 놀라 군신을 모았다.

"당과 신라가 함께 침공해오니, 어떻게 이를 막을 것인가? 각자 방어책을 말해 보아라."

여러 날을 주색에 곯은 왕의 얼굴이 하얗게 질려 있었다. 좌평 의직義直이 나섰다.

"폐하, 당의 군사는 바다를 건너느라 멀미를 해서 기운을 차리지 못하고 있을 것입니다. 이를 급히 공격하면 쉽게 이길 수 있습니다. 신라는 당의 원조만 믿고 있어서 우리를 경시하는 마음이 많을 것입니다. 그러니 당군이 불리해지면 감히 나서지 못할 것입니다. 그래서 먼저 당군과 결전하는 것이 상책이라 생각합니다."

그러자 달솔達率 상영常永이 반론을 제기했다.

"아닙니다. 당병은 멀리서 왔기에 속전속결을 원할 것입니다. 중원을 평정한 당군의 예봉은 당하기 힘듭니다. 이에 반해 신라는 번번이 우리에게 패한 적이 있어서 우리의 군사만 보아도 무서워서 도망치게 되어 있습니다. 당군은 방어진을 쳐서 막고, 신라를 먼저 격파해서 그 기세를 꺾은 뒤에 여세를 몰아 당군을 쳐부수면 필승을 기할 수 있습니다. 먼저 신라군을 치소서."

다른 대신들과 장군들은 두 사람의 의견을 편들어 갑론을박하기 시작했다. 의자왕이 결심하지 못하다가 좌평 홍수興首가 눈에 띄지 않는 것을 보고 큰 소리로 외쳤다.

"좌평 홍수가 안 보이는데, 이런 국가 존망의 위기에 그자는 어디 갔느냐? 냉큼 찾아서 불러오너라."

좌평 홍수는 이보다 먼저 왕의 비위를 거슬려서 장흥長興의 고마미지현古馬彌知縣으로 귀양 가고 없었다. 사람을 보내어 그의 의견을 물었다. 홍수가 답했다.

"당의 군사는 그 수가 많습니다. 게다가 기강이 엄정하고 연전連戰의 경험이 있습니다. 더구나 이번에는 신라와 공모하여 쳐들어오니, 넓은 들판에서 싸우면 그 승패를 알 수가 없습니다. 우리에게는 백강과 탄현이 있으니, 용사들로 하여금 이를 지키게 하면 이들을 막을 수 있습니다. 이는 이미 좌평 성충이 말씀드린 바 있습니다. 당의 군사가 선편으로 백강에 이르면 더 이상 나오지 못하게 이를 막고, 신라의 군사가 탄현을 넘지 못하게 한 뒤에 대왕이 성문을 굳게 닫고 지키다가 그들의 군량이 다하고 군사들이 지치게 되는 것을 보아 공격하면 반드시 적을 격파할 수 있을 것입니다."

이런 말을 대신들은 귀담아 들으려고 하지 않았다. 오히려 저마다 떠들어댔다. 그러자 항상 왕의 곁에서 온갖 정사에 용훼를 잘하는 왕비 은고恩古가 한마디 거들었다.

"폐하, 성충이나 흥수는 죄를 지어 죽거나 귀양 간 놈들입니다. 임금을 원망하고 나라를 사랑하지 않으니, 그들의 말은 들을 것이 못됩니다. 당군이 백강으로 들어오면, 역류에 밀려 배가 올라오지 못할 것이고, 신라군이 탄현을 넘으면 길이 좁아서 군마가 운신을 못하게 될 것이니, 이때를 기하여 군사를 내어 몰아치면, 독 안에 든 쥐를 잡는 것이나 그물에 걸린 고기를 잡는 꼴이 될 것입니다. 그들이 넘어오게 유인해서 격파하는 것이 옳습니다. 폐하, 통촉하소서." 듣고 보니 그녀의 말도 그럴 듯했다. 이렇게 어전회의를 계속하고 있는데, 황급히 한 신하가 달려와서 숨을 헐떡이면서 고했다.

"폐하, 당군이 백강을 넘어서 들어오고 있습니다. 신라도 탄현을 넘었다고 합니다."

2. 황산벌黃山伐 싸움과 낙화암落花巖

"누가 저들을 막을 것인가?"

왕의 다급한 목소리에 한 장수가 나섰다. 달솔達率 계백階伯이었다.

"폐하, 소장이 나가 막겠습니다. 소장이 용사 5천 명을 거느리고 황산벌에 나가서 신라의 군사를 막아내겠습니다. 그동안 폐하께서는 도성에 전국의 군사를 모으시고 굳게 지켜 주소서."

어전을 물러간 계백은 휘하의 5천 명 군사에게 출진 준비를 시킨 후 그 길로 바로 집으로 돌아갔다. 처자를 모아 말했다.

"우리나라가 당과 신라의 대군을 맞아 싸우게 되니 국가의 존망을 알지 못한다. 만일 패전하면 너희들은 그들의 노비가 되어 욕을 당하게 될 것이다. 어떻게 했으면 좋겠는가? 내가 너희들을 이 칼로 죽여서 그런 수모를 겪지 않게 하고 싶구나."

그의 처자들이 울면서 말했다.

"장군의 뜻대로 하소서."

계백이 눈물을 머금고 처자들을 모두 죽이고 나왔다. 계백이 결사대 5천 명을 몰고 황산벌에 나가 세 군데로 나누어 진을 쳤다. 그러면서 계백이 군사들에게 일렀다.

"옛날에 월越의 구천句踐은 5천 명의 군사로써 오吳의 70만 대군을 격파했다. 오늘 모든 장병들은 각각 분발하여 승리를 결단함으로써 국은을 갚도록 하라."

한번 호령이 내리자 백제의 군사들이 성난 사자처럼 몰려 나갔다.

7월 9일에 군사를 세 길로 나누어 황산벌로 나오던 김유신의 신라군은 백제군의 일당 천의 기세에 밀려서 네 번을 싸우고 후퇴했다. 불리한 전세에 기진맥진한 신라군의 장군 흠춘이 아들 반굴盤屈에게 말했다.

"신하로서 충성을 다하는 일만큼 값진 것이 없고, 자식으로서 효성을 다하는 것만 한 것이 없다. 지금처럼 위급한 때에 목숨을 내던지면 충효를 완전히 이룰 수 있는 법이다. 네가 한번 몸을 던져 보지 않겠는가?"

반굴이 대답했다.

"삼가 분부를 따르겠나이다."

말을 마치자마자 반굴이 적진으로 뛰어들어가 힘껏 싸우다가 전사했다.

반굴이 분전하는 것을 보고, 좌장군 품일品日이 부장副將으로 화랑도를 이끌고 있던 아들 관창官昌을 불러 말했다. 관창은 나이가 겨우 열여섯인데 기마와 활쏘기에 능하여 종군하고 있었다.

"너는 나이가 어리지만 의지와 기개가 용감하다. 오늘 같은 날에 공을 세우고 삼군의 상징이 되지 않겠느냐?"

"알겠습니다. 한번 해 보겠습니다."

관창이 말을 타고 창을 휘두르며 적진으로 달렸다. 그러나 백제의 군사가 많아서 겨우 몇 명을 격살한 뒤에 사로잡히고 말았다. 백제의 군사들이 그를 계백에게 데리고 갔다. 계백이 투구를 벗겨보니 아직 새파란 소년이었다. 계백이 소년의 용맹을 가상히 여기고 해치지 않고 놓아 보내면서 탄성을 올렸다.

"신라에는 기이한 용사들이 많다. 소년도 이처럼 용맹하니, 하물며 장사들이야 더 말해 무엇 하리오."

관창이 돌아와서 부끄러움으로 온 낯을 붉히면서 부르짖었다.

"내 적진 속으로 들어갔으나, 적장을 죽이고 그 깃발을 빼앗아 오지 못한 것이 한이 된다. 다시 들어가서 이번엔 반드시 성공하리라."

물 한 모금을 마신 뒤에 다시 그는 적진으로 뛰어들었다. 그러나 이번에도 중과부적이었다. 계백은 잡혀온 관창의 목을 베고 말안장에 달아매어 적진으로 돌려보냈다. 신라의 진영으로 달려온 말안장에 매어놓은 아들 관창의 머리를 들고 피를 씻으면서 품일이 울부짖었다.

"장하다, 아들아. 네 얼굴이 살아 있는 것 같구나. 나라를 위해 죽었으니 장하구나, 내 아들."

이 소리를 들은 신라의 군사들이 크게 분개했다. 모두 결사의 뜻을 세우고, 북을 치고 함성을 지르면서 진격했다. 백제군은 대패하여 계백 이하 장병 모두가 전사하고 좌평 충상忠常과 상영常永 등 20여 명이 포로가 되었다. 신라의 무열왕武烈王이 관창의 공을 기리며 그에게 급찬級飡 벼슬을 추증하고, 장례를 치르게 당견唐絹 30필匹, 20승포升布 30필 그리고 곡식 100석을 하사한 것은 뒷날의 일이었다.

같은 날에 소정방이 부총관 김인문과 더불어 기벌포에서 백제군을 대파하고, 물을 따라 올라가서 백제 도성의 하나인 진도성眞都城의 30리 앞에 이르렀다. 천신만고 끝에 황산벌에서 백제군을 격파하고 나타난 김유신의 신라군을 본 소정방은 약속한 기일에 늦었다 하며 신라독군新羅督軍 김문영金文穎을 군문에서 참형하려고 했다. 그의 속셈은 이 기회에 당의 위세로 신라의 기를 꺾어보자는 것이었다. 그러나 대장군 김유신이 호락호락 넘어갈 사람이 아니었다. 노발이 하늘을 찌르는 기세로 군문에 쇠도끼를 잡고 서서 고함을 치는데, 그의 허리에 찬 보검이 절로 격동하여 칼집에서 튀어나올 정도였다.

"대장군은 황산벌의 격전을 보지 못했소. 기일에 늦었다 하여 죄를 논한다면, 나를 치시오. 그러나 나는 죄 없이 욕을 당하지 않을 것이오. 굳이 죄를 묻겠다고 한다면, 우리 신라군이 먼저 당군과 결전한 연후에 백제를 격파할 것이오."

소정방이 어쩔 수 없이 김문영을 놓아주었다.

7월 12일에 신라와 당의 연합군은 합세해서 도성으로 쳐들어가 성을 포위했다. 백제의 서울에는 성이 동서로 둘 있었다. 그 하나가 진도성眞都城이고, 다른 하나가 부여성扶餘城이었다. 소정방이 보병과 기병을 거느리고 곧장 진도성으로 나가자 백제군이 병력을 모아 이를 막다가 죽은 자가 일만여 명이 되었다. 부여성 밖의 소부리所不里의 벌판에 이르면서 소정방은 겁을 먹고 더 이상 진격하려 하지 않았다. 이를 본 김유신이 나서서 나당 양군이 힘을 합하여 네 길로 나누어 진격하게 했다. 백제의 상좌평이 많은 음식을 갖추어 보내온 것을 소정방이 거절했다. 그러자 의자왕의 서자가 여섯 명의 좌평과 함께 나와 대죄했으나 이도 받아들이지 않았다. 7월 13일에 의자왕이 좌우의 신하들을 거느리고 야반도주하여 웅진성으로 피했다. 소정방이 사비성을 포위하니 의자왕의 둘째 아들 부여태扶餘泰가 스스로 왕이 되어 성을 굳게 지켰다. 태자의 아들 문사文思가 왕자 부여융扶餘隆에게 말했다.

"왕과 태자가 성을 나갔는데, 숙부가 멋대로 왕이 되었습니다. 당나라 군사가 물러간 뒤에 우리는 역모로 몰릴 것입니다. 목숨을 보전할 수 없을 것입니다."

문사와 부여융이 측근들과 함께 밧줄에 매달려 성 밖으로 나갔다. 백성들이 모두 그들을 따라가니 부여태도 어쩔 수가 없었다.

소정방이 군사로 하여금 성벽에 올라가 당군의 깃발을 세우게 했다. 당의 군사들은 어느 성이고 함락시키면 저항하던 그 성의 주민을 군사들의 약탈 대상으로 삼는 관례가 있었다. 이번의 백제 침공에 앞서서 당의 장병들 사이에 이런 말이 돌았다.

"백제의 여자는 풍만하고 요염한 것이 천하일색이라 한다. 백제의 서울을 함락시키면 재미 한번 보리라."

그런데 이런 말이 먼저 부여로 퍼졌다. 부여의 여자들은 당군이 오면 겁탈 당할 것이라고 지레 겁부터 먹고 있었다. 사비성의 서쪽에 백마강을 끼고 부소산성扶蘇山城이 자리하고 있다. 이곳에는 산성 중허리에 군수품 창고가 있었다. 그리고 백마강가에 약수가 솟는데, 근처에 난 고란초皐蘭草와 함께 마시면 회춘을 한다고 해 대대로 백제왕이 이 약수를 퍼오게 해서 마셨다. 이 약수터에는 약수를 너무 마셔서 어린 아기가 된 노인의 전설이 있었다. 약수터 옆에는 하늘 높이 거대한 바위가 서 있었다. 당군이 성벽을 넘어 들어오자, 백제의 왕궁에 있던 사람들이 모두 이 산성으로 올라갔다. 산성 밑에서 당병이 약탈하는 소리와 백성들의 비명이 밤새도록 들려서, 산성으로 숨은 사람들은 가파른 산길을 부소산 꼭대기까지 기어올라갔다. 산길은 험했다. 팔꿈치와 무릎이 돌계단에 미끄러져 피투성이가 되면서 기를 쓰고 오리 가량 올라가니 그 이상 갈 수가 없었다. 정상에서 내려다보니 백마강의 푸른 물이 수십 길 절벽 밑에서 소용돌이 치고 있었다. 당군이 지르는 함성이 점점 다가왔다. 공포에 질린 여인들이 하나씩 치마를 머리에 쓰고 강물로 몸을 던졌다. 적군에 잡혀 치욕스러운 삶을 사느니 무너지는 나라와 함께 목숨을 깨끗하게 버리겠다는 뜻이었다. 정조를 지키는 것을 목숨보다 소중히 생각한 백제의 여인들이 많았다. 후세의 사람들이 꽃 같은 여인들이 떨어져 죽은 바위라 하여 이곳을 낙화암落花岩이라 부르고, 부소산의 정상에 백화정百花亭을 지어 추모했다.

백제의 왕자 부여융이 대좌평大佐平 천복千福을 데리고 나와 항복을 청했다. 말 앞에 꿇어앉아 고개를 숙인 부여융을 보고 신라의 태자 법민이 그의 낮에 침을 뱉으며 큰 소리로 꾸짖었다.

"네 아비가 내 누이를 참살하여 옥중에 묻었다. 그로 인해 내가 20년간이나 괴로워했다. 오늘 네 목숨이 내 수중에 있게 되었으니 단단히 각오하거라."

부여융은 땅에 엎드려 아무 말도 하지 못했다.

의자왕은 태자 부여효扶餘孝와 함께 북쪽의 웅진성으로 달아났다가, 당나라 군사가 승세를 타고 성에 육박함에 항복을 면하지 못할 것을 알고 장탄식했다.

"성충成忠의 말을 쓰지 않아 이 지경에 이르렀다. 지금에야 후회한들 무엇 하리."

7월 18일에 의자왕이 태자와 웅진 방면의 군사를 거느리고 웅진성을 나와 항복했다. 무열왕이 의자가 항복했다는 보고를 받고 29일에 금돌성에서 소부리성으로 행차했다. 8월 2일에 무열왕은 크게 잔치를 베풀고 모든 장병들을 위로했다. 왕이 소정방을 비롯한 여러 장수들과 함께 당상에 앉았다. 항복한 의자와 그의 아들 부여융을 당하에 앉히고 의자로 하여금 술을 따르게 했다. 자기들의 임금이 술을 따르게 되는 수모를 당하는 것을 보고 있던 백제의 좌평들이 통곡을 했다. 곧이어 신라를 배반하고 백제에 빌붙었던 모척毛尺과 금일黔日이 잡혀 죽었다. 특히 금일에게는 대야성의 창고에 불을 질러 함락시킨 죄, 품석品釋 부처를 죽게 한 죄, 백제와 함께 본국으로 쳐들어온 죄 등 세 가지 죄를 물어 사지를 찢고 그 시체를 강물에 던져버렸다.

당의 고종은 8월 21일에 백제 멸망 보고를 받았다. 이때의 싸움에서 김유신이 가장 큰 공로를 세웠다는 말을 당의 고종이 듣고 사신을 보내어 그를 특별히 표창했다. 당군의 총사령관인 소정방이 김유신, 김인문, 김양도의 세 사람을 보고 말했다.

"내가 황제의 명을 받아 모든 일을 처리하게 되었는데, 이제 백제의 땅을 빼앗았으니, 이를 공들에게 식읍으로 나누어 줄까 한다. 여러분의 공에 보답하려고 하는 것이니 받아들이고 황은에 감사하도록 해라."

김유신이 정색을 하고 결연히 말했다.

"대장군이 군사를 거느리고 와서 우리 임금님의 소망을 들어주시고, 우리나라의 원수를 갚았으니, 우리 임금님을 비롯하여 만 백성들이 기뻐서 어찌 할 줄을 모릅니다. 그런데 우리가 땅을 받아 자기 이익만 취하려 한다면 어찌 의로운 일이라 하겠습니까? 우리는 받지 않겠습니다."

소정방은 신라의 장수들이 나라를 사랑하고 임금을 섬기는 것이 극진하며, 결코 사리사욕에 빠지는 일이 없음을 알고 깊은 감명을 받았다.

그러나 소정방으로서는 백제의 옛 땅을 신라에게 넘길 생각이 추호도 없었다. 오히려 사비泗沘 지역에 진영을 치면서 동방의 신라를 침공할 음모를 꾸몄다. 그런 눈치를 챈 신라의 장군 김다미金多美가 진중에서 장수들과 작전을 논의하고 있던 무열왕의 앞으로 와서 아뢰었다.

"당군이 지금 우리 신라의 땅을 침공할 모의를 하고 있습니다. 이들은 마치 백제가 완전히 평정된 것으로 착각하고 기고만장이 되어 있습니다. 마마께서 긴급히 대책을 강구하셔야 하겠습니다."

"어떻게 하면 좋을까? 여러 장군들의 의견을 들어 봅시다."

김다미가 말했다.

"우리 신라 사람을 백제인으로 가장해 백제의 군복을 입혀서 당군을 공격하면, 그들이 모의를 중단하고 반격과 소탕에 힘쓰게 될 것입니다. 그 틈에 우리가 다시 진용을 갖추어 나가면, 이들이 감히 우리 신라를 엿보지는 못할 것입니다."

"다미공의 의견이 쓸만합니다. 그렇게 하도록 하소서."

대장군 김유신이 찬동했다.

"당군이 우릴 위해 적을 격멸했는데, 우리가 그들을 속여서 싸운다면 하늘이 우릴 돕겠는가?"

왕이 걱정했다.

"우리가 당의 도움을 받았다고는 하나, 그들이 우리를 침략하려 든다면 어찌 앉아서 당하기만 할 수 있겠습니까? 마땅히 자위책을 취해야 하지요. 마마. 어서 결단하소서."

도성이 함락되고 왕이 항복했는데도 백제의 방방곡곡에서 저항군이 일어났다. 일부 저항군 속에는 신라의 위장군도 섞여 있었다. 더러 남잠南岑, 정현貞峴 등의 성에 의지해서 싸웠고, 좌평 정무正武 같은 사람은 무리를 모아 두시진악豆尸眞嶽에 진을 치고, 나당연합군에 대항했다.

8월 26일에 나당연합군이 임존任存의 대책大柵을 공격했으나, 백제의 서부 은솔恩率 귀실복신鬼室福信이 험한 산세를 이용해서 집요하게 저항하는 바람에 이기지 못하고 작은 울타리 몇 개를 파괴하는 데 그쳤다. 백제의 군사들은 무기가 없어도 몽둥이를 들고 죽기로 싸워서 신라와 당의 군사를 물리쳤다. 백제 사람들이 귀실복신을 좌평佐平으로 높여 부르면서 칭송했다. 9월 3일에 당의 낭장郎將 유인원劉仁願이 군사 일만 명을 거느리고 사비성에 주둔했다. 마침 신라의 왕자 김인태金仁泰도 사찬沙飡 일원日原과 급찬級飡 길나吉那와 함께 7,000명의 군사를 거느리고 사비성의 한쪽을 차지했다.

소정방이 의자와 왕비 은고恩古, 왕자 효孝, 태泰, 융隆, 연演 및 대신과 신료 93명과 백성 12,807명을 배에 태워 사비성으로부터 당의 동도 낙양으로 데리고 갔다. 이들을 싣고 떠나는 당의 군선을 백강가에서 지켜보던 백제 유민들의 통곡소리가 하늘을 찔렀다. 신라의 부총관副摠管 김인문金仁問이 사찬沙飡 유돈儒敦과 대나마大奈麻 중지中知 등을 데리고 당으로 들어갔다. 9월 23일에 백제의 잔당이 다시 사비성으로 쳐들어와 이미 항복해서 잡혀 있던 백제인들을 빼앗아 가려 하다가 당나라 군사들과 한바탕 붙었다. 성을 지키고 있던 유인원劉仁願이 나당연합군을 몰고 이들을 공격했으나 쫓아내지 못하고, 성의 남쪽 모퉁이를 백제 잔당에게 뺏기고 말았다. 백제인들이 이곳에 목책을 높이 쌓아 진을 치니, 이 소식을 접한 사방의 백제인들이 반란을 일으켰다. 삽시간에 20여 개의 성이 이들에 호응했다. 참으로 난감한 사태가 벌어진 것을 안 당의 고종은 좌위중랑장左衛中郞將 왕문도王文度를 웅진도독으로 임명하여 파견했다. 9월 28일에 보은報恩의 삼년산성三年山城에 도착한 왕문도가 고종의 조서를 신라왕에게 전하려 했다. 왕문도가 동쪽에 서고, 왕을 서쪽에 세워 조서를 읽으며 예물을 전하려고 함에 심기가 상한 무열왕이 병을 칭탁하고 나가지 않았다. 하는 수 없이 왕의 시종이 대신 왕의 자리에 서서 예물을 받았다.

이 자리를 피한 무열왕은 10월 9일에 태자와 함께 장병을 거느리고 이례성尒禮城을 공격하여 18일에 함락시키니 모반했던 백제의 20여 성이 모두 항복해왔다. 무열왕은 어세를 몰아 10월 30일에 사비성 남쪽에 있는 백제인의 성책을 공격하여 1,500명을 참살하고 이를 탈환했다. 그런데 11월 1일에 고구려가 군사를 동원해서 칠중성七重城을 공격해 온 것을 군주軍主 필부匹夫가 막다가 전사하고 말았다. 11월 5일에 무열왕이 강을 건너가서 왕흥사王興寺의 산성인 잠성岑城을 공격하여 7일만에 700명을 죽이고 이곳을 점령했다. 22일에 백제에서 돌아온 무열왕은 논공행상을 하면서 백제 사람들도 그 재능에 따라 등용했다. 예컨대 백제의 좌평 충상忠常, 상영常永과 달솔 자간自簡은 일길찬一吉飡의 벼슬을 주어 총관摠管으로 삼고, 은솔恩率 무수武守는 대나마大奈麻의 벼슬을 주어 대감大監으로 삼고, 은솔

인수仁守는 대나마의 벼슬을 주어 제감弟監으로 삼아 각각 소임을 다하게 만들었다.

웅진도독 왕문도가 바다를 건너다가 죽어, 고종은 유인궤劉仁軌로 하여금 웅진도독의 자리를 잇게 했다. 그리고는 5부, 37군, 200성에 76만 호가 있는 백제에 웅진, 마한, 동명, 김련金璉, 덕안德安의 다섯 도독부都督府를 설치하고 각 주와 현을 거느리도록 거수를 뽑아서 도독都督, 자사刺史, 현령縣令으로 삼아 다스리게 했다.

당의 서울에 도착한 소정방이 사로잡은 포로들을 바치니 고종이 크게 꾸짖은 뒤에 모두 석방시켰다. 당의 고종이 물었다.

"어찌 백제 뒤에 신라마저 치지 않았는가?"

소정방이 공수하면서 정중하게 아뢰었다.

"폐하, 신라는 그 임금이 어질고 백성을 사랑하고 있습니다. 게다가 신하들은 충성이 지극하여 임금을 극진히 섬기고 있습니다. 아랫사람들은 윗사람을 부형처럼 섬기고 있습니다. 사리사욕을 취하지 않고, 의리에 죽고 삽니다. 그러니 이런 나라는 비록 작지만 도모할 수가 없었습니다."

얼마 뒤에 의자가 망국의 한을 품고 병이 나서 죽으니, 고종은 금자광록대부위위경金紫光祿大夫衛尉卿을 추증하여 백제인들이 장례를 치르고 묘비를 세울 수 있게 허락하고 부여융扶餘隆에게는 사가경司稼卿을 제수하였다.

3. 다이카 혁신大化革新의 야마토 왕조

고토쿠孝德 천황은 645년인 다이카大化 원년 7월에 34대 조메이 천황의 딸이자 자기의 생질인 하시히도間人皇女를 황후로 맞고, 야마토의 호족 아베노구라하시阿倍倉梯와 소가쿠라노야마다이시가와蘇我倉山田石川의 딸들을 비妃로 삼아서, 지지 기반을 다졌다. 하시히도 황후는 나카노오오에中大兄의 친동생이었다. 황태자가 된 나카노오오에中大兄가 많은 개혁을

추진했는데, 이를 도운 사람이 국박사國博士로 임명된 사문沙門 민법사旻
法師와 다카무쿠노쿠로마로高向玄理였다. 두 사람은 모두 607년인 스이고
16년에 견수사遣隋使를 따라 중국에서 유학했던 여덟 명의 학생 가운데 하
나였다.

그동안 찬반으로 말이 많던 불교에 대해서도 크게 원조할 것을 약속하
고, 민법사旻法師를 비롯한 열 명의 스님을 뽑아서 불교를 법대로 가르치
도록 만들었다. 특별히 혜묘 법사惠妙法師를 백제대사百濟大寺의 주지로
임명했다. 9월에 사신을 사방으로 보내어 각종 무기를 모으게 했다. 9월 3
일 후루히도 황자古人皇子가 소가蘇我, 모노노베物部, 기비吉備, 야마토노
아야 가운데 불만을 갖고 있는 사람들과 함께 역모를 도모했다. 역모에 대
한 밀고를 받은 나카노오오에中大兄가 군사를 보내어 후루히도 황자를 주
살했다. 12월 9일에 도읍을 야마토의 아스카에서 나니와難波로 옮겼다. 다
음 해인 646년 원단에 개신지조改新之詔를 선포했는데, 이는 당唐의 율령
律令을 본떠서 작성한 것이었다. 사유지나 사유민을 금하고, 경사京師와
기내畿內, 군사郡司 등의 지방제도와 군사제도軍事制度 및 역제驛制를 정
하고, 호적과 전답을 정리하여 일정한 조세를 바치게 하며, 조조租調와 관마官
馬, 병기兵器, 장정을 징집하는 일에 대하여 상세히 규정했다.

3월 20일 황태자인 나카노오오에中大兄가 "하늘에 두 해가 있을 수 없
고, 나라에 두 임금이 없는 법이다. 그러니 천하에 만민을 거느릴 수 있는
것은 다만 천황뿐이시다" 하면서, 데리고 있던 524명의 부락민과 181군데
의 둔창屯倉을 천황에게 바쳤다. 22일에는 군왕과 호족 그리고 백성의 묘
를 만드는 기준을 정하고 순장을 금지했다. 이후로 야마토의 거대한 분묘
제가 사라졌다. 일본 역사의 고분시대古墳時代의 종말이었다. 한편, 각종
제사에서의 푸닥거리에 따르는 나쁜 풍습을 금지했다. 그리고 지방 관원
이 상경할 때에 사용할 말을 기르는 자를 등록하게 해서 부정을 하지 못하

게 하고, 나루터의 사공에게 전담을 주어 배 삯을 받지 못하게 했다. 마침 토목 공사를 맡은 아야노아다에漢直 히라후比羅夫가 나니와에 물을 대기 위해 고랑을 파는데, 과대한 노역으로 백성들이 고초를 겪고 있었다. 천황이 이런 사정을 알리는 상소를 읽고 즉각 그 공사를 그만두게 했다. 천황은 이외에도 많은 제도를 개혁해 나갔다. 7색色 13계階의 관위冠位제도도 제정해서 관리의 위계를 다시 다듬었다. 7색이라 함은 관과 관복의 색깔을 일곱 가지로 정했다는 뜻이다. 다만, 관위가 없는 사람은 흰옷을 입게 하고, 백정(하꾸데이白丁)라 부르게 했다.

646년 4월에 다카무쿠노쿠로마로高向玄理를 신라로 보내어 이미 실효가 없어진 미마나任那의 조調를 폐지하고, 그 대신 인질을 보내게 했다. 이에 따라 다음 해에 대아찬大阿飡 김춘추金春秋가 공작과 앵무새 한 마리씩을 예물로 갖고 야마토에 왔다가 2년 뒤에 사량부沙梁部 사찬沙飡 김다수金多遂와 교대하여 신라로 돌아갔다. 야마토에서는 이들을 인질로 기록하고 있으나, 승려 1명, 차관급인 시랑侍郞 2인, 보좌관인 승丞 1인, 기타 역관 및 하인과 장인등 모두 37명을 거느린 것을 보면 인질이 아니라 외교 사절이었다. 거의 해마다 신라와는 사절이 오갔고, 한반도의 세 나라, 고구려, 백제, 신라에 승려를 보내어 불도를 배우게 했다.

한반도의 북쪽에서 당과 고구려가 혈전을 벌이고 있을 때 야마토에서는 정치 체제의 정비에 매진하고 있었다. 649년 2월에 관위를 다시 19계로 고치고, 8성省 100관官의 관제를 박사 다카무쿠와 민법사를 시켜서 기안하게 했다. 시나베品部나 도모노미얏고伴造 같은 세습 직함을 없애고, 특정 씨족이 특정 직업을 세습하는 제도를 폐지했다. 그리고 오오미와 오오무라지大連를 폐지하고, 사다이진左大臣과 우다이진右大臣을 신설했다. 이에 따라 오미臣와 무라지連도 없어지게 되었다. 족벌보다 능력에 따라 관리를 등용하겠다는 시도였다.

650년인 다이카大化 6년 2월에 아나토穴戶의 수장인 구사카베시코부草壁醜經가 흰 꿩을 바쳤다.

"저희 집안사람이 오노야마麻山에서 정월 아흐레에 잡았다고 합니다."

조정에서 백제 출신의 어풍余豊 왕자에게 그 내력을 물었다. 야마토에 와서 구다라노기미百濟君로 있던 어풍 왕자가 말했다.

"후한 명제明帝의 용핑永平 11년에 흰 꿩이 나타났다고 하며, 이는 대단히 상서로운 조짐으로 알려져 있습니다."

2월 15일에 군사가 경호하는 가운데 사다이진左大臣, 우다이진右大臣과 백관을 네 줄로 도열시키고, 백제 왕자 어풍余豊과 그의 아우 새성塞城 그리고 숙부 충승忠勝과 고구려의 시의侍醫 모치毛治, 신라 출신 동궁 학사들을 거느리고 천황이 대궐의 중정中庭에 나갔다. 시종들이 흰 꿩을 가마에 태우고 나오자, 천황은 황태자를 불러 재배하게 했다. 그런 뒤에 사다이진左大臣 고세巨勢로 하여금 축사를 올리게 했다. 고세의 축사가 끝난 뒤 천황이 선포했다.

"고래로 성군이 나타나서 천하를 다스릴 때에 하늘이 그 상서로움을 표시했다. 서토의 군왕인 주周의 성왕成王이나 한의 명제明帝 때에 흰 꿩이 나타났고, 우리 야마토의 열성조에서도 흰 까마귀와 용마가 나타나서 기렸던 적이 있었다. 지금 짐의 대에 와서 공경과 신하들이 정성을 다하여 제도를 만들고 율령을 지킨 까닭으로 이런 좋은 일이 일어났다. 앞으로도 청백한 마음으로 천신과 지기를 공경하고 천하를 영화롭게 할지어다. 천하에 대사령을 내리고 연호를 하쿠치(흰 꿩白雉)로 고치노라."

천황은 불교 진흥에도 힘썼다. 대궐로 혜은 법사惠隱法師를 불러 『무량수경無量寿経』을 강론하게 하고, 승려 1,000명 앞에서 혜자 법사惠資法師와 법문문답法門問答을 하게 했다. 653년 5월에 견당사遣唐使를 보내는데, 두 척의 배에 학문승 여럿을 포함하여 120명씩 태워서 대사, 부사들이 인솔하게 했다. 두 배 가운데 하나가 7월에 돌아오다가 난파하여 모두 죽고, 다섯 명만 엿새 밤낮을 표류해서 사쓰마薩麻 반도의 남쪽에 가까스로 닿았다. 당시의 항해술로 당나라를 오가는 길은 목숨을 내거는 일대 모험이었다.

653년 5월에 민법사가 병이 들어 누웠다. 천황이 친히 그의 승방이 있는 아즈미데라阿曇寺를 찾아 두 손을 잡고 말했다.

"만약 법사께서 오늘 돌아가시면, 짐 또한 내일 죽으리라."

천황이 민법사旻法師를 아끼고 의지하는 것이 이처럼 각별했는데, 한 달도 못 되어 법사가 입적하니, 천황이 조문사 편에 많은 부의를 하사했다. 민법사가 죽고 나니 천황의 심복이 없어졌다.

어느 날 황태자 나카노오오에中大兄가 와서 주청했다.

"마마, 도성을 야마토의 미야꼬倭京로 옮겼으면 합니다."

야마토의 미야꼬라 함은 야마토大和의 아스카로 소가蘇我 일족이 권세를 휘두르던 곳이었다. 나카노오오에로서는 자기의 기반인 백제계 사람들의 근거지가 아스카이기 때문에, 바닷가에 있는 나니와보다 여러 면으로 편리한 곳이었다. 그러나 천황의 생각은 달랐다.

"짐은 그곳이 싫소. 도성을 옮길 이유가 없소."

"마마, 이곳은 너무 갯가로 나와 있어서 나라를 다스리기가 적합하지 않습니다. 천도하십시오."

황태자의 성화에 천황이 화가 났다.

"짐의 말을 거역하겠는가? 그대가 굳이 원한다면 그대만 옮겨 가라. 짐은 여기에 있겠다."

다음 날 황태자 나카노오오에는 아스카 강가에 행궁을 짓고 어머니인 상황皇祖母尊과 누이, 남동생을 데리고 옮겨갔다. 천황의 황후인 하시히도間人도 황태자를 따라갔다. 천황과의 금슬이 좋지 않았고, 친정 오빠인 나카노오오에와 정분이 짙었다. 그래서 이번 기회에 친정과 함께 움직이기로 한 것이었다. 천황은 크게 상심했다. 어쩌면 이럴 수가 있는가? 지아비를 버리고 가다니. 속이 상한 천황은 국정을 황태자에게 맡기고 보위를 버릴 생각을 하게 되었다. 천황은 하시히도 황후가 오빠와 눈이 맞아 야마토로 떠난 것을 한탄하면서 두 사람의 사이를 의심하고 질투하는 마음을 노래에 담았다.

> "멍에를 씌워 내가 기른 말
> 소중히 길러서 감추어 둔
> 내가 기른 말을
> 뉘라서 보았는가?"

아스카로 간 황태자를 따라 조정의 공경대부와 백관이 모두 옮기고 천황만 홀로 나니와에 있게 되었다. 천황은 황태자를 측근에서 보필하던 나카토미노가마다리中臣鎌足에게 자관紫冠을 수여하고, 녹봉을 수천 호나 더하여 그의 마음을 사려고 힘썼다.

그런 때에 압사押使 다카무쿠高向玄理 등이 두 척의 배에 분승해서 당나라로 떠났다. 압사는 대사를 거느리는 상위 직함이었다. 여러 달이 걸려 한반도의 서안을 따라 북상하다가 내주萊州를 거쳐 장안長安으로 갔다. 천자를 알현하고 야마토의 지리와 신들의 이름을 동궁감문東宮監門 곽장거郭丈擧에게 알렸다. 몇 달 뒤에 일년 전 5월에 파견했던 견당사의 일진인 기시노나가니吉士長丹 일행이 백제와 신라의 사절과 함께 돌아왔다. 10월이 되니 그동안 혼자 쓸쓸히 지내던 천황이 병이 났다. 황태자와 상황皇祖母尊 그리고 하시히도 황후가 많은 황족과 공경을 거느리고 나니와의 궁전難波宮으로 위문을 왔다. 654년인 하쿠치白雉 5년 10월 10일 천황이 붕어하여 빈소를 남쪽 뜰에 세우고, 두 달 뒤인 12월 8일에 시나가磯長에 장사 지냈다. 이 천황의 장례 기간은 이례적으로 짧고, 능도 소규모로 지어졌다.

4. 백제를 부흥하려는 세력

당에서 무칙천이 황후가 되던 655년에 야마토에서는 고토쿠 천황의 뒤를 이어 상황皇祖母尊으로 있던 타까라히메寶皇女가 다시 황위에 등극했다. 사이메이齊明 천황이었다. 고토쿠 천황의 직전의 황위를 맡았다가 소가 오오미를 시해한 뒤 고토쿠 천황에게 양위한 여제가 다시 고토쿠의 뒤를 이어 천황이 되었으니 당시의 야마토가 얼마나 정치적으로 혼란했는 지 알아볼 수 있다. 이 모든 정쟁의 중심에 있던 황태자 나카노오오에中大兄가 계속해서 국정을 맡아 천황을 보필했다. 나카노오오에가 고토쿠 천황을 바로 승계하지 않은 것은 7세기 중엽 야마토 정치사의 커다란 수수께끼다. 그는 조메이 천황과 타까라히메의 둘째 아들로 그 동생이 오오시아마大海人로 기록되어 있으나, 실은 오오시아마가 그의 형이었기 때문에 형보다 먼저 보위에 오를 수가 없었다는 설, 친누이인 하시히도間人와 정분이 난 것이 당시의 도덕관으로는 사람들에게 받아들여지지 않기 때문이라는 설, 어머니가 백제 무왕의 딸이어서 야마토의 황통을 제대로 계승하지 못했기 때문이라는 설 등이 있으나, 아직 어느 주장도 고고학적으로 해명되지 않고 있다. 19세에 어머니 고교쿠 천황의 황태자가 된 그는 645년으로부터 23년간을 3대에 걸쳐 황태자로 있었고, 중임한 어머니가 붕어한 뒤에도 바로 등극을 하지 못하고 7년을 보낸 것을 보면 야마토 황실에 대단히 복잡한 사정이 있었던 것으로 추측된다.

그러나 황태자로 있으면서 그가 이루어 놓은 업적은 대단했다. 소가노이루카를 암살하는 일에 주동이 되었던 그는 다이카大化의 개신改新으로 불리는 많은 개혁을 주도했다. 또한 동북의 에미시蝦夷를 여러 번 정벌하고 회유해서 야마토 왕조의 세력권을 확장했고, 고토쿠 천황의 아들인 아리마有間 황자를 함정에 빠뜨려서 역모로 몰아 숙청했다. 무엇보다도 힘든 일을 한 것은 백제가 멸망한 뒤의 부흥 활동을 직접 지원한 일이었다.

사이메이齊明 천황시절에는 한반도와의 왕래가 어느 때보다도 빈번했다. 655년 7월 11일에 북쪽의 에미시蝦夷 99명과 동쪽의 에미시蝦夷 95명 그리고 백제의 사신 150명에게 향응을 베풀었다. 656년인 사이메이 2년 8월 8일에 고구려에서 달사達沙 등을 보내어 조공을 했는데, 사절의 규모가 81명이나 되었다. 이에 대하여 야마토에서도 9월에 고구려로 답사를 보냈다. 아스카의 오까모도岡本에 대궐을 신축 중에 있었기 때문에 고구려, 백제, 신라의 사절들을 곤색의 천막을 쳐서 접견할 때도 있었다.

660년 5월에 야마토의 나카노오오에中大兄 황태자가 처음으로 물시계를 만들어 시간을 알 수 있게 했다. 9월에 백제 고관의 심부름으로 사미승沙彌僧 각종覺從이 한반도에서 야마토로 와 황급하게 고했다.

"올 칠월에 신라가 당군과 함께 쳐들어와서 백제를 넘어뜨렸습니다. 군신 모두가 포로가 되어 전멸했습니다. 그리고 서부은솔西部恩率 귀실복신鬼室福信이 임존산任存山에서 봉기하고, 달솔達率 여자진余自進이 웅진성에서 일어나 나라를 다시 세우려고 분전하고 있습니다."

10월에 귀실복신이 좌평 귀지貴智를 보내어 당의 포로 100여 명을 헌납해 왔다. 야마토 조정에서는 이들을 아후미에 살게 했다가 다시 미노美濃의 두 고을로 이주하게 했다. 귀실복신이 구원을 청하면서 "왕자 여풍余豊을 보내어 주시면 백제왕으로 모시겠습니다." 해서 천황이 왕자 여풍을 그의 처자와 숙부 충승忠勝과 함께 귀국하게 했다. 12월 24일에 천황이 귀실복신이 청한 구원군을 쓰쿠시로부터 파견하려고 나니와難波 궁으로 가서 군비를 챙겼다. 신라 정벌을 위한 병선을 스루가駿河지방에 명령해서 축조했는데, 까닭도 모르게 밤중에 배가 모두 망가지니 사람들이 이번 구원군이 실패할 징조라고 걱정했다. 661년에 백제의 요청에 따라 나카노오오에中大兄 황태자가 구원병을 파견할 것을 결정하고, 사이메이齊明 천황과 함께 쓰쿠시筑紫로 갔다. 정월 6일에 천황이 탄 배가 오호구노우미大伯海로 갔다가 다시 배를 돌려 나노오호쓰娜大津로 갔다. 661년 2월에 백제의 유민들이 사비성을 침공하여 신라의 무열왕이 이찬伊湌 품일品日을 대당장군大幢將軍으로 삼아 사비성을 구원하게 했다. 그런데 이 구원군이 백제의 복병을 만나 무기와 군량을 많이 잃었다. 왕이 패전한 소식을 듣고 크게 놀라서, 다시 장군 김순金純, 진흠眞欽 등을 파견하여 구원하게 했는데, 이들도 여의치 않아 도중에서 돌아와서 왕이 패배의 죄를 논하여 벌을 주었다.

한편, 야마토에서는 천황과 나카노오오에 태자가 나노오호쓰娜大津에 행궁을 만들었다가 5월에 아사구라朝倉의 신사에 있던 신목神木을 잘라서 궁궐을 짓게 했다. 그랬더니 아사구라 신사의 신이 분노하여 궁전을 파괴하고 도깨비불을 질렀다. 그러자 궁녀와 시종들이 병이 나서 죽어갔다. 7월 24일에 천황이 아사구라 궁에서 갑자기 붕어했다. 10월에 들어 황태자가 천황의 유해를 아스카의 강가로 옮겼다. 황태자는 상복을 입고 정사에 임했다.

661년 5월에 고구려의 장군 뇌음신惱音信이 말갈 장군 생해生偕와 함께 여주驪州의 술산성述山城을 공격했다가, 다시 북한산성으로 와서 포차拋車로 돌을 쏘아 성벽을 부수었다. 신라의 정예병이 모두 백제로 출병한 틈을 타서 신라의 북쪽 성들을 공략한 것이었다. 고구려는 성의 서쪽에 진을 치고, 말갈은 동쪽에 진격하여 열흘 동안 공격을 계속했다. 신라의 성주 동타천冬陀川이 남녀 2,800명의 주민들과 함께 20여 일을 견뎠으나, 점차 성안의 백성들은 공포와 두려움에 떨게 되었다. 군량이 떨어지고 심신이 피로해서 성이 떨어질 지경이 되었는데, 갑자기 큰 별이 적진에 떨어지고 벼락이 치면서 폭우가 쏟아졌다. 고구려군이 겁을 먹어 포위를 풀고 철수했다.

김유신이 성이 포위되었다는 소식을 듣고 말했다.

"사람의 할 일은 다했으니, 하늘이 도와 주실 것이다."

그런 뒤에 절에 들어가서 제단을 쌓고 기도를 했는데, 그 효험이 나타난 것이라고 사람들이 칭송했다. 뒤에 왕이 동타천의 공을 기려 10등 관위인 대나마大奈麻를 제수했다. 6월에 대관사大官寺의 우물물이 피처럼 벌개졌다. 그러자 신라의 왕이 붕어했다. 무열武烈이라 시호하고 태종太宗의 호를 올렸다. 당의 고종이 왕의 부음을 듣고 낙성문洛城門에 나와 애도를 표했다. 소정방蘇定方과 함께 백제를 평정할 때에 종군하여 큰 공을 세운 신라의 태자 김법민金法敏이 무열왕의 뒤를 이어 왕위에 올랐다. 이이가 신라 30대 문무왕文武王이었다.

마침 당에 들어가서 숙위宿衛하던 왕의 동생 김인문金仁問과 그의 보좌관 사찬沙飡 유돈儒敦이 돌아와서, 당이 소정방蘇定方으로 하여금 35도道의 수·육군을 이끌고 고구려를 공격하기로 한 것을 알렸다. 아울러 문무왕에게도 군사를 일으켜 당군과 합류하라는 칙명이 내렸다. 비록 상중이지만 이를 어길 수 없다고 생각한 문무왕은 7월 17일에 김유신을 대장군으로 삼고, 김인문, 진주眞珠, 흠돌欽突을 대당장군大幢將軍으로, 천존天存, 죽지竹旨, 천품天品을 귀당총관貴幢摠管으로 삼는 등 모든 장수들을 동원하여 군사를 이끌고 남천주南川州에 도착했다. 유인원劉仁願도 거느리고 있던 군사를 사비에서 배편으로 혜포鞋浦를 거쳐 남천주로 옮겨왔다. 나당연합군이 다시 북진하려고 하는데 척후병이 급히 돌아와서 보고했다.

"바로 앞에 백제의 잔당이 있습니다. 옹산성甕山城에 모여 항거하고 있으니 길이 막혀 더 나갈 수가 없습니다."

보고를 받은 대장군 김유신이 사람을 보내어 이들이 항복하면 모두 살려주겠다고 설득했다. 그러나 백제인들이 한사코 저항한다는 보고를 받고 김유신은 웃으면서 말했다.

"궁지에 몰린 새나 곤경에 빠진 짐승은 자신을 구하기 위해서만 싸운다더니 바로 이들을 두고 한 말이군."

깃발을 흔들고 북을 울려 공격을 명했다. 문무왕도 높은 언덕에 올라가서 눈물을 흘리며 격려하니, 군사들이 모두 창칼을 무릅쓰고 돌진했다.

당의 소정방蘇定方과 돌궐의 왕자 계필가력契苾加力이 수륙 양로로 고구려를 침범해서 8월에는 평양성을 포위했다. 그 바람에 백제에 있던 당군이 이동했다. 9월 19일에 문무왕이 웅진의 웅현정熊峴停으로 진군해 총공격을 하여 27일에야 수천 명을 참살하고 항복을 받았다. 왕이 이 전투에서 공을 세운 장교인 총관摠管들에게 그 급에 따라 칼과 창을 하사하고, 그 아래의 사람들은 일품品씩 계급을 올려 주었다. 성이 함락되자, 적의 장수만 처형하고 백성들은 모두 방면했다. 신라에서 논공행상을 하니, 유인원도 공로에 따라 비단으로 상을 주어 장병을 위로했다.

한편, 상주총관上州摠管 품일品日이 양술성兩述城을 공격하여 천 명을 참살하니, 백제의 달솔 조복助服과 은솔 파가波伽가 사람들을 거느리고 항복해왔다. 문무왕이 조복에게 급찬級飡 벼슬을 주어 고타야군古陀耶郡 대수大守로 삼고, 파가에게는 급찬級飡 벼슬을 주고 전답과 주택 및 의복을 하사했다.

8월에 아즈미阿曇比邏夫, 가와헤河辺百枝를 전장군前將軍으로 삼고, 아베阿倍引田比邏夫와 모노노베物部熊 등을 후장군後將軍으로 삼은 2군으로 군사를 편성해서 야마토가 백제를 구원하러 나섰다. 9월에 나가쓰長津 궁에서 나카노오오에中大兄 황태자가 백제의 왕자 여풍餘豊에게 야마토 관위 가운데 최고인 직관織冠을 수여하고, 여풍과 야마토의 고관 오오노오미多臣蔣敷의 누이를 결혼시킨 뒤에 군사 5,000명으로 호위하여 본국으로 돌아가게 했다. 여풍이 입국하니, 중 도침道琛과 함께 한신韓山의 주류성周留城에서 군을 지휘하고 있던 귀실복신鬼室福信과 흑치상지黑齒常之가 그를 영접하여 백제왕으로 모셨다. 귀실복신이 백제 군사를 몰고 도성으로 진격해서 당군의 유인원劉仁願을 포위했다. 당의 고종이 형세가 급한 것을 들고 유인궤劉仁軌를 검교檢校 대방군자사帶方郡刺史로 삼아 군사를 인솔해서 신라군과 합세해 유인원을 구하게 했다. 귀실복신이 이들을 웅진강 입구 두 곳에 울타리를 쳐서 막았으나, 당과 신라의 협공을 견디지 못하고 울타리 뒤로 들어갔다. 울타리에 의지해서 물을 막고 싸우니, 당군 가운데 좁은 다리를 건너오다가 물에 떨어져 죽은 자가 만여 명이나 되었다. 복신 등이 바로 부여 사비성의 포위를 풀고 임존성으로 후퇴했다. 신라군도 군량이 떨어지게 되어 어쩔 수 없이 군사를 물리고 돌아갔다. 그 뒤에 도침道琛은 스스로 영군장군領軍將軍이 되고, 귀실복신은 상잠장군霜岑將軍을 자칭했다. 이들이 각자 많은 무리를 모으니 그 세력이 더욱 커졌다. 도침이 유인궤에게 사자를 보내어 말하게 했다.

"듣자 하니, 당이 신라와 작당하여 우리 백제의 백성을 남녀노소 가리지 않고 몰살한 후 우리나라를 신라에 준다고 했다. 이러나저러나 죽임을 당할 바엔 싸워서 죽는 것이 낫지 않은가? 우리는 더욱 뭉쳐서 이 땅을 사수할 것이다."

유인궤가 군사가 적어 유인원과 합세하여 군사를 쉬게 한 뒤에 고종에게 글을 올려 신라로 하여금 원군을 더 보낼 것을 간청했다. 이에 신라의 무열왕이 장군 김흠金欽으로 하여금 군사를 거느리고 구원하게 했다. 그러나 고사古泗에서 신라의 구원군이 복신의 공격을 받고 크게 패하여, 김흠은 갈령도葛嶺道로 도망쳐 다시는 나오지 못했다.

도침이 공을 내세워 말을 듣지 않게 되자 귀실복신이 그를 꾀어서 잡아죽이고 그의 군사를 병합했다. 귀실복신이 유인원과 계속 싸웠다. 하루는 귀실복신이 사자를 고립무원이 된 유인원에게 보내어 조롱했다.

"대사大使들은 언제 돌아갈 것인가? 돌아갈 때에는 환송하리라."

12월에 고구려의 땅이 얼어붙었다. 당군은 십여 길 높이의 운거雲車와 성벽을 무찌르는 충차衝車를 앞세우고 북과 꽹과리를 치면서 얼어붙은 대동강을 건너 진격했다. 고구려의 군사들이 용감하게 싸워서 당의 진지 둘을 빼앗았다. 그런 뒤에 야습에 대비하니, 당의 군사들이 힘이 다하여 탈환하지 못하고 무릎을 안고 울었다.

662년 정월에 당의 사신이 와서 문무왕을 개부의동삼사開府儀同三司 상주국上柱國 낙랑군왕 樂浪郡王 신라왕新羅王으로 삼았다.

두 나라의 군사가 합류하여 북진하는데, 고구려를 공격하다가 사수蛇水에서 연개소문淵蓋蘇文에게 크게 파한 당군이 군량이 떨어져 진퇴유곡에 빠졌다. 태감太監 문천文泉이 이런 딱한 사정을 보고했다.

"소장군께서는 황명을 받들고 바다를 건너 적을 토벌하러 와 상륙한 지 달포가 넘었다 하셨습니다. 그런데도 마마의 신라군이 당도하지 않고 군량의 수송이 제대로 되지 않아 위태롭기 한이 없는 지경이랍니다. 마마께서 조속히 대책을 세워 주시기를 간청하셨습니다."

왕이 여러 신하에게 어떻게 해야 하는가를 물었다.

"마마, 적지에 깊이 들어가서 군량을 운반한다는 것은 대세로 보아 불가능한 일입니다. 거절하셔야 할 것입니다."

"아니, 그렇다고 당의 곤경을 구하지 않으면 도리가 아니지 않은가?"

"그래도 아니 되십니다. 마마, 위험천만입니다."

신하들이 입을 모아 말했다.

"그럼, 어쩐다지? 참으로 딱한 일인지고."

왕은 길게 한숨을 쉬었다. 그때였다. 묵묵히 듣고 있던 대장군 김유신이 한발 앞으로 나섰다.

"마마, 소신이 해 보겠습니다. 마마의 과분한 은총을 받아 외람되게 중책을 맡고 있으니, 나랏일에 목숨인들 못 내어 놓겠습니까? 지금이야말로 늙은 몸이 충절을 다하여야 할 때라고 생각합니다. 소신이 적국에 들어가서 소장군을 돕도록 하겠습니다. 마마, 허락하소서."

"공이 해 주시겠소? 노년에 이런 일을 맡으신다니 정말 고맙군요. 공

같은 어진 신하가 있으니 무엇을 걱정할 것이오? 이번 일을 성공한다면 공의 공덕은 영원히 잊혀지지 않을 것이오."

문무왕이 자리에서 일어나 김유신의 손을 잡고 눈물을 흘리며 고마워했다.

김유신은 바로 현고감懸鼓岑의 수사岫寺로 가서 목욕재계하고 영실로 들어가 문을 닫고 혼자 앉았다. 며칠 밤낮을 분향하며 기도한 뒤에 영실에서 나온 그는 희색이 만면했다.

"이번 가는 길에 죽지는 않는다."

김유신이 떠나기 전에 왕이 직접 글을 써서 건네어 주었다.

"국경을 넘은 뒤로는 모든 상벌을 마음대로 결정해도 좋다."

김유신은 김인문, 양도 등의 아홉 장군과 함께 2,000여 량의 수레에 쌀 4,000석과 조 2만 2천여 석을 평양으로 수송하는 길을 떠났다. 정월 18일에 떠난 뒤, 길이 얼고 미끄러워 수레가 나가지 못하여 소와 말에 수레와 군량을 싣게 하고 임진강 하류를 건넜다. 23일에야 칠중하七重河에 도착했다. 강을 건너려는데, 군사들이 모두 두려워하여 감히 먼저 승선하려는 자가 없었다. 김유신이 군사들을 보고 말했다.

"죽는 게 두려운가? 그럼 무엇 때문에 예까지 왔나?"

그러면서 스스로 먼저 배를 탔다. 대장군이 솔선수범을 하는데, 따라가지 않을 자가 없었다. 모두들 그의 뒤를 따라 강을 무사히 건넜다.

고구려의 경내에 깊숙이 들어가게 되니 요격당할 것이 염려되었다. 그래서 큰 길을 피하고 좁고 험한 길로 행군하여 산양蒜壤에 도착했다. 이곳에서 야영을 하면서 장병들을 모아 김유신이 연설했다.

"모두들 들어라. 고구려와 백제 두 나라가 걸핏하면 우리나라를 침략해서 우리의 무고한 백성을 해쳤다. 내가 지금 죽음을 무릅쓰고 이런 어려운 일을 하려는 것은 당나라와 함께 두 나라를 멸망시켜 나라의 원수를 갚

으려는 것이다. 천우신조를 빌고 있는데, 여러 장병의 마음이 어떤지 알고
싶어서 이 자리에 섰노라. 적을 무섭게 여기지 않는다면 반드시 성공해서
돌아갈 수 있을 것이나, 적을 두려워한다면 어찌 그들에게 사로잡힘을 면
할 수 있으랴? 마땅히 한마음으로 협력해서, 모두 일당백이 되어 나가자.
알겠는가?"

모든 장병이 함께 함성을 질렀다.

"장군의 명을 받들겠습니다. 구차하게 살기를 바라지 않습니다."

마침내 북을 치면서 평양을 향해 출발했다. 도중에 적병을 만나도 역습
해서 많은 갑옷과 무기를 빼앗았다. 가는 길에 험한 곳이 많았다. 때마침
날씨가 얼어붙고 인마가 지쳐서 길바닥에 쓰러지는 자가 더러 있었다. 그
럴 때마다 김유신은 어깨를 벗어 부치고 이들을 구한 뒤에 말에 채찍을 가
하여 앞으로 달려 나갔다. 이를 본 사람들은 감히 춥다는 소리를 입에 담
지 못하고 땀을 흘리며 달렸다. 천신만고 끝에 평양에서 멀지 않은 곳에
도착했다. 김유신이 보기감步騎監 열기裂起를 불러 말했다.

"나는 젊을 때부터 그대와 함께 지내면서 그대가 지조와 절개가 있는
사람이라는 것을 알고 있다. 이제 소장군에게 우리의 뜻을 전하려고 하나
그 임무를 맡을 사람을 구하기가 어렵다. 소장군은 우리가 고생하면서 여
기까지 온 것을 모르고, 늦었다고 화를 내며 그대를 처벌할지도 모른다.
그 사람은 원래 성질이 급한 사람이기 때문이야. 그러니 이번의 임무는 목
숨을 걸어야 할 수 있는 일이 될지도 모른다. 그런데 그대가 갈 수 있겠
는가?"

"장군, 제가 불초하지만 중군中軍의 직함에 있는데, 장군의 심부름도
제대로 하지 못하고 욕을 먹을 수야 없지요. 제가 죽는 날이 새로 탄생하
는 날로 생각하고 가겠습니다."

열기가 장사壯士 구근仇近을 비롯한 15명의 장병을 데리고 평양으로
가서 소정방을 만나 말했다.

"우리 김유신 장군이 군사를 거느리고 군량을 운반하여 이미 가까운

곳까지 당도했습니다."

소정방이 기뻐하며 편지를 써서 고마움을 표했다. 열기의 복명을 받은 김유신은 군량을 수송하여 양오楊隩에 도착했다. 마침 어떤 노인이 나타나서 고구려에 대한 정보를 자상하게 전했다. 김유신이 사례로 포백을 주어도 노인은 이를 사양하고 종적을 감추었다. 양오에 도착한 김유신이 중국어를 아는 김인문, 김양도와 아들 군승軍勝을 향도로 삼아 당의 진영으로 군량을 싣고 가게 했다. 당의 좌무위대장군左武衛大將軍 소정방이 은 5,700푼, 세포 30필, 두발 30냥, 우황 19냥을 보내어 그 고마움을 크게 표시했다. 당의 군사들이 먹을 것을 얻어 기운을 회복하기 시작했다. 그러나 이것으로는 엄동설한을 넘기기가 힘들었다. 662년 2월에 소정방은 하는 수 없이 평양성의 포위망을 풀고 당으로 철군할 것을 명령했다.

군량을 수송한 군사들을 거느리고 김유신이 돌아오는데, 고구려의 복병을 만났다. 김유신은 밤중에 여러 마리의 소의 허리와 꼬리에 북과 북채를 매달아서 소가 꼬리를 흔들 때마다 북소리가 울리게 하고, 섶과 나무를 쌓아 불을 질러 연기와 불이 꺼지지 않게 만들었다. 고구려군이 북소리와 셀 수 없이 많은 횃불에 주춤하는 사이, 군사들이 강을 건너서 휴식을 취하게 되었다. 속은 것을 안 고구려군이 다시 추격하여 오는데 김유신은 기다렸다는 듯이 노를 집중적으로 쏘게 해서 적군을 격퇴했다. 결국 고구려의 장군 소형小兄 아달혜阿達兮를 사로잡고 일만여 명의 머리를 베었다. 문무왕이 승전 소식을 듣고 특별히 사신을 보내어 그 수고를 치하했다. 문무왕이 본피궁本彼宮의 재화와 전장 및 노복을 김유신과 김인문에게 나누어 주며 그 공을 치하하고, 부하 장병들의 전공에 따라 봉읍과 작위를 상으로 주었다.

고구려를 구하려고 야마토의 군사가 백제 개불皆火의 바닷가에 진을 치고 불을 피웠는데, 그 자리가 패이고 명적鳴鏑처럼 소리가 났다. 사람들이 이를 보고 고구려와 백제가 망할 징조라고 수군거렸다. 좌평 귀실복신에게 화살 10만 개, 실 오백 근, 솜 천근, 베 천 단, 무두질한 가죽 천 장, 씨 나라 삼천 말을 야마토가 공급했다. 그리고 야마토는 백제의 왕에게 베 300단을 주었다. 야마토의 군사가 출동하여 주류성周留城을 지키는 바람에 당군이 남쪽 국경을 침범하지 못하고, 신라군이 서쪽으로 더 나오지 못했다. 5월 들어 대장군 아즈미가 군선 170척을 거느리고 백제로 들어가 여풍이 왕위에 오르는 것을 도왔다. 12월이 되어 백제왕이 좌평 귀실복신과 에치朴市를 보고 말했다.

"이곳 주류성은 전답에서 멀고 농사를 짓지 못하는 곳이라 방어에는 적합하나, 오래 있으면 식량을 대지 못해 굶주리게 될 곳이다. 남쪽의 피성避城은 김제金堤평야의 강물이 있고, 논으로 둘러 싸인 기름진 땅이다. 평지라 하지만 이곳만한 곳이 있을 것인가? 도읍을 옮기는 것이 좋겠다."

한 장수가 말렸다.

"피성과 적진은 하룻밤 거리에 있습니다. 너무 근접해 있으니 위험합니다. 굶주림은 견딜 수 있으나, 패망하면 돌이킬 수 없게 됩니다. 지금 적군이 함부로 오지 못하는 이유는 주류성이 험한 산세를 의지하기 때문에 지키기 쉽고, 공격하기가 어려워서입니다. 평지로 내려가서 무엇으로 지킬 수 있겠습니까?"

여풍왕은 간언을 듣지 않고 피성으로 옮겼다. 그러자 신라의 문무왕文武王이 백제의 거열居列, 거홀居忽, 사평沙平, 덕안德安의 네 성을 공격해서 빼앗았다. 그러고 나니 피성避城은 신라의 진지와 너무 가까워서 위험했다. 부득이 백제왕 여풍은 다시 도읍을 주류성으로 옮겼다. 4월에 당이 신라를 계림대도독부鷄林大都督府로 정하고, 왕을 계림주대도독鷄林州大都督으로 삼았다. 당은 한반도를 수중에 넣은 것으로 생각하고 있었다.

5. 백강白江의 전투와 야마토 세력의 축출

당군이 귀실복신의 무리를 웅진의 동쪽에서 크게 무찌르고, 윤성尹城, 대산책大山柵, 사정책沙井柵 등을 차지해서 군사를 나누어 지키게 했다. 귀실복신이 진현성眞峴城에 백제군을 모아 험준한 산세와 강을 방패 삼아 지키고 있는데, 밤중에 신라군이 성으로 육박하여 해자에 널판자를 걸치고 건너 새벽녘에 성안으로 침입하여 800여 명을 죽이고 군량미를 공급할 수 있는 길을 뚫었다. 유인원이 계속 원군을 요청하여 당의 고종이 우위위장군右威衛將軍 손인수孫仁帥로 하여금 40만 대군을 이끌고 덕물도德勿島를 거쳐 웅진성으로 향하게 했다.

이보다 한 달 전에 야마토는 전, 중, 후의 삼군 편성으로 2만 7천 명을 동원해서 신라를 공격했다. 지휘관으로는 전장군前將軍으로 가미쓰게노上毛野와 하시히도間人, 중장군中將軍으로 고세노카무사키巨歲神前와 미와三輪, 후장군後將軍으로 아베노히키다阿倍引田와 오오야께大宅 등이 맡았다. 이들이 백제왕 여풍을 부여의 동남쪽에 있는 석성石城에서 알현했다.

여풍은 야마토에 있을 적부터 가까이 지내던 장군들이라 반가이 맞으면서 말했다.

"제장은 들으시오. 사실은 그동안 좌평 귀실복신이 마음대로 군사를 혹사하고 횡포를 부리고 있다오. 공이 많던 도침道琛을 죽여 군왕처럼 행세하니 걱정을 많이 하고 있소."

귀실복신은 점점 기고만장해져서 백제왕 여풍을 괄시하기 시작했다. 662년 7월에 귀실복신은 백제왕과 사이가 벌어지게 되어 그를 시해할 음모를 꾸며 병을 칭탁하고 굴 속에 누웠다. 백제왕이 문병 차 오면 이를 엄습하여 죽일 생각이었다. 그런데 그런 음모를 백제왕이 알게 되었다. 백제왕이 친히 심복과 함께 귀실복신을 덮쳤다. 이들은 귀실복신이 반역을 했다고 하며 손바닥에 구멍을 내고 가죽 끈으로 꿰어서 묶었다. 그래도 결심을 하지 못한 백제왕이 신하들을 모아 물었다.

"복신의 죄는 이미 드러났도다. 어떻게 하는 것이 좋은가?"

달솔達率 집득執得이 말했다.

"이런 나쁜 놈은 용서해서는 안 됩니다."

귀실복신이 집득에게 침을 뱉으며 욕했다.

"썩은 개새끼."

왕이 그의 목을 베어 소금에 절여두었다가 뒤에 효수했다.

백제왕 여풍이 고구려와 야마토에 사자를 파견하여 구원을 청했다. 당의 손인수孫仁帥가 유인원과 합세하여 구원군을 중도에서 막아 크게 격파했다. 가림성加林城이 수륙 양로의 요충이라고 이를 먼저 공략하자고 여러 장수들이 권했으나, 유인궤는 견고한 가림성을 공략하느니 보다 평지에 있는 한산韓山의 주류성周留城을 공격하는 것이 낫다고 하면서 주류성으로 진격했다. 이 성만 수중에 넣으면 다른 백제의 여러 성은 절로 항복할 것이라는 속셈도 있었다. 별도로 유인궤와 두상杜爽 그리고 백제의 항장降將 부여륭이 수군 7,000명을 거느리고 웅진강에서 백강白江으로 나와서 육군과 합세하여 주류성으로 향했다. 8월 13일에 백제왕이 자기편의 장수를 베었다는 첩보를 받고 신라의 문무왕文武王이 김유신, 김인문, 천존, 죽지 등 38명의 장수를 거느리고 두릉豆陵, 윤성尹城을 함락시키고 주류성에서 당군과 합류했다.

백제왕이 이런 사정을 알고 여러 장수를 보고 말했다.

"들자니 야마토의 구원군 대장 이호하라노기미盧原君가 만여 명의 군사를 이끌고 바다를 건너오고 있다고 한다. 모든 장수들은 이를 맞아 합심하여 싸워야 할 것이다. 짐도 친히 백강白江으로 가서 그들을 맞으리라."

당의 군선 170척이 백강에 진을 쳤다. 663년 8월 27일에 야마토의 수군과 당의 수군이 처음으로 충돌해서 야마토가 패하여 후퇴했다. 당의 수군이 진용을 가다듬고 지키려는 모습을 보고, 백제의 왕과 야마토의 장수들이 풍향과 기상을 살피지 않고 군사들의 왕성한 기세만 믿고 결정했다.

"저들이 지키고만 있다. 돌격해라. 다 부숴라. 돌격 앞으로."

천 척이 넘는 야마토의 군선이 백강을 거슬러 다투어 진격했다. 그러다가 모래톱에 걸려 배가 주저앉았다. 백제의 정병들이 강기슭으로 올라가 배를 지켰다. 그러자 신라의 날랜 기병들이 당군과 함께 뭍에 오른 백제군을 격파했다. 당의 군사가 좌우에서 야마토의 배를 엄습했다. 삽시간에 야마토 진용이 무너졌다. 불화살을 피하다가 물에 빠져 죽는 자, 칼과 노를 맞아 피를 토하고 죽는 자, 그 수를 헤아릴 수 없게 되었다. 네 번을 크게 싸워 야마토가 패하여 400여 척의 군선이 불타고 침몰했다. 배를 돌려서 빠져나오고 싶어도 밀집된 데다가 역풍이라 옴짝달싹할 수가 없었다. 군선이 타는 불꽃과 시커먼 연기가 하늘을 가렸다. 강물이 온통 피에 젖어 빨갛게 변했다. 야마토의 장수들이 하늘을 우러러 한탄하면서 이를 악물고 싸웠으나, 기울어진 전세를 만회할 수가 없어 죽어갔다. 마침내 주류성이 함락되었다. 9월 8일의 일이었다. 백제왕 여풍은 부하 몇 명만 거느리고 고구려로 도망쳤다. 왕숙 충승忠勝과 충지忠志 등은 무리를 거느리고 항복하고, 백제의 여러 성이 모두 귀순했다. 백제의 잔당만이 아니라 야마토의 왜인들도 이때에 항복하여 포로가 되었다. 문무왕이 왜인의 장수에게 말했다.

"우리와 너희 나라는 바다를 사이에 두고 오랫동안 화친을 맺어 왔다. 무슨 까닭에 오늘날 백제와 함께 우리를 공격했는가? 포로가 된 너희들을 죽이지 않고 석방할 것이니, 돌아가서 왜왕에게 말하라. 다시는 침범하지 말라고."

왜인들이 혼비백산하여 남쪽으로 달아나서 백제 최남단의 호례성弖禮城으로 몰려갔다. 왜인들과 함께 백제인들도 처자를 거느리고 호례성에 모였다. 모두들 백제가 망했으니 조상의 산소에 다시 갈 수가 없게 되었다고 울면서 배를 타고 야마토로 떠났다. 663년 가을인 9월 25일의 일이었다. 이들은 그 뒤에도 여러 차례 무리를 지어 야마토로 건너갔다. 665년에 백제의 백성 남녀 400여 명이 아후미近江国 가무사키神前郡로 이주했고, 669년에는 700여 명이 기미후蒲生郡로 이주했다. 이때에 도주한 백제의 중신 가운데에는 좌평 귀실복신의 일족인 달솔 귀실집사鬼室集斯나 좌평 여자신餘自信, 달솔 목소귀자木素貴子 등이 있었는데, 각각 그 직위에 따라 야마토의 관위와 관직을 받았다. 귀실집사는 야마토 조정에서 다섯 번째 관위인 쇼긴게小錦下에 교육을 담당하는 후미쓰카사노가미學職頭를 맡았다. 지금도 일본에는 귀실신사鬼室神社가 있어서 그의 묘지를 관장하고 있다. 이런 백제의 유민들은 야마토 조정에서 관직을 맡거나, 북구주의 해안 축성에 참가하거나, 긴기近畿와 칸도우關東지방의 땅을 개척하는 일에 종사하게 되었다.

모든 성들이 항복을 하는 가운데에도 임존성任存城만이 백제의 장수 지수신遲受信이 지켜서 항복하지 않았다. 문무왕이 이를 공격하다가 성공하지 못하고, 11월 4일에 군사를 거두어 서울로 돌아왔다. 이번 싸움의 공을 논하여 김유신에게 밭 500결結을 하사하고, 기타 장졸들에게는 공의 정도에 따라 상을 내렸다. 664년 정월에 김유신이 69세가 되어 나이가 많다 하여 모든 관직을 그만두기를 청했다. 문무왕이 이를 허락하지 않고, 궤장几丈을 하사했다. 궤장을 받는다는 것은 조정에 드나들 적에 지팡이를 짚을 수 있고, 임금의 앞에 의자를 놓고 앉을 수 있는 궁중 최고의 대우였다.

손인수孫仁師와 유인원劉仁願이 군사를 거두어 돌아갔다. 고종이 유인궤로 하여금 군사를 이끌고 남아서 지키게 하며, 부여륭扶余隆을 웅진도독으로 임명하고, 신라와 화친을 맺고 백성을 거느리라고 조서를 내렸다. 다음 해 8월에 부여륭이 웅진성에 당도하여 신라의 문무왕과 흰 말을 잡아 천신지기에 제사 지낸 뒤에, 그 피를 마시며 서로 동맹할 것을 맹서하고 그 서약서를 철판에 새겨 백제와 신라의 종묘에 바쳤다. 그러나 유인원과 유인궤가 귀국하니, 부여륭은 신라를 이기지 못하고 당의 서울로 돌아갔다. 신라가 백제의 옛 땅을 점령해 나가서 부여륭은 백제로 돌아오지 못하고 당에서 죽었다. 한편, 백제를 정복한 당은 부여의 동남리東南里에 있는 정림사定林寺에 오층 석탑을 세워서, 탑신의 한 끝에 커다란 전서체篆書體로 대당평백제국비명大唐平百濟國碑銘이라 새기고, 네 면에 해서체楷書體로 당이 백제를 정복한 것을 기록하며 그 위업을 칭송했다. 소위 평제탑平濟塔이었다. 주로 소정방을 비롯한 당과 신라 양군의 장수들의 공과 당의 황제를 송덕한 글을 새겨서 기념한 것이었다.

마침내 야마토는 한반도로 나갈 발판이 없어지고 당과 신라 연합국의 위협 대상이 되었다. 667년에 나카노오오에 황태자는 대마도, 이키, 북 구주의 각지에 방루와 성을 쌓고, 봉화대를 설치하여 외적의 침범에 대비했다. 그러면서 수도를 야마토 최대의 호수인 비와꼬琵琶湖 주변의 오오쓰大津로 옮기고 호족에게 자치권을 주어 환심을 사면서 국토방위 중심으로 체제를 재정립했다. 그는 그 뒤로도 수년간 천황의 자리를 비워두고 국정을 관장하다가 668년에야 천황이 되었다. 텐지天智 천황이었다. 그는 관위의 수를 26계로 늘려서 한반도에서 망명한 귀족들을 수용했고, 백제 왕자 부여용扶余勇을 나니와에 살게 하면서 백제왕 선광왕善光王이라 칭하게 했다.

6. 고구려의 멸망

"아버님, 상처가 어떠십니까? 날씨가 더워지고 있는데, 상처가 도지면 큰일 납니다. 약재를 계속해서 드셔야 합니다."

대막리지大莫離支 연남생淵男生이 문후를 드렸다.

"대막리진가? 너무 걱정하지 말라. 이 정도에 쓰러질 애비가 아니니라. 그보다도 당이 계속해서 우리를 공격하고 있는데, 방비를 잘하고 있느냐?"

아들에게 대막리지의 자리를 물려 주고 태대막리지太大莫離支가 된 연개소문이 침상에서 몸을 일으키며 물었다.

"당태종唐太宗이 죽은 지도 16년이나 되었습니다. 그런데도 벌써 다섯 차례나 당군이 침략해 왔습니다. 금상의 14년 2월에 요수를 건너온 당의 영주도독榮州都督 정명진程名振과 좌위중랑左衛中郎 소정방蘇定方이 우리 군사 천여 명을 죽이고, 성의 외곽과 마을을 불태우고 한때는 우리의 수도 평양까지 포위했다가 돌아가지 않았습니까? 아버님께서 사수蛇水에서 당의 방효태龐孝泰와 그의 아들 열세 명을 때려잡으신 바람에 소정방이 평양성의 포위를 풀고 물러가지 않았습니까?"

연남생은 그때의 일이 생각난 듯 분한 마음으로 목소리가 떨렸다.

"그랬지. 네가 압록수에서 계필하력契苾何力한테 당한 것이 9월이었지. 쿨럭 쿨럭. 콰악. 퇴"

연개소문이 기침을 하다가 가래를 뱉으며 숨을 몰아 쉬었다.

"그렇습니다. 당의 고종高宗이 좌위대장군左衛大將軍 계필하력에게 4만 4천여 명을 주어 평양을 포위하고, 좌무위대장군左武衛大將軍 소정방을 평양도행군총관平壤道行軍摠管으로 삼아 수륙으로 침공해 와서, 패강浿江과 마읍산馬邑山을 떨어뜨리고 평양성을 포위한 것이 8월이었으니, 벌써 넉달 전의 일이 되었군요. 당나라 놈들이 이젠 우리 강토를 제집 드나들듯이 하고 있습니다."

연남생은 안타까운 마음을 가눌 수가 없었다. 연남건이 옆에 있다가 말했다.

"형이 압록수만 지켰어도 이렇게 무참하지는 않았을 텐데."

"뭐라고? 네가 감히 이 대막리지를 비난하려 드는가?"

형제간에 언성이 거칠어지자, 연개소문이 고함을 질렀다.

"너희들이 다툴 땐가? 그래서야 나라 꼴이 되겠나? 콜록콜록. 어떤 일이 있더라도 형제간에는 다투지 말아야 한다. 어흠. 알겠느냐?"

그러나 그의 목소리는 이미 기세가 한풀 꺾여 있었다. 예순셋을 넘긴 노인인 데다 묵은 상처가 도지고, 지병인 해소가 심해져서 기진맥진한 상태였다. 두 사람은 고개를 숙이고 인사한 뒤 병실을 나왔다.

당나라는 종전과 다른 전략으로 고구려를 괴롭혔다. 먼저 수군을 강화하여 내주萊州를 기지로 삼아 고구려의 수군을 기습하기를 거듭했다. 천수백여 척이 넘는 대 선단으로 파상공격을 가하니 차츰 고구려의 막강했던 수군이 무너지고, 황해의 제해권이 당나라로 넘어갔다. 그러는 한편, 당의 육군은 영주榮州에 대규모 군단을 설치하고 여러 차례 압록강과 청천강을 넘나들었고 한때 평양성을 포위한 적까지 있었다. 고구려는 잦은 병란에 농사 지을 기회를 잃고, 점차 식량과 무기는 부족하게 되었다. 계속된 소모전은 상대적으로 국력이 모자라는 고구려에 병력과 자원의 고갈을 가져왔다. 군사와 물자가 넉넉한 당나라는 보급로를 위협받지 않고 단단대령單單大嶺의 천리장성으로 된 고구려의 방어선을 돌파해서 남쪽까지 침투할 수 있었다.

시름시름 앓던 연개소문이 마침내 666년 5월에 향년 63세로 죽었다. 보장왕 25년의 일이었다. 아비의 장례를 치른 뒤에 대막리지 연남생淵男生이 아우인 남건男建과 남산南産을 불러 말했다.

"두 아우는 들으시오. 내가 북부와 서부를 순방해 보아야 하겠소. 서쪽의 당이 우리를 엿보고 틈만 있으면 쳐들어올 기세니, 먼저 서쪽의 여러 성을 돌아보아야 하겠소. 아우들은 평양성에 남아서 대왕마마를 모시고 만사에 소홀함이 없도록 챙겨 주시오."

"대막리지, 염려 말고 다녀오십시오. 저희들이 힘을 다해 형님께서 안 계신 동안 잘 챙겨 보겠습니다."

연남생이 군사를 데리고 북부와 서부의 여러 성을 순찰하러 떠났다. 그가 평양성 문을 나서는 것을 배웅하고 돌아온 연남건에게 연남산이 걱정스러운 얼굴로 말했다.

"형님, 어제 신성信誠 스님이 말하기를 대막리지가 우리를 죽일 것이라 했어요. 형님이 사사건건 대막리지에게 대드는 것을 못마땅해 한대요. 이번 순시에서 돌아오면 바로 우릴 제거할 거라는데요. 형님, 어떡하지요?"

"그럴 리가 있는가? 대막리지는 우리와 피를 나눈 형제가 아닌가? 아우는 그런 허튼소리에 귀를 기울이지 말거라. 아마 당나라나 신라의 첩자들이 그런 식으로 우리 형제를 이간질하는 것일 게다. 신성을 보면 내가 야단칠 것이야. 입을 함부로 놀리지 말라고."

"그렇지만 만사 불여튼튼입니다. 형님. 우리도 남부와 동부의 군사를 모아 도성을 지키는 것이 좋겠습니다."

"군사를 동원해서 도성을 지키는 것은 대막리지도 부탁한 것이니 좋을 것이다. 아우가 사자를 남부와 동부의 욕살들에게 보내어 도성을 지킬 군사를 보내라고 하시오."

그런데 이것이 화근이 되었다. 북부를 거쳐 서부의 여러 성을 돌아보고 있던 남생에게 파발이 왔다. 평양에 있던 승려 신성이 보낸 것이었다. 떠날 적에 도성의 소식을 전하도록 당부했던 터라, 신성이 보낸 파발은 도성의 동정에 대하여 일일이 적은 보고서를 연남생에게 전달했다. 촘촘이 적힌 글을 읽어나가던 연남생의 얼굴빛이 홱 변했다.

"아니 이럴 수가 있나? 남부와 동부의 군사들이 평양으로 오다니. 아무래도 자세한 내용을 더 알아봐야겠다. 어서 사람을 시켜 내 아들 헌충獻忠에게 보내어라."

연남생은 밀사를 연헌충에게 보냈다. 그런데 이 사자가 평양성에 들어가다가 성을 지키던 연남건의 부하에게 붙잡혔다.

"너, 웬 놈이냐? 수상하구나. 당의 첩자가 아닌가? 어서 이놈의 몸을 뒤져 보자. 밀서가 있을지 모른다."

수문장이 사자의 몸을 직접 뒤지더니 허리춤에 꼬깃꼬깃 숨겨둔 밀서를 발견했다.

"헌충이 보아라. 도성에 군사들이 동원되고 있다고 하는데 무슨 연유인지 조사해서 알려라."

대막리지의 지시였다. 수문장은 이것을 연남건에게 보고했다. 밀서를 읽던 연남건의 눈에 핏기가 돋았다.

"신성의 말이 맞구나. 대막리지가 우리를 의심하고 있어. 그렇지 않고는 우리에게 물어야 할 일을 헌충에게 밀사를 보내어 알아볼 리가 없지."

그 길로 군사를 보내어 헌충을 체포해 국문을 했다.

"헌충아, 네가 대막리지의 밀명을 받아 우릴 해치려고 했지. 이실직고해라. 그러면 네 목숨만은 살려 주마."

연남건의 서슬은 시퍼랬다. 그러나 헌충은 모르는 일이라며 억울하다고 외쳤다.

"숙부, 조카를 이렇게 욕보이다가 아버님이 오면 어떻게 하실 것이오. 억울한 일이오. 나는 모르오."

"실토를 안 하는구나. 말을 할 때까지 매우 쳐라."

그런데 헌충이 급소를 맞더니 외마디 소리를 지르고 기절을 했다. 얼마 뒤에 헌충은 숨을 거두고 말았다. 실로 생각 밖의 일이 벌어진 것이었다. 연남건은 죽일 생각까지는 없었는데.

연남생이 국내성國內城 근처로 왔을 때에 평양에서 일어난 변고를 들었다. 그런데 얼마 지나지 않아 연남생에게 평양성으로 돌아오라는 왕명이 전달되었다. 연남생은 골똘히 생각에 잠겼다. 지금 돌아가면 아우들에게 당할 것이 아닌가? 자기가 인솔한 군사의 수가 평양에 모인 군사에 비하여 턱없이 모자라 이제는 평양으로 돌아갈 수 없게 된 것을 안 연남생은 왕명을 거역하고 국내성에 머물렀다. 연남건이 스스로 군사를 일으켜 형을 토벌하러 나섰다. 연남생은 국내성을 나와 무리를 이끌고 말갈과 거란의 군사와 함께 당나라에 귀부했다. 그는 아들 연헌성淵獻誠을 당으로 보내어 이런 사정을 호소했다.

666년 6월의 일이었다. 그렇지 않아도 호시탐탐 고구려를 칠 궁리를 하고 있던 당의 고종과 칙천무후則天武后가 이런 좋은 기회를 놓칠 리가 없었다. 고종이 연헌성을 우무위장군右武衛將軍으로 삼고 보도를 주며 말과 수레와 비단을 하사했다. 그러는 한편, 계필하력契苾何力으로 하여금 군사를 이끌고 연남생을 돕게 했다. 8월이 되어 고구려의 보장왕이 연남건을 막리지로 임명하고, 내외병마사內外兵馬事로 군권마저 관장하게 만들었다. 한달 뒤 당의 고종은 연남생에게 특진特進 요동도독遼東都督 겸 평양도안무대사平壤道按撫大使의 벼슬을 주고, 현토군공玄菟郡公에 봉하면서 장안에 집을 주어 살게 했다. 12월이 되면서 고종이 이적李勣을 요동도행군 대총관遼東道行軍大摠管 겸 안무대사按撫大使로 삼고 계필하력契苾何力을 부대총관副大摠管으로 임명하여 하북河北 여러 주의 세수와 자원을 모두 동원해서 수륙 양로로 고구려를 침공할 준비를 하라고 지시했다. 그동안 형제간의 알력을 해소시키려고 애쓰던 연남생의 숙부 연정토淵淨土는 자기의 노력이 수포로 돌아가고 장차 대 전란이 일어나게 될 것을 예측하고 12성, 763호, 3,543명을 거느리고 신라에 항복했다. 신라왕이 연정토와 그의 부하 24명에게 의복과 양식 그리고 집을 주어 도성과 지방의 부성府城에 살게 했다.

당의 고종이 7월에 칙령을 내려 신라로 하여금 당이 고구려를 치는 일을 도우라 했다. 667년 8월에 신라의 문무왕은 대각간大角干 김유신으로 하여금 30명의 장군과 삼만여 명의 군사를 거느리고 한성정漢城停에 가서 대총관 이적을 기다리게 했다.

마침내 667년 9월이 되었다. 만반의 준비를 갖춘 이적은 심양瀋陽의 동북방에 있던 신성新城을 공격했다. 이적은 643년에 태종을 모시고 고구려를 침공한 이후로 벌써 수십번을 고구려와 싸워온 역전의 명장이었다. 그래서 그는 고구려의 급소를 정확하게 읽을 줄 알았다. 신성은 고구려 서쪽 끝의 요충으로, 이곳을 먼저 얻지 못하면 다른 성을 공략하기가 쉽지 않다는 것을 잘 알고 있는 이적은 이번 전투의 초전을 신성 공략으로 장식했던 것이다. 그런데 나라가 망하려면 그렇게 되는 것인지, 고구려 내부에서 당나라에 빌붙는 자가 속출하게 되었다. 신성은 웬만해서는 함락되지 않는 요새였는데도, 당군이 공격하자 성안에 있던 사부구師夫仇라는 자가 성주를 포박하고 성문을 열고 나와 항복하고 말았다. 이적이 계필하력으로 하여금 신성을 지키게 했다. 그러자 근방의 16개 성이 당군에 항복했다. 얼마 뒤에 연남건이 신성에 있던 당군을 급습한 것을 좌무위장군左武衛將軍 설인귀薛仁貴가 격퇴했다. 영주營州 도독 고간高侃이 금산金山에서 고구려군을 요격하다가 크게 패했는데, 고구려군이 승세를 타고 북으로 추격하다가 설인귀의 군사와 부닥쳤다. 격전 끝에 5만여 명의 사상자를 내고 고구려군이 물러서면서, 남소성南蘇城을 비롯한 세 성을 당에게 내주었다. 설인귀는 연남생과 함께 평양으로 향했다.

한편 곽대봉郭待封이 수군을 거느리고 평양으로 향했다. 그런데 이적이 병참을 맡긴 별장別將 풍사본馮師本의 수송선이 부서지는 바람에 군량을 대어주지 못하여 곽대봉의 군사가 굶주리게 되었다. 곽대봉이 이적에게 그 사정을 호소하기 위해 시를 써서 보냈다. 기밀을 지키기 위해 시의 형식을 취한 것인데, 이 글을 읽은 이적이 격노했다.

"군사가 급한데 한가롭게 시 따위를 보내다니. 이를 참형에 처해야겠다."

마침 곁에 있던 원만경元萬頃이 그 뜻을 해석하여 이적이 군량과 병기를 보내도록 조치했다.

고구려군이 압록강을 굳게 지키니, 당군이 건디지를 못했다. 부관副管 학처준郝處俊은 안시성에 있다가, 고구려의 군사 3만 명이 엄습한 것을 격퇴시켰다.

668년 원단이 되었다. 당의 고종은 우상右相 유인궤劉仁軌를 요동도

부대총관遼東道副大摠管으로 삼고, 학처준郝處俊과 신라 장수 김인문金仁問을 부관으로 삼아 이적 대총관을 돕게 했다. 신라의 문무왕은 원기元器와 연정토를 당나라로 보냈는데, 연정토는 당에서 돌아오지 않았다. 유인궤가 당항진黨項津에 도착하는 것을 문무왕이 각간角干 김인문金仁問으로 하여금 맞게 했다. 2월에 이적은 고구려의 부여성을 쳤다. 설인귀가 겨우 3,000명의 군사를 거느리고 부여성을 치려고 하자, 여러 장수들이 그 수가 적다고 만류했다. 설인귀는 "군사는 수가 중요한 것이 아니고, 용병을 잘 해야 한다"고 하면서 선봉이 되어 부여성을 함락시켰다. 부여성이 함락하니 부여천변의 40여 성이 모두 항복했다.

고종의 특명을 받은 시어사侍御史 가언충賈言忠이 요동 전선을 시찰하고 돌아왔다. 가언충이 아뢰었다.

"폐하, 이번에는 반드시 이길 것입니다. 옛날에 구려의 죄를 물었을 때에 우리가 이기지 못한 것은, 그들이 단합해서 틈을 보이지 않았기 때문입니다. 이번에는 남생과 그의 아우들 사이가 벌어져서 싸우게 되었습니다. 우리의 도움을 청하러 온 남생이 구려의 구석구석을 알아서 가르쳐 주니, 우리가 적정을 미리 손바닥에 둔듯이 알 수 있답니다. 게다가 우리의 장수들은 충성심이 지극하고, 군사들의 사기 또한 충천입니다. 구려의 비기秘記에 전하기를 '80대장이 900년이 안 되어 멸망시킨다'고 했다 합니다. 구려라는 나라를 세워 한나라에서 독립한 지 지금이 900년이고, 이적 총관의 나이가 80세이니, 구려가 망한다는 참언입니다. 구려에서는 백성들이 굶주리다가 서로 약탈을 일삼고 있습니다. 그래서 땅은 거칠어지고, 이리와 여우의 무리들이 성안으로 드나들고 있다 합니다. 심지어 두더지가 방에 구멍을 뚫고 들어와 인심을 소란하게 하고 있으니, 이보다 더한 기회가 있을 수 없는 지경입니다."

연남건이 군사 오만 명으로 부여성을 구원하려다가, 이적과 설하수薛

賀水에서 만나 격전 끝에 삼만여 명의 사상자를 내고 패퇴했다. 이적이 승세를 몰아 대행성大行城으로 진군하는데, 혜성이 동북 하늘에 나타났다. 사람들이 "고구려가 곧 멸망할 징조다." 하고 수군거렸다. 6월 21일에 신라의 문무왕은 대각간 김유신을 대당대총관大幢大摠管으로 삼고, 김인문金仁問, 흠순欽純, 천존天存, 문충文忠 등 30명의 장수들을 거느리고 당의 군영으로 향했다. 마침 김유신은 풍병이 있어서 서울에 머물러 있게 했다. 7월 16일에 한성주에 행차하여 당의 대군과 합세하여 평양성을 포위할 것을 지시했다. 신라의 군사들은 평양으로 가는 도중인 사천蛇川의 벌판에서 고구려의 군사를 만나 대아찬大阿飡 김문호金文顯 등이 대파했다. 9월이 되었다. 대행성에서 이긴 이적이 여러 길로 진군하던 군사들을 모아 압록책에 이르렀다. 고구려군의 저항을 물리치고 다시 200리를 나아가서 욕이성辱夷城을 함락시키고, 근처 여러 성의 항복을 받아가며 평양성에 이르렀다. 계필하력이 이보다 먼저 군사를 이끌고 평양성에 다다랐는데, 9월 21일에 신라군이 당의 대군과 합세하여 평양성을 포위하고 공격했다. 당과 신라의 군사가 평양성을 한 달 넘게 공격했다. 신라의 날랜 기병 600명이 선봉이 되어 평양성문을 부쉈다. 이어서 당군이 쇄도했다. 고구려의 보장왕이 연남산淵南産과 장수 98명에게 백기를 들려 당의 대총관 이적에게 보내어 항복을 청했다. 이적이 보장왕을 예의를 갖추어 맞아 들였다. 그러나 연남건은 따로 성의 일각을 차지하여 성문을 닫고 계속해서 반항했다. 싸울 때마다 모두 패한 연남건은 군사를 신성에게 맡겼다. 그런데 신성이 소장小將 오사烏沙, 요묘饒苗와 짜고 이적에게 내응하기로 음모했다. 닷새만에 신성이 성문을 열어 이적의 군사들을 받아들이니 당군은 성에 올라 북을 울리고 소리를 지르며 불을 놓아 태웠다. 연남건이 자살하려다가 성공하지 못하고 왕과 함께 포로가 되었다. 10월에 이적은 보장왕과 왕자 복남福男, 덕남德男과 연남건, 연남산 및 기타 대신들과 백성 20만 명을 몰고 당으로 돌아갔다. 신라 측에서는 각간角干 김인문金仁問이 수행원을 거느리고 따라갔다.

문무왕은 이때에 한성을 출발하여 평양으로 향하는 도중이었는데, 당군이 귀국한다는 소식을 듣고 한성으로 돌아왔다. 당의 수도에 개선한 이적이 보장왕 등을 태종太宗의 능인 소릉昭陵에 끌고가서 예를 올리고, 군용을 갖추어 개선 행진을 해서 이들을 대묘大廟에 바쳤다. 12월에 고종이 함원전含元殿에서 잡혀온 고구려왕과 대신들을 접견하고, 이들이 본래 역심을 품었던 것은 아니라고 하면서 모두 용서하고, 보장왕을 정3품正三品인 사평태상백司平太常伯 원외동정員外同正으로 삼고, 연남산은 사재소경司宰少卿, 신성은 은청광록대부銀靑光祿大夫, 연남생은 우위대장군으로 삼았다. 연남건은 끝까지 항거했기 때문에 사천泗川의 검주黔州로 귀양을 보냈다. 그리고 고종은 이적 이하 당나라의 유공자들에게 관직과 상을 차등 있게 내렸다. 당에서는 고구려의 5부, 176성, 69만여 호를 나누어 9도독부, 42주, 100현으로 개편하고, 평양에 안동도호부安東都護府를 두어 통치하기로 결정했다. 고구려의 장수 가운데 이번 일에 공이 있는 자들을 뽑아 도독, 자사, 현령으로 삼아, 당나라 사람들과 함께 정치에 참여하게 하였고, 총관摠管 설인귀薛仁貴를 검교안동도호檢校安東都護로 삼아 군사 2만 명을 거느리고 통솔하게 하였다.

7. 신라와 당의 싸움

당은 신라를 돕는다면서 백제와 고구려를 멸망시킨 자리에 도호부都護府를 설치하고, 그 아래에 도독부都督府나 기미주羈縻州를 설치하면서, 원주민을 장관으로 임명하여 자치권을 주어 통치했다. 완전한 지배체제를 갖춘 것도 아니고, 책봉冊封을 한 것도 아닌 절충 방안을 택한 셈이었다. 당은 640년에 천산남로天山南路에 안서安西도호부를 설치한 것을 비롯하여, 외 몽골을 지배하는 안북安北, 내 몽골의 선우單于, 만주와 한반도의 안동安東, 베트남 등 남해 제국을 지배하는 안남安南을 거의 10년 간격으로 설치해 나가다가, 701년에 천산북로의 북정北庭에 도호부를 설치해서 이들

주변 구역의 이민족을 간접 지배하는 체제로 들어갔다. 668년에 고구려를 멸망시킨 뒤에 바로 평양에 안동도호부安東都護府를 설치했으나, 신라가 세력권을 확대해 나가는 데에 밀려서 도호부를 요동반도로 이전시켰다. 신라는 백제와 고구려의 옛 강토를 장악하려는 당을 축출하기 위해서 고구려, 백제의 유민과 함께 크고 작은 전투를 치렀다.

669년 2월 21일에 문무왕이 교서를 내렸다.

"선대왕이 계실 때부터 백제와 고구려를 대항해서 많은 전투를 해왔다. 그들이 서쪽과 북쪽에서 수시로 우리 신라의 강토를 침공해서 백성들을 괴롭혔다. 선대왕께서는 몸소 당나라까지 가서서 군사를 빌려 이들을 물리치셨으나, 백제만 멸망시키고는 돌아가셨다. 과인이 유지를 받들어 싸움을 계속하여, 이제는 북쪽의 고구려마저 멸망시켜 태평성세를 열게 되었다. 많은 장병들이 이 일에 참여했기에 각자 그 공에 따라 포상을 했다. 그러나 죄를 지어 하옥된 사람들은 그 혜택을 받지 못하고 있으니, 참으로 애석한 일로 생각한다. 이에 오역죄五逆罪를 범했거나, 사형 받을 죄를 지은 자 이외에는, 죄의 경중을 따지지 않고 모두 석방하여 천하를 통일한 기쁨을 함께 나누고자 한다. 죄를 지어 벼슬을 잃은 자는 복직시키고, 도적질을 한 자는 사면할 것이며, 빚을 진 사람은 갚는 기일을 연장해 주고, 흉년으로 수확을 못한 사람은 이자도 면제해 주도록 하여라. 그리하여 다들 용기를 갖고 다시는 범법을 하지 않도록 해야겠다. 이런 일을 금후 한 달 이내에 실시하도록 하여라."

오역죄는 어머니를 죽인 죄, 아버지를 죽인 죄, 성자阿羅漢를 죽인 죄, 부처의 신체에 상처를 입혀 출혈시킨 죄, 불교 교단을 파괴하고 분열시킨 죄를 말하며, 이 일을 저지른 자는 무간지옥無間地獄에 떨어져서 영원히 구제받지 못하게 된다고 했다.

웅진과 평양에 와 있던 당의 군사들과 신라의 장병들 사이에 충돌이 잦아지자 당의 장군들이 본국에 줄줄이 신라를 비방하는 글을 올렸다. 심지어 대총관 이적李勣 같은 사람도 신라가 고구려를 정벌하는 일에 공헌한 일이 없다고 모함했다. 그러니 신라로서는 이를 해명할 필요가 있었다. 669년 5월에 먼저 급찬 기진산祇珍山을 보내어 당이 구하고 있던 자석 두 상자를 바치게 했다. 그런 뒤에 각간 김흠순金欽純과 파진찬 김양도金良圖를 당으로 파견하여 사죄하게 했다.

김흠순은 김유신의 동생으로 일찍 화랑이 되었고, 인덕이 있으며 신의가 높아 크게 존경을 받아온 사람이었다. 황산벌에서 백제의 계백에게 네 번이나 패했을 때에, 아들 반굴盤屈을 시켜서 용맹하게 싸우다가 죽게 하여 전세를 돌린 적이 있는 비정한 장수이기도 했다. 그 뒤 백제 유민의 반란을 토벌했고, 고구려 정벌에서도 대당총관大幢摠管이 되어 큰 공을 세웠다. 이어서 고구려의 유민을 포섭하여 당나라와의 항쟁을 지도했다. 그런 경력을 살려서 문무왕이 나당 양국 간의 대립을 완화시킬 특사로 그를 파견하게 되었다. 잘못하면 목숨이 날아갈 위험한 일인데도 그는 서슴지 않고 나섰다.

당의 고종高宗이 사신을 파견하여, 김유신을 봉상정경奉常正卿 평양군개국공平壤郡開國公으로 책봉하고 식읍 2,000호를 하사했다. 665년 8월에 문무왕이 각간 김인문과 이찬 천존天存으로 하여금 당나라 칙사 유인원劉仁願의 참석 하에 웅진에서 백제의 부여륭扶餘隆과 동맹을 맺게 했다. 이어서 666년에는 고종이 칙서로 나미奈麻 벼슬에 있던 유신의 장자 삼광三光과 천존天存의 아들 한림漢林을 좌무위익부중랑장左武衛翊府中郞將으로 임명하고, 당의 황궁을 수비하는 업무를 맡게 했다.

문무왕이 고구려를 멸망시키고 돌아오는 길에 남한주南漢州에서 여러 신하에게 말했다.

"옛날에 백제의 명농왕明穠王(聖王)과 재상 넷을 고리산古利山에서 사로잡아 그들의 야심을 꺾은 것이 유신의 조부, 각간角干 김무력金武力 장군이었다. 유신의 부친 김서현金舒玄 장군은 양주良州총관으로 있으면서 여러 번 백제와 싸워 그들의 예봉을 꺾어서 백성들이 편히 농사를 지을 수 있게 했다. 지금 유신은 이러한 할아버지와 아버지의 업적을 이어받아 사직을 지키는 충신이 되었다. 밖으로 나가서는 좋은 장수가 되고, 안으로 들어와서는 어진 재상이 되니, 그 공적이 참으로 위대하다. 삼대에 걸쳐서 나라를 위해 진충보국하니, 국가의 흥망이 바로 이 집안에 의존한다고 할 것이다. 이번에 보상하려고 하는데 어떻게 하는 것이 마땅한가?"

모든 신하들이 아뢰었다.

"참으로 대왕의 말씀이 옳으십니다. 대왕의 뜻대로 하소서."

668년 10월 22일에 서울로 돌아온 신라의 문무왕은 전투에 참가한 장병들에게 논공행상을 했다. 김유신에게 태대각간太大角干이라는 최고의 직위를 주고, 김인문을 대각간으로 삼고, 그 밖의 이찬과 장군들을 각간으로 승진시키고, 소판蘇判 이하는 모두 벼슬을 한 급씩 올려 주었다. 고종이 김유신에게 그의 공적을 치하하는 조서를 주고, 당나라에 다녀가라고 일렀으나 김유신은 가지 않았다.

당에서는 신라를 어떻게든지 제압할 생각으로 있었다. 그래서 이해 겨울에 사신을 보내어 신라 최강의 무기인 쇠뇌를 만드는 기술자인 사찬沙湌 구진천仇珍川을 데리고 갔다. 당의 황제가 구진천으로 하여금 쇠뇌를 만들게 했다. 그런데 구진천이 만든 쇠뇌를 쏘아보니, 30보밖에 나가지 않았다. 황제가 물었다.

"너희 나라에서 만든 쇠뇌는 1천 보를 나간다고 들었는데, 지금 것은 겨우 30보밖에 나가지 않는다. 그 이유가 무엇인가?"

"목재가 좋지 않기 때문입니다. 신라의 목재로 만든다면 될 수 있을 것입니다, 폐하."

황제는 사신을 보내어 목재를 대도록 요청했다. 문무왕이 곧바로 대나마 복한福漢을 보내어 목재를 바쳤다. 황제는 즉시 쇠뇌를 개조하게 하였다. 그러나 개조한 것도 60보밖에 나가지 않았다. 황제가 그 이유를 다시 물었다. 구진천은 "저도 그 이유를 알 수 없습니다. 아마도 바다를 건너올 때 습기가 배어 들었기 때문인 듯합니다."라고 대답했다. 황제가 구진천이 고의로 그러는 것이라고 의심하여 중죄로 다스리겠다고 으름장을 놓았으나, 구진천은 끝까지 자신의 기술을 모두 발휘하지 않았다. 결국 신라의 최강 무기인 쇠뇌는 신라만이 쓸 수 있게 보전되었다.

670년 6월에 고구려의 수림성水臨城 사람 대형大兄 검모잠劍牟岑이 유민을 거느리고 궁모성窮牟城으로부터 패하浿河의 남쪽까지 진출해서, 마침 그곳에 있던 당나라의 관리와 중 법안法安을 죽이고 신라로 들어왔다. 이들이 서해의 사야도史冶島에서 고구려왕의 서자 안승安勝을 만나서 한성으로 맞아들여 임금으로 추대했다. 검모잠이 소형小兄 다식多式을 문무왕에게 보내어 읍소했다.

"멸망한 국가를 일으키고 끊어진 대를 잇는 것은 대의에 맞는 일입니다. 우리나라의 선왕은 왕도를 지키지 못하여 멸망했으나, 신들은 본국의 귀족 안승을 맞아 임금으로 모시기로 했습니다. 신라 같은 큰 나라의 제후로서 영세토록 충성을 다하겠으니 도와주소서."

문무왕이 이들의 청을 받아들여 김마저金馬渚에서 살게 했다. 7월에 왕이 일길찬一吉飡 수미산須彌山을 보내어 안승을 고구려왕으로 봉하면서 지시했다.

"왕자 안승을 고구려왕으로 봉한다. 선왕의 정통 후사는 오직 공뿐이니, 제사를 맡을 사람이 따로 누가 있겠는가? 일길찬 수미산을 파견하여 공을 고구려왕으로 봉하는 것이니, 공은 마땅히 유민들을 거두어 영원한 이웃 나라로 형제처럼 신라를 공경하고 섬길 것이니라." 그러면서 멥쌀 2천 석과 갑옷을 입힌 말 한 마리, 능라 비단 5필, 명주 10필, 면포 15칭稱

을 보냈다. 안승과 검모잠은 얼마 뒤에 황해도로 진출해서 옛 대방 지역을 장악했다. 그리고 신라와 협조해서 당나라를 몰아내는 데 힘을 합했다. 안승의 힘이 강해지니 검모잠과 의견 충돌이 생겨서 안승이 검모잠을 죽이고 완전히 신라에 투항했다. 왕이 다시 안승을 보덕왕報德王으로 책봉하여 684년까지 신라 국내에서 여생을 보내게 했다.

왕이 백제의 유민들이 다시 배반할 것을 걱정해서, 대아찬 유돈儒敦을 당의 웅진도독부에 보내어 화친할 것을 요청했다. 그러나 웅진도독부에서는 신라의 회유책에 응하려 들지 않고 웅진도독부사마熊津都督府司馬 니군禰軍을 보내어 신라의 눈치를 살폈다. 왕이 당의 음모를 알아차리고 니군을 붙들어 돌려보내지 않고 바로 군사를 일으켜서 웅진도독부와 합세한 백제 유민을 토벌하게 했다. 품일品日, 문충文忠 등이 63성을 공격해서 함락시키고 그곳의 사람들을 내지로 옮겼다. 이어 다른 장수들이 19성을 공격하여 9천 명을 참살하고 많은 병기구를 노획했다.

671년 정월에 백제 유민을 공격하다가 웅진 남쪽의 전투에서 신라의 당주幢主 부과夫果가 전사했다. 말갈 군사가 와서 설구성舌口城을 포위했다가 물러가는 것을 신라의 군사가 공격하여 3백여 명을 목 베어 죽였다. 당나라 군사가 백제 유민을 구원하러 온다는 말을 듣고, 대아찬 진공眞功을 보내어 옹포甕浦를 수비하게 하였다. 6월에 문무왕은 장군 죽지竹旨 등에게 군사를 주어 백제의 가림성加林城을 공격하게 했다. 그때 마침 당나라 군사와 석성石城에서 전투가 벌어져서 5천 3백 명의 머리를 베었으며, 백제 장군 둘과 당나라 과의果毅 여섯을 포로로 잡았다.

문무왕은 그동안에 억울하게 몰렸던 신라의 고충을 단호하고도 자상하게 해명하면서, 당나라의 일방적인 조치를 강력하게 항의했다. 그러면서 소부리주所夫里州를 부여에 설치하고, 아찬 진왕眞王으로 하여금 도독을 삼아 지키게 했다.

8. 당나라의 후퇴와 한반도의 통일

671년 9월 당나라의 장군 고간高侃이 오랑캐 군사 4만을 거느리고 평양에 도착하여 도랑을 깊이 파고 보루를 높이 쌓은 뒤에 대방帶方을 침범했다. 10월 6일에는 신라군이 당나라 수송선 70여 척을 공격하여 낭장郞將 겸이대후鉗耳大侯와 군사 백여 명을 사로잡았다. 당군의 장병들 중에 익사한 자가 셀 수 없을 만큼 많았다. 백제의 잔당은 당나라의 후원을 믿고 계속해서 신라에 대항했다. 672년 정월에 왕은 군사를 파견하여 백제의 고성성古省城과 가림성加林城을 쳐서 일승일패를 했다. 7월에 고간이 군사 1만을 거느리고 이근행李謹行의 3만 군사와 함께 평양에 와서 여덟 곳에 진영을 짓고 주둔했다. 그 뒤 한 달 사이에 이들이 평양성 부근의 한시성韓始城과 마읍성馬邑城을 함락시키고, 백수성白水城에서 500보 거리가 되는 곳까지 진출했다. 신라군이 고구려의 유민과 함께 이를 맞아 싸워서 수천 명을 죽였다. 당군과 함께 말갈의 군사들이 석문石門의 들판에 진영을 세웠을 때에 문무왕이 장군 의복義福과 춘장春長을 보내어 대방帶方의 평야에 포진하게 했다.

이때에 신라군에는 장창을 든 부대가 있었다. 이 부대가 당병 3,000여 명을 만나서 포로로 잡아 대장군의 본영으로 압송했다. 이를 보고 신라의 각 부대는 장창부대만 따로 포진하게 해서 혼자 공을 세워 큰 상을 얻게 하니, 우리는 후방에서 쓸데없는 헛수고만 하게 되었다 하면서 대열을 분산하고 말았다. 이를 보고 당군이 말갈과 함께 신라군을 급습했다. 이 싸움에서 신라의 장군 대아찬 효천曉川과 의문義文을 비롯한 많은 장수들이 전사했다. 마침 김유신의 아들 원술元述이 비장神將으로 참전하고 있었는데, 패전 속에 이를 만회하려고 죽음을 무릅쓰고 돌진을 시도하는데 그의 부하 담릉淡凌이 앞을 막으며 말했다.

"대장부가 죽기는 어렵지 않습니다. 죽을 곳을 찾는 것이 어렵습니다.

이기지 못한다면 살아서 후일을 도모하는 것이 좋습니다."

"무슨 소리. 남자로서 구차히 삶을 구걸하겠느냐? 싸움에 지고 목숨을 구했다면 장차 무슨 낯으로 우리 아버님을 뵌단 말이냐?"

원술이 뿌리치고 적진으로 달려 들어가려고 말에 박차를 가했으나 담릉은 한사코 말고삐를 잡고 놓지 않았다. 옥신각신하다가 함께 후퇴하고 말았다. 원술이 무이령蕪荑嶺으로 빠져나왔다. 당군은 신라군을 끝까지 추격했다. 이때 거열주居烈州 대감으로 있던 일길간一吉干 아진함阿珍含이 나섰다.

"공들은 달아나시오. 나는 이미 일흔이 되었으니 살면 얼마나 더 살겠소? 오늘이야말로 내가 죽을 날이오."

그는 적진으로 돌격하여 싸우다가 죽었다. 이를 보고 그의 아들도 아비를 따라 적진으로 돌격하다가 전사했다. 문무왕이 패전의 보고를 받고 김유신에게 물었다.

"군사들이 패하여 돌아왔는데, 어찌하면 좋겠소?"

"당군의 힘을 당할 수 없어서 패한 것이니, 우선 장병들로 하여금 각자 진영으로 돌아가서 단단히 수비하라고 하는 것이 좋겠습니다. 다만, 소신의 자식인 원술이 왕명을 욕되게 하였고 가훈을 어겼으니, 참형에 처하소서."

김유신은 세속오계世俗五戒의 하나인 임전무퇴臨戰無退를 철통처럼 믿고 부하들을 독려하던 사람이었다. 그런데 아들이 싸움에 져서 돌아왔으니, 천하에 이보다 부끄러운 일이 없었다. 격전 속에서 장렬하게 전사했다고 보고 받았다가 멀쩡하게 살아온 것을 보고, 김유신은 하늘을 우러러보며 한탄을 했다. 왕이 말했다.

"원술은 비장밖에 안 되는데, 유독 그만을 중형에 처한다는 것은 불가한 일이오. 방면하리다."

원술이 부끄러움을 이기지 못하여 아버지를 만나지도 못하고 산속으로 숨었다. 김유신이 죽었을 때 원술이 어머니를 만나러 왔다가 크게 꾸중을 들었다.

"여인에게는 삼종의 의가 있다. 그래서 과부가 된 내가 아들을 따르는 것은 마땅한 일이다. 그러나 원술과 같은 놈은 내 남편의 아들 노릇을 못 했으니 난들 어찌 그 어미가 되겠느냐?"

어머니가 끝내 만나주지 않아 원술이 눈물을 흘리며 태백산으로 들어 갔다. 몇 해가 지나서 675년에 당군이 양주楊州의 매소성買蘇城을 공격해 왔을 때에 원술이 참전하여 적을 섬멸하고 큰 공을 세웠다. 그러나 어머니 는 그를 용서하지 않았다. 마침내 원술은 신세를 한탄하여 벼슬을 그만두 고 세상을 비관하며 일생을 숨어 살았다. 일설에는 그가 야마토로 건너갔 다고 했다.

웅진도독부가 본국에 호소하여 군사를 내어 신라를 공격하므로 문무 왕은 당의 황제에게 알리지도 않고 군사를 내어 이를 토벌했다. 당의 황제 가 문책하기에 문무왕은 급찬 원천原川 등을 사신으로 보내어 사죄했다. 이때의 사죄문에는 "죽을 죄를 지었습니다." 하고 몸을 낮추어 납작 엎드 린 비굴한 내용이 가득했다. 신라는 그동안 사로잡은 낭장郎將 겸 이대후 鉗耳大侯, 웅주도독부사마 니군禰軍 등과 군사 170명을 돌려 보내고, 은 3만 3,500푼과 동 3만 3,000푼, 바늘 400매, 우황 120푼, 금 120푼, 40승 포 6필, 30승 포 60필을 바쳤다. 이런 식의 싸움과 사과 사절의 파견은 그 뒤에도 여러 번 있었다. 당나라에서는 문무왕에게 내린 관작을 박탈했다가 다시 수여했다.

673년 봄에 하늘에 이상한 별이 나타나고 지진이 있었다. 문무왕이 이 를 걱정하자 김유신이 말했다.

"지금의 이상한 일들은 그 원인이 노신에게 있습니다. 국가의 재난이 아니니 근심하지 마소서."

"만약 그렇다면 과인은 더욱 근심이 되는 바이오."

문무왕은 도리어 김유신의 건강을 염려했다. 6월에 김유신의 집에서 군복을 입고 병장기를 갖춘 수십 명의 군사가 나와서 갑자기 행방이 묘연해졌다. 사람들이 걱정하는 것을 보고 김유신이 말했다.

"이는 몰래 날 보호하던 음부陰府의 수호신 병사들이 나의 복이 다한 것을 보고 가버린 것이다. 곧 내가 죽게 될 것이다."

이런 일이 있은 지 십여 일이 지나서 김유신이 병이 들어 자리에 누웠다. 문무왕이 문병을 왔을 때에 김유신이 눈물을 흘리며 말했다.

"신은 대왕의 팔다리가 되어 일하다가 지금에 이르렀습니다. 그런데 신의 병이 이처럼 심해지니, 오늘 이후로는 두 번 다시 용안을 우러러볼 수가 없게 될 것 같아 안타깝기 한이 없습니다."

문무왕이 울면서 말했다.

"과인은 경이 있으므로 고기가 물을 얻은 것처럼 생기가 있었는데, 경이 돌아가게 된다면 우리 신라의 백성은 어찌 되고, 사직은 또 어떻게 되겠소."

김유신이 말했다.

"신은 어리석고 불초합니다. 그러니 신이 어찌 홀로 국가를 위해 공적을 세울 수 있겠습니까? 다만, 어지신 대왕께서 신을 쓰시면서 전혀 의심하지 않고 믿고 맡겨 주셨기에, 대왕을 도와서 조그마한 공을 이룰 수 있었습니다. 밝으신 대왕의 지도 아래 삼한이 통일되었고, 백성들이 두 마음을 갖지 않고 살 수 있게 되었습니다. 아직은 태평성대를 완성하지 못했으나 소강상태는 되었다고 봅니다. 전하께서는 만사에 성공하기가 쉽지 않다는 것과, 이루어 놓은 것을 지키는 것도 어렵다는 것을 아셔야 합니다. 일을 잘 하려면 소인을 멀리하고, 군자를 가까이 하셔야 합니다. 조정에서는 아래 위로 화합하게 하시고, 백성들을 안정시키십시오. 그러면 어떤 환란도 일어나지 않을 것입니다. 국가대업이 무궁하게 이어간다면, 신은 죽어도 한이 없겠습니다."

왕이 울면서 그의 권고를 받아들일 것을 약속했다.

7월 1일에 김유신은 거처하던 집의 안방에서 79세로 돌아갔다. 문무왕이 부고를 듣고, 대성통곡하면서 비단 1,000필과 벼 2,000석을 부의로 보내어 장사에 쓰도록 했다. 그리고 군악대 백 명을 내어 주악하게 하고, 경주의 금삼원金山原에 장사하게 했다. 뒤에 이곳에 공적비를 건립하고 민호民戶를 정하여 분묘를 돌보게 했다. 김유신의 아내 지소 부인智炤夫人은 머리를 깎고 비구니가 되어 김유신의 명복을 빌었다. 문무왕이 그녀에게 벼 일천 석을 해마다 주어서 김유신의 공적에 보답했다. 지소 부인은 무열왕의 셋째 딸이자 문무왕의 여동생이었다. 지소 부인과의 사이에 아들 다섯과 딸 넷을 두었는데, 장자가 이찬 삼광三光이고 그 다음이 소판 원술元述, 셋째가 해간海干 원정元貞, 넷째가 대아찬 장이長耳, 막내가 대아찬 원망元望이었다. 따로 서자로 아찬 군승軍勝이 있었다. 뒤에 흥덕왕 10년인 835년에 김유신은 순충장렬純忠壯烈 흥무대왕興武大王으로 추존되었다.

고구려의 유민들은 신라가 당을 축출하려는 것을 계속해서 도왔다. 본격적인 나당 전쟁은 670년 3월에 설오유薛烏儒가 이끈 신라군과 태대형 고연무高延武가 이끈 고구려 유민군이 힘을 합하여 압록강을 건너 북진할 때에 시작되었다고 할 수 있다. 671년 4월의 석성石城 싸움에서 신라군이 당군 5,300명을 몰살한 뒤, 672년 1월에 가림성을 공격해온 당군을 격퇴했다. 7월에는 이근행李謹行이 이끄는 4만 명의 당군을 평양 근처에서 물리치고, 673년 2월에는 호로하瓠盧河를 건너서 칠중성七重城을 공격해온 유인궤劉仁軌를 격퇴했다. 674년에 왕이 고구려의 유민을 계속해서 거두어들이고 백제의 옛 땅을 점령해서 군사를 보내어 지키게 하니, 당의 고종이 크게 화를 내어 왕의 관작을 다시 삭탈하고, 마침 당의 장안에 있었던 왕제 김인문을 신라왕으로 삼아 귀국하게 했다. 그런 뒤에 유인궤를 계림도 대총관으로 삼고, 이필李弼과 이근행李謹行을 부관으로 삼아 신라를 공격하게 했다. 675년 2월에 유인궤가 칠중성에서 신라군을 파하니, 고종이 이근행으로 하여금 안동진무대사를 삼아 일대를 순무하게 했다.

문무왕이 사신을 파견하여 많은 공물을 바쳐 사죄하니, 고종이 이를 용서하여 왕의 관작을 회복시키고 김인문은 신라왕을 그만두게 하고 임해군공臨海郡公으로 다시 봉했다. 675년 9월에 신라군이 설인귀薛仁貴의 수군을 소부리주의 기벌포伎伐浦에서 22회나 싸워서 1,400여 명을 죽이고, 병선 40척과 전마 천 필을 얻어 격퇴시켰다. 9월 29일에 이근행이 20만의 군사로 매초성買肖城에 신라군이 주둔한 것을 공격하여, 전마 3만 389필과 3만여 명분의 병기를 거두는 대승을 했다. 이 밖에도 여러 곳에서 크고 작은 전투가 벌어졌는데, 신라는 한편으로 싸우면서 다른 한편으로는 사신을 장안으로 보내어 방물을 바치고 무마하는 양면 작전으로 나갔다. 신라는 10여 년간을 당나라와 싸워서, 마침내 당나라 세력을 한반도에서 물리치는 데에 성공했다.

681년 7월 1일에 문무왕이 붕어했다. 그 유언에 따라 동해로 나가는 어귀에 있는 큰 바위 위에 그를 수장했다. 왕은 다음과 같이 유언했다.

"과인은 전쟁하는 시대에 서북으로 정벌하여 강토를 정하고, 배반하는 무리를 평정했다. 과인은 풍상을 견디다가 드디어 고질을 앓게 되었다. 그러나 복이 가고 이름이 남는 것은 예나 지금이나 한가지이니, 어떤 유한이 있겠는가? 태자로 하여금 과인의 관 앞에서 왕위를 계승하게 하라. 종묘의 주인 자리는 잠시라도 비워 두어서는 안 되는 법이다. 그리고 과인의 장례는 검소하게 치르도록 하라. 과인이 죽어 열흘이 되는 시점에 의식에 따라 화장하고, 보통의 복례를 치르도록 하라. 모든 세금의 급하지 않은 것은 폐하도록 하고, 율령의 격식도 불편한 것이 있으면 고치도록 하여라."

신라는 고구려나 백제에 비하면 동쪽에 치우친 약소국가였다. 원래 몽골 초원을 떠난 혁거세의 조상들이 한반도에 들어왔을 때에는 인구가 10만 정도밖에 안 되었다. 북한강 상류에 정착했다가 진한으로 남하하면서, 원래의 기마민족 특성이 농경민으로 변했다. 진한을 평정한 파사 이사금 때의 인구는 50만을 약간 웃돌았다. 2세기 후반의 아달라 이사금 시절에는 2만 8천 명의 대군으로 한강 유역을 공격했는데, 이때의 인구는 백만에 이르렀을 것으로 추정된다. 이 뒤에 한동안 백제에게 서부 경남을 중심으로 많은 땅을 빼앗겨서 인구가 줄었다가, 6세기 지증왕 때에 200만으로 불었고, 가야를 접수한 법흥왕 때에 4백만 가까이가 되었다. 이 인구는 7세기가 되어서도 일할 정도의 증가 선에서 그친다. 신라의 전성기에 수도인 서라벌의 인구가 17만 8,936호였다고 삼국유사에 나와 있으니, 1호당 5인으로 계산하면 90만 명 정도가 된다. 콘스탄티노플, 바그다드, 장안과 함께 당시 세계 4대 도시의 하나가 되는 셈이다. 그러나 이것은 신라가 통일을 완수한 뒤의 얘기이다.

『구당서舊唐書』에 의하면 고구려는 평양성이 함락하여 보장왕이 항복했을 때에, 170성에 69만 7,000호라고 했다. 호당 5명이면 350만 명 정도가 된다. 수십 년간에 걸친 수隋와 당唐과의 전쟁에서 희생된 사람을 생각하면 많은 인구가 늘 수 없었다. 여기에 우군으로 말갈이 힘을 합했다. 백제는 소정방蘇定方이 의자왕을 포박했을 때에, 5부 37군에 200개의 성, 76만 호의 큰 나라였다. 380만의 인구로 고구려보다 약간 많다. 여기에 백제의 동반 세력이 된 동남의 일본 인구가 600만 정도였으니, 이의 반 정도가 백제를 도왔다고 생각하면 백제의 영향권에 있던 사람의 수는 칠백만 명에 이른다. 이런 나라들과 적대관계로 살아나가야 할 신라는 해마다 어디서인가 전쟁이 일어나게 되어 있었다.

한반도의 동남쪽을 차지하고 있던 신라가 동맹국을 합하면 자기보다 큰 세력인 백제나 고구려를 이기고 한반도를 통일하게 된 힘은 어디에서 나온 것일까? 첫째는 호국불교의 영향을 들 수 있다. 원광 법사의 세속오계를 중심으로 간단하고 명확한 행동지침을 신라의 청소년층이 공유하고 있었다. 신라는 화랑도를 중심으로 멸사봉공의 정신에 기초하여 국력을 함양해 나갔다. 법흥왕의 율령제정과 불교공인으로 국가의 제도와 호국정신의 확립이 촉진되면서, 서라벌과 가야의 무인들이 하나로 힘을 합했다. 또하나 간과해서는 안 되는 일은 신라의 영역에 거대한 제철단지와 야금능력이 조성되고 있었던 일이다. 도끼야와 미리내를 중심으로 신라에는 많은 제련 제철 단지가 형성되어 무기와 농기구의 개발력이 높았다. 특히 가야의 철정은 한반도 전체의 통화 구실을 할 정도로 그 질이 보장되어 있었다. 셋째가 국제 정세를 꿰뚫어 보고 대처할 수 있는 능력을 신라의 지도층에서 갖고 있었다는 점을 들 수 있다. 김춘추로 대표되는 외교활동은 종횡무진이었다. 일본이나 고구려에 가서 지원을 요청하고, 뜻대로 되지 않자 멀리 서쪽으로 당나라에까지 가서 원군을 요청하여 뜻을 이루게 되었다. 당시의 국제관계는 중원에서 대륙을 통일한 당을 중심으로 움직이고 있었는데, 그 세력을 우군으로 삼을 수 있도록 온갖 수단을 동원했다. 마지막으로 이런 김춘추의 활동을 뒷받침한 국론의 통일을 가야를 중심으로 한 무장세력이 뒷받침하고 있었다. 그 중심에 김유신이 있었다. 김춘추나 김유신은 같은 핏줄의 민족이 여러 나라로 갈라져서 밤낮으로 전투를 벌여 민생을 도탄으로 빠지게 하는 일을 마땅치 않게 생각했다. 이들은 전란을 없애고, 마음 놓고 잘 살 수 있는 환경을 마련하는 일에 뜻을 모았다.

상대적으로 고구려는 수백 년간 계속된 서쪽과 북쪽의 다른 민족과의 전란에서 국력을 소모했고, 마지막에는 독재자 연개소문이 후계자를 육성하지 못하고 그의 자식들 간의 권력투쟁으로 내분이 일어나서 멸망을 자초하게 되었다. 백제 또한 초기의 성공에 취한 의자왕이 환락에 빠지고, 충신을 배척하고 인척들 중심으로 권력을 나누다가 민심마저 이탈하여 나라를 잃게 되었다. 그러다 보니 마침내 문충, 성충, 계백의 세 충신 가운데 계백만이 남아서 외침에 대항할 수밖에 없는 비참한 지경에 떨어지고 말았다. 백제는 동남에서 지원해 온 일본군도 소용이 없을 정도로 허약해져서 자멸하게 된 셈이다.

당은 677년인 의봉儀鳳 2년에 보장왕에게 요동도독을 맡게 하여 조선 군왕朝鮮郡王으로 봉하고, 요동으로 가서 백성을 어루만지게 했다. 그리 고 안동도호부를 신성新城으로 옮기게 했다. 그런데 보장왕이 말갈과 함께 반란을 꾀하다가 미수에 그치고 소환 당하여 공주邛州에서 죽었다. 그 뒤 에 당은 보장왕의 손자 보원을 조선군왕에 봉했다가 699년에 보장왕의 아 들 고덕무高德武를 안동도독으로 임명하여 그곳의 주민들을 무마하게 했 으나 이미 대세는 돌이킬 수가 없게 되었다. 당나라가 신라를 제압하지 못 한 데에는 많은 원인이 있었다. 첫째는 서방의 티베트 고원에 있던 토번吐 蕃과 청해靑海의 토욕혼吐谷渾과의 분규로 많은 군사를 그곳으로 투입해야 했다. 선비鮮卑 모용부慕容部의 일족인 이들은 한때 실크로드를 통한 국제 무역을 통제한 적도 있었다. 581년에 수는 보기병 수만 명을 보내어 토욕 혼을 공격하여 왕을 추방하고, 그곳에 괴뢰정부를 세웠다. 수양제隋煬帝도 몇 번이나 원정군을 보내어, 토욕혼을 공략해서 서해군西海郡 등을 이곳 에 설치했다. 635년에 이정李靖을 대총관으로 삼아 대군을 보내어 정복하 자 토욕혼은 동서로 분열 되었다. 당에서는 이들을 회유하기 위해 황제의 딸인 공주를 토욕혼왕에게 출가시켰다. 티베트의 토번왕조 또한 요동지방 에서 이주한 선비鮮卑 타파부拓拔部 출신이 만든 왕조였다. 라사의 남동에 서 일어난 왕조로 641년에 당의 공주인 문성文成 공주를 왕비로 맞은 뒤로 장안에 귀족의 자제를 유학시켜 당의 군사와 행정제도를 배워서 국가체제 를 갖추어나갔다. 663년에 토번왕조吐蕃王朝는 토욕혼을 정벌하고, 670년 에 당 안서安西의 주요 도시 네 곳을 공격해 점령하여 실크로드를 지배하 게 되었다. 티베트를 지배하는 토번왕조의 공격으로 토욕혼이 멸망하자 당 의 고종은 10만 대군을 인솔한 설인귀薛仁貴를 보내어 토번을 공격하게 했 는데, 토번은 40만 대군으로 청해호靑海湖 남쪽의 대비천大菲川에서 이를 맞아 싸워 크게 이기고 말았다. 다시 678년에 당의 중서령中書令 이경현李 敬玄이 인솔한 18만의 대군을 토번이 격퇴했다. 680년에 문성 공주가 죽은 뒤에 다시 싸움이 시작되어 692년에 당나라가 안서의 네 도시를 빼앗았다.

이처럼 서역에서 전쟁이 계속된 것이 당나라가 신라를 제압하는 일에 집중하지 못하게 된 한 요인이 되었다. 서쪽만이 아니었다. 요동 이동에서도 당의 세력은 각종 반란에 시달려서 신라만을 챙길 사정이 못 되었다.

고구려가 멸망한 뒤에 고구려의 유민 가운데 3만여 명을 당이 영주營州로 강제 이주시켰다. 690년에 당의 무칙천武則天이 즉위하자 내정에 혼란이 일어났다. 마침 고구려와 마찬가지로 강제로 이주를 하게 되었던 걸안족契丹族의 이진충李盡忠이 영주도독을 살해하고 반란을 일으켰다. 이에 영주로 강제 이주 당했던 고구려의 대조영大祚榮과 말갈 출신의 걸사비우乞四比羽가 이진충을 도와 고구려의 부흥을 기도했다. 그런데 갑자기 돌궐이 당나라 편을 들고 참전하여, 이진충이 패배하고 걸사비우도 죽고 말았다. 많은 고초를 겪은 698년 끝 무렵에 대중상大仲象과 대조영大祚榮 부자가 이 유민들을 인솔해 동모산東牟山에서 진국震國을 세웠다. 이들은 뒤에 발해渤海로 나라의 이름을 바꾸었다. 신라가 천신만고 끝에 당의 군사를 축출한 뒤에는 이 발해와 신라가 만주와 한반도를 둘로 나누어 통치하게 되었다. 남북조 시대의 시작이었다. 고구려의 일부 유민은 바다를 건너서 일본으로 갔다. 이들은 무사시武藏, 나가노長野 등지에 정착했다. 지금도 이 지역에는 고구려의 일본식 명칭인 고마高麗(狛, 巨麻 등으로도 씀)가 여러 곳에 유적과 함께 남아 있다.

역사는 되풀이되게 마련이다. 반만년의 역사를 통하여 알 수 있는 것은 큰 나라도 백성을 소홀히 하고 정치를 문란하게 하면 망하게 되고, 아무리 작은 나라라도 백성들 모두가 뜻을 모아 산업을 일으키고 국방에 힘쓰면 나라를 온전하게 지킬 수 있는 법이라는 진실이다.

참고자료

< 저자/편자, 문헌 제목, 출판사, 출판연도 순 >

- 鎌田正 외, 漢詩名句辭典, 大修館書店, 1992년
- 駒田信一편, 중국의 고사와 명언 500선, 平凡社. 1980년
- 金富軾, 三國史記, 明文堂, 1993년
- 金廷鶴 외, 加耶史論, 고려대학교 한국학연구소, 1993년
- 김태식, 미완의 문명 7백년, 가야사, 푸른역사, 2002년
- 魯成煥, 古事記, 예전, 1990년
- 다할 편집실, 한국사 연표 (북한, 세계사 포함), 다할 미디어, 2003년
- 鹿島 昇, 倭와 日本建國史, 新國民社, 1997년
- 武光誠, 古事記, 日本書紀를 아는 事典, 東京堂出版, 2003년
- 朴炳植, 야마토 渡來王朝의 秘密, 三一書房, 1998년
- 白石柱 편저, 우리나라 전란사(상, 중, 하), 원민, 2006년
- 부산대학교 한국민족 문화연구소, 한국 고대사 속의 가야, 혜안, 2001년
- 부산일보, 日王家의 뿌리는 伽倻王族, 새學說로 再照明하는 韓日 古代史, (부산일보 연재, 崔性圭, 東京支社長), 1991년2월20일~12월27일
- 寺尾善雄, 中國, 名言의 知惠, 三笠書房, 1990년
- 杉山正明, 遊牧民이 본 世界史, 日本經濟新聞, 1997년
- 三浦佑之, 古事記를 여행하다, 문예춘추, 2005~2007년

- 尚學圖書, 言語研究所, 中國 名言名句의 辭典, 小學館, 1989년
- 兒玉幸多, 標準 日本史年表, 吉川弘文館, 1989년
- 역사와 여행, (기마민족 왕조 대 특집), 秋田書店, 1982년 11월
- 李基白, 韓國史新論, 一潮閣, 1989년
- 李丙燾, 三國遺事, 明文堂, 1992년
- 李瑄根, 大韓國史1, 11, 新太陽社, 1973년
- 이일봉, 실증 환단고기, 정신세계사, 2003년
- 李鍾旭, 新羅骨品制硏究, 一潮閣, 1999년
- 李弘稙 編 國史大事典 知文閣 1965년 3월 개정1판
- 林範植 저 필사본 '화랑세기'를 통해 본 화랑사花郎史, 도서출판 동과서, 2004년 8월
- 笠原一男, 地圖, 圖錄, 年表 日本史, 山川出版社, 1989년
- 장상철, 장경희 편저, 새로 쓴 국사사전, 교문사, 1999년
- 前田富祺, 日本語源大辭典, 小學館, 2005년
- 田中史生 著 倭国と渡来人吉川弘文館より2006年 11月 19日
- 止善會, 金海金氏三賢派大同譜(券首), 기종족보사, 1992년
- 止善會, 金海金氏三賢派大同譜(總編), 기종족보사, 1992년
- 진종구 지음, 임진강 주변 고구려 城을 찾아서, 어문학사, 2006년 11월
- 崔在錫, 百濟의 大和倭와 日本化過程, 一志社, 1997년
- 坂本太郎 외, 日本書紀 1~5, 岩波書店, 1997년
- Derik Mercer, Chronicle of the world, Ecam publications, 1989년
- Geoffrey Barraclough, Atlas of world history, Times Book, 1989년
- the National Geographic Society, People and places of the Past, the National Geographic Society, 1983년
- The People's Republic of China 지도, China Cartographic Publishing House, 1989년
- 廣辭苑 / 硏究社新英和 / 新和英中辭典, 세이코 전자공업주식회사, 1996년
- 엘리트영한, 한영, 새국어사전, 옥편, 카시오 EX-K2500, 2003년
- 동아메트로일한/한일사전, 샤프 Electronic Dictionary RD-6200, 2000년

< 검색엔진 / web-page / 블로그, 주소 순 >

- 김유신: 위키백과 ─ 우리 모두의 백과사전
- 김유신: 두산백과사전100.naver.com/100.nhn?docid=31860&from=kin_body ─
- 김춘추: 두산대백과사전 http://mtcha.com.ne.kr/king/sinra/king29.htm
- 김춘추: Wikipedia.
- 〈 박노자의 거꾸로 본 고대사 〉 내용 2008년07월16일 제719호 박노자 오슬로 국립대
  교수·한국학
- www.weblio.jp / content / 推古天皇 ─キャッシュ
- 蘇我入鹿: フリー百科事典『ウィキペディア(Wikipedia)』
- 신라 태종무열왕: 위키백과 ─ 우리 모두의 백과사전
- 唐: フリー百科事典『ウィキペディア(Wikipedia)』
- 舊唐書http://www.hoolulu.com/zh/25shi/16jiutangshu/t─index.htm
- 화랑 김유신의 검술과 인품(2) ─ 한양대학교 체육학과 교수 이진수
- 백운산김유신기도원 www.icantour.co.kr/tour5/tour_29.htm ─
- 김유신의 말: 코리아타임스 2008/06/25
- 易姓革命: フリー百科事典『ウィキペディア(Wikipedia)』
- 玄武門の変: フリー百科事典『ウィキペディア(Wikipedia)』
- 房玄齡: フリー百科事典『ウィキペディア(Wikipedia)』
- 杜如晦: フリー百科事典『ウィキペディア(Wikipedia)』
- 卷九 征伐第三十五(凡十三章)书名: 贞观政要 作者:吴兢http://guoxue.baidu.com/page/
  d5eab9dbd5fed2aa/36.html
- 新唐书 / 卷001舊唐書卷一维基文库，自由的图书馆
- 二十五史(簡体中国語/繁体中国語)
- 『旧唐書』巻五十七 列伝第七「劉文静伝」
- 『新唐書』巻八十八 列伝第十三「劉文静伝」
- 『旧唐書』巻五十九 列伝第九「屈突通伝」

- 『新唐書』巻八十九 列伝第十四「屈突通伝」

- 大唐故左光禄大夫蒋国公屈突府君墓誌銘劉文静： フリー百科事典『ウィキペディア
  (Wikipedia)』

- 裴寂： 維基百科, 自由的百科全书

- 『隋書』巻五 帝紀第五「恭帝紀」

- 『北史』巻十二 隋本紀下第十二「恭皇帝紀」

- 《旧唐书》, 薛居正等, 中华书局, ISBN 7－101－00319－2

- 《新唐书》, 欧阳修等, 中华书局, ISBN 7－101－00320－6

- 『旧唐書』巻五十九 列伝第九「屈突通伝」

- 『新唐書』巻八十九 列伝第十四「屈突通伝」

- 大唐故左光禄大夫蒋国公屈突府君墓誌銘

- 天策上将： 維基百科, 自由的百科全书 zh.wikipedia.org/wiki/天策上将

- 世界帝国の形成』谷川道雄, 講談社現代新書452 新書東洋史2 中国の歴史2 1977年

- 『隋唐帝国』布目潮渢・栗原益男´講談社学術文庫´1997年

- 『世界史体系 中国史2 三国～唐』山川出版社 1996年

- 『隋唐帝国と古代朝鮮』礪波護, 中央公論社 1997年

- 『隋唐の国際秩序と東アジア』金子修一, 名著刊行会 2001年

- 『絢爛たる世界帝国： 隋唐時代』気賀沢保規, 講談社 2005年『中国の歴史』06)

- 『旧唐書』巻五十五 列伝第五「劉武周伝」

- 『新唐書』巻八十六 列伝第十一「劉武周伝」

- 旧唐書』巻五十一 列伝第一「高祖太穆皇后竇氏伝」

- 『新唐書』巻七十六 列伝第一「太穆竇皇后伝」

- 『旧唐書』巻六十七 列伝第十七「李勣伝」

- 『新唐書』巻九十三 列伝第十八「李勣伝」

- 제 34 회 〈왜 신라에만 여왕이 있었나〉 － 방송 1999. 7. 3 － http://www.kbs.co.kr/
  history_old/review_txt/990703.txt

- 영류왕： 위키백과 － 우리 모두의 백과사전. http://enc.daum.net/dic100/contents.
  do?query1＝b15a3192a

- 김유신 統一大業의 비밀―세계제국 唐과 決戰, 民族의 보금자리를 세운「民族史의 제1 人物」― 조갑제

- 민족사 2대 쾌거, 신라통일·대한민국 건국 ― 프리존뉴스 2008년 02월 24일자

- 『新撰姓氏録の研究 本文篇』: 佐伯有清, 吉川弘文館, 1962年

- '일본 고대사 문제점의 새로운 규명'〔일본학〕24집: 홍윤기, 동국대 일본학연구소 발행 논문집, 2005.12.

- '百濟王, 聖王は欽明天皇': 小林惠子1991

- 昆支:― 차석찬의 역사창고 홈으로 ―

mtcha.com.ne.kr/koreaman/bagjai/man6―gonji.htm ― 4k ―

- 『新撰姓氏録の研究』全10巻, 佐伯有清, 吉川弘文館 1981年～

- 田中卓著作集9『新撰姓氏録の研究』国書刊行会 1996年

- 高野新笠: フリー百科事典『ウィキペディア（Wikipedia）』역사와 신화의 경계 : 권선철, KINGWOOD, TEXAS, UNITED STATES http://gudaragouri.blogspot.com/2008/12/32―emperor―jomei.html

- 茅渟王: フリー百科事典『ウィキペディア（Wikipedia）』

- 皇極天皇: フリー百科事典『ウィキペディア（Wikipedia）』

- 山背大兄王: フリー百科事典『ウィキペディア（Wikipedia）』

- 藤原鎌足: フリー百科事典『ウィキペディア（Wikipedia）』

- 高麗, 新唐書 卷二百二十 列伝 第一百四十五 http://www001.upp.sonet.ne.jp/dassai/shintoujo/kourai/kourai_gen.htm

- 朦朧塔_百度百科: baike.baidu.com/view/607093.htm 34K 2009―3―29 ― 百度快照

- 강소성(江蘇省) 숙천시(宿遷市) 자치정부에서 운영하는 장산삼림공원(嶂山森林公園) 홈페이지〔http://www.people.com.cn/GB/32306/33232/5763658.html〕〔http://wachli.51.net/company/wachli/html/9jia006.htm〕

- 唐太宗李世民与苏北朦胧宝塔 止木http://www.suqian.gov.cn/sqgk/syl02.htm

- 遼史 拾遺卷十三 錢塘厲鶚撰 志第二

- 朦朧塔: 百科全书 www.chinavalue.net/wiki/showcontent.aspx?. 37K 2009―2―2―百度快照

- 張儉: 舊唐書列傳第三十二 許敬宗 李義府 少子湛 新唐書列傳第一百四十八奸臣 f｜回

blog首頁 │ 舊唐書列傳第三十三 程務挺 張士貴 趙道興 新唐書列傳第十七.三十六

- 武寧王: フリー百科事典『ウィキペディア(Wikipedia)』

- 邪馬台国大研究·ホームページ/歴史倶楽部 ─韓国の旅·百済の旅─/武寧王陵(宗山里古墳群)

- 百済の武王(薯童)物語の歴史的背景 ─ 大分県三重町·APUと韓国との地域交流の展望
  ─ 韓国圓光大学 羅 鐘宇教授(文学博士)

- 부여군 http://www.buyeo.go.kr/

- 百濟 威德王代 王興寺의 創建과 背景 梁起錫, The Foundation and its Background of Wan-
  ghueng─sa during the reign of King Widuk, Baekje, 文化史學 第31號, 2009. 6

- 土佐國土佐郡 朝倉神社 http://www.genbu.net/data/tosa/asakura_title.htm

- 間人皇女: フリー百科事典『ウィキペディア(Wikipedia)』

- 天智天皇: フリー百科事典『ウィキペディア(Wikipedia)』

- 舊唐書卷一百九十九上 列傳第一百四十九上 東夷 百濟 http://www.geocities.jp/intelljp/
  cn─history/old_tou/kudara.htm

- 史苑1─5 (논문)喜田貞吉, 1925,「大唐平百濟國碑に關する疑問」

- 武即天: 返回百度百科首頁 http://baike.baidu.com/view/2225.htm?fr=ala0

- 武即天出典: フリー百科事典『ウィキペディア(Wikipedia)』

- 연개소문 ─ 위키백과, 우리 모두의 백과사전 ko.wikipedia.org/wiki/연개소문

- 연남건: 위키백과 ─ 우리 모두의 백과사전

- 〔잃어버린 발해사를 찾아〕〈2〉, 한규철 고구려인들의 영원한 고향 요동벌2007/01/13
  020면

- 화랑도의 역할과 그 영향 국사: 2007/10/27/http://blog.naver.com/
  korea8358/10023330610

- 초기 신라의 인구변화: 一道安士, http://www.histopia.net/zbxe/8396 2005.05.14

- 7世紀 日本人口 http://www.nilim.go.jp/lab/bcg/siryou/tnn/tnn0162pdf/ks016204.
  pdf#search=

- 吐谷渾: フリー百科事典『ウィキペディア(Wikipedia)』

- 吐蕃: フリー百科事典『ウィキペディア(Wikipedia)』

- 吐蕃王朝: フリー百科事典『ウィキペディア(Wikipedia)』

환단桓檀의 후예後裔 하

초판 1쇄 발행일 2016년 3월 10일

지은이 김영태
펴낸이 박영희
책임편집 김영림
디자인 박희경 · 박서영
마케팅 임자연
인쇄 · 제본 AP프린팅
펴낸곳 도서출판 어문학사
　　　 서울특별시 도봉구 쌍문동 523-21 나너울 카운티 1층
　　　 대표전화: 02-998-0094/편집부1: 02-998-2267, 편집부2: 02-998-2269
　　　 홈페이지: www.amhbook.com
　　　 트위터: @with_amhbook
　　　 페이스북 페이지: http://www.facebook.com/amhbook
　　　 네이버 블로그: http://blog.naver.com/amhbook
　　　 다음 블로그: http://blog.daum.net/amhbook
　　　 e-mail: am@amhbook.com
　　　 등록: 2004년 4월 6일 제7-276호

ISBN 978-89-6184-405-5　04900
정가 16,000원

이 도서의 국립중앙도서관 출판예정도서목록(CIP)은 e-CIP홈페이지(http://www.nl.go.kr/ecip)와
국가자료공동목록시스템(http://www.nl.go.kr/kolisnet)에서 이용하실 수 있습니다.
(CIP제어번호: CIP 2016004019)